MÉMOIRES

DU

DUC DE LUYNES

MÉMOIRES

DU

DUC DE LUYNES

SUR LA COUR DE LOUIS XV

(1735 — 1758)

PUBLIÉS

SOUS LE PATRONAGE DE M. LE DUC DE LUYNES

PAR

MM. L. DUSSIEUX ET E. SOULIÉ

TOME ONZIÈME

1751 — 1752

PARIS

FIRMIN DIDOT FRÈRES, FILS ET CIE, LIBRAIRES

IMPRIMEURS DE L'INSTITUT, RUE JACOB, N° 56

1863

Tous droits réservés.

MÉMOIRES
DU
DUC DE LUYNES.

ANNÉE 1751.

JANVIER.

Bontés de la Reine pour la duchesse de Luynes. — Nouvelles diverses de la Cour. — Mémoire de la Bourdonnais. — Mot de Madame Louise. — Création de l'École militaire. — Tapisseries des Gobelins. — Bâtiments de l'École militaire. — Mémoire de Dupleix. — Nouveaux détails sur l'École militaire.

Du mercredi 20, *Paris.* — La petite vérole de Mme de Luynes m'a empêché d'écrire, avec la même exactitude que je le fais, ces Mémoires. Depuis qu'elle est hors d'affaire, j'ai commencé à mettre en ordre la fin de 1750; je ne mettrai que sommairement tout le commencement de cette année 1751.

Pendant le temps que j'ai été enfermé à l'hôtel de Luynes, à Versailles, je n'ai pas été à beaucoup près assez instruit pour écrire. Je suis arrivé ici avec Mme de Luynes le lundi 18; c'étoit le dernier jour des six semaines de la maladie. Dès le vendredi 15, la Reine m'avoit ordonné de lui aller faire ma cour; j'allai à son dîner. J'ai déjà parlé en plusieurs endroits de ses bontés; elle m'en donna encore ce jour-là de nouvelles marques; il ne me manque que des termes pour exprimer ma reconnoissance. Le samedi 16 étoit le quarantième de la petite vérole; la Reine voulut absolument ce jour-là voir Mme de Luynes. Au sortir de son dîner, S. M. alla dans sa galerie attendre le moment que Mme de Luynes se rendroit dans l'OEil-de-bœuf, comme elle le lui avoit ordonné; et après l'avoir vue au travers de la porte, elle lui ordonna de la suivre dans le salon où elle joue. Il seroit difficile d'exprimer la joie que S. M. parut avoir, et les grâces dont S. M. accompagna le témoignage de ses bontés. Elle voulut encore voir Mme de Luynes le dimanche; ce fut dans ses cabinets après son dîner; et le lundi, après avoir vu Mme de Luynes un moment dans ses cabinets, elle la fit entrer à sa toilette, et voulut, quoiqu'en robe de chambre, qu'elle eut l'honneur de la servir. C'étoit dans le temps qu'il ne pouvoit y avoir que les grandes entrées; malgré cela la Reine voulut que mon frère eût aussi l'honneur de lui faire sa cour. Elle dit à Mme de Luynes qu'elle ne lui donnoit que quinze jours pour se reposer à Paris; qu'après cela, tout ce qu'elle désiroit étoit qu'elle revînt à Versailles pour pouvoir avoir le plaisir de vivre avec elle (ce sont ses termes); que d'ailleurs elle ne vouloit point qu'elle songeât à faire aucun service auprès d'elle, ni à la suivre en aucun endroit, ni même à venir chez elle.

Je ne pus point aller à la cérémonie de l'Ordre, le 1er janvier, à cause de la petite vérole. Il y eut chapitre. Il y avoit six places vacantes, dont deux de cardinaux ou prélats et quatre de chevaliers. Le Roi fit l'honneur à M. de Chaulnes et à M. d'Hautefort, ambassadeur à Vienne, de les nommer pour remplir deux de ces places. Le Roi a confirmé par ce nouveau bienfait la manière remplie de bontés dont S. M. reçut M. de Chaulnes à son arrivée de Bretagne.

Le dimanche 3, M. de Chalais vint avec M. de Talleyrand faire signer à Versailles le contrat de mariage de M. de Talleyrand avec Mlle d'Antigny (Damas).

Le lundi 4, le Roi alla à Trianon jusqu'au vendredi 8.

J'ai oublié de marquer que le premier jour de l'an il n'y eût point de prélat de l'Ordre qui officiât. La quêteuse fut Mme la comtesse d'Estrées (Puisieux).

Ce même jour, nous apprîmes que le Roi avoit nommé à l'archevêché de Tours M. l'abbé de Fleury, petit-neveu de feu M. le cardinal de Fleury et frère de M. l'évêque de Chartres. M. l'abbé de Fleury a depuis plusieurs années l'abbaye de Royaumont. L'archevêché de Tours étoit vacant depuis la mort de M. de Rastignac.

Il parut il y a environ un mois un mémoire de M. de la Bourdonnais qui fait un assez gros in-quarto. Il est bien écrit, et fait plaisir à lire par le détail de tout ce qui s'est passé à l'affaire de Madras. Tel qu'il est expliqué dans ce mémoire, il paroîtroit que M. de la Bourdonnais n'a agi qu'en vertu des pouvoirs qui lui avoient été donnés, et que même s'il avoit voulu les suivre dans toute leur étendue, il auroit pu faire arrêter ceux que M. Dupleix envoya pour prendre possession de Madras. Il paroît aussi que si les projets de M. de la Bourdonnais avoient été suivis, on auroit pu, au moment de la déclaration de la guerre, avoir de très-grands avantages sur les Anglois et très-utiles pour le commerce. Toutes les pièces justificatives sont rapportées à la fin du mémoire. On a publié deux ou trois brochures contre M. de la Bourdonnais ; il vient d'y répondre par un supplément à son mémoire, beaucoup plus court que le mémoire même ; il y rapporte le chargement des vaisseaux, et une table sommaire, par laquelle il est prouvé qu'en estimant les marchandises au plus bas prix, et même au-dessous, la campagne de Madras, en 1746, devoit valoir plus de 13 millions à la Compagnie, et même peut-être quinze. L'exactitude avec laquelle M. de la Bourdonnais a été gardé dans sa prison lui a ôté pendant longtemps tous les moyens de justifier sa conduite par écrit ; enfin l'impatience de faire connoître son innocence l'a engagé à

1.

chercher tous les moyens d'écrire ; il a trouvé le secret de faire de l'encre avec de la suie de cheminée et de l'eau, et du papier avec de vieux mouchoirs et du riz qu'on lui donnoit tous les jours pour sa nourriture; il a fait usage de cette nouvelle espèce de papier pour faire des mémoires et les a fait remettre à un avocat au conseil nommé de Gennes, dont le nom n'est pas au bas du mémoire; il n'est signé que de M. de la Bourdonnais. On compte que l'affaire sera jugée d'ici à quinze jours.

Il y a plusieurs jours que l'on parle du mariage de M. de Langeron, frère de Mme de Bissy, avec Mlle Julie, femme de chambre de Mlle de Sens. Il est certain que M. de Langeron a fait demander à M. l'archevêque la dispense des bans, et que M. l'archevêque lui répondit qu'il étoit quelquefois d'usage de donner la dispense de deux bans; mais que comme il paroissoit que l'affaire dont il lui parloit méritoit réflexion, il croyoit que c'étoit le cas de publier les trois bans. Il y en a eu un effectivement de publié, mais il paroît que le mariage est rompu. Ce mariage passe à présent pour une fable inventée par les ennemis de M. de Langeron; ses amis le publient partout ainsi, et M. de Langeron nie formellement qu'il en ait été question; ainsi ce qui est écrit ci-dessus ne l'a été qu'en conséquence de l'opinion universelle de la vérité du mariage et même d'un ban publié.

Il y a quelques jours que M. de Béthune mourut à Paris, le 16; il avoit environ soixante-douze ans. On l'appeloit Béthune Monime, Chabry ou Martin, à cause de sa femme, de sa mère et de la seconde femme de son père. Comme on prétendoit que sa mère avoit été enterrée avant que d'être absolument morte, il a ordonné par son testament qu'on laissât son corps quarante-huit heures dans son lit; qu'après cela on lui ouvrît le ventre, et qu'on lui mît des charbons ardents.

Je n'ai appris positivement qu'hier que M. de Moncrif, lecteur de la Reine, a été nommé ces jours-ci secrétaire général des postes. Cette place valoit 12,000 livres de rente; elle vient d'être réduite à 6,000. C'est M. d'Argenson qui y nomme; elle étoit remplie par un M. de Beauchamp, qui la possédoit depuis quarante ans; elle lui avoit été donnée par M. de Torcy, surintendant des postes. Les fonctions de cet emploi ne sont pas fort assujettissantes. Il y a un conseil tous les vendredis à Paris aux postes, auquel assiste l'intendant général, qui est M. du Parc, le secrétaire général, et trois autres.

J'ai marqué que Mme de Brienne étoit partie de sa terre en Champagne pour venir s'enfermer avec Mme de Luynes. Son père étoit Vilatte-Chamillart, qui étoit garde du trésor royal ou trésorier de l'extraordinaire des guerres; sa mère, qui vit encore, avoit eu de son premier mariage deux filles : Mme de Guitaut et Mme de Brienne; étant devenue veuve, elle épousa M. de Saumery, fils du sous-gouverneur du Roi et qui le fut lui-même; il fut depuis ambassadeur du Roi à Munich. De ce second mariage elle eut une fille qui épousa M. de Coëtlogon et qui présentement est veuve. Mme de Brienne me contoit il y a quelques jours des détails sur le comté de Brienne, qui ne sont pas mis exactement dans le dictionnaire de la Martinière. Ce comté, qui appartenoit à Mlles de Luxembourg, fut adjugé par décret à M. le prince de Condé en 1618; Mlles de Luxembourg, soit par quelque manque de formalité ou autres raisons, rentrèrent dans la jouissance de Brienne; elles vendirent ensuite cette terre à M. le cardinal de Richelieu, duquel M. de Loménie, ministre et secrétaire d'état, l'acheta vers 1640. M. de Loménie étoit l'aïeul de M. le comte de Brienne d'aujourd'hui.

M. de Paulmy, qui est ambassadeur de France en Suisse, et qui avoit eu la permission de revenir, a pris congé aujourd'hui; il retourne à son ambassade.

J'ai appris aujourd'hui que M. de Chatte (Roussillon) étoit mort à Paris il y a quelques jours; il étoit maréchal de camp et avoit environ cinquante ans.

Il y a quelques jours que j'appris que M. le chevalier de Mareil mourut le 8 janvier à Lunéville, âgé d'environ vingt ans [?] ; c'étoit le second fils de M. de la Galaisière, chancelier de Lorraine ; il avoit été capitaine de cavalerie, ensuite aide de camp de M. le maréchal de Saxe ; depuis il avoit été mestre de camp, et enfin il étoit capitaine en second des gardes du corps du roi de Pologne. Sa maladie n'a duré que deux jours. On prétend qu'il étoit fort amoureux de la fille de M. Aliot, en qui le roi de Pologne a beaucoup de confiance. Mlle Aliot auroit consenti volontiers au mariage, et son père ne s'y seroit point opposé, mais M. de la Galaisière trouva le bien de cette fille trop peu considérable, et refusa son consentement. M. Aliot voyant cette affaire manquée songea à marier sa fille. Il lui proposa un parti convenable, mais il ne put la déterminer à l'accepter. M. le chevalier de Mareil, instruit de ce refus et voyant que le bonheur de Mlle Aliot dépendoit de son obéissance à son père, prit sur lui de l'aller exhorter lui-même à consentir au mariage ; et lorsqu'il crut l'y avoir déterminée, il tomba en foiblesse ; la fièvre le prit, et il mourut en deux jours.

Du jeudi 21, *Paris*. — Il y a deux ou trois jours que Mme de Saulx (Tessé), dame du palais de la Reine, accoucha ici d'un garçon ; elle en a déjà au moins un et une fille.

Du vendredi 22, *Paris*. — J'appris hier que le Roi vient d'accorder à M. de la Fautrière, conseiller au Parlement, 1,000 écus de pension pour avoir été chargé par M. d'Argenson d'examiner les cartes et mémoires qui sont déposés aux Invalides.

Du samedi 23. — On commence à espérer que Mme la Dauphine est grosse ; les soupçons durent depuis quinze jours ou trois semaines ; elle monte toujours chez le Roi et chez la Reine, mais dans un petit fauteuil. Mesdames continuent à aller plusieurs fois dans la journée chez le Roi, au lever et à la messe, les jours qu'il n'y a point de chasse, et au débotter les jours de chasse; et outre cela elles voient le Roi en particulier de temps en temps. Il y a quelques jours que Mme Louise fut environ une heure tête à tête avec le Roi dans son cabinet; Mme de Duras, qui l'avoit suivie, l'attendoit dans la chambre du Roi. Dans le temps que Mme Louise alloit chez S. M., une de ses dames lui demanda en badinant si elle avoit son portefeuille; elle répondit avec vivacité : « Il est dans ma poche, et le reste est dans ma tête. »

J'appris hier la mort de M. l'évêque de Tarbes; il est mort dans son diocèse, il y a déjà quelques jours. Il étoit Saint-Aulaire, neveu du vieil abbé de Saint-Aulaire, aumônier ordinaire de la Reine. Il pouvoit avoir quarante-cinq ou cinquante ans.

Hier, après la conversation avec Mme Louise, le Roi travailla avec M. d'Argenson. S. M. dit le soir qu'il venoit de signer l'édit pour l'établissement des cinq cents gentilshommes dont j'ai parlé à la fin de l'année dernière. C'est M. Gabriel qui a fait le plan du bâtiment, dont la position sera sur la rivière entre le Gros-Caillou et Grenelle. Il y aura quelques ornements d'architecture dans la face qui regardera la rivière; il y en aura aussi dans l'autre face de ce bâtiment du côté de la plaine. Toutes les autres parties du bâtiment seront très-simples. On y recevra des gentilshommes depuis l'âge de huit à dix ans, et on les gardera jusqu'à dix-huit ou vingt. Ils feront des preuves, comme celles des filles pour Saint-Cyr. Chacun aura sa chambre séparée, toutes fermées par des cloisons vitrées, nulle serrure aux portes, ni armoires, et point de cheminée dans la chambre. Il y aura une église assez grande; le Roi a même trouvé qu'elle étoit trop petite dans le plan de M. Gabriel; cette église sera desservie par des missionnaires, comme aux Invalides. Il y aura des infirmeries desservies par des sœurs, mais pour la plus grande partie par des infirmiers. Le Roi veut qu'il y ait une académie, et outre cela des exercices pour toutes les évolutions militaires. Outre les cinq cents chambres, il y aura encore quarante grands appartements pour le gouverneur, sous-gouverneur, intendant, etc.

On a exposé ces jours-ci, dans la galerie des appartements, des tapisseries des Gobelins. On en trouvera la liste ci-après. Le portrait du Roi est en place dans la salle du trône, vis-à-vis celui de Louis XIV; les autres ne sont qu'exposés pour les faire voir au Roi, et pour encourager les jeunes gens.

Première figure. — Polyphème, fils de Neptune, étoit un cyclope d'une grandeur démesurée, qui n'avoit qu'un œil au milieu du front; il aima tendrement Galatée, et écrasa Acis, que cette nymphe lui avoit préféré. (M. Dumont, âgé de vingt-sept ans.)

Seconde figure. — La Charité. Elle est représentée par une jeune femme accompagnée de deux enfants. (Pajou, âgé de vingt ans.)

Tableau. — La naissance de Bacchus. Sémelé, grosse de Bacchus, ayant été réduite en cendres, Jupiter prit aussitôt l'enfant et le donna à Mercure avec ordre de le transporter dans l'antre de Nyse, qui est entre la Phénicie et le Nil; il le fit nourrir par les Nymphes, et leur recommanda de prendre soin en cachette de son éducation. (Melling, âgé de vingt-quatre ans.)

Tapisserie. — Sancho s'éveille et se désespère de ne plus trouver son cher grison, que Ginès de Passamont lui enlève.

La Dorothée, déguisée en berger, est trouvée dans les montagnes par le barbier et le curé, qui cherchoient don Quichotte.

Un portrait du Roi par Carle Vanloo.

Psyché, tableau de Coypel, et le morceau de tapisserie des Gobelins pareil.

Thésée ayant dompté le taureau de Marathon, le conduit en triomphe à Delphes et le sacrifie à Apollon. Ce tableau est de Carle Vanloo.

Sujet de la bataille de Cannes par Delarue, âgé de vingt-cinq ans.

Un peintre peignant une femme presque nue.

Les Grâces qui enchaînent l'Amour avec des guirlandes de fleurs, par Briard, âgé de vingt-quatre ans.

Du dimanche 24, *Paris.* — M. de Lœwenhaupt, Suédois, fils de celui qui a eu le col coupé en Suède (1), est arrivé

---

(1) Le 15 août 1743, pour avoir capitulé à Helsingfors, en 1742.

de Stockholm ces jours-ci ; il y a douze ans qu'il n'étoit venu en France ; il paroît avoir environ trente ou trente-cinq ans ; il est grand et maigre. Il étoit colonel à la suite du régiment d'infanterie de Saxe, qui est aujourd'hui Bentheim ; il continue de rester colonel à la suite de ce régiment, et le Roi lui a donné 2,000 écus de pension.

M. le comte de Lévis mourut hier à Paris ; il étoit lieutenant général et fils de M. de Châteaumorant et d'une sœur de feu M. le duc de Lévis. Il avoit environ quarante-cinq ans.

J'ai parlé assez en détail de ce qui regarde l'établissement des cinq cents gentilshommes. J'ai appris depuis qu'on estime que le bâtiment, suivant le plan projeté, coûtera environ 5 ou 6 millions, et que l'entretien de cet établissement ira environ à 800,000 livres par an. Jusqu'à présent il n'y a d'autres fonds pour l'une et l'autre de ces dépenses qu'un impôt qu'on a mis sur les cartes à jouer, d'un denier chaque carte. On a déjà évalué que cette somme ne produiroit guère plus de 100,000 écus par an. M. d'Argenson a emprunté d'abord 2 millions qui seront remboursés sur ce produit des cartes ; mais ce remboursement sera long, si le produit de la taxe n'est pas plus considérable qu'on le présume.

Du mardi 26, Paris. — M. le comte de Kaunitz, ambassadeur de l'Empereur, continue à être malade. Il l'a été considérablement il y a trois semaines ou un mois. Quoiqu'il soit hors d'affaire depuis plusieurs jours, il ne voit personne, pas même M. le comte de Parr, dont j'ai parlé ci-dessus, et qui loge dans sa maison ; il n'a pas voulu voir non plus jusqu'à présent M. d'Esterhazy, qui demande avec empressement de pouvoir lui parler ; il passe par ici, allant de Vienne à Madrid, en qualité d'ambassadeur.

Il paroît depuis quelques jours un mémoire imprimé au nom de la famille de M. Dupleix ; il n'est pas à beaucoup près aussi bien écrit que ceux de M. de la Bourdonnais, mais les raisonnements paroissent forts et convaincants. Si tous les faits qui y sont énoncés sont exactement vrais, on pourroit croire les raisonnements de M. de la Bourdonnais bien répondus. Les pièces justificatives de ce mémoire sont imprimées dans deux cahiers séparés qu'on donne en même temps que ledit mémoire.

Le Roi est parti aujourd'hui pour Bellevue. On y représentera demain la comédie de *L'Homme de fortune*, nouvellement faite par M. de la Chaussée.

Du mercredi 27, *Paris*. — Mme d'Épinay (Mouy) vient d'être nommée gouvernante des enfants de M. le duc de Penthièvre, à la place de Mme de Marsay qui se retire. Le mari de Mme d'Épinay est capitaine dans le régiment de Penthièvre; ils sont séparés. M. d'Épinay est de même maison que le gendre de feu M. le marquis d'O. Mme d'Épinay s'attacha après son mariage à Mme la duchesse de Modène. Elle étoit veuve en premières noces de M. Berthelot.

Il arriva hier au soir à Versailles un courrier de Parme; il apporta la nouvelle que Madame Infante étoit accouchée, le 20 de ce mois, à neuf heures du soir, d'un prince, après avoir été pendant deux heures dans les grandes douleurs, et trois quarts d'heure sur son lit de travail.

Mme de Narbonne, qui est attachée à Madame Infante, accoucha quelques jours auparavant, aussi d'un garçon. Elle est Chalut.

Mme de Beauvilliers (Fervaques), seconde belle-fille de M. de Saint-Aignan, mourut hier à Paris le dixième jour de sa petite vérole. La grande diète que l'on observe dans ces maladies et les remèdes l'avoient affoiblie; elle se portoit assez bien, à la foiblesse près; elle demanda la veille quelque nourriture; on lui permit un petit potage; le soir d'après ce repas, la fièvre augmenta, et elle mourut le lendemain. On l'accoucha aussitôt par le côté; on dit que l'enfant a été baptisé.

A l'occasion de Mme de Beauvilliers, on contoit il y a

quelques jours un fait bien extraordinaire. Mme de Dros-
mesnil (fille de M. Boulogne), morte depuis peu de temps,
étoit née avec la petite vérole; les boutons suppurèrent et
séchèrent suivant le cours ordinaire, et elle ne l'a pas eue
depuis; mais ce qui est singulier, c'est que Mme Boulogne
n'eut point la petite vérole pendant sa grossesse, ni en
accouchant d'un enfant qui l'avoit, ni ne la gagna
point.

Du jeudi 28, Paris. — L'édit pour la création des cinq
cents gentilshommes parut il y a deux ou trois jours; il
porte pour titre : *Création d'une école royale militaire.*
Ce projet avoit été formé dès 1718 ; ce fut l'aîné des quatre
frères Paris qui le présenta à M. le duc d'Orléans. Le
système de Law, qui vint à paroître presque dans le même
moment, occupa tout entière l'attention de la régence, et
le projet de l'école militaire fut remis à un autre temps.
Le Sr Paris Duverney, rempli de la même idée, que son
frère aîné, donna en 1725 des mémoires sur la même
affaire à feu M. le Duc; mais ce prince resta trop peu de
temps en place. L'établissement des cadets parut pendant
quelque temps pouvoir tenir lieu de l'école militaire projetée ; mais cet établissement des cadets a été détruit depuis quelques années. Quelques représentations faites
par les commandants des cadets dans les places, au
sujet de l'autorité qu'ils prétendoient sur les cadets, indépendamment des commandants des places, donnèrent
lieu à la suppression des cadets. On saisit cette circonstance
parce que le projet de l'école militaire se renouvela. La
guerre avoit empêché jusqu'à présent que l'on songeât
sérieusement à l'exécuter. On compte que les construc-
tions de bâtiments et l'établissement monteront aux environs de 5 millions de dépense, et que l'entretien ordinaire ira à environ 1,200,000 livres. Il paroît que l'on
estime que le droit sur les cartes ne peut guère aller qu'à
100,000 écus par an.

Du vendredi 29, Paris. — J'appris ces jours-ci que le

gouvernement de Colmar avoit été rétabli, et que le Roi l'avoit donné à M. de Mauconseil, qui garde son inspection et le commandement à Huningue.

FÉVRIER.

Mort de M. Turgot. — Cérémonie de l'Ordre. — Retour de la duchesse de Luynes à Versailles. — Lettres de la Reine au duc et à la duchesse de Luynes. Lettres du roi de Pologne. Lettre de Madame Infante. — Mort de M. de Sourcy. — La vénerie et les équipages. — Le porte-malle et le premier valet de garde-robe du Roi. — Présentations. — Promenade en traîneaux. — Jugement de l'affaire de La Bourdonnais. — Chambord donné à M. de Frise. — Mémoire du Clergé. — Le procès-verbal des assemblées du Clergé dénoncé au Parlement. — La Bourdonnais sort de la Bastille. Détail sur son jugement. — Droit de l'hôpital général sur les recettes de l'Opéra et de la Comédie. — Contrats de mariage. — Mort du chancelier Daguesseau. Anecdotes. — La duchesse de Chevreuse nommée dame d'honneur de la Reine en survivance. Détails à ce sujet. Marques de bonté du Roi au duc de Luynes. — Mort du marquis d'Albert. — Course en traîneaux. — La duchesse de Chevreuse prête serment. — Danse des Suisses devant la Reine. — Les traîneaux. — Audience du Roi au premier président. — Rang de M. de Monaco et rangs obtenus en conséquence de démarches hasardées. — Procès-verbaux du Clergé dénoncés au Parlement. — Mort de M. de Boufflers, du chevalier de Sourches et de l'archevêque de Vienne. — Nouveaux détails sur la dénonciation des procès-verbaux du Clergé. — Le P. Noël fait un microscope pour le Roi. — Bal à l'hôtel Soubise. — Réception de ducs au Parlement; usage des présents. — Mariages; singularités. — Sur les deuils. — Permission de manger des œufs en carême; comment obtenue de l'archevêque de Paris par le Parlement. — Nouvelles diverses de la Cour. — Petites sociétés formées par la Dauphine et Mesdames; jeu de la Reine et de Mesdames. — Comédie à Bellevue. — Les Cendres. — M. de Bernstorff. — Les ministres ne doivent pas le *monseigneur* au garde des sceaux. — Les gardes du roi de Pologne. — Portrait des membres de la famille royale de Prusse. — Maladie du Dauphin et de Madame Sophie.

Du mardi 2, Versailles. — On a appris aujourd'hui la mort de M. Turgot, conseiller d'État et ancien prévôt des marchands. Il est mort de la goutte remontée; il avoit soixante et un ans. Il laisse deux garçons, dont un est conseiller au Parlement, et une fille qui a environ vingt ans. Il avoit voulu la marier de son vivant, et lui donnoit 15,000 livres de rente; ainsi on peut croire qu'elle en aura présentement davantage. On croit que la cause de la mort de M. Turgot est un remède qu'il fit, étant alors prévôt des marchands, pour se guérir de la goutte, à la veille d'un feu que la Ville fit tirer sur le Pont-Neuf, pour le Roi à son retour de Fribourg. S. M. vit le feu de l'appartement de la Reine-mère au Louvre. M. Turgot, au moyen des remèdes qu'il avoit fait, fut en état de s'y trouver et de faire sa cour au Roi, mais il a toujours eu une mauvaise santé depuis.

Il y a trois jours que l'on sait que le Roi a donné à M. de Bulkeley le gouvernement de Saint-Jean-Pied-de-Port vacant par la mort de M. de Maulevrier, lequel l'avoit eu à la mort de M. de Terlay, lieutenant-colonel des gardes françoises.

Du jeudi 4, Versailles. — Le 2, jour de la Chandeleur, il n'y eut point de nouveaux chevaliers. M. l'abbé de Pomponne rendit compte seulement des preuves de M. de Chaulnes et de M. d'Hautefort; ensuite on se mit en marche à l'ordinaire. La procession, qui se fait ordinairement dans la cour quand il fait beau, ne se fit que dans la chapelle. Après la messe, la réception suivant l'usage accoutumé. Les parrains de M. de Chaulnes furent les deux derniers ducs, M. le maréchal de Belle-Isle à sa droite et M. le maréchal de Coigny à sa gauche. Son manteau, qu'il a eu de M. le maréchal de Chaulnes ou de M. de Lavardin, est presque aussi passé que celui du connétable, dont je me suis servi. M. l'évêque de Langres (Montmorin) officia, et Mme de Gouy quêta. Le prédicateur est le P. Griffet, jésuite, qui a déjà prêché ici un avent; son sermon fut fort beau et très-fort, et son compliment très-instructif.

Ce même jour, Mme de Luynes arriva ici un peu avant six heures du soir. Depuis le lundi 18 du mois passé qu'elle a été à Paris, la Reine lui a fait l'honneur de lui écrire tous les jours (1). Par ses lettres, remplies de toutes

---

(1) On trouvera ces lettres p. 15.

sortes de bontés, elle lui marquoit sans cesse le désir extrême qu'avoit S. M. qu'elle revînt exactement ici au bout du terme de quinze jours qu'elle lui avoit donnés pour se reposer à Paris. Mᵐᵉ de Luynes a eu beau représenter que son visage ne lui permettant pas de paroître, et ses forces même n'étant pas encore entièrement rétablies, elle ne pouvoit remplir ses devoirs auprès de la Reine ; que sachant d'ailleurs que M. le Dauphin ayant peur de la petite vérole, et encore plus Madame Adélaïde, il étoit bien difficile, quelques précautions qu'elle prît, qu'elle ne les rencontrât quelque part dès qu'elle seroit établie dans son appartement au château. La Reine a toujours dit que M. le Dauphin et Madame Adélaïde n'avoient point peur ; que d'ailleurs ce qu'il y avoit de rougeurs sur le visage de Mᵐᵉ de Luynes n'étoit pas capable d'effrayer, et que pour son service elle la dispensoit de tous devoirs. Enfin, S. M. a écrit qu'elle vouloit et ordonnoit que Mᵐᵉ de Luynes revînt ici le 1ᵉʳ ou le 2 février au plus tard ; il a fallu obéir.(1). Aussitôt que la Reine sut Mᵐᵉ de Luynes arrivée, elle envoya savoir de ses nouvelles ; un moment après, pendant que la Reine étoit dans sa garde-robe, au sortir de l'office, et que Mᵐᵉ la Dauphine attendoit dans la chambre avec Mesdames, Mᵐᵉ la Dauphine sortit tout d'un coup sans dire où elle alloit ; appela une de ses dames et vint voir Mᵐᵉ de Luynes ; elle lui dit que M. le Dauphin vouloit aussi absolument la venir voir. Toutes les prières de Mᵐᵉ de Luynes à Mᵐᵉ la Dauphine et celles de mon frère à M. le Dauphin furent inutiles ; M. le Dauphin arriva fort peu de temps après ; on éteignit toutes les bougies, il en ralluma une lui-même et voulut voir de près le visage de Mᵐᵉ de Luynes. Il lui parla avec toutes sortes de bontés et d'amitié, et y resta près d'un petit quart d'heure sans s'asseoir. Madame étoit venue quelque temps

---

(1) Voir, plus loin, la lettre de la Reine du 25 janvier 1751 et surtout celle du 26 janvier.

avant M. le Dauphin, et immédiatement après Mme la Dauphine. Il y avoit ce jour-là grand couvert. Dès que la conversation fut finie, Madame Victoire avec Madame Sophie et Madame Louise firent aussi l'honneur à Mme de Luynes de la venir voir ; il n'y a eu que Madame Adélaïde qui n'y est point venue, à cause de la peur réelle qu'elle a de la petite vérole.

Hier, la Reine recommença à venir souper ici comme à l'ordinaire. Dès le mardi elle y vint après le grand couvert, et y joua à cavagnole.

LETTRES DE LA REINE ÉCRITES AU DUC ET A LA DUCHESSE DE LUYNES PENDANT LA MALADIE DE LA DUCHESSE DE LUYNES, DU 9 DÉCEMBRE 1750 AU 1er FÉVRIER 1751.

[Bien que le duc de Luynes n'ait pas mis dans ses Mémoires les lettres que la Reine lui adressa ainsi qu'à la duchesse, pendant la maladie de cette dernière, nous avons cru devoir publier les plus intéressantes. Cette correspondance intime de la Reine nous montre son caractère sous le jour le plus vrai et nous donne l'impression la plus exacte de son esprit ; ces lettres attestent une bonté que l'on connaissait, et de plus un enjouement et une vivacité moins connues ; elles nous révèlent de bien curieux détails sur la vie intérieure de Marie Leczinska, demandant à l'amitié ses principales distractions. Mais il eût été impossible d'imprimer la totalité de ces lettres et de ces billets, écrits au courant de la plume pour demander chaque jour des nouvelles d'une malade que l'on aime vivement, et pour l'assurer chaque jour aussi de son amitié. La répétition des mêmes désirs et des mêmes sentiments eût été fatigante pour le lecteur et sans profit pour l'histoire.]

AU DUC DE LUYNES.

Mercredi 9 décembre 1750.

Vous jugez bien que la tête me tourne, et je ne puis parvenir à savoir des nouvelles justes. Mandez-moi, je vous conjure, comment est Mme de Luynes, si c'est réellement la petite vérole. Mme Thibault (1), m'a dit qu'il y a deux ans qu'elle a eu à Fontainebleau, après une sai-

---

(1) Femme de chambre de la Reine, qui avait été femme de chambre de la duchesse de Luynes.

gnée du pied, aussi des rougeurs. Vous devriez envoyer un courrier à M. de Bayeux (1) pour le faire venir. Je ne sais pas un mot de ce que je dis. Je sens vivement ma peine, mais je vous assure que je sens la vôtre.

Envoyez-moi le Président (2); personne n'en saura rien, et je serai mieux instruite (3).

J'embrasse la malade de tout mon cœur.

AU DUC DE LUYNES.

Samedi 12 décembre 1750.

Je sais déjà que la nuit n'a pas été si bonne, cependant meilleure qu'hier, mais cela est inévitable; je ne suis en peine que du mal de gorge. Je vous remercie de votre régularité; je vous demande encore trois lettres aujourd'hui, demain et après, cela me tranquillise, à midi, à six heures et à neuf. Quand nous aurons passé le neuf, je vous dispenserai d'un peu de peine, mais pas tout à fait. J'admire sa tranquillité; assurément je ne suis pas de même; il est vrai que ce n'est pas pour moi. Je l'embrasse de tout mon cœur. Finissez donc tous vos remercîments; il est tout simple d'être en peine des gens que l'on aime et très-naturel d'aimer ceux qui sont aimables.

AU DUC DE LUYNES.

Lundi 14 décembre 1750.

Il est inutile de vous dire le plaisir que j'ai eu d'être réveillée par les bonnes nouvelles de l'état de Mme de Luynes; je crois que vous [vous] en doutez tous deux. Je vous prie de ne me faire réponse que sur les quatre heures. Je ne vous demande pas une petite lettre, mais une longue, et toujours sur la même matière, car elle seule m'occupe : qu'est-ce qu'elle fait? qu'est-ce qu'elle dit? Je l'embrasse de tout mon cœur, et vous assure de mon amitié très-vraie.

Je fais réflexion que j'aime mieux que vous ne me fassiez votre réponse que sur les neuf heures, parce que cela me fera passer une soi-

---

(1) M. l'évêque de Bayeux, frère de M. le duc de Luynes. (*Note du duc de Luynes*.) — Ces notes se trouvent sur un registre où le duc de Luynes a fait copier une partie des lettres autographes de la Reine.

(2) Hénault.

(3) Les malades atteints de la petite vérole étaient soumis, et ceux de leurs parents qui s'enfermaient avec eux, à une quarantaine sévère. La Reine veut que le Président aille à l'hôtel de Luynes, au mépris de la quarantaine, s'informer exactement de l'état de la duchesse et vienne lui en rendre compte.

rée douce. Dites à M. Delavigne (1) de me faire pleuvoir les siennes.

AU DUC DE LUYNES.

Mardi 15 décembre 1750.

Je suis très-contente des nouvelles de ce matin. Il n'y a plus que de la souffrance à avoir ; c'est beaucoup, et plus encore pour ceux qui s'intéressent à Mme de Luynes que pour elle-même. Je vous prie de lui demander de m'envoyer une petite dose de sa patience pour ses maux, car ce n'est pas pour les miens ; elle me feroit croire [à] la métempsycose, car il me semble que mon cœur s'est transporté dans sa personne et souffre de ses douleurs ; mais, Dieu merci, mon esprit est tranquille. Nous voilà bien avancés. Je suis en peine de vous à présent ; avez-vous mangé depuis que vous êtes à l'hôtel de Luynes (2) ; mandez-moi de vos nouvelles. Mandez à M. d'Havrincourt (3) que je suis très-touchée de l'attention du Roi et de la Reine, qu'elles me font un sensible plaisir de leur part, et que d'ailleurs tout ce qui me viendra de Suède ne sauroit me déplaire.

Une lettre, je vous prie, à une heure, à six et à neuf ; et M. de Bayeux, à quatre et à midi. J'embrasse ma malade. Bonjour.

A LA DUCHESSE DE LUYNES.

Mercredi 16 décembre 1750.

Nous voilà au neuf, Dieu merci ! Que je suis heureuse de vous dire à vous-même ma joie. Je n'ai jamais tant rêvé que depuis le commencement de votre maladie. Grâce à Dieu, cela va bien. M. Delavigne (4) est content ; je ne m'en rapporte pas à ce qu'il me mande, mais à ce qu'il dit à Helvétius. L'agitation où vous avez été cette nuit est toute simple ; vous aurez même encore de la fièvre plusieurs jours, mais il n'y a plus que patience à avoir, et ce n'est rien avec vous. J'ai vu une lettre de M. Bachou (5) à Mme de Villars (6), qui est très-content ; ne vous y trompez pas, car c'est de l'état de votre corps, et non de celui

---

(1) Premier médecin de la Reine en survivance, enfermé avec Mme la duchesse de Luynes. (*Note du duc de Luynes.*)

(2) Le duc de Luynes était sujet à de grands maux d'estomac. (*Voy.* t. I, p. 9.)

(3) Ambassadeur de France à Stockholm. (*Note du duc de Luynes.*)

(4) Premier médecin de la Reine. (*Note du duc de Luynes*).

(5) Prêtre de Saint-Sulpice, confesseur de Mme la duchesse de Luynes. (*Note du duc de Luynes.*)

(6) Dame d'atours de la Reine. (*Note du duc de Luynes.*)

de votre âme, cela n'est pas douteux, et ces Messieurs se connoissent en malade. Enfin, il manque à ma joie que vous ne souffriez pas, et le plaisir de vous embrasser.

AU DUC DE LUYNES, EN LUI ENVOYANT LA PRÉCÉDENTE, DESTINÉE A LA DUCHESSE.

Du mercredi 16.

Voici une lettre pour Mme de Luynes, ainsi que je l'avois promis; car Dieu merci nous voilà au neuf. Je ne mens pas d'un mot dans tout ce que je lui mande; mais pour l'amour de Dieu ne vous tourmentez pas quand il n'y a nul sujet de l'être; au contraire il n'est question que de la dissiper dans ses souffrances, car il n'y a plus que cela et de la fièvre qui durera encore quelques jours. M. Delavigne est content, soyez-le donc, et songez que Mme de Luynes est sujette aux vapeurs (1), ainsi tâchez de l'amuser. Mon Dieu, pourquoi ne puis-je être là! Vous seriez grondé, et elle tranquille. Je vous assure que je ne le serois pas si tout ce que je vous mande n'étoit pas vrai.

Je vous demande pardon, monseigneur de Bayeux, si je ne vous écris pas une lettre à part; je vous prie de me mander à onze heures des nouvelles.

AU DUC DE LUYNES.

Jeudi 17 décembre 1750.

Je sais que la nuit a été pleine de souffrance, cela est fâcheux, mais Dieu merci point dangereux; il n'y a plus que patience à avoir : nous voilà au dix. Quand tous les jours dangereux sont passés, on prend courage pour ce qui n'est qu'une chose inévitable, qui est de souffrir. Si on pouvoit ôter à ses amis, et prendre pour soi leurs maux, je m'offrirois de bon cœur; le remède seroit dans le soulagement qu'ils en sentiroient. J'embrasse Mme de Luynes de tout mon cœur. Je sens toute l'impolitesse à ne pas faire de réponse à Monseigneur (2); que cela ne le rebute pas à me donner des nouvelles; je réparerai mes torts.

A propos, j'ai commencé avant-hier à jouer de la guitare; jusque-là je n'en avois pas eu le courage; je chantois en moi-même le

---

(1) Mme la duchesse de Luynes se sentoit foible; elle le dit à M. le duc de Luynes, ce qui lui avoit causé de grandes inquiétudes. (*Note du duc de Luynes.*)

(2) L'évêque de Bayeux. (*Note du duc de Luynes.*)

psaume *Super flumina*. Je vous souhaite le bonjour et j'ai grande impatience de me retrouver dans notre compagnie (1).

AU DUC DE LUYNES.

Vendredi 18 décembre 1750.

Je suis au comble de ma joie des bonnes nouvelles que je viens de recevoir. Je m'en vais compter à présent les jours de la quarantaine, comme on fait en carême (2). Il faut que je répare mes torts; depuis que le Roi mon père (3) a su la petite vérole de Mme de Luynes, il a été dans une très-grande inquiétude, et n'a cessé de m'en parler dans toutes ses lettres, en me marquant d'exprimer à Mme de Luynes et à vous tout l'intérêt qu'il y prenoit; ainsi jugez du plaisir que j'ai eu aujourd'hui en lui écrivant. J'ai été ravie hier de voir Mme de Brienne (4); ce n'est pas sans envie que je l'ai vue partir pour aller s'enfermer à l'hôtel de Luynes. Si j'osois, j'écrirois à Mme de Luynes, mais je ne veux pas la fatiguer; elle ne doute pas de ma joie et de tous mes sentiments. Soyez-en bien sûrs tous deux.

AU DUC DE LUYNES.

Du mardi 22 décembre 1750.

Nous voilà purgée aujourd'hui; cela a bien bon air; cela ne sent plus la malade. Voici mon ordonnance : Mme de Luynes ira à Paris au bout des quatre ou cinq semaines, tout comme il lui plaira; le quarantième jour j'irai lui donner rendez-vous à Sève, et le quarante et unième elle viendra ici. Si elle est trop rouge, elle se tiendra dans sa chambre, ira à la messe et où il lui plaira dans son particulier; et moyennant cela, cela n'empêchera pas que je ne la voie tous les jours. Ceux qui auront peur n'iront pas, à moi cela ne me fait rien du tout des autres. Ainsi jugez si le plaisir de la voir ne la blanchira pas

---

(1) La Reine vient presque tous les soirs chez Mme de Luynes, soit pour y souper les jours qu'il n'y a pas grand couvert, soit pour jouer ces jours de grand couvert, ou pour faire la conversation. (*Note du duc de Luynes.*)

(2) Mme de Luynes est dans l'usage, tous les carêmes, de compter ce qui reste de jours et d'heures jusqu'à Pâques, et la Reine fait aussi le même décompte. (*Note du duc de Luynes.*)

(3) Le roi Stanislas de Pologne, duc de Lorraine. (*Note du duc de Luynes.*)

(4) Nièce par son mari de Mme la duchesse de Luynes, venue de sa terre s'enfermer à l'hôtel de Luynes, après avoir vu la Reine. (*Note du duc de Luynes.*)

comme neige à mes yeux. En attendant, je l'embrasse de tout mon cœur, et m'ennuie comme un pauvre chien. A propos, je vous avois promis des nouvelles quand Mme de Luynes se porteroit bien. En voici une qui lui fera plaisir; c'est qu'elle retrouvera dans l'appartement l'amour et le miroir; voilà tout ce que je sais, et qu'il y a trois jours Mme de Villars ayant son mal de tête, je m'ennuyois si fort que pour me divertir je fis jouer à ma pendule tous les airs qu'elle possède. Le Président vient aujourd'hui. Il y a un grand dîner à la chancellerie, et puis voilà tout. Je souhaite le bonjour à la compagnie.

RÉPONSE DE LA REINE A Mme DE LUYNES.

Du même jour 22 ou à peu près.

Rien ne m'auroit fait tant de plaisir que votre lettre, si je n'en attendois un bien plus sensible dans quatre semaines, qui est celui de vous voir. Il est pourtant vrai que de me donner quelquefois de vos nouvelles, sans que cela vous puisse faire mal, servira à m'adoucir un temps qui me paroit déjà bien long. Tout ce que je vous demande, c'est de ne me savoir aucun gré de mon amitié; vous vous la devez tout entière. Votre lettre m'a attendrie aux larmes. Oui, Dieu vous conservera tant que je vivrai; je le lui demande de tout mon cœur.

Quand j'écris à M. de Luynes, je dis j'embrasse Mme de Luynes; mais comme c'est à vous pour lui, je crois qu'il est plus honnête de vous prier d'en prendre la peine pour moi. Et Monseigneur, qu'aurat-il? Il faut, je crois, tout renfermer dans la bénédiction que je lui demande.

A LA DUCHESSE DE LUYNES.

Mercredi 23 décembre 1750.

Je ne voulois pas vous écrire, mais je n'y puis pas tenir; le cœur emporte sur la raison. Dans vingt-quatre jours j'aurai le plaisir de vous voir, de vous embrasser.

AU DUC DE LUYNES.

Du mardi 29 décembre 1750.

Bonjour d'abord à ma dame d'honneur, puis vous, et puis Monseigneur. Comme j'écris cela, la lettre du dernier arrive, qui m'a abasourdie, et ma gaieté [est] partie. J'espère qu'elle reviendra, et que j'aurai de meilleures nouvelles. Une peau de lièvre n'a pas l'inconvénient d'une flanelle (1). Mandez-moi si la mauvaise nuit n'a pas donné

---

(1) La duchesse de Luynes souffrait d'un rhumatisme à la jambe, et la

de mouvement dans le pouls. Est-il vrai qu'elle a mal à un œil? Dites-lui de ma part que je finirai par faire une prière pour elle comme celle que les juifs de Metz firent pour le Roi, où tous les membres et artères furent compris, afin de ne rien oublier (1). Je l'embrasse de tout mon cœur.

Je reçois votre lettre dans le moment ; je suis on ne peut pas plus touchée de votre attention. Je suis très-bien ce matin ; il ne manqueroit à ma bonne santé qu'une bonne nuit à Mme de Luynes. Je vous dirai tout grossièrement que je vous aime tous deux, peur de scandale, et même tous trois de tout mon cœur.

AU DUC DE LUYNES.

Mercredi 30 décembre 1750.

Je suis bien aise que la nuit ait été meilleure, mais je n'aime point que Mme de Luynes s'accoutume à prendre quelque chose pour dormir, car la nature s'y habitue aisément. Je renvoie la lettre de Mme de Loss (2). Savez-vous que dans dix-sept jours je verrai Mme de Luynes et que je l'embrasserai de tout mon cœur? Mais cela est encore bien long ; je serai charmée de vous revoir tous. Je passai hier ma soirée en très-petite compagnie ; nous n'étions que huit, et toutes à travailler autour d'un grand feu ; cela tenoit de la veillée beaucoup. Est-il permis comme amie de la maison de savoir vos arrangements : si vous irez avant ou après les six semaines à Paris ; car pour Dampierre, je me flatte que vous n'y pensez pas par le temps qu'il fait. Je voudrois bien aussi, si la santé de Mme de Luynes le permet, que tout fût fait auparavant, afin que ce carême fini je me retrouve avec vous tous. Sur ce, je vous souhaite à tous trois le bonjour.

AU DUC DE LUYNES.

Jeudi 31 décembre 1750.

Je finis l'année et commence celle où nous entrons avec les mêmes sentiments. Je n'ai pu me refuser le plaisir, ou pour mieux dire la

---

Reine avait donné le conseil d'employer une peau de lièvre. — (Lettre du 22 décembre.)

(1) Les lettres précédentes expliquent cette plaisanterie. « A propos, écrivait la Reine, le 25 décembre, je crois que l'on n'a jamais fait de prières pour un nez ; c'est pourtant cela qui m'occupe dans les miennes. » — Le nez de la duchesse de Luynes était fort malade et couvert de boutons et de croûtes. — Le 26, la Reine disait : « Je m'en vais à la grande messe prier pour la jambe. »

(2) Femme de l'ambassadeur du roi de Pologne.

consolation, de vous en assurer tous trois, mais n'en déplaise à M. de Luynes et à Monseigneur, plus particulièrement Mme de Luynes, que j'embrasse de tout mon cœur.

A LA DUCHESSE DE LUYNES.

Vendredi 1er janvier 1751.

Vous savez que je n'ai pas beaucoup de temps ce jour-ici, mais il m'est impossible de ne me pas donner celui de vous dire combien votre lettre m'a fait de plaisir. Ce qui me touche surtout, c'est que vous êtes persuadée de ma tendre amitié pour vous. Ce que vous appelez n'avoir pas figure humaine en sera une délicieuse pour moi, et rien ne m'empêchera de vous voir au bout des quarante jours, quand ce ne seroit que pour un moment, et puis nous verrons. Je vous souhaite une santé parfaite, et à moi, car il ne faut pas s'oublier, le bonheur de passer toute ma vie avec vous.

AU DUC DE LUYNES.

Vendredi 1er janvier 1751.

Il est inutile de dire que la cassette (1) est charmante, d'un goût nouveau; enfin rien de si joli dans le monde; on sait tout cela. Mais ce que l'on ne sait point, c'est que j'en suis comme un enfant qui a un joujou qui lui plaît. C'est avec la même candeur qu'elle me fait plaisir, à cela près que la reconnoissance est de quelqu'un qui connoît un peu le monde, et même souvent à ses dépens, et à qui Dieu fait la grâce d'y avoir des amis, tout corrompu qu'il est, estimables et aimables.

AU DUC DE LUYNES.

Samedi 2 janvier 1751.

Me voilà gaie pour toute la journée, de la bonne nuit de Mme de Luynes. Savez-vous ce que je faisois quand j'ai reçu la lettre de Monseigneur? J'étois avec.... devinez qui?.... Les beaux yeux de ma cassette (2). Jamais l'Avare n'a tant aimé la sienne (3).

Je me dépêche pour la grande messe. J'embrasse Mme de Luynes, je m'incline devant Monseigneur, et je vous souhaite le bonjour.

---

(1) Une cassette remplie de toutes sortes de choses que M. le duc de Luynes venoit d'envoyer à la Reine; entr'autres choses, il y avoit des lunettes. (*Note du duc de Luynes.*)

(2) Allusion aux lunettes qui étaient dans la cassette.

(3) Allusion à *l'Avare* de Molière.

AU DUC DE LUYNES.

Dimanche 3 janvier 1751.

La Reine remercie le duc de Luynes d'un almanach qu'il lui a envoyé; elle se plaint de n'avoir pas encore de nouvelles de la Duchesse à neuf heures et un quart, et ajoute :

Moi qui ne sais rien, je sais que le Parlement fait encore des remontrances aujourd'hui. Tout cela m'attriste; que Dieu ait pitié de nous. Tout cela m'attriste. Ce qui n'égaye pas, c'est de lire *Charles-Quint* (1) dans ce temps-ci. Brûlez ma lettre (2).

AU DUC DE LUYNES.

Lundi 4 janvier 1751.

Quand je fais tant que de savoir des nouvelles, je n'en sais que de mauvaises; il n'y a pas eu un mot de vrai pour hier à ce que je vous ai mandé; ce ne sera que dans quinze jours. Je vous cite mon grand auteur, c'est M. de la Mothe (3). En attendant, je viens d'en recevoir qui me font grand plaisir de Mme de Luynes. Je l'embrasse de tout mon cœur. J'ai grande impatience de voir son nez, pour lequel, ne vous moquez pas de moi, je prie Dieu, afin qu'il puisse être montrable, car pour moi rien ne m'empêchera de la voir au bout de ses quarante jours. Je vous souhaite le bonjour.

Je vous supplie, Monseigneur, que votre belle main ne se fatigue point à m'écrire, vos lettres me font plaisir.

AU DUC DE LUYNES.

Jeudi 7 janvier 1751.

Monsieur le duc, Mme la duchesse de Luynes et Monseigneur sauront qu'il y a demain un mois que la pauvre Reine, sans parler de ses inquiétudes, s'ennuie à mourir de ne pas voir sa dame d'honneur. Ainsi, voyons un peu cela, car j'aime les choses claires. Au bout de quarante jours, je la verrai et puis elle ira changer d'air à Paris, cela est juste. Et puis après, pour combien de temps? quand est-ce que je

---

(1) L'histoire de Charles-Quint par Robertson. Ce qui n'égayait pas la Reine était peut-être le commencement des troubles de la Réforme, qu'elle pouvait comparer au mouvement philosophique du dix-huitième siècle.

(2) La Reine ayant donné une nouvelle politique prie que l'on brûle sa lettre.

(3) Chevalier d'honneur de S. M. (*Note du duc de Luynes.*)

me trouverai établie tout à fait dans ma petite société? Contez-moi un peu tout cela, car je veux savoir à quoi m'en tenir. Les grandes vapeurs m'ont pensé gagner hier; quelqu'un s'est avisé de dire que vous vouliez faire une seconde quarantaine à Paris. J'en ai frémi, et cela me tourmente. Je n'ai point encore de nouvelles. Je vous aime tous de tout mon cœur.

A LA DUCHESSE DE LUYNES.

Jeudi 7 janvier 1751.

C'est de tout mon cœur que j'ai joint mes actions de grâces aux vôtres, et je remercie Dieu tous les jours de vous avoir donné à moi et puis de vous avoir conservé C'est un présent dont je ne suis pas ingrate. Je me suis tenue très-longtemps à ma fenêtre pour vous voir promener autour de la pièce des Suisses, et je n'ai rien vu; vous étiez déjà passée, ou vous ne l'étiez pas encore (1). J'ai une impatience extrême de vous voir, et le plaisir que j'en aurai embellira beaucoup votre teint, et par conséquent nous ne serons pas longtemps sans nous retrouver ensemble. Jugez de ma satisfaction; ce sont les délices de l'amitié.

Monsieur de Luynes, vous vous gouvernez comme un enfant; vous vous noyez, vous vous crevez, et puis vous souffrez. On voit bien que je ne vous gouverne point actuellement; un peu de patience, vous serez un peu morigéné. Mon empire est dur quand il me faut conserver mes amis.

AU DUC DE LUYNES.

9 janvier 1751.

La Reine demande des nouvelles, dit que le nez de sa dame d'honneur la désole, et qu'après tout il faudra que les autres s'y habituent.

Comment va votre estomac? Je voudrois bien déjà vous gronder. Voici mes soirées; je vais chez Papète (2), et quand elle a mal à la tête (3), je joue un triste piquet; quand le Roi n'est point ici, je vais quelquefois chez mes enfants. Voilà un compte exact. J'espère que bientôt je n'en aurai point à vous rendre, et que vous en serez témoin; j'en ai une grande impatience.

---

(1) L'appartement de la Reine, à Versailles, avait vue sur la pièce d'eau des Suisses.

(2) Mme de Villars.

(3) *Voy.* t. I, p. 34, note 2.

AU DUC DE LUYNES.

12 janvier 1751.

Rien de si joli que la lettre de Monseigneur. Sommeil tout d'une pièce, appétit en s'éveillant ; cela est charmant. Il n'y a plus que ce nez qui me désole ; jamais nez n'a causé tant de peines ; il n'y a pas d'exemple de cela. Cela m'étoit dû. Bonjour.

Comment se portent le chat, Loup, Marasquin, et Tinta (1), dont je suis dans l'impatience d'entendre le ronflement ?

AU DUC DE LUYNES.

14 janvier 1751.

Savez-vous bien que le jeudi est l'avant-veille du samedi ? Je ne puis vous dire le plaisir que cela me fait. Comment vont les croûtes ? n'en tombe-t-il pas ? Je comprends que quand on s'attache à Mme de Luynes, c'est pour toujours ; mais je suis lasse de la persévérance des croûtes. Je n'ai point encore de nouvelles. A l'égard de ma science pour la pie (2), elle ne s'étend qu'à la manger, et surtout quand c'est M. Thibault (3) qui me la sert ; j'en suis dans une grande impatience (4). J'ai soupé hier avec la semaine (5) et Mme de Talmond (6), qui s'en va à Lunéville (7). Le pauvre M. de la Galaisière (8) a perdu un fils que vous avez vu ici cet été. A propos, vous ne m'avez rien dit de Marchand (9), qui a la petite vérole ; comment est-il ? Je m'aperçois que ma lettre est un grand galimatias. J'embrasse ma dame d'honneur et vous souhaite le bonjour. Vous qui n'avez pas de croûtes, quand vous verrai-je ?

Je reçois votre lettre dans le moment, Monseigneur. Que vous êtes charmant de ce que vous me dites ; jamais on ne fut plus occupé d'un

---

(1) Trois chiens à M. le duc et à Mme la duchesse de Luynes. (*Note du duc de Luynes.*) — Sur Tinta, abréviation de Tintamarre, *voy.* t. I, p. 46, note 3, et p. 48 et 49.

(2) Reste d'un gigot que l'on fait griller. (*Note du duc de Luynes.*)

(3) Maître d'hôtel de Mme la duchesse de Luynes. (*Note du duc de Luynes.*)

(4) Allusion à l'habitude d'aller souper tous les soirs chez la duchesse de Luynes.

(5) Les dames du palais de semaine de S. M. (*Note du duc de Luynes.*)

(6) Parente de la Reine. (*Note du duc de Luynes.*)

(7) A la cour du roi de Pologne, duc de Bar, père de la Reine. (*Note du duc de Luynes.*)

(8) Chancelier de Lorraine. (*Note du duc de Luynes.*)

(9) Musicien du Roi, attaché à M. le duc de Luynes. (*Note du duc de Luynes.*)

visage que je le suis de celui de Mme de Luynes. Heureusement que ce n'est pas le mien, car j'aurois bien des comptes à en rendre à Dieu. Bonjour.

A LA DUCHESSE DE LUYNES.

Mardi 19 janvier 1751.

J'ai grande impatience de savoir comment s'est passé votre voyage (1), si vous n'avez pas été fatiguée, comment vous êtes aujourd'hui, enfin je veux tout savoir ; je ne suis curieuse que de ce qui m'intéresse, mais aussi c'est à l'excès : ainsi donnez-vous la peine de m'instruire. Me revoilà au calcul : de 15 ôté 1, reste 14. Vous avez malheureusement trouvé le moyen de me faire paroître le temps long. Je me flatte de recevoir ce soir trois lettres qui me diront la même chose, c'est la seule que je veux savoir ; je vous embrasse de tout mon cœur.

Envoyez-moi le Président.

A LA DUCHESSE DE LUYNES.

20 janvier 1751.

Je ne suis point étonnée de la joie avec laquelle vous avez été reçue de votre famille, mais charmée de celle que tout le monde vous a marquée. Outre que cela flatte l'amitié que j'ai pour vous, cela me fait croire qu'il y a encore d'honnêtes gens dans le monde, qui aiment ce qui est estimable ; il est vrai que l'aimable y est joint. Il n'y a plus que treize jours ; je ne puis vous dire mon impatience. Je n'écris pas à M. de Luynes aujourd'hui, car j'espère qu'il arrive aussi bien que Monseigneur. Mandez-moi de vos nouvelles ; n'oubliez pas ce nez qui fait le tourment de ma vie.

A LA DUCHESSE DE LUYNES.

Samedi 23 janvier 1751.

Après avoir félicité la duchesse de Luynes d'être quitte d'une indigestion et l'avoir engagée à prendre quelques précautions, la Reine ajoute :

Savez-vous le plaisir que je me suis donné hier au soir ; j'ai été surprendre M. de Luynes chez lui ; je l'ai trouvé qui venoit de finir son souper avec Monseigneur, dans sa belle petite chambre ; je ne puis

---

(1) La Reine avait enfin vu la duchesse de Luynes le 16 janvier et les deux jours suivants, puis la duchesse de Luynes était allée à Paris.

vous dire la joie que j'ai eu de revoir votre appartement; j'y suis restée un moment pour la ménager, car à la longue ne vous y trouvant point encore, j'ai eu peur de ce qui auroit pu lui succéder. Les plaisirs qui ne sont que dans l'imagination ont besoin d'être ménagés; j'attends avec grande impatience le réel.

A LA DUCHESSE DE LUYNES.

Lundi 25 janvier 1751.

Vous pouvez bien croire que vous ne sauriez me faire un plus grand plaisir que de me mander jusqu'au moindre détail de tout ce qui a rapport à votre santé; je suis charmée de la savoir bonne; à cela voici ma volonté suprême, car la douceur s'en va quand je désire bien vivement. Je n'irai point vous voir, ni je ne veux pas que vous veniez, il est inutile de vous faire gagner un rhume; mais je veux que d'aujourd'hui ou tout au plus tard de demain en huit vous veniez vous établir ici. Point de réplique, et sur ce, je vous embrasse de tout mon cœur.

Bonjour Monsieur de Luynes.

A LA DUCHESSE DE LUYNES.

Mardi 26 janvier 1751.

Je suis très-aise de la soumission avec laquelle vous avez reçu mes ordres, aussi j'avois oublié d'ajouter qu'ils étoient émanés de mon trône. Ne dites point cette mauvaise plaisanterie, car vous savez bien ce que c'est. Raillerie à part, je ne puis vous dire la douceur que cela a mise dans mon sang, de penser que je vous verrai tous les jours; je vous embrasse.

Vous vous moquez de moi, Monsieur, de ne me point écrire. Voilà ce que c'est que le monde; les bonnes habitudes se perdent aisément. J'espère vous voir demain.

A LA DUCHESSE DE LUYNES.

Mercredi 27 janvier 1751.

J'ai de grandes affaires ce matin, ainsi je n'ai que le temps de vous dire que ma fille est accouchée d'un garçon et s'en porte bien (1).

---

(1) Madame Infante, duchesse de Parme, venait de donner le jour au prince héréditaire Ferdinand-Marie-Louis, né le 20 janvier 1751.

Dieu nous en donne autant ici (1). J'attends mardi avec grande impatience, et vous embrasse de tout mon cœur.

Bonjour, Monsieur de Luynes.

A LA DUCHESSE DE LUYNES.

Jeudi 28 janvier 1751.

Je vous remercie du compliment que vous me faites ; cela m'a fait un vrai plaisir d'avoir un petit-fils ; jugez de celui que j'aurois si le bon Dieu nous exauce. Je serois bien fâchée qu'il n'y eût que moi qui priât pour cela, car je suis bien mauvaise. Faites-moi le plaisir d'écrire à M. de Pignatelli (2) et de renvoyer par mon exprès sa réponse, pour savoir quand il faut écrire à Parme, s'il a un courrier (3). Le jour de la poste n'étant que lundi, je voudrois écrire plus tôt, s'il se trouve une occasion. Autre commission, c'est de faire dire à ce pauvre M. de Saint-Aignan la part que je prends à la perte qu'il a faite (4), quoique je n'envoie pas chez lui ; mais je voudrois que vous l'en assuriez, il me fait une vraie pitié. Ma santé est assez bonne, à mon estomac près. Mandez-moi comment vous êtes ; dites bien des choses à M. de Luynes, et elles seront vraies ; je vous aime et embrasse de tout mon cœur.

A LA DUCHESSE DE LUYNES.

Vendredi 29 janvier 1751.

Vendredi, samedi, dimanche, lundi et puis mardi, et puis voilà tout ; Dieu merci ! je ne veux plus entendre parler de gales, je veux les voir ; tout ce qui vous a vu à Paris, qui est à peu près la Cour, ne vous a point trouvé changée ; jusqu'à Mme d'Antin, qui meurt de peur, m'a dit que vous ne lui en aviez fait aucune. Mes enfants m'ont assuré qu'ils n'en avoient aucune. Ainsi reprenons le commencement de ma lettre, et pour ne la pas allonger, je saute au mardi où je vous

---

(1) La Dauphine n'avait encore qu'une fille, née le 26 mars 1750. On parlait d'une nouvelle grossesse, et c'est à quoi la Reine fait allusion. Le petit-fils qu'elle désirait naquit le 13 septembre 1751 ; c'est le duc de Bourgogne, mort en 1761.

(2) Don François Pignatelli, ambassadeur du roi d'Espagne et chargé des affaires de Parme.

(3) Il semble curieux de rapprocher cet embarras où se trouve la Reine de faire parvenir une lettre à la duchesse de Parme, des facilités et de la rapidité de nos moyens de correspondance actuels.

(4) M. de Saint-Aignan venait de perdre Mme de Beauvilliers, sa seconde belle-fille, morte à Paris, le 26 janvier, de la petite vérole.

embrasse de tout mon cœur. Je vous remercie des commissions dont vous vous êtes acquittée. J'ai donné mes lettres à M. de Puisieux, qui me les avoit demandées.

Bonjour, Monsieur de Luynes.

A LA DUCHESSE DE LUYNES.

Samedi 30 janvier 1751.

Je n'ai qu'un petit moment pour vous écrire, avant de grandes affaires pour demain, mais je ne veux pas passer un jour sans savoir de vos nouvelles et vous assurer de l'impatience où je suis de vous voir.

Je suis fâchée contre l'estomac de M. de Luynes; je voudrois qu'il le punît en troquant le liquide contre le solide (1):

A LA DUCHESSE DE LUYNES.

Lundi 1er février 1751.

Pour le coup, Dieu merci, il n'y a plus que des heures à compter. Demain sera un joli jour. Je n'ai pas le temps de vous en dire davantage, car je suis un peu lasse. Je vous embrasse.

J'espère que je verrai M. de Luynes aujourd'hui.

LETTRE DU ROI DE POLOGNE, DUC DE LORRAINE, AU DUC DE LUYNES.

J'ai vu, mon cher duc, dans la lettre de M. Hulin, les marques de votre souvenir, auxquelles je suis trop sensible pour ne vous en pas marquer ma très-vive reconnoissance. Je profite en même temps de cette occasion pour vous faire mon compliment sur le rétablissement de Mme la duchesse de Luynes; j'épargne ses yeux encore foibles pour lui écrire; faites-moi, je vous prie, le plaisir de l'assurer que ma joie ne sauroit se comparer qu'à l'inquiétude extrême que j'ai eue sur sa maladie; tout ce qui m'intéresse à sa conservation et à votre satisfaction vous prouvera en toute occasion combien je suis de tout mon cœur votre très-affectionné

STANISLAS ROI.

A Lunéville, le 3 janvier 1751.

LETTRE DU ROI DE POLOGNE A LA DUCHESSE DE LUYNES.

Que ne puis-je assez vous exprimer, ma très-chère duchesse, combien je suis pénétré de ce que vous avez voulu fatiguer votre foible

---

(1) Le duc de Luynes mangeoit très-peu, et la Reine lui reproche quelquefois de boire plus qu'il ne lui sembloit bon de le faire pour sa santé.

main pour me donner une preuve, par là, certaine de votre convalescence ; ma reconnoissance ne peut s'égaler qu'à la joie suprême que me donne le rétablissement de votre précieuse santé après toutes les inquiétudes qui m'ont agité pendant votre maladie. Ce n'est pas à vous seule à qui j'en fais mon compliment ; je le dois encore à la Reine, la plus intéressée à votre conservation, et je peux dire que je m'en fais à moi-même de retrouver en vous une des plus respectables dames qu'elle puisse avoir. Vivez donc des années infinies pour la satisfaction de tous ceux qui ont le bonheur de vous connoître, et particulièrement pour la donner la plus sensible à celui qui est de tout son cœur votre affectionné

STANISLAS ROI.

A Lunéville, le 15 janvier 1751.

LETTRE DE MADAME INFANTE, DUCHESSE DE PARME, A LA DUCHESSE DE LUYNES.

A Parme, ce 23 février 1751.

Je suis enchantée, Madame, que vous vous soyez tirée aussi heureusement de la vilaine maladie que vous venez d'avoir ; j'ai prié la Reine de vous le dire, les incommodités de ma grossesse ne me laissant pas trop la maîtresse d'écrire. J'ai reçu votre lettre avec grand plaisir et vous remercie de tout ce que vous me dites sur mon heureux accouchement ; je souhaite bien vivement que Mme la Dauphine suive mon exemple et qu'elle s'en porte aussi bien que je fais, et qu'elle nous donne un duc de Bourgogne aussi fort que mon fils. Je vous prie, Madame, de faire mille compliments de ma part à MM. de Luynes et de Bayeux et de prier ce dernier de vouloir bien ajouter mes enfants à son mémento. Adieu, Madame, souvenez-vous toujours de moi et soyez bien persuadée de la tendre amitié que j'ai pour vous et avec laquelle je vous embrasse.

LOUISE-ÉLISABETH.

Du vendredi 5, Versailles. — J'ai oublié de marquer que le 31 janvier nous apprîmes à Paris la mort de M. de Sourcy ; il est mort ici d'accident ; il avoit soixante-douze ans. Il étoit dans l'usage de prendre des lavements, et il se les donnoit lui-même ; en faisant cette opération, il a trouvé de la résistance et a voulu la surmonter avec violence ; il s'est fait une grande excoriation au rectum dans la partie nerveuse, et il est mort en cinq heures de temps. Il y avoit trente-huit ans qu'il étoit au service du Roi. Il étoit pre-

mier gentilhomme de la vénerie, commandant l'équipage
sous les ordres du grand veneur. Depuis la mort du feu
Roi, M. le comte de Toulouse, grand veneur, avoit toujours
entretenu l'équipage du cerf en y mettant beaucoup de
son argent, car le Roi ne donnoit que 100,000 écus
pour tout, hommes, chiens et chevaux, et même le feu
Roi ne donnoit que 43 ou 45,000 livres; mais comme
M. de la Rochefoucauld, alors grand veneur, étoit obligé
de demander continuellement des suppléments de fonds,
ce fut en partie ce qui détermina le Roi à donner cette
charge à M. le comte de Toulouse. Lorsque le Roi commença à courre le cerf, M. le comte de Toulouse demanda
à être remboursé des avances qu'il seroit obligé de faire,
et cela fut accordé. Il y avoit alors quatre gentilshommes
pour le service de l'équipage, MM. de Sourcy, de Girval,
de Lasmarte et de Chastellux. M. de Girval ne se mêloit
uniquement que des chevaux de la vénerie; il étoit très-
bon homme de cheval, mais il n'avoit jamais acquis aucune connoissance ni sur les chiens ni sur la chasse.
Il y avoit outre cela deux pages de la vénerie, dont l'un
s'appeloit d'Youville; il a monté depuis à la place de
gentilhomme de la vénerie, lorsque M. de Chastellux s'est
retiré. Le Roi ayant voulu, il y a environ dix ans, former
une seconde meutte, aussi pour le cerf, y attacha particulièrement un de ces gentilshommes (je crois que ce fut
M. d'Youville), mais c'étoit sous les ordres de M. de
Sourcy, qui piquoit avec les deux équipages. Il sonnoit
fort bien, et portoit toujours une grande trompe, suivant
l'ancien usage. Il n'y a plus présentement que M. de
Dampierre, gentilhomme des plaisirs du Roi, commandant de l'équipage du daim; ci-devant du lièvre, autrement dit l'équipage vert, qui porte une grande trompe.
Cet équipage vert, nommé ainsi à cause de l'uniforme
des piqueurs, se paye sur la cassette du Roi. Les chevaux
sont fournis par la grande écurie, parce qu'il est indépendant de la vénerie.

La seconde meutte du cerf étant devenue presque aussi considérable que la première, le Roi en la laissant toujours sous les ordres du grand veneur l'a rendue indépendante de M. de Sourcy, pour qui c'étoit une trop grande fatigue de piquer avec les deux équipages. Alors M. de Lasmarte fut fait commandant de cette seconde meutte, et M. d'Youville rentra à la grande meutte. M. de Larmarte a été page de M. le comte de Toulouse parce qu'il a été mis à la vénerie ; il étoit d'une force singulière et a toujours beaucoup aimé la chasse. Par la mort de M. de Sourcy, il devient commandant de la vénerie sous les ordres de M. le duc de Penthièvre. Il aura avec lui M. de la Salle, qui de page de la vénerie en est devenu gentilhomme. M. d'Youville reprend le commandement de la petite meutte, indépendant comme je l'ai dit, et M. de Vaudelot (du Cambard), frère du capitaine des chasses de Rambouillet, demeure toujours commandant des chevaux de la vénerie. M. le comte de Toulouse, qui l'avoit fait venir de Normandie, quelque temps après son frère, pour le suivre à la chasse, lui donna la place de M. de Girval lorsque celui-ci ne fut plus en état de monter à cheval. Outre les appointements et pensions qu'avoit M. de Sourcy et les six chevaux qu'il avoit à son rang de la vénerie, le Roi lui en entretenoit dix de carrosse ou de chaise. On a fait un arrangement différent ; le Roi veut bien conserver deux chevaux de carrosse à la veuve de M. de Sourcy ; il en donne quatre à M. de Lasmarte et je crois deux à M. d'Youville.

Il y a eu ces jours-ci un petit arrangement dans l'intrinsèque des domestiques de la chambre du Roi. Le Sr Courdoumer, attaché au Roi de père en fils depuis longtemps, avoit la charge de porte-malle, dont les fonctions sont de suivre le Roi partout, à la chasse, en voyage, et de porter toujours, soit à cheval, soit dans une chaise faite exprès, ses bottes, son déshabillé et de quoi changer d'habit. Une autre charge, qui est aussi fort considérable, parce qu'elle approche de la personne du Roi, est celle de premier valet de garde-robe. Il y en a quatre, au lieu qu'il n'y a qu'un porte-malle. L'un de ces premiers valets de garde-robe, nommé Guignes, dont la charge vaut 40,000 écus, en vend la survivance à Courdoumer, pour le prix de 45,000 livres, dont 10,000 d'argent comptant, et outre cela 2,000 livres de pension viagère; et Courdoumer, entrant en exercice comme survivancier, vend sa charge de porte-malle 70,000 livres. Le Roi lui donne outre cela 2,000 livres de pension pour l'indemniser de celle qu'il fait à Guignes, à la mort duquel le bénéfice de cette pension lui reviendra sans nouvelle grâce. Le Roi a donné aussi audit Courdoumer une petite charge de 10,000 livres chez Mme la Dauphine, à l'établissement de la maison. Ce détail prouve que ceux qui s'attachent exactement et assidûment au service du Roi peuvent espérer d'être bien récompensés.

Il y eut aussi dimanche 31 janvier deux présentations: Mme la maréchale de la Mothe présenta Mme de la Roche-Courbon, dont j'ai parlé ci-dessus. Je ne l'ai point vue, mais on dit qu'elle est grande et a un assez beau teint. Mme de Talleyrand présenta aussi sa belle-fille (d'Antigny); elle est d'une taille médiocre, extrêmement grasse; d'ailleurs il n'y a rien à dire de sa figure.

Mardi, jour de la Chandeleur, le froid et la neige paroissant disposer le temps propre à pouvoir faire usage des traîneaux, le Roi donna ordre à M. le Premier pour qu'on les tînt prêts pour le lendemain. Cependant cette promenade ne se fit qu'hier, parce qu'on a voulu auparavant exercer les chevaux, qui ne sont nullement accoutumés à tirer ces sortes de voitures. Il y avoit dix-huit traîneaux. M. le Premier marchoit dans un traîneau avant tous les autres; dans le second M. le duc d'Ayen; dans le troisième le Roi et Madame, un cocher derrière; dans le quatrième M. le Dauphin et Madame Adélaïde, un cocher derrière ; dans le cinquième Madame Victoire seule, un cocher derrière ; dans le sixième Madame Sophie et Madame Louise, un cocher derrière. Les autres étoient remplis par des dames et des jeunes gens de la Cour. Mme la Dauphine n'y alla point; les soupçons de grossesse subsistent toujours, et les espérances commencent à paroître fondées. Le Roi monta en traîneau sous les fenêtres de Mme la Dauphine, et commença par faire deux ou trois tours sur la terrasse; ensuite il descendit en bas, alla à la Ménagerie, fit le tour du canal, revenant par Trianon.

La place de conseiller d'État de feu M. Turgot a été donnée à M. d'Auriac, maître des requêtes et secrétaire des commandements de la Reine, et la place que M. d'Auriac avoit au grand conseil a été donnée à M. de Caumartin, fils du feu conseiller d'État. Par un arrangement, M. de Fontanieu, intendant du garde-meuble, a été fait conseiller d'État ordinaire.

On vient d'apprendre la mort de M. de Gamaches, ci-devant comte de Cayeux; il avoit environ soixante-quatre ans. Il laisse trois garçons et une fille. L'aîné des garçons a par cette mort présentement 60,000 livres de rente, et le second a une belle terre auprès de Nemours, que l'on appelle d'Aigreville, qui vaut 15 ou 20,000 livres de rente. La fille est Mme du Rumain; elle avoit une sœur qui avoit épousé M. de Marnich; elle est morte et a laissé deux enfants; leur mère étoit nièce de M. l'abbé de Pomponne.

J'ai déjà parlé ci-dessus de l'affaire de M. de la Bourdonnais et du mémoire donné par la famille de M. Dupleix. Il a paru depuis un supplément au mémoire de M. Dupleix. Il y avoit longtemps que l'on attendoit le jugement de MM. les commissaires, qui travaillent depuis dix-huit mois à cette affaire. M. de la Grandville s'étoit retiré de la commission, ayant manqué à quelques jours de travail. Les mémoires de M. de la Bourdonnais, dont les matériaux ont été fournis par lui-même et mis en ordre par le Sʳ de Gennes, avocat au conseil, ont fait beaucoup d'honneur à l'un et à l'autre, et ont intéressé le public en faveur de M. de la Bourdonnais. Enfin le jugement fut prononcé mercredi dernier, et quoiqu'il eût été resserré quelques jours auparavant suivant l'usage, il a été pleinement justifié; mais comme il dit dans un de ses mémoires, on ne lui rendra ni ses dents, qu'il a perdues dans sa prison, ni sa santé, qui est fort altérée par trois attaques d'apoplexie qu'il a eues.

Du dimanche 7, *Versailles.* — J'ai appris aujourd'hui que les arrangements pour Chambord furent faits le 3 de ce mois. Le Roi donne à M. de Frise, neveu de M. le maréchal de Saxe, Chambord, sur le même pied qu'il étoit à M. de Saxe. Par cet arrangement, M. de Saumery continuera à jouir des 10,000 livres que le Roi lui accorda par dédommagement en 1745, lorsque le Roi donna Chambord à M. de Saxe sa vie durant. Ces 10,000 livres sont pour le bénéfice que M. de Saumery pouvoit tirer du parc de Chambord, et sont indépendants des 5,000 ou 6,000 que vaut le gouvernement de Chambord, dont il continue de jouir. Ce qui a déterminé vraisemblablement S. M. est la clause du testament de M. de Saxe, par laquelle il laisse à M. de Frise tous les meubles tant du château que ceux destinés pour l'établissement du régiment qu'il a mis à Chambord, au cas qu'après sa mort le Roi voulût bien lui donner la jouissance de ce château et du parc. Le Roi conserve 360 chevaux pour les dragons faisant partie du régiment des hullans qui étoient à Chambord. Les chevaux de ce régiment, qui étoient de 1,000, appartenoient au Roi; le Roi n'en gardant que 360, le surplus doit monter à 640 sauf le non-complet. Ce qui s'en trouve existant sera vendu au profit du Roi; mais outre ces 1,000 chevaux, M. de Saxe en avoit encore 200 ou 250 qui seront vendus au profit de la succession. On doute que le total de cette succession au moins du bien qu'on connoît en France puisse suffire à acquitter les dettes.

M. de l'Hôpital arriva de Naples ici le 5 de ce mois; il a passé à Parme, à Modène et à Turin. Il ne retournera plus à Naples; il vient ici exercer la charge de premier écuyer de Mesdames, dont il prêta serment, le 6, entre les mains du Roi. Je crois avoir déjà marqué qu'il a l'ordre de Saint-Janvier.

Il y a quatre ou cinq jours que M. l'archevêque de Paris apporta ici un mémoire au Roi contenant les plus vives expressions de la douleur où est le Clergé d'imaginer qu'il a pu déplaire à S. M., et du désir qu'il auroit qu'on pût trouver les moyens d'accorder son goût et son inclination avec sa conscience et son devoir. Le Roi reçut très-bien ce mémoire, et le remit ensuite à M. le garde des sceaux. En conséquence il a paru que M. le garde des sceaux avoit quelque volonté d'entrer en détail sur l'affaire du Clergé. Il eut une conférence, il y a trois jours avec mon frère, qui me parut extrèmement content de la douceur et de la politesse qu'il trouva dans cette conversation. Cependant, le même jour et à la même heure, M. Pasquier, conseiller au Parlement et intime ami de M. le garde des sceaux, dénonça au Parlement, les chambres assemblées, le procès-verbal de l'assemblée du Clergé de 1750 et l'extrait des anciennes assemblées, comme des écrits attentatoires à l'autorité royale. Sur cela, il y eut trois avis différents. Les uns dirent qu'il falloit communiquer cette proposition à MM. les gens du Roi; d'autres, que cette communication étoit inutile dès que c'étoit un de Messieurs de la Cour qui faisoit cette proposition. La troisième opinion, qui prévalut, fut de remettre cette délibération à la huitaine. M. le premier président doit venir ici demain recevoir les ordres du Roi.

M. de la Bourdonnais sortit de la Bastille le 5 de ce mois. Sa femme alla ce jour dîner avec lui à la Bastille; elle avoit remis au gouverneur l'ordre du Roi pour faire sortir son mari; cet ordre étoit nécessaire après le jugement, et elle étoit venue ici le solliciter auprès de M. d'Argenson. Le peuple de Paris prenoit un si grand intérêt à M. de la Bourdonnais, que jusqu'à la rue d'Enfer, où il loge, il y avoit une affluence de monde prodigieuse pour le voir passer.

Le jugement prononcé en faveur de M. de la Bourdonnais n'a pas été tout d'une voix. Le président de la commission avoit opiné pour un plus amplement informé pendant trois ans et garder prison. Un autre avis, plus doux, fut celui du rapporteur; c'étoit un plus amplement informé pendant un an, sans garder prison. Il y eut une troisième opinion, pour mettre M. de la Bourdonnais hors de cour et de procès sans prononcer sur sa justification, et enfin une quatrième, pour le renvoyer absous. Ces différentes opinions se réduisirent à deux; l'une hors de cour et de procès, l'autre la justification entière. S'il y avoit eu six juges d'une opinion contre quatre, l'avis des six auroit prévalu; mais lorsqu'il y a égalité dans le partage des voix, ou une seule voix de plus d'un côté dans une affaire criminelle, la règle est de suivre toujours la plus favorable. Comme il ne se trouva donc que cinq voix contre quatre, M. de la Bourdonnais fut renvoyé absous.

M. l'archevêque de Paris vint ici, il y a cinq ou six jours, demander au Roi des ordres pour que l'hôpital général pût toucher le quart que l'on a accoutumé de fournir sur le produit de l'Opéra et de la Comédie en faveur des pauvres. Ce quart, qui s'est trouvé monter à environ 100,000 écus, avoit été perçu très-régulièrement l'année dernière; mais M. de Richelieu, qui étoit d'année, avoit obtenu du Roi que l'on gardât cette somme pour des embellissements à faire à l'Opéra et à la Comédie et à des gratifications, et que le Roi suppléeroit au soulagement des pauvres par d'autres fonds; les représentations de M. l'archevêque ont eu tout l'effet qu'il désiroit, et l'hôpital a touché les 100,000 écus.

Il y a eu aujourd'hui deux signatures de contrat de mariage; l'un de M. Dufour, fils de la première femme de chambre de Mme la Dauphine, avec la fille du fameux Hébert, marchand au palais, laquelle aura beaucoup de bien. Ce M. Dufour a été ministre du Roi à Coblentz. L'autre contrat de mariage est celui de M. de Murinais avec Mlle de Saint-Chaumont. M. de Murinais est homme de condition de Dauphiné; son nom est Auberjon. Il a servi toute sa vie dans le régiment de cavalerie de Grignan, depuis Flèche, Luynes, Chevreuse, Ancenis, Brancas et présentement des Salles. Son frère en est encore lieutenant-colonel. M. de Murinais [le père] est fort connu par une balle qu'il reçut à Hochstett, qui lui traversa les deux joues et qui l'a obligé de porter depuis ce temps deux grandes mouches. Il épousa il y a plusieurs années Mlle de Brèves, de Bourgogne, dont il a eu une fille, qui est mariée en Piémont [au marquis de Costa], et deux garçons, qui ont été tous deux pages de la chambre. Le cadet est chevalier de Malte; l'aîné est dans la gendarmerie. C'est cet aîné qui épouse Mlle de Saint-Chaumont. Elle a environ vingt ans et la vue fort basse, parce qu'elle a eu des cataractes pendant longtemps, qu'on ne lui a baissées que depuis peu. Elle a 15 ou 18,000 livres de rente. Son père étoit la Vieuville et s'appeloit Saint-Chaumont. On dit qu'ils ont retranché une lettre et que présentement ils ne s'appellent plus que Saint-Chamont (1). Le père et la mère sont morts. La mère étoit Gruyn, sœur de Mme de Cambise.

C'étoit aujourd'hui jour des étrangers; M. le Dauphin a eu l'attention de dire que l'on fît entrer les ministres étrangers avant les contrats, et cette attention a fait grand plaisir aux ministres étrangers.

M. de Bellegarde, beau-frère de feu M. le maréchal de

---

(1) Le *Dictionnaire de la noblesse* de Lachenaye-Desbois dit en effet. tome I, p. 489) Saint-Chamont.

Saxe et son légataire universel, a été présenté au Roi aujourd'hui par M. de Verneuil ; il est envoyé de la cour de Saxe à celle de Turin ; il est fils de M. d'Antremont, qui a été ici ambassadeur de Turin, et de Mlle d'Ogletorp, sœur de Mme de Mézières et tante de Mme de Montauban ; il est venu ici par rapport aux affaires de la succession de M. de Saxe.

Du mercredi 10, Versailles. — M. le chancelier Daguesseau mourut hier, à onze heures du matin, dans la maison de la Chancellerie à Paris, à la place de Vendôme, où il avoit toujours continué de loger. J'ai marqué dans le temps que c'étoit une grâce que M. de Blancmesnil avoit demandée au Roi. M. le chancelier Daguesseau avoit quatre-vingt-quatre ans. Il étoit depuis longtemps incommodé de grands maux de reins, et en dernier lieu d'une rétention d'urine qui a été cause de sa mort. Il s'étoit acquis une grande réputation de science et d'éloquence dès le temps qu'il étoit procureur général. Il savoit beaucoup et avoit toujours eu une conduite remplie de vertu et de sagesse. On lui a reproché d'être souvent embarrassé dans les différentes combinaisons qu'il apercevoit dans une affaire et entre lesquelles il avoit peine à se déterminer. Cet embarras avoit augmenté sur la fin de sa vie ; il l'avoit senti lui-même ; et voyant que ses infirmités l'empêchoient de travailler autant qu'il étoit nécessaire, il s'étoit déterminé à donner sa démission. J'ai marqué dans le temps sa retraite, et que le Roi avoit bien voulu lui conserver 100,000 livres de rentes, dont 60,000 sur le trésor royal ; j'ai marqué que les 40,000 autres étoient sur la charge de chancelier ; mais il n'y en avoit que 20,000 sur cette charge, les 20,000 autres étoient sur les sceaux. Ces deux parties rentrent dans l'état ordinaire, 20,000 livres à M. le chancelier et 20,000 livres à M. le garde des sceaux. Par la même raison, les 60,000 livres retourneroient au profit du Roi en entier, si S. M. n'avoit pas permis à M. le chancelier Daguesseau de disposer de 25,000 livres de rente viagère, sur les 60,000, en faveur de qui il jugeroit à propos dans sa famille; en conséquence, M. le chancelier avoit arrangé que M. Daguesseau, son fils aîné, auroit 12,000 livres de rente; M. de Fresnes, son second fils, 8,000 livres, et les 5,000 livres partagées entre les enfants de sa fille, veuve de M. de Chastellux (1).

La Reine a demandé ce matin au Roi de vouloir bien accorder à Mme de Chevreuse, sa belle-fille, la survivance de la charge de sa dame d'honneur, et le Roi a bien voulu y consentir. Pendant la maladie de Mme de Luynes, le Roi avoit été importuné des demandes qui lui avoient été faites pour cette place, que beaucoup de gens croyoient être bientôt vacante. Le Roi, connoissant Mme de Chevreuse, pour qui il a de l'estime et de la bonté, avoit imaginé qu'elle pourroit être agréable à la Reine; mais sachant que M. et Mme de Chevreuse avoient toujours paru fort aimer leur liberté et se faisoient un grand plaisir de passer une partie de leur vie à Paris, et l'autre partie à Dampierre, il crut que cet engagement ne conviendroit point

---

(1) Je n'ai pas fait dans cet article assez d'éloge des lumières, de l'ornement d'esprit, de la sagesse et de la justesse des réflexions et des réponses de M. le chancelier Daguesseau. On me contoit hier la réponse qu'il fit au nonce Bentivoglio. M. le chancelier avoit eu ordre de se retirer à Fresnes; cet exil n'avoit rien diminué de la juste considération qu'on avoit pour lui; le nonce alla le voir; M. le chancelier le reçut dans son cabinet; le nonce y voyant une bibliothèque nombreuse lui dit en badinant: « C'est ici, Monsieur, que l'on forge les foudres contre le Vatican. — Dites plutôt le bouclier, dit M. le chancelier. » On sait que la maxime a toujours été non pas d'attaquer Rome, mais de défendre les libertés de l'Église gallicane.

Une autre circonstance qui prouve la mémoire prodigieuse de M. le chancelier, c'est ce que me contoit hier M. l'archevêque de Rouen (Tavannes). Boileau Despréaux étoit fort ami de M. Daguesseau; il connoissoit l'étendue de son esprit, et se faisoit un plaisir de lui montrer ses ouvrages. Il lui apporta son épître sur l'amour de Dieu, aussitôt qu'elle fut faite. M. Daguesseau l'écouta avec beaucoup d'attention; et voulant profiter de l'avantage de sa mémoire pour donner quelque inquiétude à Despréaux, il lui dit qu'il étoit fort content de son ouvrage, mais qu'il croyoit que cela n'étoit pas absolument neuf. (*Addition du duc de Luynes*, datée du 16 février.)

à Mme de Chevreuse; il lui en fit parler, et fut fort aise de
savoir que dès qu'il lui faisoit l'honneur de songer à elle,
elle ne connoissoit plus d'autres volontés que la sienne.
Mais Mme de Chevreuse demanda en grâce qu'il n'y eût
rien de fait, non-seulement que du consentement de
Mme de Luynes, mais même que par elle. L'idée de demander cette grâce à la Reine étoit venue dans l'esprit
de Mme de Luynes pendant sa maladie; elle vouloit en
écrire à la Reine; mais comme elle avoit alors une fièvre
assez considérable, elle n'eut pas la force d'écrire. Presque aussitôt qu'elle fut arrivée à Paris, M. de Puisieux vint
lui parler, de la part du Roi, de l'arrangement auquel
S. M. avoit songé. Mme de Luynes, qui a toujours agi avec
Mme de Chevreuse comme si elle eût été sa propre fille,
accepta avec plaisir une proposition aussi conforme à ce
qu'elle désiroit; il fut convenu qu'elle en parleroit à la
Reine dès qu'elle pourroit la voir en particulier, mais
comme d'une grâce qu'elle lui demandoit avec la dernière instance. Nous gardâmes tous le secret avec une
grande exactitude, mais je ne sais par quel hasard ceux
qui pouvoient en être instruits d'ailleurs n'observoient
pas le même silence; le public en parla, et ce projet d'arrangement fut su de tant de gens que Mme de Courcillon
chargea M. le comte de Pontchartrain d'en faire compliment à la Reine. Tout Paris en parloit, et ces bruits qui
nous revenoient à tous moments, et auxquels nous ne pouvions répondre que par une négative absolue, augmen-
toient l'impatience extrême que Mme de Luynes avoit d'en
parler à la Reine. Dans le temps du départ de Mme de
Luynes pour Paris, la Reine avoit arrangé qu'elle iroit au
bout de huit jours à Sèvres chez Mme d'Armagnac où elle lui
donneroit rendez-vous. Mme de Luynes avoit compté avoir
sa conversation dans ce voyage de Sèvres; mais le froid
et le vilain temps le fit d'abord différer et ensuite rom-
pre. Le jour que Mme de Luynes arriva ici, il ne lui fut
pas possible de parler à la Reine; elle lui demanda seu-

lement la permission d'aller le lendemain dans ses cabinets. Ce fut donc le mercredi 3 qu'elle vit la Reine dans ses cabinets, entre la messe et le dîner; elle lui demanda la survivance de sa charge pour Mme de Chevreuse, comme une grâce qui contribueroit au bonheur de sa vie. La Reine la reçut avec beaucoup de bonté, mais elle lui dit qu'elle connoissoit peu Mme de Chevreuse, qu'elle ne lui donnoit nullement l'exclusion, mais qu'elle demandoit quelques jours pour s'y déterminer. Elle fit dire peu de jours après à Mme de Luynes par Mme la duchesse de Villars la même chose; mais au bout de quelques jours, elle manda à Mme de Luynes de la venir trouver dans ses cabinets; ce fut le mardi 9. Elle lui dit qu'elle consentoit à la proposition de la survivance pour Mme de Chevreuse, qu'elle en parleroit le lendemain matin au Roi, « mais ce n'est qu'à condition, ajouta la Reine, que M. de Luynes et vous, ne me quitterez jamais tant que je vivrai. » Ces paroles furent accompagnées de toutes les marques de l'amitié la plus tendre et la plus sincère. Le lendemain 10, la Reine parla au Roi à son lever, et la grâce fut accordée sur-le-champ. J'avois remercié la Reine dès le mardi dans ses cabinets, et elle m'avoit répété, avec beaucoup de grâce, la condition qu'elle exigeoit de Mme de Luynes et de moi. Le mercredi, je me rendis chez le Roi, au retour de la messe; M. de Gesvres, qui est d'année, me fit entrer dans le cabinet du conseil. Le Roi, qui étoit auprès de sa cheminée, m'ordonna de m'approcher de lui, et me prenant les deux mains avec un air de bonté et de satisfaction dont on ne peut être assez touché, me dit : « C'est à la Reine qu'il faut faire compliment; elle m'a bien dit qu'elle comptoit que Mme de Luynes ni vous ne la quitteriez jamais; j'en serai fort aise, parce que je vous verrai davantage. »
Il est certain que si j'avois été lui faire compliment sur l'événement le plus heureux de son règne, il ne m'auroit pas mieux reçu. C'étoit le jour où le premier président, mandé seul par le Roi, attendoit le moment de lui parler;

malgré cela S. M., ayant aperçu mon frère à la porte du cabinet, s'avança dans sa chambre, et reçut avec bonté et gaieté les nouveaux remercîments de mon frère, auquel M. l'ambassadeur d'Espagne (Pignatelli) joignit les siens avec beaucoup d'amitié. Mme de Chevreuse et lui sont de même maison.

Du jeudi 11, *Versailles*. — M. le chancelier Daguesseau a été enterré aujourd'hui ; il a été porté à Auteuil sans cérémonie, comme il l'avoit marqué par son testament. Il a désiré d'être enterré auprès de feu Mme la chancelière, qui mourut, comme l'on sait, ayant voulu être traitée jusqu'à la fin de ses jours par Gendron. Lorsque l'on observe le grand cérémonial pour l'enterrement des chanceliers, ce qui ne se fait que lorsqu'ils sont morts revêtus de la charge, le Parlement et toutes les cours supérieures doivent y assister, et ils y sont invités de la part du Roi. Le chancelier a toujours été la seconde charge de la Couronne ; il n'y avoit que le connétable devant lui, et anciennement même c'étoit un prince du sang qui conduisoit le convoi du chancelier. Cet usage n'existoit plus à la mort du chancelier Boucherat, mais il fut enterré en grande cérémonie en 1699, le 15 septembre.

On a appris aujourd'hui que M. le marquis d'Albert est mort presque subitement, à Paris ; il étoit chef d'escadre. Leur famille est originaire du comtat d'Avignon ou de Provence. Son père, qui est président au parlement de Provence, avoit extrêmement désiré que mon grand-père, M. de Chevreuse, le reconnût pour parent, et M. de Chevreuse lui ayant toujours répondu qu'il ne demandoit pas mieux lorsqu'il lui en fourniroit des preuves, nous avons été longtemps sans entendre parler de ce projet de parenté. M. d'Albert qui vient de mourir, et que l'on appeloit alors le chevalier d'Albert, arriva à Paris il y a vingt-cinq ou trente ans ; il étoit dans la marine, et il servoit fort bien ; il aimoit beaucoup son métier. Il fit connoissance avec feu M. le chevalier de Luynes, mon grand-oncle, Mme de

Verue, ma grande-tante, Mme de Carignan, Mme de Sassenage,
M. le maréchal de Chaulnes; il fut question de la parenté;
Mme de Sassenage sollicita vivement pour que nous le reconnussions tous pour parent. Toutes les personnes de ma famille que je viens de nommer y étoient toutes fort disposées; pour moi, je répondis toujours comme mon grand-père, que j'y consentirois avec plaisir lorsque je verrois des titres. M. d'Albert fit venir ces titres il y a quelques années, et par l'examen on ne trouva que des vraisemblances sans réalités. Je persistai donc plus que jamais dans mon sentiment, en disant que je connoissois toute l'application avec laquelle M. d'Albert avoit servi, sa capacité, son génie, ses talents, sa valeur, mais que ce n'étoit que les titres qui faisoient la parenté. On a cru pendant quelque temps que le motif de ce refus étoit parce que M. d'Albert n'avoit pu obtenir l'honneur de manger avec le Roi. C'étoit pendant le ministère de M. le cardinal de Fleury. M. d'Albert, qui étoit en effet un officier de grand mérite, devoit épouser une de Mlles de Nesle, c'étoit Mme de Châteauroux ou Mme de Flavacourt, et l'on demandoit pour condition s'il seroit décidé qu'il mangeroit avec le Roi. M. du Muy demandoit la même grâce pour son fils; je ne sais si l'une de ces demandes fit tort à l'autre; ce qui est certain, c'est que M. d'Albert, comme fils de président, ne put obtenir cet honneur, et le projet de mariage fut rompu. Ce refus n'auroit rien fait sur la reconnoissance de parenté qu'on me demandoit, si on avoit pu me produire des titres suffisants pour la prouver, et la distinction avec laquelle M. d'Albert avoit servi étoit une raison pour le désirer. Il épousa il y a quelques années Mlle d'Harville, qui n'étoit point parente de feu M. d'Harville, père de Mme de Verneuil; il n'en a pas eu d'enfants, mais elle croit être restée grosse de trois mois. M. d'Albert s'enfermoit aux verroux tous les matins dans son cabinet pour travailler; on l'a averti à onze heures et ensuite à midi; cette seconde fois on a cru entendre à sa voix qu'il se trouvoit

mal ; on a regardé par le trou de la serrure, et on l'a vu étendu par terre. Ses gens ont forcé la porte ; il étoit en apoplexie, la paralysie déjà formée ; il n'a eu que le temps de dire : « qu'on ne me saigne pas. » Il pouvoit avoir soixante-sept ou soixante-huit ans. Il a été chargé pendant quelque temps du dépôt de la marine ; il y avoit fait un travail très-grand et très-utile ; on lui reprochoit un peu de vivacité et d'inquiétude, à cela près c'étoit un grand officier.

Il y eut hier une course de traîneaux dont la liste est ci après : M. le Premier, M. le duc d'Ayen et M. de Maillebois, le Roi et Madame Adélaïde, M. le Dauphin et Madame, Madame Victoire et Madame Sophie, Madame Louise et Mlle de Charleval, Mme de Civrac menée par M. de Champcenetz, M. le duc de Chartres, Mme la marquise de Pompadour, M. le prince de Turenne, M. le marquis de Villeroy, M. le comte de Lorges et M. de Talaru, Mme de Brissac, M. et Mme de Croissy, M. le comte de Noailles, M. le comte de la Suze et M. de Poyanne, Mme la comtesse d'Estrées et M. d'Estaing le dragon, M. de Lislebonne, MM. de Croissy montant le cerf.

Du dimanche 14, *Versailles.* — Mme de Chevreuse a prêté serment aujourd'hui entre les mains de la Reine, suivant l'usage. La Reine a voulu que ce fût au sortir de son dîner, afin qu'il y eût moins de monde et que Mme de Luynes puisse y être. Mme de Luynes, qui n'a pas encore osé paroître à cause des marques de la petite vérole, s'est habillée en grand habit et est entrée chez la Reine lorsque S. M. sortoit de table. Mmes d'Egmont (Duras et Villars), Mme de Chevreuse et Mme de Pignatelli s'y sont aussi trouvées. On sait que la règle est que dès que la Reine a fini son dîner et qu'elle prend son café, quoiqu'elle ne se lève pas de table, l'huissier fait passer ; il ne reste plus que ceux et celles qui ont les entrées ; les dames du palais et qui n'ont point d'entrées sortent dans ce moment. Dans l'assemblée de famille que je viens de nommer, il n'y avoit que M. et Mme de Pignatelli et mon frère qui n'eussent pas d'entrées; mais la Reine a permis qu'ils restassent. Le fauteuil de la Reine étoit dans la même place que pour le dîner; Mme de Luynes a demandé un carreau, qu'un garçon de la chambre a mis devant la Reine. Mme de Chevreuse, qui avoit ôté ses gants, s'est mise à genoux sur le carreau, ayant ses mains entre les mains de la Reine. M. Rossignol de Balagny, secrétaire des commandements de la Reine, a lu le serment dans la forme accoutumée. La Reine a deux secrétaires des commandements, qui servent chacun pendant six mois. Mme de Chevreuse, sachant que M. d'Auriac, qui est de semestre, est malade, a envoyé d'abord chez lui et ensuite chez M. de Balagny pour le prier de vouloir bien se rendre ici. La Reine, qui avoit fait l'honneur à Mme de Luynes de l'embrasser dès qu'elle l'a vue paroître dans sa chambre, lui a donné encore cette même marque de bonté après le serment prêté, et lui a encore dit positivement : «C'est à condition que vous ne me quitterez point tant que je vivrai.» Mme de Chevreuse donne pour le serment 200 louis, comme les a donnés Mme de Luynes, en 1735. Il y a outre cela quelques frais pour l'expédition du brevet, mais cela est peu considérable. Lorsque la grâce eut été demandée par la Reine et accordée par le Roi, M. de Saint-Florentin, après avoir pris vraisemblablement les ordres de S. M., écrivit à M. d'Auriac pour qu'il fît expédier le brevet dans le cas d'une survivance. L'expédition du brevet ne peut se faire que sur un brevet signé de la titulaire. Mme de Luynes en a donné un dont on trouvera ci-après la copie (1). L'expé-

---

(1) Nous, duchesse de Luynes, dame d'honneur de la Reine, consentons qu'en conséquence de la grâce qu'il a plu à S. M. d'accorder à Mme Henriette-Nicole d'Egmont Pignatelli, duchesse de Chevreuse, elle jouisse dès à présent, à titre de survivance, de la charge de dame d'honneur, dont nous avons celui d'être pourvue, qu'elle en ait l'exercice et en fasse les fonctions en notre absence, qu'elle en soit et demeure titulaire après nous, et qu'à cet effet toutes lettres nécessaires lui en soient expédiées et délivrées.

Fait à Versailles, le 12e jour de février 1751.

LA DUCHESSE DE LUYNES.

dition du brevet se fait au bureau de la maison de la Reine;
il est porté ensuite chez M. de Saint-Florentin, qui met le
sceau comme chancelier de cette maison. Mon frère me
faisoit observer aujourd'hui que lorsqu'il prêta serment
entre les mains de Mme la Dauphine pour la charge de son
premier aumônier, ce fut M. de Saint-Florentin qui lut
le serment et non pas le secrétaire des commandements
de Mme la Dauphine. Elle avoit cependant les deux mêmes
qui avoient été à la première Dauphine; mais ils n'avoient
pas encore prêté serment à leur nouvelle maîtresse, et
par conséquent ne pouvoient faire les fonctions de leurs
charges. Le secrétaire des commandements prête serment
entre les mains de la maîtresse à laquelle il est attaché.

Au sortir du salut, les Suisses ont fait demander par
Mme de Chevreuse la permission à la Reine de faire leur
exercice ordinaire devant elle dans l'appartement; ils
sont en culottes rouges et en chemises; ils ont un Arle-
quin et un Scaramouche. Leur exercice est une espèce
de danse au son du fifre et du tambour. La Reine l'a
trouvé bon; et, étant revenue dans son salon, elle a fait
laisser la porte de la galerie ouverte, et elle a resté une
demi-heure à regarder cette espèce de danse qui s'est
faite dans la galerie.

Du lundi 15, Versailles. — Dans le détail de ce que
j'ai écrit de ce qui s'est passé par rapport à Mme de Chevreuse, j'ai oublié de marquer qu'après avoir fait dans
le premier moment ses remercîments à la Reine, elle fit
demander au Roi, par mon fils, à Bellevue, si elle ne
devoit pas attendre d'avoir l'honneur de le remercier
avant que d'aller chez M. le Dauphin, Mme la Dauphine
et chez Mesdames, et le Roi lui fit dire que c'étoit sans
difficulté. Mon fils avoit fait son remercîment à Bellevue
même. Ce ne fut qu'au retour de Bellevue, le vendredi
dernier, 12 de ce mois, que Mme de Chevreuse, précédée
de Madame sa mère et suivie de Mesdames ses deux belles-
sœurs, eut l'honneur de remercier le Roi dans ses cabi-

nets; après quoi elle alla chez M. le Dauphin, Mme la Dauphine et chez Mesdames.

Sous le règne du feu Roi, monter dans les traîneaux étoit comme monter dans les carrosses du Roi. Les carrosses du Roi dans lesquels l'on avoit l'honneur d'entrer dans toutes les dernières années de Louis XIV, ce qui remonte bien haut, c'étoit les carrosses de Monseigneur, car le Roi alloit seul dans une calèche; mais il ne montoit dans les traîneaux que ceux qui pouvoient monter dans les carrosses. Cet usage est changé; car M. de Champcenetz, premier valet de chambre, qui mène très-bien, eut ordre de mener un traîneau; il mena Mme de Civrac.

Ce même jour des traîneaux et de mon remerciment, le premier président, comme je l'ai marqué, attendoit dans la chambre du Roi le moment que S. M. le fît entrer. Ce fut fort peu de temps après moi. Le Roi laissa M. de Saint Florentin et M. de Gesvres dans le cabinet du conseil, et passa avec M. le premier président dans sa chambre à coucher. Après quelques moments de conversation dans l'embrasure d'une fenêtre, le premier président tira de sa poche un papier qu'il remit au Roi. Le Roi passa ensuite de sa chambre dans le grand cabinet qui est par delà. S. M. demanda du papier pour écrire; on lui en apporta une feuille, il la rendit, et dit que c'étoit un cahier qu'il vouloit; il fut encore quelque peu de temps enfermé, et revint ensuite faire la conversation à l'ordinaire. Après quoi, le premier président se retira. Tout ce qu'on sut de cette conversation dans le jour fut que le Roi avoit défendu que le Parlement délibérât sur l'affaire du Clergé, voulant qu'on lui en rendît compte auparavant.

J'ai déjà parlé dans mes Mémoires du rang prétendu par M. de Monaco. J'en raisonnois il y a quelques jours avec M. de Gesvres; il me dit que M. de Monaco avoit eu l'honneur de danser avec Mesdames. Ce fut Mme de Tallard

qui obtint pour lui cet honneur, et il est certain que
dans les bals arrangés il n'y a que les gens titrés qui
doivent avoir l'honneur de danser avec Mme la Dauphine
et avec Mesdames. En conséquence, M. de Monaco, qui
n'a cependant en effet aucun rang ici, demanda d'avoir
l'honneur de saluer Mme la première Dauphine à sa présentation; et il la salua, distinction, cependant, réservée
aux seuls gens titrés. Lorsqu'il fut question d'être présenté à Mme la Dauphine d'aujourd'hui, il demanda le
même honneur; on lui refusa; depuis ce temps il l'a
obtenu; cependant lorsque Mmes Sophie et Louise sont
arrivées, il n'a pu obtenir de les saluer. Et lorsque son
frère, M. le marquis de Matignon, mourut, le Roi ne lui
fit point l'honneur d'envoyer chez lui. Dans le temps qu'il
fut question du mariage de M. de Monaco avec Mlle de
Villars (aujourd'hui Mme d'Egmont), on voulut savoir si
en effet M. de Monaco avoit réellement un rang; on le
demanda au Roi, qui répondit nettement qu'il n'en avoit
point. Il a été question aussi du mariage de M. de Monaco
avec Mlle de Bouillon (aujourd'hui princesse de Rohan);
il auroit eu un rang parce que son père se devoit démettre
de son duché; mais le mariage ayant été rompu, il n'a
plus été question de démission. Je raconte les faits sans
faire aucun raisonnement. Ce qui est certain, c'est que
nous avons deux exemples d'un rang obtenu en conséquence d'une démarche hasardée. Le prince de Talmond,
qui est mort lieutenant général, étant à un bal, alla
prendre Mme la duchesse de Bourgogne pour danser; cet
honneur étoit réservé aux gens titrés; il fut question de
savoir ce qui devoit être. Le Roi étoit dans ce moment
chez Mme de Maintenon; on envoya prier M. le duc de
Tresmes, qui étoit dans le cabinet avant la chambre, de
demander l'ordre du Roi; M. de Tresmes n'osant ouvrir
la porte gratta; le Roi avec l'air un peu fâché lui demanda
pourquoi il n'avoit pas ouvert. A l'égard de M. de Talmond, il décida qu'il ne devoit pas avoir l'honneur de

danser avec Mme la duchesse de Bourgogne, mais que puisqu'il l'avoit prise pour danser, il ne vouloit pas l'en empêcher, pour ne point faire de peine à Madame, à qui M. de Talmond avoit l'honneur d'appartenir. Lorsque M. de Talmond épousa Mlle de Bullion, sœur de Mme la duchesse d'Uzès douairière, on dit au Roi que le mariage ne pouvoit se faire qu'à condition qu'il auroit les honneurs, et on cita l'exemple du bal comme une preuve qu'elle avoit déjà bien voulu lui permettre d'en jouir. Ces raisons servirent au moins à lui faire obtenir une nouvelle grâce; il eut un brevet dont il jouit toute sa vie. M. de Châtellerault, son fils, obtint la même grâce lorsqu'il se maria.

On trouvera ci-après le détail de ce qui s'est passé au Parlement le vendredi 12 de ce mois au sujet de l'affaire du Clergé. Il ne fut point question, vendredi dernier 12 de ce mois, des ordres du Roi au sujet de la dénonciation du procès-verbal. Les chambres étant assemblées, M. Pasquier dit que, malgré l'importance de la dénonciation, son sentiment seul l'avoit porté à faire aux chambres assemblées vendredi dernier, qui intéresse la conservation des maximes du royaume, cependant, toujours disposé à profiter des lumières de ses confrères et à se conformer aux vues de sagesse qu'il croyoit devoir suivre, ayant d'ailleurs appris certaines circonstances qu'il ignoroit alors, il croyoit qu'il étoit convenable que la compagnie ne délibérât pas sur cette dénonciation; alors tout le monde s'en est allé. C'étoit ainsi (dit-on) que M. Pasquier devoit parler; au lieu de ces termes il a dit qu'il croyoit convenable que la compagnie suspendît quant à présent de délibérer sur cette dénonciation.

Il y eut encore samedi 13 une promenade en traîneaux comme celle du mercredi 10. Le Roi alla en traîneau à Trianon; il en est revenu aujourd'hui aussi en traîneau.

M. de Pollorouski, colonel de hussards, est venu aujourd'hui faire sa révérence à la Reine ; il lui a dit que vendredi dernier, étant en chemin de Châlons à Paris, il avoit trouvé une voiture culbutée auprès de Paroy ; qu'elle étoit tombée dans un trou de 8 ou 10 pieds de haut ; qu'ayant demandé à qui appartenoit la voiture, on lui avoit dit que c'étoit à M. le marquis de Boufflers, capitaine des gardes du roi de Pologne. On lui a ajouté que M. de Boufflers voyageant la nuit avec M. de Chimay, son neveu, sa voiture avoit versé très-rudement ; qu'il s'étoit si considérablement blessé, qu'il n'avoit vécu qu'une demi-heure, et qu'on avoit emporté son corps dans une charrette du côté de Châlons. M. de Pollorouski dit qu'en effet il avoit trouvé quelque temps auparavant une charrette avec de la paille, et un homme dans cette charrette, mais qu'il ne savoit pas que ce fût M. de Boufflers, ni qu'il fût mort. M. de Boufflers avoit, dit-on, avec lui deux domestiques, qui étoient allés en avant à la poste pour faire préparer des chevaux ; c'est là qu'ils ont appris que leur maître étoit mort ; il n'y a pas eu la moindre chose de cassé à la voiture, pas même les glaces, et personne de blessé, ni M. de Chimay, ni les postillons.

On a su depuis ce temps plus de détails. M. de Pollorouski, qui venoit de Strasbourg et qui a trouvé la nuit la voiture de M. de Boufflers, n'a pas pu bien remarquer l'endroit où ce malheur est arrivé ni en apprendre toutes les circonstances. C'est auprès de Bar-le-Duc, et non pas auprès de Paroy ; il étoit environ sept heures du soir ; le chemin étoit couvert de neige, et cette circonstance rendoit un tournant de chemin fort difficile à passer ; on en avoit averti M. de Boufflers, et on l'avoit exhorté à ne point se mettre en chemin, mais il n'eut aucun égard à ces conseils : la voiture fut culbutée et très-endommagée. Il se cassa la tête si fortement qu'il en est mort, comme on l'a dit ; son corps fut porté à Bar-le-Duc. M. de Chimay a été blessé, mais très-légèrement. La mère de M. le marquis de Boufflers qui vient d'être tué est fille de Mme la maréchale de Boufflers, et sa femme est Craon, qui est attachée à Mesdames.

Du mardi 16, *Versailles.* — Mme de Penthièvre a présenté aujourd'hui au Roi et à la Reine Mme d'Épinay, qui va être gouvernante de ses enfants, comme je l'ai dit.

On a appris aujourd'hui la mort de M. le chevalier de Sourches, frère du feu grand prévôt; il avoit environ quatre-vingts ans. Il avoit servi et étoit brigadier. C'est celui qu'on appeloit petit train. C'étoit une plaisanterie du prince d'Auvergne (le chevalier de Bouillon), qui dit que celui-ci alloit un petit train, et que son frère le comte de Sourches, qui vit encore, étoit une fine lame; le sobriquet lui est demeuré.

Le Roi a appris aujourd'hui la mort de M. l'archevêque de Vienne : il s'appeloit Saléon ; il avoit été grand vicaire d'Embrun dans le temps du concile qui a fait tant de bruit. Il fut fait évêque d'Agen ; il l'a été depuis de Rhodez ; je ne sais même pas s'il n'a pas été nommé à Digne, mais Vienne est son troisième évêché. Il avoit quatre-vingts ans. M. le premier président de Grenoble (Piolin) étoit son beau-frère ; il avoit épousé sa sœur.

Du mercredi 17, *Versailles.*— J'ai appris depuis peu quelques circonstances de M. Pasquier. M. Pasquier avoit annoncé huit ou dix jours auparavant au premier président son projet de dénonciation. Le premier président avoit essayé inutilement de le détourner de ce projet, en lui représentant combien il étoit peu convenable dans les circonstances où l'on se trouvoit d'espérer une conciliation, et le bruit que feroit la dénonciation ; il l'avoit prié de faire de sérieuses réflexions. M. Pasquier revint huit jours après chez le premier président, persistant toujours dans la même idée. Le premier président lui parla encore très-fortement ; il avoit alors chez lui les députés du Parlement qui étoient venus conférer avec lui au sujet des remontrances auxquelles le Parlement travaille [relativement] à l'autorité ecclésiastique. Ces députés étant prêts à se retirer, le premier président les rappela et leur communiqua ce qu'il venoit de dire à M. Pasquier. Ils furent du même sentiment que le premier président, et conseillèrent fort à M. Pasquier de ne point faire une démarche aussi déplacée. C'étoit le jeudi veille, et il étoit neuf heures du soir. M. Pasquier parut frappé des raisonnements qu'il avoit entendus : il dit qu'il y réfléchiroit; mais deux heures après il mandoit au premier président qu'il étoit absolument déterminé à dénoncer les procès-verbaux. Comme M. le garde des sceaux étoit ce jour-là à Paris et qu'il est fort de ses amis, on a jugé qu'il y avoit eu du concert dans cette résolution; cependant elle paroît peu assortie avec la conférence très-amiable et très-raisonnable que mon frère eut le lendemain avec le garde des sceaux, et dont il fut très content; enfin la dénonciation fut faite. Le Roi envoya querir le premier président, comme je l'ai marqué, et lui dit qu'il défendoit absolument de délibérer sur cette affaire. Le premier président représenta à S. M. que la manière dont la proposition avoit été reçue par le Parlement ne pouvoit pas lui déplaire, et que ce seroit punir son Parlement sans qu'il l'eût mérité que de lui interdire toutes délibérations. Le Roi persista à dire qu'il le défendoit absolument, et le donna même par écrit au premier président; et comme il continuoit encore à faire quelques représentations, le Roi, pour y avoir égard, mit au bas de cet ordre, toujours de sa main : « Le premier président ne s'en servira qu'à la dernière extrémité. » J'ai marqué que dans l'assemblée des chambres, le jour de la dénonciation, il y eut quatre avis; on m'a assuré depuis qu'il n'y en avoit eu que trois : communiquer aux gens du Roi, rendre compte directement au Roi, remettre à la huitaine; celui-là fut suivi. Le premier président, retourné à Paris avec l'ordre du Roi, envoya avertir les principaux du Parlement et amis de M. Pasquier; il leur montra l'ordre du Roi et leur dit le regret extrême qu'il auroit de s'en servir. Ces représentations eurent leur effet, et déterminèrent M. Pasquier à dire huit jours après la dénonciation, comme je l'ai marqué, qu'il l'avoit faite de son propre mouvement, et que ce qu'il avoit appris depui l'engageoit à demander que cette dénonciation lui fût rendue.

Le mariage de M. de Murinais dont j'ai parlé fut fait il y a huit jours, à Paris. Ils partent dans quelques jours pour le Dauphiné. M. de Murinais acquiert 18,000 livres de rente par ce mariage, dont 14,000 à présent et les 4,000 autres après un partage qui se fait à l'amiable; il y a une belle terre en Dauphiné qui fait partie des 14,000 livres et qui est dans le voisinage de la terre de Murinais.

Du jeudi 18, *Versailles.* — Je crois avoir oublié de parler du P. Noël, bénédictin. Il est de Champagne; il demeuroit à Reims; il s'y étoit acquis une grande réputation par son habileté à faire des lentilles de microscopes et des verres de lunettes. Il s'étoit appliqué aussi à exécuter lui-même et à faire exécuter des montures pour les microscopes, qui les rendent aussi agréables qu'utiles. Il fit voir au Roi, au dernier voyage de Compiègne, un de ces microscopes, dont on fut extrêmement content. S. M. lui ordonna de lui en faire un, et fit demander à son supérieur de le faire venir à Paris; il est donc venu s'établir à l'abbaye Saint-Germain; il s'y est occupé à faire exécuter avec tout le soin possible, par des ouvriers de la ville, tout ce qui étoit nécessaire pour rendre le microscope du Roi aussi beau et aussi parfait qu'il pouvoit l'être; mais ayant trouvé que ces ouvriers de dehors travailloient trop lentement, il en a choisi un certain nombre qui sont venus s'établir à l'abbaye; il les paye, et ils ne travaillent que pour lui. Ce religieux est un bon homme, extrêmement simple, et qui en effet a des talents supérieurs dans ce genre d'étude. Il n'a livré son microscope au Roi que quelque temps après le retour de Fontainebleau, pendant la maladie de Mme de Luynes. Le Roi a voulu savoir ce qu'il désiroit pour ce microscope;

le P. Noël a dit qu'il donneroit le mémoire de ses déboursés, qui montoient à environ 300 louis ; il a ajouté que lorsqu'il est arrivé à Paris, il avoit environ 100 louis à lui, provenant des ouvrages qu'il avoit faits pour différents particuliers et qu'il avoit employés dans les avances qui avoient été nécessaires. Le Roi lui avoit fait rembourser les 400 louis, et lui a donné 2,000 francs de pension (1).

Il y eut hier une cinquième promenade en traîneaux, après quoi le Roi alla à Trianon.

Avant hier au soir il y eut un grand bal à l'hôtel de Soubise. Cette belle et magnifique maison étoit parfaitement bien éclairée. On dansoit dans trois chambres et dans la grande salle ; il y avoit une table en fer à cheval de 104 couverts qui fut servie aussi promptement et aussi chaudement qu'il est possible dans un aussi grand repas. Il me paroît que l'on a été content de la bonne chère. Outre la grande table, il y avoit deux autres tables de 30 couverts, et une de 18, toutes servies à neuf ; outre cela il se forma une petite table de 12 couverts, qui fut servie de la desserte de la grande table. Le souper ne dura pas plus de deux heures. Le bal continua après souper et dura jusqu'à cinq heures du matin, et il n'y eut point de masques.

Il y a eu aujourd'hui trois réceptions de ducs au Parlement, MM. les ducs de Rohan, Lauraguais et Fleury. Le rapporteur du premier étoit M. Thomé, du second M. l'abbé de Salabery, et du troisième M. Lamblin. Tout s'est passé à l'ordinaire, excepté que lorsque l'on a été aux opinions, M. le premier président a pris l'avis de tous les conseillers (2), hors de M. l'abbé Fieubet, conseiller clerc, qui étoit sur le banc des pairs à la droite des présidents, de sorte qu'après avoir nommé les conseillers, il a nommé

---

(1) Cette pension n'a pas lieu, mais on lui en fait espérer une de 12 ou 1,500 livres. (*Note du duc de Luynes*, datée du 19 mars 1751.)

(2) Voir l'article du 1er mars.

les ducs tout de suite jusqu'au dit conseiller; ensuite ce conseiller, puis tous les autres ducs. Il y en avoit en tout dix-sept sans aucuns pairs ecclésiastiques. M. le duc de Chartres y étoit seul de princes du sang. Nous avons remarqué, M. de Richelieu et moi, cette singularité dans la façon de prendre les opinions, parce que le conseiller qui coupe les pairs, par un abus ancien, doit donner son avis à son rang de conseiller, et non pas au milieu de celui des pairs. Nous en avons parlé à la buvette à M. le premier président; il soutint que c'est l'usage, mais nous n'en convenons pas, et il paroît en effet que cette façon de prendre des opinions est insoutenable, car le conseiller qui est sur le banc des pairs, n'est pas à sa place, et puisque l'usage est de prendre l'avis des conseillers avant les pairs, il faut donc que celui qu'on met sur les bancs des pairs opine à son rang de conseiller, et par conséquent avant les pairs.

L'usage des présents subsiste toujours. Le pair qui veut se faire recevoir, soit qu'il soit héréditaire ou de nouvelle érection, après avoir demandé l'agrément du Roi et fait les visites ordinaires, envoie un présent au premier président et un autre à son rapporteur. Ce présent consiste en vaisselle d'argent; l'ancienne étiquette étoit d'en donner pour prix et somme de 12,000 livres au premier président et 6,000 livres au rapporteur. Ces présents étoient acceptés sans difficultés. M. de Lamoignon, président avant M. de Harlay, fut le premier qui renvoya le présent, par considération pour celui qui le lui faisoit, qui étoit de ses parents ou de ses amis; le rapporteur à son exemple n'osa pas l'accepter, et depuis il a toujours été d'usage de renvoyer lesdits présents sans en rien prendre. Il n'y a eu que M. Portail, premier président, qui pour conserver une petite partie du droit prenoit une petite cuillère de sel ou à café, ou quelque pièce d'argent de cette valeur, ce qui n'a pas été imité par ses successeurs; ainsi il n'en coûte à cet égard à celui qui doit être reçu que le louage de la vaisselle qui est présentée, ce qui peut monter aux environs de 300 livres.

Du vendredi 19, Versailles. — Je n'ai point encore parlé de la mort de Mme de Bulkeley; elle mourut il y a quatre ou cinq jours, à Paris. Il y avoit longtemps qu'elle étoit malade, d'une fièvre maligne; on la croyoit guérie; il lui est survenu une fluxion de poitrine, qui l'a emportée en deux ou trois jours. Je crois qu'elle avoit environ trente-cinq ans. Elle étoit Mahoni; son frère est lieutenant général du roi des Deux-Siciles; elle avoit épousé en premières noces un riche négociant anglois nommé Cantignon, dont elle avoit eu une fille, que M. de Chabot, frère de M. le prince de Léon, a épousée en secondes noces (1).

Avant-hier il y eut encore une promenade en traîneaux; il y avoit fort peu d'hommes, parce que l'on n'étoit pas encore revenu du bal de M. de Soubise.

Mme de Froulay, fille de M. le maréchal de la Mothe, se remarie; elle épousera mardi prochain M. de Gamaches, fils de M. de Gamaches, ci-devant Cayeux, qui vient de mourir. Mme de Froulay a vingt-cinq ou vingt-six ans. M. de Gamaches n'en a que vingt et un, et n'a pas encore beaucoup l'usage du monde; il jouit actuellement de 50 ou 60,000 livres de rente. Il est de grande naissance; leur nom est Rouault. Il est grand, bien fait et d'une figure assez agréable. Mme de Froulay, outre sa naissance, porte avec elle l'espérance très-fondée d'une grandesse d'Espagne au cas que M. le maréchal de la Mothe ne devienne pas veuf et ne se remarie pas; ainsi rien n'est si convenable de part et d'autre que ce mariage. Ce qui peut être regardé comme singulier, c'est que Mme de Froulay a fort désiré d'épouser

---

(1) M. de Chabot avoit épousé en premières noces Mlle de Rais, dont il a eu une fille, qui a épousé M. de Clermont-d'Amboise, veuf de Mlle de Berwick et fils de Mme la duchesse de Saint-Pierre, de son premier mariage avec M. de Renel. M. de Bulkeley, lieutenant général des armées du Roi, est frère de Mme la maréchale de Berwick. (*Note du duc de Luynes.*)

M. de Gamaches sans jamais l'avoir vu, et M. de Gamaches y a consenti, connoissant si peu Mme de Froulay qu'il prit une autre dame pour elle le jour de l'entrevue chez M. le maréchal de la Mothe.

M. de Saint-Séverin dit hier à Mme de Luynes que non-seulement le Roi avoit bien voulu permettre que Mme de Chazeron, fille de Mme de Saint-Séverin de son premier mariage avec M. d'Houdetot, et dont le mari est lieutenant des gardes du corps, lui fût présentée, ce qui a été fait pendant la maladie de Mme de Luynes, mais qu'il avoit accordé qu'elle auroit l'honneur de manger avec la Reine et de monter dans ses carrosses.

MM. d'Egmont ont pris le deuil drapé de M. de Monteléon, aîné de la maison de Pignatelli, qui est mort fort âgé, dans les États du roi des Deux-Siciles. Ils ont auparavant fait demander la permission au Roi, parce que c'est un étranger. On la demandoit autrefois même pour des grands deuils de parents morts dans le royaume ; c'est ce que l'on appeloit demander le deuil. On m'a dit aujourd'hui que le feu Roi avoit refusé à MM. de la Rochefoucauld de prendre le grand deuil de leur grande mère, morte en Angleterre.

M. de la Trémoille fut marié hier, avec Mlle de Randan, dans l'église de la Madeleine de Tresnel. Il a quatorze ans, et elle en a dix-sept ou dix-huit. On la fit rentrer dans le couvent sitôt après le mariage, sans même dîner avec son mari.

Du samedi 20, Versailles. — Hier vendredi, M. le maréchal de la Mothe et M. de Gamaches demandèrent l'agrément du Roi pour le mariage dont j'ai parlé, et aujourd'hui ils ont fait signer le contrat. C'est M. d'Argenson qui a donné la plume au Roi, à M. le Dauphin et à Mesdames aînées et cadettes, car les aînées n'ont point de secrétaires des commandements. Chez la Reine et chez Mme la Dauphine, c'est leur secrétaire des commandements.

Le mandement de M. l'archevêque vient de paroître pour la permission de manger des œufs ce carême, depuis le mercredi des Cendres inclusivement jusqu'au vendredi de la quatrième semaine exclusivement. Cette permission ne se donne que sur des représentations faites au Parlement par le lieutenant de police par rapport à la rareté ou cherté des salines, des légumes et autres denrées de carême. M. Berrier croyoit cette année n'être pas obligé de faire interrompre cet usage, qui s'est introduit depuis 1744 exclusivement, de demander tous les ans cette permission. Le Parlement, après avoir examiné les raisons du lieutenant de police, envoie une députation à M. l'archevêque et rend ensuite un arrêt en conséquence de ce qui a été accordé par ce prélat. Les légumes, qui ne sont point encore arrivés, la cherté du poisson, et la rivière, qui est fort grosse et qui par conséquent n'a pu apporter toutes les provisions nécessaires, sont les raisons qui ont déterminé à faire cette demande. Les droits sur le poisson sont si considérables qu'il faut nécessairement qu'il soit cher. Car ce que l'on paye pour 100 livres en argent, gros ou petits poissons, coûte 52 livres 10 sols de droits. La viande, qui se vend, comme l'on sait, le carême au profit de l'Hôtel-Dieu, est aussi augmentée de prix ; on l'a taxée à 9 sols la livre.

Du dimanche 21, *Versailles.* — Il y a cette année à la chapelle les prières des quarante heures. Elles commencèrent hier, suivant l'usage. C'est la première fois qu'elles ont été à la chapelle.

Le Roi est à Bellevue d'hier ; il doit y avoir eu comédie, et il y en aura encore une demain.

Demain la Reine et toute la famille royale descendront en bas pour assister à la procession qui se fera à la chapelle pour la fin des prières des quarante heures.

Mme Howal, qu'on prononce Houel (Vaudrey), vint ici hier ; elle a été présentée, comme je l'ai dit ; elle a même eu l'honneur de manger avec la Reine, et elle y soupa encore hier chez moi. Ce qu'elle désire présentement, c'est de monter dans les carrosses de la Reine, et elle venoit dans l'idée que la Reine iroit aujourd'hui aux prières des quarante heures à la paroisse. Je crois avoir déjà écrit que de monter dans les carrosses de la Reine est regardé comme une plus grande marque d'honneur encore que de manger avec elle; elle a été demandée pour Mme Howal; elle n'a pas été refusée, mais elle n'a pas été accordée encore.

Je dois avoir déjà écrit que Mesdames Sophie et Louise ne vont point les soirs chez Mme la Dauphine, comme Madame et Madame Adélaïde; elles soupent toutes deux avec Madame Victoire, qui est le chef de cette petite société. La Reine joue souvent, mais elle n'aime d'autres jeux que le cavagnole; aucun de ses enfants ne l'aime, excepté M. le Dauphin, au moins la Reine le croit, mais il n'y joue qu'à Marly. Mme la Dauphine, qui a aimé ce jeu dans le commencement, ne peut plus le souffrir; elle tire des tableaux, mais elle fait jouer son argent par une de ses dames. Mesdames s'y sont ennuyées longtemps aussi, sans oser le dire; enfin il été décidé qu'elles n'y joueroient plus; elles sont de moitié avec la Reine; pendant ce temps-là elles jouent au piquet. Madame Louise est la seule qui aime le cavagnole; c'est peut-être parce qu'elle ne connoît point encore les autres jeux, mais elle paroît s'amuser à celui-là. Elle arriva hier au soir en petite robe avec Mme la maréchale de Duras dans le cabinet de Mme de Luynes, où la Reine étoit entrée en sortant de table, comme à l'ordinaire; elle avoit demandé en grâce à Mme la maréchale de Duras de venir jouer à cavagnole pour son dimanche gras; elle parut transportée de joie d'obtenir cette grâce; elle joua autant de temps que la Reine, c'est-à-dire jusqu'à minuit et demi. Minuit et demi, c'est la règle que la Reine s'est faite; on l'avertit quand minuit et demi sonne, et elle s'en va sur-le-champ.

Du lundi 22, *Versailles*. — Il y eut comédie avant-hier à Bellevue, où l'on joua *La Mère coquette* (1); il y en a encore eu une aujourd'hui; on a joué *Les Trois Cousines* (2) et *Pourceaugnac*.

Du jeudi 25, *Versailles*. — Le Roi revint avant-hier de Bellevue après souper; il entendit hier la messe en bas; ce fut M. le cardinal de Soubise qui lui donna des cendres. La Reine entendit la messe dans la chapelle de la Sainte Vierge en haut, et reçut des cendres de la main de M. l'abbé de Gouyon. M. l'archevêque de Rouen n'est point ici, à cause des affaires du Clergé et de l'assemblée, et M. l'évêque de Chartres est à Chartres. M. le Dauphin entendit la messe en haut à la chapelle Sainte-Thérèse et reçut des cendres de l'aumônier du Roi qui est en quartier auprès de lui. Ce fut mon frère qui donna des cendres à Mme la Dauphine à la chapelle de Saint-Louis. Mesdames aînées [reçurent des cendres] de M. de Meaux à la chapelle Sainte-Victoire, et les cadettes, d'un chapelain du Roi à la chapelle de Sainte-Adélaïde.

Du vendredi 26, *Versailles*. — J'ai déjà parlé de M. de Bernstorff; il est toujours dans la même situation en Danemark. Le zèle qu'il a montré ici pour les intérêts du Roi son maître ont déterminé ce prince à désirer de connoître par lui-même un aussi digne ministre. M. de Bernstorff a donc été mandé pour aller à Copenhague. La place de secrétaire d'État des affaires étrangères, qui est à peu près égale à celle de premier ministre, étant devenue vacante à peu près dans le même temps, le roi de Danemark la destina à M. de Bernstorff; il apprit cette nouvelle ici, et en fut affligé. M. de Bernstorff est de la noblesse immédiate du duché de Mecklembourg; il a encore dans ce pays-là son frère aîné, qui est fort riche. Leur grand père étoit ministre du père du roi d'Angleterre

---

(1) Comédie de Quinault.
(2) Comédie de Dancourt.

d'aujourd'hui. Pour lui, il s'est toujours appliqué aux affaires politiques, et pendant l'intervalle qu'il y a eu entre la mort de l'empereur Charles VI et l'élection de Charles VII il étoit extrêmement consulté par le collége des princes de l'Empire. C'est dans ce temps-là qu'il fit grande connoissance avec M. le maréchal de Belle-Isle, et quoiqu'ils eussent alors des intérêts absolument opposés, M. de Belle-Isle ne put lui refuser l'estime qui lui étoit justement due ; à cette estime a succédé la plus grande amitié, lorsque les affaires ont été conciliées et que M. de Belle-Isle a connu davantage la politesse et les attentions de M. de Bernstorff. Outre ces qualités il a l'esprit fort orné, il a du goût, il a beaucoup lu ; quoique assez jeune, il a beaucoup voyagé en Allemagne, en Hollande, en Angleterre ; partout il a examiné avec attention et a très-bien vu ; fort peu de gens même en France sont aussi bien instruits de ce qui se passe dans le royaume ; mais ce qu'il connoît le moins c'est le Danemark. Cette raison jointe au goût qu'il avoit pris pour la France et au regret de se séparer d'un grand nombre d'amis qu'il y avoit acquis lui avoit fait prendre la résolution de ne point accepter la place qu'on lui proposoit ; il sentoit combien cette place l'exposeroit à la jalousie dans un pays où il ne connoissoit personne ; il manda donc d'ici qu'ayant la vue basse et délicate, et ne pouvant lire ni écrire longtemps sans en être incommodé, ayant outre cela une assez mauvaise santé, il lui seroit impossible de suffire à un aussi grand travail. Arrivé à Copenhague, il a tenu le même langage, et quoiqu'il ait tout sujet d'être content des bontés infinies du Roi son maître, elles ne lui ont point fait changer de sentiments ; plus le roi de Danemark a eu occasion de raisonner avec lui, et plus il a pris de goût à son caractère et à son esprit. Dans le dernier voyage qu'il a été faire dans ses États il l'a mené avec lui, et à son retour lui a demandé de passer l'hiver encore à Copenhague. Il n'a point voulu encore jusqu'à présent remplir la place de secrétaire d'État des affaires étrangères; ainsi M. de Bernstorff est toujours à la cour du roi son maître, parfaitement bien avec lui, sans vouloir prendre d'engagements qui le fixent en Danemark, et n'ayant d'autres désirs que d'avoir sa liberté de retourner chez lui et pouvoir faire ensuite les voyages qui lui conviendront (1).

Depuis que M. le garde des sceaux est en place il y a eu quelques difficultés pour la façon de lui écrire. Les secrétaires d'État ne font point de difficultés de donner le monseigneur à M. le chancelier; cependant tous n'ont pas pensé qu'il fût dû de même à M. le garde des sceaux. Quelques-uns lui ont écrit monseigneur; les autres ont fait difficulté; enfin il a été décidé que les secrétaires d'État ne devoient point écrire le monseigneur à M. le garde des sceaux.

Le mardi gras 23 de ce mois, Mme de Chazeron, fille de Mme de Saint-Séverin de son premier mariage avec M. d'Houdetot, vint exprès de Paris pour avoir l'honneur de souper avec la Reine; elle eut cet honneur en effet. J'ai marqué ci-dessus que c'étoit une grâce que le Roi avoit accordée à M. de Saint-Séverin.

---

(1) Cet article est assez exact; il faut cependant y joindre quelques observations. M. de Bernstorff s'est réellement acquis l'estime du roi son maître avant que d'en être connu personnellement; mais ce n'est pas ce seul motif qui a déterminé le roi de Danemark. A la mort de M. de Schulin, secrétaire d'État des affaires étrangères, le roi de Danemark nomma pour remplir cette place M. le comte de Linar, qui étoit et qui est encore ministre plénipotentiaire chargé des affaires de Danemark en Russie. M. le comte de Molk, ennemi déclaré de M. le comte de Linar, ne fut occupé que d'empêcher que cette grâce n'eût son effet. M. de Linar est un ministre zélé pour les intérêts du Danemark, et qui s'est acquis une grande estime et une grande considération. Il falloit lui substituer un sujet capable d'une aussi grande place et qui fût agréable au roi de Danemark; M. de Molk jeta les yeux sur M. de Bernstorff sans le connoître particulièrement; ils ont lié depuis ensemble la plus grande amitié, et ont toujours agi de concert; il paroît très-vraisemblable présentement que M. de Bernstorff acceptera la place qui lui est destinée depuis longtemps. On m'a assuré qu'il n'avoit jamais été question d'en séparer les affaires du dedans du royaume, comme je l'avois dit. (*Addition du duc de Luynes*, datée de Dampierre, le 16 mai 1751.)

M. de Montboissier, fils aîné du commandant des mousquetaires noirs, mourut avant-hier, de la petite vérole; il avoit trente-trois ans. Il étoit marié depuis environ deux ans; il avoit épousé Mlle Boutin.

Je crois avoir marqué qu'à la mort de M. le marquis de Boufflers, le roi de Pologne a donné sur-le-champ le commandement de ses gardes à M. de Chimay, qui est extrêmement jeune. Je me suis peut-être trompé dans le détail que j'ai fait des gardes du roi de Pologne. La place de commandant n'avoit point été remplie depuis la mort de M. de Lamberty, qui commandoit les deux compagnies. Cette place, vacante depuis longtemps, fut donnée à M. le marquis de Boufflers, il y a un an ou deux. Le roi de Pologne de ces deux compagnies en avoit formé une troisième pour M. de Mareil, fils de M. de la Galaisière, qui vient de mourir. Depuis sa mort, elles sont rentrées dans l'état ordinaire de deux compagnies seulement. Il y a sous les ordres du commandant général un capitaine à chacune; l'un est M. de Battancourt, ancien officier, l'autre est le fils aîné de feu M. le marquis de Boufflers, qui est un enfant. Il y a outre cela deux enseignes. A l'une c'est un petit Boufflers, frère cadet de celui dont je viens de parler, qui a environ onze ans; et à l'autre étoit le petit Chimay, qui vient d'être fait commandant. M. le maréchal de Belle-Isle me contoit avant-hier qu'il est depuis 1741 chargé en quelque manière du détail des gardes du roi de Pologne à Lunéville; en 1741 ayant reçu les ordres du Roi donnés en conséquence de la demande faite par le roi de Pologne, il fit monter à cheval les gardes du roi de Pologne et leur déclara, de la part du Roi, que S. M. vouloit bien regarder comme rendus à lui-même tous les honneurs qu'ils avoient rendus et rendroient au roi de Pologne, et qu'ils mériteroient ses bontés et ses grâces par leur attachement et leur exactitude à remplir leur devoir. Depuis ce temps on envoie tous les six mois à M. de Belle-Isle l'état des deux compagnies desdits gardes et des mémoires raisonnés des grâces qu'ils demandent, et M. de Belle-Isle en rend compte à M. d'Argenson.

Du samedi 27, Versailles. — M. le maréchal de Belle-Isle me contoit, il y a quelques jours, qu'ayant à écrire au prince Charles de Lorraine, frère de l'Empereur, il s'étoit trouvé embarrassé pour le titre qu'il devoit lui donner. Avant l'élection de l'Empereur, lorsqu'il écrivoit au prince Charles, il mettoit Votre Altesse; il croyoit dans la circonstance présente devoir mettre Votre Altesse Royale; cependant on pouvoit demander pourquoi le mot Royale. M. de Belle-Isle en parla à M. de Puisieux, qui lui parut incertain sur ce qui étoit le plus convenable; il a donc pris le parti d'écrire Votre Altesse Sérénissime. Le prince Charles lui a fait réponse, et il paroît que la lettre a fort bien réussi.

On m'apporta il y a quelques jours un tableau de la famille du roi de Prusse. C'est M. de Valory qui l'a apporté de Berlin avec lui, et M. de Puisieux lui a demandé pour le faire voir au Roi, à la Reine, etc. Ce tableau, qui n'est pas fort grand, contient quatorze portraits, qui paroissent assez ressemblants (1).

---

(1) En haut sont le feu roi de Prusse et la reine douairière; ensuite, le roi de Prusse et la reine régnante (*), Guillaume-Auguste, prince [royal] de Prusse [frère du roi], Louise-Amélie de Brunswick, sa femme, Frédéric-Henri, prince de Prusse (**), Auguste-Ferdinand, prince de Prusse (***), Anne-Amélie, princesse de Prusse (****), Frédéric-Guillaume, margrave de Brandebourg-Schwett, Sophie-Dorothée de Prusse, sa femme (*****), Frédéric-Auguste de Prusse, margrave de Bayreuth (******), Frédéricque-Louise de Prusse, margrave d'Anspach (*******), Louise-Ulrique de Prusse, duchesse de Holstein-Eutin (********). (*Note du duc de Luynes.*)

(*) Élisabeth-Christine de Brunswick-Wolfenbuttel.
(**) Fils de Guillaume-Auguste, prince royal de Prusse.
(***) Frère du roi de Prusse.
(****) Sœur du roi de Prusse.
(*****) Sœur du roi de Prusse.
(******) Marié à Frédérique-Auguste, sœur du roi de Prusse.
(*******) Sœur du roi de Prusse, mariée au margrave d'Anspach.
(********) Sœur du roi de Prusse, mariée en Suède au duc de Holstein-Eutin, prince successeur de Suède.

Mercredi dernier, M. le Dauphin tomba malade. C'est un rhume avec un peu de fièvre. Il y avoit plusieurs jours qu'il avoit un mauvais visage, et il est vraisemblable qu'il avoit de la fièvre dès le lundi, mais il voulut n'en rien dire; ce fut le mercredi qu'étant dans le cabinet du Roi, on s'aperçut qu'il sentoit la fièvre; on en avertit Madame, qui, pour détourner l'attention de M. le Dauphin, lui donna une lettre à lire, et pendant ce temps-là s'approcha du Roi pour l'avertir, en le priant de ne point dire que cet avis venoit d'elle. Lorsque M. le Dauphin fut près de s'en aller avec Mesdames, le Roi lui dit de rester, et ayant envoyé avertir Bouillac il lui fit tâter le pouls. Madame en sortant de chez le Roi vint le dire à la Reine, et M. le Dauphin arriva lui-même un moment après, d'un air fort gai, et dit à la Reine qu'elle ne fût point inquiète. La fièvre n'a pas été considérable, mais elle a toujours subsisté depuis; on n'a pas jugé que la saignée fût nécessaire; le lit, la boisson et la diète ont paru suffisants, et l'on compte qu'il n'y a nul sujet d'inquiétude à avoir. Mme Sophie tomba malade le même jour ou le lendemain; c'est la même espèce de maladie; on la traite de même.

M. le maréchal de la Mothe me dit hier qu'il venoit d'écrire au roi d'Espagne à l'occasion du mariage de Mme de Froulay, sa fille, avec M. de Gamaches. C'est un devoir de respect auquel un grand d'Espagne ne peut manquer; il porta la lettre à M. de Puisieux.

Le Roi a déclaré qu'il ne découcheroit point de Versailles pendant tout le carême. Il courut le cerf mercredi et vendredi, et aujourd'hui il est allé dîner à Trianon; il mange dans le salon nouveau, qui est auprès des poulaillers.

MARS.

Affaire de Mlle de Mérode. — Nouvelles de la Cour. — La voix du chancelier prépondérante au conseil des parties. — Aventure de Topal-Osman. — Les auberges de Malte. — Coutume du Comtat-Venaissin. — Saint-Domingue. — Le Roi reçoit les remontrances du Parlement. — Les sermons du P. Griffet. — Audience du duc des Deux-Ponts. — Hôpital de Valenciences. — Procès des Jacobins de Toulouse. — Nouvelles de la Cour, présentations, difficultés, etc. — Mme Bergeret. — Le duc de Valentinois; les tableaux de son hôtel. — Télescope pour le Dauphin. — M. Poisson devient propriétaire de la terre de Marigny. — Débordement de la Seine. — Mort de l'archevêque de Narbonne. — Le jubilé. — Présentations.

Du lundi 1er, Versailles. — J'ai parlé ci-dessus de la dernière réception des ducs au Parlement, et de ce qui arriva par rapport à la manière de prendre les opinions. Les représentations qui furent faites à M. le premier président l'ont engagé à se faire apporter les registres du Parlement; il y a reconnu que l'usage avoit toujours été de prendre dans son rang l'opinion du conseiller qui est placé sur le banc des pairs, et de ne point demander sa voix, comme il a fait, au milieu de celles des ducs; il n'a jamais été disputé aux pairs d'avoir rang avant les conseillers et immédiatement après les princes du sang, et il faut convenir que cette manière de prendre l'opinion du conseiller suivant la séance qu'il occupoit dans le moment, et non suivant son rang de conseiller, étoit une singularité insoutenable.

Avant-hier samedi, il y eut conseil de dépêches. M. d'Argenson devoit y apporter l'affaire de Mlle de Mérode. Ce jour-là même et la veille, il avoit travaillé huit heures à cette affaire; mais Mlle de Mérode envoya son intendant le prier de ne point faire le rapport, à cause d'une nouvelle requête qu'elle avoit été obligée de donner. Mlle de Mérode, qui a trente-sept ou trente-huit ans, est fille unique de feu Mme de Mérode, dame du palais de la Reine. Feu M. de Mérode avoit gagné un grand procès, en conséquence duquel il a entré en jouissance d'une terre très-considérable ; Mlle de Mérode, seule héritière de son père, a continué à jouir de cette terre; cette jouissance ainsi que la propriété lui sont disputées par M. de Vesterloo, gendre de M. le prince de Montauban. Le jugement qui devoit être prononcé samedi est un règlement de juge. M. de Vesterloo prétend qu'il doit être jugé au parlement de Paris, et Mlle de Mérode prétend qu'elle doit l'être par le parlement de Douay. Elle est venue ici pour solliciter son affaire, qui est des plus importantes pour elle, puisqu'il s'agit de tout son bien. Elle n'aura rien du tout si elle perd, et elle sera fort à son aise si elle gagne.

M. Delavigne, aujourd'hui premier médecin de la Reine en survivance, a outre cela trois autres charges, une de médecin de quartier du Roi, celle de médecin ordinaire de la Reine et celle du commun de la Reine. Il vient de vendre celle de médecin ordinaire à M. de la Saône, habile médecin de Paris et qui est de l'Académie des sciences. Mme de Chevreuse a présenté aujourd'hui M. de la Saône.

J'ai parlé de la mort de M. le marquis d'Albert, chef d'escadre. Il avoit 2,000 livres de pension sur le trésor royal. Le Roi a bien voulu conserver 1,500 livres de pension à sa veuve.

Du mardi 2, Versailles. — M. le Dauphin est tout aussi bien qu'on peut le désirer, il n'y a plus du tout de fièvre; il fut purgé hier. Il a vu aujourd'hui les étrangers. Il y a eu trois présentations d'étrangers : un envoyé de Danemark à la cour de Madrid, qu'on appelle M. Vintz; un envoyé extraordinaire de Prusse qui vient apparemment pour quelques affaires particulières; il est assez jeune, et s'appelle M. Damon; et le fils du gouverneur de Namur, qu'on appelle le prince de Gavre.

Le Roi a changé cette année les jours de sermons, et a réglé que ce seroit les mardis et jeudis; il n'ira point à la chasse ces jours-là, voulant être au sermon. Il compte chasser les lundis, mercredis et vendredis; le samedi est destiné à aller dîner à Trianon ou à Choisy.

Je ne sais si j'ai marqué que le régiment d'infanterie qu'avoit M. de Montboissier, et qui portoit son nom, a été donné à M. de Joyeuse. C'est la troisième fois qu'il change de régiment.

Du mercredi 3, Versailles. — Depuis la mort de Mme de Beauvilliers (Fervaques), la place qu'elle avoit chez Mesdames n'avoit point été remplie. J'appris hier que le Roi l'a donnée à Mme la maréchale de Maillebois. Elle jouit des honneurs de la grandesse en vertu du brevet accordé par le Roi à l'occasion de la grâce faite à M. le maréchal de Maillebois par le roi d'Espagne; cette grâce n'a pas cependant jusqu'à présent son entière exécution de la part de l'Espagne.

Avant-hier il y eut conseil des parties, suivant l'usage. MM. les conseillers d'État et maîtres des requêtes étoient au nombre de trente-deux, y compris M. le chancelier. Il y fut question d'une affaire concernant un curé et un vicaire du diocèse de Metz, tous deux accusés d'être père d'un enfant; l'affaire étoit difficile; le rapport et les opinions durèrent jusqu'à deux heures après midi. La moitié des juges opina en faveur du curé, et les seize autres en faveur du vicaire. Un partage aussi égal est fort rare; mais M. le chancelier, dans la nécessité de faire usage de sa voix prépondérante, décida en faveur du curé. Ce n'est pas que M. le chancelier ait deux voix, car s'il y avoit eu seize juges pour le vicaire et quinze juges y compris M. le chancelier pour le curé, alors la voix du chancelier ne peut tenir lieu de deux voix pour faire un partage, ni à nombre impair pour décider; mais lorsque le nombre des opinions est égal de part et d'autre, la moitié de M. le chancelier l'emporte sur l'autre, parce que sa voix est prépondérante. M. l'évêque de Metz avoit déjà ôté les pouvoirs au vicaire avant le jugement.

Je ne sais si je n'ai pas parlé ci-dessus de l'aventure de

Topal-Osman, qui avoit été envoyé par le Grand Seigneur au Caire pour demander la tête d'un rebelle qui avoit mérité cette punition. La caïque sur laquelle Topal-Osman passoit pour aller à Damiette fut prise par une barque espagnole de Majorque, après un très-rude combat, et conduite dans le port de Malte; c'étoit en 1698. Osman avoit alors vingt-cinq ans; il avoit été élevé dans le sérail, ce qui ne s'accordoit autrefois qu'aux enfants de tribu chrétiens de naissance. C'est le combat dont on vient de parler qui donna occasion d'ajouter à son nom celui de Topal; il donna de grandes preuves de sa valeur dans cette occasion, et fut blessé au bras et à la cuisse; malgré tous les soins que l'on eut de lui, il resta estropié de cette seconde blessure, c'est ce que signifie Topal. Raymond Perellos étoit alors grand maître, et le nommé Vincent Arniaud, peut-être plus connu sous le nom de Hardy, étoit capitaine du port. Cet Arniaud, natif de Marseille, avoit appris le métier de cuisinier et y avoit acquis une assez grande réputation; il lui prit fantaisie d'aller s'établir à Malte; il y prit une auberge (1) et fit si bonne chère à ceux qui venoient chez lui, qu'il y rassembla en peu de temps beaucoup de chevaliers et commandeurs; entre autres il y en avoit sept qui s'étoient mis en pension dans cette auberge. Un d'entre eux, qui étoit fort âgé, avoit donné une somme d'argent assez considérable à Arniaud, à condition qu'il le nourriroit toute sa vie; les soins qu'il eut de son pensionnaire lui firent beaucoup d'honneur. Ce fut dans ce temps que Perellos, sachant qu'Arniaud avoit grand crédit sur l'esprit des commandeurs qui mangeoient chez lui, et voulant s'assurer le plus qu'il pourroit de suffrages pour être élu grand maître à la mort d'Adrien de Vignacourt, arrivée en 1697, s'adressa à cet aubergiste, et lui dit qu'il pouvoit être sûr d'être bien ré-

---

(1) Voyez p. 75 ce qui est dit de ces auberges.

compensé en cas que l'événement répondît à ses désirs. Arniaud prit son temps, et un jour qu'il avoit fait encore meilleure chère à ses hôtes, il monta dans leur chambre, et après leur avoir demandé s'ils étoient contents de lui, il leur demanda s'il pouvoit espérer d'être content d'eux; alors il leur proposa de donner leurs voix à Perellos, en leur disant que sa fortune et celle de toute sa famille en dépendoit. Perellos, ayant en effet été élu grand maître, tint parole à Arniaud et le fit capitaine du port. A peine y avoit-il un an qu'il occupoit ce nouvel emploi, lorsqu'il fut obligé par son devoir d'aller visiter le bâtiment majorquin sur lequel étoient plusieurs esclaves. Ce fut là que le jeune Osman lui tint ce discours : « Fais une belle action, rachète-moi, tu n'y perdras rien. » Il ne paroissoit pas qu'une pareille proposition pût être acceptée, d'autant plus que le corsaire majorquin demandoit pour sa rançon 1,000 sequins, qui font 500 louis de notre monnaie. Arniaud se retournant donc vers Osman lui dit : « Je te vois pour la première fois de ma vie; je ne te connois point, et tu me proposes de donner sur ta parole 1,000 sequins pour ta rançon. » — « Nous faisons l'un et l'autre ce qu'il nous convient de faire, reprit Osman; quant à moi, je suis dans les fers, il est naturel que je mette tout en usage pour obtenir ma liberté; pour toi, tu es en droit de te défier de ma bonne foi : je n'ai aucune sûreté à te donner que ma parole, et tu n'as aucune raison d'y compter; cependant, si tu veux en courir les risques, tu ne t'en repentiras pas. » L'air d'assurance du jeune Turc ou sa physionomie déterminèrent Arniaud en sa faveur, et il persista dans cette détermination sans qu'aucune réflexion pût l'en détourner. Il alla rendre compte de cette aventure à don Perellos, et paya ensuite 1,000 sequins vénitiens au capitaine corsaire, qui voulut bien s'en contenter; aussitôt il envoya son nouvel esclave sur une barque françoise, et le fit traiter avec soin. Osman fut guéri en huit jours, et comptant toujours sur la bonne foi et la générosité de son libérateur, il lui demanda de le renvoyer sur sa parole; Arniaud y consentit, et lui fit présent de la barque françoise sur laquelle il l'avoit fait mettre et où il fit arborer le pavillon françois. Osman arriva à Damiette, de là au Caire, exécuta sa commission, et porta lui-même à Constantinople l'histoire de son aventure et de tout ce qui lui étoit arrivé. Osman en arrivant à Damiette avoit renvoyé les 1,000 sequins à son libérateur, et avoit fait un présent de la valeur de 500 piastres ou 500 écus au capitaine de la barque. Mais ce ne fut pas à cela seul que se borna sa reconnoissance; il ne laissa échapper aucune occasion d'en donner des marques, non-seulement à Arniaud, mais même à tous les François, qu'il traita toujours avec bonté et distinction. En 1715, les Turcs étant en guerre contre les Vénitiens, Osman fut chargé de forcer le passage de Corinthe; il y réussit, et prit la ville; pour récompense il fut fait pacha à deux queues. Il fit encore une belle action l'année suivante à la levée du siége de Corfou. En 1722 il fut nommé séraskier ou généralissime en Morée. Les consuls étant venus le saluer en cette qualité, il traita les consuls françois de la manière la plus favorable, et les chargea d'écrire au capitaine Arniaud et de lui mander qu'il le prioit de lui envoyer un de ses enfants. Arniaud en envoya un effectivement. Topal-Osman le reçut avec les plus grandes marques d'amitié, lui fit beaucoup de présents, et outre cela lui donna les moyens de faire une fortune considérable par le commerce. Osman ayant été fait beglierbey de Romélie, un des plus grands gouvernements de l'empire ottoman et des plus importants, Arniaud et son fils allèrent le voir à Nysse en 1727; il les reçut avec une distinction singulière. Il étoit alors pacha à trois queues, mais il oublia tous ses titres devant Arniaud; il l'embrassa lui et son fils, les fit asseoir sur le sopha, faveur encore plus singulière pour un chrétien que pour tout autre; il les combla de présents. Arniaud

en le quittant lui dit qu'il espéroit bien avant que de
mourir l'aller saluer à Constantinople en qualité de grand
vizir; ce souhait, auquel il ne paroissoit nulle vraisem-
blance, eut son exécution peu d'années après. Le grand
vizir Ibrahim-Pacha, après avoir occupé cette place pendant douze ou treize ans, périt dans la révolution arrivée
en 1730. Il eut trois successeurs en moins d'un an; enfin,
au mois de septembre 1731, Topal-Osman fut nommé
grand vizir; aussitôt il fit prier M. l'ambassadeur françois de mander à Arniaud de le venir voir et de ne point
perdre de temps, parce que la dignité dont il jouissoit
n'étoit pas ordinairement de longue durée. Arniaud se
rendit donc à Constantinople avec son fils, au mois de
janvier 1732. Il avoit apporté beaucoup de présents de
Malte, auxquels il joignit douze Turcs, qu'il avoit rachetés
esclaves à Malte. Le grand vizir fit étaler tous ces présents
à la vue du public. Arniaud avoit alors soixante-douze ans.
Il fut conduit avec son fils à l'audience du grand vizir.
Topal-Osman, en présence des plus grands officiers de
l'empire, reçut ces deux François avec la plus grande
amitié, la plus tendre et la plus distinguée, et en montrant
Arniaud à tous ceux qui étoient présents : « Voilà, dit-il,
celui qui a délivré vos frères; il m'a délivré moi-même
dans le temps que j'étois dans l'esclavage; j'étois chargé de
chaînes, percé de coups, couvert de blessures, il a eu les
plus grands soins de moi ; il a payé ma rançon. Je lui dois
tout, ma liberté, ma vie et ma fortune; il ne me connoissoit point; la générosité de son cœur est le seul
motif qui l'a déterminé; il m'a donné une barque pour
me ramener dans mon pays. Où pourroit-on trouver un
musulman capable d'une aussi belle action en pareille
circonstance ! » Pendant ce temps Arniaud tenoit entre ses
mains celles du grand vizir. Toute l'assemblée le regardoit
avec la plus grande attention ; ils se disoient les uns aux
autres : « Voilà l'aga, le patron du vizir. » Topal-Osman fit beaucoup de questions à son libérateur sur sa

fortune et l'état de ses affaires ; il envoya ensuite la plus grande partie de ces présents au Grand Seigneur et à la sultane mère; après quoi les deux François prirent congé du vizir ; ils allèrent chez le fils du vizir, qui les embrassa tendrement et les traita avec une familiarité qu'aucun musulman n'auroit accordée à aucun autre chrétien; ils eurent encore une audience du grand vizir ; il leur donna encore dans cette occasion des marques de sa reconnoissance plus particulière ; il fit rembourser l'argent des douze esclaves; il fit rembourser à Arniaud une ancienne dette regardée comme perdue, lui fit de grands présents en argent et lui fit avoir une permission pour faire gratis à Salonique un chargement de blé très-considérable, sur lequel il avoit un profit immense à faire ; il leur dit en même temps la douleur où il étoit de ne pas faire tout ce qu'il vouloit.

Topal-Osman avoit rétabli l'ordre dans Constantinople. On lui a reproché trop de sévérité, mais peut-être étoit-elle nécessaire. Ce qui est certain, c'est qu'il fut fort regretté lorsqu'il fut ôté de place, au mois de mars 1732. Il fut envoyé pacha à Trébizonde ; jamais déposition n'eut moins l'air d'une disgrâce. Le Grand Seigneur lui fit dire de lui laisser son fils et qu'il en prendroit soin. Topal-Osman sortit de Constantinople avec la fermeté, la tranquillité d'un grand homme, qui n'a rien à se reprocher; il fit présenter par son fils au Grand Seigneur le présent accoutumé le jour du Baïram, grande fête chez les Turcs, et ce présent fut bien reçu. Topal-Osman fut ensuite chargé de prendre le commandement de l'armée ottomane pour commander sur la frontière de Perse. Cet homme incomparable périt dans cette guerre contre Thamas Koulikan. Achmet son fils eut après sa mort le gouvernement de Romélie; mais ce qui parut fort singulier, c'est qu'en même temps le Grand Seigneur fit confisquer au profit du trésor impérial tous les effets mobiliers de la succession, de sorte qu'il ne resta à Achmet que les immeubles consistant en maisons, etc. La conservation de ces meubles étoit un effet de la précaution qu'avoit eu Topal-Osman de les rendre vacoufs, c'est-à-dire de les donner en propriété à des mosquées, en s'en réservant la jouissance pour lui et ses descendants.

Ce que l'on appelle auberge à Malte ne ressemble pas à ce qui porte ce nom en France. Il y a une auberge pour chaque langue de l'ordre; mais ces sortes d'auberges sont tenues par un chevalier qui désire de parvenir à une commanderie. Tous ceux qui doivent être reçus chevaliers de Malte se font recevoir ou de minorité. On donne pour cela 100 écus; ensuite on demande un temps, un, deux ou trois ans, après lesquels on obtient un brevet qui coûte 7,000 livres. Pour les chevaliers qui sont majeurs, il ne leur en coûte que 1,500 livres. Tout chevalier reçu mineur ou majeur, lorsqu'il va à Malte pour faire ses caravanes, ou pour y demeurer s'il vouloit y fixer son séjour, a droit d'y être nourri à l'auberge du pays duquel il est, ou, s'il aime mieux n'y être pas nourri, on lui donne 9 sols par jour, dont il fait l'usage qu'il veut. S'il mange à l'auberge, voici quel est l'usage : le chevalier qui tient l'auberge est obligé de nourrir les chevaliers moyennant une certaine somme par tête, qui lui est payée par le trésor de l'ordre; je crois que c'est ces mêmes 9 sols que l'on donne aux chevaliers qui n'y mangent pas. Il doit leur faire donner pour cela, le matin, un potage et un plat de bouilli avec quelques fruits et des petits fromages à la crème qui viennent de Sicile ou de l'île de Goze, et le soir un morceau de rôti, avec le même dessert. Il y a certains jours de fête où l'on donne une entrée de plus. Ils mangent par quatre à une table de réfectoire; mais il y a outre cela six des plus anciens chevaliers qui mangent dans la même salle avec celui qui tient l'auberge. Cette table, qui est de sept personnes, est meilleure que celle des chevaliers. Il y a plusieurs entrées, et celui qui tient l'auberge envoie souvent de la desserte de cette table aux chevaliers qui mangent dans cette même salle, ce qui fait que lorsque quelqu'un de ces six chevaliers met à part quelques pigeons (1) pour envoyer à leurs maîtresses, cela est désapprouvé par les jeunes chevaliers. Il est certain qu'il en coûte à celui qui tient l'auberge, mais aussi la première commanderie ou dignité qui vient à vaquer lui appartient de droit, ce qui ne s'attend pas ordinairement longtemps; et lorsque le chevalier est devenu commandeur, s'il vouloit continuer de manger à l'auberge, il n'y auroit de place qu'après tous les autres. Hardy, comme je l'ai dit, tenoit une auberge; mais ce n'étoit pas de celles-là, c'étoit un véritable cabaret, à l'Écu de France.

Du vendredi 5, Versailles. — M. de Bachy présenta hier M. d'Ampus. MM. d'Ampus sont gens de condition du Comtat d'Avignon; leur nom est de Laurent; ils sont deux frères. L'aîné avoit épousé Mlle Perrot; elle entreprit de faire casser son mariage, et en vint à bout; mais une circonstance singulière, c'est que la différence de coutume du Comtat d'Avignon à celle de France fut que M. d'Ampus ou de Laurent ne put avoir la liberté de se remarier, et que cette femme eut cette liberté, dont elle fit usage pour épouser M. de Saint-Priest, lequel avoit déjà un fils de sa première femme. Ce fils est M. de Saint-Priest, maître des requêtes nommé depuis peu à l'intendance du Languedoc. M. d'Ampus le frère aîné, celui qui a été démarié, est actuellement à Paris, logeant chez Mme la duchesse d'Estrées (Vaubrun). Celui qui fut présenté hier est le cadet; il est grand et bien fait; il épousa, il y a au moins trente-cinq ans, Mlle d'Estrées, qui avoit alors un peu moins de quarante ans, et qui étoit sœur du feu duc d'Estrées, mari de la Vaubrun dont je viens de parler; il n'en a point eu d'enfants, et a épousé depuis sa mort une veuve

---

(1) Ces pigeons sont très-estimés dans le pays, principalement ceux de Goze. (*Note du duc de Luynes.*)

qui avoit des biens considérables dans l'île Saint-Domingue. Ce second mariage l'a déterminé à aller dans l'île Saint-Domingue, où il a demeuré pendant vingt ans. Il nous conta hier que rien n'est si précieux que le terrain de Saint-Domingue, et que ce que l'on appelle une habitation, c'est-à-dire un terrain planté, lorsqu'il a 175 pas en carré, je crois même qu'il m'a dit moins, vaut quelquefois jusqu'à 100,000 livres de rentes; il faut pour cela avoir un grand nombre d'esclaves. M. d'Ampus en avoit 250 par son mariage; sa femme lui avoit donné la moitié de ses biens; elle est morte à son retour en France, il y a quinze mois. Il a été obligé de traiter avec le légataire universel de sa femme, et de concert ensemble ils ont vendu un million l'habitation et les esclaves qu'ils avoient dans l'île. M. d'Ampus connoissoit anciennement M. de Tournehem. On ne sait pas pourquoi il a désiré d'être présenté, mais enfin il a voulu l'être. Il s'est adressé pour cela à M. de Tournehem, qui lui a dit qu'il n'étoit pas trop au fait de tout ce qui convient en pareil cas, et qui a prié M. de Bachy de s'en charger.

J'ai marqué ci-dessus que le Roi répondit, il y a environ huit jours, à MM. les gens du Roi qu'il recevroit jeudi 4 les remontrances de son Parlement. En conséquence, M. le premier président et MM. les présidents de Novion et Molé arrivèrent hier matin à la fin du lever du Roi. M. le chancelier leur avoit demandé de venir descendre chez lui pour attendre le moment qu'ils pourroient avoir audience; mais au lieu de suivre ce conseil, ils vinrent droit au château et envoyèrent demander à M. de Gesvres ce qu'ils devoient faire. Plutôt que de les laisser attendre dans leurs carrosses, M. de Gesvres leur a mandé de venir attendre dans l'OEil-de-bœuf; ils y demeurèrent près d'une heure, jusqu'à ce que le Roi fût revenu de la messe; ensuite M. de Gesvres les fit entrer dans les cabinets. M. le premier président présenta au Roi un cahier assez gros contenant les remontrances. Je crois que le Roi le remit sur-le-champ à M. de Saint-Florentin, car il l'avoit dans sa poche lorsqu'il vint au dîner de la Reine. Le Roi répondit à M. le premier président, suivant l'usage ordinaire, qu'il feroit savoir ses intentions à son Parlement.

On a appris ces jours-ci la mort de M. l'abbé de Saveuse ; il avoit environ soixante ans, et ne faisoit rien ; il avoit eu un frère colonel réformé de dragons, qui est mort il n'y a pas longtemps. Ces MM. de Saveuse ne sont pas les mêmes que celui qui étoit lieutenant-colonel du régiment de Bourbon. Pour eux ils sont Tiercelin ; ils sont de Picardie. Tous les Montmorency-Luxembourg en ont pris le deuil, parce que Mme de Bouteville, mère de feu M. le maréchal de Luxembourg, avoit une sœur qui épousa M. de Saveuse, grand-père de celui-ci.

Madame Adélaïde présenta avant-hier Mme la maréchale de Maillebois comme ayant l'honneur de lui être attachée ; cette présentation auroit été faite par Madame, si elle n'avoit pas pris médecine ce jour-là.

M. Rouillé fut reçu hier à l'Académie des sciences, à la place vacante par la mort de M. le chancelier Daguesseau.

Du samedi 6, Versailles. — On a appris ce matin la mort du fils aîné du comte de Noailles. Il s'appeloit le prince de Poix. Il avoit deux ou trois ans. M. le comte de Noailles a déjà perdu un fils du même âge et du même nom. Il lui en reste encore un.

Du dimanche 7, Versailles. — Le Roi alla hier dîner à Choisy, et en revint à huit heures du soir ; il n'y avoit point de dames.

Du mardi 9. — Mme la princesse de Beauvau vint ici samedi. Elle fit demander permission au Roi et à la Reine de ne point faire de révérences à l'occasion de la mort de M. de Boufflers, beau-frère de son mari, et de faire sa cour comme à l'ordinaire ; cette demande étoit fondée sur ce que le Roi et la Reine lui ont fait l'honneur d'en-

voyer chez elle. Je ne sais pas s'il a jamais été d'usage de
venir faire des révérences en cérémonie pour remercier
le Roi et la Reine de l'honneur qu'ils ont fait d'envoyer
faire des compliments ; mais ce qui est certain, c'est que
cet usage ne subsiste plus, et Mme d'Antin nous dit même
ce jour-là qu'elle avoit entendu dire au Roi que cela ne se
devoit pas. On ne doit faire des révérences que pour des
deuils où l'on doit être en grand manteau ; ainsi Mme de
Beauvau pouvoit et devoit venir faire sa cour sans rien
demander.

Le Roi et la Reine ont permis à M. de Gamaches, comme
gendre de M. de la Mothe, de prendre les grandes entrées
chez la Reine ; ces grandes entrées se prennent à la toilette
avant que l'on appelle la chambre.

J'appris avant-hier que M. le duc de Chartres a nommé
pour gouverneur de son fils, M. de Montpensier, M. le
chevalier de Pons, et pour sous-gouverneur M. de Foncemagné, de l'Académie.

Il y a eu sermon aujourd'hui ; le Roi y va régulièrement,
comme je l'ai dit. Il paroît que les discours du P. Griffet
sont fort goûtés ; ils ne durent pas trois quarts d'heure ;
ils sont fort méthodiques. Il a une belle voix, parle avec
force, et sa morale est fort instructive. Il y a eu aujourd'hui
huit jours et aujourd'hui, le baron Scheffer, envoyé de
Suède, l'ambassadeur de Hollande et plusieurs autres
ministres étrangers, qui, quoique protestants, y ont été
par curiosité.

M. de Grevembrok, envoyé de l'électeur Palatin, m'a
dit aujourd'hui que M. le duc des Deux-Ponts arriva hier
à Paris ; il vient voir le Roi et passer deux mois en France.
Il sera ici demain, et aura audience dans le cabinet,
comme il l'a déjà eue à Fontainebleau (il me semble que
c'est en 1739). Il prend l'incognito, comme dans ce temps-
là, sous le nom de comte de Sponheim. Malgré cet incognito, le Roi a recommandé à M. de Verneuil, introducteur
des ambassadeurs, qu'il fût bien traité et reçu avec dis-

tinction dans ce pays-ci. Il a déjà fait dire à M. de Verneuil qu'il est arrivé; mais l'usage est qu'il doit lui notifier son arrivée. M. de Verneuil en a averti M. de Grevembrok. M. de Grevembrok, ministre de l'électeur Palatin en France depuis plus de vingt ans, se trouve naturellement chargé des affaires du duc des Deux-Ponts, qui est de la maison Palatine ; mais outre cela il a eu des lettres de créance pour les affaires de l'électeur de Bavière depuis que M. de Grimberghen ne s'en mêle plus, et on croit qu'il en aura incessamment pour les affaires de l'électeur de Cologne.

Du samedi 13. — L'audience de M. le duc des Deux-Ponts, sous le nom de comte de Sponheim, fut jeudi, comme je l'ai marqué. Ce fut audience particulière. Il fut présenté par M. de Verneuil. Il a avec lui M. de Vitencoff, chambellan de l'électeur de Bavière, et M. de Wals; mais ils n'ont été présentés ni l'un ni l'autre, étant tous deux au service de France, le premier dans le régiment d'Alsace et l'autre dans Nassau-Cavalerie.

Je n'ai pas encore parlé d'un établissement que le Roi vient de faire depuis peu d'un hôpital à Valenciennes. Cet établissement a donné lieu à une grande question. Il est d'usage presque dans tout le royaume que les évêques président à l'administration des hôpitaux de leurs villes épiscopales, soit par eux-mêmes, soit par leurs grands vicaires. Lorsque les hôpitaux sont établis dans des villes moins considérables, le curé de la principale paroisse de la ville est ordinairement administrateur; mais il n'a que la seconde place; la première est occupée par le principal officier de la justice. Dans la ville de Metz, où il y a un hôpital considérable, M. l'évêque de Metz (Saint-Simon) avoit cru pouvoir décider seul de ce qui regarde l'administration, mais il n'a pu réussir dans cette prétention; il est sans contredit du conseil d'administration, il y préside, mais il n'y décide pas seul. On a suivi des principes différents pour l'hôpital de Valenciennes, en conséquence de l'avis de M. de Séchelles, intendant, et apparemment par rapport aux usages de Flandre ; nul ecclésiastique n'est admis dans le conseil d'administration.

Il y a eu aujourd'hui conseil des dépêches. M. de Fontette, maître des requêtes, qui parle fort bien, y a fait rapport d'une demande faite par les Jacobins de Toulouse à Mme d'Albaret, veuve du premier président de [la cour souveraine de Perpignan]. Il s'agissoit d'une très-ancienne fondation, faite également en faveur des Jacobins et des Cordeliers, pour laquelle il avoit été stipulé une redevance en blé et en vin; cette redevance n'est point payée depuis plus de cent ans, et la fondation n'est point acquittée. Les Cordeliers ne demandent rien, mais les Jacobins ont prétendu que la rente étoit imprescriptible, et Mme d'Albaret en étoit tenue comme possédant une des terres sur laquelle cette rente étoit assise. On a trouvé qu'il y avoit un remboursement de 1,000 livres fait aux Jacobins, et ils ont perdu leur procès. C'étoit le P. Vassal, homme d'esprit et de mérite et chargé des affaires de tout l'ordre de Saint-Dominique, qui sollicitoit ce procès.

On apprit il y a deux ou trois jours la mort de M. de Calvière; il est mort, je crois, dans le Comtat d'Avignon ; il avoit quatre-vingt-quatorze ans. Il avoit épousé une d'Albon, veuve en premières noces de M. de Valbelle, dont elle avoit eu un fils, qui est mort sous-lieutenant des gendarmes de la garde, homme de vertu et de mérite, mais fort froid et fort sérieux. De son second mariage avec M. de Calvière elle a eu un fils, qui est aujourd'hui chef de brigade des gardes du corps; il est fort peu répandu dans le monde, mais fort estimé, ayant beaucoup d'esprit, de lecture et de connoissances.

Du lundi 15, *Versailles*. — Le Roi alla samedi dernier dîner à la Meutte et revint le soir.

Hier Mme la Dauphine alla entendre le sermon dans une des tribunes vis-à-vis la chaire. Le Roi, la Reine et toute la famille royale étoient en bas, comme à l'ordinaire. C'est la seconde fois que Mme la Dauphine va en haut pour sa plus grande commodité, à cause de sa grossesse. Il a été question si on devoit mettre un tapis ; je pensai qu'il ne devoit point y en avoir, et j'ai même déjà écrit sur cela à l'occasion de Mesdames. Mon frère alla demander à M. de Gesvres ce qu'il en pensoit ; M. de Richelieu y étoit, et lui dit qu'il se souvenoit d'avoir vu M. le duc de Bourgogne en haut avec un tapis pendant, mais que Monseigneur entrant, on rabattit le tapis ; en conséquence Mme la Dauphine n'a eu ni tapis ni carreau ; elle se mit à genoux sur la banquette et avoit un fauteuil derrière elle.

Mme de Castellane, fille de feu M. de Ménars et de Mlle de la Rivière, fut présentée hier par Mme de Castellane, sœur de M. Rouillé. Mme de Ménars avoit compté se trouver à cette présentation ; elle a été présentée au Roi et à la Reine il y a plusieurs années, mais elle ne le fut point alors à M. le Dauphin ni à Mesdames. Je ne sais s'il y eût des difficultés pour sa présentation, mais on craignoit qu'il ne s'en rencontrât présentement à parler d'une nouvelle présentation. On lui avoit conseillé ou de ne point venir ici, d'autant plus que ce n'est point elle qui devoit présenter, parce que ce doit être toujours une femme portant le nom du mari, ou bien qu'il ne fût question de sa présentation que chez Mesdames les trois dernières, parce qu'elle se trouveroit dans le cas de plusieurs femmes, que leur santé ou leurs affaires ont empêché de venir ici depuis que Mesdames sont arrivées de Fontevrault ; et à l'égard de M. le Dauphin, d'y aller en supposant qu'elle lui avoit déjà fait sa cour, et M. de Gesvres auroit dit à M. le Dauphin que les affaires de Mme de Ménars l'avoient empêchée depuis plusieurs années d'avoir l'honneur de venir faire sa cour. Cette alternative a donné occasion à de grandes incertitudes dans l'esprit de Mme de Ménars. Elle manda avant-hier à Mme de Luynes qu'elle avoit pris le parti de ne pas venir, et qu'heureusement il lui étoit venu une fluxion sur la joue, qui étoit une trop bonne raison. M. de la Rivière, père de Mme de Ménars, étoit à la présentation; c'est un homme âgé, qui n'est pas parent de M. de la Rivière des mousquetaires noirs.

On sait qu'il y a tous les jours à l'ordre un gendarme, un chevau-léger, un mousquetaire gris et un mousquetaire noir, en bottes et en uniforme; ils vont partout où le Roi couche. L'ordre se donne avant la messe, ici, dans le salon d'Hercule; il s'y trouve des officiers supérieurs sans uniforme, quelquefois des officiers majors. Le mousquetaire noir ne se trouva point hier à l'ordre, et le Roi le remarqua. Ordinairement lorsque l'un des deux s'est trouvé incommodé, son camarade de l'autre compagnie en est averti, parce qu'ils logent et s'en retournent même souvent ensemble; le mousquetaire gris n'en savoit rien. Le Roi jugea que le noir méritoit une punition; mais l'affaire approfondie, il s'est trouvé que celui qui devoit venir à l'ordre n'avoit point été averti. Je sais ce fait de M. de la Rivière, qui se trouva hier fort embarrassé quand il vit que son mousquetaire manquoit.

Je crois avoir marqué que Madame Louise est enrhumée depuis quelques jours; elle garde sa chambre. C'est la seule des filles du Roi qui aime le cavagnole; elle y a joué chez elle ces jours-ci. Je m'y trouvai, il y a trois jours, lorsque Mme la duchesse de Penthièvre vint lui faire sa cour. Mme la maréchale de Duras étoit assise et jouoit à cavagnole. Madame Louise demanda à boire; on apporta une serviette et une soucoupe; la femme de chambre de Madame Louise, qui ne sait pas encore les usages, présenta l'une et l'autre à Mme de Penthièvre; par ce moyen Mme de Penthièvre fit le service tout entier, pendant qu'elle n'auroit dû présenter que la serviette, et la femme de chambre la soucoupe. Mme la maréchale de Duras, à qui j'en parlai, convint que la femme de chambre avoit tort.

Du mardi 16, *Paris*. — Je n'ai appris qu'aujourd'hui que Mme Bergeret mourut ici il y a trois jours; elle logeoit chez Mme la maréchale de Villars; elle avoit quatre-vingt-deux ans; sa tête étoit fort affoiblie depuis un an ou deux. Mme Bergeret étoit la femme du commandant ou du major de la citadelle de Strasbourg. On sait que M. le maréchal de Villars, lorsqu'il alloit commander les armées, vouloit que Mme la maréchale de Villars le suivît; il la laissoit ordinairement à Strasbourg lorsque l'armée étoit sur les bords du Rhin. C'est là qu'ils firent connoissance tous deux avec Mme Bergeret; ils trouvèrent qu'elle avoit de l'esprit, des sentiments vrais, remplis de probité. Mme Bergeret étant devenue veuve, M. et Mme de Villars l'engagèrent à venir demeurer à Paris, et profitèrent de toutes les occasions de lui rendre service et à ses enfants et petits-enfants. Depuis le départ de M. le maréchal de Villars pour l'Italie, où il mourut, Mme la maréchale proposa à Mme Bergeret de venir loger chez elle, et elle y a toujours demeuré depuis ce moment. Tous ceux qui ont connu particulièrement Mme Bergeret disent qu'elle s'est toujours conservé l'estime et l'amitié non-seulement de M. et de Mme la maréchale de Villars, mais même de tous les domestiques de la maison, et que la reconnoissance qu'elle devoit à Mme la maréchale ne l'a jamais empêchée de lui dire son sentiment avec franchise et vérité, lorsque les circonstances le demandoient.

J'ai appris aussi aujourd'hui que mylord Stafford est mort à Londres; il n'avoit guère, je crois, que quarante ans tout au plus. J'ai marqué ci-dessus qu'il avoit épousé la fille de Mme de Bulkeley de son premier mariage avec M. de Cantignon. Il étoit parti pour l'Angleterre à l'occasion d'un grand procès au sujet de la succession de M. de Cantignon; il venoit de gagner ce procès, par le jugement duquel il revient un bien considérable à Mme de Stafford; il n'aura eu que la satisfaction de lui procurer cet avantage sans en jouir lui-même.

M. de Brou, conseiller d'État, marie son fils avec Mlle Boucot, dont le père est payeur des rentes de la Ville; on dit qu'elle a des biens immenses.

Mme la duchesse de Fleury vient de faire une fausse couche.

M. le duc de Valentinois est à l'extrémité, d'un ou de plusieurs abcès dans les entrailles. Il a une très-belle maison dans le faubourg Saint-Germain, que feu M. le maréchal de Montmorency, ci-devant prince de Tingry, avoit commencé à faire bâtir et qu'il vendit n'étant pas en état de l'achever. Cette maison est remplie de meubles magnifiques, de tableaux des plus grands maîtres et de porcelaines de toutes espèces. Le P. d'Héricourt, théatin, fameux prédicateur, auquel M. de Valentinois a remis le soin de sa conscience, lui a représenté avec raison que plusieurs de ces tableaux, quoique de grand prix, n'étoient pas soutenables dans la maison d'un chrétien, par l'indécence et l'immodestie des figures; et en conséquence les tableaux ont été déchirés.

M. de Flavacourt est à l'extrémité, d'une fluxion de poitrine.

Du mercredi 17, *Paris*. — Mme de Luynes me mande de Versailles que M. l'archevêque a été aujourd'hui pour dire au Roi que le jubilé commencera le vendredi 26 de ce mois.

Ce fut vendredi ou samedi dernier que M. de Saint-Florentin porta à M. l'archevêque la bulle pour le jubilé.

M. de Valentinois est toujours dans le même état. J'ai parlé ci-dessus de ses tableaux; ceux qui étoient les plus chers et les plus beaux venoient de Monaco; M. de Valentinois les avoit apportés avec lui; ils n'étoient point à lui; ils étoient à son fils aîné, M. de Monaco. Ces tableaux étant très-immodestes, comme je l'ai dit, M. de Valentinois étoit absolument déterminé à les brûler en entier et à faire ôter toutes les figures peu convenables; mais il ne le pouvoit sans le consentement de son fils. Non-seulement M. de Monaco a consenti à ce que son père désiroit de ces tableaux, mais il l'a fait exécuter devant lui. C'est aussi lui qui a averti son père de l'état où il étoit et qui s'est mis à genoux devant son père pour l'exhorter à songer à sa conscience.

Du vendredi 19, Versailles. — Dom Noël, dont j'ai parlé au 18 février dernier, a apporté ce matin à M. le Dauphin un télescope de trois pieds et demi, meilleur que tous ceux qui ont été faits jusqu'à présent; les frais de cet instrument montent à 45 louis.

Je n'ai appris que depuis peu que c'est M. Poisson, père de Mme de Pompadour, qui a la terre de Marigny de feu M. de la Peyronie, qui est en Brie. Cette terre relève en entier de M. le duc de Gesvres. Lorsque M. de la Peyronie l'acheta, M. le duc de Gesvres lui remit la totalité des droits. M. de la Peyronie a donné cette terre par son testament à la maison de Saint-Côme; elle vaut 7 ou 8,000 livres de rente. La maison de Saint-Côme a toujours joui de cette terre, mais sans en tirer un profit considérable, parce que, sous le prétexte de veiller à l'administration de cette terre et d'y donner les ordres nécessaires, deux députés de Saint-Côme y alloient tous les ans passer quinze jours ou trois semaines, pendant lequel temps ils s'y divertissoient et y dépensoient au moins le tiers de la terre; ainsi c'étoit l'avantage de la communauté de vendre ladite terre, et M. Poisson désiroit de l'acheter. La question étoit de donner une forme à cette acquisition. On a cru que le meilleur moyen étoit que ce fût le Roi qui acquît la terre. Le Roi devoit 200,000 livres à M. Poisson pour fournitures et avances par lui faites; M. Poisson a donné quittance des 200,000 livres, au lieu desquelles le Roi lui a donné ladite terre, que S. M. a achetée les mêmes 200,000 livres de la communauté de Saint-Côme, pour lesquelles il a constitué 10,000 livres de rente au profit de cette communauté. Ainsi M. Poisson a payé; il possède la terre qu'il désiroit, et il la possède sûrement, parce que c'est le Roi qui est son garant. La communauté de Saint-Côme y gagne aussi considérablement; elle jouit de 10,000 livres de rente tous frais faits, au lieu de 5 ou 6,000 livres qu'elle touchoit peut-être pendant son administration; et un tiers qui y gagne beaucoup est M. le duc de Gesvres, à qui il a été payé 41,000 livres pour les droits seigneuriaux, sans aucune remise.

Du samedi 20, *Versailles.* — Avant-hier jeudi le Roi alla à Trianon, et devoit revenir au sermon; il manda qu'il n'y viendroit point. La Reine alla au sermon, et le prédicateur lui fit un compliment, suivant l'usage, parce que c'étoit la première fois qu'elle ait été au sermon du carême sans le Roi.

Ce même jour il y eut tragédie, et l'on joua *Athalie*. La Reine n'y alla point; elle fut renfermée toute l'après-dinée et fit hier ses dévotions.

J'ai appris aujourd'hui la mort de Mme Rouillé; elle étoit Le Goût-Maillard, fille d'un président à mortier du parlement de Dijon; elle avoit eu une sœur aînée, qui avoit épousé M. de Turgot de Saint-Clair, et une sœur cadette, qui est encore vivante, qui avoit épousé M. de Pont (Chavigny), frère de M. l'archevêque de Sens, prédécesseur de celui-ci. Mme Rouillé avoit environ cinquante-cinq ans; son mari, qui étoit président au parlement de Paris, étoit fils d'un frère de M. Rouillé du Coudray, et par conséquent proche parent de Mme de Machault.

Du dimanche 21, *Versailles.* — La Seine est débordée de tous côtés. En 1740, qui est une année fort remarquable pour le débordement des eaux, la rivière monta jusqu'à 24 pieds. Hier matin elle n'étoit pas encore tout à fait à 20, mais elle augmenta dans la journée, et elle a encore augmenté cette nuit.

Hier samedi, jour de concert, la Reine sortit de ses cabinets à six heures; elle trouva Mme la Dauphine, Mesdames et beaucoup de dames; elle dit qu'on ouvrît la porte du salon et que la musique commençât; mais les musiciens étoient partis, et la Reine fut obligée de jouer, ce qui ne fut pas même possible dans le premier moment parce que personne n'y comptoit. Ce n'est pas que l'on n'eût à l'ordinaire transporté les instruments après la messe dans le bout de la galerie près du salon; le fait est qu'il y eut du malentendu.

Hier la messe de la Reine fut une messe de *Requiem*, à cause de l'anniversaire de la reine de Pologne, sa mère, morte à la vérité le 19; mais à cause de Saint-Joseph l'anniversaire est remis au 20. Soit par cette raison, soit pour la plus grande commodité des musiciens, M. de Gesvres demanda à la Reine, au dernier concert, si elle se soucioit beaucoup d'en avoir un samedi 20. La Reine répondit qu'elle seroit fort aise d'en avoir. M. de Gesvres en reparla encore une fois, et la Reine, par complaisance pour lui, avoit paru consentir qu'il n'y en eût point; tout cela n'a pas été bien expliqué.

Mme de Gamaches (la Mothe-Houdancourt) a été présentée aujourd'hui par Mme sa mère, et a baisé le bas de la robe de la Reine. Elle devoit être présentée par Mme de Luynes, comme cousine ou tante de M. de Gamaches, si elle ne s'étoit pas trouvée incommodée.

Du lundi 22, Versailles. — On apprit hier la mort de M. l'archevêque de Narbonne (Crillon); il est mort à Avignon. Il avoit environ soixante-quatre ou soixante-cinq ans. Depuis l'attaque d'apoplexie qu'il eut il y a trois ou quatre ans, il avoit toujours été dans un grand affoiblissement, et sur la fin il étoit presque entièrement en enfance; il avoit cependant de temps en temps quelques moments de connoissance, ce qui rend encore cet état plus pénible. Il s'étoit retiré à Avignon, au milieu de sa famille. Avant son apoplexie, il s'étoit fait aimer et considérer dans le Languedoc, et il y sera regretté.

Du jeudi 25, Versailles. — Mme de Malause mourut avant-hier à Paris; elle étoit fille de M. de Maniban, premier président du parlement de Toulouse, et sœur de Mme de Livry, femme du premier maître d'hôtel du Roi; elle avoit environ quarante-cinq ans.

Le Roi nomma avant-hier pour troisième sous-gouvernante des enfants de France Mme de Saint-Sauveur. Son mari, qui a été page de la petite écurie, est actuellement second écuyer de cette même écurie, et le Roi l'a attaché particulièrement à M. le Dauphin. Mme de Saint-Sauveur est une femme estimée, qui a beaucoup de vertu et de piété.

Du dimanche 28, *Versailles.* — M. l'archevêque envoya enfin hier son mandement pour le jubilé, que l'on attendoit depuis longtemps. Feu M. de Vintimille envoyoit ordinairement ses mandements à la Cour par un gentilhomme à lui. Ce gentilhomme étoit présenté au Roi par le premier gentilhomme de la chambre, à la Reine par la dame d'honneur, et on lui permettoit de remettre le mandement lui-même entre les mains de LL. MM. Il a été représenté à M. l'archevêque que cette fonction de présenter des mandements seroit plus convenable à un ecclésiastique qu'à un séculier ; et en conséquence il a envoyé ici un chanoine de Notre-Dame. Le chanoine a présenté le mandement en habit court ; il paroît qu'il auroit mieux fait de se mettre en habit long. Ce qui a retardé le mandement, c'est l'examen de quelques difficultés par rapport à la bulle. Il sembleroit par les termes de cette bulle que les évêques seroient obligés de marquer comme une condition essentielle pour gagner le jubilé, la visite, tous les jours de station, de l'église cathédrale de chaque diocèse. Cependant les inconvénients qu'il y auroit à mettre cette visite comme une condition nécessaire à tous ceux qui habitent Paris, et qui voudront profiter de cette indulgence, a déterminé M. l'archevêque à n'y imposer cette loi que pour Paris, encore même les confesseurs peuvent-ils en dispenser ; en imposant une pénitence équivalente. Il n'y a point de jeûnes ni d'aumônes ordonnés par la bulle. M. l'archevêque n'en ordonne point non plus, mais il exhorte à faire l'aumône.

L'ouverture du jubilé doit se faire demain à la cathédrale à Paris, et ici aux deux paroisses, par le *Veni Creator* et la grande messe, et la clôture s'en fera le 29 septembre. On est obligé à se confesser et communier et à faire soixante stations, à raison de quatre par jour, ce qui fait quinze jours de stations que l'on peut interrompre pour sa commodité ou ses affaires. On peut être six mois à faire son jubilé; mais M. l'archevêque exhorte à le faire dans les deux premiers mois, d'autant plus qu'il n'y aura d'instructions que pendant les deux premiers mois. Les communautés et paroisses feront cinq processions; et les fidèles, hommes et femmes, qui suivront ces processions, soit toutes cinq, ou une partie, seront dispensés de douze stations, c'est-à-dire de trois jours de stations pour chaque procession qu'ils auront suivie.

Mon frère ayant été demander à M. l'archevêque une dispense de ces stations pour Mme la Dauphine, à cause de sa grossesse, M. l'archevêque lui dit fort honnêtement qu'il lui remettoit tous ses pouvoirs. En conséquence mon frère a proposé à Mme la Dauphine de faire ses stations à quatre autels de la chapelle; mais il lui a conseillé en même temps d'aller en chaise à porteurs, si sa santé lui permettoit, à la paroisse de Notre-Dame de Versailles, le premier et le dernier jour.

Il y a aujourd'hui deux présentations, Mme de Kerkado, qui est petite et jeune, présentée par Mme de la Rivière la mère, et Mme de Gramont-Falon, qui est Vaudrey, sœur de Mme Howal par Mme de Bauffremont, qui est Mommeins. M. de Gramont-Falon est le frère aîné du chevalier de Gramont, aide major de la gendarmerie.

Mme d'Harcourt, fille de M. le baron d'Haneffe, de Normandie, qui est de même maison que M. de Landreville des gardes du corps, a été présentée (1) par Mme de Beu-

---

(1) Cet article est prématuré; elle n'est pas encore présentée. (*Note du duc de Luynes.*) — Cette présentation a été faite le dimanche 25 avril de cette année. (*Seconde note du duc de Luynes.*)

vron (Rouillé). Il y a quinze ans qu'elle est en Normandie ; son mari est aîné de la maison d'Harcourt.

Mme de Kerkado est Poncet; son mari est de même nom et de même maison que M. de Kerkado, lieutenant général, qui avoit épousé en premières noces Mlle de Cucé, dont il a eu deux garçons. L'aîné, M. de Molac, fut tué en Bohême ; le second, qui est vivant, prit le nom de Molac, et eut le régiment de son frère. Leur père épousa en secondes noces Mlle de Kœnigsmarck, dont il n'a point eu d'enfants. C'est Mme de la Rivière qui a fait la présentation de Mme de Kerkado, parce que MM. de la Rivière, qui sont gens de condition de Bretagne, sont parents des Kerkado. MM. de la Rivière portent leur nom : ils n'en ont point d'autre ; si on les appelle quelquefois la Rivière-Paulmy, pour les distinguer des autres, c'est par rapport à une alliance que M. de la Rivière, lieutenant des mousquetaires noirs, a par sa mère avec M. d'Argenson.

AVRIL.

Usage dans les présentations. — Prise d'habit à Saint-Cyr ; Madame Sophie fait la cérémonie. — Mort de Mme de Mailly. — Évêques nommés. — Testament de Mme de Mailly. — La Reine et ses enfants font leurs pâques. — Il n'y a pas de police dans le château de Versailles. — Mort de M. de la Carte. — Belle action de l'évêque de Perpignan. — La cène de la Reine. — Usurpation d'honneurs par la duchesse de Chartres. — Nouvelles de la Cour ; carrosses de Mesdames, prétentions, présentations, etc. — Ouragan. — Contrats de mariage. — Mort de MM. de Bonas et du Roure. — Accident arrivé à la Dauphine. — Mort de Mme de Villaine. — Chasses du Roi. — Le Roi achète la terre d'Achères et cède le domaine de Gonesse. — Mort du roi de Suède. — Le Jubilé. — Mort de Mme de Rochechouart-Faudoas. — Tapisseries des Gobelins. — Chapitre extraordinaire de l'Ordre. — Les Gradués et les mois de faveur et de rigueur. — Mort de l'archevêque de Vienne en Autriche. — Audience du duc de Mecklenburg-Gustrow. — Testament du duc de Valentinois. — Maison du duc de Penthièvre à Bercy. — La Reine finit son jubilé. — Piété du Dauphin.

Du vendredi 2, Versailles. — Mme de Tallard alla mardi 30 chez la Reine lui demander la permission que la petite Madame lui présentât le lendemain Mme de Saint-Sauveur, sa nouvelle sous-gouvernante, sans être elle-même à cette présentation. Cette espèce de plaisanterie est une étiquette. L'usage est que les princesses présentent leurs dames d'honneur ou celles qui leur sont attachées; le même usage est pour les filles de France, et il sembleroit qu'il devroit y avoir une distinction, mais enfin cela est. Il étoit donc censé que c'étoit Madame qui devoit présenter sa sous-gouvernante, et que cette présentation étant faite par Mme de Tallard, ce ne seroit que comme représentant Madame. L'usage des présentations en général est que la femme qui vient se faire présenter l'est par sa belle-mère ordinairement, lorsque c'est une nouvelle mariée, ou par la plus proche parente de son mari, sinon par sa mère à elle ou par sa plus proche parente. En ce cas celle qui présente entre la première; celle qui est présentée la seconde, et elles sont suivies par les dames qui assistent à la présentation. Les présentations chez le Roi se font dans le cabinet de glaces, et chez la Reine dans sa chambre. C'est chez le Roi le premier gentilhomme qui nomme la dame présentée; chez la Reine c'est la dame d'honneur, quand c'est une princesse qui présente. La dame d'honneur ne nomme point lorsque c'est une fille de France qui présente. Par conséquent il étoit question ici de savoir si Mme de Tallard, présentant au nom de Madame, la dame d'honneur devoit nommer, Mme de Luynes ne pouvant aller chez la Reine, à cause de sa santé. Mme de Chevreuse prit l'ordre de la Reine, qui lui dit que c'étoit à la dame d'honneur à nommer, et en conséquence elle nomma Mme de Saint-Sauveur.

Il y eut avant-hier une prise d'habit à Saint-Cyr d'une Mlle d'Aumale, nièce de celle de même nom qui étoit attachée à feu Mme de Maintenon; elle est encore vivante; elle a soixante-sept ou soixante-huit ans. Elle est venue à Saint-Cyr à cette cérémonie; elle veut toujours voir le Roi quand elle vient dans ce pays-ci, et le Roi la reçoit avec bonté. Mme la supérieure de Saint-Cyr avoit écrit à Mme de Luynes pour la prier d'engager la Reine à vouloir bien aller donner le voile blanc à Mlle d'Aumale; la Reine n'ayant pas jugé à propos de faire cette cérémonie a bien voulu qu'elle fût faite par une de Mesdames. Madame a autant aimé se dispenser de ce voyage, et de concert avec la Reine, elle a nommé Madame Sophie pour donner le voile. Madame Sophie et Madame Louise n'avoient point encore été à Saint-Cyr, et il a été jugé convenable que Madame Victoire, qui est connue déjà à Saint-Cyr, y allât avec Mesdames ses deux sœurs. Ainsi Madame Victoire y étoit en représentation, ayant Madame Sophie à sa droite et Madame Louise à sa gauche; mais ce fut Madame Sophie qui fit la cérémonie. Le P. Perrin, jésuite, prêcha sur l'amour de Dieu, et fort peu sur la prise d'habit. Comme on avoit pensé que ce pourroit être Madame qui iroit à Saint-Cyr, et qu'en ce cas M. le chevalier de Montmorency, son chevalier d'honneur, et Mme de Beauvilliers, sa dame d'honneur, auroient pu mener chacun leur carrosse, il y eut une question d'agitée, savoir lequel des deux carrosses devoit passer le premier. Mais cette question a déjà été réglée à l'occasion de Mme la Dauphine.

Hier 1er avril se fit le renouvellement de quartier à l'ordinaire. L'usage est que le quartier montant et le quartier descendant des officiers de la chambre de la Reine se trouvent chez la Reine, et la dame d'honneur les nomme tous deux à S. M., non pas en détail; la Reine leur donne quelques marques de bonté, quelquefois même elle leur dit : « Je suis contente de vos services ». Mme de Chevreuse ne les nomma point, parce qu'elle crut que ce n'étoit pas la règle, l'ayant demandé à quelqu'un qui ne le savoit pas.

Mylord Albemarle, ambassadeur d'Angleterre, présenta mardi dernier 30 mars M. le comte de Burefort, fils de M. le duc de Saint-Albans.

Mme de Chastellux, qui n'avoit point paru ici depuis la mort de M. le chancelier (Daguesseau), son père, fit ce même jour 30 sa révérence.

Mme la comtesse de Mailly mourut à Paris, le 30 mars, d'une fluxion de poitrine, le huitième jour de sa maladie; elle avoit quarante et un ans. Elle vivoit dans une grande piété, et étoit fort occupée à faire de bonnes œuvres depuis qu'elle étoit retirée de la Cour.

Du samedi 3, Versailles. — Il arriva hier à M. de Puisieux un courrier d'Angleterre envoyé par M. le marquis de Mirepoix, notre ambassadeur, avec la nouvelle que le prince de Galles étoit mort le 31 mars, à dix heures du soir, d'une fluxion de poitrine; il étoit âgé de quarante-quatre ans. Il avoit épousé une princesse de Saxe-Gotha, plus jeune que lui de onze ou douze ans, dont il laisse cinq princes et trois princesses.

Mme de Nivernois, femme de l'ambassadeur de France à Rome, est arrivée ici aujourd'hui; elle étoit à Rome, d'où elle est partie il y a près de six semaines; elle a passé par Modène sans y arrêter; elle a resté un jour et demi à Parme et ne s'est point arrêtée à Turin. Elle est venue à l'occasion de la maladie de Mme de Pontchartrain, sa mère.

Du dimanche des Rameaux 4, Versailles. — Il n'y a point eu aujourd'hui d'évêque officiant, ce n'est pas l'usage; la grande messe a été chantée par la chapelle du Roi. Toute la famille royale, excepté Mme la Dauphine, étoit en bas. La quêteuse étoit Mme de Gouy (Rivier).

Le Roi a travaillé aujourd'hui avec M. l'évêque de Mirepoix. M. l'évêque de Nevers (la Motte d'Hugues), a été nommé à l'archevêché de Vienne qui étoit vacant par la mort de M. Saléon. L'évêché de Lombez, vacant par la mort de M. de Maupeou, a été donné à M. l'abbé de Cérisy, grand vicaire de Rouen. L'évêché de Nevers à M. l'évêque de Belley (Tinseau) et l'évêché de Belley à l'abbé Cortois (Quincey).

Je n'ai point encore parlé du testament de Mme la comtesse de Mailly ; ce que l'on en sait, c'est que M. de Marseille, son neveu, fils de feu Mme de Vintimille, sa sœur, qu'elle aimoit beaucoup, est son légataire universel, et M. le prince de Tingry est nommé exécuteur du testament. Elle lui fait présent d'un diamant de la valeur de 6,000 livres ; elle lui laisse outre cela une somme de 30,000 livres pour en disposer comme il sait bien. On croit que c'est un fidéicommis (1) en faveur de M. de Nesle, son père, qui est héritier du mobilier ; mais comme ce mobilier pourroit être saisi par les créanciers de M. de Nesle, on juge qu'elle a préféré de lui laisser une somme pour lui tenir lieu du mobilier. M. de Nesle ne l'a point quittée pendant sa maladie, et elle lui a toujours marqué une grande amitié.

Du mardi 6, Versailles. — Mme de Nivernois vit ici chez moi la Reine en particulier samedi dernier ; elle en fut reçue avec toutes sortes de marques de bonté ; le lendemain elle fit sa révérence, accompagnée de Mme de Saint-Florentin. Elle a passé à Bourges pour voir M. de Maurepas, son frère de père.

Hier la Reine alla à la paroisse faire ses pâques. Mme de Luynes ne suivit point S. M., ce fut Mme de Chevreuse. Mme de Villars y étoit aussi et sept dames du palais (2). Mme de Chevreuse tint le côté droit de la nappe et Mme de Villars le côté gauche. Le duché de Chevreuse prend sa date du

---

(1) C'est en effet ce que l'on avoit pensé d'abord, mais ce n'est pas cependant vraisemblablement la vraie destination de cette somme. Lorsque Mme de Mailly se retira de la Cour, elle avoit beaucoup de dettes ; le Roi a bien voulu les payer ; et pour cela on fit des accommodements avec tous les créanciers, sur le fondement que les marchandises avoient été vendues bien cher. Mme de Mailly a su que plusieurs de ces marchands avoient perdu dans cet accommodement, et c'est pour les dédommager qu'elle a destiné les 30,000 livres, ou au moins partie de cette somme. (*Note du duc de Luynes.*)

(2) Des autres, il y en a quatre d'incommodées. Deux qui ne le sont point sont Mme de Montauban et Mme de Flavacourt. Celle-ci n'avoit pas encore paru à la Cour depuis sa petite vérole. (*Note du duc de Luynes.*)

jour de son érection, qui est de 1667; il est le premier des duchés héréditaires enregistrés au Parlement, et par conséquent il passe à la Cour avant le duché-pairie de Villars et plusieurs autres.

Madame et Madame Adélaïde firent hier leurs pâques. Ce fut Mme de Brissac qui tint le côté droit de la nappe et Mme la maréchale de Maillebois (1) le côté gauche. Mme de Beauvilliers, dame d'honneur, y étoit, mais elle resta derrière.

Aujourd'hui M. le Dauphin a fait ses pâques. M. de Chaulnes, comme duc et pair, a tenu le côté droit de la nappe et M. le comte de Noailles, comme grand d'Espagne, le côté gauche.

Mesdames les trois cadettes ont aussi fait leurs pâques aujourd'hui. Mme la maréchale de Duras a tenu le côté droit et Mme de Clermont le côté gauche. Elles n'ont point de dames titrées attachées à elles; Mme de Brissac avoit offert d'y aller, mais ç'auroit été un désagrément pour Mme de Clermont, que Mme la maréchale de Duras a voulu lui éviter.

M. de Wernick a eu aujourd'hui audience et a remis ses lettres de créance comme ministre plénipotentiaire du duc de Wurtemberg; il étoit ci-devant chargé des affaires du prince de Nassau-Sarrebrück et du prince de Nassau-Weilbourg.

Du mercredi saint 7, Versailles. — J'ai parlé il y a quelque temps de M. de Lœwenhaupt; il doit épouser incessamment Mlle de Saint-Clair, que nous avons vue ici en même temps que Mmes de Linange et d'Hamilton. Mlle de Saint-Clair est fille de Mme de Linange, d'un premier mariage.

Du jeudi saint 8, Versailles. — La cène du Roi a été

---

(1) Elle jouit des honneurs de la grandesse, quoique son mari ne soit pas encore reçu grand d'Espagne, y ayant vraisemblablement quelques difficultés qui arrêtent. (*Note du duc de Luynes.*)

aujourd'hui comme l'année passée. C'est M. l'évêque de Perpignan (d'Havrincourt) qui a fait l'absoute à la cène du Roi et à celle de la Reine. M. l'abbé Berthier de Sauvigny a prêché à celle du Roi, et c'est le curé de Chamarande qui étoit le prédicateur de la Reine; il s'appelle Couturier (1); il étoit ci-devant curé d'une paroisse près de Compiègne qu'on appelle Armancourt, qui est en partie à M. le maréchal de la Mothe, et en partie à M. de la Ferté. M. de la Ferté vient de vendre depuis peu cette portion de seigneurie. La quêteuse à la grande messe fut Mme de l'Hôpital (Boulogne).

Hier il y eut un homme habillé de noir qui toucha à Madame Adélaïde dans la galerie lorsqu'elle alla à la chapelle; on dit même qu'il la prit par l'épaule. Ce même homme, le soir, au grand couvert, s'approcha fort près de Madame Victoire et lui tendit la main en lui demandant l'aumône; on l'arrêta. M. de Saint-Florentin l'a questionné; on a su qu'il s'appelle Blondel : c'est un fou. Il a dit qu'il ne croyoit pas avoir rien fait de mal à propos; que ces princesses étoient si belles, qu'il sembloit qu'il étoit permis de leur demander leur main à baiser.

On a appris hier la mort de M. de la Carte (2), beau-père de M. Rouillé. La mère de M. Rouillé le secrétaire d'État étoit restée veuve avec des biens considérables; elle prêta même 800,000 livres à M. le duc d'Orléans, dans le temps de la régence, dont elle a eu beaucoup de peine à être remboursée. Elle épousa en secondes noces M. de la Carte, qui vient de mourir, dont elle avoit eu un fils, qui fut tué, en Italie à l'armée de M. le prince de Conty, il

---

(1) Il a prêché une fois le panégyrique de saint Louis devant l'Académie françoise. (*Note du duc de Luynes.*)

(2) Il avoit soixante-dix ans. Il avoit une des deux lieutenances générales du Poitou, où il est mort; elle vaut 5,400 livres de rente; M. de Rouillé l'a obtenue pour M. de Beuvron, son gendre. L'autre lieutenant général est M. de Vérac, frère du premier mari de Mme de Gouy. (*Note du duc de Luynes.*)

y a quelques années. Ce M. de la Carte qui vient de mourir avoit un frère cadet, qui étoit abbé, et qui, ayant quitté le petit collet, s'attacha à Monsieur, frère du Roi. Il épousa Mlle de Menetou, seconde fille de Mme la duchesse de la Ferté et sœur de Mme la marquise de Mirepoix; ils eurent un fils, qui vit encore, qu'on appelle le marquis de la Ferté et qui a épousé Mlle de Rabodanges, dont il n'a point d'enfants. M. de la Carte en épousant Mlle de Menetou prit le nom et les armes de la Ferté. Après sa mort, Mme de la Ferté se remaria en secondes noces, à M. de Bouteville. C'est cette même Mme de Bouteville, auparavant Mme de la Ferté, nièce de feu Mme de Ventadour, qui donna occasion à un procès dont on a beaucoup entendu parler dans le temps. Elle avoit chez elle deux filles qu'elle faisoit élever avec soin, et cependant comme filles d'une de ses femmes. Ces deux filles (dont il y en a une de mariée) plaidèrent pour se faire reconnoître filles de M. et de Mme de la Ferté, et quoiqu'elles eussent produit beaucoup de lettres de Mme de la Ferté, elles furent condamnées au parlement de Paris.

J'ai dit que M. l'évêque de Perpignan a fait l'absoute. On contoit hier une action fort honorable de ce prélat. Il étoit à Perpignan dans le temps de la dernière réforme. Il fut instruit que plusieurs des officiers qui avoient été réformés étoient dans le plus grand embarras, n'ayant pas le moyen de retourner chez eux. Il les pria de venir chez lui; il y en avoit vingt ou vingt-cinq; il leur donna fort bien à dîner; après quoi il leur dit que sachant l'état de leurs affaires il se trouvoit heureux d'être à portée de leur faire plaisir; qu'il avoit dans son cabinet 9,000 livres qui lui étoient inutiles; il leur demanda en grâce de vouloir bien les partager entre eux tous, qu'ils les lui rendroient s'ils se trouvoient en état de le faire, mais qu'il les prioit instamment de ne point s'en embarrasser ni inquiéter. Ils acceptèrent cette offre, et on prétend que tout lui a été rendu.

Du dimanche 11, *jour de Pâques, Versailles.* — Jeudi dernier, à la cène de la Reine, les plats furent portés par Madame, Madame Adélaïde, Madame Victoire, Madame Louise et Madame Sophie, ensuite Mme la duchesse de Chartres, sept dames du palais et Mme de Brissac et Mme de Goësbriant, qui font quinze en tout. Les dames qui portoient les plats marchoient, savoir : les duchesses et les grandes d'Espagne suivant le rang de leur duché et de leur grandesse, les autres ensuite.

Le vendredi saint, à l'adoration de la croix, on remarqua une nouveauté : Mme la duchesse de Chartres avoit derrière elle son aumônier, qui lui porta son livre et son sac ; on n'avoit point encore vu de princesses du sang faire usage d'un honneur qui n'est dû qu'au Roi, à la Reine et aux enfants de France, en présence de LL. MM. Mesdames en ont parlé au Roi ; il y a lieu de croire que cela n'arrivera plus.

Cette semaine, la Reine donne de sa cassette 25 louis aux quêteuses et 40 aux religieuses, 1 louis à chaque couvent.

Je ne crois pas avoir marqué qu'à la création de la maison de Mesdames les deux aînées on leur a donné des carrosses neufs à leurs armes, c'est-à-dire avec des losanges ; mais il n'y a que les deux carrosses du corps qui aient ces armes ; celui des écuyers est aux armes du Roi à l'ordinaire.

M. le baron de Montmorency, chevalier d'honneur de Madame, vient de faire habiller ses porteurs de chaise de sa livrée, et il entre dans la cour royale avec sa chaise. Il n'est pas douteux que le chevalier d'honneur de la Reine, lors même qu'il n'est ni duc, ni grand d'Espagne, ni maréchal de France, a les honneurs du Louvre, et par conséquent des porteurs de sa livrée. Feu M. le marquis de Dangeau, chevalier d'honneur de feu Mme la duchesse de Bourgogne depuis Dauphine, jouissoit de ces prérogatives, et à la mort du Roi, en 1715, comme on auroit pu lui faire quelques difficultés, Mme la Dauphine étant morte, il obtint un ordre, qui est encore existant dans le registre des gardes de la porte, pour qu'ils eussent à le laisser entrer dans le Louvre. La maison de Mme la Dauphine ayant été créée à l'instar de celle de la Reine, M. de la Fare a joui sur-le-champ des mêmes honneurs. Il les a aussi comme maréchal de France. M. de Sassenage, aussitôt qu'il a été nommé chevalier d'honneur, a pris des porteurs avec sa livrée, et les entrées du Louvre. M. le baron de Montmorency a cru que le titre de chevalier d'honneur de Mesdames lui donnoit les mêmes droits; il a des porteurs de sa livrée; il entre dans le Louvre. Le Roi l'a vu, il en ordonnera ce qu'il jugera à propos.

Du lundi 19, Versailles. — Il y a déjà plusieurs jours que j'ai appris l'arrangement qui a été fait pour M. de l'Hôpital. Je crois qu'il avoit demandé les honneurs et les fonctions attachés à la charge de premier écuyer, c'est-à-dire d'avoir ses gens habillés de la livrée de Mesdames, ou pour mieux dire de celle du Roi, un carrosse aux armes de Mesdames, et peut-être même a-t-il désiré quelqu'arrangement dans les écuries du Roi pour en former une à Mesdames. Quoi qu'il en soit, il a obtenu, au lieu de 6,000 livres qu'il avoit, d'en avoir 15,000, et une gratification de 10,000 livres pour avoir un carrosse qui sera à ses armes et pour se faire faire une livrée qui sera la sienne.

M. de Gravezund fut présenté il y a quelques jours; c'est un homme d'environ trente ans; il doit épouser incessamment Mlle de Vogué, sœur de celui qui est exempt des gardes du corps. MM. de Vogué sont gens de condition du Vivarais, où ils ont beaucoup de terres : le lieu de Vals, fameux par ses eaux minérales, est à eux; ce n'est qu'à un quart de lieue de leur séjour ordinaire. Le frère aîné de l'exempt demeure toujours dans ses terres. Un de leurs parents, qui veut faire des avantages à Mlle de Vogué, a demandé que M. de Gravezund fût présenté ici.

On s'est adressé à Mme de Luynes à titre de parenté. J'en expliquerai la raison (1). La grâce pouvoit paroître difficile parce que M. de Gravezund ne sert point et n'a jamais servi. Ils sont de condition de Bourgogne. Mme de Luynes s'est adressée à M. de Saint-Florentin et à M. de Gesvres, et il paroît que l'intérêt qu'elle a pris à M. de Gravezund a décidé en sa faveur.

Il a fait ici, le 20 du mois dernier, un ouragan extrèmement considérable : il s'est fait sentir partout ; il a fait périr grand nombre de vaisseaux sur les côtes de Bretagne ; on estime la perte à 20 millions. Les arbres arrachés, les cheminées abattues, les maisons découvertes, les débordements des eaux, ont donné lieu à de grandes pertes dans toutes les provinces, et particulièrement dans l'Anjou et dans la Touraine. On croit que ces dommages peuvent bien aller à 2 millions pour chacune de ces provinces.

Il y eut hier deux contrats de mariage signés par le Roi : celui de M. le comte de Mortemart, fils unique de M. le duc de Mortemart et de Mlle de Blainville, avec la fille unique de feu M. de Manneville, gouverneur de

---

(1) M. Brulart, premier président du parlement de Bourgogne, père de Mme de Luynes, avoit une sœur qui étoit son aînée ; elle épousa M. Amelot de Bisseuil, parent des Amelot ; elle en eut deux filles, dont l'une mariée à M. de la Lande du Deffand, et l'autre à M. de Folin ; par conséquent Mme de la Lande du Deffand et Mme de Folin étoient cousines germaines de Mme de Luynes. Mme de la Lande eut pour fils : MM. de la Lande du Deffand, dont l'aîné avoit épousé Mlle de Champron, fille d'une sœur de Mme de Luynes : c'est Mme du Deffand d'aujourd'hui ; l'autre est le chevalier de la Lande ; et outre cela trois filles : l'une Mme d'Ampus, la seconde Mme Gravezund, celle-ci est la mère de celui qui a été présenté, et la troisième, Mme de la Tournelle, mère de M. de la Tournelle qui avoit épousé Mlle de Mailly (Nesle) qui a été depuis Mme de Châteauroux.

Mme de Folin, autre fille de la sœur de M. Brulart, a eu deux filles. L'une épousa M. d'Auroy, dont elle a eu un fils, qui a épousé Mlle de Saint-Germain-Beaupré, et une fille, qui est morte sans enfants, veuve de M. de Feuquières.

La seconde fille de Mme de Folin épousa M. du Prat, fils de M. de Viteaux de Bourgogne ; elle n'a point d'enfants. (*Note du duc de Luynes.*)

Dieppe. Elle a actuellement 20,000 livres de rente et en aura au moins 50,000 en belles terres. C'est le troisième mariage de M. de Mortemart (1).

Le second contrat est celui de M. de Gravezund avec Mlle de Vogué.

M. d'Ossun, capitaine de gendarmerie, fut présenté avant-hier au Roi par M. de Puisieux; il est nommé ambassadeur de France à Naples, à la place de M. de l'Hôpital.

On apprit avant-hier la mort de M. de Bonas, dans le fond de la Gascogne. Il avoit environ quatre-vingts ans; il étoit lieutenant général des armées du Roi et grand-croix de l'ordre de Saint-Louis. M. d'Argenson lui écrivit pendant la guerre pour lui demander s'il vouloit servir. Il fit réponse qu'il en avoit toute la volonté possible, mais que ses forces ne lui permettoient pas.

On apprit aussi la mort de M. du Roure à son gouvernement du Pont-Saint-Esprit. Ce gouvernement vaut 8,000 livres de rente. Il étoit le frère aîné du père de celui qui avoit épousé Mlle de Biron. Le mari de Mlle de Biron a le gouvernement du Fort-Louis, qui vaut 8,000 livres d'appointements et 1,200 livres d'émoluments; il demande celui du Pont-Saint-Esprit et offre de rendre celui du Fort-Louis. On croit que sa demande lui sera accordée; il y perdra 400 livres, mais il sera au milieu de ses terres.

Mlle de Romanet, nièce de Mme d'Estrades, épouse M. de

---

(1) Il avoit épousé en premières noces Mlle de Crux, dont il a un fils (mais on ne peut espérer ni désirer qu'il vive), et en secondes noces Mlle de Rouvroy, morte sans enfants. Feu M. de Manneville a laissé à sa fille de grandes et belles terres autour de Dieppe. Il étoit fils de Mme d'Aligre, qui étant devenue veuve épousa M. le duc de Luynes, veuf de Mlle de Séguier en premières noces, et en secondes de Mlle de Rohan-Soubise; elle est morte aux Incurables, sans enfants de ce mariage; mais du premier elle avoit eu, outre M. de Manneville, Mme de Blaru, mère de M. de Blaru exempt des gardes du corps, et une autre fille, qui a épousé M. de l'Épine-Danican, frère de M. de Landivisiau. (*Note du duc de Luynes.*)

Choiseul, cousin germain de M. de Stainville. En faveur de ce mariage, M. de Choiseul est fait menin surnuméraire de M. le Dauphin, et la nouvelle mariée dame surnuméraire de Mesdames.

Du mardi 20, *Versailles.* — J'ai marqué ci-dessus ce que M. l'archevêque avoit fait dire à mon frère par rapport à Mme la Dauphine au sujet des stations. Mme la Dauphine a voulu aller pendant le cours de ses stations une fois à chaque paroisse et une fois aux Récollets. Elle me dit hier que mon frère lui avoit proposé cet arrangement comme plus convenable. Elle a déjà été à Notre-Dame, en chaise, le jour qu'elle a commencé son jubilé; elle alla hier en chaise à la paroisse Saint-Louis. Le pavé étoit fort glissant; un de ses porteurs glissa, et l'autre eut l'adresse de laisser aller la chaise en même temps, mais avec tant de précaution que cet accident fut presque insensible et ne peut donner sujet à aucune inquiétude. Cependant comme Mme la Dauphine approche du terme où on devoit la saigner naturellement, et que l'on prend toujours en pareil cas le parti le plus sûr, on l'a saignée ce matin; elle est dans son lit. M. le Dauphin a dîné avec elle à côté de son lit. La Reine doit y descendre à six heures pour y jouer à cavagnole.

Depuis que la Reine a commencé son jubilé, elle n'a plus voulu jouer après souper; elle vient toujours chez Mme de Luynes comme à l'ordinaire, ou souper, ou après le grand couvert, mais elle reste dans le petit cabinet à faire la conversation pendant que la compagnie joue dans le grand cabinet.

Mylord Albemarle, ambassadeur du roi d'Angleterre, a enfin donné part aujourd'hui de la mort du prince de Galles. Il a eu audience particulière; il étoit en grand manteau et en pleureuse au bas de la manche, à la façon angloise. On prendra le deuil après demain jeudi, et on le portera quinze jours.

Je viens d'apprendre dans le moment la mort de Mme de

Villaine : elle avoit soixante-sept ans ; elle étoit sœur jumelle de M. le duc de Tallard. Elle avoit épousé en premières noces, en 1704, M. de Sassenage (1), fils du marquis de Sassenage et de Mlle de Saint-André et neveu de celui qui étoit gentilhomme de la chambre de M. le duc d'Orléans, et qui avoit épousé ma tante, veuve de M. de Morstein. Mme de Villaine avoit eu de son premier mariage une fille, qui est Mme de Sassenage d'aujourd'hui, ayant épousé son neveu à la mode de Bretagne, fils de M. de Sassenage et de ma tante, lequel est chevalier d'honneur de Mme la Dauphine en survivance de M. de la Fare. Mme de Sassenage (Tallard) étant devenue veuve épousa M. de Villaine, colonel du régiment de Médoc et frère de M. Gilbert de Voisins. C'est par Mlle de Saint-André, grande mère de Mme de Sassenage d'aujourd'hui, que sont entrés dans la famille les biens qu'ils ont en Dauphiné, que l'on appelle biens paraphernaux. Ce sont des biens que la femme apporte et qu'elle reprend au delà de sa dot ; le mari ne peut en jouir, à moins qu'il n'y ait une convention contraire à la coutume du pays. Ce terme est connu aussi en Normandie, mais sous un autre sens.

Du mercredi 21, Versailles. — Le Roi alla hier courre à Saint-Germain. Il fait toutes ses chasses dans cette forêt l'hiver et jusqu'à Pâques ; mais vers Pâques il va ordinairement aux environs d'ici. Son projet en allant à Saint-Germain étoit d'y courre le daim s'il en avoit le temps, mais principalement de voir une acquisition qu'il a faite et y ordonner des plantations de bois. C'est la terre d'Achères, qui joint la forêt ; cette terre vaut 11 à 12,000 livres de rentes, et appartenoit à M. de Massol. Comme elle est fort à la convenance du Roi, et qu'on savoit qu'il la désiroit, elle fut estimée fort cher. M. le cardinal de Fleury, alors premier ministre, en offrit jus-

---

(1) Il fut fait prisonnier à Hochstett, en 1704, et tué dans un combat particulier en 1706. (*Note du duc de Luynes.*)

qu'à 8 ou 900,000 francs. M. de Massol, par le conseil de
son père, qui est je crois M. de Laurière, ne voulut point
accepter cette offre. Les affaires de M. de Massol s'étant
depuis dérangées, ses créanciers l'ont obligé de
vendre. Dans ces circonstances, M. le garde des sceaux a
songé en faisant l'arrangement pour le Roi à en faire un
qui pût lui convenir à lui-même. Il a une terre entre
Louvres et Saint-Denis, que l'on appelle Arnouville; cette
terre est voisine de Gonesse, lieu qui étoit plus fameux
par son pain blanc qu'il ne l'est actuellement. Le domaine
de Gonesse est au Roi; il avoit été engagé à feu M. le maréchal d'Estrées; après sa mort le Roi y rentra, et le ren-
gagea ensuite à l'Hôtel-Dieu. Soit que l'Hôtel-Dieu n'ait
pas été content de cet engagement, soit que le Roi ne le
fût point de la manière dont ses biens étoient administrés, comme je le lui ai entendu dire, le Roi est rentré
une seconde fois dans ce domaine. En même temps
M. le garde des sceaux a acquis des créanciers de M. de
Massol la terre d'Achères pour la somme de 100,000 écus,
et aussitôt après il en a fait un échange avec le Roi pour
le domaine de Gonesse. C'est dans cette nouvelle acquisition d'Achères que le Roi va faire planter beaucoup de
bois. Il paroît que S. M. auroit mieux aimé la payer 8 ou
900,000 livres il y a environ vingt-cinq ans, que de
l'avoir à présent à 100,000 écus et avoir perdu ces vingt-
cinq années.

La nomination de Mme de Choiseul (Romanet) à la place
de dame de Mesdames a donné occasion de dire qu'on
alloit former une nouvelle semaine : on nommoit Mme de
Rians et encore une autre; mais ce bruit paroît sans
fondement.

On a pris le deuil aujourd'hui du prince de Galles,
comme je l'ai marqué.

On a appris aujourd'hui la mort du roi de Suède. Il y
avoit longtemps qu'il étoit incommodé; il avoit soixante
et quinze ans; il est mort le 5. Il est à craindre que

cet événement ne détermine la guerre dans le Nord.

J'ai marqué que la Reine ne joue point après souper depuis qu'elle a commencé ses stations ; non-seulement elle ne joue pas même après souper les jours qu'elle ne fait point de stations, mais elle ne veut pas de concert chez elle, ni de musique à sa messe, jusqu'à ce qu'elle ait fait son jubilé.

Mme de Beuzeville, fille de M. le chancelier, a eu l'honneur de manger pour la première fois avec la Reine ; ce fut avant-hier ici à souper. Il y avoit longtemps qu'elle avoit obtenu qu'elle auroit cet honneur, mais l'occasion ne s'en étoit pas encore trouvée.

Il y a quelques jours que l'on a appris que M. de Kaunitz, ambassadeur de l'Empereur, a perdu un de ses fils, mort à Vienne, âgé d'environ onze ans. Sa femme étoit Staremberg. Il reste encore à M. de Kaunitz une fille et un garçon, qui a environ treize ans et qui est à Vienne ; M. de Kaunitz n'a pas encore paru ici depuis sa grande maladie.

Il y a dix ou douze jours que l'on sait que M. de Bernstorff a ses lettres de rappel ; M. de Rewentlaw, qui le remplace, est ici ; mais il n'a pas encore eu d'audience.

M. de Choiseul qui épouse Mlle de Romanet est cousin germain de M. de Stainville le père. On compte que Mlle de Romanet pourra avoir des biens considérables, mais il faut pour cela qu'elle recueille les biens de tous ses parents, et M. d'Estrades son oncle est encore fort en âge de se marier ; je ne sais même s'il a cinquante ans. Ce M. d'Estrades a la mairie de Bordeaux, mais il ne paroît pas qu'il soit question d'aucun arrangement pour la faire tomber à M. de Choiseul. M. de Choiseul qui se marie a environ vingt-huit ans ; il est dans la gendarmerie et n'a pas un sol de biens. Les 2,000 écus que le Roi lui donne en faveur du mariage sont d'une espèce différente de celle des pensions ou appointements, car ils serviront à assurer le douaire de la nouvelle mariée.

On est toujours ici fort occupé du jubilé ; mais ce n'est pas sans qu'il donne occasion à quelque scandale dans Paris, par les disputes et embrouillements des processions. Il y a eu aussi des difficultés sur l'intelligence du mandement ; on a cru que les processions pouvoient être partout ; elles ne sont que pour Paris. On s'étoit imaginé qu'on profitoit de trois jours de stations pour une procession, et cela n'est aussi que pour Paris. Il y en a déjà eu de faites dans les campagnes. Il y a encore de l'embarras sur les lieux des stations ; le mandement dit qu'elles sont indiquées dans les églises seulement, et dans les campagnes on les a mises à des croix et autres lieux de dévotion.

On sait depuis dix ou douze jours que Mme de Rochechouart-Faudoas est morte à Bordeaux ; elle étoit Maniban, de même nom et de même maison que le premier président du parlement de Toulouse. Elle n'étoit pas sa sœur, mais elle l'étoit de feu M. l'archevêque de Bordeaux, chez lequel elle s'étoit retirée en 1733 ou 34. Elle avoit épousé en premières noces M. de Campistron, secrétaire de M. de Vendôme ; elle en eut une fille, qui épousa M. de Mauconseil. M. de Rochechouart-Faudoas avoit épousé en premières noces Mlle de Montesquiou ; elle mourut en 1725, et il épousa en 1727 Mme de Campistron (Maniban), qui vient de mourir. M. de Rochechouart-Faudoas, son mari, mourut en 1745.

On a exposé ces jours-ci dans les appartements de nouveaux morceaux de tapisserie exécutés aux Gobelins avec la plus grande perfection. C'est la suite de l'histoire de don Quichotte. Les deux pièces sont : l'une le jugement de Sancho dans l'île de Barataria, l'autre lorsqu'il consulte la tête enchantée.

Du vendredi 23, *Paris.* — Le roi de Suède mourut à Stockholm, le 5 avril, entre huit et neuf heures du soir ; il se nommoit Frédéric et étoit âgé de soixante-quatorze ans onze mois et huit jours, étant né le 28 avril 1676. Il avoit épousé, le 31 mai 1700, la princesse Louise-Dorothée de Brandebourg, fille de Frédéric III, roi de Prusse, morte le 19 décembre 1705, sans postérité. Le 4 avril 1715 il épousa, en secondes noces, la princesse Ulrique-Éléonore, sœur de Charles XII, roi de Suède. Il parvint au trône de cette monarchie le 4 avril 1720, et le 30 mars 1730, son père (1) étant mort deux jours auparavant, il nomma le prince son frère pour être administrateur du landgraviat de Hesse-Cassel. Il étoit demeuré veuf depuis le 5 décembre 1741, que mourut sa seconde femme. On n'a reçu la nouvelle à Versailles que le 22. Il n'a point eu d'enfants de ses deux mariages.

M. le duc de Valentinois est mort ici aujourd'hui, après une longue maladie; il étoit né le 22 novembre 1689.

Du dimanche 25, Versailles. — Il y a eu aujourd'hui un chapitre extraordinaire de l'Ordre, pour lequel on avoit averti il y a déjà quatre ou cinq jours. Ce chapitre s'est tenu immédiatement après la messe (2). Le Roi nous a dit qu'il vouloit nous proposer M. de Nivernois, son ambassadeur à Rome, que comme il devoit faire son entrée au mois de juin, qu'on pourroit lui envoyer le cordon, mais qu'il lui falloit une dispense d'âge, qu'il n'auroit trente-cinq ans accomplis qu'à la fin de l'année. Sur cela S. M. a demandé les avis de tous les chevaliers; c'est l'usage, et tous répondent par une révérence respectueuse. Il y avoit quarante et un ou quarante-deux chevaliers, sans compter trois des quatre grands officiers. M. de Machault ne s'y trouve plus depuis qu'il est garde des sceaux. Nous avions à ce chapitre M. le maréchal de Maillebois, qui n'avoit point paru aux cérémonies de l'Ordre depuis qu'il a été presque grand d'Espagne;

---

(1) Landgrave de Hesse-Cassel.
(2) Le Roi avoit tenu le conseil d'État avant la messe. (*Note du duc de Luynes.*)

mais comme il n'y avoit ici ni appel ni procession, il pouvoit s'y trouver sans inconvénient.

Du lundi 26, Versailles. — Mme de Nivernois fit hier son remerciment, accompagnée de Mme de Saint-Florentin, sur la grâce que le Roi accorda à M. de Nivernois, comme je l'ai marqué. Le Roi lui demanda l'âge de M. de Nivernois; elle répondit qu'il étoit né le 12 décembre 1716.

M. de Beauvilliers fit hier ses révérences; il n'avoit point paru depuis la mort de sa femme; il étoit sans manteau; il en avoit demandé la permission. Il avoit avec lui un de ses frères, et M. de Saint-Aignan les présenta.

Je n'ai jamais eu occasion de parler des gradués, et de l'usage et règle établis depuis longtemps que pendant quatre mois de l'année certains bénéfices ne peuvent être donnés qu'à des gradués (1). Dans ces quatre mois, il y en a deux qu'on appelle mois de rigueur, et les deux autres de faveur. Dans les deux mois de rigueur, non-seulement ces bénéfices ne peuvent être donnés qu'à des gradués, mais même qu'aux plus anciens des gradués; au lieu que dans les deux autres l'ancienneté n'est pas nécessaire. Cette obligation de donner à l'ancien donnoit lieu à beaucoup de disputes entre les septenaires, c'est-à-dire ceux qui ont régenté pendant sept ans; et outre cela il en résultoit de grands inconvénients, parce que le plus ancien n'étoit pas toujours le plus digne. Ces inconvénients étoient plus considérables par rapport aux bénéfices à charge d'âmes. Le Roi y remédia il y a deux ou trois ans. Je ne l'ai appris que depuis deux jours. S. M. a rendu une déclaration. Les deux mois de rigueur sont supprimés et les quatre mois sont également mois de faveur, c'est-à-dire que les nominateurs seront obligés de donner à un gradué, mais non pas au plus ancien. Cette règle n'est que pour les bénéfices à charge d'âmes seule-

---

(1) Le *Dictionnaire de Trévoux* donne de longs détails sur le droit des gradués.

ment. Ce nouvel arrangement a été fait par la seule volonté du Roi, sans que le Pape s'en soit mêlé ; ce n'a pas été sans quelques tentatives de la cour de Rome, mais sans succès.

On apprit hier la mort du cardinal Colonitz, archevêque de Vienne, âgé de soixante-quatorze ans ; il étoit le premier archevêque de cette capitale de l'Autriche. Il y a un chapitre peu nombreux ; pour y entrer il n'est pas nécessaire d'être noble. Cette ville n'a été érigée en évêché que depuis environ deux siècles et en archevêché qu'en 1721. L'église est dédiée à saint Étienne.

Du mardi 27, Versailles. — La noce de Mlle de Romanet avec M. de Choiseul se fit hier, à Bellevue. Mme de Pompadour avoit prêté sa maison. Les nouveaux mariés y ont couché.

La Reine pendant ses stations fait donner 12 livres aux pauvres à chacune des deux paroisses, et autant aux Récollets. Mesdames les cadettes font donner de même à elles trois la même somme de 12 livres.

M. l'archevêque a mandé aux PP. Récollets qu'ils pouvoient faire leurs stations ou séparément ou processionnellement, mais que dans l'un ou l'autre cas ils étoient obligés aux quinze jours de stations. Il n'y a que pour Paris, la banlieue et les faubourgs, que les processions tiennent lieu de trois jours de stations.

M. le Dauphin a fini aujourd'hui son jubilé ; il a communié à la chapelle ; il étoit en manteau avec le collier de l'Ordre ; c'est la règle portée dans les statuts, et on ne peut s'en dispenser sans une permission du Roi. M. le Dauphin avoit un prie-Dieu au milieu du chœur, avec son drap de pied. M. le duc de Rohan tenoit le côté droit de la nappe et M. le comte de Noailles le côté gauche.

Je n'ai point marqué il y a environ un mois que le duc de Mecklenburg-Gustrow est venu ici en passant. Il vouloit voir la cour, mais en bayeur, et sans être présenté. M. de Puisieux lui représenta que le personnage de bayeur convenoit peu à un souverain, et que s'il vouloit voir le Roi il auroit audience dans le cabinet. M. de Mecklenburg, qui avoit pris le nom de comte de Grabo, eut audience sous ce nom dans le cabinet; on ne l'a pas vu depuis.

Du vendredi 30, *Versailles.* — Je n'ai pas encore parlé des dispositions testamentaires de M. le duc de Valentinois. Ce que j'en sais, c'est qu'il a donné deux bustes de bronze au Roi; ils représentent deux médecins. Il a donné à sa belle-fille, Mme de Valentinois, sa maison de Passy, qui a coûté des sommes immenses; c'est la maison qui avoit été à M. le duc d'Aumont et où il avoit dépensé beaucoup d'argent. L'on estime que les différents maîtres qui l'ont possédée depuis environ trente ans y ont dépensé plus de 500,000 écus.

J'ai parlé dans le journal de l'année passée d'une acquisition faite par M. le duc de Penthièvre d'une maison à Bercy qui avoit été à M. Orry. Il l'a achetée 114,000 livres et y a dépensé 83,000 livres, et en meubles 30,000 livres. Il retire ces meubles pour en faire usage à Puteaux. L'eau de la rivière n'avoit point été dans cette maison depuis 1740; mais dans le débordement dont j'ai parlé il y a environ un mois, l'eau a été fort haut dans la chambre de M. le duc de Penthièvre et dans tout le bas de la maison. Des lambris nouvellement mis et peints entièrement gâtés, des dorures perdues, ont déterminé M. le duc de Penthièvre à chercher une autre maison de campagne. Il vient d'acheter celle de M. le duc de Gramont à Puteaux, 120,000 livres, et il cherche à vendre celle de Bercy. Cette maison de Puteaux, qui n'a jamais été achetée, a été bâtie par feu M. le duc de Guiche, depuis maréchal de Gramont, grand-père de celui-ci. Elle avoit été parfaitement bien bâtie, et M. le duc de Gramont d'aujourd'hui en a vendu les meubles et les glaces 20,000 écus. J'oubliois de marquer que c'est cette maison qui donna occasion à un grand procès entre M. de Chaulnes et M. de Gramont, au sujet d'une ruelle qui séparoit les deux jardins. Cette maison est ornée de cheminées de marbre et de glaces.

La Reine a toujours continué ses stations, excepté les fêtes et dimanches; elle a aujourd'hui fini son quinzième jour, et fait ses dévotions demain. Hier en sortant de Notre-Dame elle alla voir les malades de la Charité. Cette visite fut accompagnée d'une aumône considérable.

M. le Dauphin a donné aussi de grands exemples de piété et de vertu. On fut fort édifié de ce qu'ayant rencontré le saint Sacrement il y a quelques jours, non-seulement il descendit de son carrosse, mais il le reconduisit à pied jusqu'à la paroisse.

M. le Dauphin alla avant-hier souper et coucher à Choisy, et en revint hier après souper. Mesdames y allèrent hier souper et coucher; elles reviennent aujourd'hui avec le Roi.

M. l'ambassadeur de Venise (Morosini) se fit faire l'opération de la fistule lundi dernier par Morand; il s'en porte fort bien.

MAI.

Droit du premier gentilhomme de la chambre sur l'administration de la Comédie-Française. — Travaux à Marly. — Présentations; revue des gardes; la Dauphine finit son jubilé. — Statue de Louis XV par Lemoyne. — Révérences. — Détails sur la campagne du maréchal de Belle-Isle en Provence, en 1746. — Mort de la princesse de Berghes et de M. de Fulvy. — Manufacture de porcelaine de Vincennes. — Probité de M. Orry. — Maladie de Madame Victoire. — Mort du marquis de Roye et de M. Couvet. — Comédie à Bellevue. — Retraite du cardinal Tencin. Lettres du cardinal et du Roi relatives à cette retraite. — Religieux Maronites. — Mort de M. de Prie. — Réception de cinq chevaliers de Saint-Michel. — Nouvelles diverses de la Cour. — Le président Hénault et Montesquieu admis à l'Académie de Lunéville. — Le roi de Suède Frédéric de Hesse; détails sur la succession au trône de Suède. — La Cour à Marly. — Pension à Mme de Fulvy; succession de M. Orry; dettes de M. de Fulvy. — Lettres de la Reine à la duchesse de Luynes. — Violoniste italien. — Voltaire spéculateur. — M. Chambrier. — Le Roi achète un secret pour arrêter le sang des artères piquées ou coupées. — Lettre du cardinal Tencin aux fidèles de son diocèse. — Anecdote sur M. de Pery. — Emprunt de

50 millions. — Nouvelles de Marly. — Mariages, morts et procès. — Ordonnance du Roi sur la garde des salles des Comédies française et italienne. — Carrosses de Mesdames; difficultés. — Emprunt de 50 millions et remontrances du Parlement. — Lettre du Pape au cardinal Tencin. — Secondes remontrances du Parlement. — Troisièmes remontrances du Parlement. — Arrêté du Parlement contre les dépenses inutiles et contre les impôts et les dettes qu'elles entraînent. — Mort de Mme de Saumery. — Mlle de Charleval. — Le duc des Deux-Ponts.

Du samedi 1er, *Versailles.* — Les spectacles recommencèrent mercredi dernier à Paris. Il y eut, je crois, ce jour-là même une aventure à la Comédie françoise qui mérite d'être marquée. Les comédiens françois, même à Paris, sont sans contredit soumis au premier gentilhomme de la chambre en année, non pas pour les pièces qu'ils donnent au public, car c'est le prévôt des marchands qui en décide, mais pour tout le reste de leur administration. Cependant le désir de faire un profit considérable les avoit déterminés à faire construire six nouvelles loges, sans consulter M. de Gesvres, qui est en année; ils les avoient même déjà louées. M. de Gesvres en a été averti; il a prié M. de Richelieu d'aller à la comédie, et M. de Richelieu a fait abattre devant lui ces loges.

J'allai hier voir les nouveaux ouvrages que l'on a faits à Marly. On sait qu'anciennement il n'y avoit autour du salon en bas que quatre grands appartements occupés par le Roi, la Reine, et depuis la mort de la feue Reine par Mme de Maintenon; le troisième et le quatrième occupés successivement par Monseigneur et Mme la Dauphine, même depuis que Monseigneur fut veuf, par Monseigneur et Madame dans le même appartement, M. le duc et Mme la duchesse de Bourgogne, ensuite M. le duc et Mme la duchesse d'Orléans, etc. Enfin nous avons vu de ce règne-ci M. le cardinal de Fleury en occuper un, M. le duc d'Orléans un autre et Mme la Duchesse la mère le quatrième.

Le mariage du Roi a donné encore occasion à quelques changements dans ces appartements; mais les trois pièces qui composent chacun de ces quatre appartements étoient toutes de la hauteur entière de l'étage. Depuis ce temps la Reine en a fait retrancher une des siennes pour se faire une chambre à coucher et plus de commodités. Le Roi a fait accommoder aussi une de ses trois pièces pour se faire un endroit pour tourner et une salle à manger dans ses cabinets, laissant la chambre du conseil et sa chambre à coucher de la hauteur ordinaire. On a pendant ce temps-là rabaissé les trois pièces de chacun des deux autres appartements pour M. le Dauphin, Mme la Dauphine et Mesdames, et on a fait des entre-sols au-dessus. Le Roi a ensuite rabaissé sa chambre à coucher et a fait des entre-sols. Il ne restoit plus que la chambre du conseil ; on vient de la mettre à la même hauteur, ce qui donne au Roi plus de commodité pour ses cabinets.

Mesdames venues de Fontevrault n'ayant point encore été à Marly, il a fallu songer à les loger ; on a voulu les mettre à portée de Mesdames leurs sœurs et on les a logées toutes cinq en haut. Au lieu que M. le Dauphin et Mme la Dauphine n'avoient à eux deux que trois pièces subdivisées en entre-sols, on leur a donné à chacun un appartement entier, afin que Mme la Dauphine, dans l'état où elle est, ne fût point obligée de monter à des entre-sols. Ce nouvel établissement a donné occasion à beaucoup de nouveaux bâtiments. On a élevé les bâtiments qui entourent la calotte du salon, et l'on y a fait beaucoup de logements pour le service ; on a outre cela élevé d'un étage le corps de logis que l'on appelle le bâtiment neuf. Au lieu que le ministre des affaires étrangères, qui y est logé avec sa femme, avoit son appartement à droite dans le corridor à droite en revenant du château, on lui a fait à gauche, et on l'a relevé de quelques marches à cause de l'humidité, et on a laissé l'appartement de la femme toujours à droite. On a retranché de cet appartement deux petits cabinets que l'on y avoit ajoutés pour M. Chauvelin. Les augmentations que l'on a faites à quelques appartements font que le nombre des logements au lieu d'être augmenté est diminué. Par exemple, dans ce même bâtiment appelé le bâtiment neuf il y avoit quatorze appartements, il n'y en a plus que dix.

On a fait aussi d'assez grands changements à la chapelle; elle avoit deux ou trois incommodités considérables, surtout pour la Reine, premièrement d'être trop petite, de n'avoir qu'un autel, de ce que le saint Sacrement n'y étoit point, et de ce qu'on n'y chantoit jamais ni grande messe ni vêpres, de manière que la Reine et toute la famille royale étoient obligées de monter en carrosse une montagne fort roide pour aller à la paroisse les fêtes et les dimanches. On a allongé un peu la chapelle en prenant la sacristie qui étoit derrière, et en prenant une des arcades qui sont auprès de la chapelle et par où les carrosses passoient de la grille d'en haut à la rivière par un chemin pavé; on a fait une nouvelle sacristie plus commode que l'ancienne et au-dessus un petit chœur avec sept stalles, pour des religieux cordeliers de Noisy, qui viendront faire l'office les fêtes et dimanches. On a ménagé aussi un logement pour deux de ces religieux, qui y coucheront, parce que le saint Sacrement sera déposé à la chapelle pendant les voyages. On a donné un autre passage pour les carrosses. La seule différence qu'il y a, c'est que ce passage ne se trouve point aligné à l'arcade par où l'on va à la demi-lune. On a construit dans la chapelle, dans l'arcade du milieu du côté du jardin, un autel; et vis-à-vis cet autel, du côté de la montagne; on a fait une tribune en balcon pour la Reine, élevée environ de deux ou trois marches au-dessus de la chapelle. Il y a derrière cette tribune une pièce pour la suite nécessaire de la Reine, qui n'en est séparée que par une porte de glaces. De cette pièce on voit au travers des glaces sur l'autel de la petite chapelle, mais non pas sur le grand autel.

Du lundi 3, Versailles. — Avant-hier Mme de Choiseul (Romanet) fut présentée par Mme de Choiseul, sœur de Mme de Pont (Lallemant de Betz).

Hier Mme de Tessé (Béthune) présenta Mme de Maulevrier (Fiennes). Son mari est petit-fils de Mme de Fiennes, sœur de Mme d'Estampes, capitaine des gardes de feu M. le duc d'Orléans. Cette présentation se fit hier chez le Roi, au sortir du salut. Immédiatement après, S. M. vint voir Madame Victoire, qui a un peu de fièvre de rhume, et ensuite partit pour la Meutte, d'où elle reviendra ce soir après souper.

Le Roi fait aujourd'hui la revue des gardes françoises et suisses dans la plaine des Sablons. M. le Dauphin et Mesdames y sont allées. Mesdames sont en grand habit.

Mme la Dauphine a fini aujourd'hui son jubilé ; elle est en retraite, parce qu'elle fait demain ses dévotions.

Du mardi 4, Versailles. — Le Roi alla hier, avant la revue, de la Meutte au Roule pour voir le modèle en plâtre d'une figure que Lemoyne, fameux sculpteur, doit exécuter en bronze pour la ville de Rennes. Cette figure représente S. M. à pied ; et comme elle a été faite à l'occasion de la grande maladie du Roi en 1744, elle représente d'un côté la Bretagne et de l'autre la déesse de la Santé. La Bretagne paroît demander avec instance la santé du Roi, et être contente en même temps de l'avoir obtenue. On dit que ce modèle est parfaitement bien, que la figure est très-ressemblante et le visage fort agréable.

Le Roi alla ensuite voir les gardes françoises et suisses. On dit qu'il y avoit beaucoup de monde à pied, à cheval et en carrosse, mais beaucoup d'ordre. Ces deux régiments firent l'exercice avec beaucoup de régularité ; on ne tira point. Le Roi revint souper à la Meutte avec M. le Dauphin et Mesdames et coucher à Versailles.

M. de Monaco et M. le comte de Valentinois, son frère, ont fait leurs révérences aujourd'hui ; ils ont demandé la permission au Roi de n'être point en manteau long ; ils n'avoient pas paru ici depuis la mort de M. le duc de Valentinois.

M. de Surgères a aussi fait ses révérences ; il n'étoit

pas venu ici depuis quatre ans, qu'il alla dans ses terres.

J'ai marqué dans le temps tous les détails qui sont venus à ma connoissance par rapport à la guerre de Provence, lorsque les ennemis passèrent le Var en 1746. On trouvera dans mes Mémoires le départ de M. le maréchal de Belle-Isle de Fontainebleau et les difficultés qu'il trouva à exécuter le projet dont il étoit chargé. Il me raconta il y a quelques jours quelques circonstances de cette expédition. Les Espagnols, sous les ordres de l'Infant et de M. de la Mina, rebutés des événements malheureux qui avoient forcé les François et eux de se retirer, avoient pris le parti de retourner en Espagne sur les ordres précis qui leur en avoient été envoyés ; ils étoient déjà fort avancés dans leur route, puisque la tête de leur armée étoit déjà dans le col de Bellegarde, lorsque M. le maréchal de Belle-Isle arriva à Aix à la fin de novembre. On étoit très-instruit à Fontainebleau de la résolution des Espagnols, et on avoit écrit à Madrid des raisons si fortes pour obtenir un ordre contraire, qu'on avoit lieu de l'espérer ; le Roi même avoit écrit de sa main au roi d'Espagne. Mais les moments étoient si pressants que M. de Belle-Isle fut obligé de partir avant que l'on pût recevoir réponse, même avant que l'armée espagnole pût recevoir de nouveaux ordres. Tout étoit encore dans ce même état lorsque M. de Belle-Isle arriva à Aix. Sa première occupation fut de voir M. de la Mina ; il lui représenta toutes les raisons les plus fortes pour le déterminer à retourner d'où il venoit. M. de la Mina, après avoir fait en détail beaucoup de plaintes à M. de Belle-Isle sur tout ce qui s'étoit passé, lui montra les ordres précis qu'il avoit de retourner en Espagne, lui ajoutant qu'il y alloit de sa tête s'il n'obéissoit pas. Toute l'éloquence de M. de Belle-Isle et la solidité des raisons qu'il avoit de demander que les Espagnols revinssent sur leurs pas paroissoient ne pouvoir l'emporter sur un ordre aussi précis ; aussi M. de la Mina crut-il beaucoup faire en offrant à M. de Belle-

Isle de suspendre la marche de son armée jusqu'à ce qu'il
eût reçu de nouveaux ordres par un courrier qu'il alloit
dépêcher à Madrid. Rien ne paroissoit plus honnête que
cet expédient, et le seul même auquel M. de la Mina pût
consentir, mais il falloit dix-sept ou dix-huit jours pour recevoir cette réponse, et les ennemis étoient en Provence.
M. de Belle-Isle ne se rebuta point; il fit sentir à M. de la
Mina combien les moments étoient précieux, l'intérêt intime que le roi d'Espagne avoit à la conservation de la Provence, et l'impossibilité absolue d'y parvenir sans les Espagnols; enfin M. de la Mina parut ébranlé, et il fut convenu
que le lendemain M. de Belle-Isle iroit voir l'Infant à son
quartier à Bagnols. M. de Belle-Isle s'y rendit en effet le
lendemain, à neuf heures du matin. M. le duc de Modène
vint au-devant de lui, et eut une assez longue conversation avec lui, dans laquelle il lui expliqua avec esprit et
avec zèle les moyens de mettre la dernière main au
succès de sa négociation. L'affaire fut encore agitée devant l'Infant, et enfin il fut décidé que l'armée espagnole reviendroit sur ses pas. Il se trouva par l'événement,
que M. de la Mina avoit très-bien fait, car il reçut environ
trois semaines après un courrier de sa cour par lequel on
approuvoit le parti qu'il avoit pris ; on lui mandoit
même d'exécuter à la lettre tout ce que voudroit M. le
maréchal de Belle-Isle. La contremarche des troupes espagnoles étoit un point bien essentiel; mais en donnant
les moyens d'exécuter l'entreprise qui avoit été projetée,
elle donnoit lieu en même temps à des difficultés qui paroissoient insurmontables. Les Espagnols n'avoient plus
ni munitions ni magasins; il étoit juste de leur en
fournir, et à peine y en avoit-il pour l'armée françoise.
On ne peut pas se représenter ce que c'est que l'embarras
de se trouver dans un pays dépourvu de tout, sans blé,
sans fourrages, obligé de nourrir deux armées, de les
porter en avant au milieu des montagnes, et de donner
à chaque division non-seulement les moyens de subsister,

mais des ordres exacts pour les opérations qui devoient
être faites de concert. M. de Belle-Isle avoit prévu avant
de partir de Fontainebleau tous ces obstacles ; il avoit demandé des ordres, qui avoient été envoyés tant du côté
de Lyon que du côté du Languedoc, mais il falloit du
temps pour que ces ordres fussent exécutés, et il auroit
été indispensablement nécessaire d'être aidé dans ce
travail ; mais M. de Belle-Isle le fit presque tout lui-
même. On sait qu'il est au fait des détails plus que personne et qu'il s'y livre avec une patience que rien ne
peut rebuter. Il y avoit un entrepreneur pour les fourrages, nommé Dumousseau, qui avoit de l'esprit et de
l'intelligence, mais peu de tête ; Dumousseau avoit avec
lui un sous-entrepreneur nommé Renault, qui parut à
M. de Belle-Isle avoir plus de ressource dans l'esprit. Il
fallut faire un travail prodigieux et incroyable pour
fournir des magasins, trouver des mulets et autres bêtes de
somme, se servir même des paysans, hommes et femmes,
qui portoient sur leur tête des subsistances. On imagine
aisément qu'un pareil travail ne se peut faire qu'en beaucoup de temps ; aussi dura-t-il depuis le 19 novembre
jusqu'au 20 janvier, jour pris pour attaquer les ennemis
et leur faire repasser le Var. M. de la Mina, qui depuis la
réception des ordres de Madrid avoit déclaré à M. de Belle-
Isle qu'il devoit le regarder plutôt comme lieutenant général de son armée que comme commandant de l'armée
espagnole, se prêtoit à tout avec un zèle et une douceur que
l'on n'avoit point encore éprouvés. Les dispositions furent
faites avec le plus grand concert ; l'armée espagnole marcha en avant ; il fut convenu qu'elle auroit du pain pour
deux jours, et le 20 au matin le Sr Dumousseau devoit
en faire fournir pour quatre jours. Les magasins étoient
à sept ou huit lieues en arrière du centre de l'armée
où étoit M. de Belle-Isle. Il auroit fallu douze ou treize
heures de temps pour envoyer de ce centre des nouvelles à la gauche, où étoient les Espagnols, mais les me-

sures étoient prises si justes et les ordres donnés avec tant de précision, qu'il n'y avoit nulle apparence qu'il fût nécessaire d'envoyer aucun courrier dans cette position. Le 19 au soir, M. de Belle-Isle, étant retiré chez lui, prêt à se coucher, voit entrer dans sa chambre le Sr Dumousseau, qui se jette à genoux et lui dit : « Monsieur, faites-moi pendre, je vous ai promis du pain demain matin pour quatre jours, cela est absolument impossible, je ne pourrois pas même vous en donner pour un jour, et il faut nécessairement que vous retourniez en arrière. » Tout autre que M. de Belle-Isle auroit pu être étonné d'un pareil événement, d'autant plus qu'on lui avoit annoncé avant son départ de Fontainebleau, et qu'on lui avoit mandé depuis de la Cour, que le projet étoit impossible à exécuter et que c'étoit risquer de faire périr l'armée. Il y avoit encore assez de temps jusqu'à l'heure qu'on devoit commencer l'attaque le lendemain, pour envoyer des contre-ordres; mais quelle honte pour la nation, et quels inconvénients pour la Provence! M. de Belle-Isle frappé de tous ces objets ne s'y arrêta que pour songer au remède. Il vit à l'air troublé et aux yeux égarés du Sr Dumousseau que c'étoit un homme qui avoit perdu la tête dans ce moment. Bien loin de le gronder, il chercha à le consoler et à se mettre au fait des obstacles que ledit Dumousseau regardoit comme insurmontables. Il envoya prier M. l'intendant de vouloir bien venir chez lui; il lui demanda instamment de travailler sur-le-champ avec le Sr Dumousseau. M. de Belle-Isle n'avoit pas compté sur cette seule ressource; il s'étoit souvenu de Renault le sous-entrepreneur; il avoit eu soin de s'assurer où on pourroit le trouver; il dépêcha sur-le-champ trois de ses aides de camp pour le lui amener, et les fit passer par trois chemins différents, afin qu'il ne pût lui échapper en cas qu'il fût sorti du quartier où il étoit. Un quart d'heure après il fit partir trois autres aides de camp pour aller par les trois mêmes routes au cas qu'il fût arrivé accident aux premiers. Renault arriva enfin ; il s'entretint sur les moyens d'avoir du pain, et il fut prouvé qu'il y avoit du pain pour le lendemain non pas pour quatre jours, mais pour deux. On sait la suite de cette affaire. Les ennemis furent attaqués le lendemain, à l'heure marquée ; ils furent culbutés et obligés de repasser le Var ; mais n'ayant du pain que pour deux jours, on ne put pas les poursuivre.

Du mercredi 5, Versailles. — Mme la princesse de Berghes mourut avant-hier matin, à Paris ; elle avoit soixante-huit ans. Elle étoit Rohan-Chabot, sœur de feu M. le prince de Léon, de M. de Jarnac et de M. de Chabot. Elle avoit épousé en juin 1710 M. le prince de Berghes, qui avoit deux sœurs, toutes deux chanoinesses à Mons (1). Mme de Berghes avoit toujours été fort estimée : c'étoit un caractère rempli d'honneur et de probité. Depuis plusieurs années, elle étoit dans une grande piété. Elle est morte de la poitrine, après une longue maladie, de la manière la plus édifiante. Elle a distribué avant que de mourir, dans sa famille et à ses amis, tous les petits bijoux qu'elle pouvoit avoir. Elle est morte rue de Bourbon, dans une maison dépendant des Théatins, où Mlle de Melun avoit demeuré avant elle.

M. de Fulvy mourut hier matin, à Paris. Il étoit intendant des finances. Il avoit cinquante ou cinquante-cinq ans. Il étoit frère de père de feu M. Orry, contrôleur général. Il avoit été chargé de la direction de la manufacture de porcelaine de Vincennes ; il s'en occupoit beaucoup, et avoit infiniment contribué à la perfection des ouvrages de cette manufacture. Il jouissoit d'un revenu assez con-

---

(1) L'une, Mlle de Montigny, qui épousa, en mars 1715, M. le comte d'Albert, qui a pris depuis le nom de prince de Grimberghen. Ce changement de nom fut fait après un accommodement que M. le comte d'Albert fit pour la terre de Grimberghen avec la maison de Berghes. Par cet arrangement il fut convenu qu'il payeroit 16,000 livres de pension viagère à Mme de Berghes, qu'il lui a toujours payées. (*Note du duc de Luynes.*)

sidérable, mais principalement composé de ce qu'il touchoit du Roi (1). L'intendance de la manufacture de Vincennes ne lui rapportoit aucun revenu. Il avoit une dette considérable pour argent perdu au jeu. Sa femme qui, est de condition, d'une famille de Picardie, reste dans l'état le plus triste; on croit qu'elle n'aura pas plus de 4,500 livres de rente. Il laisse un fils et deux filles.

J'appris hier que Mme de la Rivière (La Rivière) étoit accouchée, à Paris, d'un garçon.

Madame Victoire, qui est fort enrhumée depuis quelques jours, se trouva plus incommodée hier au soir; elle avoit déjà eu des quintes de toux fréquentes et violentes; il s'y joignit hier au soir de l'étouffement. Le Roi étoit à Bellevue; la Reine soupoit chez moi. Mme la maréchale de Duras vint au fruit rendre compte à la Reine de l'état de Madame Victoire; il étoit onze heures du soir; la Reine y alla sur-le-champ. Elle envoya éveiller M. Bouillac, qui étoit couché, et chercher M. Delavigne, qui n'étoit pas encore dans son lit. La saignée fut décidée et faite dans le même moment. La Reine écrivit au Roi, et envoya un page lui porter sa lettre. La saignée soulagea dans le moment Madame Victoire; elle est beaucoup mieux aujourd'hui. Le Roi est arrivé aujourd'hui de Bellevue avec l'habit uniforme pourpre avec des brandebourgs d'or en broderie. M. de Richelieu et M. de Luxembourg étoient avec lui aussi en uniforme de Bellevue. Le Roi a été chez Madame Victoire assez longtemps, en arrivant; ensuite il a été chez lui, et a retourné chez Madame Victoire avant de retourner à Bellevue.

Il arriva hier ici un abbé Zeno, dont j'ai déjà parlé; il est attaché à Madame Infante; il a apporté à la Reine des nouvelles de Madame Infante, et à M. le Dauphin le por-

---

(1) La succession de M. Orry ne lui avoit pas été fort avantageuse. Ce ministre étoit sorti de place avec les seules 23,000 livres de revenu qu'il avoit en y entrant. (*Note du duc de Luynes.*)

MAI 1751.

trait du prince dont Madame Infante est accouchée ; elle se porte fort bien, et est encore grosse.

Du samedi 8, Versailles. — On apprit avant-hier la mort de M. le marquis de Roye ; il est mort à Paris, dans sa quatre-vingt-unième année ; il étoit frère de feu M. le comte de Roucy, père de M. le cardinal de la Rochefoucauld et de feu M. le comte de Roye, père de Mmes d'Ancenis et de Biron (1).

Il y a deux ou trois jours que M. Couvet mourut, à Paris ; il avoit été banquier pour le Portugal. Il étoit fort riche, mais en argent et en papier. Il a laissé une fille unique, qui a épousé il y a quelques années M. de Crillon, neveu de M. l'archevêque de Narbonne. M. de Crillon vint avant-hier à Bellevue faire au Roi ses très-humbles représentations sur ce que la veuve de M. Couvet s'étoit emparée, à ce qu'il prétend, de tous les effets de cette succession. Le Roi a chargé M. d'Argenson de s'informer de cette affaire et de lui en rendre compte.

J'ai marqué qu'avant-hier le Roi vint de Bellevue voir Madame Victoire, et qu'il y retourna fort peu de temps

---

(1) Les deux autres frères de M. le marquis de Roye étoient feu M. de Blansac, père de M. d'Estissac, et de feu Mmes de Donges et de Tonnerre. Mme de Donges avoit eu pour fille Mme de Champagne, qui est morte dame de Mme la Dauphine. Mme de Tonnerre avoit eu pour filles Mme de Lannion et Mme de Montoison.

M. le chevalier de Roye, depuis marquis de la Rochefoucauld, étoit le troisième frère de M. le marquis de Roye. Il a laissé de Mlle Prondre une fille, qui est Mme de Middelbourg. M. le marquis de Roye qui vient de mourir avoit eu de Mlle du Cassé feu M. le duc d'Anville.

Outre cela M. le marquis de Roye avoit un frère mort depuis l'année passée en Angleterre ; c'étoit mylord Lifford : j'en ai parlé. Il avoit aussi plusieurs sœurs, dont l'une abbesse du Paraclet : elle est encore vivante ; les autres sont mortes. Il y en a une qui est morte fille, Mlle de Roucy ; une autre, Mme de Pontchartrain, mère de M. de Maurepas ; une autre, Mme de Strafford ; et une autre, abbesse de Saint-Pierre-de-Reims. La mère de M. le marquis de Roye et de ses frères et sœurs étoit Duras ; elle étoit de la religion prétendue réformée ; elle voulut passer en Hollande après la révocation de l'édit de Nantes, en 1685, elle fut rattrapée à Cambray avec son fils M. de Blansac. (*Note du duc de Luynes.*)

après. Ce même jour après le conseil d'État tenu à Bellevue, on y exécuta un divertissement composé de l'acte de *Zelisca*, de M. Jéliotte, qui a déjà été joué dans les cabinets du Roi, et du *Préjugé à la mode*. Cette comédie fut jouée tout au mieux, principalement par Mme de Pompadour et par M. le duc de Duras.

La grande nouvelle d'hier est la retraite de M. le cardinal Tencin. Il y a longtemps qu'il a formé le projet de quitter ce pays-ci et d'aller passer le reste de ses jours dans son archevêché de Lyon; en conséquence il eut l'honneur d'écrire au Roi, il y a trois semaines ou un mois, pour lui demander la permission de se retirer. N'ayant point reçu de réponse à cette première lettre, il en écrivit une seconde il y a quelques jours. J'ai ouï dire à quelqu'un qui a vu ces deux lettres qu'elles étoient parfaitement bien (1). Le Roi a répondu à cette seconde lettre avec beaucoup de marques de bonté, marquant que ce qui l'avoit empêché de répondre à la première étoit l'espérance que M. le cardinal Tencin feroit des réflexions qui le feroient changer de résolution. Le Roi ajoute qu'il désiroit toujours avoir de ses nouvelles et ses conseils, et qu'il lui conserveroit dans tous les temps les mêmes sentiments d'estime et d'amitié. M. le cardinal Tencin a soixante-douze ans, quoiqu'il ne les paroisse pas, et même près de soixante-treize, car il en avoit trente-sept à la mort du feu Roi. Il a une bonne santé, mais cependant il a été fort incommodé d'un rhumatisme considérable. Il a trouvé qu'à son âge il étoit plus convenable de s'occuper uniquement des devoirs de son état et du soin de son diocèse, obligations difficiles à remplir au milieu du tumulte du monde, de la Cour et des affaires. Sur ces réflexions, faites après une mûre délibération, il avoit pris son parti de manière qu'il n'y auroit eu qu'un ordre

---

(1) On les trouvera à la page suivante.

précis du Roi qui l'auroit pu empêcher de l'exécuter. Ses amis sont affligés de le voir s'éloigner d'eux, et ne peuvent s'empêcher en même temps d'approuver et de louer une détermination aussi louable.

LETTRE DE M. LE CARDINAL DE TENCIN AU ROI,
datée du 4 avril 1751.

Sire, je suis comblé des grâces de Votre Majesté; je suis pénétré de la plus vive reconnoissance et, si je l'ose dire, du plus tendre attachement pour elle; je goûte la douceur inexprimable de servir un bon maître, mais je commence à plier sous le poids des années; ma mémoire s'enva, mes oreilles se durcissent, et les petites infirmités qui m'arrivent m'en annoncent bientôt de plus grandes.

Il ne seroit pas d'un homme sage, et surtout de mon état, de ne pas se ménager un intervalle entre la vie et la mort, et d'attendre au milieu de la Cour une décrépitude complète, dont l'âge où je suis m'avertit assez que je ne suis pas éloigné.

C'est pourquoi j'ai formé, sous le bon plaisir de Votre Majesté, la résolution de me retirer dans mon diocèse pour y finir mes jours au milieu de mon troupeau. Je vous supplie, Sire, de m'en accorder la permission pour le temps où Votre Majesté ira à Compiègne.

Ce délai m'est nécessaire pour mettre quelque ordre à mes affaires domestiques, mais j'ai cru qu'il étoit de mon devoir de prévenir Votre Majesté sur le parti où je me vois réduit, et à la suite duquel elle auroit peut-être quelque arrangement à prendre.

Je sens d'avance toute la douleur et toute l'amertume que j'éprouverai en m'éloignant de sa personne. Quelque vifs que soient en moi ces sentiments, je ne puis me cacher qu'ils doivent céder aux réflexions que je viens d'exposer.

AUTRE EN DATE DU 1er MAI 1751.

Sire, les raisons qui ont déterminé le parti que j'ai pris de me retirer, et dont j'ai eu l'honneur de rendre compte à Votre Majesté, ont des principes si solides que je ne puis douter de son approbation; mais je craindrois de lui manquer en rendant publics les arrangements que je suis obligé de prendre sans en avoir obtenu la permission que mon profond respect attendoit. Le peu d'amis ou de domestiques à qui j'ai été forcé de les communiquer ont fait transpirer mon secret; le temps d'ailleurs s'avance, et une pareille mort civile est nécessairement accompagnée de beaucoup de devoirs, qui exigent une sorte de publicité que je ne dois pas me permettre sans en rendre compte à

Votre Majesté. J'ose lui demander de nouveau son approbation. Ne pourrois-je pas me flatter de la continuation des bontés dont elle m'a donné tant de marques? Elles seront pour moi la plus grande consolation dans ma retraite, où je conserverai toujours le même zèle pour votre gloire, Sire, et le même amour pour votre personne; mais le reste de ma vie seroit mêlé d'amertume si je ne pouvois me flatter qu'un maître auquel je suis tendrement attaché ne continue pas de m'honorer de ses mêmes bontés et n'approuve pas que je lui renouvelle de temps en temps le souvenir et les vœux du plus reconnoissant et du plus fidèle de ses sujets, qui sera jusqu'au dernier soupir, avec un très-profond respect, etc.

J'aurai l'honneur, au commencement de juin, de demander les ordres de Votre Majesté pour lui rendre compte de la commission et m'en démettre.

RÉPONSE DU ROI A M. LE CARDINAL DE TENCIN.

Mon cousin, si je n'ai pas répondu à votre première lettre, c'est que je voulois vous laisser réfléchir encore davantage au parti que vous m'y annonciez que vous étiez résolu de prendre, et auquel je vous avoue que j'espérois que vous ne persisteriez pas. Votre seconde lettre me fait voir que votre parti étoit bien pris et que je me trompois. Ainsi je ne puis différer plus longtemps à vous accorder la permission que vous me demandez. Je souhaite de tout mon cœur que vous trouviez dans votre retraite toutes les douceurs que vous en attendez, et surtout que vous ne m'y oubliiez pas, non plus que les obligations que vous pouvez avoir eues à mes antécesseurs. Avec cela soyez sûr de la continuation de mon amitié. Je serai charmé de recevoir souvent de vos nouvelles, et de vous donner des miennes, surtout dans les occasions qui pourront se présenter et où vos avis pourront m'être très-utiles. Sur ce, je prie Dieu qu'il vous ait, mon cousin, en sa sainte et digne garde.

A la Meutte, ce 3 mai 1751.

LOUIS.

Mme la duchesse de Ruffec douairière est venue ici aujourd'hui avec Mme de Valentinois, sa fille, pour les révérences, à l'occasion de la mort de M. de Valentinois, père de son mari. Elle a été partout avec elle; Mme la duchesse de Fitz-James et sa sœur Mme [de Traisnel] étoient aussi à ces révérences.

Presque tous les colonels prennent congé, quoique

l'ordre ne porte d'être rendus à leurs régiments qu'au 1er de juin. La circonstance des voyages de Choisy et de Crécy les a déterminés à prendre congé actuellement. L'usage n'est point de prendre congé à Marly, et le Roi va de Marly à Crécy le 24, pour ne revenir que la veille ou la surveille de la Pentecôte.

J'ai parlé ci-dessus des religieux grecs ou maronites qui sont venus ici pour faire la quête. Leur maison est dans une grande pauvreté, et ils ont eu permission de quêter dans tout le royaume; ils sont deux; ils vivent avec beaucoup de piété et d'édification. Mon frère me mande qu'ils sont actuellement chez lui à Bayeux; il ajoute que ce sont des religieux d'un vrai mérite et d'une grande vertu, et qu'ils lui ont raconté que dans la forêt du Mont-Liban, près de leur maison, il y avoit trois fontaines dont l'eau d'une étoit douce comme du miel, une autre dont l'eau est froide en tout temps comme la glace, et une autre enfin dont l'eau est claire comme du cristal et donne un appétit dévorant; on l'appelle par cette raison la fontaine du Prince, parce qu'il n'y a que le Druse, prince du pays, qui soit assez riche, dit-on, pour pouvoir suffire à l'appétit que donne l'eau de cette fontaine.

Du dimanche 9, Versailles. — M. de Prie mourut hier, ici dans son appartement au château. Il étoit fort riche et avoit outre cela beaucoup de bienfaits du Roi; il avoit une pension comme ayant été le parrain du Roi, je crois qu'elle étoit de 12,000 livres; il avoit été menin du Roi; il en avoit conservé les appointements, qui sont de 6,000 livres. On n'aura pas de peine à croire qu'il ait obtenu des grâces pendant le ministère de M. le Duc; on lui avoit donné le gouvernement de Bourbon-Lancy, qui vaut naturellement 4,000 livres; il avoit été mis à 10,000. Il avoit outre cela une des trois lieutenances générales de Languedoc, qui vaut 18,000 livres de rente. On peut compter encore les 1,000 écus de l'Ordre. M. de Prie avoit soixante-dix-sept ans. Il avoit eu de Mlle de Pléneuf un fils mort jeune et feu Mme d'Hostun. Il y avoit longtemps que sa tête étoit fort affoiblie, et feu Mme de Ventadour, avec qui il passoit sa vie, se faisoit un plaisir de raconter l'étonnement où elle étoit à son âge de ne point radoter, pendant qu'elle entendoit au coin de son feu Mme de Visé, qui étoit fort de ses amies, faire la conversation avec M. de Prie et se demander l'un à l'autre si le feu Roi ne se remarieroit pas, et autres propos semblables. M. de Prie avoit été assez heureux pour trouver il y a quelques années Mlle de Castéjà, sœur de M. de Castéjà et cousine de Mme de la Lande, qui avoit bien voulu consentir à l'épouser. C'est une femme de beaucoup de mérite, qui a été uniquement occupée de lui; il ne vouloit pas qu'elle le quittât d'un seul moment, et elle en a eu tous les soins imaginables. Il a été confessé et a reçu l'extrême-onction; mais il y avoit, comme je l'ai dit, beaucoup d'affoiblissement, et peut-être auroit-il été à désirer qu'il eût songé plus tôt à ce dernier moment. On prétend qu'il avoit des temps d'absence où il oublioit qu'il eût eu une première femme : c'est peut-être ce qu'il y auroit eu de mieux.

Hier il y eut une réception de cinq chevaliers de Saint-Michel. Cette cérémonie se fait aux grands Cordeliers à Paris. C'est toujours un chevalier de l'ordre du Saint-Esprit qui est nommé pour recevoir ceux de Saint-Michel, et le secrétaire de l'ordre de Saint-Michel, qui est actuellement le Sr Roy, poëte, fait ordinairement un compliment au chevalier du Saint-Esprit; en effet, il en fit un hier à M. de Saint-Aignan qui avoit été nommé pour ces réceptions, mais il ne parla principalement que des chevaliers qui alloient être reçus. M. de Saint-Aignan fit aussi un petit discours, mais ce ne fut qu'à la fin de la cérémonie. Les cinq chevaliers qui furent reçus étoient le Sr Boyer, médecin, qui a donné de grandes marques de zèle et de capacité dans la maladie contagieuse qu'il y eut à Beauvais l'année passée, et pour laquelle il fut envoyé dans cette ville ; M. Delafosse, premier chirurgien de la Reine et chargé de la direction des hôpitaux ; il a environ quatre-vingts ans ; le Sr Carle Vanloo, fameux peintre, qui a fait le grand tableau de la Reine où est le buste du Roi ; M. Colin de Blamont, surintendant de la musique de la chambre du Roi ; et M. de Lassurance, contrôleur des bâtiments de Marly. La cérémonie commence par la réception des chevaliers, ensuite la grande-messe ; le chevalier de l'ordre du Saint-Esprit y est en manteau avec le collier de l'Ordre, comme aux cérémonies. Le secrétaire et le héraut de l'ordre du Saint-Esprit y étoient. Quelquefois le chancelier de l'ordre du Saint-Esprit s'y trouve, mais il n'y étoit pas hier. Outre les nouveaux chevaliers, il y en avoit quinze ou vingt des anciens. Après la cérémonie, M. de Saint-Aignan donna un grand dîner aux nouveaux chevaliers et à quelques autres.

Madame et Madame Adélaïde ont rendu aujourd'hui le pain bénit à Notre-Dame à Versailles. Le Roi et la Reine, M. le Dauphin et Mme la Dauphine l'avoient rendu chaque dimanche depuis Pâques. Ceci est la première fois pour Mesdames, et cela mérite d'être remarqué, parce que quoiqu'elles aient une maison, cependant elles n'ont qu'un détachement de la bouche du Roi. Il est vrai que M. le Dauphin, qui n'a aussi qu'un détachement de la bouche du Roi, rend le pain bénit.

La Reine a dîné seule comme à l'ordinaire, et est partie à trois heures et un quart pour aller entendre les vêpres dans la chapelle à Marly. C'est un nouvel établissement que les grandes messes et les vêpres dans cette chapelle. Le Roi, qui alla hier souper à Marly et coucher, y a entendu aujourd'hui la grande messe.

Mesdames les deux aînées revinrent hier coucher à Versailles, et sont parties aujourd'hui avec la Reine. Mme de Chevreuse étoit dans le carrosse de la Reine à côté de Madame Adélaïde, Mme de Villars à une portière. On a appelé Mme d'Antin, qui s'est avancée ; mais dans l'instant la Reine a apparemment fait attention que Mme de Beauvilliers étoit là; Mme de Chevreuse a appelé Mme de Beauvilliers; Mme d'Antin a monté dans le second carrosse.

Le Roi a donné à M. le marquis de Puisieux la lieutenance générale de Languedoc vacante par la mort de M. de Prie. Le Roi s'est souvenu que M. de Puisieux lui avoit demandé, il y cinq ans, la permission de faire un arrangement pour la survivance.

Du lundi 10, *Dampierre*. — J'ai parlé ci-dessus de la mort de M. de Fulvy; j'appris avant-hier que la place d'intendant des finances avoit été remplie par M. Chauvelin, intendant de Picardie, et cette intendance par M. d'Aligre [de Boislandry], intendant de [Pau et d'Auch].

M. Chauvelin, qui est resté chargé des affaires de France à Gênes depuis la paix, est frère du nouvel intendant des finances; il vient d'être fait cordon rouge. Il y avoit deux cordons rouges de vacants. L'autre a été donné à M. de Givry, ancien capitaine aux gardes.

M. le président Hénault et M. le président de Montesquieu furent admis il y a quelques jours à la nouvelle académie littéraire de Lunéville. M. de Montesquieu avoit eu l'honneur d'écrire au roi de Pologne pour lui demander cette grâce. M. le président Hénault avoit eu aussi l'honneur d'écrire au roi de Pologne, mais seulement pour le prier de vouloir bien recevoir son *Abrégé de l'histoire de France* et son petit ouvrage sur *François II* et leur donner une place dans sa bibliothèque. Le roi de Pologne lui a fait réponse de sa main; cette réponse est remplie des termes les plus agréables et les plus flatteurs.

Mme de Puisieux fit avant-hier son remercîment à la Reine dans l'appartement de S. M. à Marly. Ce n'est point l'usage de rendre de pareils respects au Roi ni à la Reine dans le salon.

J'ai parlé au 23 avril du roi de Suède Frédéric, landgrave de Hesse-Cassel, mort le 5 d'avril. Il avoit près de soixante-quatorze ans. Il est mort de la gangrène survenue à ses blessures, qu'il avoit reçues au combat du Schellenberg, le 2 juillet 1704, et au siége de Toulon, en 1707. Il commanda au siége et à la prise de Traërbach, sur la fin de 1704. Il fût battu à Spire par le maréchal de Tallard, en 1703. (1), à Castiglione par M. de Médavy, en 1706. Il commandoit l'armée dans ces deux occasions. Ces deux événements malheureux donnèrent occasion à la réponse qu'il fit à un curé, qui en le haranguant voulut lui parler de ses exploits militaires. « Ah! lui dit-il, je n'ai commandé que deux fois, et j'ai été battu toutes deux. » Il fut nommé généralissime des troupes de terre et de mer par les États de Suède assemblés en 1718; outre cela il avoit servi sous les ordres de Charles XII en Norwége en 1715, 16, 17 et 18.

Le prince successeur, Adolphe-Frédéric de Holstein, a monté sur le trône aussitôt, en prêtant le serment accoutumé. Ce changement arrivé en Suède a donné lieu à différents raisonnements politiques. On a jugé que l'impératrice de Russie y prendroit part; cependant on commence à croire que l'intérêt qu'elle y peut prendre regarderoit plutôt quelques changements dans la forme du gouvernement de la Suède, si elle y avoit un parti assez considérable pour déterminer ces changements, que la succession à la couronne.

Les motifs qui ont pu engager l'impératrice de Russie à s'intéresser à la succession du royaume de Suède méritent d'être expliqués. Charles XII, roi de Suède, mort en 1718, fils de Charles XI, mort en 1697, avoit deux sœurs, Hedwige et Ulrique : Hedwige épousa le duc de Holstein; Ulrique épousa le roi de Suède qui vient de mourir. Le duc de Holstein avoit un frère, duc de Holstein-

---

(1) Ce fut à lui que M. le maréchal de Tallard se rendit prisonnier à la bataille d'Hochstett, en 1704. (*Note du duc de Luynes.*)

Eutin, qui avoit dû épouser la princesse Élisabeth, aujourd'hui impératrice de Russie, mais il mourut avant l'accomplissement du mariage. Il avoit été marié à une princesse d'Anhalt-Zerbst, dont il avoit un fils; il le recommanda en mourant à la princesse Élisabeth, impératrice. Le frère aîné du duc de Holstein-Eutin épousa, comme il a été dit, Hedwige, sœur de Charles XII, dont il eut un fils nommé Charles-Frédéric, qui fut marié avec Anne de Russie, fille aînée de Pierre Ier, de son second mariage avec la fameuse Catherine, femme d'un tambour ou tout au plus d'un bas officier; de ce mariage avec Anne de Russie vint Charles-Pierre-Ulrich. On voit que ce prince, par sa grand'mère, avoit de justes prétentions sur le royaume de Suède; aussi fut-il désigné successeur à cette couronne, en 1742. Mais comme il n'avoit pas moins de droits à la couronne de Russie par sa mère, et qu'il n'y avoit que la religion luthérienne qu'il professoit qui pût être un obstacle, aussitôt qu'il eût fait abjuration, il fut désigné czar la même année 1742. Cette démarche en lui acquérant une couronne grecque lui en faisoit perdre une protestante. C'est ce qui détermina les États de Suède de lui députer, au commencement de 1743, M. le baron de Scheffer (envoyé de Suède en France depuis 1744) et M. le comte de Bonde, pour lui demander sa renonciation; il la donna aussitôt, et il fut question alors d'élire un autre successeur au trône de Suède.

L'impératrice de Russie (Élisabeth) n'avoit point oublié Adolphe-Frédéric, fils du duc de Holstein-Eutin. Ce prince, loin d'avoir les mêmes raisons que son neveu à la mode de Bretagne, Charles-Pierre-Ulrich, d'espérer la couronne de Suède, n'avoit pas même lieu d'y prétendre; mais l'impératrice ayant suivi cette affaire avec le plus grand empressement, parvint enfin à la faire réussir le 3 juillet 1743. La France y contribua beaucoup (1).

---

(1) Le Danemark y eut aussi quelque part, mais cette puissance se con-

Les raisons d'amitié pour le feu duc de Holstein-Eutin avoient pu engager l'impératrice Élisabeth à soutenir si fortement le parti de son fils, mais il est rare que les raisons de politique ne soient pas encore de plus puissants motifs auprès des souverains. Élisabeth pouvant avoir à redouter le roi de Prusse, cherchoit à se lier de plus en plus avec l'Angleterre. C'est ce qui la détermina à exiger d'Adolphe-Frédéric qu'il épousât une princesse d'Angleterre. Si l'intérêt de la Russie avoit déterminé Élisabeth à exiger cette condition, l'intérêt de la Suède ne demandoit pas moins d'Adolphe-Frédéric qu'il n'exécutât pas ce projet. La liaison intime de la Suède avec la France, les traités de ces deux couronnes avec la Prusse et le voisinage de cette redoutable puissance, tout devoit décider Adolphe-Frédéric en faveur d'une sœur du roi de Prusse. Il épousa donc la princesse Ulrique le 17 juillet 1744, et s'il manqua par cette alliance à sa bienfaitrice, au moins prouva-t-il bien qu'il n'avoit consulté que les véritables intérêts du royaume qui lui étoit destiné.

Du jeudi 13, Dampierre. — On me mande de Marly que le lansquenet est fort beau; il y a dix-huit ou vingt coupeurs. Lundi les concerts commencèrent à Marly. On y joua l'opéra d'*Omphale* (1).

La Noüe, comédien, a été mis en prison, par ordre de MM. les premiers gentilshommes de la chambre, à l'occasion de la construction des loges à la Comédie dont j'ai parlé; c'est la Noüe qui les avoit fait construire, sur une simple réponse verbale de M. de la Vallière; mais M. de

---

duisit par des motifs bien opposés. Le roi de Danemark agissoit vivement pour faire élire le prince royal son fils; il offroit que son fils résidât à Stockholm et jamais à Copenhague, même dans le cas de la réunion des deux couronnes. Il avoit déjà trois ordres du royaume de son parti; la noblesse seule s'opposa, et pour se délivrer des sollicitations pressantes du Danemark, elle se déclara en faveur de celui qui étoit poussé par la Russie. (*Note du duc de Luynes.*)

(1) Paroles de La Motte, musique de Destouches.

la Vallière n'est point nommé dans toute cette affaire.

L'abbé Zeno dont j'ai parlé prit congé hier pour retourner à Parme ; le Roi lui a donné son portrait enrichi de diamants; M. le Dauphin lui a fait présent d'une boîte émaillée avec son portrait.

Mme la maréchale de Maillebois a enfin obtenu le jugement du procès qu'elle avoit contre Mme d'Alègre (Sainte-Hermine), belle-sœur de feu M. l'abbé d'Alègre. C'est au sujet des biens de la maison d'Alègre, qui étoient disputés à Mme de Maillebois. Mme d'Alègre avoit déjà perdu aux requêtes du palais et avoit appelé de ce jugement à la grande chambre, où elle a été condamnée.

M. l'évêque de Chartres dit hier, à Marly, à la Reine que Mme de Boufflers, supérieure de la maison de Saint-Cyr, étoit morte.

Du vendredi 14, Dampierre. — Je n'ai appris qu'aujourd'hui que le Roi a donné 2,000 écus de pension à Mme de Fulvy ; il lui laisse le logement que M. de Fulvy avoit à Vincennes. M. le duc de Penthièvre avoit demandé ce logement pour M. Dupré de Lagrange, chef de son conseil, croyant que Mme de Fulvy ne pourroit, avec 4,500 livres de revenu au plus, prendre d'autre parti que celui de se retirer dans un couvent. Les bontés du Roi la mettent à portée de pouvoir garder le logement de Vincennes. J'ai dit ci-dessus que feu M. Orry a laissé 23,000 livres de rente; ce bien est composé de la terre de Saint-Géran, que M. Orry avoit achetée et qui vaut 11,000 livres de rente, de la terre de La Chapelle en Brie, qui lui venoit de son père, qui ne valoit que 4,000 livres de rente et qu'il a augmentée ; elle en peut valoir 8,000, et de la maison de Paris rue Saint-Antoine, que l'on peut estimer 4 ou 5,000 livres de rente au moins. Tout ce bien est substitué. On prétend que feu M. de Fulvy a laissé environ 600,000 livres de dettes. C'est apparemment en comptant les 400,000 qu'il avoit perdues au biribi contre M. Houal. Sa charge d'intendant des finances, qui vaut 200,000 livres, et ses effets mobiliers peuvent servir à acquitter une partie de ses dettes qui ne peuvent faire tort aux biens substitués.

LETTRES DE LA REINE A LA DUCHESSE DE LUYNES, à Dampierre.

Ce vendredi 14 mai 1751, à Marly.

Voici un bien vilain temps, et pour Dampierre et pour Marly; vous comprenez, je crois, ce que cela veut dire, du moins je m'en flatte. Il pleut à verse dans ce moment. Vous ne me parlez point de votre santé : il n'est question que de moi dans votre lettre; c'est apparemment pour me guérir de l'aversion que j'ai pour moi que vous me dites que vous vous en occupez. Il est sûr que c'est dans votre cœur que je suis bien aise de me voir. J'ai déserté hier le salon; il y faisoit un vent aussi fort que dans le jardin. Ma fuite prompte ne m'a pas empêché d'y gagner une fluxion..... Je suis actuellement dans mon petit cabinet bleu; il faut le quitter pour aller se divertir, car c'est l'heure. Je vous répète que je suis très-fâchée de ne vous point voir.

Ce samedi 22 mai 1751, à Marly.

J'espère que je ne ferai plus que vous parler et point écrire; j'attends lundi (1) avec bien de l'impatience. Mme de Pompadour a eu de la fièvre hier, et a été saignée; cela m'a fait une peur horrible, dont j'avoue que la charité n'a pas été tout le motif. Mais cela alloit mieux au soir, et l'on disoit seulement qu'il n'y auroit point de voyage de Crécy, mais que nous nous en retournons toujours lundi. Je serai ravie de vous embrasser.

Bonjour, Monsieur de Luynes. Je n'ai pas le temps d'en dire davantage.

Du lundi 17, *Dampierre*. — Je crois avoir oublié de marquer depuis un mois ou deux l'arrivée de M. de Rewentlau, envoyé du roi de Danemark à la place de M. de Bernstorff; on dit que c'est un homme d'un esprit sage et mesuré; il est marié et a amené sa femme avec lui.

Je n'ai point parlé d'un violon de grande réputation qui est venu depuis peu en France; son nom est Cha-

---

(1) Jour du retour à Versailles. (*Note du duc de Luynes.*)

brin, mais on l'appelle Chiabran ; il est de la musique du roi de Sardaigne ; il est neveu et écolier de Somis, premier violon de la musique de Turin.

J'ai parlé ci-dessus de Voltaire et de l'affaire qu'il a eue en Prusse. On m'a encore depuis expliqué cette affaire. Voltaire, qui touche tous les ans 20,000 livres du roi de Prusse, sans compter une table de sept ou huit couverts, servie tous les jours pour lui aux dépens de ce prince, jouit outre cela de 50 ou 60,000 livres de rente. Il soupe tous les soirs avec le roi de Prusse, et se sert des chevaux de son écurie toutes les fois qu'il en a besoin. Dans cette situation on comprend aisément qu'il doit avoir de l'argent de reste. Il y a un an ou deux que, voulant en faire une mploi agréable, il songea à acheter des diamants. Il s'adressa à un juif, qui lui en vendit de fort chers. Cette acquisition de diamants ne fut pas le seul avantage que Voltaire espéra tirer de la connoissance de ce juif ; il songeoit à acheter des billets de la compagnie de Dresde qu'on appelle *la Steure*. Ces billets perdoient 50 pour 100 ; mais, par le traité fait entre la Prusse et la Saxe après l'entrée victorieuse du roi de Prusse dans Dresde, il fut convenu que les billets de *la Steure* appartenant aux sujets du roi de Prusse ne perdroient rien. Voltaire espéroit profiter de cette clause ; il chargea le juif de lui acheter de ces billets, mais la commission ne fut point exécutée, ce qui déplut beaucoup à Voltaire ; il voulut faire un procès au juif, non pas pour les billets, mais par rapport aux diamants, prétendant qu'il avoit été trompé. Cette plainte donna occasion à la découverte de ce qui s'étoit passé par rapport aux billets. Le roi de Prusse en fut fort en colère, et on crut que Voltaire seroit disgracié ; mais l'affaire des billets a été assoupie, et Voltaire a été condamné à garder les diamants sans aucune restitution de la part du juif. D'ailleurs Voltaire est mieux que jamais à la cour du roi de Prusse ; on croit même qu'il pourroit bien venir en France pendant l'absence de ce prince.

Le roi de Prusse a mandé à M. Chambrier, son ministre ici depuis trente-quatre ans, de le venir trouver à Wesel, où il doit se rendre le 20 de ce mois. Wesel est dans le duché de Clèves appartenant au roi de Prusse; Wesel est sur le Rhin et la Lippe et à trois lieues de Cologne. Ce prince est actuellement fort occupé à embellir et fortifier le port d'Emden, dans le cercle de Westphalie; cette ville est sur l'Ems proche la mer. Elle étoit sous la protection des Provinces-Unies; ils la vendirent en 1744 au roi de Prusse, qui est fort occupé de faire embellir et fortifier le port; c'est un des motifs ou prétextes de son voyage. M. Chambrier est né à Neufchâtel en Suisse, et sa famille est de ce pays. Le roi de Prusse lui donne 30,000 livres par an pour tout, y compris même les fêtes. Ce ministre, qui est universellement estimé, qui a plus de soixante-dix ans et qui a une mauvaise santé, désireroit depuis longtemps avoir la liberté de se retirer. Le roi de Prusse l'a toujours fort assuré qu'il ne se retireroit jamais sans recevoir des marques de sa bonté et de sa reconnoissance, mais en attendant il lui refuse toujours la liberté d'abandonner le soin de ses affaires. Il lui marque d'ailleurs beaucoup de confiance et de considération. Il lui a mandé qu'il craignoit que ce voyage à Wesel ne le fatiguât beaucoup, qu'il lui conseilloit de le faire doucement et de tâcher d'arriver le 16 ou le 17 pour avoir deux ou trois jours à se reposer, et qu'il pût profiter de tous les moments de l'entretenir pendant les deux ou trois jours qu'il compte rester à Wesel. M. Chambrier est luthérien.

Du mardi 18, *Dampierre.* — On trouvera ci-après l'extrait d'une lettre de mon fils, de Marly, le 17.

« Le Roi a acheté un secret qui a réussi à arrêter le sang des artères piquées et même coupées. Il ne consiste que dans la poudre de ces champignons qui croissent sur les vieux chênes. On a donné 3,000 livres d'argent comptant au possesseur du secret, qui est un petit chirurgien obscur du Berry (1), 800 livres de pension, de la moitié desquelles il peut disposer en faveur de sa femme ou de ses enfants. »

On m'a envoyé aussi aujourd'hui la lettre dont copie est ci-après, de M. le cardinal de Tencin; elle est imprimée en date du 8 mai 1751; elle est adressée aux fidèles de son diocèse.

Les causes de notre absence vous étoient connues, mes très-chers frères; elles écartoient les reproches que vous auriez pu nous faire. Quoique éloigné de vous, nous avons tâché de nous rendre toujours présent par notre attention, par nos soins, par notre vigilance; cependant notre cœur n'étoit pas satisfait; il soupiroit sans cesse vers vous, et nous attendions le moment où nous pourrions nous retrouver au milieu de notre troupeau pour finir nos jours avec lui. Le Roi a bien voulu nous en accorder la permission, et nous avons surmonté la douleur de nous éloigner d'un si bon maître. Douleur extrême, dont on ne peut bien juger que quand on a joui du bonheur d'approcher de S. M. et d'être témoin de sa bonté, de sa douceur, de son affabilité, de sa modération, de sa justice, de son amour pour la religion, de tant de faits glorieux et de tant de rares qualités qui le rendent de tous les princes le plus grand et, s'il étoit permis de parler ainsi de son souverain, l'homme du monde le plus aimable.

Il est bien consolant pour nous de pouvoir en arrivant vous annoncer la grâce du jubilé. Vous recevrez bientôt notre mandement et nos instructions. Notre retour pouvoit-il avoir lieu sous de plus heureux auspices? Le fruit que vous en retirerez mettra le comble à notre consolation.

Sur ce, nous prions Dieu qu'il verse sur vous, mes très-chers frères, ses plus abondantes bénédictions. Signé P., cardinal Tencin. Par son éminence, Poissonneaux.

On trouvera dans l'histoire des guerres de Louis XIV l'événement singulier de M. de Péry à Haguenau, en 1705, lorsque ne pouvant plus défendre la place assiégée depuis sept jours par le comte de Thungen, il prit le parti de se retirer avec sa garnison à la faveur des forêts voisines, et qu'il laissa sur sa table un billet portant une

---

(1) Il se nomme Brossart. (*Note du duc de Luynes.*)

capitulation qu'il faisoit aux assiégeants. Ce M. de Péry étoit Génois, et lorsque le Roi fit faire le bombardement de Gênes, en 1684, M. de Péry, comme attaché à la France, demanda un dédommagement pour la perte qu'il avoit soufferte de l'incendie, comme si son palais avoit été brûlé; cette demande occasionna la mauvaise plaisanterie de dire que s'il l'avoit bien voulu ranger, il ne lui seroit rien arrivé. M. de Péry étoit un homme de fortune, qui originairement avoit une boutique d'écrivain à Gênes.

On me mande de Paris qu'on a remis entre les mains de M. le procureur général une déclaration (1) pour un emprunt de 35 ou 40 millions (2), dont 20 en rentes à fonds perdu et le reste en rentes sur les postes, à 3 pour 100, dont l'usage est destiné à rembourser ce qui est dû aux entrepreneurs du reste de la guerre. Ces rentes seront tournantes, c'est-à-dire qu'il y aura 1 million par an destiné à les rembourser.

Il y a trois ou quatre jours que l'on sait que Mlle de Mérode a gagné l'affaire qu'elle avoit au conseil de dépêches en règlement de juge; M. de Westerloo, gendre de M. de Montauban, vouloit que leur procès fût poursuivi et jugé au parlement de Paris, et Mlle de Mérode à celui de Douay. L'affaire a été renvoyée à ce dernier.

M. de Livry gagne au lansquenet à Marly 4 ou 5,000 louis jusqu'à présent.

Du mercredi 19, *Dampierre.* — On me mande de Marly, par une lettre du 15, que le Roi revint de la chasse de Rambouillet se plaignant d'un rhumatisme dans le col; le lendemain il avoit l'air de souffrir encore; le même jour 15 il devoit aller à la chasse, et il n'y alla pas.

Le lansquenet et le trente-et-quarante sont toujours très-vifs au salon.

Les femmes du voyage sont très-bien vêtues.

---

(1) C'est un édit. (*Note du duc de Luynes.*)
(2) C'est 50 millions. (*Note du duc de Luynes.*)

La Reine quitte de bonne heure le salon, parce que le Roi, qui craint le chaud, fait ouvrir les fenêtres et les portes pour s'en garantir.

MM. de Broglie ont perdu un procès contre M. le comte et M. l'abbé de Broglie. Celui-ci a donné 100,000 livres en présent à MM. de Revel et le chevalier de Broglie.

On me mande aussi que la rage a repris dans la meutte des grands chiens du Roi.

Lettre de Marly du 17. — On vient d'apprendre le mariage de Mlle de Charleval avec M. le chevalier de Rochechouart, ci-devant Faudoas (1). Le Roi lui donne 4,000 livres de pension et lui laisse la jouissance de 6,000 livres qu'elle avoit comme demoiselle de confiance de Madame Victoire; elle sera dame de Madame Victoire. Outre cela le Roi donne 4,000 livres à M. le chevalier de Rochechouart pour sûreté du douaire.

M. le Dauphin est charmant au salon; il parle à tout le monde avec bonté; chacun en est enchanté.

Lettre du 19 *mai.* — Le Roi a pris des eaux de Vichy, lundi, mardi et aujourd'hui 19.

On apprit hier la mort de Mme d'Hautefort (Harcourt); elle est morte à Vienne, où son mari est ambassadeur. C'est la cinquième de cette famille d'Harcourt qui meurt depuis six mois; elle est morte de la même maladie que M. le maréchal et M. l'abbé d'Harcourt, c'est-à-dire d'une colique violente qui lui a porté à la tête.

Le procès de M. de la Popelinière contre M. Le Riche de Chevigné son frère, fut jugé hier au soir. Il étoit question d'un intérêt que M. de Chevigné avoit dans les fermes avec son frère, et que M. de Chevigné vouloit étendre jusqu'à la ferme du tabac, dont il n'est point question dans l'acte de leur société. La ferme du tabac n'étoit pas alors jointe à la ferme générale, et ne fait

---

(1) Frère du comte de Rochechouart. (*Note du duc de Luynes.*)

même pas partie de la ferme générale. M. de Chevigné a été débouté de sa demande en cassation des arrêts ; le Roi lui accorde un relief de laps de temps pour avoir la faculté de se pourvoir par opposition aux mêmes arrêts.

Du samedi 22, Dampierre. — *Lettre du 20 mai, de Marly.* — Il s'est présenté hier plusieurs personnes pour prendre congé ; mais M. le duc de Gesvres leur a répondu qu'on ne prenoit pas congé à Marly ; ainsi ceux qui n'ont point eu la précaution de le faire avant le voyage de Marly partiront sans prendre congé.

Le jugement du procès de M. de Gontaut ne porte qu'un délibéré pour renvoyer l'affaire à huitaine. Ce procès est au sujet de la succession de M. du Châtel. M. du Châtel, qui est mort au commencement de l'année dernière, a eu trois enfants, un fils et deux filles ; le fils mourut au mois de mai 1743. L'aînée des filles épousa au commencement de la même année M. le marquis de Gontaut ; elle mourut en 1747. La seconde fille vient d'épouser M. de Stainville. Feu Mme de Gontaut a laissé un fils. C'est ce fils et Mme de Stainville qui plaident contre M. de Thiers, leur oncle, et contre M. de Béthune, gendre de M. de Thiers. Il est question d'une substitution. M. de Thiers prétend que les terres du Châtel et de Moy doivent lui revenir, aux termes de cette substitution. M. de Gontaut le fils et Mme de Stainville sa tante prétendent que la substitution est nulle aux termes de la coutume de Bretagne et du partage fait entre les trois frères, et que ces terres doivent rester dans la succession de M. du Châtel.

J'ai oublié de parler de l'agrément pour le mariage de Mlle de Surgères, petite-fille de M. de Morville par sa mère ; elle épouse lundi, à Paris, M. de Vence, fils du colonel du régiment de Corse.

On apprit le 19 au soir la mort de M. de Ceberet, gouverneur d'Aire.

J'ai oublié de parler d'une ordonnance du Roi rendue

depuis quelques jours; elle porte que les salles des Comédies françoise et italienne seront gardées à l'avenir par un détachement des gardes françoises, au lieu d'archers de robe courte.

Du mardi 25, Versailles. — La Reine partit hier de Marly après la messe, et vint dîner ici. La Reine avoit avec elle Mesdames les deux aînées et Mesdames les trois cadettes. Ordinairement Mesdames les trois cadettes vont dans leur carrosse. Ce sont, comme je l'ai déjà dit, des carrosses du Roi pour Mesdames les trois cadettes. On sait que Mesdames les deux aînées n'ont de carrosses à elles que depuis la formation de leur maison. Depuis ce temps elles ont deux carrosses en berlines ou gondoles, comme celles de la Reine, aux armes du Roi et sans losanges, et un carrosse pour les écuyers et porte-manteaux (car il est établi que les porte-manteaux montent dans le carrosse; et le porte-manteau de la Reine monte dans le carrosse de la Reine avec le chevalier d'honneur et le premier écuyer). J'ai déjà parlé, à l'égard des porte-manteaux, si dans les voyages ils doivent manger à la table avec le chevalier d'honneur, le premier écuyer et autres seigneurs, comme les écuyers; j'ai appris depuis peu que l'on a établi à Choisy une table pour les porte-manteaux du Roi, de la Reine, de M. le Dauphin, de Mme la Dauphine et de Mesdames.

A l'égard des carrosses, avant l'arrivée de Madame Victoire, Madame et Madame Adélaïde ayant chacune un écuyer et chacune un porte-manteau, l'on avoit établi deux chaises à deux qui marchoient toujours devant Mesdames, l'une pour les écuyers et l'autre pour les porte-manteaux. L'arrivée de Madame Victoire auroit mis dans la nécessité de demander une troisième chaise, ce qui détermina Mme la maréchale de Duras à demander un carrosse. M. le Premier représenta fortement que ce ne pouvoit être un carrosse aux armes du Roi, et enfin il fut décidé que ce carrosse seroit sans armes. C'est ainsi qu'est à présent le carrosse des écuyers et porte-manteaux de Mesdames les trois cadettes.

C'étoit hier jour de concert. Il y en eut un chez la Reine, et ce fut dans le cabinet avant la chambre. On avoit représenté plusieurs fois à la Reine que cet arrangement lui seroit plus commode que dans le salon, voulant jouer dans le salon après la musique. On avoit même ajouté que Versailles étoit le seul lieu où elle eût cet embarras, puisqu'à Compiègne et à Fontainebleau c'est dans son antichambre. L'ancien usage avoit toujours prévalu dans l'esprit de la Reine; hier est le premier jour qu'il ait été changé.

Ce matin M. le baron de Scheffer a eu audience particulière, dans laquelle il a donné part au Roi de la mort du roi de Suède; il étoit en pleureuse et long manteau. Cette part ne devoit être donnée que mardi prochain. Le changement du voyage de Crécy a donné lieu à celui-ci. On ne prendra cependant le deuil que mardi d'aujourd'hui en huit jours 1er juin; on le portera trois semaines. M. de Scheffer n'avoit aucune suite; il étoit seulement conduit par M. de Verneuil. Il n'avoit de lettres à remettre du nouveau roi qu'au Roi seulement; cependant il a eu audience de la Reine, de M. le Dauphin, de Mme la Dauphine et de Mesdames, auxquelles il a fait un compliment.

Du mercredi 26, *Versailles.* — J'ai déjà parlé au 18 mai d'un édit pour un emprunt de 50 millions. Le Parlement fit à Marly quelques jours après (1) des remontrances au Roi (2). M. le premier président et M. le président Molé furent députés à cet effet. Le Roi leur répondit : « Je serai toujours disposé à écouter favorablement les remontrances de mon Parlement : je les crois dictées par son zèle pour mon service;

---

(1) Vendredi 21.

(2) Elles furent faites en conséquence de l'arrêté du Parlement du 18, dont voici les termes : « Arrête qu'il sera fait au Roi de très humbles et très respectueuses remontrances sur l'édit d'emprunt envoyé au Parlement. »

mais l'emprunt que j'ai ordonné est nécessaire pour le bien de mon État et l'arrangement de mes affaires; et mon intention est qu'il procède incessamment à l'enregistrement de mon édit. » Le Roi dit à M. le premier président qu'il n'entendoit pas que ces remontrances fussent imprimées comme l'avoient été les dernières, et qu'il le chargeoit d'y veiller.

Depuis cette réponse du Roi faite aux députés du Parlement, les délibérations ont continué. Il y a eu deux opinions : l'une d'enregistrer l'édit et de faire de très-humbles remontrances au Roi; l'autre de faire d'abord les remontrances, et cette dernière a passé à la pluralité des voix (il n'y en a eu qu'onze de plus); en conséquence il y eut un arrêté du Parlement portant :

Qu'il sera fait au Roi de très-humbles et très-respectueuses et réitératives remontrances sur les conséquences de l'emprunt dont il s'agit dans les circonstances présentes, conséquences dangereuses pour le bien de son État et de son service, et de le supplier de faire examiner dans son conseil s'il n'est pas quelques dépenses dont le retranchement joint au produit du vingtième pût le mettre en état d'éteindre les dettes que la nécessité du temps a fait contracter, sans avoir recours à de nouveaux emprunts capables de répandre le discrédit sur ses finances et d'épuiser dans un temps de paix des ressources qu'il est de l'intérêt de sa gloire et de la sûreté de son État de réserver pour les temps difficiles.

C'est en conséquence de cette délibération que le Parlement ayant obtenu la permission de présenter ces remontrances, M. le premier président et M. le président Molé sont venus ici aujourd'hui (1).

Le Roi après la messe a tenu le conseil de dépêches; il auroit dû être composé de douze personnes, mais M. le maréchal de Noailles est incommodé depuis très-longtemps. Il y avoit donc le Roi, M. le Dauphin, M. le cardinal de Tencin, M. le chancelier, M. le garde des sceaux,

---

(1) MM. les gens du Roi étoient venus la veille demander les ordres de S. M. C'est toujours l'usage. (*Note du duc de Luynes.*)

M. le duc de Béthune, M. de Saint-Florentin, M. d'Argenson, M. Rouillé, M. de Puisieux et M. de Saint-Séverin. Le conseil étant assemblé, M. le duc de Gesvres a fait entrer les deux députés, c'est-à-dire M. le premier président accompagné de M. le président Molé. M. le premier président tenoit dans ses mains les remontrances, dans une enveloppe cachetée, sans adresse; il a décacheté en présence du Roi cette enveloppe, et après une profonde révérence a remis ces remontrances entre les mains de S. M.; c'est l'usage en pareil cas. Les deux députés, après une seconde révérence, se sont retirés, et sont entrés dans la petite chambre du premier valet de chambre du Roi, qui est dans le passage qui va chez la Reine; c'est là qu'ils ont attendu la fin du conseil. C'est M. d'Argenson, comme ayant le département de la ville de Paris, qui a lu ces remontrances. On m'a dit dit qu'elles contenoient six ou sept pages de grande écriture et qu'il pouvoit y avoir pour un demi-quart d'heure de lecture. Le conseil a duré au moins une heure et demie. Lorsqu'il a été fini, M. le duc de Gesvres, qui attendoit avec MM. les députés, les a fait entrer dans le cabinet. Voici les mots de la réponse du Roi : « Après la réponse que j'ai faite aux remontrances de mon parlement, je ne devois pas m'attendre à en recevoir de nouvelles sur un secours nécessaire au bien de mon État et que je ne veux tenir que de la libre volonté et de la confiance de mes sujets. J'ordonne que mon édit soit enregistré dès demain; un plus long délai ne pourroit que me déplaire. » Le premier président demanda au Roi cette réponse par écrit; elle lui fut donnée sur-le-champ; ensuite les députés se retirèrent, et partirent pour Paris.

Du jeudi 27, Versailles.

ARRÊTÉ DU PARLEMENT,
Du 27, en conséquence de la réponse du Roi.

Une députation au Roi de M. le premier président et deux présidents, pour lui représenter que son parlement, plein de soumission à ses volontés, mais en même temps occupé par devoir et par zèle de ce qui est du bien de son service et de ses véritables intérêts, ne peut concilier l'augmentation des dettes de l'État avec l'édit de l'établissement du vingtième, destiné au contraire à les éteindre successivement année par année.

Supplier très-humblement ledit seigneur Roi de ne pas donner lieu par un emprunt si inopiné aux justes alarmes de ses sujets sur l'emploi du produit du vingtième et sur la prolongation de cet impôt, dont la rigueur ne peut être adoucie que par l'espérance que ledit seigneur Roi a bien voulu donner dans les termes les plus précis qu'il deviendroit en peu d'années le principe et la source d'un soulagement aussi réel que durable (1).

M. le cardinal de Tencin vint ici hier. Il me montra la lettre qu'il a reçue du Pape. Il avoit écrit à Sa Sainteté pour lui rendre compte de la résolution qu'il a prise de se retirer dans son diocèse; le Pape lui répond dans les termes les plus tendres. Il lui dit que depuis longues années qu'il le connoît il n'a jamais reçu de sa part le moindre sujet de chagrin, mais que la nouvelle qu'il lui mande est la plus affligeante qu'il pût apprendre; que c'est vouloir priver l'Église et l'État d'un très-grand secours; que l'Église comptoit sur ses lumières et sur son attachement, et qu'il étoit à portée de lui rendre de grands services par son zèle, par sa place et par la confiance que le Roi avoit en lui. Que c'étoit exposer l'Église aux plus grands inconvénients, même à recevoir des outrages (la traduction se sert dans cet endroit du mot de bastonnade qui convient fort bien, à ce que l'on dit en italien, mais qui ne réussit pas de même à notre langue); le Saint-Père ajoute que quand Dieu nous a mis à une place où nous pouvons être utile à son service, il faut y mourir les armes à la main; que c'est ce principe qui l'a empêché lui-même de se déterminer au parti de la retraite auquel il avoit songé.

---

(1) MM. les gens du Roi ayant été demander jour au Roi, il leur a dit qu'il recevroit la députation le lendemain à midi, et que son intention étoit que les chambres restassent assemblées. (*Note du duc de Luynes.*)

Si je puis obtenir de M. le cardinal de Tencin la copie de cette lettre, on la trouvera dans ces Mémoires.

EXTRAIT DE LA LETTRE DU PAPE BENOIT XIV AU CARDINAL TENCIN.

Du 12 mai 1751.

Vénérable frère, voilà déjà bien des années que nous nous écrivons l'un à l'autre, avec disposition de notre part de continuer tant qu'il plaira à Dieu de nous conserver la vie, et nous n'avons jamais reçu de vous aucune lettre qui nous ait causé la moindre peine ; mais ce qui n'est pas arrivé pendant le cours de tant d'années, vous vous l'êtes réservé dans votre lettre du 19 avril, à laquelle nous répondons. Vous faites plus en un seul coup que vous n'auriez pu faire si dans chacune de vos précédentes lettres vous aviez pris à tâche de nous donner du chagrin. Ce qui est encore digne de remarque, c'est que notre nonce relève dans sa lettre au cardinal secrétaire d'État tous les motifs qui nous percent le cœur d'amertume, comme si nous n'étions pas que trop capable de les relever de nous-même sans le secours de personne. Vous voyez où va tout ceci, et que nous vous parlons du départ de la Cour. Grand Dieu, quelle perte fait le Saint-Siége dans cet éloignement ! Il y avoit au moins dans le conseil du Roi un ecclésiastique d'une grande probité, parfaitement au fait de nos affaires, ami personnel du Pape, attaché à la religion, à son chef, à l'état ecclésiastique, qui savoit parler, qui a parlé tant de fois, et qui étoit fait pour parler encore en faveur des intérêts de l'Église, qui enfin avoit l'oreille du Roi.

Or après lui qui est-ce qui reste ? à qui est-ce que le Pape peut écrire confidemment pour faire savoir à S. M. ce qu'il faut qu'elle sache ? Et qui reste dans le conseil qui puisse ou qui veuille parler pour nous dans les différentes occasions ? Il y a sans doute dans ce conseil des personnes d'un mérite distingué. Supposons (et cette supposition est grande) que le plus grand nombre soit bien disposé pour nous, mais le peu d'expérience qu'ils ont de nos maximes fait qu'il ne sera pas impossible qu'ils nous donnent des bastonnades en croyant nous faire des caresses.

Nous comptons pour tout ce qui peut se compter l'affoiblissement de votre santé et l'augmentation de votre âge ; nous comptons aussi pour beaucoup, comme cela se doit, votre résidence personnelle dans votre diocèse ; et voilà ce qui remplit un des côtés de la balance. Mais que l'on mette dans l'autre, l'Église, le Saint-Siége et le Pape, que l'on lève ensuite la balance et que l'on voie lequel des deux côtés l'emportera. Notre très-cher cardinal, nous vous conjurons de ne pas nous abandonner et de ne plus penser à votre projet, ou du moins d'en éloigner l'exécution ; souvenez-vous qu'un bon soldat meurt sur la brèche. Si nous voulions vous détailler toutes nos peines, toutes nos amertumes, le seul profit que nous retirons de notre souverain pontificat, si nous vous disions combien de fois il nous est venu dans l'esprit de retourner à notre vie privée, nous remplirions plusieurs feuilles, et nous vous protestons que rien ne nous retient que la pensée de sacrifier à Dieu, en expiation de nos péchés, les dégoûts que nous essuyons, et de mourir l'épée à la main, puisque nous avons tant fait que de la tirer hors du fourreau.

Hier après midi il y eut conseil d'État, après lequel le Roi alla voir Mesdames Sophie et Victoire, qui ont pris des eaux, et revint souper au grand couvert.

On a appris ce matin que le procès de M. de Gontaut, dont j'ai parlé, a été jugé aux requêtes, en faveur de M. de Thiers et de M. de Béthune. La substitution a été déclarée bonne et valable. M. de Gontaut a été condamné non-seulement à déguerpir des terres du Châtel et Moy, mais même à en restituer les fruits et aux dépens.

Du vendredi 28, Versailles. — La députation composée du premier président, comme il est dit dans l'arrêté d'hier du Parlement, et des présidents à mortier Molé et Rosambo, celui-ci à la place de M. de Novion, qui est malade, est arrivée ici vers midi et est entrée après la messe dans la chambre du Roi. C'est une grande députation (que l'on a réduite à trois), par conséquent grande audience. Le Roi étoit dans sa chambre, dans un fauteuil, le dos tourné à la cheminée, le chapeau sur la tête. Il falloit un introducteur. Le Roi en a fait un sur-le-champ, ayant nommé lui-même *ad hoc* le S^r d'Armenonville, gentilhomme ordinaire. M. de Gesvres a fait les fonctions de grand chambellan, M. de Fleury celles de premier gentilhomme de la chambre. Ils étoient derrière le fauteuil. M. de Béthune étoit aussi derrière avec le bâton. M. d'Armenonville a été avertir les députés, et les a conduits à l'audience. Tout le conseil des dépêches (tel que je l'ai marqué ci-dessus) étoit présent. Le premier président, conduit par M. d'Argenson, comme secrétaire d'État de Paris, et par M. d'Armenonville, a fait une profonde révérence et a lu ensuite les nouvelles remontrances; elles sont courtes et à peu près comme l'arrêté d'hier; il a ajouté un petit compliment sur le respect, l'attachement et la disposition où étoit et seroit toujours le Parlement d'obéir au Roi, et a parlé aussi de son respect personnel et de son attachement pour S. M. Le Roi a répondu à peu près en ces termes : « J'ai eu assez de patience et de bonté. Je veux être obéi dans le jour, et vous charge, Monsieur, particulièrement, de m'instruire ce soir de la délibération. »

Cette réponse a été prononcée d'une voix ferme et du ton d'un maître très-mécontent. Les trois présidents, conduits toujours par M. d'Argenson et M. d'Armenonville, après une profonde révérence se sont retirés l'air triste et embarrassé; et ayant été rendue au Parlement, il a été arrêté que M. le premier président se retirera dès ce soir vers ledit seigneur Roi, pour obtenir de la bonté de son cœur qu'il veuille bien fixer le temps de la suppression du vingtième.

Le Roi avoit fait dire au Parlement, par les gens du Roi qui étoient venus prendre les ordres de S. M., qu'il vouloit bien recevoir les remontrances, mais que les chambres demeurassent assemblées. Ce que l'on appelle demeurer assemblés, c'est que l'assemblée du matin demeure continuée, de manière que l'après-dînée, sans un nouvel avertissement, ils se trouvent assemblés pour recevoir la réponse du Roi.

Le Roi se mit à table au grand couvert le soir à neuf heures; il paroissoit attendre avec impatience qu'on lui annonçât l'arrivée du premier président. M. de Gesvres, qui s'en étoit informé plusieurs fois, vint vers le milieu du souper dire au Roi que le premier président étoit chez lui; il étoit neuf heures trois quarts. Le grand couvert continua à l'ordinaire; la conversation ne fut pas fort longue. Après le souper, le Roi rentra chez lui; tout le conseil de dépêches s'y rendit.

Le premier président fit encore de nouvelles représentations respectueuses. Le Roi répondit que le Parlement devoit s'en rapporter à ses bontés et au désir qu'il avoit de soulager ses peuples, mais qu'il vouloit que l'édit fût enregistré, et qu'à cet effet M. le premier président ait à assembler les chambres le lendemain samedi 29, à neuf heures du matin, et à lui venir rendre compte dans la même matinée.(1).

Le Roi, qui devoit courre le cerf du côté de Rambouillet, avoit envoyé ordre à son équipage d'attaquer à deux heures s'il n'étoit pas arrivé. M. le premier président arriva seul à une heure après midi; il suivit M. le chancelier chez le Roi; il entra dans la chambre, où il resta seul avec le premier valet de chambre. Le conseil étoit dans le cabinet. M. le chancelier rendit d'abord compte au Roi de la détermination du Parlement. Ensuite M. d'Argenson vint avertir M. le premier président; il entra dans le cabinet, et rendit compte au Roi encore plus en détail de ce qui s'étoit passé. Depuis le temps que le premier président entra jusqu'à ce qu'il en sortit, il se passa environ une demi-heure; mais il en avoit passé une partie dans la chambre, comme je l'ai dit. On trouvera ci-après le détail exact de l'arrêté du Parlement. Le premier président alla dîner chez M. le chancelier avant de retourner à Paris.

Du samedi 29, Versailles.

COPIE DU DÉTAIL.

La réponse du Roi ayant été rendue au Parlement, il a été ordonné que l'édit seroit enregistré du très-exprès commandement du Roi porté

---

(1) Voici les termes : « Mon parlement doit s'en rapporter à moi pour la cessation du vingtième. Je suis extrêmement surpris de n'être pas encore obéi; je veux qu'on enregistre demain matin, et que vous veniez sur-le-champ m'en rendre compte; les chambres resteront assemblées : cependant je permets qu'on tienne la séance. » (*Note du duc de Luynes.*)

par ses réponses aux remontrances et itératives remontrances des 21 et 26 mai 1751, réitérées le jour d'hier aux députés de la Cour vers ledit seigneur Roi et à M. le premier président; et cependant arrêté que M. le premier président en allant rendre compte au Roi dudit enregistrement suppliera très-humblement ledit seigneur Roi dès ce jour et en toutes occasions de vouloir bien accorder à ses sujets un terme préfixe pour la suppression du vingtième, qu'il a annoncé ne devoir avoir lieu que les premières années de la paix, et d'ordonner pendant qu'il aura lieu que l'article 19 de son édit de mai 1749, registré le 19 dudit mois, soit exécuté, et en conséquence que le produit de cet impôt rigoureux ne puisse servir au payement des dépenses courantes, mais qu'il soit uniquement employé au remboursement des dettes de l'État indiqué par ledit article de son édit.

ARRÊTÉ PARTICULIER DUDIT JOUR.

Arrêté que M. le premier président et deux de MM. les présidents de la Cour se retireront vers le Roi pour le supplier d'être persuadé que son parlement n'a différé de procéder à l'enregistrement de son édit que par zèle pour son service et par attachement pour le bien de son État, inséparable de celui dudit seigneur Roi; qu'au surplus son parlement ose attendre des bontés dudit seigneur Roi qu'il voudra bien prendre les mesures que sa sagesse et son amour pour ses sujets ne peuvent manquer de lui inspirer pour le retranchement des dépenses qu'il seroit possible d'épargner, seul moyen capable non-seulement de dispenser ledit seigneur Roi de recourir à de nouveaux emprunts, mais même de le mettre en état, ainsi qu'il se l'est expressément proposé par l'édit du vingtième, de parvenir à l'extinction des dettes de l'État et de faire cesser dans peu une imposition si rigoureuse.

Et à l'instant les gens du Roi mandés, ils ont été chargés d'aller savoir le jour qu'il plaira au Roi de recevoir la députation de son parlement. Ensuite M. le premier président est parti après la levée de la Cour, et l'assemblée des chambres a été continuée à cinq heures.

Mme de Saumery mourut le 28 après dîner à Paris; il y avoit longtemps qu'elle étoit malade d'un cancer, auquel on ne pouvoit pas faire l'opération parce qu'il étoit trop profond. Elle a fait sa légataire universelle Mme de Coëtlogon, sa fille aînée de son premier mariage avec M. de Villatte. Mme la comtesse de Brienne, sa seconde fille, hérite de 8 ou 9,000 livres de rente.

Aujourd'hui, veille de la Pentecôte, la Reine n'a point joué l'après-dînée; elle a entendu les premières vêpres en haut, chantées par la chapelle du Roi, et a nommé Mme de Coislin (Mailly) pour quêter demain.

Le Roi, après avoir donné audience à M. le premier président partit pour la chasse, d'où il revint vers les huit heures et demie.

Du lundi 31, Versailles. — Le prédicateur d'hier a été un prémontré de l'abbaye du Val-Secret, prieur du château de Château-Thierry; son nom est Sutilau.

Le contrat de mariage de Mlle de Charleval avec M. le chevalier de Rochechouart fut signé hier. Le changement d'état de Mlle de Charleval n'augmente point son revenu; elle avoit 2,000 écus comme demoiselle de confiance et une gratification de 1,000 écus qu'elle touchoit tous les ans comme une marque de la satisfaction que le Roi avoit de son assiduité et de son attachement pour Madame Victoire. Elle devient dame de Mesdames les cadettes, et cependant conserve les 2,000 écus, ce qui est une grâce particulière. A l'égard des 1,000 écus de gratification, il n'y a encore rien de dit sur cela. Le Roi, comme je l'ai marqué, a donné 4,000 livres à M. de Rochechouart, sur lesquelles le Roi a permis que le douaire fût assuré.

J'ai parlé dans le temps de la liste de Marly; ayant été à la campagne pendant ce temps, je n'ai appris que depuis une circonstance qui mérite d'être observée; c'est que le Roi y a donné un logement à M. le duc des Deux-Ponts. J'ai déjà marqué que le Roi le traite tout au mieux. M. le duc des Deux-Ponts aime beaucoup la chasse et ne manque presque aucune chasse de cerf du Roi. Il paroît que d'ailleurs il est assez peu dans la société; il ne joue que rarement et par très-grande complaisance. Il ne vient à Versailles que pour les jours de chasse et pour souper dans les cabinets.

JUIN.

Revue de la maison du Roi; détails sur cette troupe. — Audience de l'envoyé de Danemark. — Le Roi à Crécy. — Nouvel aumônier de quartier de la Reine. — Le château d'Aulnay acquis par Mme de Pompadour. — Mort du comte de Montbarrey. — Un refus du chevalier de Montbarrey. — Nouvelles de Crécy. — Pension accordée. — Troupes pour les colonies: Détails sur la solde des officiers de ces troupes. — Le chancelier peut dîner hors de chez lui. — La procession. — Mme de Gramont nommée dame du palais de la Reine. — Présentations; audience; le général des Capucins. — Contrat de mariage signé. — Mort de la maréchale de Berwick. Anecdotes sur le maréchal de Berwick et sur M. de Thianges. — Nouveau voyage du Roi à Crécy. — Mort de M. de Caderousse. — La procession. — Audience de l'ambassadeur de Hollande. — Le maréchal de Belle-Isle gagne un procès. Caractère du maréchal de Belle-Isle. — Audience de l'ambassadrice de Hollande. — Mort de Mme de Maulevrier, de M. de Ségur et de Mme de Laval. — Audience du Roi aux députés du Parlement. Discours du premier président et réponse du chancelier. — Sacre de l'archevêque de Tours. Le Roi à Saint-Cyr. — Mort de Mme de Saint-Hérem. — Les États de Bourgogne. — Chapitre de l'ordre de Malte; prétentions du comte et de la comtesse de Noailles. — Retraite de Mme de Rupelmonde aux Carmélites.

Du mercredi 2, Versailles. — Le Roi fit avant-hier la revue de sa maison; il n'y avoit point eu de revue entière de sa maison depuis 1737. Celle de 1737 fut au Champ-de-Mars, autrement dit le Trou-d'Enfer. Celle-ci étoit indiquée au même lieu, mais le terrain s'étant trouvé mauvais par rapport à la grande quantité de pluie, le Roi a ordonné que ce fût au Vésinet, dans la plaine qu'on appelle de Montesson. L'ordre étoit donné pour trois heures, mais le Roi passa par Trianon et n'arriva qu'à près de quatre. La Reine, qui étoit partie d'ici à deux heures, arriva avant lui, et l'attendit. La Reine avoit dans son carrosse Mesdames, excepté Madame Adélaïde, qui a toujours gardé sa chambre pour sa maladie, qu'on a appelée fièvre rouge, mais qui est une véritable rougeole sans accident. Mme de Luynes étoit à la sixième place dans le carrosse, à une portière. La Reine avoit outre cela ses deux carrosses du corps remplis de dames, et son carrosse des écuyers, où elle avoit fait monter M. Delavigne, son premier médecin, qui en a le droit sans difficulté. C'étoit une occasion de lui faire voir la revue commodément, et une satisfaction pour la Reine de l'avoir auprès d'elle. La Reine suivit le Roi, qui étoit à cheval, et après avoir passé à la tête de la ligne, elle alla se placer à une certaine distance de la place où devoit être le Roi. Le Roi, après avoir passé à la tête de la ligne, passa aussi dans les rangs suivant l'usage, et alla ensuite se porter à quelque distance de la ligne pour voir les différents mouvements. Pour la facilité de ces mouvements on avoit laissé un intervalle entre chaque escadron. Les troupes passèrent d'abord par escadron, ensuite par brigade, et enfin par quatre. Quand la maison du Roi (cavalerie), c'est-à-dire les quatre compagnies des gardes du corps et les quatre compagnies rouges, est ensemble, les grenadiers à cheval sont toujours à la droite, et les gendarmes de la garde ferment la gauche; les grenadiers à cheval passent les premiers. Le Roi les avoit vus d'abord avec leurs chapeaux, ensuite ils mirent leurs bonnets.

Presque tous les ministres étrangers étoient à cette revue; même l'ambassadeur de Venise (Morosini) y vint en carrosse (1). Il faisoit assez beau, mais beaucoup de vent et beaucoup de poussière. Cette poussière fit que les habits des gendarmes, qui sont tout neufs, et qui coûtent 200,000 francs, ne parurent guère plus beaux que ceux des chevau-légers, qui sont faits depuis plusieurs années; il est vrai que ceux-ci ont été ménagés par des surtouts rouges avec des boutonnières, qu'ils ont portés dans la dernière campagne.

M. de Chaulnes avoit emprunté des tentes de chez le Roi; il en avoit neuf tendues à une certaine distance au bout de la ligne en arrière; il y donna une grande halte à toute la compagnie des chevau-légers. Il y avoit neuf

---

(1) J'ai marqué ci-dessus qu'on lui a fait l'opération de la fistule; sa plaie n'est pas encore fermée. (*Note du duc de Luynes.*)

tables de vingt-cinq couverts chacune, toutes servies en viandes froides avec la plus grande abondance.

Rien n'est plus beau que le coup d'œil de toute la maison; elle parut encore plus brillante avant-hier, parce que les chevaux sont parfaitement beaux. M. le duc de Béthune ne passa point à la tête de sa compagnie et ne fut point à la revue; depuis qu'il a la gravelle, il ne peut plus monter à cheval; il avoit vu sa compagnie à pied et à cheval les jours précédents. C'est M. le duc d'Ayen, comme capitaine des gardes écossois, qui commandoit la maison.

La maison en campagne ne forme que treize escadrons, y compris les grenadiers à cheval; chaque compagnie des gardes du corps forme deux escadrons, et chaque compagnie rouge un seulement; mais à la revue chaque compagnie rouge fait deux escadrons. Il y avoit donc avant-hier 17 escadrons, et outre cela on en avoit formé un dix-huitième, du guet des gardes du corps. Les compagnies sont fort nombreuses; il y a beaucoup de surnuméraires. Dans la seule compagnie des mousquetaires gris, dont j'ai vu l'état et qui ne doit être que 200, ils étoient 298, y compris les malades et surnuméraires. Le pied des gardes du corps doit être de 1,440. Il y a dans chaque compagnie 6 brigades; chaque brigade est de 56 gardes, 2 brigadiers, 2 sous-brigadiers et 1 trompette. Les brigadiers et sous-brigadiers se montent à leurs dépens; le chef de brigade fournit les 56 chevaux des gardes et celui du trompette, et comme il y a un timbalier par compagnie, le cheval de ce timbalier fait un de plus à fournir par le premier lieutenant de chaque compagnie, le timbalier étant attaché à la brigade de ce lieutenant. En 1727 les brigades étoient de 56 gardes; elles furent remises à 51, et en 1743 elles furent remises à 56.

L'état des gardes du corps est donc, comme je viens de le dire, de 1,440; celui des gendarmes est de 224, celui des chevau-légers est de 222, celui des mousquetaires gris et noirs de 227 chacun, celui des grenadiers à cheval de 145; mais il y avoit, comme je l'ai dit, beaucoup de surnuméraires partout. Les surnuméraires des gardes du corps passèrent montés sur des bidets; ceux des mousquetaires étoient à pied et en bottes, mais sans avoir de soubrevestes. C'est le Roi, comme je l'ai dit ailleurs, qui donne les soubrevestes, et il n'en donne que pour le complet. Le guet des gardes du corps étoit monté sur des bidets à courte queue.

La troisième fois que les troupes passèrent devant le Roi, elles marchèrent par brigade jusqu'à une certaine distance de S. M., et alors elles firent successivement quatre à quatre les mouvements nécessaires par les gauches, et ensuite par les droites pour aller passer devant le Roi. Les chevau-légers firent ce mouvement d'une manière plus brillante, parce que chaque brigade successivement faisant marcher toutes les gauches quatre à quatre d'un même temps, se trouvèrent en un moment sur quatre de hauteur (1).

Du jeudi 3, Versailles. — Mardi dernier, 1ᵉʳ de ce mois, M. de Reventlau, envoyé de Danemark, eut audience; c'étoit grande audience. La Reine le reçut dans son grand

---

(1) J'appris il y a quelques jours une circonstance par rapport aux priviléges de la maison du Roi-cavalerie. Les deux cents gendarmes de la garde, les deux cents chevau-légers, les deux cents mousquetaires gris et les deux cents mousquetaires noirs sont tous commensaux de la maison du Roi, ce qui donne le droit de *committimus* ; et dans les quatre compagnies des gardes du corps il n'y a que cent priviléges de commensaux par chaque compagnie, et l'on observe avec une grande exactitude de ne point laisser étendre ces priviléges. Lorsqu'en 1744 ou 45 on créa quatre nouveaux aides majors, pour leur donner le droit de commensal à chacun, on en retrancha un de chaque compagnie; ainsi les cent commensaux sont quatre-vingt-dix-neuf gardes et un aide major.

Tous les aumôniers des compagnies rouges ont encore une prérogative que n'ont pas ceux des bleus, c'est que lorsqu'ils ont quelque bénéfice qui oblige à résidence, ils sont dispensés de cette résidence par leur service d'aumônier. (*Note du duc de Luynes*, datée du 18 juin 1751.)

cabinet avant sa chambre; il étoit conduit par M. de Verneuil seulement; il n'y eut rien de particulier à remarquer à cette audience. Il étoit venu dans le carrosse du Roi; il avoit deux carrosses à lui, chacun à six chevaux; ils restèrent dans la cour Royale pendant le temps de l'audience. Après avoir fait son compliment et après que la Reine lui eut répondu, il présenta son secrétaire d'ambassade et un seigneur danois dont je ne sais pas le nom.

Hier mercredi le Roi alla courre le cerf au poteau d'Hollande dans la forêt de Rambouillet. Il quitta la chasse avant que le cerf fût pris, pour aller à Crécy, où il arriva à dix heures et fit médianoche. On lui a porté le pied ce matin. On trouvera ci-après la liste des hommes et femmes qui sont de ce voyage.

Mme la duchesse de Brancas, Mme de Pompadour, Mme de Livry, Mme d'Estrades, Mme de Choiseul (Romanet).

MM. le duc de Chartres, comte de Clermont-Prince, de Turenne, de Brionne, de Sponheim, de Soubise, de Belle-Isle, de Saint-Florentin, d'Argenson, de Puisieux, de Chevreuse, de Luxembourg, de la Vallière, de Duras, de Chaulnes, de Villeroy, d'Estissac, d'Ayen, mylord Thomond, marquis de Castries, marquis de Gontaut, d'Armentières, comte de Croissy, de Ségur, de Sourches, de Langeron, chevalier de Pons, de Baschi, de Frise, deux chefs de brigades, deux exempts.

La place d'aumônier de quartier de la Reine, vacante par la mort de M. l'abbé d'Alègre, a été donnée il y a déjà quelque temps à M. l'abbé de Montazet, frère de M. l'évêque d'Autun; il est fort jeune. Outre M. d'Autun, il a deux frères dans le service. Il n'étoit point encore venu ici; il y vint il y a deux jours, devant entrer de quartier au 1er de juillet. Il fut question de savoir qui devoit le présenter; la Reine décida que dans sa chambre c'étoit la dame d'honneur, et en entrant à la chapelle le grand aumônier de la Reine; en son absence par l'aumônier ordinaire, qui est M. l'abbé de Marbeuf. Il a été présenté à la porte de la chapelle. Il n'a pas encore fait de fonctions parce qu'il n'a pas prêté serment. M. l'abbé de Marbeuf a écrit à M. l'archevêque de Rouen, grand aumônier, pour savoir ce qui se pratique en pareil cas.

Du samedi 5, Versailles. — M. de Puisieux arriva hier au soir de Crécy; il nous dit que la duchesse de Savoie étoit accouchée le 24, d'un prince. M. de Saint-Germain, ambassadeur de Turin, étoit venu la veille ici pour rendre compte de cette nouvelle à M. de Puisieux, qui partit immédiatement après pour Crécy.

Le Roi alla se promener le 4, à pied, au petit château d'Aulnay. Mme de Pompadour a acquis cette terre depuis un an ou deux, et a fait ajuster le château pour faire une augmentation de logements pendant les voyages. C'est une petite seigneurie à peu de distance de Crécy. M. et Mme d'Aulnay, qui l'ont vendue, moururent l'hiver dernier.

Du dimanche 6, Versailles. — M. le comte de Montbarrey, lieutenant général des armées du Roi, mourut à Paris, il y a huit ou dix jours; ce sont gens de condition de Franche-Comté. Il avoit épousé la fille de M. le comte du Bourg, petite-fille du maréchal : elle est morte il y a plusieurs années; il en a un fils, qui est dans les grenadiers de France. M. de Montbarrey avoit été capitaine dans le régiment Royal-cavalerie, et en 1734 il fut fait colonel du régiment de Lorraine. Le chevalier de Montbarrey, son frère, qui a été aussi capitaine dans ce même régiment Royal, en est lieutenant-colonel et est brigadier de 1745. Il fut mis à la dernière promotion sur la liste des maréchaux de camp. Sur cette nouvelle, il écrivit à M. d'Argenson pour lui représenter que l'honneur qu'il vouloit lui faire le mettoit dans la nécessité indispensable de quitter sa lieutenance-colonelle, et qu'étant cadet il n'avoit d'autres ressources pour vivre. M. d'Argenson fut frappé de ces raisons, et raya son nom de la promotion. Pareils refus sont trop rares pour ne pas mériter d'être écrits.

Du mardi 8, Versailles. — On me mande de Crécy que le Roi chassa le chevreuil vendredi dans la forêt de Châteauneuf; il a fait aller d'ici à Crécy l'équipage du chevreuil dont j'ai parlé. Il paroît, par les nouvelles de Crécy, que Mme de Pompadour non-seulement est fort occupée de ce qui peut amuser le Roi, mais veut même que tout le monde s'y divertisse. Il y a eu un fort gros jeu, après souper, de quinquenove, mormonithe et passe-dix, où M. le duc de Chartres a perdu 600 louis. Comme il y a beaucoup de jeunesse à ce voyage, il y a eu des jeux de barres sur la terrasse, et on me mande que M. de Langeron et M. d'Estissac, qui ont bien chacun cinquante-cinq ans, y ont joué.

Du mercredi 9, Versailles. — J'ai marqué la mort de Mme de Saumery et qu'elle a laissé une fille de son second mariage qui est veuve de M. de Coëtlogon, tué au combat de Dettingen. À la mort de M. de Saumery, sa veuve avoit eu une pension de 2,000 livres et leur fille aussi une pension de 2,000 livres; et ce en considération du père et du grand-père qui avoient été tous deux sous-gouverneurs du Roi. Mme de Coëtlogon, fille unique de ce second mariage, avoit demandé au Roi qu'il voulût bien lui accorder les 2,000 livres de pension qu'avoit sa mère. M. de Saint-Florentin m'a dit aujourd'hui qu'il avoit travaillé hier avec le Roi, et que S. M. avoit bien voulu accorder à Mme de Coëtlogon la moitié de la pension qu'avoit sa mère; ainsi au lieu de 2,000 livres qu'elle avoit, elle aura 1,000 écus (1).

J'ai marqué ou dû marquer que M. de la Morlière, colonel d'un régiment de troupes légères, et qui a épousé

---

(1) M. Mesnard, premier commis de M. de Saint-Florentin et chargé du détail de la maison du Roi, de la Reine, etc., qui connoissoit beaucoup M. de Saumery, me disoit il y a trois jours qu'il y a eu jusqu'à 26 ou 27,000 livres de pension en même temps dans cette famille, et que présentement, en comptant l'augmentation qu'on vient d'accorder, il n'y en a plus que pour 7,000 livres. (*Note du duc de Luynes.*)

la fille de M. de Séjan, l'un des premiers commis du bureau de la guerre, a acheté la charge de premier valet de chambre de la Reine, charge sans fonction.

M. de la Morlière me contoit ce matin qu'il vient de finir une commission dont il a été chargé depuis deux ans par M. Rouillé ; c'est de recruter les troupes destinées à la garde de nos colonies. Il étoit absolument indispensable de pourvoir à la sûreté desdites colonies et d'y envoyer un nombre suffisant de troupes pour les mettre en sûreté. Le nombre des troupes de la marine ne pouvoit pas suffire ; il falloit une augmentation, et M. de la Morlière, accoutumé depuis longtemps à faire et à examiner des recrues, a été avec raison jugé plus propre qu'un autre pour cette commission. Comme il savoit un grand nombre de déserteurs de nos troupes qui sont répandus dans les pays étrangers, et que l'amour de la patrie est un puissant motif pour exciter au retour, il a chargé les officiers sur les frontières de faire courre des billets dans les pays étrangers. Ces billets ont eu tout l'effet qu'on pouvoit désirer ; il est revenu sept mille cinq cents ou six cents hommes qui ont tous été engagés pour six ans, pour servir dans les troupes de la marine, la plupart grands et bien faits. Comme il n'y a point d'amnistie de publiée, les commandants ont eu ordre de fermer les yeux sur le retour de ces déserteurs ; on leur a fait espérer qu'après six ans de service ils auroient la liberté de retourner tranquillement chez eux. Des sept mille six cents qui ont été engagés, une partie a péri par les maladies ; c'est ce qui est aisé à croire, parce qu'ils ont souffert beaucoup, et qu'un grand nombre sont arrivés presque tout nus ; enfin, il y en a eu cinq mille d'embarqués. Ces troupes ne sont point distribuées en régiments, mais en compagnies de cinquante hommes chacune. Le capitaine a 1,500 livres d'appointements, et outre cela des subsistances suivant la colonie à laquelle il est destiné. Il est chargé de la subsistance de ces cinquante hommes, qui lui est fournie dans le pays; il a encore un revenant bon sur ces subsistances, sur le non-complet. Le lieutenant et l'enseigne ont aussi des subsistances personnelles, et outre cela le lieutenant a 760 livres d'appointements, et le cornette 500 livres, ce qui est plus que la paye d'un lieutenant d'infanterie.

Il paroît qu'en travaillant à la recrue des troupes de la marine, on travaille en même temps à construire des vaisseaux de tous côtés, tant dans les ports de France que dans ceux du Canada.

Le Roi est parti ce matin de Crécy pour venir courre le cerf à Sainte-Apolline; il reviendra ce soir ici. Demain il y aura conseil d'État après le salut; il n'y aura point de conseil de depêches, M. le chancelier n'étant point ici; il est à sa terre de Malesherbes. Quelque temps avant le voyage de Crécy, M. le chancelier dîna chez M. de Gesvres; il avoit déjà dîné hors de chez lui, ce qui a donné lieu à une question de savoir si le chancelier, qui ne fait presque jamais de visite, peut dîner dehors; on m'a dit que le Roi avoit décidé qu'il le pouvoit. J'ai marqué que feu M. Daguesseau a dîné une fois chez moi.

Du jeudi 10, jour du Saint-Sacrement, Versailles. — La procession d'aujourd'hui a été à l'ordinaire. On s'arrête au reposoir en allant et en retournant; trois ou quatre musiciens exécutent toujours un petit motet à voix seule à chaque fois; on en exécute un autre à la chapelle. Il n'y avoit que M. le Dauphin avec le Roi. Il n'y avoit de princes du sang que M. le prince de Conty et point de légitimés. La Reine y étoit suivie par Madame, Mme Victoire et Mme Sophie; Mme Adélaïde est encore convalescente, quoiqu'elle soit déjà sortie, et Mme Louise a une santé délicate. Mme de Luynes, qui suivoit la Reine, s'est donné un tressaillement de nerf au pied en entrant dans la cour Royale; elle a cependant été jusqu'à la chapelle et est revenue chez elle.

Du vendredi 11, Versailles. — Mme la duchesse de Gramont (Biron) vint hier faire son remerciment. Le Roi a bien voulu accorder à Mme de Rupelmonde, sa fille, dame du palais de la Reine, la permission de se retirer, et à sa prière a donné cette place à Mme la comtesse de Gramont (du Fau), belle-sœur de Mme de Rupelmonde et belle-fille de Mme la duchesse de Gramont. Il y a dix ans que Mme de Rupelmonde est dame du palais de la Reine, sur la démission de Mme de Rupelmonde (d'Alègre), sa belle-mère, qui l'étoit de la création; elle n'a jamais joui des appointements, Mme de Rupelmonde douairière se les étant réservés. C'est Mme d'Armagnac qui est venue exprès pour demander à la Reine la grâce que désiroit Mme de Rupelmonde; la Reine en parla au Roi dès le lendemain, et alors l'affaire fut publique.

Du samedi 12, Versailles. — Avant-hier il y eut deux présentations. Mme de Marsan (Rohan-Soubise) présenta Mme de Béjar, sa belle-sœur. Mme de Béjar est fille de M. le prince de Pons; son mari n'a pris le nom de Béjar que depuis la mort de son père : il s'appeloit auparavant Bella-Casa. Elle fut mariée au mois de mars 1733; depuis ce temps elle n'étoit pas venue ici. Elle désiroit beaucoup de voir sa famille; son mari ayant pris le parti d'aller dans ses terres, où il doit rester six mois, elle a profité de ce temps, avec son consentement, pour venir passer ce temps en France. Elle étoit fort jolie étant jeune; elle a encore une figure agréable; elle est grande, bien faite; il m'a paru qu'on trouvoit qu'elle a bonne grâce et un très-bon maintien. Il y avoit à sa présentation Mme de Turenne et Mme de Marsan, chanoinesse de Remiremont, ses deux sœurs, et Mme la duchesse de Rohan (Bouillon).

La seconde présentation fut celle de Mme de Rochechouart, la nouvelle mariée, ci-devant Mlle de Charleval; elle fut présentée par Mme de Rochechouart-Faudoas (Armentières). Il y avoit à la présentation Mmes de Périgord (Chalais) et de Talleyrand (Chamillart), parentes par

Mme de Chalais, leur mère (Mortemart), et Mme de la Force (Amelot), parente de la mariée par les la Force.

Il y eut hier trois audiences; c'étoit au retour de la messe. D'abord deux particulièrs, M. de Saint-Germain, ambassadeur de Sardaigne, qui vint faire part au Roi en cérémonie de l'accouchement de la duchesse de Savoie, dont j'ai parlé ci-dessus, et qui remit au Roi une lettre du roi de Sardaigne. Il présenta son fils, qui s'en retourne à Turin. Le roi de Sardaigne vient de le nommer un de ses sous-écuyers. Il y a quatre places de sous-écuyer rémplies par des gens de condition, et c'est M. d'Ormea, fils du feu premier ministre du roi de Sardaigne, qui est grand écuyer; ensuite M. le comte de Sponhein : c'est, comme l'on sait, le nom incognito de M. le duc des Deux-Ponts. Il s'en va à Lunéville, de là à Manheim et ensuite chez lui. Il prit congé du Roi. Il m'a dit qu'il comptoit revenir ici l'hiver prochain. Ces deux audiences furent dans le cabinet et debout. Immédiatement après, il y eut l'audience publique donnée au général des Capucins. Il y a eu un général des Capucins qui eut audience du feu Roi, en 1693, et un autre sous ce règne-ci, en 1728. Ce général-ci s'appelle le P. Sigismond; il est de Ferrare; il a un autre nom, en *i*, que je ne sais pas; il a soixante-treize ou quatorze ans, et n'en paroît pas plus de soixante; il n'est pas grand; sa figure est assez bien. Il parla italien, et d'une voix fort aisée à entendre. Le Roi le reçut dans son cabinet de glaces, étant assis dans son fauteuil et couvert. Le fauteuil avoit le dos tourné contre la porte de glace qui donne dans la galerie, laissant cependant un intervalle dans lequel étoient les quatre premiers gentilshommes de la chambre. M. le duc de Béthune y étoit comme capitaine des gardes; sa place est à la gauche du Roi, appuyé contre la table du conseil. Le général des Capucins ne l'est que pendant six ans. Son séjour est à Rome; mais dès qu'il est élu, il va ordinairement faire sa tournée dans presque toutes les maisons de l'ordre; et comme il est toujours fort âgé quand il est élu, il meurt souvent en faisant sa tournée. Ils ont en Espagne le traitement de grand d'Espagne, et en cette qualité ils se couvrent à leur audience devant le roi d'Espagne. Ici ils ont le traitement d'envoyé, et le Roi me répéta encore hier ce que j'ai marqué en 1736 : qu'il n'y a que les généraux d'ordre demeurant à Rome qui aient ce traitement ici; et M. l'abbé de Cîteaux, lorsqu'il vint ici, n'eut d'autre traitement que celui de prêter serment entre les mains du Roi. Ainsi, comme envoyé, le carrosse du Roi et le carrosse de la Reine, destinés à ces sortes de cérémonies, allèrent prendre le général aux Capucins de la rue Saint-Honoré; M. de Verneuil, introducteur des ambassadeurs, monta avec lui dans le carrosse du Roi; M. de la Tournelle, sous-introducteur, étoit dans le carrosse de la Reine; les autres places du carrosse du Roi et du carrosse de la Reine étoient remplies par des Capucins, et vinrent par Sèvres. Il y avoit outre cela un troisième carrosse rempli de Capucins, lesquels dans l'avenue entre les deux écuries montèrent dans le carrosse de l'introducteur, qui les y attendoit. Le carrosse de l'introducteur, celui du Roi, celui de la Reine entrèrent dans la cour Royale, suivant l'usage ordinaire; ils firent le tour de cette cour et descendirent à la salle des ambassadeurs; ils s'y étoient rendus des Capucins de Meudon, à pied; en tout ils étoient vingt-six. On avoit découvert, c'est-à-dire ôté les housses; c'est l'usage pour les audiences publiques. L'introducteur ayant reçu l'ordre du Roi alla prendre le général à la salle des ambassadeurs; le général, précédé de ses religieux, vint par l'escalier de marbre, qu'on appelle l'escalier de la Reine, par l'antichambre du Roi et l'OEil-de-bœuf, en traversant une foule incroyable de monde que la curiosité y avoit attiré. Il eut ensuite audience de la Reine, de M. le Dauphin, de Mme la Dauphine, de Madame, et de Mesdames les aînées et de Mesdames les cadettes. La règle est qu'il doit retourner entre chaque audience à la salle des ambassadeurs ; il y retourna effectivement, mais non pas à toutes. Je l'entendis prononcer son discours chez la Reine, qui fut assez long, et celui chez Mme la Dauphine fut un peu moins long. Il fut traité à dîner, aux dépens du Roi, dans la salle des Ambassadeurs, comme envoyé. Les vingt-six capucins y étoient. M. de Verneuil étoit auprès de lui ; il y avoit aussi M. de la Tournelle, secrétaire à la conduite des ambassadeurs, et un maître d'hôtel du Roi, qui fait les honneurs de la table suivant l'usage. Les deux mêmes carrosses du Roi et de la Reine et celui de l'introducteur vinrent après le dîner, dans la cour Royale, attendre à la porte de la salle, et les remenèrent au couvent des Capucins, rue Saint-Honoré, d'où ils étoient partis.

Du dimanche 13, Versailles. — Le même jour de l'audience, 11 de ce mois, il y eut une signature de contrat de mariage avant la messe. C'est le contrat de mariage de M. de Roncée (1) ; il est petit-fils de M. de Moussy et d'une sœur de feu Mme de Chiverny et de feu MM. de Saumery, l'un gouverneur de Chambord, l'autre premier maître d'hôtel de feu Mme la duchesse de Berry. M. de Johanne, un des fils de M. de Saumery, premier maître d'hôtel de Mme la duchesse de Berry, vient d'épouser, comme je l'ai marqué, la sœur de M. de Roncée. M. de Roncée épouse une fille de M. le marquis de Vibraye.

Mme la maréchale de Berwick, qui étoit malade depuis longtemps d'un dévoiement et d'une petite fièvre, mourut hier à Paris. Elle logeoit vis-à-vis les Incurables ; elle avoit soixante-treize ou quatorze ans. Son nom est Butkeley ; elle avoit épousé, le 18 avril 1700, M. de Berwick. Sa mère étoit Stuart ; elle étoit dame d'honneur de la reine d'Angleterre.

Mme de Berwick étoit une femme respectable. Ceux qui

---

(1) Le duc de Luynes écrit du Ronsay, suivant la prononciation de l'époque.

la connoissoient particulièrement disent qu'elle étoit très-aimable ; elle avoit l'air fort sérieux, et on prétend qu'elle étoit gaie et de fort bonne compagnie. Elle laisse trois enfants : M. le duc et M. le comte de Fitz-James que l'on appelle mylord Édouard, et Mme de Bouzols. M. de Fitz-James, qui a épousé Mlle de Matignon, a plusieurs enfants, au moins un garçon et une fille. Mme de Bouzols est restée veuve avec deux garçons. M. de Butkeley, dont j'ai parlé à l'occasion de la mort de sa femme, est frère de feu Mme la maréchale de Berwick. Ils ont encore une autre sœur, qui est Mme Clare, mère de mylord Clare ou mylord Thomond. Mme de Berwick avoit 40,000 livres de pension du Roi (1).

---

(1) M. de Berwick avoit épousé en premières noces, le 26 mars 1695, la veuve de mylord Lucan, lequel fut tué à la bataille de Nerwinde, en 1691. Elle mourut à Pézénas, en Languedoc, le 16 janvier 1698 ; elle étoit fille du comte de Clanricarde (Burck) et d'une Clancarty ; il en avoit un fils, qui a été duc de Liria, dont j'ai marqué la mort.

M. de Berwick aimoit passionnément sa première femme : il fit embaumer son cœur, et le portoit partout avec lui dans une boîte d'argent. On prétend qu'au bout d'environ dix-huit mois il lui arriva d'oublier cette boîte dans un cabaret, en voyage, et que son valet de chambre conclut de cet oubli qu'il se remarieroit bientôt. En effet M. de Berwick devint amoureux de Mlle de Butkeley, et l'épousa.

Nous avons encore un exemple d'un pareil témoignage d'amitié d'un mari pour sa première femme ; c'est M. de Thianges. C'étoit le fils de la belle Mme de Thianges (Rochechouart), sœur de Mme de Montespan. Ce M. de Thianges avoit épousé en premières noces Mlle ....(*), dont il étoit extrêmement amoureux ; après sa mort, il fit pulvériser son cœur et le mit dans une boîte qu'il portoit partout avec lui. Il épousa en secondes noces une Bréval (de Harlay). Le jour de son mariage, tout le monde étant retiré, il se jeta aux genoux de sa femme et lui dit de la manière la plus tendre et la plus pressante qu'il avoit une grâce à lui demander, que de son consentement dépendoit le bonheur de sa vie, qu'il étoit sûr d'être heureux avec elle le reste de ses jours, et que de son côté il ne s'occuperoit que de prévenir ses désirs, si elle vouloit bien avaler un breuvage qui sûrement ne lui feroit aucun mal. On peut juger de la surprise où fut la nouvelle mariée à cette proposition : un homme qu'elle ne connoit point encore, qui lui propose un breuvage, sans

(*) Le P. Anselme, tome VIII, p. 326. ne donne pas le nom de cette première femme du marquis de Thianges. Il la désigne ainsi : « N..., dame de la Roche-Giffart en Bretagne, mourut en couches et son enfant aussi, le 7 juillet 1686.

Le Roi partit hier matin pour courre le cerf dans la forêt de Saint-Léger, et de là aller coucher à Crécy. On avoit cru qu'il auroit pu y avoir quelque incertitude sur ce voyage, parce que le Roi étoit enrhumé avant-hier, mais il se portoit mieux hier matin.

M. de Cadérousse mourut hier à Sceaux, où il étoit malade depuis longtemps; il faisoit fort assidûment sa cour à Mme la duchesse du Maine; il avoit quatre-vingt-deux ans. C'est le père de M. d'Ancezune qui avoit épousé une fille de M. de Torcy et de Mme la maréchale d'Alègre la seconde femme.

Du lundi 14, Versailles. — M. l'ambassadeur de Hollande (1) fit hier son entrée à Paris. Suivant l'usage ordinaire, il devroit faire demain mardi son entrée ici, mais le Roi ne revenant que mercredi de Crécy, elle a été remise à jeudi 17. Mme de Berkenroode aura son audience le lendemain vendredi et sera traitée à dîner à la table de la Reine chez M. de Chalmazel, premier maître d'hôtel. C'est ce qui se pratique à l'égard des ambassadrices étrangères, c'est-à-dire qui ne sont pas de famille, et c'est la dame d'honneur qui prie à ce dîner.

Du jeudi octave du Saint-Sacrement, 17, Versailles. — Le Roi revint hier de Crécy après avoir chassé en chemin dans les bois de Rambouillet.

Ce matin il y a eu la procession à l'ordinaire, à dix heures et demie; M. le Dauphin y étoit et M. le prince de Condé. La Reine n'y a point été, par rapport à sa santé, ni Mme la Dauphine, à cause de sa grossesse. Mesdames y étoient toutes cinq; mais Madame Louise, qui est délicate, n'a pas suivi la procession; elle a resté à la paroisse.

---

lui dire de quoi il est composé; elle demanda la permission d'en parler à ses parents, mais M. de Thianges insista encore plus fortement; enfin la vivacité de ses désirs et la bonne foi avec laquelle il paroissoit agir la déterminèrent à avaler ce breuvage. Il lui avoua depuis que c'étoit le cœur de sa première femme. (*Note du duc de Luynes.*)

(1) L'Estevenon de Berkenroode.

Au retour de la procession a été l'audience de l'ambassadeur de Hollande; c'est audience publique. Il a eu l'honneur des armes. Il est inutile que je mette le détail; j'ai parlé plusieurs fois dans mes Mémoires de pareilles audiences. C'est M. le prince de Pons qui accompagnoit l'ambassadeur; il étoit à sa droite, et M. de Verneuil à sa gauche. Les carrosses de l'ambassadeur sont entrés suivant l'usage dans la cour Royale, ainsi que celui de l'introducteur et celui de M. le prince de Pons. L'ambassadeur a quatre carrosses, un extrêmement grand à huit glaces, trois à chaque côté et deux fort grandes derrière et devant, et attelé de huit chevaux gris; un autre grand carrosse fort beau à sept glaces, garni d'argent et attelé de six chevaux gris, et deux berlines, une fort dorée et une assez honnête, chacune attelée de six chevaux noirs. Les discours de l'ambassadeur ont été en françois. La suite de l'ambassadeur est fort nombreuse; il a beaucoup de ses parents qui sont venus de Hollande et d'Angleterre. L'ambassadeur a envoyé ici des billets d'invitation pour un grand dîner qu'il donne lundi.

M. le maréchal de Belle-Isle vient de gagner un grand procès au conseil, au rapport de M. de Chamousset, contre un particulier nommé Camusat, qui prétendoit relever du Roi et non de M. de Belle-Isle à cause du château d'Andely du comté de Vernon (1). Ce particulier avoit épuisé toutes les ressources imaginables pour retarder le jugement. Cette affaire devoit être rapportée au conseil de finances par feu M. Orry, un jour que le Roi avoit demandé le conseil au retour de la chasse. La chasse dura plus longtemps qu'à l'ordinaire, le Roi revint trop tard, le conseil fut remis au lendemain matin; M. Orry, bien instruit de la question, avoit dans son portefeuille tous les papiers nécessaires pour en faire le rap-

---

(1) Le château d'Andely ou Château Gaillard, bâti par Richard Cœur de Lion.

port; en allant chez le Roi, la partie adverse remit des papiers qui demandoient nécessairement un nouvel examen, le rapport fut différé et l'affaire a duré sept ou huit ans de plus. Comme elle étoit importante, parce que c'est un droit de terre, et d'une terre considérable, M. de Belle-Isle s'en est occupé avec cet esprit de suite et d'exactitude qui est capable de surmonter les plus grands obstacles. Le même caractère qui lui fait trouver des ressources pour nourrir et faire marcher une armée dans un pays dépourvu de tout, ou pour exécuter des entreprises que nul autre que lui n'auroit osé tenter, ce même caractère de constance et de fermeté au milieu des plus grands embarras, cette même facilité à imaginer ce qui ne vient pas dans l'esprit à beaucoup d'autres, cette vivacité froide, cette exactitude à ne pas perdre un moment et une circonstance, enfin ce talent de s'exprimer en termes forts, éloquents, choisis et persuasifs, ne disant jamais que ce qu'il veut dire, toutes ces qualités il les emploie à la suite d'un procès comme à la tête d'une armée, ou dans une négociation. Il compte pour rien les peines, les soins et les fatigues, pourvu qu'il réussisse. Il prévoit tout, il remplit tous les devoirs de bienséance et d'attention; il instruit lui-même ses juges d'une manière à les éclairer parfaitement. Il est difficile qu'un bon procès conduit ainsi n'ait pas tout le succès qu'on peut désirer.

Du vendredi 18, Versailles. — Mme l'ambassadrice de Hollande a eu aujourd'hui son audience. J'ai déjà marqué dans un si grand détail des audiences semblables, qu'il seroit presque inutile de parler de celle-ci. Il y a cependant quelques différences à observer. Elle est venue, suivant l'usage, dans le carrosse du Roi à deux chevaux, de l'hôtel de Gesvres, où elle logeoit, descendre à la salle des Ambassadeurs; Mme de Verneuil étoit à côté d'elle et M. de Verneuil sur le devant.

La Reine a été ce matin à la grande messe à la paroisse

Notre-Dame pour la dévotion au Sacré-Cœur de Jésus, institué dans cette paroisse en 1742. Mesdames ont été aussi à la paroisse. M. le Dauphin étoit avec la Reine et quatre de Mesdames. Madame Louise étoit dans un carrosse du Roi marchant immédiatement après celui de la Reine. Mme de Luynes et Mme de Villars étoient dans le second carrosse de la Reine, qui marchoit immédiatement après celui de Madame Louise.

Mme de Maulevrier mourut avant-hier à Paris; elle étoit âgée de soixante-douze ans; il y avoit déjà longtemps qu'elle étoit malade. Elle étoit fille de feu M. le maréchal de Tessé, et par conséquent sœur du feu premier écuyer de la Reine et de M. le marquis de Tessé, père de Mme de Saulx. M. de Maulevrier, son mari, mort en [1706], étoit fils de M. de Maulevrier frère de M. Colbert. Mme de Maulevrier avoit deux fils, dont l'un avoit épousé Mlle d'Estaing, et mourut l'année passée à Parme ministre du Roi; l'autre, que l'on appeloit Cholet, je crois par plaisanterie, est celui qui vient de se marier. Celui qui est mort à Parme avoit laissé un fils, qui avoit épousé Mlle Chauvelin, et qui est mort de la petite vérole à Paris sans enfants.

M. de Ségur mourut hier matin à Paris; il avoit soixante-deux ans. Il étoit lieutenant général des armées du Roi, inspecteur de cavalerie, chevalier de l'Ordre et gouverneur du pays de Foix; il jouissoit d'environ 50,000 livres de rente de bienfaits du Roi, en comptant le gouvernement qui n'en vaut que 18,000 et qui lui en valoit 24,000. Son père et son grand-père avoient ce même gouvernement. Lorsque M. de Ségur épousa la fille de M. le duc d'Orléans et de la Desmares (1), qui est Mme de Ségur d'aujourd'hui, cette augmentation de 2,000 écus accordée par le Roi fut pour ainsi dire une partie de la

---

(1) Charlotte Desmares, actrice célèbre, avait été la maîtresse du Dauphin (Monseigneur) avant d'être une des maîtresses du Régent. (Voy. *Les Maîtresses du Régent*; par M. de Lescure, 1 vol. in-12, 1860.)

dot; on donna d'ailleurs 200,000 livres à Mme de Ségur.
M. de Ségur avoit peu de biens par lui-même et avoit été
obligé de contracter des dettes auxquelles Mme de Ségur a
signé; ainsi elle se trouve dans un état digne de compassion, n'ayant pour ainsi dire pour ressources que
1,000 écus de pension qu'elle a de la maison d'Orléans.
Leur fils unique, qui a eu un coup de feu dans la poitrine et un bras coupé, a épousé, comme je l'ai dit,
Mlle de Vernon, américaine; il a obtenu du vivant de son
père la survivance du gouvernement du pays de Foix,
mais il ne lui vaudra que 18,000 livres, à moins que le
Roi ne lui accorde une nouvelle grâce, dont il est bien
digne et qu'il y a lieu d'espérer. C'est une vraie perte
pour le service du Roi que M. de Ségur. Il commandoit
à Metz en l'absence de M. de Belle-Isle, et M. de Belle-Isle en étoit extrêmement content. M. et Mme de Belle-Isle
lui ont marqué dans cette maladie toutes les attentions
que peut inspirer l'amitié la plus vraie et la plus sincère.
Mme de Belle-Isle l'a presque assisté à la mort, malgré la
puanteur excessive qu'il y avoit dans sa chambre et l'état
effrayant où il étoit dans ce moment. Elle a eu aussi tous
les soins imaginables de Mme de Ségur, qui aimoit passionnément son mari et dont la douleur est au-dessus
de tout ce que l'on peut exprimer. M. de Ségur est mort
avec de grands sentiments de piété et de soumission. Il a
été pendant six semaines dans son lit sans pouvoir s'appuyer ni sur le dos ni sur la tête. La cause de sa mort est
un anthrax, que l'on a été obligé d'ouvrir; on lui a fait
des incisions depuis le haut de la tête jusqu'au milieu
du dos; la gangrène est survenue; on a cru l'avoir enlevée entièrement par les remèdes d'un chirugien nommé
Cressant, qui ne sont autre chose qu'un cataplasme de vin
de Bourgogne avec de la mie de pain; mais soit qu'il se
soit joint une fièvre maligne, ou que le sang ait été entièrement gâté, tous les remèdes ont été inutiles.

Du lundi 21, Versailles. — Mme de Laval mourut aussi

samedi à Paris. Elle étoit fille de feu Mme d'Épinay, et par conséquent nièce de Mme de Clermont, dame d'atours de Mesdames cadettes. Le père de Mme de Clermont et de Mme d'Épinay étoit M. le marquis d'O, gouverneur de M. le comte de Toulouse.

J'ai oublié de marquer l'audience donnée par le Roi aux députés du Parlement ; c'étoit une grande audience, et par conséquent le Roi étoit dans sa chambre, dans son fauteuil, le dos tourné à la cheminée ; c'est l'usage pour ces sortes d'audiences. Le Roi avoit permis à son parlement, avant que de partir pour Crécy, de lui apporter ici leurs remontrances le vendredi 18. L'audience fut à trois heures. Les députés étoient M. le premier président, MM. les présidents Molé et de Rosambo. Je n'ai point encore ces remontrances (1), mais on m'a dit qu'elles étoient assez fortes par rapport au retranchement des dépenses et à la suppression du vingtième. Le Roi leur répondit seulement : « Mon chancelier vous expliquera mes volontés. » Tout le conseil de dépêches étoit resté, et étoit présent à l'audience. M. le chancelier lut la réponse qu'il remit ensuite au premier président. Je n'ai point vu cette réponse, mais on m'en a dit à peu près la substance. Le Roi marque son mécontentement des remontrances réitérées de son parlement. Il ajoute qu'on voit bien que le Parlement est peu instruit de l'usage qu'il a fait des sommes qu'il a reçues ; qu'à l'égard du vingtième, on peut être assez assuré de son amour pour ses peuples pour croire qu'il cherchera à les soulager le plus tôt qu'il lui sera possible.

DISCOURS DE M. LE PREMIER PRÉSIDENT AU ROI,
le 18 juin 1751.

Sire, vous avez ordonné, et votre parlement a obéi. Comptable de sa conduite au plus juste des Rois, il ne craint pas que les efforts

---

(1) On trouvera plus loin le discours de M. le premier président, qui est d'une grande beauté et qui mérite bien d'être lu, et la réponse de M. le chancelier. (*Note du duc de Luynes.*)

qu'il a faits près de Votre Majesté, qui ont retardé l'effet de son obéissance, soient imputés à défaut de soumission.

Il est, Sire, une obéissance primitive à laquelle vous avez voulu qu'il se liât par la foi du serment; c'est de vous représenter ce qu'il croit de l'intérêt de votre service et du bien de vos sujets, toujours inséparable du vôtre. Quand il le fait, loin de manquer à la soumission, il vous en donne au contraire le témoignage le plus authentique, en remplissant un devoir dont vous l'avez chargé et dont aucune considération particulière ne peut être capable de le détourner.

Tels sont, Sire, les principes qui dans tous les temps ont réglé les démarches de votre parlement. Sujets soumis, mais sujets fidèles, nous oserons toujours vous présenter la vérité, et pardonnez-nous, Sire, si nous vous disons qu'il est même des occasions où la conscience peut exiger de nous faire céder l'obéissance actuelle à cette obéissance primitive que nous vous devons.

Les vérifications du dernier édit envoyé à votre parlement nous ont paru être une de celles où nous avions à balancer ces deux obligations que le devoir nous impose; mais, rassurés par votre sagesse, nous n'avons pu douter que, pénétré de l'importance des réflexions que nous mettions sous vos yeux, vous ne prissiez dès ce moment les mesures les plus convenables pour prévenir les maux que l'augmentation successive des dettes de l'État en temps de paix nous fait envisager.

Bien loin, Sire, d'en vouloir contracter de nouvelles, vous vous étiez promis, en établissant le vingtième, d'éteindre une partie des anciennes, année par année, et vous faisiez espérer à vos sujets que vous les déchargeriez incessamment de cette imposition rigoureuse, en trouvant sur vos revenus ordinaires de quoi remplir les vues de prudence et d'arrangement que vous vous étiez proposé. Projet véritablement digne de votre bonté royale! mais, Sire, les dépenses annuelles sont portées au point que vos revenus ordinaires, augmentés non-seulement du produit de presque tous les impôts qui ont eu lieu pendant la guerre, mais même du vingtième établi pendant la guerre, ne peuvent y suffire.

C'est là, Sire, ce qui a déterminé votre parlement à nous charger de vous supplier, avec les instances les plus respectueuses, d'examiner si, par le retranchement de quelques dépenses, il n'étoit pas possible de favoriser l'exécution d'un projet que l'intérêt de votre gloire, le bien de l'État et votre amour pour vos peuples vous ont inspiré.

RÉPONSE DE M. LE CHANCELIER AU DISCOURS CI-DESSUS.

Le Roi sera toujours disposé à recevoir favorablement les preuves que son parlement cherchera à lui donner de son zèle pour son service et le bien de son État; mais S. M. ne peut reconnoître ces sentiments dans la manière dont il a procédé à l'enregistrement de son édit de création de rentes viagères et de rentes sur les postes. Indépendamment des délais apportés à l'exécution de ses ordres réitérés, S. M. a vu avec surprise que dans les délibérations qui ont été prises par son parlement à l'occasion de l'enregistrement de cet édit, on y a traité des objets qui sont étrangers et discuté des matières dont il ne lui appartenoit pas de prendre connoissance.

L'intention de S. M. est donc qu'il se renferme uniquement dans l'examen des édits qui lui seront envoyés, sans s'écarter des bornes de l'autorité qu'il veut bien lui confier.

S. M. désapprouve formellement que son parlement ait cherché à faire entendre que les fonds provenant de l'imposition du vingtième étoient employés à d'autres usages que celui auquel S. M. les a originairement destinés, comme s'il étoit permis d'élever des doutes sur la fidélité des engagements que S. M. veut bien contracter. La simple lecture de l'édit qui ordonne l'établissement du vingtième et de la caisse d'amortissement, les dispositions que S. M. a voulu qui y fussent insérées, et leur exécution par les payements faits publiquement jusqu'à ce jour, détruisent tous prétextes d'une allégation aussi peu mesurée, et à laquelle l'ignorance des faits pourroit seule servir d'excuse, s'il pouvoit y en avoir en pareille circonstance.

Les deniers provenant de l'imposition du vingtième ont leur destination pour le payement et le remboursement des emprunts faits avant et lors de l'établissement. S. M. ne veut rien y changer; l'époque de l'extinction des rentes qu'elle vient de créer est trop éloignée pour que S. M. ait pensé à y destiner le fonds d'une imposition que son affection pour ses peuples lui fera toujours désirer de faire cesser le plus tôt que l'état de ses finances pourra le permettre. Si la crainte que le nouvel emprunt ne donne lieu à quelque discrédit dans les finances de S. M. avoit eu quelque réalité, n'étoit-il pas du devoir de tout bon citoyen de mettre en usage tout ce qui pouvoit tendre à éclaircir le public et à le désabuser d'une idée si fausse? La voie des remontrances et des représentations multipliées n'étoit pas celle que ce devoir auroit dû inspirer.

S. M. compte qu'à l'avenir son parlement cherchera à lui prouver son zèle pour son service par des témoignages dont elle ait lieu d'être contente, et dont elle puisse lui marquer sa satisfaction.

ARRÊT DU PARLEMENT, du 19 juin 1751.

La Cour a arrêté qu'il sera fait registre du discours de M. le premier président et de la réponse du Roi, et que la Cour, persistant dans son arrêt d'enregistrement du 29 mai et dans son arrêté particulier dudit jour, elle continuera de donner audit seigneur Roi les mêmes preuves du zèle qui l'anime pour son service, pour le bien de l'État, toutes les fois que son devoir et les circonstances l'exigeront.

Hier fut le sacre de M. l'archévêque de Tours (1) à Saint-Cyr. Le Roi y étoit, et vit la cérémonie d'une tribune des Missionnaires qui est au-dessus de la porte par où on entre dans l'église. La tribune ne tient que la largeur de la porte; ainsi il n'y avoit avec le Roi que M. le Dauphin et le service. La Reine et Mesdames étoient dans le chœur des religieuses avec un prie-Dieu et le grand tapis. Mesdames y étoient toutes cinq. L'église étoit parfaitement bien arrangée. Il y avoit dans la nef trois ou quatre rangs de banquettes de chaque côté à droite et à gauche, et un grand espace dans le milieu. Il y avoit dans le chœur, à droite et à gauche du grand autel, le nombre de prêtres assistants nécessaire par rapport à la grandeur du chœur pour faire le service sans embarras. Il y avoit du côté de l'épître une crédence, et un autel du côté de l'évangile. Cette cérémonie est la quatrième ou cinquième qui ait été faite à Saint-Louis de Saint-Cyr depuis la fondation. Je ne mettrai point de détails, on les trouve dans le Pontifical, et M. l'évêque de Chartres (2) en avoit fait traduire tout ce qui regarde cette cérémonie, dont il avoit fait distribuer grand nombre de petits livrets. La cérémonie est auguste, édifiante et bien propre à augmenter le respect pour la religion. Elle étoit encore hier plus touchante qu'elle ne l'est ordinairement, par la circonstance des deux frères, car c'est M. l'évêque de Chartres qui sacra M. l'archevêque de Tours. Les évêques assistants étoient M. l'évêque de Digne (Jarente) et M. l'évêque de Meaux (Fontenille); il y avoit dans la nef, sur les premières ban-

---

(1) Henri-Marie-Bernardin de Rosset de Ceilhes de Fleury.
(2) Pierre-Augustin-Bernardin de Rosset de Rocozel de Fleury.

quettes du côté de l'épître, le corps du clergé (1), les agents à la tête. Ce clergé n'étoit composé que de sept évêques et un archevêque, placés suivant leur rang d'ancienneté ; le second ordre étoit sur la seconde banquette, derrière. Je ne mettrai pas l'ordre d'ancienneté, car je ne le sais pas. Il y avoit donc M. de Vabres (2) qui est du feu Roi (Le Filleul de la Chapelle), M. de Nevers (d'Hugues), nommé à l'archevêché de Vienne, M. l'ancien évêque de Mirepoix (Boyer), M. de Metz (Saint-Simon), mon frère, M. de Nantes (La Muzangère), l'évêque de Bethléem (La Taste) et M. l'évêque Décrinée (c'est un évêché de la Chine). Les agents du Clergé sont M. l'abbé Coriolis et M. l'abbé de Castries. La cérémonie commença un peu après onze heures, et ne finit qu'à une heure. Aussitôt après, le Roi traversa la cour et entra dans le couvent ; mais comme il étoit tard et qu'il avoit un conseil de dépêches à tenir, quoiqu'il y en ait eu un la veille, il ne fit que quelques pas dans la maison pour voir la supérieure et la communauté. Après le départ du Roi, de la Reine et de toute la famille royale, il y eut un grand dîner que donna M. l'évêque de Chartres ; on avoit pris la salle jaune. La table étoit de 50 couverts, ils y étoient 45 ou 46. Il n'y avoit point de femmes. Outre la table de 50 couverts, il y en avoit encore deux autres. Le repas ne dura qu'environ deux heures, et fut très-magnifique.

Aujourd'hui le Roi a entendu la messe dans la petite chapelle de la Vierge en haut, où M. l'archevêque de Tours a prêté serment (3). S. M. fut hier après le salut souper à

---

(1) M. le cardinal Tencin étoit à cette cérémonie ; il étoit dans le chœur, et se plaça sur un carreau à côté du prie-Dieu de la Reine. Il n'auroit pu se placer avec le clergé, parce que le clergé en corps ne souffre point de carreau. J'ai déjà marqué la même observation à l'occasion d'un *Te Deum* à Notre-Dame à Paris. (*Note du duc de Luynes.*)

(2) Charles-Alexandre Le Filleul de la Chapelle avait été nommé évêque de Vabres par Louis XIV, en 1710. Cet évêché a été supprimé en 1790.

(3) Il a été ensuite à Saint-Cyr recevoir le *pallium* des mains de M. l'évêque de Chartres. (*Note du duc de Luynes.*)

Trianon, d'où elle est revenue cette nuit et est allée aujourd'hui dîner à Choisy.

J'ai oublié de marquer que c'est le vendredi 11 que la Reine a pris le blanc, et c'est aujourd'hui que l'on quitte le deuil.

Il y a deux jours que l'on apprit la mort de Mme de Saint-Hérem; elle avoit quatre-vingt-deux ans. C'est la mère de M. de Montmorin. Elle avoit été mariée en 1696; elle est Rioult de Doully, fille d'un secrétaire du Roi. L'origine des Montmorin est d'Auvergne; on voit dans la généalogie de cette maison par du Bouchet qu'un Montmorin vivoit en 1060.

La Reine a donné aujourd'hui permission aux dames qui auront l'honneur de la suivre à Compiègne dans ses carrosses de se mettre en robe de chambre dès demain mercredi. La Reine ne part toujours que samedi. Les dames de la suite de Mesdames seront aussi demain en robe de chambre; mais Mesdames partent jeudi avec le Roi pour aller à la Meutte et le lendemain à Compiègne.

Du jeudi 24, Versailles. — Le Roi est revenu aujourd'hui de Choisy entre trois et quatre heures du matin. Il part aujourd'hui avec Mesdames toutes cinq pour aller coucher à la Meutte, d'où il ira demain à Compiègne.

J'ai appris aujourd'hui que Mme de Mauconseil (Curzé) a obtenu la permission de monter dans les carrosses de la Reine. Ce n'est que depuis deux jours que la Reine en a parlé au Roi, et il n'y a pas encore eu d'occasion pour qu'elle pût jouir de cet honneur; elle a déjà celui de manger avec la Reine : je dois l'avoir marqué dans le temps, mais on sait que monter dans les carrosses est plus difficile à obtenir que manger avec S. M.

J'aurois dû marquer plus tôt que les États de Bourgogne, dont l'ouverture se fit par M. le duc de Saint-Aignan, le lundi 14 de ce mois, ont consenti unanimement de donner un million qui leur avoit été demandé au nom du Roi. M. le duc de Saint-Aignan dépêcha aussitôt un courrier ici suivant l'usage. Le Roi a eu la bonté de leur faire remise de 100,000 livres sur le million ; S. M. a coutume de faire cette remise lorsque tout se passe comme il le désire.

Du vendredi 25, Versailles. — Je ne sus qu'hier ce qui s'est passé par rapport à M. le comte de Noailles, au sujet de la séance au chapitre de l'ordre de Malte au Temple. J'ai marqué que M. le comte de Noailles a obtenu la grande croix de Malte, d'abord pour Mme la comtesse de Noailles (1) et ensuite pour lui-même. En qualité de grand-croix, il désiroit avoir séance au chapitre de l'ordre de Malte qui se tient au Temple, pour Mme de Noailles et pour lui ; mais la séance de M. le prince de Conty à ce chapitre et les oppositions des grands-croix ont été des obstacles insurmontables. M. le prince de Conty non-seulement y tient la première place comme grand prieur et y préside, mais il y a un fauteuil différent des autres et un tapis de pied. Le feu grand prieur (d'Orléans) n'avoit aucune distinction que celle d'être le premier et de présider. L'ordre a déclaré qu'il avoit accordé ces distinctions à M. le prince de Conty à cause de sa qualité de prince du sang. C'est le 12 de ce mois, jour de Saint-Barnabé, que s'est tenu ce chapitre. M. le comte de Noailles, qui est grand d'Espagne, n'a pas jugé à propos d'y assister comme simple grand-croix sans aucune distinction. Mme la comtesse de Noailles n'y a point été non plus, quoique M. le prince de Conty ait offert de lui donner non-seulement les mêmes honneurs qu'à lui, mais même la préséance sur lui partout, excepté aux chapitres, où celui qui préside est nécessairement le premier ; mais elle auroit eu la seconde place et le même traitement que M. le prince de Conty. Les honneurs qu'on rend aux femmes ne tirent jamais à conséquence.

---

(1) A titre de la maison d'Arpajon. *(Note du duc de Luynes.)*

Du lundi 28, Dampierre. — La Reine partit samedi dernier, comme je l'ai dit, à neuf heures trois quarts ; elle avoit dans son carrosse Mme de Luynes et Mme de Villars dans le fond de devant, Mme d'Antin et Mme de Saulx aux portières ; dans le second, Mme de Flavacourt et Mme de Boufflers ; dans le troisième, Mme d'Aiguillon (Plélo), Mme de Fleury et Mme de Talleyrand. Lorsque le Roi part pour un voyage et qu'elle ne le suit point, la Reine envoie toujours un écuyer à la première couchée du Roi, pour lui en rapporter des nouvelles ; de même lorsque le Roi et la Reine partent, et que M. le Dauphin et Mme la Dauphine ne sont point du voyage, ils envoient chacun un de leurs écuyers ; ils ont envoyé l'un et l'autre à Compiègne.

Mme de Rupelmonde (Gramont) étoit vendredi dernier chez moi, et eut l'honneur d'y souper avec la Reine. J'appris avant-hier en arrivant à Paris que ce même jour elle s'étoit retirée aux Carmélites rue de Grenelle, dans la résolution d'y faire profession. La règle est d'y être postulante pendant trois mois, et ensuite un an de noviciat. Mme de Rupelmonde a une santé fort délicate ; son intention est de faire du bien à cette maison et d'y être reçue comme bienfaitrice ; à ce titre elle peut avoir plusieurs adoucissements à l'austérité de la règle (1). Il y avoit six ans que Mme de Rupelmonde désiroit d'entrer aux Carmélites ; c'est elle-même qui l'a mandé à M. l'abbé de Saint-Cyr. Son directeur, qui est un prêtre de Saint-Sulpice, homme sage et éclairé, retardoit depuis longtemps l'exécution de ce projet. Mme de Rupelmonde jouissoit de 20 à 25,000 livres de rentes depuis l'arrangement de ses affaires, et pouvoit espérer d'en avoir jus-

---

(1) Mme de Luynes me mande que la Reine s'est informée, à Compiègne, aux Carmélites, des adoucissements que peut avoir une bienfaitrice suivant la règle, et qu'il ne peut y en avoir ni sur l'habillement, ni sur l'habit, ni sur la chaussure, mais que la bienfaitrice peut porter du linge et faire gras si sa santé l'exige. (*Addition du duc de Luynes*, datée du 4 juillet.)

qu'à 40,000 au moins; elle étoit logée et nourrie à l'hôtel de Gramont, au milieu d'une famille qui avoit beaucoup, d'amitié et d'attention pour elle; elle vivoit dans une grande retraite à Paris, et même à Versailles, ne remplissant par rapport au monde précisément que les devoirs de nécessité. Elle s'étoit délivrée même de la plus grande partie de ces devoirs, en obtenant pour Mme la comtesse de Gramont sa place de dame du palais, comme je l'ai déjà dit; mais cette démarche n'a été faite, comme l'on voit, que dans le dessein très-formé de se retirer au plus tôt. Elle avoit écrit trois jours auparavant à Mme la duchesse de Gramont (Biron), sa mère, à Mme de Rupelmonde (d'Alègre), sa belle-mère, et à quelques autres de ses plus proches parents (1); mais ces lettres n'ont été remises que samedi après son arrivée aux Carmélites. Tous ses parents ont été la voir aussitôt, et lui ont fait des représentations sur sa santé; elle a répondu avec force et piété qu'elle mettoit toute sa confiance en Dieu; que si c'étoit sa volonté qu'elle accomplît son sacrifice, il lui en donneroit la force; que si elle ne l'avoit pas, elle retourneroit dans le monde.

JUILLET.

La Cour à Compiègne. — Madame Adélaïde veut se faire carmélite. — Nouvelles diverses de la Cour. — Mort de M. de Chambrier. — Mme de Rupelmonde. — M. Méliand. — Mort de don François Pignatelli, ambassadeur d'Espagne. — Présentations. — La comédie à Compiègne. — Amitié du Roi pour Madame Henriette. — Enterrement de M. de Pignatelli. — Mlle Le Maure. — Les lanternes de Paris. — Les Carmélites. — Règlement pour l'administration des hôpitaux. — Oiseaux pour la fauconnerie. — Nouvelles diverses de Compiègne. — Affaires de l'Inde.

Du mardi 1er, Dampierre. — On me mande de Compiègne que la Reine arriva le 26 juin à Compiègne, à neuf

---

(1) Elle ne vint vendredi à Versailles que pour rendre compte à la Reine de son projet, dans le plus grand secret. Elle suivoit la Reine lorsqu'elle sortit de chez moi, et lui parla avant qu'elle se couchât. La Reine n'en a parlé que le dimanche à son dîner à Compiègne. (*Note du duc de Luynes.*)

heures du soir; elle trouva Mesdames à la descente de son carrosse, et, dans son grand cabinet, le Roi, qui attendoit son arrivée. La Reine avoit fait son dîner à la Morlaix dans son carrosse.

Il est aisé de penser que la retraite de Mme de Rupelmonde a été le sujet de la conversation à Compiègne. Le dimanche 27, après le grand couvert, on en parla dans la chambre de la Reine. Après souper, Mme Adélaïde alla avec vivacité demander au Roi la permission de se faire carmélite; le Roi lui dit qu'il falloit attendre qu'elle eût vingt-cinq ans et qu'elle fût veuve.

Le Roi avoit tenu conseil d'État le dimanche matin; il n'y avoit que M. de Puisieux et M. le garde des sceaux. M. d'Argenson est allé voir plusieurs places de Flandre; M. de Saint-Séverin est resté malade à Paris; la santé de M. le maréchal de Noailles ne lui a pas permis de paroître depuis longtemps; M. le cardinal Tencin a quitté entièrement, comme je l'ai dit; il n'est pas encore parti, mais il part dans huit jours.

La Reine a trouvé quelque changement dans le parterre qui est vis-à-vis son cabinet et dans les bosquets qui sont sur la terrasse; mais ces changements ne sont pas bien importants. On en a fait de plus considérables à la chapelle de Compiègne; on l'a fort baissée, et le public y entre par le second palier du grand escalier. Il y a une grande tribune dans le fond pour toute la famille royale, et on y monte trois marches de la salle des Gardes. Il y a aussi une assez grande tribune vis-à-vis de la musique; on y entre par la seconde antichambre de Mme la Dauphine, où logent Mesdames cette année, et encore une autre tribune au-dessus de celle de la musique; cela donne beaucoup plus de places; mais il seroit à désirer qu'il y eût encore un autel, principalement pour la commodité de la Reine.

Avant-hier, jour de Saint-Pierre et Saint-Paul, la Reine alla à la grande messe à Saint-Jacques; Mesdames y étoient aussi. L'abbé de Montazet, nouvel aumônier de quartier de la Reine, fut un peu embarrassé. L'usage est qu'aux grandes messes où le Roi assiste on lui apporte l'évangile à baiser; c'est le sous-diacre qui l'apporte au grand ou au premier aumônier ou à l'aumônier de quartier, et celui-ci le présente au Roi. Quand la Reine y est, le même aumônier le présente aussi à la Reine. Quand la Reine est seule, c'est son grand ou premier aumônier qui lui présente le livre. Mesdames étant présentes, le sous-diacre croyoit que M. de Montazet devoit après la messe le porter à baiser à Mesdames; parce qu'effectivement on leur porte à baiser le livre des évangiles quand elles sont seules; on leur apporte aussi le corporal à baiser dans une messe basse particulière. Mme de Luynes a averti l'abbé de Montazet que lorsque la Reine étoit seule on ne le portoit qu'à elle seule. Il a profité de cet avis, et a bien fait.

Du samedi 3, Dampierre. — On attend incessamment des nouvelles de l'entrée de M. le duc de Nivernois à Rome. L'usage est que l'ambassadeur de France a quatorze carrosses, dont il y en a, je crois, dix à deux chevaux. Sur ces quatorze carrosses il y en a quatre grands; de ces quatre il y en a eu trois faits à Paris aux dépens du Roi et envoyés à Rome, et un quatrième fait à Rome, mais que l'on croit aussi qui sera payé par le Roi. Les dix autres étoient à Rome appartenant au Roi. Ce n'est pas le premier exemple que le Roi ait donné des carrosses à son ambassadeur à Rome; on en fit faire un pour M. de la Feuillade lorsqu'il fut nommé. Les circonstances changèrent, et M. de la Feuillade ne partit point; étant allé à la comédie, il y trouva M. l'abbé de Broglie; il voulut lui faire quelques plaisanteries qui furent assez fortes pour piquer l'abbé de Broglie; l'abbé lui répondit en badinant : « Quel plaisir pouvez-vous donc avoir, Monsieur le duc, de me tenir tel propos en présence de tout le monde? Vous voulez donc me perdre de réputation dans

Paris, mais au moins vous n'irez pas le dire à Rome. »

Du dimanche 4, Dampierre. — Il paroît qu'il n'y a rien de nouveau à Compiègne; les ministres étrangers commencent à y arriver. Mylord Albemarle a pris congé; il part demain, et s'en va pour deux mois.

Il y a eu un Anglois présenté jeudi : il s'appelle mylord Middleton; c'est un jeune homme qui voyage.

Du lundi 5, Dampierre.

Extrait d'une lettre de Mme de Luynes, du 3, à Compiègne.

« M. Billaudel, contrôleur des bâtiments ici, est mort, et l'on a donné sa place à M. Godot, en le chargeant de payer 1,000 francs de pension à la veuve, qui reste avec sept enfants, deux garçons et cinq filles. On a donné une place d'inspecteur des bâtiments au fils aîné. Elle a trois de ses filles à Sainte-Marie, dont il y en a une qui veut se faire religieuse. Elles se jetèrent aux pieds de la Reine hier pour lui demander ses bontés et sa protection pour obtenir quelques secours pour sa dot, qu'ils ne sont pas en état de payer, quoiqu'elle ne soit que de 1,000 écus. La Reine en a parlé au Roi aujourd'hui; M. de Gesvres a promis qu'il suivroit cette affaire, et qu'il en parleroit au Roi. »

Je reçois une lettre de mon frère, qui est à Versailles; il me mande que M. le Dauphin est parti aujourd'hui pour Compiègne à onze heures et demie; il doit y rester jusqu'au lundi 12. Il me mande en même temps une anecdote sur la chapelle de Mme la Dauphine, qui mérite d'être écrite; voici l'extrait de sa lettre :

Mme la Dauphine continua, après mon départ pour Bayeux, dans la semaine de la Passion, à aller entendre le sermon dans la travée en face de la chaire; jusque-là elle n'avoit point eu de tapis; elle ordonna à l'abbé de Poudens d'en faire mettre un qui pendroit en dehors de l'appui de la balustrade, jusqu'au moment que le Roi arriveroit, et qui à son arrivée seroit replié de façon qu'il ne déborderoit point l'appui. Les aumôniers du Roi et M. le cardinal de Soubise ayant aperçu ce tapis envoyèrent le sommier du Roi demander par quel ordre on l'avoit mis; l'abbé de Poudens répondit que c'étoit par l'ordre de Mme la Dauphine. M. le cardinal envoya dire qu'on eût à l'ôter. L'abbé de Poudens en ayant fait refus, le sommier remonta une seconde fois, par ordre de M. le cardinal, et dit que si on ne l'ôtoit pas, il avoit ordre de l'ôter lui-même. Ce second avis ne fut pas plus suivi que le premier; Mme la Dauphine arriva, le tapis resta. Après les vêpres, l'abbé de Poudens parla à M. le cardinal de Soubise, et lui représenta que n'ayant fait qu'exécuter les ordres précis de Mme la Dauphine, il étoit surpris qu'il lui eût fait dire par le sommier du Roi qu'il feroit ôter le tapis; que ce n'étoit pas à lui, mais à Mme la Dauphine qu'il avoit manqué; que Mme la Dauphine en parleroit au Roi dès le soir même. M. le cardinal demanda à M. l'abbé de Poudens s'il avoit dit à Mme la Dauphine qu'il avoit ordonné d'ôter le tapis; il répondit que non; qu'il avoit cru par égard pour lui ne point devoir en instruire Mme la Dauphine. Cette princesse, qui avoit pris cette affaire vivement, en parla le soir au Roi, qui approuva en tout sa conduite, et lui dit qu'elle avoit bien fait et que son intention étoit qu'on en usât de même à l'avenir (1)

Du mardi 6, Dampierre. — Mme de Luynes me mande par sa lettre du 4 que l'on a construit une charpente au-dessus de la maison de bois, dont j'ai parlé, et où le Roi va souper dans la forêt, pour la garantir de la pluie; cette charpente ne réussit pas trop bien, car outre qu'elle obscurcit encore la maison de bois, qui n'étoit pas bien claire, elle empêche de pouvoir faire usage de la cheminée parce qu'on n'a pas fait d'ouverture à la charpente au-dessus du tuyau.

Mme de Luynes me mande que les chefs de brigade des gardes du corps du quartier qui vient de relever lui ont

---

(1) Cela fut raconté aussi à mon frère par M. l'abbé de Poudens dans le temps. Les soupçons de grossesse assez fondés qui subsistent présentement déterminent Mme la Dauphine à aller quelquefois au sermon en haut, ce carême. La même question s'est présentée; mon frère en a parlé à Mme la Dauphine comme d'une affaire décidée; mais elle lui a dit que cela ne l'étoit pas encore entièrement, et l'a chargé d'en parler à M. le cardinal de Soubise pour qu'il n'y ait plus de difficulté. Peut-être qu'il y aura eu quelques représentations faites au Roi depuis l'année passée. (*Note du duc de Luynes*, datée du 3 février 1752.)

fait l'honneur d'aller la voir en corps; ils ont ordinairement cette attention-là pour elle, mais jusqu'à présent ce n'a été que séparément. Elle ajoute dans la même lettre que le Roi a envoyé 1,500 livres à la fille de feu M. Billaudel pour payer la moitié de sa dot.

Du mercredi 7, Dampierre. — Mme de Luynes me mande, du 5, que M. d'Ormesson, conseiller d'État, et son second fils ont fait leurs remercîments ce même jour pour l'expectative de la première place de président à mortier vacante, que le Roi a accordée à ce fils de M. d'Ormesson.

Du jeudi 8, Dampierre. — Nous avons appris aujourd'hui la mort de M. Chambrier; il étoit ministre du roi de Prusse en France depuis vingt ans. J'ai déjà marqué que le roi son maître lui avoit donné ordre d'aller le trouver à Wesel; il s'y est rendu, et y est mort, le 26 du mois dernier. Le roi de Prusse ne l'a vu que dans son lit, étant tombé malade en arrivant. Il est fort regretté de tous ceux qui le connoissoient; il faisoit vivre à Paris une douzaine de pauvres familles honteuses. On l'a ouvert, on lui a trouvé un abcès au poumon, qu'on croit qu'il avoit depuis cinq ou six ans.

Du vendredi 9, Dampierre. — J'ai déjà parlé de la retraite de Mme de Rupelmonde. Mme de Luynes me mande, du 7, une circonstance que je n'ai pas marquée parce que je ne la savois pas; c'est que Mme de Rupelmonde ne jouissant point des revenus de la place de dame du palais, le Roi lui a accordé une pension de 6,000 livres, qui devoit être réduite à 4,000 livres après la mort de Mme de Rupelmonde sa belle-mère, c'est-à-dire lorsqu'elle jouiroit des appointements de la place de dame du palais. Sa famille espère que le Roi lui conservera cette pension en entier, ce qui contribuera beaucoup au bien qu'elle désire faire aux Carmélites. Il y a des exemples de religieuses qui ont conservé des pensions, entre autres Mlle Gauthier, qui a été comédienne et qui est carmélite à Lyon; elle a une pension de 1,000 livres sur la Comédie. Les comédiens ont voulu cesser de la lui payer depuis qu'elle est dans le couvent; les Carmélites ont plaidé, et ont gagné.

On me mande en même temps que M. de Sémonville, conseiller au Parlement et frère de Mme d'Estrades, a fait son remercîment à Compiègne le 7; c'est pour la place de conseiller d'honneur qu'avoit feu M. Méliand, que le Roi lui a donnée. M. Méliand étoit oncle de M. l'intendant de Soissons et de Mme la marquise d'Argenson. Il avoit environ 500,000 livres de bien; il les a partagées entre M. Méliand, intendant de Soissons, pour une moitié, et l'autre moitié entre M. de Paulmy et Mme la comtesse de Maillebois, ses petit-neveu et nièce, et laissé la jouissance de ce qui doit en revenir à Mme de Maillebois et à Mme la marquise d'Argenson sa vie durant.

M. de Saint-Aignan, qui étoit allé tenir les États de Bourgogne, comme je l'ai marqué, arriva le 6 à Compiègne; il y a été très-bien reçu.

Du samedi 17, Compiègne. — Je n'ai rien écrit de ce qui se passe à Compiègne que sur ce que m'a mandé Mme de Luynes; j'y arrivai mardi au soir. Mme de Luynes m'avoit mandé qu'elle avoit été dîner à Séchelles avec l'ambassadeur d'Espagne, le jeudi d'auparavant, et qu'il s'y étoit trouvé mal après dîner. J'appris en arrivant ici qu'il avoit été saigné quatre fois; il le fut encore une cinquième dans la soirée, et il mourut mercredi matin. Depuis le voyage de Séchelles il avoit été purgé deux fois avec de la magnésie qu'il prenoit en se couchant; le lendemain il prenoit son chocolat en se levant. Le lundi il fut cependant en état d'aller chez le Roi et chez la Reine, mais avec mauvais visage; il se trouva mal l'après-dînée, et eut la fièvre. Les médecines n'avoient point fait d'effet; aucun remède n'a pu déboucher les entrailles. Il fut tout le mardi avec son confesseur, qui est un jésuite qu'il a amené d'Espagne avec lui; on l'appelle le P. Martini; il n'a pu recevoir Notre-Seigneur, à cause d'un vomissement continuel. On l'a ouvert; on a trouvé environ un demi-setier d'eau épanchée dans le cerveau ; on croit que cet épanchement étoit commencé et peut-être fait depuis longtemps. M. de Pignatelli avoit environ soixante-quatre ans. Il étoit extrêmement sobre ; il dînoit et ne soupoit point, du moins ne mangeoit presque rien le soir ; il se retiroit tous les jours chez lui à onze heures au plus tard. On faisoit devant lui la prière à ses domestiques ; il avoit beaucoup de piété ; il étoit sage, réglé, poli, attentif ; il ne manquoit à aucun devoir, faisoit sa cour fort assidûment et étoit aimé et considéré de tous ceux qui le connoissoit. C'étoit un caractère doux, simple, modeste ; sa physionomie l'annonçoit. Il étoit d'une taille médiocre, le visage pâle, portoit une perruque blonde et avoit l'air délicat ; cependant il avoit bien soutenu les fatigues de la guerre. Son unique passion étoit tout ce qui regarde le militaire ; il m'a dit qu'il avoit passé vingt-cinq ans de suite à son régiment sans revenir à Madrid, ou tout au plus une fois ou deux. Il n'avoit jamais compté s'appliquer aux négociations et étoit peu instruit sur cette matière ; mais la douceur de son esprit, le désir qu'il avoit d'entretenir l'union entre les deux cours lui tenoit lieu de tout. On lui apporta il y a peu de temps ses lettres pendant qu'il étoit chez moi ; il dit devant un de mes gens, en les recevant : « Il faudra bien faire réponse ; je m'étois fait soldat pour éviter la peine d'écrire, et je m'y trouve obligé malgré moi. » M. de Puisieux, qui doit l'avoir connu en détail plus que personne, dit qu'il n'auroit point été étonné que dans le paganisme on eût adoré un homme du caractère de M. de Pignatelli. Peut-être que les circonstances présentes du ministère espagnol donneront encore plus d'occasions de regretter un homme aussi convaincu de l'avantage réciproque que les deux nations doivent trouver à ne jamais séparer leurs intérêts, et aussi propre à prévenir tout sujet de refroidissement. M. de Pignatelli étoit toujours bien vêtu, sans aucune ostentation, mais avec beaucoup de goût et de propreté. Cette propreté dont il étoit occupé se remarquoit dans sa maison, ses meubles et sa table. Il donnoit souvent à dîner et faisoit très-grande et très-bonne chère. Il étoit continuellement chez moi, et la Reine le traitoit avec des bontés distinguées. Le jour de sa mort étoit un jour de concert; la Reine ne voulant rien marquer dans le public qui pût tirer à conséquence, S. M. prit le prétexte d'une promenade qu'elle vouloit faire pour contremander la musique. Son affliction est une preuve qu'elle remarque ceux qui lui sont attachés et qu'elle a une véritable estime pour la religion et pour la vertu. Comme il n'y a encore rien de décidé pour l'enterrement, le corps est resté dans la même maison ; il est gardé par des religieux, et l'on y dit tous les jours des messes à deux autels, depuis six heures jusqu'à midi. M. de Pignatelli étoit originaire de Naples et de même maison que MM. d'Egmont; mais il étoit né en Catalogne. Il a un frère aîné qui s'appelle Belmonte, qui est encore à Naples ; il a une sœur qui, à ce que l'on dit, ressemble beaucoup à notre ambassadeur; elle a été mariée à M. le comte d'Althan à Vienne, où elle est encore; elle est veuve depuis longtemps et a plusieurs enfants. M. de Pignatelli avoit été marié deux fois, la première à la fille de M. de Clèves de Catalogne, la seconde à la fille de M. de Rubi, gouverneur d'Anvers. De sa première femme il a un fils qui a un régiment, lequel est actuellement à Oran. De la seconde, qui a eu 25,000 livres de rente en mariage, il a trois garçons et trois filles. Nous avons vu ici l'année dernière le marquis de Rubi, l'aîné des trois garçons; il avoit le régiment de Naples ; il l'a quitté pour prendre l'état ecclésiastique ; il vouloit même se faire religieux, mais son père obtint qu'il se fît seulement ecclésiastique; il a été fait sous-diacre et ordonné prêtre par dispense en trois jours, même dispense d'âge, car il n'avoit pas vingt-cinq ans; il est chanoine de Malaga, et le régiment qu'il avoit a été donné au second. Le troisième est encore fort jeune. Des trois filles, une est mariée à un homme de condition de Catalogne, une autre est religieuse, la troisième est à marier.

Du lundi 19, Compiègne. — Il y a trois ou quatre jours que M. de Grevenbroch amena souper chez moi deux étrangers qui ont été présentés depuis peu. L'un est un chanoine de Spire, grand, maigre, qui a un petit visage; il s'appelle le baron de Mirebach ; il a au col, comme tous les chanoines de Spire, un cordon bleu liseré de blanc. L'autre est plus petit ; c'est un chambellan de l'Électeur palatin, qu'on appelle le baron d'Herbestein.

M. de Gesvres présenta, il y a huit jours, au Roi un grand homme habillé de noir qui venoit apporter à S. M. un gros volume in-folio. Cet homme est docteur en histoire de l'université de Strasbourg; il avoit été attaché à son prédécesseur : c'est un homme connu par son habileté et par un ouvrage qu'il a fait pour répondre à un autre ouvrage composé par un M. de Schwartzenberg en faveur du roi Auguste. Le roi Stanislas fit présent dans ce temps-là d'une tabatière à M. Schœpflin. Le livre qu'il a présenté au Roi est le premier tome d'une histoire d'Alsace ; elle sera en trois volumes ; elle a pour titre *Alsatia illustrata;* il y a beaucoup de planches. Le Roi lui a donné 2,000 livres de pension.

J'ai marqué les autres années qu'il y a eu des comédies ici dans la ville ; c'est une troupe qui va à différents endroits dans le royaume ; elle a été à Dijon pendant la tenue des derniers États, et l'entrepreneur n'y a pas bien fait ses affaires. Il est venu ici dans l'espérance de les rétablir. Le hasard a fait que Grandval, fameux comédien de Paris, est venu ici pour affaires. Il a été chez Mme de Pompadour ; elle lui a proposé de jouer à la comédie ; il y a consenti, et aussitôt on a envoyé en poste chercher ses habits à Paris. Il n'y a que sept ou huit jours que les comédies ont commencé ici, sur quoi Grandval a joué quatre ou cinq fois. Le Roi y alla samedi, à onze heures du soir après avoir soupé.

La Reine fit ses dévotions jeudi dernier aux Carmélites ; elle y dîna, et y fut depuis huit heures du matin jusqu'à six heures du soir ; elle ne mena avec elle que Mme de Talleyrand, qu'elle avoit fait avertir, quoiqu'elle ne fût pas de semaine.

Jeudi dernier étoit la Saint-Henri ; c'est la fête de Madame, qui s'appelle Henriette. Guignon donna un petit concert à Madame, et le Roi fit tirer le soir un petit feu d'artifice sur la terrasse, sous les fenêtres de Madame. On ne peut avoir plus d'amitié que le Roi en a pour Madame ; il la trouva, il y a quelques jours, qui écrivoit une lettre à M. le Dauphin ; en badinant il prit la plume, contrefit l'écriture de Madame et écrivit la lettre sous sa dictée.

Du mardi 20, Compiègne. — J'ai oublié de marquer que M. Rouillé reçut ici, le 15 ou le 16, la nouvelle de la mort de Mme de la Carte, sa mère ; elle avoit plus de quatre-vingts ans. Elle avoit beaucoup de biens, et j'ai déjà marqué qu'elle avoit prêté à M. le duc d'Orléans régent 800,000 livres, dont elle fut remboursée en billets. Cette perte jointe à une mauvaise administration avoit beaucoup dérangé ses affaires ; outre cela, elle avoit épousé par amour M. de la Carte, dont elle avoit eu M. de la Carte, tué en Italie sous les ordres de M. le prince de Conty.

M. de Pignatelli, ambassadeur d'Espagne, a été enterré aujourd'hui à la paroisse Saint-Antoine. Les religieux de Saint-Corneille, qui sont curés primitifs de Compiègne (1), allèrent prendre hier au soir le corps dans sa maison. Il n'assista personne à cette cérémonie, au moins il n'y eut personne de prié ; on avoit envoyé des billets pour ce matin dix heures. On trouvera ci-après la copie

---

(1) Ils étoient autrefois curés et desservoient eux-mêmes les cures ; ce n'est que depuis le concile de Latran que ces paroisses ont été sécularisées et les moines rassemblés dans des maisons cénobitiques. Ils jouissoient de tous les revenus ; ils ont conservé seulement la dîme et le droit de curés primitifs. (*Note du duc de Luynes.*)

de celui qui m'a été adressé (1). L'église est toute tendue d'une double tenture et double rang d'armoiries; le catafalque étoit élevé sur trois marches sur lesquelles il y avoit beaucoup de cierges. Sur le drap mortuaire il y avoit la couronne, comme grand d'Espagne, le manteau de l'ordre de Calatrava, qui est de laine blanche, la croix dudit ordre (2), et la clef d'or, comme premier gentilhomme de la chambre du roi d'Espagne. M. de Rubi son fils, M. d'Ardore et le secrétaire d'ambassade de M. de Pignatelli représentoient toute la famille. La plus grande partie des gens de la Cour s'y est trouvée et beaucoup de ministres étrangers; il n'y avoit point de femmes. Le service s'est fait comme à l'ordinaire; d'abord la grande messe et ensuite l'enterrement. Il est au milieu du chœur.

Il y a dix ou douze jours que Mlle Le Maure chanta à Versailles devant Mme la Dauphine. Il paroît singulier que cela fasse une nouvelle, mais Mlle Le Maure a toujours des fantaisies, et on les lui a passées toutes à cause de sa voix. Quoiqu'elle ait peu d'esprit (c'est même ce que l'on peut dire de plus favorable), elle a su profiter de son talent, et depuis qu'elle a quitté l'Opéra elle a conservé le même caractère, encore plus même s'il est possible. Il lui faut des carrosses à housse ou bien à six chevaux, des présents, etc. On sait que dans une fête que Mlle de Clermont donnoit à Luciennes, dans laquelle elle

---

(1) Vous êtes prié d'assister au service et enterrement de son excellence monseigneur de Pignatelli, ambassadeur extraordinaire d'Espagne, décédé en son hôtel à Compiègne, le 14e du présent mois, qui se fera mardi 20 juillet 1751, à dix heures précises du matin, en l'église paroissiale de Saint-Antoine dudit Compiègne, où il sera inhumé.
REQUIESCAT IN PACE.
De la part de M. le marquis de Rubi, son fils.
(2) J'ai oublié de marquer dans l'article ci-dessus qu'il étoit lieutenant général des armées du roi d'Espagne et chevalier de l'ordre de Calatrava, mais qu'il n'avoit qu'une commanderie d'environ 1,000 écus. (*Note du duc de Luynes.*)

étoit partie très-nécessaire, elle dit qu'elle avoit la colique et qu'elle étoit hors d'état de pouvoir chanter. Dan les maisons particulières, rien de plus difficile que d'obtenir qu'elle y vienne; elle refuse souvent, et si elle accepte elle fait ses conditions. Mme la Dauphine, qui a beaucoup entendu parler d'elle, désiroit depuis deux ou trois ans qu'elle chantât devant elle; on avoit fait plusieurs tentatives; tous les amis de Mlle Le Maure y avoient échoué. Enfin il s'est trouvé un moment favorable; une femme qui la connoît l'a déterminée; Mme de Lauraguais s'en est mêlée aussi. Elle se jeta aux genoux de Mme la Dauphine en arrivant; elle chanta tant qu'on voulut, et Mme la Dauphine lui a fait un présent.

Du mercredi 21, Compiègne. — On trouvera souvent dans ces Mémoires des anecdotes et des dates anciennes. J'en ai appris une aujourd'hui qui mérite d'être écrite. J'ai déjà dû avoir marqué que c'est en 1730 que les lanternes le long du Cours à Paris ont été posées; M. Hérault étoit alors lieutenant de police. Ce fut en 1670 que l'établissement des lanternes fut fait dans Paris, sous le ministère de M. Colbert; M. de la Reynie était alors lieutenant de police. Il n'y avoit personne chargé de l'entretien des lanternes et de l'enlèvement des boues avant ce temps; chaque particulier en étoit tenu, chacun devant sa maison. En 1701 ou en 1702, le Roi voulut que les propriétaires de maisons et locataires donnassent une somme pour se racheter des soins des boues et lanternes, et que des entrepreneurs en fussent chargés. Il rendit en conséquence une ordonnance pour le rachat des boues et lanternes.

M. de la Reynie est le premier qui ait été lieutenant de police à Paris, en 1667. Avant ce temps c'étoit le lieutenant civil qui régloit la police. M. de la Reynie exerça la charge de lieutenant de police jusqu'en 1699, qu'il la quitta au sujet d'une discussion qu'il eut avec le parlement de Paris. M. d'Argenson, père de M. d'Argenson d'aujourd'hui, fut nommé à sa place. M. de la Reynie mourut en 1703 ou 4 (1).

Du jeudi 22, Compiègne. — J'ai oublié de marquer que la Reine donna samedi 17 le voile noir à une religieuse carmélite. C'est la même à qui S. M. donna le voile blanc l'année passée. M. l'évêque de Chartres (Fleury), premier aumônier de la Reine, fit cette cérémonie. Les carmélites du couvent de Compiègne sont au nombre de quinze religieuses de chœur à voile noir, et quatre ou cinq à voile blanc qui sont converses. Suivant la règle de Sainte-Thérèse, il ne peut y avoir dans chaque maison que quinze religieuses à voile noir, et trois à voile blanc, mais le cardinal de Bérulle, mort en 1629, à qui l'on doit l'établissement en France des Pères de l'Oratoire et des Carmélites, voyant le zèle avec lequel on se présentoit de toutes parts pour entrer dans l'ordre de Sainte-Thérèse, obtint, sous le pontificat de Paul V ou Grégoire XV, ou enfin de Benoît VIII, la dispense de cet article de la règle pour le nombre de religieuses de chaque maison.

M. le Dauphin arriva hier vers les huit heures du soir. Quelques moments auparavant, la Reine se promenant sur la terrasse, devant les fenêtres du Roi, S. M. dit à la Reine qu'il attendoit M. le Dauphin pour le conseil de dépêches. M. le Dauphin en arrivant monta chez le Roi, où il ne resta qu'un moment, ensuite il alla chez la Reine ; il ne fit qu'entrer et sortir, et le conseil commença ; il ne fut pas long, mais les ministres avoient été quelque temps auparavant assemblés chez M. le chancelier. Ce fut un conseil extraordinaire à l'occasion d'une nouvelle déclaration du Roi en 18 articles qui règle l'administration des hôpitaux (2). Le Parlement a enregistré cette déclaration

---

(1) Il mourut le 14 juin 1709. *Voy.* le *Journal de Dangeau*, tome XII, page 444.
(2) *Voy.* à l'Appendice la pièce n° 1.

mais avec des restrictions à peu près dans ces termes :
« Conformément aux restrictions et modifications contenues dans notre arrêt du 20 juillet 1751. » Et cet arrêt
confirme tous les édits et déclarations auxquels il est
nommément dérogé par la susdite déclaration. On peut
juger que cette conduite a déplu à la Cour; et par l'arrêt
du 21 juillet il est ordonné que la déclaration du Roi
enregistrée un tel jour sera exécutée selon sa forme
et teneur, sans avoir égard aux restrictions et modifications contenues dans l'arrêt du Parlement. Ce qui
rend plus embarrassantes les difficultés faites par le
Parlement sur cette affaire, c'est que quelques-uns des
nouveaux administrateurs qui dépendent du Parlement,
et qui obéiroient avec plaisir aux ordres du Roi en se
livrant à une aussi bonne œuvre que celle de l'administration, dont ils ne retirent aucun profit, se trouveront
peut-être embarrassés sur le parti qu'ils doivent prendre
en pareille circonstance.

Du vendredi 23, *Compiègne.* — M. le duc de la Vallière fit voir au Roi hier ou avant-hier, des oiseaux
pour la fauconnerie qui ont été achetés en Norman-
mandie. Aujourd'hui il a présenté au Roi des oiseaux
envoyés par l'abbé de Saint-Hubert. C'est un moine de
cette abbaye qui a été chargé de cette commission. C'est
l'usage que l'abbé envoie tous les ans au Roi des oiseaux
et des chiens.

Du samedi 24, *Compiègne.* — J'ai déjà parlé de l'enterrement de M. de Pignatelli. Il y avoit des chaises ou
banquettes, des deux côtés du catafalque, pour le deuil,
séparées de celles destinées pour les gens invités. M. de
Rubi étoit à ces premières places avec le secrétaire d'ambassade et M. d'Ardore, ambassadeur de Naples. M. de
Rubi avoit un grand manteau, mais M. d'Ardore n'en
avoit point. Il y avoit des places au-dessous, à quelque
distance, pour les ministres étrangers; il n'y eut que M. de
Kaunitz qui s'y trouva; les autres n'approuvoient point

que M. d'Ardore se soit mis au rang du deuil sans manteau, auquel cas il devoit se mettre à son rang d'ambassadeur. Ils citèrent l'exemple de M. de Saint-Séverin (aujourd'hui ministre d'État de France), qui étoit ici envoyé de don Carlos, duc de Parme; M. de Castellar, ambassadeur d'Espagne, mourut au mois d'octobre 1734 : M. de Saint-Séverin étoit à la tête du deuil en grand manteau.

Du mercredi 28, *Paris.* — Mme de Luynes me mande du 25, de Compiègne, que M. de Stainville a dû en partir la nuit du 25 au 26 pour Vienne, où il compte rester jusqu'au mois d'octobre. On croit qu'il désire fort de succéder à M. de Kaunitz à l'ambassade de France; il la préfère à la régence de Florence, dont il avoit été question pour lui. L'Empereur y a un ministre, qui ne laisse au régent aucune autorité.

Elle me mande, du 26, qu'on apprit la veille que M. Béranger, lieutenant général, étoit assez mal, à sa terre de Chambay en Bourgogne, d'une fièvre maligne, et, du 27, qu'on a reçu la nouvelle de sa mort. Il étoit chevalier de l'Ordre et avoit soixante-quinze ans.

Ce même jour 27 la Reine alla à dix heures et un quart du matin à Sainte-Marie; elle entra dans le couvent avec sa suite ordinaire, seulement les dames de semaine. C'étoit pour donner le voile blanc à la fille de feu M. Billaudel. On dit une messe basse; il y eut un sermon par un chanoine de Noyon. La Reine entra dans la salle de la communauté, et y prit du café.

Relation jointe à la lettre de Mme de Luynes sur ce qui s'est passé à Pondichéry.

Le roi de Golconde voulant reprendre Gingi a été tué dans une sortie que firent les François; son armée a été entièrement dissipée et son trésor pris. Le partage en a été fait en cinq portions, dont deux pour le nouveau roi de Golconde, une autre pour le nabab d'Arcote, une autre pour un autre nabab, et la cinquième pour les François, qui ont nommé le neveu du défunt roi de Golconde.

Ces nouvelles sont venues de Londres; on en attend la confirmation, et on prétend que la paix est assurée.

M. le Dauphin est parti aujourd'hui de Compiègne, et il n'y retournera plus.

AOUT.

Vie du Roi et de la Reine à Compiègne. — Accident arrivé au Roi. — Ordre de se retirer donné à Mlle de Weldre. — Affaires du Parlement. — Retour de la Cour à Versailles. — Orage. — Anecdote sur Louis XIV et Mme de Montespan. — Remontrances du Parlement et discours au Roi du premier président. — Régiment suisse donné. — MM. de Saint-Florentin et Rouillé faits ministres d'État. — Pain bénit présenté à la famille royale. — Anecdote sur Madame Louise. — Mariage d'Helvétius le fils. — M. de Gontaut gagne son procès. — Suite des affaires du Parlement. — Journal de Verdun. — Morts. — Suite des affaires du Parlement. — On apporte le scrutin au Roi. — La chambre impériale de Wetzlar et le conseil aulique. — Protocole et usages de diverses cours. — La duchesse d'Uzès au couvent. — Grâce accordée à M. de Meuse. — La diète de Suède. — Mort de l'ancien évêque de Beauvais. — Séance des académies le jour de Saint-Louis. — Église catholique à Dresde. — Affaires de l'Inde. — Nouvel ambassadeur de Prusse. — Ordres étrangers.

Du jeudi 5, Dampierre. — Je partis de Compiègne le dimanche 25 juillet, m'y étant trouvé assez incommodé. Ce que j'y ai vu et ce que l'on m'a mandé depuis de la vie qu'on y mène est comme les années précédentes. Le Roi, les jours de fête soit de la paroisse, soit de quelque ordre religieux, va à la messe ou au salut dans les églises où on célèbre ces fêtes; outre cela il va une fois à chaque paroisse. D'ailleurs les grands couverts et les soupers dans les cabinets. Il n'a point fait usage de la maison de bois pour y souper, parce qu'il a fait trop froid et trop humide pour y être le soir; il est même question de la changer. Les chasses sont toujours quatre fois la semaine. Le Roi n'a pas son grand équipage; il est resté à Rambouillet, à cause d'un soupçon de rage, mais il en a trois autres : le petit équipage du cerf, celui du vautrait, et un pour le chevreuil.

La Reine tous les dimanches va à Saint-Jacques avec Mesdames et M. le Dauphin ; elle y entend la messe et le prône, et y retourne à vêpres ; et les fêtes, dans quelque couvent et surtout aux Carmélites quand il n'y a point de fête particulière dans les autres communautés. La Reine n'a été dîner qu'une seule fois aux Carmélites, mais souvent les après-dînées. Toutes les fois qu'elle y va, il y a un salut. Outre cela la Reine et Mesdames vont à vêpres et au salut où il y a des fêtes particulières.

On me mande de Compiègne, du 3, que le premier président et le procureur général y sont arrivés le même jour à sept heures du soir, qu'ils auront audience du Roi le 4. C'est au sujet de la déclaration de S. M. dont j'ai déjà parlé ; on en trouvera la copie à la fin de cette année (1), ainsi que celle de deux arrêts du Parlement, où les esprits sont fort échauffés ; et il paroît qu'il est question de demander permission de faire de nouvelles remontrances.

On me mande aussi qu'il est fort question d'établir à Versailles un couvent de religieuses. Versailles a grand besoin de cet établissement, y ayant trop peu des quatre églises (2) qui y sont pour le nombre de ses habitants, surtout quand la Cour y est ; et comme il y a trop de couvents à Compiègne, on parle d'y transférer les filles de Sainte-Marie de cette ville à Versailles, et les religieuses de la Congrégation seront transportées dans la maison des filles de Sainte-Marie. Cette maison de la Congrégation est destinée pour en faire un grand commun qui donnera beaucoup de logements. On avoit d'abord cru que ce seroit les religieuses de la Congrégation que l'on transporteroit à Versailles, parce qu'elles pourroient y

---

(1) Voy. à l'Appendice la pièce n° 1.
(2) Il y a outre cela une chapelle à la grande écurie, une à la petite et une au grand commun, où l'on dit la messe tous les jours, et cela ne suffit pas. (*Note du duc de Luynes.*)

être plus utiles, leur institut étant pour l'éducation des jeunes filles, mais Mgr le Dauphin a désiré que l'on donne la préférence aux filles Sainte-Marie.

Le Roi ayant acheté les maisons qui bordent la place devant la porte d'entrée du château de Compiègne, même l'hôtel de Rohan, que M. le duc de Rohan a donné en payement de sa capitation, le Roi va y faire travailler cette année pour agrandir la place. Il est question aussi de continuer l'aile où loge M. le Dauphin.

J'ai parlé ci-dessus des changements faits à la chapelle de Compiègne. On a laissé dans cette chapelle les quatre mêmes prie-Dieu avec des matelas qui y étoient ci-devant. Depuis que le Roi entend la messe dans la nouvelle tribune qui est élevée au-dessus de la chapelle, la garniture se fait en bas comme à Versailles, excepté qu'elle est moins nombreuse. Les prie-Dieu étant derrière la garniture, on peut s'y mettre à genoux, quoique ce soit sous les yeux du Roi; je ne le croyois pas d'abord, mais je le demandai à M. le duc de Villeroy lorsqu'il suivoit le Roi en revenant de la messe.

M. le baron de Laugier (Villars) épousa dans le mois de juillet dernier Mlle de la Croix, dont le père, qui est mort, avoit été intendant des îles du Vent.

M. le marquis de Saint-Geniés (Navailles) mourut à Paris, le 25 juillet dernier; il avoit près de quatre-vingt-neuf ans; il avoit servi et étoit brigadier.

M. le marquis de Bonas (Gondrin) est mort depuis peu dans ses terres; il étoit lieutenant général des armées du Roi et grand-croix de Saint-Louis.

Du samedi 7, Dampierre. — Mme de Luynes me mande, du 5, que ce même jour le Roi, qui étoit allé tirer à cheval, étoit tombé dans un trou qui s'étoit trouvé dans une petite route, et qu'il étoit revenu sur-le-champ. La Reine, qui étoit aux Carmélites, a été dans le moment chez le Roi; elle l'a trouvé avec une balafre rouge au front. Il faut que la chute ait été rude, car le fusil et la montre du Roi ont été cassés; cependant on mande que ce ne sera rien. Le Roi avoit des écuyers à cheval devant lui; ils n'ont point aperçu le trou; le Roi l'a vu, mais il étoit si près que c'est le mouvement violent qu'il a fait faire à son cheval qui a été cause de sa chute. Heureusement c'est le coude qui a porté le premier effort de la chute. Il n'est pas question même d'une saignée.

Mme de Luynes me mande aussi que Mlle de Weldre, demoiselle de confiance de Madame Sophie, se retire; c'est le 5 au matin que M. de Saint-Florentin alla lui annoncer l'ordre du Roi. On lui a donné aussitôt une chaise pour partir. Le Roi lui laisse une pension de 4,000 livres. Il paroît qu'on n'a nul reproche à lui faire que ses mœurs et sa vertu.

Mme de Luynes m'a envoyé en même temps le bulletin dont voici copie :

Hier 4, M. le premier président et M. le procureur général vinrent chez le Roi, après sa messe, et parlèrent des délibérations du Parlement pour remettre les anciens administrateurs et soutenir les modifications qu'ils ont faites dans l'enregistrement de l'ordonnance du Roi. Cela dit, le Roi entra au conseil de dépêches, qui dura deux heures un quart; le conseil levé, le Roi fit entrer MM. du Parlement; il leur dit qu'il avoit cassé tous les arrêts du Parlement et qu'il vouloit que son ordonnance fût exécutée à la lettre et sans modifications. Ils sortirent, et M. d'Argenson avec eux; il leur donna la réponse par écrit, et ils partirent pour Paris. Sur les huit heures du soir, il arriva un courrier qui dit que les enquêtes s'étant rendues à la buvette, avoient forcé le président Molé d'assembler les chambres, ce qu'il n'avoit pu refuser; qu'ils avoient arrêté qu'on pourroit tenir l'assemblée de l'hôpital sans la présence des principaux administrateurs, et que les anciens subalternes révoqués par le Roi y assisteroient comme à l'ordinaire. On a dit qu'il y en avoit deux des anciens qui avoient été chez M. l'archevêque en conséquence, mais qu'ils l'avoient trouvé muni de lettres de cachet, et que leur ayant donné, cela les avoit arrêtés; mais on n'a de lui aucune nouvelle; on attendoit un courrier hier au soir, ou des lettres ce matin; à deux heures il n'y avoit encore rien d'arrivé.

Du dimanche 8, Dampierre. — M. le président de Rosambo vint hier souper ici. Je lui parlai de l'affaire du Parlement. Il me parut fort fâché de l'extrême vivacité des esprits et de la déraison avec laquelle ils se conduisent; il nous dit que les gens du Roi ont eu audience du Roi, qui leur a dit qu'il vouloit bien recevoir les députés du Parlement à son retour à Versailles; on croit que ce pourra être dimanche, mais ce ne sera pas des remontrances, car on ne donnera rien par écrit, ce sera des représentations verbales.

Du jeudi 12, Versailles. — La Reine partit de Compiègne le lundi 9, à neuf heures et demie du matin; Mesdames sont restées avec le Roi. La Reine est partie avec ses dames. Il n'étoit ni maigre ni jeûne à Compiègne (1), qui est du diocèse de Soissons; la Reine s'arrêta au bas de la montagne de la Morlaix, du diocèse de Beauvais, où il n'est point jeûne la veille de Saint-Laurent; cependant comme la Reine venoit coucher à Versailles et qu'il est jeûne dans le diocèse de Paris, pour plus d'exactitude elle dîna en maigre et fit collation en arrivant.

La Reine entra dans la maison de M. d'Argenson à Neuilly, et y resta une heure et demie. Elle en partit fort contente; M. d'Argenson y a fait faire trois terrasses qui donnent sur la rivière et a fait rebâtir la maison presque tout entière.

La Reine n'arriva à Versailles qu'à neuf heures et demie; elle trouva sa garde-robe de commodité nouvellement accommodée, peinte en blanc, les moulures en bleu, ornées des estampes peintes par la Reine et de deux glaces.

Le Roi partit de Compiègne le mardi 10 avec Mesdames; il tira dans la forêt, et pendant ce temps il envoya Mesdames devant, leur recommandant d'aller au pas; il les ratrappa entre Verberie et Senlis. S. M. arriva avec

---

(1) Le lundi 9 août, veille de la Saint-Laurent, était jour de jeûne dans le diocèse de Paris.

Mesdames à la Meutte à onze heures et demie, soupa à minuit et alla tirer le lendemain dans le petit parc de la Meutte et dans un bout de la plaine qui est par delà. On avoit coupé une partie des grains à cette occasion ; il chassa deux heures et demie, et tua cent trente pièces de gibier.

On a poussé le jardin de la Meutte jusqu'à la route de Madrid.

Le 11, le Roi revint de la Meutte après souper, et arriva chez Mme la Dauphine à minuit et demi, avec Mesdames, qui avoient aussi soupé à la Meutte. Le Roi ne se sent plus de sa chute.

J'ai oublié de marquer que la nuit du 2 au 3 de ce mois il fit un orage qui paroît avoir été général, et qui a causé beaucoup de désordres ; cependant le plus fort coup de vent ne dura pas plus de deux minutes.

On apprit la mort de M. le baron d'Ordre, gendre de M. de Balincourt, frère du maréchal ; il étoit chef de brigade, et sa brigade a été donnée à son autre gendre, M. des Barres, capitaine au régiment d'Escars. Il avoit quarante-quatre ans, étoit maréchal de camp, et avoit été lieutenant de la compagnie écossoise des gardes du corps ; il est mort à son château de Maquinghan, près de Boulogne-sur-Mer.

Du vendredi 13, *Dampierre.* — Mme de Luynes alla voir il y a quelques jours Mme la duchesse de Brancas (Moras) ; elle lui conta une anecdote de la vieille Cour, qu'elle prétend bien savoir : c'est que le feu Roi, à Saint-Germain, tenoit le conseil dans une pièce qui étoit immédiatement avant la chambre à coucher de Mme de Montespan, et qu'il arriva à un conseil (qui étoit apparemment de dépêches) où il fut question d'une affaire dont le jugement étoit difficile ; le Roi dit : « Nous avons là-dedans une personne qui pourra nous donner quelque éclaircissement » ; il ouvrit la porte, elle entra au conseil, et y dit son avis avec beaucoup de sens et d'esprit.

Du mercredi 18, *Dampierre*. — J'ai déjà marqué que le Parlement avoit demandé à Compiègne la permission de faire des remontrances, et que le Roi avoit répondu que ce ne seroit qu'après son retour à Versailles. Enfin les députés se rendirent lundi 16 à Versailles; ils devoient être quarante-deux, mais ils n'étoient que quarante et un parce que M. le président d'Aligre ne s'y trouva pas. La députation fut conduite par M. d'Argenson et par M. Desgranges, suivant l'usage ; elle étoit composée de neuf des présidents à mortier, qu'on appelle *le grand banc* (M. d'Aligre est le dixième), de deux conseillers de chacune des deux chambres des requêtes du palais et des cinq chambres des enquêtes, du procureur général, des trois avocats généraux et de quatorze conseillers de grande chambre. M. le premier président fit un discours au Roi dans l'esprit des restrictions et modifications de l'enregistrement de la déclaration, mais en termes plus doux.

Lundi, c'étoit députation (1), et comme c'étoit grande audience, le Roi la donna dans sa chambre, dans son fauteuil, le dos tourné à la cheminée. La réponse du Roi a été à peu près dans les termes suivants : « La soumission est le premier devoir de mes sujets, et mon parlement doit donner l'exemple de cette loi fondamentale. Je veux bien que mon Parlement me fasse des représentations et des remontrances lorsqu'il s'agit uniquement du bien de mes peuples et de l'indépendance de ma couronne, mais je ne lui ai pas donné le pouvoir de changer par des modifications la déclaration que je lui envoie. J'entends que

---

(1) Il y a les remontrances, les représentations, l'office privé et la députation.

Les *remontrances*, c'est lorsque le premier président, ou celui qui est à la tête de la députation, remet au Roi un mémoire. On appelle *office privé* lorsque le premier président vient seul à l'audience du Roi; mais ce qu'on appelle *représentations*, c'est quand le premier président y vient avec un ou deux présidents. (*Note du duc de Luynes.*)

ma déclaration soit enregistrée purement et simplement. J'enverrai mes ordres à mon parlement. » Cette réponse fut dite avec dignité et du ton d'un maître qui n'est pas content. Toute cette audience n'a pas duré plus de cinq ou six minutes.

DISCOURS DE M. LE PREMIER PRÉSIDENT AU ROI,
du 16 août 1751.

Sire, l'observation des lois est l'affermissement des empires; de là cette sage économie du gouvernement monarchique, tel que celui sous lequel nous avons le bonheur de vivre, où le souverain, source de tout pouvoir, veut bien se lier lui-même, en établissant sous lui des puissances secondes, qui par leurs constitutions sont chargées du dépôt des lois et d'en maintenir l'exécution.

C'est à votre parlement, Sire, que ce droit a été dévolu dans la succession des temps; c'est lui qui par les principes de son institution est chargé de ces importantes fonctions.

Et par où pourroit-il mieux espérer de plaire à son Roi qu'en remplissant ce devoir dans toute son étendue, qu'en rappelant la règle en toute occasion, sans acception de personne, et sans permettre qu'on la fasse plier sous quelque prétexte que ce puisse être.

Ce grand motif est le seul qui dirige et conduit toutes nos démarches. Quelle est donc notre infortune de voir néanmoins qu'elles aient si souvent le malheur de vous déplaire. C'est ce que nous éprouvons encore dans l'occasion présente.

Vous nous envoyez, Sire, une déclaration contenant un règlement pour l'administration de l'hôpital général; nous commençons par nous instruire de ce qui a donné lieu à ce nouveau règlement et de ce qui peut avoir causé le trouble dans une administration qui s'étoit soutenue si heureusement pendant près de cent années, à la faveur des lois portées par l'édit de son établissement. Nous apprenons que le dérangement est venu à l'occasion d'une délibération arrêtée contre la première des règles de toute compagnie, où on a conclu avec affectation contre la pluralité des suffrages. Dans l'examen que nous faisons ensuite de cette déclaration, nous trouvons dans ses dispositions qu'aucune ne va à réparer le mal; que quelques-unes peuvent avoir dans leur exécution des inconvénients préjudiciables au bien de l'hôpital, et d'autres enfin où vous paroissez vous dépouiller d'un droit qui vous appartient à titre de Roi, et dont nul ne peut jouir que précairement sous le bénéfice de votre concession royale. Dans ces circonstances, pour donner des marques de notre obéissance à vos

volontés, nous enregistrons, mais nous apposons en mê
notre enregistrement les modifications que nous jugeons nécessaires
pour prévenir les inconvénients et le désordre dans l'administration,
qui pourroient résulter de l'exécution pure et simple de la déclaration,
modifications au surplus qui ne font que rappeler les édits, déclarations et règlements concernant l'hôpital et autres lois publiques du
royaume, qui toutes tendent à conserver les droits de Votre Majesté,
à rétablir le bon ordre dans l'hôpital, à ranimer la charité et la confiance de vos sujets, singulièrement de ceux qui, sans objet d'intérêt
ni de récompense telle qu'elle puisse être, se destinent à sacrifier leur
travail et leurs jours au service des pauvres.

Après une conduite si sage et si mesurée, votre parlement pouvoit-
il s'attendre aux ordres qu'il a reçus de Votre Majesté dans une forme
inusitée. Vous lui défendez de faire exécuter ses arrêts; vous voulez
que votre déclaration soit exécutée purement et simplement.

Qu'il nous soit permis, Sire, de vous représenter que les modifications apportées aux arrêts d'enregistrement deviennent nécessairement parties intégrantes de l'enregistrement, en sorte que détruire les
modifications, c'est détruire l'enregistrement même; solennité qui est
essentielle pour établir une loi publique dans le royaume, que nous
sommes bien convaincus, Sire, que vous jugez nécessaire, puisque
telle est la loi de l'État, loi qui loin de diminuer votre autorité, en
est au contraire le plus ferme appui, qui, excluant l'idée de contrainte,
vous assure la plus entière obéissance de la part de vos sujets, et qui,
vous donnant leur cœur, étend votre empire jusque sur leurs
volontés.

M. de Bettens, lieutenant général des armées du Roi et
colonel d'un régiment suisse, mourut au mois dernier.
Le Roi n'a donné son régiment que les derniers jours du
voyage de Compiègne. Il ne peut être donné, suivant une
capitulation faite avec les Suisses, qu'à un bourgeois de
Berne, et c'est par cette raison que S. M. a disposé de ce
régiment en faveur de M. Yeler, capitaine audit régiment,
avec commission de lieutenant-colonel, lequel est de Berne
et qui le méritoit d'ailleurs par ses services.

Dimanche dernier, jour de la Vierge, mon frère officia à la chapelle, et Mme de Mazarin (Mazarin) quêta.

Ce même jour M. de Saint-Florentin et M. Rouillé furent
faits ministres d'État. J'ai déjà marqué qu'il n'y a point

d'autre réception que d'être averti que le Roi demande pour le conseil d'État. On prétend que M. de Saint-Florentin et M. Rouillé ignoroient que le Roi voulût leur faire cet honneur.

M. de Langeron, frère de Mme de Bissy, demanda le même jour au Roi l'agrément pour son mariage avec Mlle de Menou, sœur de Mmes de Jumilhac et de Lambert; elle a environ vingt-quatre ans.

Lundi dernier, 16 de ce mois, on présenta au Roi, à la Reine et à toute la famille royale, du pain bénit et des brioches de Saint-Roch; c'est l'usage tous les ans, et je crois l'avoir déjà marqué. La chapelle du grand commun est dédiée à saint Roch, et les chapelains qui la desservent s'appellent les chapelains de Saint-Roch; et le jour de la fête, un de ces chapelains va dire la messe au château, et les officiers du grand commun y apportent des pains, que le chapelain bénit, et même des brioches, qui sont distribuées comme il vient d'être dit, et même aux gens de la Cour.

On me contoit, il y a quelques jours, une espèce d'anecdote sur Madame Louise, qui peut être remarquée parce qu'elle est singulière. Lorsqu'elle vint au monde, on lui donna une nourrice étrangère; lorsqu'elle a été à Fontevrault, on mit auprès d'elle une religieuse avec les fonctions de sous-gouvernante, qui étoit irlandoise; elle mourut, et à sa mort on y mit une Écossoise; et depuis qu'elle étoit arrivée de Fontevrault, on lui avoit donné une demoiselle de confiance (Mlle de Weldre) qui est hollandoise.

J'appris avant-hier que Mme de Laval, qui est Maupeou et dont le mari est neveu par sa mère de M. l'évêque de Metz (Saint-Simon), a été nommée dame surnuméraire de Mesdames.

J'appris hier que M. Helvétius le fils épousa, à Paris, ledit jour, Mlle de Ligneville. Mme de Luynes me mande que la nouvelle mariée a fait sa cour à la Reine le léndemain dans ses cabinets, qu'elle ressemble en blond à Mme de

Flavacourt, qu'elle est aussi grande qu'elle, a la taille admirable, l'air noble, modeste, timide et sans embarras.

Du jeudi 20, *Dampierre.* — M*me* de Luynes me mande, du 18, que M. de Gontaut a gagné son procès, au moins pour la terre du Châtel, ce qui fait une différence de 60,000 livres de rente. Ses intérêts étoient communs avec M. de Stainville ; ils plaidoient contre M. de Thiers (Crozat). J'ai parlé ci-dessus de ce procès ; il est jugé en dernier ressort. On prétend que, suivant la coutume de Bretagne, MM. de Gontaut et de Stainville ne pouvoient pas perdre la terre du Châtel.

Du samedi 21, *Dampierre.* — M*me* de Luynes me mande d'hier qu'il y a eu plusieurs avis dans le Parlement par rapport à la réponse du Roi et aux lettres de jussion qui y ont été portées avant-hier, et qu'enfin les esprits se sont réunis à l'opinion la plus douce, qui a été de faire de nouvelles remontrances et de supplier le Roi de vouloir bien retirer sa déclaration. Ces remontrances ne doivent être présentées que dans sept ou huit jours ; il y a même assez d'apparence qu'elles pourroient être retardées, car la fin du Parlement approche.

Du dimanche 22, *Dampierre.* — Je mets avec plaisir dans ce journal les anecdotes qui viennent à ma connoissance. J'appris, il y a deux ou trois jours, que le premier auteur de *la Clef du Journal historique* ou *Journal de Verdun*, ouvrage périodique, étoit un nommé Jordan ; il étoit protestant. Il vint s'établir à Bar-le-Duc, où il fit abjuration, et y fit venir son fils, qui avoit environ vingt ans, lequel fit aussi abjuration. Le père mourut âgé d'environ soixante ans, en 1705 ou 6, et son fils a continué le même ouvrage.

Je n'appris qu'hier la mort de M*me* la maréchale de Bezons, celle de M. de Saudricourt et celle de M. de Tonnerre.

Du vendredi 27, *Dampierre.* — Avant-hier le Roi partit

pour Bellevue ; il revient ce soir à Versailles, et il y aura grand couvert.

Le Roi a dit à M. de Puisieux d'avertir les ambassadeurs pour lundi 30. Il y a longues années qu'on n'a point vu donner d'autre jour que le mardi aux ministres étrangers, et c'est par cette seule raison que cela mérite d'être marqué.

Ce même jour lundi le Roi partira pour Choisy jusqu'au vendredi suivant.

Il est question de nouvelles remontrances au sujet de l'hôpital général. Les esprits sont encore bien éloignés de la soumission que le Roi demande. On a répandu dans le public un imprimé qui a été supprimé depuis par arrêt du Parlement. Cet imprimé a trois colonnes, contient la déclaration, les modifications et les motifs de ces modifications. Outre cela, le Parlement, voulant faire voir combien l'ancienne administration de l'hôpital étoit au-dessus de celle à laquelle préside M. l'archevêque, a fait faire un tableau contenant la recette et la dépense de l'hôpital pendant vingt-deux mois, qui est le temps de la nouvelle administration, et deux autres tableaux contenant chacun vingt-deux mois pour servir de comparaison à celui-ci. Par les deux tableaux de l'ancienne administration, la recette et la dépense se balancent à peu de chose près ; mais par le second tableau, qui est le plus proche de la nouvelle administration, on voit qu'il y avoit 500,000 livres de provisions pour l'hôpital ; et par celui de la nouvelle administration, non-seulement la dépense excède la recette, mais il ne s'y est trouvé que pour trois jours de provisions. Je n'ai point vu ces tableaux, sur lesquels il y a sans doute beaucoup d'observations à faire ; je ne parle que d'après un homme instruit.

Le mardi 24, la Ville vint apporter au Roi, à Versailles, le scrutin et présenter les nouveaux échevins. Elle étoit conduite par M. le duc de Gesvres à droite et par M. d'Argenson à gauche. J'ai déjà marqué l'usage observé dans ces audiences, chez le Roi et chez la Reine.

Ce même jour étoit celui des ambassadeurs. Il vint chez le Roi avec eux M. le baron de Grosschlager, président de la chambre impériale de Wetzlar; il a l'ordre de l'Aigle-Blanc, le même que M. de Loss, ambassadeur de Pologne; il est en France depuis peu. Il a été par curiosité au Parlement; M. le premier président l'ayant aperçu dans une lanterne, le pria à dîner et le traita avec beaucoup de distinction. Il y a encore un autre président dans cette chambre et beaucoup de conseillers nommés alternativement par les catholiques et les protestants; ces charges sont à vie; c'est là où se portent toutes les affaires de l'Empire entre les princes. Le premier président, qu'on nomme le grand juge, est actuellement le prince de Hohenlohe, qui est catholique. Le premier président et les deux autres présidents sont catholiques.

Il y a encore un autre tribunal dans l'Empire, qui est le conseil aulique, composé de cinquante conseillers y compris le président et le vice-président : ces deux sont catholiques; des quarante-huit autres vingt-quatre sont catholiques et vingt-quatre protestants. Tous princes catholiques ou protestants peuvent plaider à Wetzlar ou au conseil aulique. La Suède nomma en 1750 un conseiller de la chambre de Wetzlar à son tour (1) ; cela arrive une fois tous les trente ans. Les jugements des deux chambres sont portés à la diète, et peuvent y être infirmés.

L'Empereur tutoie tous les princes de l'Empire; il donne *Votre Dilection* aux maisons considérables; il ne donne le titre de *Votre Majesté* au Roi de France que dans les lettres missives, et non dans celles de chancellerie, mais il ne lui écrit point celles-ci. Charles VII l'a donné en lettres de chancellerie; celui-ci l'a refusé.

---

(1) La Suède possédait une partie de la Poméranie, province allemande.

Le Roi ne donne la *Majesté* que depuis peu d'années au roi de Portugal. Le roi de Prusse a non-seulement la *Majesté*, mais même l'*alternative* (1) pour la signature avec le Roi.

Le roi d'Angleterre écrit en françois au roi de France; à la Suède et à l'Empereur, en latin.

Le traité de paix de 1748 est écrit en françois; c'est contre l'usage ordinaire. Le Roi n'avoit jamais pris de titre que *Rex Gallorum* en pareil cas; en 1748 il a pris le titre de *roi de France*. Il y a eu un article secret (imprimé depuis peu) qui contient des protestations sur ce que le traité est écrit en françois.

La Suède donne ses pouvoirs en latin; les lettres du roi de Suède au Roi sont en latin; les passe-ports de l'envoyé sont aussi en latin. Avec les autres nations tous ces actes sont en suédois.

Mme la duchesse d'Uzès (Bullion), qui étoit entrée le 17 ou le 18 de ce mois dans le couvent des filles Sainte-Marie pour y être religieuse, a trouvé que la règle étoit au-dessus de ses forces; elle en est sortie le 25.

M. le marquis de Meuse, qui a une pension du Roi de 6,000 livres, vient d'obtenir qu'elle passât à son petit-fils, lequel a cinq ou six ans. M. de Meuse a eu deux garçons, qui sont morts; l'aîné avoit épousé Mlle Paris, nièce de M. de Montmartel; le second, qu'on appeloit le chevalier de Meuse, étoit chambellan du roi de Pologne duc de Lorraine; il avoit épousé une demoiselle de Lorraine (Mlle du Ham, chanoinesse, qu'on nommoit la Pelote), comme je l'ai marqué dans le temps (2), de laquelle il a eu un fils, et c'est ce fils qui a la pension de son grand-père. Le Roi n'a pas voulu que ce soit une survivance; M. d'Argenson a tourné l'ordonnance de cette grâce de

---

(1) C'est le droit qu'ont les souverains de mettre, dans les traités, chacun leur nom en premier sur la copie faite pour leur pays.

(2) Voy. tome V, page 19.

manière qu'elle est au nom du petit-fils, et ce sera le grand-père qui donnera les quittances. Mme de Meuse (du Ham) avoit déjà une pension de 2,000 livres et son fils une de pareille somme.

Mme de Laval (Maupeou) fit son remercîment le 24. Ce fut Mme de Châteaurenaud (Montmorency) qui la présenta. Madame la présenta le 25 au Roi et à la Reine comme étant à elle.

M. le baron de Scheffer vint ici souper avant-hier; il ne put y rester, étant actuellement occupé d'une affaire qui demande un grand travail. La diète de Suède doit s'ouvrir dans la fin du mois prochain. L'usage est qu'il soit rendu compte à la diète de l'état où sont les négociations. Quoique les dépêches de chaque ministre soient toujours gardées et puissent servir à instruire de la suite des négociations, le détail de lire toutes ces dépêches feroit un objet trop considérable; on a donc envoyé ordre à chacun des ministres dans les pays étrangers de faire, sur les copies qu'ils gardent de leurs dépêches, une histoire abrégée de toutes les négociations dont ils ont été chargés depuis la dernière diète. C'est cette histoire à laquelle travaille actuellement M. le baron de Scheffer; il y renvoie à ses dépêches d'un tel jour pour certains détails, mais il explique cependant assez les faits pour que l'on puisse être instruit par la lecture seule de l'ouvrage. Cet ouvrage est en suédois, c'est l'usage.

Du dimanche 29, Dampierre. — J'ai oublié de marquer la mort de l'ancien évêque de Beauvais (1); il mourut le 19, à l'abbaye de Prémontré. Il étoit frère de père de feu M. le duc de Beauvilliers, gouverneur des enfants de France, et frère de père et de mère de M. le duc de Saint-Aignan, gouverneur de Bourgogne, et de feu Mme de Lau-

---

(1) François-Honoré de Beauvilliers de Saint-Aignan, nommé évêque de Beauvais en 1713, remplacé en 1728 par le cardinal de Gesvres.

bépine (1). Il étoit retiré depuis plusieurs années à Prémontré, où il vivoit avec une pension de 12,000 livres qu'on lui avoit laissée sur son évêché, outre cela 30,000 livres de rente de son abbaye de Saint-Victor de Marseille, et son bien de patrimoine. Il étoit dans sa soixante et dixième année. Il avoit dû jusqu'à 2 ou 300,000 livres; ces dettes étoient acquittées depuis trois ans; on avoit arrangé pour y parvenir que les religieux de Prémontré toucheroient ses revenus et lui fourniroient son entretien et qu'il ordonneroit du surplus les payements à ses créanciers; mais la quotité des payements étoit réglée, et par conséquent la dépense de son entretien. Il avoit composé un ouvrage dont il devoit y avoir 40 volumes; il n'avoit encore fait que l'histoire de l'Ancien Testament; il y en a 18 volumes imprimés avec des planches, et il n'y en a que 40 exemplaires; il manque 4 chapitres à cet ouvrage, qu'il n'a pas eu le temps de finir. Il auroit travaillé ensuite au Nouveau Testament.

L'abbaye de Saint-Victor de Marseille est de Prémontré; anciennement elle étoit régulière, et ne pouvoit être possédée que par un régulier. M. le cardinal de Fleury avoit entrepris d'obtenir qu'elle fût sécularisée; cette affaire n'a été finie que deux jours après la mort de M. de Beauvais. C'est aujourd'hui un chapitre pour les nobles provençaux seulement; ils feront preuve de noblesse de plusieurs

---

(1) Feu M. l'évêque de Beauvais donna sa démission de son évêché il y a vingt-trois ans (car M. de Gesvres en est évêque depuis ce temps). On lui donna alors l'abbaye de Saint-Victor de Marseille, valant 30 à 35,000 livres, et 12,000 livres de pension sur Beauvais, exempte de toutes diminutions. Il se retira à Cîteaux, dont il sortit sans permission. Il fut envoyé à Prémontré. On lui donna, par arrêt du conseil, pour administrateur de son bien (car il étoit l'aîné) l'abbé de la Garnaye, gentilhomme, parent de feu Mme de Saint-Aignan. Il administroit tous les revenus, et on lui laissoit peu de chose à sa disposition. Il étoit encore en quelque manière sous la garde du général de Prémontré. Il ne pouvoit sortir, et il avoit encore auprès de lui un gentilhomme payé par sa famille. (*Note du duc de Luynes.*)

générations, mais de pères, et non de mères. M. de Beauvais avoit été religieux.

J'ai oublié de marquer la mort de M. de Bruzac (Hautefort), ci-devant major des gardes du corps; il mourut à Paris, le 24 de ce mois; il avoit quatre-vingt-treize ans; il étoit grand-croix de l'ordre de Saint-Louis, lieutenant général et gouverneur de plusieurs petites places en Alsace.

J'ai marqué dans ce journal que M. de Loss, ambassadeur du roi de Pologne, étoit allé à Dresde par congé du roi son maître; il est revenu de ce voyage, et eut audience du Roi le 24 de ce mois. Mme de Loss est aussi revenue avec lui.

Le 25, fête de Saint-Louis, l'Académie françoise tint son assemblée publique suivant l'usage ordinaire. On y distribua les prix d'éloquence et de poésie; le premier, fondé par feu M. de Balzac, fut donné à M. Soret; celui de poésie, fondé par feu M. l'évêque de Noyon (Clermont-Tonnerre), fut donné au chevalier de Laures, fils du doyen de la chambre des comptes et cour des aides de Montpellier. Ensuite elle fit chanter une messe en musique à la chapelle du Louvre; c'est aussi l'usage.

L'Académie des sciences en fait aussi chanter une le même jour dans l'église et par des prêtres de l'Oratoire. Celle des Tuileries est chantée par les Carmes du grand couvent.

Vendredi dernier, 27, Mme de Talaru (Sassenage) accoucha d'une fille.

On apprit il y a quelques jours qu'il y avoit eu de grands tremblements de terre dans l'État ecclésiastique, lesquels ont causé des dommages innombrables, et principalement à Gualdo (1), ville de la Marche d'Ancône, où les paroisses, couvents, écoles publiques, etc., et les deux

---

(1) Elle avoit été bâtie des débris de la ville de Taudinum, détruite par les Lombards, et est à peu près dans le même état. (*Note du duc de Luynes.*)

tiers des maisons ont été renversées ; il y a péri beaucoup de monde ; le reste s'est retiré dans des baraques qu'ils ont construites dans la campagne.

On a bâti depuis peu de temps une église catholique à Dresde, par ordre du roi de Pologne électeur de Saxe. Cette église vient d'être consacrée par le nonce du pape qui réside en cette cour. C'est la première église bâtie à Dresde depuis que le luthéranisme est établi dans l'électorat de Saxe.

Aujourd'hui, 29 août, M. l'évêque de Tarbes a dû être sacré à Paris, dans l'église Notre-Dame par M. l'Archevêque.

M. de Beausire, architecte de la ville de Paris, s'est démis de cette place, sur laquelle il conserve 2,000 livres de pension ; il est remplacé par M. Destoches.

J'ai déjà parlé dans ce journal de la défaite et de la mort de Nazerzingue, usurpateur du royaume de Golconde, par les troupes françoises qui sont à Pondichéry. J'ai appris depuis plus de détails. Cet usurpateur avoit fait mettre en prison son neveu, auquel appartenoit le royaume; il avoit déjà reçu plusieurs échecs, qui ne le rebutoient point. M. Dupleix, commandant à Pondichéry, étant informé que Nazerzingue s'avançoit avec de nouvelles forces pour l'attaquer, assembla ses troupes et les envoya sous les ordres de M. de la Touche. Elles arrivèrent le 15 décembre 1750, à quatre heures du matin, à la vue du camp des ennemis. M. de Villéon étoit au centre, M. de Bussy commandoit l'aile droite, M. de Kerjean la gauche, et MM. Gaillard, Sabadin, Pisciny, l'artillerie. Le combat dura quatre heures. Les troupes de Nazerzingue furent enfoncées de toutes parts. Nazerzingue fut tué dans la poursuite ; Mouzaferzingue, son neveu, venoit d'être mis en liberté et reconnu pour roi par les troupes de son oncle, et alors les François cessèrent le combat.

On sait depuis quelques jours que le roi de Prusse a nommé pour son ministre plénipotentiaire en France, à la place de feu M. Chambrier, le lord Marshall, frère du feld-maréchal Keith qui est au service du roi de Prusse; et à cette occasion il a été fait chevalier de l'Aigle-Noir, institué il y a cinquante et un ans par le grand-père du roi de Prusse. Il avoit l'ordre d'Écosse, il l'a quitté. Il est né Écossois. Il avoit la première dignité de ce royaume, qui est celle de maréchal héréditaire, et c'est par cette raison qu'on l'appelle le lord Marshall. Il a donné sa démission de cette dignité pour s'attacher au service du roi de Prusse. Le roi de Prusse a nommé pour conseiller de la même ambassade le baron de Kniphausen.

Le duc de Norfolk (mylord Howard) est maréchal héréditaire du royaume d'Angleterre; mais ne pouvant en faire les fonctions, étant catholique, c'est un homme de sa maison qui exerce.

J'ai marqué dans son temps la mort de M. Chambrier. J'ai appris depuis qu'il n'avoit point fait de testament; mais sa famille a donné à chacun de ses domestiques 5,000 livres, une fois payées, de récompense. Il avoit 18,000 livres d'appointements; le roi de Prusse, voulant le traiter mieux, venoit de les lui augmenter et de le nommer ministre d'État. Il avoit l'ordre de la Générosité, qui est supprimé. Il y a encore l'ordre du Mérite.

En Savoie il y a l'ordre de l'Annonciade; les places sont fixées au nombre de douze. Actuellement il n'y a que six chevaliers; les autres places sont vacantes. M. de Saint-Germain, ambassadeur du roi de Sardaigne en France, a l'ordre de Saint-Maurice; il le faut avoir avant celui de l'Annonciade.

SEPTEMBRE.

Le duc de Rohan perd un procès. — Mort du comte de Schmettau. — Nouvelles diverses de la Cour. — Affaires du Parlement. — Retraite de M. de Puisieux; M. de Saint-Contest nommé ministre des affaires étrangères. — Détails sur les cours de Naples et de Parme. — Audience du général des Carmes. — Naissance du duc de Bourgogne. — Mot du Dauphin. — Compliments des ambassadeurs. — Incendie. — Mort du duc de Boufflers. — Pensions et gouvernements donnés. — Audience, mariage, présentation, difficultés, baptême. — Six cents filles mariées à Paris. — Cadeaux des corps de métiers au duc de Bourgogne. — Cadeaux du Roi et de la Reine à la Dauphine. — Les gardes françaises et suisses. — Rêves de la Reine et de la Dauphine. — M. de Mirepoix est fait duc. — Le cordon rouge est donné à M. de Saint-Germain. — La famille royale va à Notre-Dame à Paris. — La Reine nomme Mesdames au peuple de Paris. — Accident arrivé à un garde du corps. — Le roi de Pologne à Versailles. — Bal des gardes du corps. — *Te Deum* à Versailles. — L'évêque de Bayeux nommé au bureau des affaires ecclésiastiques. — Trois évêques prêtent serment. — Abbayes et cordon rouge donnés. — Morts. — M. de Caix. — *Te Deum* aux Capucins à Paris. — Audiences chez la Reine. — L'ordre de l'Aigle-Noir. — Anecdote relative à un Turc. — Les valets de chiens célèbrent la naissance du duc de Bourgogne. — Mort de l'évêque de Glandève.

Du vendredi 3, Dampierre. — M. le duc de Rohan a perdu aujourd'hui son procès à la grande chambre contre M. le comte d'Harcourt au sujet de la terre du Lude, vendue 460,000 livres étant substituée. Il a été condamné à restituer ce qu'il a reçu, avec les intérêts et aux dépens. Il avoit acheté la terre de Landivisiau et l'hôtel de......

Du dimanche 5, Dampierre. — M. le premier président (Maupeou), MM. les présidents Molé et de Lamoignon ont eu aujourd'hui audience du Roi ; c'est toujours au sujet de la déclaration de S. M. sur les hôpitaux. Le Roi leur répondit : « Je veux être obéi, et que ma déclaration soit enregistrée purement et simplement. »

On apprit ici il y a quelques jours que M. le comte de Schmettau, que nous avons vu à Metz, en 1744, étoit mort à Berlin, le 18 août ; il étoit âgé de soixante-sept ans. Il avoit l'ordre de l'Aigle-Noir ; il étoit grand maître de l'artillerie et feld-maréchal-général des armées du roi de Prusse. Il avoit passé au service de ce prince en 1742. Il étoit auparavant lieutenant-feld-maréchal dans les troupes de la reine de Hongrie. Il s'étoit acquis la réputation d'un grand général. Il avoit été marié deux fois ; il laisse de ces deux mariages trois garçons et quatre filles.

Le 30 août, M. de Morisini, ambassadeur de Venise, eut son audience publique de congé; il étoit accompagné par M. le prince Camille et par M. le chevalier de Sainctot; il ne fut point armé chevalier comme ses prédécesseurs.

Le 1er de ce mois ce fut M. l'évêque de Bethléem qui officia au service de l'anniversaire du feu Roi à Saint-Denis.

Du lundi 6. — J'ai appris aujourd'hui que les droits de péage sur le pont du Pecq, qui valent au moins 6 à 7,000 livres de rente et que le Roi avoit donnés à M. de Bruzac, qui vient de mourir, ont été donnés à Mme d'Armagnac (Noailles).

Du jeudi 9, Dampierre.

Extrait d'une lettre de Versailles, du 8 septembre.

La réponse du Parlement arriva hier sur les trois heures. M. le premier président écrivit à M. le chancelier, et lui manda que le Parlement ayant eu beaucoup d'affaires à finir pour les particuliers à cause des derniers jours (1), on n'avoit pu assembler les chambres qu'assez tard; que l'on avoit commencé à délibérer sur la réponse du Roi; mais que le temps avoit manqué par la diversité des opinions, et que la délibération avoit été remise à la rentrée du Parlement. Cette expression de délibérer sur de secondes lettres de jussion surprend toujours d'abord. Cependant tous les présidents à mortier vinrent hier à Versailles, suivant l'usage ordinaire des vacances; ils firent leur cour, et furent assez bien reçus.

Le Roi alla coucher hier à Trianon; il tire aujourd'hui, et reviendra souper au grand couvert.

Par une autre lettre d'hier que je reçois ce soir, on me

---

(1) Avant les vacances.

mande que les bruits qui couroient depuis quelque temps de la retraite de M. de Puisieux se sont confirmés. Il y a longues années qu'il a une très-mauvaise santé, et qui augmente loin de se rétablir; enfin elle l'a obligé de demander permission au Roi de quitter un travail qu'il ne peut pas continuer. C'est un très-digne ministre, des services duquel le Roi est très-content. S. M. l'a reçu avec toutes sortes de marques de bonté; elle lui a offert des grâces, et il a remercié. Le Roi lui conserve sa place au conseil, et assure à Mme de Puisieux, après sa mort, 12,000 livres de pension. Le Roi a nommé M. de Saint-Contest, ambassadeur de France en Hollande, ministre des affaires étrangères. Il est veuf de Mlle Desvieux; il a été intendant de Bourgogne après M. de la Briffe. M. de Puisieux jouit de 83,000 livres de bienfaits du Roi; il a eu 24,000 livres de pension à la paix; il a 20,000 livres comme ministre; la lieutenance générale de Languedoc vaut 18,000 livres; la place de conseiller d'État 6,000 livres, et celle de chevalier de l'Ordre 3,000 livres.

Je vis à Versailles il y a dix ou douze jours M. le chevalier d'Havrincourt, frère de notre ambassadeur en Suède et exempt des gardes du corps. Il arrive de Malte faire ses caravanes. Il a passé à Naples et dans plusieurs cours d'Italie. Je lui ai fait des questions sur ce qu'il a remarqué chez les différents souverains de ces pays. Il dit que le roi de Naples parle peu; son amusement est la chasse à tirer et la pêche. La reine de Naples est grande et a l'air noble. M. de Fogliani est premier ministre de cette cour, et y est absolu. Mme de Castropignano, que nous avons vue ici ambassadrice, est très-bien avec la reine des Deux-Siciles et est sa favorite. Le palais des vice-rois à Naples est un ancien bâtiment peu agréable; mais il y a une belle et grande galerie qui donne sur le port des Galères, ce qui sert beaucoup à prévenir les séditions.

M. le chevalier d'Havrincourt a vu la cour de Parme à Colarno; l'Infant est charmant; il est poli, attentif, parlant toujours françois. Il aime beaucoup la musique ; il jouoit ci-devant du violoncelle, et toujours musique françoise ; présentement il joue du par-dessus de viole. Il se lève quelquefois dès quatre heures du matin pour en jouer, et outre cela il en joue encore plusieurs heures dans la journée. Il chasse le lièvre et le daim dans un bois d'environ 15 ou 1,800 arpents. Il mange seul avec l'Infante, qu'il aime beaucoup, et pour qui il a une grande considération et une entière confiance. Il descend après le souper chez Mme de Lède, où il y a cinq ou six personnes à souper; les jeux ne sont pas chers; on joue au reversi.

L'Infante est très-aimable ; elle ne joue point après le souper, mais elle se promène dans le jardin lorsque le temps le permet. Pendant que M. le chevalier d'Havrincourt y étoit, elle se promenoit avec M. de Crussol et avec lui.

M. de Crussol est aimé et considéré à cette cour ; l'Infante le traite avec toutes sortes de distinction ; elle voudroit l'avoir toujours avec elle, à peine a-t-il le temps de dîner. Il quitte l'Infante à deux heures ; elle est dans l'usage de le faire avertir à trois ou quatre heures ; il y est accoutumé ; souvent il la fait attendre une demi-heure, et elle s'y attend. Il tient un état honorable, donne à dîner tous les deux jours et fait fort bonne chère. Il est très-occupé à concilier les esprits des Italiens, Espagnols et François, fort brouillés du vivant de M. de Maulevrier.

L'Infant touche 400,000 livres d'Espagne de pension, et 40,000 livres seulement de son grand prieuré. C'est M. du Tillaut qui règle toute la maison et les finances de l'Infant. L'Infant est très-bien logé et très-bien meublé, et fait bonne chère. Il y a, pour les dames de la cour et les principaux officiers, la table qu'on appelle d'État, tenue par le majordome major ; elle est fort bonne.

M. de Bendad-Real, qui a été ministre d'Espagne auprès de l'Infant, n'avoit pas réussi à cette cour ; l'Infant même l'avoit pris en aversion, et il a été rappelé.

Le palais de Parme est entouré de murailles de tous côtés, et il n'y a point de jardins. Celui de Plaisance est plus agréable; il y a un jardin fort orné, mais qui n'est pas grand; il est composé d'un parterre fort long et de bosquets à côté.

Du mercredi 15, *Versailles.* — Samedi dernier, 11 de ce mois, le général des Carmes eut audience du Roi, de la Reine, de M. le Dauphin et de toute la famille royale; il est de Parme et s'appelle le P. Renal de Sainte-Marie; il a eu le traitement d'envoyé, c'est l'usage.

La nuit du dimanche 12 au lundi 13 de ce mois Mme la Dauphine accoucha de M. le duc de Bourgogne (1) à une heure un quart après minuit; elle n'eut de douleurs pour accoucher qu'environ un demi-quart d'heure, de sorte qu'il n'y avoit dans la chambre de Mme la Dauphine que Mme Dufour sa première femme de chambre, une femme de chambre de garde et celle de Mme Dufour. On envoya un des valets de pied de garde avertir Jard l'accoucheur; ce valet de pied ne savoit pas sa chambre : il frappa à plusieurs portes, ce qui fit perdre quelque temps. Enfin Jard arriva en pantoufles, mais assez à temps pour recevoir l'enfant (2). Mme la Dauphine étoit dans son lit; on n'eut pas le temps de faire entrer le lit de travail; elle étoit même dans son déshabillé ordinaire. Jard laissa assez longtemps l'enfant sous la couverture, voyant qu'il n'y avoit pas assez de témoins, d'ailleurs que la layette n'étoit pas encore là, ni Mme de Tallard pour le lui remettre entre les mains. Mme la Dauphine demanda à Jard pourquoi il n'ôtoit pas l'enfant; il répondit : « Je le laisse et pour

---

(1) Ce duc de Bourgogne, frère aîné de Louis XVI, mourut le 22 mars 1761.

(2) Dans les couches de la Reine et de Mme la Dauphine, la femme du grand chambellan a le droit de tenir la main pendant qu'elle accouche. La femme du premier gentilhomme de la chambre en service prétend, je crois, avoir le même privilége; mais elles ne s'y trouvèrent point à la naissance de M. le Dauphin. La Reine donna un moment sa main à Mme de Bouillon. (*Note du duc de Luynes.*)

cause; » elle lui demanda au moins de le ranger, parce qu'il lui donnoit des coups de pied. M. le Dauphin avoit été averti dès le moment de la première et unique douleur, et voyant que Mme la Dauphine alloit accoucher, il se souvint de ce que lui avoit dit Mme la maréchale de Duras (1).

M. le Dauphin voyant les mêmes circonstances sortit de la chambre, et fit entrer tout ce qu'il rencontra, jusqu'à la sentinelle même des gardes du corps, à qui il dit : « Mon ami, entrez vite là dedans pour voir accoucher ma femme. » Mme de Tallard étoit à jouer chez elle ; on entend un homme qui fait du bruit et qui entre chez elle presque en enfonçant la porte, quoique la clef y fût ; il étoit en papillotte ; il dit à haute voix : « Mme la Dauphine est accouchée, M. le Dauphin demande la remueuse, » et court encore. Mme de Tallard se fait porter le plus vite qu'elle peut ; les dames qui étoient chez elle la suivent; elles trouvent M. le Dauphin à la porte de l'antichambre transporté de joie ; il les embrasse, et leur dit : « Ma femme est accouchée heureusement et délivrée, mais je ne sais pas de quoi. » Mesdames avoient quitté Mme la Dauphine à onze heures et demie ; il n'étoit question de rien ; elles furent réveillées sur-le-champ. La Reine avoit été aussi avertie le plus tôt qu'il avoit été possible, mais elle n'arriva qu'après l'accouchement. M. de Sassenage étoit sorti de chez Mme la Dauphine à minuit et demi ; elle ne sentoit aucune douleur ; il fut réveillé, et il ne put arri-

---

(1) Mme la duchesse de Bourgogne accouchoit toujours assez promptement. A la naissance du second duc de Bretagne, frère aîné du Roi, on avertit Clément l'accoucheur. Clément voyant que Mme la duchesse de Bourgogne alloit accoucher, envoya sur-le-champ avertir le Roi ; on envoya trois courriers de suite à l'appartement du Roi ; il y eut si peu d'intervalle que le Roi dit au troisième : « Que l'on me donne au moins le temps de mettre ma culotte. » Mme de Maintenon fut avertie en même temps ; mais comme elle étoit prête à partir pour Saint-Cyr, elle étoit toute habillée, et arriva la première. L'accouchement pressoit ; on fit entrer tout ce qui se trouva, gardes du corps, laquais, porteurs de chaises. (*Note du duc de Luynes.*)

ver qu'après l'accouchement fait. On ne peut pas assurer cependant que Mme la Dauphine n'ait eu que cette seule douleur ; elle avoit cru avoir une indigestion le samedi, accident fort ordinaire aux femmes prêtes d'accoucher ; on la purgea le dimanche avec de la manne, du sel et un peu de rhubarbe ; sa médecine lui avoit fort bien fait ; elle avoit eu des douleurs qu'elle prenoit pour des tranchées et qui peut-être en étoient réellement, mais qui pouvoient être aussi des premières douleurs. Le Roi étoit à Trianon, où il avoit soupé, et devoit y coucher. Il jouoit au piquet ; il arrive un suisse, partie les cheveux épars, partie en papillottes ; il dit dans l'antichambre que Mme la Dauphine étoit accouchée d'un garçon. Un valet de chambre le dit tout bas à Mme de Pompadour ; elle n'en croit pas un mot, mais comme elle avoit l'air étonné, le Roi le remarque ; elle ne veut pas qu'il puisse croire que ce soit une mauvaise nouvelle, elle lui dit ce qu'on disoit, mais comme un bruit sans fondement. Le Roi sort pour tâcher d'en savoir davantage ; fort peu de temps après M. de Turenne arrive, et confirme la nouvelle ; il étoit parti de Trianon, dans sa chaise, après le souper du Roi, pour venir coucher à Versailles ; il entend dire dans les galeries l'accouchement ; il s'informe chez Mme la Dauphine ; Mme de Luynes y étoit à la suite de la Reine, elle lui assure la nouvelle ; il remonte en chaise, et va à toutes jambes à Trianon. Le Roi est saisi à cette nouvelle, et prêt à se trouver mal ; on le porte dans le premier carrosse qui se trouve : c'étoit celui de M. le prince de Conty ; il arrive chez Mme la Dauphine. Tout le monde y étoit assemblé. M. le cardinal de Soubise assisté de M. Jomart, curé de Notre-Dame de Versailles, ondoie l'enfant ; le Roi l'examine, le fait emmaillotter devant lui ; M. le garde des sceaux, comme trésorier de l'Ordre, lui passe le cordon bleu au col, comme aux ecclésiastiques, avec la petite croix dont on fait usage en pareil cas et que l'on dit avoir servi à Henri IV. L'usage ordinaire est que le trésorier de l'Ordre porte le cordon et la croix chez le prince nouveau-né; mais le Roi ordonna que cette cérémonie fût faite sur-le-champ chez Mme la Dauphine. Mme de Tallard emporta ensuite l'enfant dans une chaise à porteur; le Roi dit, suivant l'étiquette, à M. le duc de Villeroy, capitaine des gardes en quartier, de suivre M. le duc de Bourgogne jusque dans son appartement.

M. le duc de Gesvres envoya un courrier à la Ville aussitôt qu'il eut appris la naissance de M. le duc de Bourgogne : c'est son capitaine des gardes ou un officier de ses gardes quand c'est un prince, et la Ville lui donne une pension de 1,500 livres. Lorsque c'est une princesse, c'est un de ses pages qu'il envoie.

Le capitaine des gardes du corps envoie aussi à la Ville un chef de brigade quand c'est un prince, et un exempt quand c'est une princesse. Ce doit être le chef de brigade de service chez M. le Dauphin, et par cette raison ce fut M. de Saumery (1), chef de brigade. Mais celui-ci n'a point de pension; le présent ordinaire est une fort belle tabatière d'or. Pour l'exempt, en cas d'une fille, il y a aussi une tabatière d'or, mais de moindre valeur.

M. de Puisieux, continuant de faire les fonctions de sa place, quoique M. de Saint-Contest eût prêté serment la veille, dépêcha sur-le-champ des courriers dans toutes les cours.

Les harengères s'étoient assemblées à la première nouvelle de l'accouchement; elles vinrent en foule, et le peuple de Versailles, dans la cour de marbre; elles ne cessèrent de crier jusqu'à ce que le Roi fût couché; de là elles crièrent dans les galeries et sur la terrasse.

Le Roi resta chez Mme la Dauphine jusqu'à cinq heures du matin; il alla ensuite entendre la messe à la chapelle, et voulut que l'on chantât un *Te Deum* sur-le-champ. Les

---

(1) J'ai déjà dit que ces MM. de Saumery sont de Normandie, et ne son pas parents des sous-gouverneurs. (*Note du duc de Luynes.*)

musiciens n'étoient point avertis ; la plupart étoient venus d'eux-mêmes au château sur la nouvelle de l'accouchement, mais avant que tous fussent rassemblés il se passa une demi-heure ou trois quarts d'heure. Ce fut le *Te Deum* de M. de Blamont, et ce fut lui qui battit la mesure. J'ai déjà marqué le règlement fait en faveur du surintendant de la musique. La Reine, M. le Dauphin et Mesdames allèrent à la messe avec le Roi. M. le Dauphin avoit eu fort chaud ; Bouillac, son premier médecin, voulut lui représenter qu'il couroit risque de s'enrhumer ; il insista pour l'empêcher d'aller à la messe ; M. le Dauphin, apparemment impatienté, lui répondit : « Bon, j'ai un fils, je ne suis plus si cher. » Paroles respectables par le principe, mais que tout bon François n'entendra jamais qu'avec peine.

Tous les ministres étrangers, excepté mylord Marshall, nouvellement arrivé de Prusse, vinrent faire leurs compliments au Roi à son lever, à trois heures et demie après midi ; le nonce étoit à leur tête (1). Tous ceux qui avoient été à portée d'entendre le canon des Invalides et de la Bastille furent avertis par les décharges qui furent faites ; c'est l'usage en pareil cas, et le nombre de coups est réglé pour un prince ou pour une princesse. On auroit pu en savoir aussi des nouvelles par le courrier de M. de Gesvres. Chacun des ambassadeurs fit son compliment en particulier ; le Roi les reçut parfaitement bien, et fit longtemps la conversation avec eux. M. de Puisieux leur donna à dîner ; M. de Saint-Contest y étoit, et ce fut là la première occasion qu'il a eue de faire connoissance avec les ministres étrangers. Il verra demain mardi les étrangers chez M. de Puisieux, et le mardi suivant il leur donnera audience chez lui.

---

(1) J'ai déjà marqué que les ministres protestants ne font nulle difficulté de marcher à la suite du nonce. (*Note du duc de Luynes.*)

Le Roi a vu les princesses et les dames vers les cinq heures après midi ; elles ont aussi vu la Reine et M. le Dauphin tout de suite. Pour Mme la Dauphine, il n'y a que les princesses qui y soient entrées, et les femmes qui ont les grandes entrées.

Le même jour 13, il y eut un feu d'artifice, le soir, dans l'avenue de Paris, entre les deux écuries ; il fut fort court, mais magnifique par la prodigieuse quantité d'artifices, et très-bien servi.

Il y eut grand couvert à souper dans l'antichambre de la Reine, comme à l'ordinaire ; M. de Livry et M. de Chalmazel, premiers maîtres d'hôtel du Roi et de la Reine, y étoient avec leur bâton. Ils le prennent quand ils veulent, et c'est leur usage de le prendre les jours de cérémonie et de grande fête. Dans l'usage ordinaire, le maître d'hôtel de quartier, qui a le bâton, va à la bouche faire faire devant lui l'essai des viandes ; le premier maître d'hôtel n'est pas dispensé de cette fonction lorsqu'il prend le bâton. Lorsque le premier maître d'hôtel du Roi prend le bâton, celui de la Reine est obligé de le prendre ; M. de Livry peut le faire avertir, mais ordinairement le premier maître d'hôtel de la Reine sait quand il doit le prendre et n'a pas besoin d'avertissement. Il pourroit se trouver une espèce d'inconvénient aux grands couverts ; c'est que les deux bouches du Roi et de la Reine donnassent en même temps les mêmes entrées, plats de rôts et entremets pareils ; la règle est qu'il doit venir à la bouche du Roi un écuyer de la bouche de la Reine pour voir le menu ; cela se fait encore de temps en temps, mais comme on agit de concert, on évite les répétitions.

Pendant le souper, il y eut concert, exécuté par la musique de la chambre ; ce ne furent pas les vingt-quatre, comme cela se pratique à la Saint-Jean, à la Saint-Louis, etc. Le Roi avoit dit que l'on supprimât les timbales, à cause du bruit qu'elles pourroient faire à Mme la Dauphine ; M. d'Aumont en avoit donné l'ordre tout haut, mais comme il y avoit beaucoup de monde, on ne rendit point cet ordre à M. de Blamont.

Le lundi 13, peu de temps avant que l'on tirât le feu d'artifice, le feu prit dans un grenier de la grande écurie, sur le derrière, à l'aile du côté de l'avenue de Saint-Cloud. Beaucoup de gens virent les flammes; on les voyoit même fort bien de l'appartement de Mme de Luynes, mais on croyoit que c'étoient des feux de joie allumés dans les cours de derrière de la grande écurie, ou même par delà. On ne s'aperçut du commencement de l'incendie que lorsqu'il eut fait beaucoup de progrès. Comme c'étoit après le feu d'artifice tiré, on crut que c'étoit une fusée qui étoit tombée dans le grenier, mais on a su depuis que c'étoit une lumière placée avec trop peu de précaution dans le grenier au foin ou à l'avoine; l'un et l'autre ont été consumés. Le feu fut extrêmement violent. M. le duc de Biron y alla avec toute la garde françoise et suisse; le feu a duré jusqu'à mardi au soir, et toute la charpente qui entoure la cour de la grande écurie du côté de l'avenue de Saint-Cloud a été brûlée, ainsi qu'une partie de la charpente du cintre qui est depuis la salle de l'opéra jusqu'à l'aile qui donne sur l'avenue de Saint-Cloud (1). MM. de Vaudeuil ont beaucoup perdu; ils étoient à Paris; il a fallu enfoncer leur porte, et on a jeté tous leurs meubles par les fenêtres. On compte qu'il y a eu neuf ou dix soldats aux gardes blessés, un de tué, et un sergent françois nommé Bellecour, fort estimé, blessé dangereusement; outre cela, plusieurs ouvriers tués et blessés. M. de Biron a donné lui-même tous les ordres nécessaires, et M. de Lujac, colonel d'infanterie, ci-devant page de la grande écurie, y a couru avec la plus grande vivacité; et sans songer à un habit neuf qu'il avoit ce jour-

---

(1) On avoit jugé que le dommage pouvoit aller à 100,000 écus; il me paroît que MM. des Bâtiments ne le croient pas aussi considérable. (*Note du duc de Luynes.*)

là, a travaillé comme un ouvrier, et a donné tout l'argent qu'il avoit dans sa poche pour encourager les autres au travail; il vouloit même emprunter de l'argent pour pouvoir donner davantage.

L'entrepreneur des fourrages, à qui l'on a demandé à combien montoit la perte qu'il avoit faite, a répondu, avec une vérité et une probité toujours trop rares, qu'il n'y avoit de perte que pour 1,000 écus.

La même nuit, à deux heures du matin, le feu prit aussi à la petite écurie par une fusée tombée dans le grenier. M. le Premier y alla et M. de Biron. Celui-ci fit avancer un détachement de la garde occupée à la grande écurie; il monta, non sans danger, au milieu des coffres, meubles, malles, qu'on descendoit avec effroi, sans que personne pût lui indiquer où étoit le feu. Il fit enfoncer une grille de fer, et fit monter par cet endroit un soldat, à qui il donna cinq louis pour aller dans le grenier. Ce soldat lui rapporta une fusée encore toute fumante qui étoit accrochée dans le toit du grenier. M. de Biron fit monter beaucoup d'autres soldats; on jeta une grande quantité d'eau, et le feu fut éteint en moins d'une heure.

Le même jour 13, M. le duc de Boufflers mourut, à Paris, de la petite vérole, le troisième jour de sa maladie. Il ne laisse qu'une fille, âgée seulement de trois mois. Il en avoit eu une autre, qui mourut le jour même de la naissance de celle-ci. Il avoit eu le gouvernement de Flandre et celui de Lille à la mort de son père. Ces deux gouvernements valent suivant l'état du Roi 88,000 livres, y compris 60,000 livres d'appointements, et 97,000 livres les années d'États; mais ils valoient 120,000 livres à M. de Boufflers, parce qu'il y a beaucoup d'autres droits que ce qui est marqué dans les états du Roi.

Mme de Luxembourg (Villeroy) a sur ce gouvernement 20,000 livres de pension depuis la mort de M. de Boufflers, son premier mari. Le Roi vient d'accorder à la nouvelle veuve 10,000 livres sur le même gouvernement.

Mme de Luxembourg conserve les 20,000 livres de pension ; il n'y a que les créanciers de M. de Boufflers qui perdront à cet arrangement, parce que feu M. de Boufflers leur abandonnoit presque entièrement les revenus du gouvernement.

Ce gouvernement a été donné, aujourd'hui 15, à M. le prince de Soubise, qui avoit celui de Champagne et de Brie, dont il se démet. Champagne et Brie valent 70,000 livres. Feu M. le prince de Rohan, qui avoit ce gouvernement, a dit à Mme de Luynes qu'il valoit 70,000 livres. On prétend cependant qu'il n'en vaut pas plus de 50,000.

Sur la démission de M. de Soubise, Champagne a été donné à M. le comte de Clermont (Prince). M. de Soubise avoit un brevet de 400 et tant de mille livres sur ce gouvernement, qui passe sur celui de Flandre.

L'intention de M. de Soubise est d'aller passer trois à quatre mois en Flandre, chaque année, et d'y commander. En général tout gouverneur n'est pas commandant de droit dans son gouvernement ; il faut un ordre particulier ; cependant il y a quelques gouvernements (celui de Flandre est du nombre) auxquels, dans les provisions, on joint le titre de commandant à celui de gouverneur. Bien entendu toujours que c'est la volonté du Roi qui décide si le gouverneur usera de ce droit. Enfin la volonté de M. de Soubise est d'en user. Il a des terres et autres biens considérables dans ce pays-là, et la maison même où logeoit M. de Brezé est à M. de Soubise. Le Roi a eu la bonté de dire à M. de Brezé que ce nouvel arrangement ne feroit aucun changement par rapport à lui ; que soit qu'il voulût y rester ou s'absenter, il seroit toujours payé comme il l'a été depuis qu'il y commande. Il seroit vraisemblablement difficile que M. de Brezé, qui est lieutenant général plus ancien que M. de Soubise, pût rester en Flandre, mais il y reprendra le commandement en l'absence de M. de Soubise.

M. de Boufflers n'étoit pas riche. Sa veuve, qui est Mont

morency, n'a eu en se mariant que 4,000 livres de rente. Elle devoit alors toucher 100,000 écus promis par sa grande-mère, qui lui assura outre cela 200,000 livres; mais on ne lui a payé de tout cela que 100,000 livres, encore a-t-on compté pour 20,000 livres d'effets, comme meubles, vaisselle d'argent, etc. La grande-mère (1) devoit payer la rente des 200,000 livres; mais lorsqu'on lui a demandé de l'argent, elle a dit qu'elle déshériteroit sa petite-fille si on la pressoit encore de payer. Cette grande-mère est riche, mais fort avare.

Le 14, mylord Marshall eut audience particulière du Roi; j'ai déjà dit ci-dessus que le roi de Prusse l'a nommé son ministre en France à la place de feu M. Chambrier. Ce prince lui donne 30,000 livres d'appointements et 8,000 livres pour les frais de son voyage.

Ce même jour le Roi donna l'ordre à M. de Brezé pour dimanche prochain 19 de ce mois. Il ira ce jour-là l'après-dinée au *Te Deum* à Notre-Dame à Paris avec la Reine, M. le Dauphin et Mesdames. Les cours supérieures seront invitées.

Ce même jour 14 le Roi, la Reine et toute la famille royale signèrent le contrat de mariage de M. Chalut, trésorier de la maison de Mme la Dauphine; il épouse mercredi prochain Mlle Varanchan (2), femme de chambre de Mme la Dauphine (3).

Ce même jour, Mme la maréchale de Duras présenta Mme de Durfort (c'est une demoiselle de Gasgogne); elle a été sur-le-champ nommée par le Roi dame surnuméraire de Mesdames cadettes, comme Mme de Choiseul est surnuméraire de Mesdames aînées. Son mari, qui n'est point dans le service, est frère aîné de l'aide-major des

---

(1) Mme de Bellesme, grande-mère maternelle. (*Note du duc de Luynes.*)
(2) Voy. sur cette demoiselle les *Mémoires de Marmontel*, édition Didot, p. 188 et suiv.
(3) Le mariage s'est fait à Versailles. (*Note du duc de Luynes.*)

gardes du corps. Ils sont les aînés des Durfort ; mais les biens, étant en pays de droit écrit, ont passé par donation aux Civrac, qui sont leurs cadets.

Il y eut hier une difficulté entre les huissiers de l'antichambre de la Reine et les pages de M. le duc et de Mme la duchesse de Chartres. Ceux-ci prétendent que du temps de la Régence ils avoient le droit d'entrer dans la première antichambre de la Reine pendant le grand couvert, et qu'ils en ont toujours joui depuis. Les huissiers soutiennent qu'ils n'ont pas plus de droit que les autres, parce qu'il ne doit point y avoir pendant le grand couvert de livrée dans ladite antichambre, que des pages du Roi, de la Reine et de Mme la Dauphine, que nulle autre livrée n'y doit entrer. La question a été portée à M. de Saint-Florentin ; elle n'est pas encore décidée.

Aujourd'hui, 15, le Roi a entendu la messe dans la tribune et est ensuite descendu en bas avec M. le Dauphin et Mesdames. S. M. a tenu avec Madame Henriette le fils de Mme de la Rivière (La Rivière), dame de Mesdames. Il a été nommé Louis-Henri. C'est M. le cardinal de Soubise qui a fait la cérémonie, assisté de M. Jomart, curé de Notre-Dame, en étole. L'enfant a quatre mois ; il n'a fait qu'un cri depuis le commencement de la cérémonie jusqu'à la fin.

Du jeudi 16, *Versailles.* — M. et Mme de Puisieux ont cédé leur appartement à M. de Saint-Contest, qui a prêté serment le 12. L'appartement qu'occupoit M. le cardinal Tencin, au bout de la galerie des princes sur la cour de la surintendance, a été donné à M. et à Mme de Puisieux ; on y a fait plusieurs changements, on en a même retranché une pièce pour faire un autre logement ; et ces changements n'étant pas faits, M. le prince Charles, ou plutôt M. le comte de Brionne, leur a prêté son appartement à la grande écurie, qui est fort grand et fort beau et qui n'a point été endommagé par le feu.

Le Roi déclara il y a deux jours sa volonté au sujet des

fêtes de la Ville. Il dit que ces fêtes étant fort chères et peu utiles, il étoit plus à propos d'employer cet argent à rendre douze cents personnes heureuses, ou au moins en état de le devenir ; qu'il falloit marier six cents filles. On leur donnera à peu près 100 écus à chacune. Cent écus sera la règle commune, mais on donnera aux unes plus, aux autres moins, suivant le cas où elles se trouveront. Lorsqu'il s'agira de faire apprendre un métier un peu plus cher à un jeune homme qui y aura de la disposition, on lui donnera à l'occasion du mariage plus de 100 écus ; à d'autres il ne sera pas nécessaire de donner autant. On estime environ 180,000 livres cette dépense que fera la Ville. On voudroit faire ces mariages tous en un même jour, au moins tous ceux de chaque paroisse.

Les princesses ont demandé à la Reine la permission de la suivre au *Te Deum* à Paris ; elles y vont toutes cinq : Mme la duchesse de Chartres, Mme la princesse de Conty, Mme de Modène, Mlle de Charolois et Mlle de Sens, et Mme de Luynes en sixième. Mme de Luynes les a envoyé avertir depuis, par un valet de chambre de la Reine, de l'heure à laquelle la Reine partiroit.

Depuis le jour de la naissance de M. le duc de Bourgogne, il y a eu trois jours d'illumination à Paris et ici, et les boutiques ont été fermées. Il y a eu sans cesse dans le château un grand concours de peuple. Les corps de métiers ont voulu donner des marques de leur joie par des chansons, des violons, des danses et des présents. Les tailleurs ont apporté une veste pour M. le duc de Bourgogne ; les cordonniers un soulier ; les tapissiers un lit ; les boulangers, de la farine pour faire de la bouillie. Les bouchers vouloient aussi donner à la cour une marque de leur joie à leur goût : c'étoit de tuer un bœuf dans la cour de marbre ; mais on n'a pas jugé que ce spectacle convînt ni au lieu ni au sujet.

Il y a déjà eu de distribué chez M. le Dauphin 15,000 livres à tous ces différents corps de métiers, ouvriers, etc.

Chez M. le duc de Bourgogne, on donne 10 écus à chacun de ces différents corps, quelquefois 36 livres lorsque la compagnie est plus nombreuse.

Le Roi a fait présent à Mme la Dauphine d'un nœud, d'une aigrette, de grandes boucles de chien; le tout de rubis et de diamants. Il y a surtout un rubis d'une très-grande beauté, qui vient d'une armure dont le Grand Seigneur a fait présent au Roi en 1722.

La Reine a aussi fait présent à Mme la Dauphine d'une tabatière d'or émaillée, et dans le milieu des camaïeux; une boîte de laque garnie d'or contenant quatre boîtes de quadrille aussi garnies d'or, qui feroient bien quatre belles tabatières, et une écritoire de poche d'or émaillée, et un bougeoir aussi de laque. C'est un présent au moins de 150 ou 200 louis.

La musique de la chapelle n'ira point à Notre-Dame pour le *Te Deum;* il sera exécuté par la musique de Notre-Dame. Il y aura seulement quelques-unes des belles voix de la chapelle.

J'ai appris ces jours-ci quelques détails sur les régiments des gardes françoises et suisses qui méritent d'être écrits. Le régiment des gardes françoises est de 6 bataillons de plus de 800 hommes chacun; ainsi il est au moins de 4,800 soldats, sans compter les compagnies de grenadiers.

Les Suisses n'ont que 4 bataillons; et dans les gardes ou détachements, les Suisses fournissent les deux tiers des François. Le colonel des Suisses, même M. le prince de Dombes, ne prend l'ordre du Roi qu'après M. de Biron. Les Suisses doivent faire et font tout ce que font les François. Les François les avertissent des ordres qu'ils ont reçus, et les Suisses reçoivent en conséquence les ordres de leur commandant. Le colonel des Suisses ne peut jamais commander les François, mais M. de Biron, aux revues générales, commande le tout. Dès que les deux gardes sont mêlées, elles ne forment qu'une brigade, et c'est M. de Biron qui la commande. M. le prince de Dombes demanda au Roi il y a quelques années ses ordres pour le jour de la revue; le Roi lui dit : « Je le dirai au duc de Biron, il vous le fera savoir. »

La Reine nous dit il y a deux jours un rêve qu'elle avoit fait la veille ou l'avant-veille de l'accouchement de Mme la Dauphine, et qui la réveilla ; elle crut voir quelqu'un qui venoit l'avertir que Mme la Dauphine étoit accouchée d'un garçon, si promptement que personne n'avoit pu s'y trouver. Lorsqu'elle descendit chez Mme la Dauphine, elle lui conta ce rêve comme singulier. Mme la Dauphine lui dit qu'elle en avoit fait un semblable la même nuit. Il n'est pas extraordinaire que la Reine ait pu rêver à l'accouchement de Mme la Dauphine; mais que les circonstances des deux rêves aient été absolument pareilles, c'est ce qui mérite d'être remarqué.

Du samedi 18, Versailles. — J'appris hier que Mme de Rupelmonde (Alègre) a acheté la maison de campagne de M. le duc de Penthièvre à Bercy 80,000 livres.

M. le duc Ossolinski est arrivé aujourd'hui de Lunéville ; il est grand maître de la maison du roi de Pologne Ce prince doit arriver ici le 20. Il logera dans l'appartement de M. le comte de Clermont, prince du sang.

On a su aujourd'hui que le Roi a fait duc M. le marquis de Mirepoix. On croit qu'il prendra le nom de Lévis ; ce n'est point duc et pair, mais duc enregistré. Le courrier qu'on lui a dépêché (1) pour la naissance de M. le duc de Bourgogne est aussi porteur de la grâce de cette dignité ; mais cette affaire est encore un secret.

Le régiment de Navarre qu'avoit feu M. de Boufflers n'est pas encore donné.

M. de Saint-Germain, qui vient d'être fait cordon rouge, commande à Bouchain, et jouit actuellement de 25 à

---

(1) M. de Mirepoix était ambassadeur à Londres.

30,000 livres de rente de bienfaits du Roi. Il a été au service de Bavière, et a passé depuis au service de France ; c'est un très-bon officier, peu riche par lui-même. Son père étoit de Dauphiné, et y commandoit les milices.

Du dimanche 19, Versailles. — Aujourd'hui le Roi, la Reine, M. le Dauphin, Mesdames, Mme la duchesse de Chartres, Mme la princesse de Conty, Mme de Modène, Mlle de Charolois et Mlle de Sens ont été au *Te Deum* à Notre-Dame. La Reine est partie d'ici à deux heures un quart ; elle avoit quatre carrosses à huit chevaux gris. On sait que la Reine n'a que trois carrosses du corps et celui des écuyers. On avoit demandé un des carrosses de Mme la Dauphine ; ainsi la Reine avoit quatre carrosses du corps. S. M. et Mesdames (1) remplissoient le premier ; les princesses et Mme de Luynes le second.

Dans les troisième et quatrième, Mme la duchesse de Villars (Noailles), Mme de Montauban (Mézières), Mme de Flavacourt (Mailly), Mme de Talleyrand (Chamillart), Mme de Saulx (Tessé), Mme de Périgord (Chalais), Mme d'Agénois (Plélo), Mme la comtesse de Gramont (de Faux), Mmes de Turenne (Marsan), de Talmont (Jablonowski) et duchesse de Biron (La Rochefoucauld-Roye). Je ne mets point l'arrangement des places, ni des carrosses ; il n'y avoit, comme l'on voit, que sept dames du palais ; toutes auroient dû suivre la Reine, parce que dans les cas de cérémonie, il n'est plus question de semaines ; mais la Reine avoit bien voulu dispenser de la suivre Mmes de Fitz-James (Matignon) et de Bouzols (Berwick-Fitz-James), qui sont en grand deuil, Mme de Fleury (d'Auxy), qui est

---

(1) On avoit d'abord cru que Mesdames Sophie et Louise, qui n'avoient point encore été à Paris, auroient été quelques jours auparavant, pour qu'il leur fût rendu les honneurs dus aux filles de France la première fois qu'elles vont à Paris, honneurs qui ne peuvent leur être rendus en présence du Roi, de la Reine, de M. le Dauphin, de Mme la Dauphine ou de Mesdames leurs sœurs aînées, parce que les honneurs sont toujours rendus à la personne principale. (*Note du duc de Luynes.*)

grosse et hors d'état de faire le voyage, Mme de Montoison (Clermont-Tonnerre), qui est toujours fort incommodée depuis sa grande maladie, Mme de Boufflers (Montmorency), qui est en grand deuil de son mari, et Mme d'Antin (Luxembourg), qui s'étoit trouvée mal la nuit du 18 au 19.

M. le Dauphin avoit deux carrosses pour ses menins, et outre cela il avoit donné une place dans chacun de ces carrosses à M. le duc de Saint-Aignan (1) et à M. le comte de Noailles.

Mesdames aînées et cadettes avoient trois ou quatre carrosses dans lesquels étoient leurs dames d'honneur et d'atours et les dames qui leur sont attachées ; et outre cela Mesdames aînées avoient donné place dans leurs carrosses à deux dames, et Mesdames cadettes en avoient donné trois.

Le Roi avec M. le Dauphin partit environ une demi-heure après, dans un vis-à-vis ; et tous ceux qui avoient l'honneur de suivre le Roi partirent en même temps dans des berlines de S. M. à quatre places. Ce ne fut qu'au rond du Cours (2) que le Roi monta dans ses grands carrosses. Ce fut là aussi qu'il prit les troupes de sa garde, gendarmes, chevau-légers et mousquetaires. On sait que les mousquetaires noirs sont les premiers en avant, ensuite les mousquetaires gris. Les chevau-légers, qui étoient tous montés sur des chevaux de distinction et équipés avec un soin et une recherche qui a été remarquée, marchoient im-

---

(1) Il avoit été réglé que l'on quitteroit le deuil pour cette cérémonie, mais non pas les grands deuils, et M. de Saint-Aignan, qui étoit à la suite de M. le Dauphin, et qui est en deuil de M. l'ancien évêque de Beauvais, son frère, ne le quitta point. (*Note du duc de Luynes.*)

(2) Pendant le temps que l'on relayoit au rond du Cours, la Reine remarqua l'empressement du peuple, qui cherchoit à voir Mesdames ; ils disputoient ensemble sur les noms de Mesdames, qu'ils ne connoissoient pas. La Reine, pour contenter leur curiosité, leur nomma Mesdames l'une après l'autre ; cette bonté et attention fit un plaisir infini, et il y eut beaucoup de cris de joie. (*Note du duc de Luynes.*)

médiatement à la tête des chevaux du carrosse du Roi, les gardes du corps immédiatement derrière, et derrière eux les gendarmes de la garde. Le capitaine-lieutenant des chevau-légers, ou celui qui commande, a sa place marquée à côté de la roue de devant, et celui des gendarmes à la roue de derrière. Dans le carrosse du Roi étoient M. le Dauphin, M. le duc de Chartres, M. le prince de Condé, M. le comte de Clermont, M. le comte de la Marche. Il y avoit un autre carrosse du Roi, de même grandeur, pour le service, dans lequel étoient M. de Turenne, M. d'Ayen et M. de Tallard dans le fond, M. d'Estissac et M. de Fleury sur le devant, et aux deux portières M. de Gontaut et M. de Sourches (1). Outre le carrosse du Roi et le carrosse de service, il y avoit encore deux carrosses de S. M. qui marchoient avant les mousquetaires noirs, et par conséquent fort en avant du Roi ; j'étois dans l'un de ces carrosses, dans le fond, ayant à gauche M. le maréchal de Duras ; les autres places de ce carrosse étoient remplies par MM. les ducs de Duras et de Lauraguais, mylord Clare, M. d'Armentières et M. de Croissy.

Il y avoit en tout 25 carrosses ou même 27 : 4 au Roi, 5 à la Reine compris celui des écuyers, 3 à M. le Dauphin, 3 à Mesdames aînées, 2 à Mesdames cadettes, 1 à M. le duc de Chartres, 1 à M. le prince de Condé, 1 de la maison de Conty, 1 à Mme de Modène, 1 à Mlle de Charolois, 1 à Mlle de Sens ; outre cela, 1 à Mme de Luynes, 1 à Mme de Beauvilliers, et 1 à Mme la maréchale de Duras.

J'ai oublié de marquer que ceux qui voulurent avoir l'honneur de suivre le Roi se firent écrire chez M. d'Aumont, parce que M. de Gesvres, qui est d'année, étoit occupé à Paris, et que les billets d'avertissement furent en-

---

(1) M. de Gontaut ni M. de Tallard ne doivent point être comptés comme service. (*Note du duc de Luynes.*)

voyés par M. le Premier. On trouvera ci-joint celui que j'ai reçu (1).

La marche se fit au pas et avec beaucoup d'ordre jusqu'à Notre-Dame. Le Roi trouva à la descente de son carrosse, dans le parvis Notre-Dame, M. le prince de Dombes et M. le duc de Penthièvre qui l'attendoient avec M. le maréchal de Noailles. M. le duc de Gesvres et M. le prévôt des marchands étoient occupés à l'hôtel de ville. Le Roi arriva un grand demi-quart d'heure avant la Reine, et entra dans l'église. M. l'archevèque l'attendoit à quelque distance de la porte, en dedans, avec son clergé. Le Roi, qui vouloit attendre la Reine, au lieu de s'avancer à M. l'archevèque, tourna tout d'un coup à droite, et se mit derrière la porte pour éviter le vent, qui étoit fort froid. Lorsque la Reine fut arrivée, le Roi s'avança à M. l'archevèque ; après lui avoir présenté de l'eau bénite, il lui présenta une croix de vermeil dans laquelle il y a un morceau de la vraie croix ; le Roi se mit à genoux, et la baisa. M. l'archevèque l'encensa et lui fit un compliment fort court. Le Roi s'avança, précédé de M. l'archevèque et de tout le clergé, jusqu'au milieu du chœur, où étoit son prie-Dieu. Les cours supérieures avoient été averties par le grand maître des cérémonies ; le Parlement à droite, c'est-à-dire la chambre des vacations et plusieurs officiers du Parlement, car tout le grand banc y étoit ; à gauche en entrant étoient la chambre des comptes, la cour des aides et la Ville. Le grand conseil n'a point de place dans ces cérémonies. Le chœur de Notre-Dame est beaucoup trop étroit en semblable occasion. Les dames eurent assez de peine à y trouver place ; on y avoit cependant placé des tabourets et des bancs tout le plus qu'il avoit été possible.

---

(1)   COPIE DU BILLET ÉCRIT SUR UNE CARTE.

M. le duc de Luynes accompagnera S. M. dans ses carrosses.

Signé : BÉRINGHEN.

Presque tous les ducs qui y étoient, quoique n'étant point de service, y avoient fait porter des carreaux, qu'ils mirent devant eux. Le *Te Deum*, le *Domine salvum fac Regem*, avec la bénédiction, durèrent près d'une heure. La marche au retour se fit de la même manière. Le Roi revint au pas presque jusqu'à la montagne des Bons-Hommes, et ce furent les mêmes carrosses qui avoient servi dans Paris qui ramenèrent à la Meutte. On reprit les berlines à quatre places pour retourner de la Meutte à Versailles.

Il y a eu peu d'accidents dans ce voyage de Paris, quelques-uns dans le peuple, que la garde fut obligée d'éloigner ; et ce qui est singulier, c'est que vu le nombre prodigieux de petites rues qui sont autour de Notre-Dame, et le nombre prodigieux de carrosses et de troupes à cheval qui accompagnoient le Roi, tout trouva sa place, et pendant le *Te Deum* tout fut arrangé de manière que les mêmes carrosses qui arrivèrent à Notre-Dame se trouvèrent rangés pour le départ sans aucun embarras ni confusion.

Le Roi arriva à la Meutte sur les huit heures, et la Reine fort peu de temps après. La Reine trouva beaucoup de changement dans cette maison ; anciennement elle étoit simple, présentement elle est double. En entrant, il y a un grand vestibule dans lequel on mit une table de vingt-quatre couverts pour les hommes ; par delà le vestibule est un salon où l'on établit une table de trente couverts. La salle à manger est à droite de ce salon ; on y mit une table aussi de trente couverts ; mais toutes ces tables ne furent dressées qu'une demi-heure ou environ après l'arrivée de la Reine. A gauche du salon est le cabinet d'assemblée, derrière lequel est un autre cabinet, donnant sur le jardin. Le cabinet d'assemblée est meublé d'une tapisserie de gros de Tours blanc, sur lequel on a peint à l'huile des fleurs qui font un effet admirable. Les portières, rideaux de fenêtres, sont assortis à ce meuble ; il ne manqueroit rien à sa perfection, si toutes les couleurs étoient du même ton; mais cette parfaite égalité est fort difficile. Il n'y eut point de jeux avant le souper ni après. Le Roi se mit à table dans la salle à manger avant dix heures. Les princes du sang qui avoient accompagné le Roi jusqu'à la Meutte s'en allèrent immédiatement après. M. le prince de Dombes et M. le duc de Penthièvre ne vinrent point à la Meutte.

Le Roi, la Reine, M. le Dauphin et Mesdames occupoient en entier l'un des grands côtés de la table; les cinq princesses du sang ensuite, suivant leur rang; Mme de Luynes et Mme de Villars ensuite à droite et à gauche. Il y avoit vingt dames (1), sans compter la Reine et Mesdames. Dans le second salon, comme j'ai dit, il y avoit une table de trente couverts (2); on avoit cru d'abord qu'elle étoit pour les dames. Comme il y avoit beaucoup de places de vacantes, M. de Gontaut vint qui se mit à cette table, et il fit fort bien, car elle étoit pour les hommes et pour les femmes. Mme de Montauban, qui avoit la migraine, ne voulut point se mettre à cette table; elle et Mme de Flavacourt vinrent se mettre à la nôtre, où nous n'étions en les comptant que vingt et un. Outre ces trois tables, il y en avoit deux chez M. le Premier; elles furent servies toutes les cinq en même temps avec beaucoup d'ordre et de promptitude. Il y avoit encore une table pour les officiers des gardes du corps. Tous les soupers furent finis avant minuit. Le Roi et la Reine partirent fort peu de temps après, et étoient arrivés à Versailles à une heure.

J'aurois dû parler plus tôt de l'accident arrivé à M. le

---

(1) Mme la maréchale de Duras, qui auroit dû manger à la table du Roi, mange toujours seule; elle mangea dans sa chambre, à cause de sa santé. (*Note du duc de Luynes.*)

(2) Il y avoit en tout à la Meutte cinquante-deux dames en comprenant la Reine, Mesdames et les dames d'honneur. (*Note du duc de Luynes.*)

chevalier Dauger, des gardes du corps. Un soldat des
gardes françoises étant en haie et qui avoit la baïonnette
au bout du fusil, voulant faire ranger la populace avec
la crosse, donna un coup de baïonnette dans la jambe à
M. Dauger ; la botte fut percée, et la plaie à la jambe fort
grande, profonde et fort douloureuse.

Du lundi 20, *Versailles*. — Le roi de Pologne, duc de
Lorraine, arrive à Versailles ce soir. La Reine avoit envoyé au-devant de ce prince M. le maréchal de la Mothe,
et Mme la Dauphine M. le comte de Mailly qui l'avoient
attendu à la poste à Bondy. M. le duc Ossolinski, qui étoit
arrivé deux jours avant le roi de Pologne, étoit aussi retourné à Bondy au-devant de ce prince. Le voyage de
Paris avoit empêché que l'on envoyât un carrosse de la
Reine jusqu'à Bondy ; on en avoit envoyé un seulement
jusqu'à Sèvres. Mme la princesse de Talmont s'étoit avancée
dans ce carrosse, et y attendit quatre ou cinq heures. La
Reine avoit fait collation dans le cabinet de Mme de Luynes
(c'étoit un jour de jeûne). A la première nouvelle que le
roi son père étoit en chemin, elle courut à l'appartement
de M. le comte de Clermont, qui lui étoit destiné, et traversa la salle des gardes que l'on appelle le magasin, où
il y avoit un grand bal, mais on avoit laissé un passage.
La Reine, après avoir examiné pendant quelque temps les
flambeaux qui paroissoient dans l'avenue, prit le parti de
revenir chez Mme de Luynes ; après une petite demi-heure
de temps, on vit arriver les flambeaux ; la Reine courut
aussitôt, elle trouva le roi de Pologne qui montoit l'escalier de marbre ; elle l'embrassa et lui baisa la main
plusieurs fois. M. le Dauphin arriva de chez lui dans le
même moment ; il embrassa le roi de Pologne, mais sans
lui baiser la main. Ils entrèrent tous trois dans l'appartement de M. le comte de Clermont ; il y entra plusieurs
personnes en même temps. M. le Dauphin y resta peu de
temps ; la Reine monta dans le cabinet de derrière avec
le roi son père ; le tête-à-tête ne fut pas long : il étoit heure

indue pour le roi de Pologne. Elle revint jouer chez moi comme à l'ordinaire.

Le lendemain 21, le roi de Pologne vit le Roi, M. le Dauphin, Mme la Dauphine, M. le duc de Bourgogne et Mesdames.

Ce même jour lundi 20 il y eut, comme je l'ai dit, un grand bal dans le magasin; c'est un témoignage de joie de la naissance de M. le duc de Bourgogne que les gardes du corps ont voulu donner; ils avoient d'abord voulu le donner le dimanche, mais il fut remis à cause du jeûne du lendemain. La salle étoit très-bien ornée et éclairée par un grand nombre de chandeliers de cristal. On avoit placé des gradins dans la salle des gardes de la Reine, et sur ces gradins beaucoup de rafraîchissements; à minuit il y eut des pâtés, des langues, etc. Le bal commença sur les six heures; la Reine et M. le Dauphin y vinrent; M. le Dauphin y dansa et Mesdames; tout se passa avec beaucoup d'ordre. Ce bal, dont les frais vont à 8 ou 10,000 francs au moins, est aux dépens de tous les gardes du corps; les officiers en payent leur part. L'orchestre, composé des meilleurs violons de Versailles, étoit assez grand et bien placé; après minuit on en fit passer une partie dans la salle des gardes du Roi pour diviser un peu les danseurs et séparer ceux qui n'étoient pas de même espèce. M. le Dauphin, après son souper, y dansa jusqu'à près de quatre heures. C'est une marque de bonté que cette attention de M. le Dauphin qui mérite d'être remarquée, d'autant plus qu'il n'aime point la danse et qu'il aime à se coucher de bonne heure.

Le mardi 21 la musique de la chapelle fit chanter un *Te Deum* à la paroisse Notre-Dame, l'après-dînée. Ce *Te Deum* étoit de la composition de l'abbé Blanchard, qui battoit la mesure. Mon frère y officia, assisté des chantres de la grande chapelle. L'église étoit fort bien éclairée, et surtout le dessus de l'autel. On avoit établi des planches sur les bancs qui sont entre la croisée de la nef et la grille du chœur, et c'étoit sur cette espèce d'échafaud que les musiciens étoient. La Reine, M. le Dauphin et Mésdames étoient au *Te Deum;* le roi de Pologne n'y alla point. La Reine et toute la famille royale étoient dans les stalles. Il n'y avoit ni princes ni princesses du sang; Mme de Modène y étoit dans la tribune de Mme la comtesse de Toulouse.

M. le cardinal Tencin avoit dit à mon frère, plus de quinze jours avant son départ pour Lyon, qu'il avoit demandé au Roi de le nommer pour remplir sa place dans le bureau des affaires ecclésiastiques, et que le Roi l'avoit nommé avec plaisir, mais que c'étoit au président de ce bureau, qui est M. le cardinal de Soubise, à lui apprendre directement cette nouvelle; qu'il falloit l'ignorer jusqu'à ce moment. M. le cardinal de Soubise étoit alors en Alsace; mon frère ne recevant point de ses lettres a attendu son retour; il l'a vu plusieurs fois sans entendre parler de rien et sans faire aucune question. Enfin hier M. le cardinal de Soubise lui en parla pour la première fois, en présence de M. l'évêque de Meaux, qui est aussi de ce bureau, dès le temps de M. le cardinal de Rohan. M. le cardinal de Soubise ne savoit pas la forme nécessaire, s'il falloit un brevet, ou s'il falloit qu'il en rendît compte de nouveau au Roi. M. l'évêque de Meaux lui a dit que pour lui M. le cardinal de Rohan avoit pris un bon du Roi, qui lui avoit été donné et qu'il gardoit; apparemment que M. le cardinal de Soubise suivra le même exemple.

J'ai oublié de marquer que la Reine alla le mardi 31 août dîner chez Mme la comtesse de Toulouse à Luciennes.

MM. les évêques de Belley et de Lombez prêtèrent serment entre les mains du Roi, à la chapelle, le 28. Le prédécesseur étoit à Belley Tinseau, et pour Lombez Maupeou. M. l'évêque de Tarbes prêta aussi serment le 30. Le prédécesseur étoit Saint-Aulaire.

C'est aussi dans le même temps que le Roi travailla avec M. l'évêque de Mirepoix pour les bénéfices vacants. L'abbaye de Saint-Étienne de Vaux fut donnée à M. l'abbé de Termes ; elle est dans le diocèse de Saintes et de l'ordre de Saint-Benoît ; elle vaut 1,200 livres.

Celle de Gomer-Fontaine, ordre de Cîteaux, diocèse de Châlons en Champagne, à Mme de Nadaillac, religieuse dans la maison.

Le prieuré de Saint-Félix de Valence à M. l'abbé d'OEurel, grand vicaire de l'évêque de Valence.

C'est à peu près dans le même temps que M. de Saint-Germain obtint le cordon rouge de M. de Bruzac, le plus ancien des grands-croix ; M. de Saint-Germain est lieutenant général de la promotion du 10 mai 1748.

J'ai encore oublié de marquer que M. l'évêque de Riez (Phélypeaux d'Herbault) mourut dans son diocèse le 30 août ; il y est fort regretté. Il avoit eu cet évêché en 1713.

Du mardi 21, Versailles.. — On a appris le 16 que la duchesse douairière de Bavière est morte à Ahauss, le 12, âgée de cinquante-huit ans ; elle étoit fille du comte palatin duc de Neubourg et d'une princesse de Saxe-Lawembourg ; elle avoit épousé, le 5 février 1719, le duc Ferdinand, qui mourut le 9 décembre 1738 ; il étoit frère de l'électeur de Cologne et du feu empereur Charles VII ; elle laisse de son mariage le duc Clément-François de Bavière, marié à la fille du feu prince héréditaire de Sulzbach ; elle étoit tante à la mode de Bretagne du Roi par son mari.

M. de Saint-Contest prêta serment le 12 septembre.

J'ai oublié de marquer, du 21, la mort de la fille aînée de M. de Caix de la musique ; il y avoit longtemps qu'elle étoit malade. M. de Caix, qui a montré à jouer de la basse de viole à Mesdames, et qui est fort habile et fort estimé, étoit anciennement à Lyon ; mais il y a longues années qu'il est à la musique de la chapelle et de la chambre,

place qu'il a obtenue par ses talents et par la protection
de M. le maréchal de Noailles. Il a deux garçons et trois
ou quatre filles ; tous jouent de la basse de viole, et tous
ont été reçus à la musique du Roi, c'est-à-dire les filles
à la musique de la chambre seulement, les garçons à
l'une et à l'autre. Le cadet a quitté pour aller s'établir
à Lyon ; l'aîné a été longtemps à Fontevrault pour montrer le par-dessus de viole à Madame Sophie ; il est revenu
avec elle.

J'ai toujours oublié de parler d'un procès considérable
entre M. de Nesle et Mme de Nassau-Siegen, sa sœur ; il fut
jugé au commencement de ce mois : il étoit depuis onze
ans devant des commissaires du conseil. La sentence confirme deux arrêts du Parlement rendus en 1739 et 1740,
en l'admettant au partage des biens de la maison de
Mailly entre elle et M. de Nesle dans six mois, et lui ad-
juge une provision de 40,000 livres, et oblige M. de
Nesle de lui faire raison de l'usufruit depuis quarante
et un ans.

Il y eut le 27 septembre un *Te Deum* aux Capucins de
la rue Saint-Honoré à Paris. M. d'Argenson est syndic général ou père temporel de tous les capucins de France.
Feu M. d'Argenson son père avoit accepté le même titre.
M. d'Argenson a voulu marquer sa joie de la naissance
de M. le duc de Bourgogne par une fête aussi magnifique que le lieu pouvoit le comporter ; il s'étoit adressé
à Rebel pour rassembler tout ce qu'il y avoit de meilleurs
musiciens à Versailles ou à Paris ; il y en avoit 120 ou
130, avec chacun une bougie, dans une tribune ; ce qui
faisoit un fort bel effet pour le coup d'œil. L'église étoit
d'ailleurs parfaitement bien éclairée. M. d'Argenson avoit
envoyé des billets d'invitation imprimés en son nom, et
c'est lui qui a fait tous les frais de cette fête. Rebel fit
exécuter le *Te Deum* de Lalande, et ensuite quelques
morceaux de musique choisis pour leur grande beauté.
Tout cela commença environ à six heures, et dura jusqu'à

sept. A sept heures ou sept heures un quart, on entra dans la maison des Capucins, qui étoit parfaitement bien éclairée; on alla au réfectoire, dont l'illumination n'étoit pas moins digne d'être remarquée; d'un côté il y avoit environ 150 Capucins servis quatre à quatre à des tables de réfectoire, et à l'autre bout étoit M. d'Argenson avec M. l'évêque d'Olinde (1), qui avoit officié ; il y avoit outre cela 38 de ceux qui avoient été priés. Au milieu du réfectoire étoit une table ronde tenue par M. Le Voyer, fils de M. d'Argenson ; ils étoient 32 à table. Le souper fut très-grand, très-bon et servi plus promptement qu'on ne l'est ordinairement dans de si grands repas ; tout étoit fini à neuf heures un quart.

Le 28 septembre, il y eut chez la Reine trois audiences particulières que la Reine reçut dans sa chambre; elle n'étoit point habillée en grand habit. L'une étoit d'un petit prince d'Anhalt-Zerbst (2) qui a dix-sept ans; c'est le frère de la princesse de Russie; il voyage. Les deux autres étoient deux ambassadeurs qui venoient faire compliment de la part de leur cour sur la naissance de M. le duc de Bourgogne, M. de Saint-Germain, ambassadeur de Sardaigne, et M. de Berkenrode, ambassadeur de Hollande; ils furent tous trois présentés par M. de Sainctot ; c'étoit un mardi.

Le 29, M. l'abbé d'Antigny, qui est parent de Mme d'Aiguillon (Plélo), fut nommé aumônier de quartier de la Reine; cette place étoit vacante par la démission de M. l'abbé de Fénelon.

Je vois dans la *Gazette*, dans un extrait d'une lettre de Berlin du 28 septembre, que le roi de Prusse vient de donner l'ordre de l'Aigle-Noir au comte Henri-Léopold de

---

(1) Il est fort ami de M. de Montmartel; il passe sa vie chez lui ; on prétend qu'il est son neveu. (*Note du duc de Luynes.*)

(2) Il a été présenté ce même jour au Roi; il est parent du roi de Prusse. (*Note du duc de Luynes.*)

Reichenbach, grand maître des postes de Silésie. Cet ordre fut institué en 1701 par Frédéric Ier, roi de Prusse, le jour de son couronnement, pour trente chevaliers, non compris les princes de sa maison, à condition que dans les promotions qui suivroient, nul ne seroit reçu chevalier de l'Aigle-Noir sans être auparavant dans l'ordre de la Générosité, et que les chevaliers de l'Aigle-Noir seroient exclus de tous autres ordres, à moins qu'ils ne fussent rois, électeurs ou princes. Frédéric Ier régla que tous ceux qui recevroient l'ordre auroient dès ce moment le rang de lieutenant général. La devise de l'ordre est : *Suum cuique*, pour montrer que l'intention du Roi est de rendre justice à tous et qu'il veut que les chevaliers suivent son exemple. La croix est d'or, émaillée d'azur avec un aigle éployé dans chaque coin, et ces mots au milieu : *Fredericus rex*. Elle est pendue à un grand cordon couleur d'orange, porté en écharpe de gauche à droite.

M. le chevalier de Champignelles, bailli de l'ordre de Saint-Jean de Jérusalem, grand prieur de Champagne et commandeur de la commanderie d'Oisemont, mourut à Paris, le 24 du mois de septembre, âgé de quatre-vingt-huit ans.

M. de Saint-Aignan me contoit il y a quelques jours ce que M. le chevalier Turgot, qui est arrivé de Malte depuis peu, lui avoit dit d'un Turc complice dans la conspiration contre l'ordre de Malte. Ce Turc avoit fait connoissance avec M. le chevalier Turgot et le voyoit souvent; ayant reçu la lecture de son jugement qui le condamnoit à avoir le col coupé, il fit prier M. le chevalier Turgot d'aller le voir; il lui fit les adieux les plus tendres, et lui dit qu'il alloit le perdre pour le temps et pour l'éternité. M. Turgot lui dit qu'il ne tiendroit qu'à lui d'espérer pour l'éternité; que s'il vouloit, il lui enverroit un homme qui le mettroit dans la voie du salut en l'instruisant de notre religion. Le Turc y consentit; il fit abjuration, et fut baptisé trois heures avant d'être exécuté. M. le chevalier Turgot a fait faire par un peintre le portrait de la tête du Turc et l'a rapportée avec lui.

Je crois avoir parlé dans mes Mémoires de M. de Cioia, qui est en France chargé des affaires de M. le duc de Modène; il s'appelle Cioia de Monzoné, nom d'une terre que lui a donnée M. le duc de Modène.

Le 26 septembre, les valets de chiens du petit équipage donnèrent une marque de leur joie telle qui pouvoit leur convenir; ils prirent un soldat de la garde suisse qui court bien; ils lui mirent sur le corps la nappe et la tête d'un cerf, mirent après lui une vingtaine de petits garçons à meutte, et coururent environ une heure et demie dans le jardin; ils passèrent plusieurs fois sous les fenêtres de la Reine et de Mme la Dauphine, se jetèrent à l'eau plusieurs fois dans les bassins de la terrasse, où le cerf se fit prendre qu'il étoit presque nuit. Cette chasse avoit commencé au sortir du salut. Les valets de chiens étoient montés sur des chevaux de louage. Il y avoit beaucoup de piqueurs avec des cors de chasse; le commandant qu'ils avoient choisi avoit un habit bleu galonné de papier doré; les autres qui composoient l'équipage avoient leurs surtouts bleus, sur lesquels ils avoient mis des galons argentés.

Ce même jour 26, les harengères de Paris vinrent haranguer le Roi sur la naissance de M. le duc de Bourgogne.

Il parut l'année passée des Mémoires du roi de Prusse en deux volumes in-12; ils sont fort bien écrits, mais un peu trop librement sur la religion. On vient de faire depuis quelques mois une nouvelle impression de ces Mémoires, dont on a tiré fort peu d'exemplaires. M. le président Hénault, qui est associé à l'Académie des belles-lettres de Berlin, avoit écrit au roi de Prusse pour lui demander un exemplaire de ses Mémoires; le roi de Prusse lui a répondu dans les termes les plus remplis d'estime et d'amitié.

On apprit il y a deux ou trois jours que M. de Glandève étoit mort, dans son diocèse; il étoit frère de M. de Castellane, qui a été ambassadeur de France à la Porte. Il avoit été nommé à cet évêché en 1747; il est mort âgé de quarante-huit ans; il avoit l'abbaye de Saint-Léon, ordre de Saint-Augustin, diocèse de Tours.

OCTOBRE.

M. de Paulmy obtient la survivance de son oncle. — Mort du duc de Modène. — Présent de l'électeur de Saxe à la Dauphine. — Chasses du Roi. — Inventions. — Mariage. — Les compagnies de gardes du corps du roi d'Espagne. — M. de Bournonville. — Le Roi à Crécy. — Dames de Mesdames nommées. — Départ du roi de Pologne. — La Reine donne le voile blanc à Mme de Rupelmonde. — La Reine n'ose pas demander une permission au Roi. — Difficultés des communications entre Paris et Versailles. — Mariages à Crécy. — Le Roi malade. — Fête à Metz. — Affaire religieuse à Dimerengen. — Mort de la duchesse Ferdinande de Bavière. — Le prince de Monaco placé sous la protection de la France. — Réjouissances à Versailles. — Les odeurs incommodent la Dauphine. — Mort. — Les harengères présentées à la Dauphine. — Évêques nommés. — Le Roi et la Reine à Choisy. — La maison de bois. — La Cour à Fontainebleau. — Le chancelier et sa terre de Malesherbes. — Nouvelles diverses de la Cour. — M. de Saint-Vital. — Calice d'or fait par Germain pour l'électeur de Cologne. — Mort du stathouder. — Regrets qu'ont les étrangers de la retraite de M. de Puisieux. — Paquet trouvé dans le berceau du duc de Bourgogne. — Mme Sauvé arrêtée. — Fête donnée au Dauphin et à la Dauphine par Mme de Lauraguais. — Une araignée monstrueuse. — Baptême. — Affaires du Clergé. — Le Roi soupe en particulier avec ses sept enfants.

Du dimanche 3, Versailles. — M. de Paulmy est arrivé de son ambassade de Suisse; il a fait sa révérence au lever du Roi. S. M. lui a dit qu'il lui donnoit la survivance de la charge de secrétaire d'État au département de la guerre. L'arrangement entre M. d'Argenson et lui est qu'il rembourse à M. son oncle les 400,000 livres qu'il avoit de brevet de retenue, et le Roi lui donne un pareil brevet. M. de Paulmy a pour département les signatures de styles et les commissaires des guerres; il donnera audience tous les jeudis aux officiers, aux Invalides.

Le Roi lui a donné le logement (1) de Mlle de Sillery à Versailles, qui est auprès de M. de Saint-Contest.

M. le comte de Bachi a été présenté au Roi par M. de Saint-Contest, comme ambassadeur du Roi en Portugal.

J'oubliois de marquer que le 1er on apprit que M. le prince de Modène est mort à Sassolo, le 16 ou 17 du mois passé. Cette nouvelle est venue par lettre de Madame Infante au Roi, du 18, où elle dit : « Nous apprîmes hier. » M. de Modène étoit cousin issu de germain du Roi; Mme la duchesse d'Orléans ayant été reconnue étoit sœur de Monseigneur, et par conséquent Mme la duchesse de Modène cousine germaine de M. le duc de Bourgogne. Ainsi ce sera un deuil de onze jours quand on en aura donné part. M. le prince de Modène avoit quinze ans et avoit une figure très-agréable; il est mort de la petite vérole. Il avoit depuis 1747 l'abbaye d'Anchin, qui vaut environ 60,000 livres de rentes.

Le 3, M. de Morosini, ambassadeur de Venise, eut audience particulière pour faire compliment au Roi sur la naissance de M. le duc de Bourgogne; il fit son compliment en françois. M. de Morosini a pris congé, comme je l'ai déjà dit; mais cependant il étoit chargé de sa cour de faire ce compliment. C'est une commission ordinaire.

Du mardi 26, *Paris.* — On trouvera peu d'ordre dans les dates de septembre et d'octobre, parce que le grand nombre d'événements a retardé la régularité du journal; j'espère cependant qu'il y aura peu de choses d'oubliées.

J'aurois dû marquer sur le 27 septembre que Mme de Loss, ambassadrice de Pologne, présenta ce jour-là à

---

(1) Cela n'a été fait que le 9 ou le 10 octobre. (*Note du duc de Luynes.*)

Mme la Dauphine, de la part du roi de Pologne, électeur de Saxe, une tabatière de prime d'émeraude, fort belle, garnie de diamants, montée en or en Saxe. Il y a un assez gros diamant dans l'endroit où cette tabatière s'ouvre.

Mme la comtesse de Brionne (Montauban) accoucha le 28, à Versailles, d'un garçon.

Ce même jour 28 le Roi alla courre le cerf à Fausse-Repose, et il avoit dû faire cette chasse le 27. Il avoit même été à l'assemblée avec Mesdames, mais il trouva le temps si vilain qu'il remit sa chasse au lendemain; cela n'est à remarquer que parce qu'ordinairement le vilain temps n'empêche pas le Roi de chasser. Après la chasse, il alla à Choisy pour jusqu'à vendredi 1er octobre.

Pendant le séjour que le roi de Pologne duc de Lorraine a fait ici, il nous a parlé de deux inventions nouvelles, l'une utile et l'autre agréable. La première est un bateau pour remonter sur la rivière des bateaux chargés; il avoit déjà fait faire l'année passée un modèle en petit de ce bateau, et j'en ai peut-être parlé dans le temps; mais il y avoit des inconvénients; si l'on avoit été sûr d'un fond toujours égal à la rivière il auroit peut-être réussi. Le roi de Pologne prétend que l'on a mis remède à cet inconvénient. Je n'ai point vu le bateau, mais de la manière dont on me l'a expliqué, c'est par le moyen d'une roue qui est au milieu du bateau et qu'un cheval fait tourner. On assure que ce cheval peut faire seul autant d'effet que douze chevaux attelés à un bateau chargé, et que le bateau avec cette machine ne coûte qu'environ 100 livres. Le roi de Pologne en a fait faire un, qu'il a envoyé à M. de Montmartel pour l'essayer ici sur la Seine.

L'autre invention est plutôt encore curiosité qu'agrément, quoique cependant elle puisse avoir l'un et l'autre; c'est du verre peint par derrière, en marbre, de telle espèce que l'on veut, et dont on peut faire usage pour des lambris. On prétend que les fractures qui peuvent y arriver sont faciles à réparer; il n'est pas douteux que le poli n'en soit aisé et parfaitement beau. Le roi de Pologne s'amuse infiniment de toutes ces recherches curieuses; il rassemble deux qualités assez rares, le mérite et le génie. Les grands établissements qu'il a faits en Lorraine pour l'instruction des peuples, pour le soulagement des pauvres, l'entretien des hôpitaux, surtout pour les soldats, la sûreté des chemins, le progrès des sciences et l'administration de la justice, rendront son nom immortel.

Le Roi revint de Choisy le vendredi, comme je l'ai marqué; il tint conseil en arrivant. On sut ce jour-là les arrangements de voyage : le départ pour Crécy pour le lundi 4; retour le vendredi 8; conseil de dépêches le 9; départ le 10 pour Choisy; arrivée le 12 à Fontainebleau; départ de Fontainebleau le 16 octobre; arrivée le 20 [novembre] à Versailles. Le Roi donna l'ordre pour dix comédies françoises et cinq italiennes à Fontainebleau. Les jours de comédie qui se trouveront aux jours de fête seront remplacés par d'autres jours de la semaine.

Le 3 le Roi signa le contrat de mariage de M. de Montureux avec Mlle de Durfort. M. de Montureux est un homme de condition de Lorraine; il y commande un bataillon de milice et est brigadier. On dit qu'il a environ 30,000 livres de rente. Mlle de Durfort est de la maison de Durfort-Duras (1); elle étoit attachée à feu S. A. Royale. Elle a peu de bien, tout au plus 3,500 livres de rente (2). C'est M. l'abbé de Choiseul, comme primat de Lorraine, qui est chargé de toutes les procurations nécessaires pour ce mariage du côté de M. de Montureux, et c'est M. le ma-

---

(1) De la branche de Durfort-Deyme. Voy. *Dictionnaire de la noblesse*, t. V, page 737.

(2) Mme la duchesse d'Orléans lui a laissé 10,000 écus. Le Roi a bien voulu y ajouter 10,000 francs de gratification. (*Note du duc de Luynes.*)

réchal de Duras et M. le comte de Lorges qui sont venus demander l'agrément du Roi du côté de Mlle de Durfort et qui se sont trouvés à la signature du contrat. La noce s'est faite le lundi 4, chez M. le duc de Duras, parce que l'on fait actuellement des réparations dans la maison de M. le maréchal de Duras. On avoit un peu oublié de demander l'agrément de la Reine. C'est un respect qui est autant de règle que l'attention de donner part à ses proches parents, mais quelquefois on oublie. Mme de Luynes en fit souvenir M. le comte de Lorges, et tout ce qui devoit se faire sur cela a été rempli.

C'est à la fin du mois dernier que M. de Bournonville arriva. Il est capitaine des gardes d'une des trois compagnies du roi d'Espagne. Ces trois compagnies étoient les Espagnols, les Wallons ou Flamands et les Italiens. Celle que M. de Bournonville commande étoit les Flamands. J'ai entendu dire au Roi que l'on ôtoit présentement ces distinctions de noms, que toutes trois sont espagnoles, mais que celle que l'on nommoit la compagnie espagnole aura toujours le pas avant les autres, comme les Écossois l'ont ici sur les trois autres compagnies, et que les deux autres compagnies rouleront ensemble. M. de Bournonville est venu de Baréges ici pour faire sa cour pendant deux ou trois mois. Il est propre neveu du feu baron de Capres ; il est marié et a épousé Mlle d'Urs, dont la mère, qui étoit singulièrement petite et fort laide, étoit nièce de Mme la Princesse. MM. de Bournonville sont originaires de Flandre. Un de leurs grands-pères, qui avoit épousé une Melun, se trouva engagé dans la révolte des Pays-Bas avec son beau-frère ; il fut condamné à avoir le col coupé, mais il ne l'eut qu'en effigie. Il passa en France avec son second fils ; il laissa l'aîné à Bruxelles. Comme il n'avoit plus de biens, il eut recours aux bontés du Roi, qui érigea Bournonville en duché et lui donna de quoi vivre. La mère de ce M. de Bournonville étoit Salm ; elle eut cinq garçons et quatre filles ; trois de ses filles moururent en bas âge et la quatrième se fit carmélite. M. de Bournonville, fils aîné du col coupé, étoit le père de Mme la maréchale de Duras et d'une autre fille ; il eut aussi trois garçons, dont deux moururent en bas âge. Le second fils du col coupé épousa Mlle de la Vieuville, fille du chevalier d'honneur de la Reine et gouverneur de Paris ; il est enterré à Provins.

Le lundi 4 la Reine alla au salut aux Récollets, à cause de la fête de Saint-François. Le Roi partit ce même jour pour Crécy, et chassa à Rambouillet en allant. Il n'a fait aller aucun de ses équipages à Crécy, et n'a d'autres projets de chasse pendant ce voyage que pour tirer ; mais le pays n'est pas fort vif en gibier et doit le paroître encore moins au Roi, qui est accoutumé à en trouver beaucoup à Versailles et dans les capitaineries.

Ce même jour 4 Mme de Bassompierre (Craon) et Mme de Riant (Croissy) furent déclarées dames de Mesdames. C'est le roi de Pologne qui s'est intéressé vivement pour Mme de Bassompierre ; mais sa santé est si mauvaise, qu'il n'y a pas grande apparence qu'elle puisse faire grand usage de cette place. Mme de Riant a une figure très-agréable et a un très-bon maintien ; elle monte à cheval, et par conséquent peut être très-utile pour suivre Mesdames.

Le roi de Pologne partit de Versailles le 2 au matin. C'est fort tard pour lui, car il est toujours levé à cinq ou six heures ; aussi se couche-t-il à dix ou onze heures au plus tard. Il avoit donné parole à la Reine qu'il la verroit avant que de partir ; il l'a vue effectivement, mais il s'échappa le plus tôt qu'il lui fut possible ; il alla dans les carrosses de la Reine jusqu'à Bondy ; de là à Claye, où il avoit fait préparer son dîner ; il alla coucher chez M. de Berchiny, et le lendemain à Sarry chez M. l'évêque de Châlons. Quoiqu'il ait été peu de jours à Versailles, il a eu successivement auprès de lui trois chefs de brigade ; ils ont été pris de ceux qui sont auprès du Roi. M. d'Escayeul, comme le plus ancien, commença : c'étoit un lundi ; le dimanche suivant il fut relevé par M. de Varneville, et comme le vendredi étoit le 1ᵉʳ octobre, le quartier releva, et ce fut le chevalier de Pont Saint-Pierre qui fut mis auprès du roi de Pologne.

Le 7, qui étoit un jeudi, la Reine alla à Paris donner le voile blanc à Mᵐᵉ de Rupelmonde aux Carmélites de la rue de Grenelle. Mᵐᵉ de Rupelmonde (Gramont) désiroit beaucoup que la Reine voulût faire cette cérémonie, pourvu que cela ne tardât point. Les trois mois que les postulantes ont coutume de passer dans la maison avant que d'entrer au noviciat étoient finis ; mais elle avoit donné parole à Mᵐᵉ la duchesse de Gramont d'attendre quinze jours ou trois semaines de plus. La Reine, qui aime beaucoup les Carmélites et Mᵐᵉ de Rupelmonde, désiroit extrêmement de faire ce petit voyage ; mais elle n'osoit en parler au Roi, craignant que cette proposition ne lui fût pas agréable ; enfin elle lui en parla quelques jours auparavant. Elle fut très-bien reçue, et le consentement fut donné de bonne grâce. Mᵐᵉ de Rupelmonde n'auroit point consenti à attendre le retour de Fontainebleau, et le départ étant pour le dimanche 10, on ne pouvoit pas attendre plus longtemps ; mais comme c'étoit à la fin du délai qu'elle avoit promis à Mᵐᵉ de Gramont, il fallut obtenir sa permission, et elle voulut bien l'accorder. Comme Mᵐᵉ de Gramont aime beaucoup sa fille, elle ne se sentit pas assez de courage pour assister à cette cérémonie, qui est touchante par elle-même, et demanda à la Reine de vouloir bien lui défendre de s'y trouver. Il fut arrangé que la Reine iroit par la plaine ; il fallut envoyer reconnoître un chemin. La pluie ayant gâté les chemins ordinaires, et les voitures pour l'école militaire ayant fait beaucoup d'ornières, il fut convenu que la Reine suivroit le pavé par Issy, Vaugirard, jusqu'à la barrière de l'avenue qui est en face du dôme des Invalides. La Reine entra par cette avenue, qui est une promenade, et que l'on n'ouvre pour personne ; au bout de l'avenue elle tourna à gauche, fit tout le tour des Invalides ; elle trouva vis-à-vis la porte M. de la Courneuve (1) à la tête de la garde, et un peu plus loin M. le duc de Gesvres et M. le prévôt des marchands à l'entrée de la rue de Grenelle. On ne tira le canon que lorsque la Reine fut arrivée aux Carmélites ; elle y arriva un peu avant quatre heures. Elle avoit dîné comme à l'ordinaire, mais à midi et demi. Elle avoit dans son carrosse M. le Dauphin, Madame Henriette, Madame Adélaïde, Madame Victoire et Madame Louise ; Madame Sophie étoit incommodée, et ne put être du voyage. Dans le second carrosse étoient Mmes de Luynes et de Villars et trois dames de semaine, Mmes d'Antin, de Montauban, de Flavacourt, et Mme de Bouzols, qui est d'une autre semaine ; Mme de Périgord, qui est la quatrième de cette semaine, étoit dans le troisième carrosse, avec Mmes de Talleyrand, d'Aiguillon, de Gramont ; toutes dames du palais, et Mmes de la Trémoille et de Chaulnes, à qui la Reine avoit permis de la suivre. Dans ces occasions de voyages de représentation, toutes les dames du palais doivent suivre, à moins que la Reine ne les en dispense ; mais des treize il y en avoit quatre qui avoient toutes des excuses légitimes : Mme de Fitz-James, qui arrive des eaux de Plombières ; Mme de Fleury, qui est encore grosse et qui garde sa chambre ; Mme de Montoison, qui est toujours très-incommodée, et Mme de Boufflers, qui vient de perdre son mari. La Reine avoit bien voulu dispenser Mme de Saulx. M. le maréchal de Noailles se trouva aux Carmélites à l'arrivée de la Reine ; ce fut lui qui donna tous les ordres pour la garde de S. M. Le carrosse de M. le Dauphin étoit rempli de ses menins et de M. de Muys le père. Ceux de Mesdames aînées et de Mesdames cadettes étoient aussi remplis de leurs dames d'honneur et d'atours et des dames qui leur sont attachées. Ce prodigieux nombre d'hommes

---

(1) Gouverneur des Invalides.

et de femmes joint à plusieurs autres à qui la Reine avoit permis de se trouver à son arrivée, comme Mme de Lauraguais, qui devoit aller avec la Reine et qui n'y alla point faute de place, Mme de Rupelmonde la mère, Mme la duchesse de Gramont (Gramont), belle-sœur de la novice, et Mme de Séchelles (Pressigny), pour qui la Reine a beaucoup de bonté, etc., M. de Saint-Aignan, le président Hénault, M. le duc d'Havré et beaucoup d'autres, tout cela entra à la suite de la Reine, et fit beaucoup plus de monde qu'il ne pouvoit en tenir dans le chœur. La Reine entra d'abord à gauche dans un appartement que l'on appelle l'appartement de la Reine; il est composé de deux grandes pièces, assez élevées, et de deux ou trois cabinets; il y a dans cet appartement beaucoup de portraits de la famille royale, et entre autres un de M. le duc d'Alençon, fils de M. le duc de Berry, mort, je crois, en 1712 ou 13 (1). La cérémonie commença vers les quatre heures et demie. Ce fut le P. de la Neuville qui prêcha et qui fit un fort beau sermon; il fit un compliment à la Reine, fort court mais fort convenable. Le chœur étoit si prodigieusement rempli, qu'à peine les religieuses purent-elles y avoir place. Il y a environ quarante religieuses dans cette maison, mais il n'y en avoit pas trente dans le chœur. La Reine y vit Mme Pulchérie (2), si fameuse par la grande amitié que Mme la duchesse de Berry avoit pour elle; c'est elle qui disoit à Mme de Berry : « Je vous crois une sainte quand je vous entends parler, mais je ne le crois plus quand j'entends parler de vous. » Mme Pulchérie est fort âgée, petite, et a un visage agréable. Mme de Laùraguais se recommanda à ses prières; elle leva son voile, et regardant son visage, qui annonce la joie et la santé, elle lui dit : « Vraiment, je le crois bien. »

---

(1) Charles de Berry, duc d'Alençon, né le 26 mars 1713, mourut le 16 avril suivant.

(2) Son nom est Veillanne. (*Note du duc de Luynes.*)

Après la cérémonie la Reine alla au réfectoire, où la nappe de la novice étoit ornée de fleurs, suivant l'usage. S. M. entra ensuite dans le grand appartement, où on lui servit pour toute collation une grande boursoufflée (1), dont S. M. et la famille royale mangèrent un peu. Les dames, qui étoient en grand nombre et dont la plupart avoient dîné légèrement, auroient bien voulu trouver une collation plus considérable ; elles prétendent qu'elles eurent assez de peine à avoir du pain et du vin. La Reine avoit donné ordre à M. de Chalmazel d'envoyer exprès à la mer pour avoir du poisson pour les Carmélites ce jour-là ; mais comme la nécessité de servir par portion n'auroit pas trop bien réussi pour la marée, M. de Chalmazelleur fit acheter ce qu'on put trouver de poisson d'eau douce. La Reine repartit sur les six heures, et revint par le même chemin.

J'oubliois de marquer que le nom de religion de Mme de Rupelmonde est Thaïs, Félicité de la Miséricorde. Ce fut M. l'évêque de Chartres, Fleury, premier aumônier de la Reine, qui fit la cérémonie ; il y eut ensuite un salut où il officia.

Ce même jour on apprit la mort de M. Lenormant (2), frère de M. de Tournehem ; on l'avoit cru mort du dimanche dernier. Comme il est beau-père de Mme de Pompadour, cette nouvelle a empêché que l'on ne tirât un feu d'artifice à Crécy, pour lequel tout étoit prêt. Il n'y a eu aucune fête à Crécy, seulement quelques filles que l'on a mariées (3). L'ordre que le Roi a donné pour employer à marier six cents filles dans Paris, comme je l'ai dit, l'argent que la Ville destinoit à des fêtes, a servi d'exemple pour faire cette même bonne œuvre en plusieurs endroits différents.

---

(1) C'est une pâtisserie que l'on fait aux Carmélites, qui est en grande réputation. (*Note du duc de Luynes.*)

(2) Il est mort à Paris. (*Note du duc de Luynes.*)

(3) On m'a dit quatorze ou seize mariages. (*Note du duc de Luynes.*)

On apprit pendant le voyage de Crécy que le Roi s'étoit trouvé incommodé d'une douleur de rhumatisme au genou gauche, ce qui ne l'empêcha point d'aller à la chasse à tirer en calèche; il revint le vendredi 8 à Versailles, comme il l'avoit projeté, mais il ne pouvoit se tenir debout qu'avec peine; il monta l'escalier dans un petit fauteuil, et s'en est toujours servi jusqu'à son départ pour Choisy. Il y avoit une enflure assez considérable non-seulement au genou, mais aussi au-dessus du pied (1); à cela près il paroissoit fort gai et en bonne santé. Il devoit y avoir grand couvert le vendredi, il fut contremandé. Le Roi entendit le lendemain la messe dans sa chambre, et même le surlendemain. On fut toute la journée du 9 jusqu'au soir dans l'incertitude s'il n'y auroit point de changement pour Choisy, et par conséquent pour Fontainebleau, mais le Roi décida qu'il partiroit le dimanche, comme il l'avoit projeté. J'oubliois de marquer qu'il tint conseil d'État le 8 en arrivant.

M. le maréchal de Belle-Isle, qui arrive de Metz, fit sa révérence au Roi le 8 ou le 9. Il a donné à Metz pour la naissance de M. le duc de Bourgogne une fête militaire; il m'en envoya la relation; elle est copiée sur celle que M*me* la maréchale de Belle-Isle avoit envoyée à Paris; le style en est vif et simple. Si l'on est curieux de la voir, on la trouvera à la fin de ce livre (2). M. de Belle-Isle n'a pas cru qu'étant sur une frontière et dans une place aussi considérable que Metz, il dût au lieu d'une fête faire des mariages de charité. M. l'évêque a rempli ce devoir de charité d'une autre manière, comme il est marqué dans la relation.

M. de Belle-Isle me conta, le lendemain de son arrivée, qu'il avoit à instruire M. de Saint-Contest d'une affaire

---

(1) On avoit soupçonné que ce pouvoit être une humeur de goutte, mais il n'y avoit point de rougeur. (*Note du duc de Luynes.*)

(2) *Voy.* à l'Appendice la pièce n° 2.

survenue dans le Hundsruck, sur laquelle il étoit nécessaire qu'il demandât des ordres. Par l'article 4 du traité de Ryswyck, il a été dit que les catholiques du Hundsruck, ainsi que dans d'autres endroits, auroient le libre exercice de la religion ; en conséquence on y fait les processions des Rogations sans aucun trouble, de même que celle du Saint-Sacrement; mais dans le lieu nommé Dimerengen, qui est dans les terres du prince de Salm, le bailli s'est avisé de trouver mauvais que l'on fît les processions du jubilé, et a dit pour raison qu'au dernier jubilé, il y a vingt-cinq ans et il y a cinquante ans, on n'avoit point fait de processions ; le fait est vrai, mais il en faut savoir les circonstances. Au jubilé de 1700, il n'y eut point de processions ordonnées, et à celui de 1725 le Pape ne l'envoya point à M. de Coislin, évêque de Metz, parce qu'il étoit soupçonné de jansénisme. Dimerengen est de l'évêché de Metz. Les catholiques ont été assez maltraités. M. de Saint-Contest a remis à la prudence de M. de Belle-Isle à arranger cette affaire ; on peut s'en rapporter à lui.

Le 9, le Roi prit le deuil pour quatorze jours pour la duchesse Ferdinande de Bavière ; elle étoit de la branche de Saxe-Lawembourg et la dernière de cette branche; elle étoit grande tante à la mode de Bretagne du Roi. C'est M. de Grevembrock, envoyé de l'électeur palatin et chargé en même temps des affaires de l'électeur de Bavière en attendant qu'il y ait un autre ministre, qui a apporté une lettre de ce prince, par laquelle il donne part au Roi de la mort de sa tante.

Le Roi reçut à peu près dans le même temps une lettre de compliment de M. de Monaco sur la naissance de Mgr le duc de Bourgogne ; il y en avoit aussi une pour la Reine. Elles furent présentées par son frère M. le comte de Matignon. C'est un usage dans lequel est le souverain de Monaco lorsqu'il se trouve dans ses États. Sous Louis XIII, Monaco fut pris par les Espagnols ; le prince de Monaco,

voulant se soustraire à cette domination, fit massacrer la
garnison et se mit sous la protection de la France; il y
eut un traité par lequel il fut dit qu'il y auroit dans Monaco une garnison françoise avec un commandant qui
seroit chargé des clefs et des ordres du Roi, mais que le
prince de Monaco seroit gouverneur pour le Roi, qu'il donneroit le mot et que l'on battroit aux champs pour lui.

Du samedi 30, *Dampierre*. — J'ai déjà averti que l'on
trouveroit beaucoup de dates déplacées jusqu'à ce que je
sois au courant. Je trouve par exemple un voyage de
Bellevue que j'avois oublié de marquer. Le Roi y alla le
mardi 21 septembre et en revint le vendredi 24.

Jusqu'à ce jour, 21, il y a toujours eu des réjouissances
des corps de métiers de Versailles. Cordonniers, tapissiers,
boulangers, jusqu'aux bouchers, qui vouloient tuer un
bœuf sur la cour de marbre pour marque de leur joie;
on entendoit perpétuellement dans les cours, dans les
galeries et sur la terrasse, des tambours, des violons et
des cris de joie. Ce mardi 21, qui étoit le neuvième jour
depuis la couche de Mme la Dauphine, elle voulut bien
permettre à M. de Loss, ambassadeur du roi de Pologne
son père, et à M. d'Ardore, ambassadeur de la reine de
Naples, sa sœur, de lui faire leur cour. Mme de Lauraguais,
qui avoit toujours été en robe de chambre, ainsi que les
autres dames de Mme la Dauphine, depuis le jour de l'accouchement, crut qu'elle devoit se mettre ce jour-là en
grand habit, à cause des étrangers; Mme la Dauphine l'envoya se déshabiller. Ce même jour, le nonce et les ministres étrangers allèrent à la porte du grand cabinet de
Mme la Dauphine pour savoir de ses nouvelles; l'huissier
leur ouvrit, et leur recommanda en même temps que tous
ceux qui avoient des bouquets les jetassent, parce que c'étoit son ordre. Ils ne doutèrent point que cette précaution ne fût donnée dans l'intention de leur permettre
d'entrer dans la chambre. Arrivés à la porte de la chambre, l'huissier leur dit qu'ils ne pouvoient voir Mme la

Dauphine que dans huit jours. Mme la duchesse de Brancas, voulant prévenir toute apparence d'odeur qui pourroit incommoder Mme la Dauphine, avoit cru devoir donner cet ordre pour le grand cabinet qui est avant la chambre.

J'ai déjà marqué qu'il y eut un *Te Deum* à Notre-Dame de Versailles le 21 ; il y en eut un autre à cette même paroisse le jeudi 23 ; ce fut la chambre de Mme la Dauphine qui le fit exécuter ; mon frère officia (1). Ce même jour les marchands du château de Versailles en firent chanter un aux Récollets.

Ce fut le 10 octobre qu'il se répandit une nouvelle que M. de Bussy-Lameth, dont le mariage est arrêté avec la sœur de M. le duc de Broglie, avoit été tué par une aventure malheureuse ; que courant la poste à cheval, il avoit donné un coup de fouet à un chien courant après son cheval; que le maître de ce chien avoit parlé d'une façon si brutale, que M. de Bussy-Lameth avoit mis pied à terre et avoit mis l'épée à la main, et que dans ce moment cet homme, armé d'un fusil, lui avoit passé trois balles au travers du corps. Cette nouvelle s'est trouvée fausse à l'égard de M. de Bussy-Lameth, mais même aventure est arrivée à M. de Montferrand.

Ce même jour 10 les harengères ou dames de la halle vinrent haranguer Mme la Dauphine. Mme Renard, fameuse parmi elles pour sa facilité à bien haranguer, portoit la parole. Elles furent présentées suivant l'usage par M. le duc de Gesvres et M. d'Argenson. Ordinairement la Reine avance à la porte de sa chambre, où on ouvre les deux battants ; les harengères demeurent dans le grand cabinet, et la Reine reçoit leur harangue dans l'embrasure de la porte. Mme la Dauphine, qui craignoit de s'enrhumer, ne voulut point demeurer au vent de la porte ; elle dit qu'il n'y avoit qu'à faire entrer les harengères.

---

(1) On donna le *Te Deum* de M. de Blamont. (*Note du duc de Luynes.*)

Mme de Brancas eut beau lui représenter que cela étoit contre l'usage, Mme la Dauphine persista ; les harengères entrèrent dans la chambre ; il fut dit seulement que cela ne tireroit point à conséquence.

Ce fut dans le même temps, peut-être quelques jours auparavant, que le Roi nomma M. de la Chau-Montauban, grand vicaire de l'archevêché de Vienne, à l'évêché de Riez, vacant par la mort de M. Phélypeaux, et M. l'abbé du Belloy, grand vicaire de Beauvais, à l'évêché de Glandève, vacant par la mort de M. de Castellane.

Le Roi partit le 10 pour Choisy, une heure et demie ou deux heures avant la Reine. La Reine voulut entendre les vêpres et le salut, qu'elle fit dire tout de suite, plus tôt qu'à l'ordinaire, et partit immédiatement après. J'ai déjà marqué que le Roi cède toujours son appartement à la Reine, et ordinairement il loge en haut ; le mal qu'il a au genou l'a déterminé à loger en bas. Il y a huit appartements de suite dans le corps de logis qui est après l'ancienne salle à manger. Le Roi avoit pris les trois premiers pour lui. M. de Luxembourg, capitaine des gardes en quartier, logeoit au sixième. L'ancienne salle à manger est toujours celle où le Roi et la Reine mangent ; elle est beaucoup plus claire présentement, parce que le Roi a fait couper entièrement les deux bois qui étoient à droite et à gauche de la maison. Toute la partie de l'autre terrasse qui se trouve devant la face de la maison n'est plus qu'un parterre. Le Roi jouoit au piquet quand la Reine arriva avec Mesdames. Il se leva, appuyé sur un grand bâton, et fit pendant quelque temps la conversation. La Reine passa chez elle, et revint jouer à cavagnole dans le cabinet où étoit le Roi.

Le 12 la Reine dîna de bonne heure avec Mesdames et les dames qui avoient l'honneur de la suivre et partit ensuite avec Mesdames pour Fontainebleau. Le Roi resta encore une heure et demie ou deux heures à Choisy après la Reine ; il alla dans une petite chaise roulante, poussée par M. de Luxembourg et M. de Champcenetz, voir couper les arbres d'une allée au bout du jardin qu'il veut faire replanter à neuf. Il avoit fait donner une autre chaise roulante à M. de Meuse qui est toujours incommodé de rhumatisme. Il revint ensuite dîner à ce que l'on appelle *la maison de bois*. C'est un petit bâtiment fort léger, que l'on a bâti dans ce qui faisoit l'ancien potager. Ce bâtiment est composé, d'un côté, d'un passage qui conduit à droite à un petit cabinet d'assemblée et à gauche à une salle à manger de même grandeur. Ces deux pièces sont séparées par deux garde-robes de commodité, entre lesquelles est une porte qui mène du petit passage dont j'ai parlé à une antichambre de même longueur, mais un peu plus large. Le Roi partit sur les quatre heures ; M. le Dauphin partit en même temps pour retourner à Versailles.

Le Roi alla le lendemain, 13, courre le sanglier. Il croyoit ne pouvoir faire la chasse qu'en calèche ; cependant à la moitié de la chasse il monta à cheval ; il fit de même à la chasse du cerf. Ce jour-là, 14, il y eut comédie, et le 15 la musique recommença à la chapelle.

M. l'archevêque de Sens étoit arrivé dès le 11 à Fontainebleau, mais n'ayant pas de permission de faire sa cour il en repartit.

M. le chancelier n'est arrivé à Fontainebleau que le vendredi 15 ou le samedi 16, pour le conseil de dépêches. Il étoit à sa terre de Malesherbes, à six lieues de Fontainebleau. Il y a dans cette terre un château ancien avec dix-huit ou vingt appartements de maîtres, tous meublés, un jardin fermé de murailles et un bois de 600 arpents, lequel n'est point fermé. On a percé dans ce bois des routes alignées sur les allées du jardin. Cette terre n'est actuellement composée que de cinq paroisses, et vaut 25,000 livres de rente ; mais elle augmentera dans la suite par la jonction d'une terre de trois paroisses et de 8,000 livres de rente, qui appartient à la mère de M. le chancelier et qu'elle a assurée au fils de M. le chancelier, qui porte le nom de Malesherbes. M. de Malesherbes est marié; sa femme est fille de M. de la Reynière des postes et d'une Mazade, fille d'un fermier général ; on lui a donné 700,000 livres en mariage. Elle a cependant plusieurs frères et sœurs, entre autres une qui a épousé M. de Beaumont, intendant de Franche-Comté. Mlle Mazade a eu 60,000 livres de rente en mariage.

Le 15, jour de Sainte-Thérèse, la Reine alla aux Loges, et Mme de Maugiron (Sassenage) monta dans les carrosses de la Reine pour la première fois.

La nuit du 17 au 18, Mme de Penthièvre accoucha à Paris d'une fille. La Reine y envoya M. de Talaru lui faire compliment.

Le 21, Mme la Dauphine fut relevée par M. de Bayeux.

Ce même jour 21 Mme de Luynes me mande que le Roi a commencé à se purger avec des eaux qu'il doit continuer pendant trois jours; elle me mande aussi que mylord Albemarle, ambassadeur d'Angleterre qui revient de Londres, a présenté M. d'York et un autre Anglois. M. de Berkenrode, ambassadeur de Hollande, a présenté quatre Hollandois, M. le comte de Hompesch-Heiden, M. le baron de Heiden son frère, M. le baron de Nazel et M. Beaufort.

Le vendredi 22, on a quitté le deuil de la duchesse Ferdinande, après l'avoir porté quatorze jours, et on a pris tout de suite celui du prince de Modène ; le Roi ne le quittera que le jour de la Toussaint.

Il y a quelques jours que M. de Saint-Vital arriva à Fontainebleau pour faire compliment au Roi et à la Reine sur la naissance de M. le duc de Bourgogne, de la part de l'infant don Philippe et de Madame Infante ; il est chevalier d'honneur de Madame Infante ; elle a beaucoup de bonté pour lui. C'est un des grands seigneurs de ce pays; on dit qu'il a un million de rente, ce que l'on peut estimer environ à 400,000 livres de rente de ce pays-ci. Il fera un séjour fort court ici ; Madame Infante lui a fait promettre qu'il seroit à ses couches, et elle doit accoucher au commencement de décembre. Le Roi lui a donné les entrées de la chambre, comme ambassadeur de famille.

Germain, orfèvre du Roi, fit voir au Roi, à Fontainebleau, le 22 ou le 23, un calice d'or qu'il vient de finir pour l'électeur de Cologne. Il avoit été commencé par feu son père; c'est un ouvrage fort cher, qui fait honneur à l'un et à l'autre; il est orné de plusieurs médaillons, qui représentent différentes circonstances de la passion de Notre-Seigneur. Il n'y a d'or que pour 15,000 livres, mais la façon monte à 35,000 livres.

Le Roi dit le 25 au matin que le stathouder de Hollande (1) étoit mort, d'une fluxion de poitrine. C'est un événement considérable pour la Hollande et qui peut influer sur les affaires de l'Europe. Il avoit épousé une des filles du roi d'Angleterre, qui est née en 1709. L'ambassadeur de Hollande est parti de Fontainebleau le 26; sa femme a dû partir le 28; il ne doute pas qu'il ne soit obligé de porter le grand deuil, mais ils attendront des ordres.

Nous reçûmes il y a quelques jours, Mme de Luynes et moi, des lettres de M. d'Havrincourt; il nous parle de la façon la plus forte et la plus touchante de ses regrets sur la retraite de M. de Puisieux. Il paroît qu'il n'y a qu'une voix sur ce qui regarde ce ministre. Tous les ministres étrangers et tous ceux qui ont eu affaire à lui ne peuvent se consoler du parti qu'il a pris, quoiqu'ils sentent bien qu'il étoit nécessaire pour sa santé.

L'affaire de Mme Sauvé fait grand bruit depuis quinze jours à Paris et à la Cour. Quelques jours avant le départ

---

(1) Ce prince, qui se nommoit Guillaume-Charles-Henri Friso, étoit âgé de quarante ans, un mois et vingt-deux jours, étant né le 1er septembre 1711. Il étoit fils de Jean-Guillaume Friso, comte de Nassau-Dietz, stathouder de Frise et de Groningue. En 1747 il avoit été déclaré stathouder-capitaine général des armées et grand amiral des forces navales de la République. Il avoit épousé, le 25 mars 1734, la princesse Anne d'Angleterre, et de ce mariage il laisse le comte de Buren et une princesse. (*Note du duc de Luynes.*)

du Roi, le Roi, la Reine et toute la famille royale étant chez M. le duc de Bourgogne, on trouva un paquet cacheté dans le berceau de ce prince; il fut remis à Mme de Tallard, qui le porta au Roi sur-le-champ (1). Personne n'a su ce que contenoit ce paquet, mais on arrêta il y a environ quinze jours Mme Sauvé, femme de chambre de M. le duc de Bourgogne. On dit qu'elle est fille d'un marchand de poisson, qui s'étoit enrichi en achetant la pêche de différents étangs, qu'elle avoit continué ce commerce après la mort de son père et s'y étoit enrichie, qu'elle avoit eu une fort bonne maison où elle donnoit à souper, et que l'on l'appeloit *la Reine des étangs;* que ses affaires ayant mal tourné elle avoit eu recours à la protection de M. d'Argenson, dont elle étoit connue et dont un commis a épousé Mlle Sauvé; que M. d'Argenson l'avoit fait entrer à la petite Madame, d'où elle a été tirée pour mettre auprès de M. le duc de Bourgogne. Soit que ce détail soit vrai ou non, ce qui est de certain c'est qu'elle est à la Bastille et qu'il y a eu un paquet de trouvé dans le berceau de M. le duc de Bourgogne; reste à savoir si ces deux faits ont le rapport qu'ils paroissent avoir l'un à l'autre.

Le dimanche 24, M. le Dauphin et Mme la Dauphine allèrent souper dans la petite maison de Mme de Lauraguais, dans l'avenue de Paris. On sait que cette maison n'est point à elle; elle la loue du Sr Guédon, musicien; elle joint la butte de Montboron, où Capron, chirurgien dentiste, a fait construire une maison et un jardin (2). La maison de Mme de Lauraguais n'a que cinq croisées sur l'avenue et une sur le jardin, et de l'autre côté une autre croisée

---

(1) Le Roi l'envoya à M. de Saint-Florentin. On a dit que ce paquet contenoit des billets affreux, d'autres disent de la poudre à tirer, ce qui n'est pas vraisemblable; le fait est qu'on n'en sait rien. (*Note du duc de Luynes.*)

(2) Par delà cette maison, du côté de Versailles, Binet, premier valet de chambre de M. le Dauphin, a fait aussi bâtir une maison et a fait aussi accommoder une partie de la butte en jardin; il y fait construire aussi actuellement un nouveau bâtiment assez considérable. (*Note du duc de Luynes.*)

sur la ruelle qui la sépare d'avec le jardin de Capron. Ces sept croisées forment une petite antichambre et un cabinet d'assemblée de médiocre grandeur; par delà, un petit cabinet, sur le double duquel est une garde-robe de commodité. En entrant il y a un petit escalier qui monte à un second étage, composé de même nombre de pièces. Mme de Lauraguais, depuis un an, a fait joindre à ses dépens à ce bâtiment une salle à manger ovale d'une fort jolie forme et grandeur, meublée d'une tapisserie blanche peinte en arbres de la Chine par le nommé France, peintre allemand, le meuble assortissant, et cette pièce ornée de glaces; sur le double, un petit buffet, et au-dessous une cuisine et un office; un jardin qui n'est pas grand, mais où il y a de tout : corbeilles de fleurs, berceaux, statues, bosquets, treillages, cabinets, potagers, etc., et un petit belvédère sur l'avenue. Il y avoit en tout treize femmes, sans compter Mme la Dauphine, et seize ou dix-sept hommes, sans compter M. le Dauphin; une musique, un feu d'artifice, une illumination, deux tables de maîtres servies en même temps, sans compter plusieurs petites tables pour les maîtres, qui voulurent manger en particulier, et sans compter celles où mangèrent les officiers qui servoient et les domestiques. On voit l'impossibilité que tout pût tenir dans un aussi petit espace; aussi Mme de Lauraguais avoit-elle été obligée de sacrifier un de ses bosquets pour y construire une maison de bois ayant trois croisées qui donnoient sur la butte. Cette pièce étoit fort bien éclairée avec un lustre, des torchères et des girandoles; deux portes, une à deux battants pour entrer, et une autre qui communiquoit par un passage à une très-grande tente pour y dresser les fruits. Point d'autres domestiques dans la maison que ceux de Mme de Lauraguais, ceux de M. le maréchal de la Fare et quelques valets de chambre de ceux qui y soupoient. M. et Mme la Dauphine arrivèrent un peu avant sept heures; il faisoit un fort beau clair de lune et fort froid. Après

avoir été quelques moments dans l'appartement, on leur
proposa d'entrer dans la salle à manger où l'on avoit
établi deux fauteuils, et derrière des chaises pour les deux
dames d'honneur, Mmes de Brancas belle-mère et belle-
fille; d'autres chaises en avant et en arrière pour les dames.
Les hommes se tinrent debout. La musique dura environ
deux heures ; elle étoit composée de cinq musiciens, Forcroy et sa femme, lui pour la basse de viole et elle pour le
clavecin, Blavet pour la flûte allemande, Jéliotte et Mlle Le
Maure. Il y avoit outre cela le maître de clavecin de Mme la
Dauphine et de Mesdames, qu'on appelle Le Tourneur,
mais il n'accompagna qu'un moment. Les trois instruments
exécutèrent d'abord un trio, ensuite Mlle Le Maure et Jéliotte chantèrent des morceaux détachés de différents
opéras, de *Callirhoé*, des *Éléments*, du *Ballet des Sens* et
du *Sylphe*; ensuite la basse de viole et le clavecin jouèrent
ensemble plusieurs pièces avec un goût et une précision
dignes d'être admirés. La musique dura jusqu'à neuf heures
et demie. M. et Mme la Dauphine rentrèrent dans l'appartement; après y avoir resté environ un bon quart d'heure,
Mme de Lauraguais vint les avertir pour le feu d'artifice;
ils descendirent dans le jardin, et entrèrent dans la maison
de bois dont j'ai parlé ; on y éteignit presque toutes les
bougies, et on tira un fort joli feu qui étoit placé sur la butte
de Montboron, à une distance très-convenable ; beaucoup
de belles fusées, de roues et des jets de feu, des bombes,
le chiffre de Mme la Dauphine et une fort belle girandole.
Ce divertissement fut assez long pour un feu d'artifice, et
ne languit point. M. et Mme la Dauphine remontèrent
dans l'appartement; ils n'y restèrent qu'environ une
demi-heure ; Mme de Lauraguais les vint avertir qu'ils
étoient servis; ils entrèrent dans cette même salle où ils
avoient entendu la musique; ils y trouvèrent une table
de seize ou dix-huit couverts, fort bien servie. Mme de
Lauraguais vouloit qu'on donnât la serviette à laver à
Mme de Brancas, sa belle-mère, pour la présenter à M. le

Dauphin ; mais Mme de Brancas ne voulut pas l'accepter. Presque toutes les dames se mirent à table avec M. le Dauphin, excepté Mme de Brancas, la grand-mère, qui fit les honneurs de la seconde table, Mme de Lauraguais, qui alloit et venoit, et Mme de Tessé, qui ne soupoit pas. Toutes les dames étoient sans panier, Mme la Dauphine l'avoit permis ; elle n'en avoit point elle-même. Un bon quart d'heure après que Mme la Dauphine fut à table, on vint nous avertir pour la seconde table ; on l'avoit établie dans la maison de bois dont j'ai parlé ; nous y étions vingt-deux en comptant les musiciens, et quoique l'espace ne fût pas assez grand pour tourner tout autour, elle fut fort bien servie et sans beaucoup d'embarras. Quand M. le Dauphin fut au fruit, la seconde table se leva ; Mlle Le Maure et Jéliotte vinrent dans la salle à manger et y chantèrent deux duos ; ensuite Jéliotte prit une guitare, et chanta en s'accompagnant deux vaudevilles parodiés sur la naissance de M. le duc de Bourgogne. Une de ces parodies a été faite par M. de Cury, intendant des Menus, que Mme de Lauraguais avoit prié de vouloir bien se charger de la direction de cette petite fête. M. et Mme la Dauphine rentrèrent dans l'appartement après souper ; ils donnèrent des marques de bonté infinies à Mlle Le Maure ; Mme la Dauphine lui proposa de chanter encore, et quoique réellement elle crachât le sang, elle chanta parfaitement et auroit chanté toute la nuit si Mme la Dauphine avoit voulu (1). On me mande de Fontainebleau que M. et Mme la Dauphine lui ont fait un présent dont elle est fort contente ; je ne sais encore ce que c'est (2). Il n'y eut point

---

(1) Tout le monde connoît la perfection de la voix de Mlle Le Maure ; mais on ne peut s'empêcher de remarquer que dans cette fête elle chanta avec tout le goût imaginable, une voix extrêmement douce et d'une étendue prodigieuse. Elle n'a cessé depuis ce moment de parler des bontés de M. le Dauphin et de Mme la Dauphine dont elle est comblée. (*Note du duc de Luynes.*)

(2) On me mande de Fontainebleau que c'est neuf plats d'argent qui lui

de jeu, et il n'y auroit pas eu de place ni de temps. M. et Mme la Dauphine restèrent jusqu'à près d'une heure. J'oubliois de marquer qu'en sortant de table Mme la Dauphine alla voir l'illumination, qu'on avoit allumée pendant le souper ; elle étoit sur la butte, au même lieu où on avoit tiré le feu d'artifice ; elle faisoit un fort bel effet.

J'ai toujours oublié de parler d'une découverte peu curieuse, mais singulière, qui a été faite dans le dôme de Milan. En travaillant à quelques réparations on y a trouvé une araignée qui avoit peut-être cent ans et même davantage ; elle étoit d'une grosseur monstrueuse et pesoit 37 onces ; on en a envoyé la figure peinte à Mme de Carignan.

J'ai aussi oublié de marquer le baptême du fils de Mme de Civrac ; il fut baptisé le 9 octobre, dans la chapelle, et tenu par M. le Dauphin et Mme Henriette. M. le Dauphin voulut qu'il fût nommé Louis-Henri-Venant-Aimery. La cérémonie fut faite par M. l'abbé de la Châtaigneraye, comte de Lyon, aumônier du Roi, en présence du vicaire de la paroisse. L'enfant a environ deux mois. Ce fut après la messe de la Reine. Mme de Civrac ne voulant point que M. le Dauphin attendît, avoit donné ordre qu'on portât son fils dans le petit appartement de Mme la comtesse de Toulouse, au château, lequel est fort près de la chapelle ; ses gens avoient compris que le baptême se feroit à la paroisse, et que c'étoit la petite maison de Mme la comtesse de Toulouse auprès de la paroisse où il falloit porter l'enfant ; cette méprise fit un long retardement.

Je ne sais si j'ai parlé de ce qui se passe par rapport aux affaires du Clergé. Il se tient depuis environ un mois, de temps en temps, des assemblées chez M. l'archevêque de Paris ; le Roi a dit à M. l'archevêque qu'il

---

ont été envoyés, ou la veille ou le jour de la fête. (*Note du duc de Luynes.*)

le trouvoit bon, qu'il désiroit même que les évèques qui se trouvoient à Paris fissent quelque projet qui pût lui être agréable et qui pût être en même temps reçu par l'assemblée de 1750. C'est dans cette idée que l'on travaille. Les dix-sept ou dix-huit évèques qui sont à Paris sont avertis par les agents du Clergé, et se trouvent avec eux à ces assemblées; M. l'archevèque de Sens, qui a été absent pendant quelque temps, y est revenu. Il semble que l'exécution de ce projet est assez difficile; les évèques de l'assemblée de 1750 ne pouvant se voir ni s'écrire en détail sur ces affaires, le sentiment particulier de quelques-uns peut bien n'être pas celui de l'assemblée lorsqu'elle se trouvera réunie; et quoique cette assemblée de 1750 soit convenue dans le fond de tout ce que le Roi lui demande, la différence dans la forme paroît si grande, et la volonté de M. le garde des sceaux a paru jusqu'à présent si invariable, que l'on peut douter du succès sur les projets de conciliation; ainsi il ne peut y avoir rien de fixe et d'arrêté que ce qui sera décidé par les évèques en 1750, lorsqu'ils seront assemblés de nouveau. On n'ose pas risquer le renouvellement de cette assemblée, dans la crainte que, les voies de conciliation se trouvant impossibles, l'assemblée persiste dans son premier sentiment et par conséquent continue à déplaire au Roi. Ce n'est pas ici comme dans les sentiments de doctrine, où le sentiment de l'Église universelle, quoique dispersée, lorsqu'elle est réunie au chef de l'Église est aussi décisive que celui de cette même Église assemblée dans un concile. Les évèques, sur des matières de priviléges et d'intérêts, peuvent, étant assemblés, porter sur les propositions qu'on leur fait un jugement différent du sentiment particulier de quelques-uns de ces mêmes évèques consultés séparément, même de quelques-uns des présidents de l'assemblée. Cependant, comme il n'y a point d'autre moyen de se rapprocher, on fait des projets. Les dix-sept ou dix-huit évèques qui sont à Paris examinent les termes et la forme qu'ils croient pouvoir être admis par le Clergé sans faire tort à ses priviléges ; après quoi le projet qui sera arrêté (s'il y en a un) sera apparemment tel qu'on croira pouvoir convoquer la continuation de la même assemblée ; ainsi les évêques à Paris travaillent sans pouvoirs et sans mission du clergé, et font un ouvrage qui sera peut-être inutile et peut-être très-difficile.

Du dimanche 31, à Dampierre. — Avant-hier vendredi on croyoit qu'il y auroit grand couvert ; mais le Roi courut le chevreuil et soupa dans ses cabinets avec M. le Dauphin, Mme la Dauphine et Mesdames toutes cinq ; c'est, je crois, la première fois qu'il ait soupé ainsi en particulier avec ses sept enfants. Pour le dîner, cela ne seroit pas nouveau, ni de petits repas au retour de la chasse.

NOVEMBRE.

Nouvelles de la Cour. — Ambassades données. — Le quartier des morts dans la musique de la chapelle. — Mort de M. de Saint-Sauveur. — Rareté des hommes de cheval. — Six cents mariages à Paris. — Départ de M. de Scheffer. — Mort du duc d'Humières. — Les Filles Bleues de Fontainebleau. — Enterrement du roi de Suède. — Vaisseau lancé à la mer à Rochefort. — Morts. — La petite écurie. — Présentation. — Mort du marquis de Broglie. — La maison de l'Enfant Jésus. — Régiments donnés. — M. de Saint-Vital. — Détails sur les Filles Bleues. — Aumône. — Mariages faits par les fermiers généraux. — Fondation d'une chapelle. — Mort du maréchal de Montmorency et de M. de Tournehem. — La Cour à Versailles. — Le Dauphin et la Dauphine à Paris. — Affaire de l'hôpital. — Le Roi se fait apporter les registres du Parlement. — La congrégation de l'Oratoire de Rome et l'Oratoire de Paris. — Procès de M. de Conflans. — Résistance du Parlement. — Vente de la compagnie des Indes. — Baptême. — Régiments donnés. — Prétentions des dames de Mesdames. — Manque de galanterie et de politesse. — Affaire du Clergé. — Pension accordée à la comtesse d'Estrées. — L'abbé de la Ville. — Présentation de Mlle de Soubise. — Les tabourets. — Le Parlement cesse de rendre la justice. — Remarque sur l'année 1751. — Ouverture du caveau où était enterrée sainte Thérèse.

Du lundi 1er. — Avant-hier étoit jour de comédie italienne ; la Reine ni la famille royale n'y allèrent point, ils s'enfermèrent tous, et firent hier leurs dévotions. Il y a eu des premières vêpres la veille de la Toussaint, suivant l'usage. M. l'évêque de Belley (Tinseau) y a officié (1). Aujourd'hui, jour de la Toussaint, le même évêque a officié.

Extrait d'une lettre de Mme de Luynes, de Fontainebleau, le 31 octobre.

C'est M. l'abbé Froquières qui prêche demain (il est théologal de Noyon) et Mme la marquise de Brancas (Giseux de Grand-Homme) qui quête, après avoir refusé hier, sous le prétexte d'affaires importantes et que M. de Forcalquier étoit fort malade. Le repentir la prit cette nuit; elle m'a écrit à neuf heures du matin; j'y ai été au sortir de la paroisse, et tout cela est raccommodé par son obéissance aux ordres de la Reine.

Mme de Rupelmonde la mère a fait une donation entre vifs de toutes ses terres d'Auvergne au fils aîné de Mme de Sourches; elle les substitue à tous ses enfants, même à sa fille; et en cas qu'ils meurent tous, cela reviendra à sa mère, qui est sa nièce, et après elle aux Maillebois. C'est un beau présent; 25,000 livres de rentes en fort belles terres.

Extrait d'une lettre de Mme de Luynes, de Fontainebleau, le 2 novembre.

Il est presque public que M. de Chavigny, qui étoit ambassadeur à Venise, va remplacer M. de Paulmy en Suisse. Il souhaitoit extrêmement ce poste, qui est fort honorable et qui le rapproche de sa famille.

On dit que M. le duc de Duras demande l'ambassade d'Espagne ou celle d'Angleterre. M. de Vaulgrenant est actuellement ambassadeur du Roi en Espagne, mais il est certain qu'il doit en revenir incessamment. On juge apparemment que M. le duc de Mirepoix reviendra bientôt de celle d'Angleterre.

M. l'abbé de Bernis (2), qui est comte de Lyon, nommé à l'ambassade de Venise, a remercié le Roi aujourd'hui.

---

(1) Tinseau, évêque de Belley, était nommé depuis le 4 avril 1751 à l'évêché de Nevers.

(2) On écrivait et on prononçait *Berny*, et non pas Berniss.

Nous croyons devoir donner la liste de quelques noms propres avec l'ortho-

M. des Issarts, ci-devant ambassadeur à Dresde, nommé à celle de Turin, d'où M. de la Chétardie revient, a fait aujourd'hui son remercîment au Roi.

On parle aussi de M. de Poyanne pour aller à Dresde.

M. de Saint-Sauveur, écuyer de la petite écurie, attaché en cette qualité à M. le Dauphin, est à la dernière extrémité, d'une attaque d'apoplexie; on dit que c'est la troisième.

Après-demain, vendredi, il y a un *Te Deum* à la paroisse de Fontainebleau; la Reine y va et toute la famille royale; c'est M. de Bayeux qui doit y officier; il part demain pour Montargis; il reviendra vendredi de bonne heure pour cette cérémonie.

Du samedi 6, Fontainebleau. — M. de Bayeux n'a point officié hier au *Te Deum;* c'est M. l'abbé de la Châtaigneraye, comte de Lyon et aumônier du Roi, qui a entonné le *Te Deum;* c'étoit celui de M. de Lalande. Après le *Te Deum* il y a un salut, pendant lequel on a chanté un motet de Campra. Ce quartier-ci de musique est celui que l'on appelle le quartier des morts, c'est-à-dire le quartier des auteurs de la musique de la chapelle qui sont morts. C'est Leprince, ancien haute-contre de la chapelle,

---

graphe ou la prononciation consacrées aux dix-septième et dix-huitième siècles.

On prononçait et on écrivait :		On prononçait et on écrivait :	
d'Aché,	pour d'Apchier.	Fourbin,	pour Forbin.
d'Aubigny,	d'Aubigné.	Grillon,	Crillon.
Barwick,	Berwick.	Guimenée,	Guémené.
Beuzeval,	Besenval.	Joyeuse,	Joyeux.
Bourdeaux,	Bordeaux.	du Maine,	Mayenne (duc de)
Brachane,	Bracciano.	Mercure,	Mercœur.
Caudelet,	Coadelet.	Manchine,	Mancini.
Chimène ou Kimène,	Ximénès.	Obter ou Opter,	Aubeterre.
Coâlin,	Coislin.	Ouctot,	Houdetot.
Conchine,	Concini.	Surlaube,	Zurlauben.
Crouy,	Croy.	Tournehan,	Tournehem.
d'Erlingue,	de Relingue.	la Trimouille,	La Trémoille.

On prononçait :
Charot (pour Charost); Chatelu (Chastellux); Étrées (Estrées); Lédiguières (Lesdiguières); Loragnais (Lauraguais); Palaprate (Palaprat); Suiyi (Sully).

qui bat la mesure et conduit la musique; il est payé comme maître de musique; il a 900 livres. L'église de la paroisse étoit fort bien éclairée hier ; il y a eu aussi quelques illuminations, mais très-peu, parce que la plupart des maisons sont louées ou marquées à la craie.

On a appris ce matin la mort de M. de Saint-Sauveur; on le croyoit hors de danger; il commençoit à se lever et habiller; il est mort tout d'un coup en passant de sa chambre dans son cabinet. On dit qu'il a été traité comme pour une indigestion, il n'étoit cependant pas grand mangeur. Ceci, comme je l'ai dit, est la suite de plusieurs apoplexies pour lesquelles il avoit été aux eaux. M. de Saint-Sauveur avoit, je crois, quarante ou quarante-cinq ans; il avoit une figure agréable et étoit excellent homme de cheval, qualité qui est devenue fort rare dans le siècle où nous sommes. Il avoit été page de la petite écurie; il fut ensuite fait écuyer de la petite écurie et avoit 500 écus d'appointements, sans compter un logement, un carrosse et un domestique entretenu. Lorsque M. le Dauphin commença à monter à cheval, le Roi attacha M. de Saint-Sauveur à son service particulier; c'étoit lui qui, sous les ordres de M. le Premier, commandoit toute la partie de la petite écurie destinée au service de M. le Dauphin; il avoit en cette qualité une augmentation d'appointements, je crois de 1,000 écus. Il avoit obtenu outre cela des pensions, et pouvoit jouir en tout de 7 ou 8,000 livres de rentes, en comptant son bien, qui n'étoit pas fort considérable. Il laisse une veuve (1) et trois enfants. Il a trois frères, dont l'un évêque de Bazas; des deux autres, il y en a un qui a servi dans les dragons et a été employé dans l'état-major, et a été blessé à l'épaule dans la dernière guerre; l'autre est M. de Nozier, qui n'a jamais été écuyer du Roi, mais qui l'est de M. le Dauphin.

---

(1) Elle est sous-gouvernante des enfants de France, comme je l'ai marqué dans le temps. (*Note du duc de Luynes.*)

On apprend que M. le duc d'Humières est fort mal. M. le duc d'Aumont qui étoit ici vient de partir.

J'arrivai ici hier au soir. Je viens de voir le nouveau cabinet du Roi; c'est le cabinet du conseil que l'on a augmenté de neuf pieds en avant sur le jardin de Diane; cela forme une fort belle pièce; on a avancé la porte qui donne dans la chambre pour qu'elle fût au milieu du cabinet. Tout ce bâtiment est peint en blanc sans dorure; et le plafond est fait en compartiment dans le goût antique, pour assortir à la chambre. L'on compte travailler d'ici à l'année prochaine à la chambre du Roi, pour la faire de même grandeur du cabinet.

M. le duc de Gesvres part demain pour Paris et ne reviendra plus ici. Il s'en va à l'occasion des six cents mariages que le Roi a voulu être faits aux frais de la Ville, au lieu des fêtes qui étoient projetées; ils sont tous faits dans un même jour dans les différentes paroisses. C'est le mardi 9 qui a été désigné pour faire ces mariages. Outre les 100 écus que la Ville donne à chaque fille, elle donne un habit au marié et un à la mariée, la médaille et l'anneau, et paye les droits de l'église. Il n'est point question des ameublements. La Ville donne ledit jour 9 à dîner à ces six cents noces. Il doit y avoir à chaque noce six personnes, un père et une mère de chaque côté, ou des parents qui en tiennent lieu, et les deux mariés. On a emprunté ou loué, dans chaque paroisse, dans des communautés ou chez des particuliers, dans des cabarets ou chez des traiteurs, des salles les plus spacieuses et les plus commodes pour établir ces dîners. Mme de Coigny a prêté son appartement dans la paroisse de Saint-Roch; il y a encore deux autres salles dans cette même paroisse; il y en a six dans la paroisse de Saint-Sulpice, etc. On trouvera à la fin de ce livre le nombre de paroisses et le nombre des mariages qui se font dans chacune (1). Outre cela, la Ville

---

(1) *Voy.* à l'Appendice la pièce n° 3.

donne ce jour-là un grand repas à l'hôtel de ville, où assiste M. le duc de Gesvres, comme gouverneur.

On a appris ces jours-ci que la diète de Suède, assemblée depuis peu, a élu pour landmareschal, pour la noblesse, le comte de Gillemborg ; il a eu 554 voix. C'est un homme estimé et celui que l'on désiroit.

On apprit hier que M. le baron de Scheffer, envoyé de Suède en France depuis plusieurs années, a été nommé sénateur (1), ce qui l'oblige certainement à retourner à Stockholm. C'est une vraie perte pour ce pays-ci ; il a l'esprit aimable et fort orné, beaucoup de politesse et d'usage du monde, un caractère doux et très-capable d'affaires ; il a une maison fort honorable et un grand nombre d'amis.

Du dimanche 7, Fontainebleau. — On apprit hier la mort de M. le duc d'Humières. Il aimoit beaucoup à manger et avoit toujours fait très-bonne chère ; il est mort d'une indigestion ; il avoit au moins quatre-vingt-un ans. Il avoit pris le nom d'Humières en épousant, le 15 mai 1690, l'héritière de cette maison ; son nom étoit Aumont. Il étoit grand-oncle de M. le duc d'Aumont, aujourd'hui premier gentilhomme de la chambre (2).

Hier 6, la Reine alla entendre la messe aux Filles-Bleues ; la Reine y va une fois à chaque voyage, à la messe ou au salut. Cette communauté des Filles-Bleues se soutient par les aumônes du Roi, de la Reine et de la famille royale et par les quêtes que l'on fait pour elle à la Cour. Elles font outre cela des tapisseries dont on fait ensuite

---

(1) Cette place oblige à une grande dépense et ne rapporte que 6,000 écus. (*Note du duc de Luynes.*)

(2) M. le duc d'Aumont hérite de 43 ou 45,000 livres de rentes par cette mort, savoir 28,000 livres de rentes du gouvernement de Boulonnois, dont il avoit la survivance ; 5 du gouvernement de Compiègne, dont M. d'Humières touchoit toujours les appointements, et 10 ou 12 de la gratification annuelle que le Roi donne au gouverneur de Compiègne à chaque voyage. M. d'Humières touchoit aussi cette gratification. (*Note du duc de Luynes.*)

des loteries. La Reine alla des Filles-Bleues prier Dieu à la chapelle de Bon-Secours, et revint dîner chez elle à l'ordinaire. Le soir, il y eut comédie italienne. On joua une parodie d'*OEdipe*, et une autre pièce. Un des danseurs se cassa la jambe en deux ou trois endroits en dansant. C'est un jeune homme à qui cet accident étoit déjà arrivé, mais infiniment moins considérable. Il vivoit de ce talent lui et sa famille; on espère que le Roi les traitera avec bonté et charité; on prétend que c'étoit en sautant, étant en l'air, que sa jambe s'est cassée.

Du mercredi 10, *Fontainebleau.* — Le 7 du mois passé se fit l'enterrement du feu roi de Suède à Stockholm. On jeta dans la place, vis-à-vis de l'église de Ridderholm, un grand nombre de médailles, sur lesquelles est le buste du feu roi avec cette inscription : *Fredericus D. G. Rex Sueciæ, bono subditorum natus D.* 17 *apr.* 1676, *imperavit annis* 31, *cœlo redditur D.* 25 *martii* 1751.

Le comte de Tessin, grand maréchal de la reine de Suède, a demandé au Roi la permission de se démettre de ses emplois, à cause de sa mauvaise santé, et S. M. a remis aux États le soin de délibérer sur cette demande.

Du jeudi 11, *Fontainebleau.* — Il y a environ sept ou huit jours que l'on apprit la mort de M. Gaudion, ancien garde du trésor royal; il avoit environ soixante-dix ans. Il laisse un fils, qui paroît jusqu'à présent plus disposé à manger le bien que son père lui a laissé qu'à l'augmenter.

On a mandé de Rochefort un événement peu considérable en lui-même, mais qui auroit paru important du temps des Romains, où l'on tiroit des conjectures heureuses ou malheureuses du vol des oiseaux et de la faim des poulets. On avoit construit dans ce port un vaisseau de 80 pièces de canon. Le 20 octobre fut destiné pour le lancer à l'eau; on le nomma *le Duc de Bourgogne.* Lancer un vaisseau à l'eau est un jour de fête dans un port; le vaisseau est orné et paré de branchages, et monté par un grand nombre de matelots, et l'on entend beaucoup de cris de joie. Dans le moment qu'il alloit être lancé, un oiseau poursuivi par un faucon vint se réfugier dans les branchages, et cet asile le mit à couvert des poursuites de son ennemi.

Il y a quelques jours qu'on apprit la mort du cardinal Albani; il avoit soixante-neuf ans; il étoit sous-doyen du sacré collége; c'est le onzième chapeau vacant.

Le 8 de ce mois on apprit ici que Mme la maréchale de Coigny (du Bordage), sœur de feu M. du Bordage (1), étoit tombée en apoplexie; le 9 on apprit sa mort; elle avoit quatre-vingt-un ans.

M. de Bonac a remercié le Roi aujourd'hui; il va remplacer M. de Saint-Contest en Hollande.

M. de Chalais, qui avoit le gouvernement de Berry, sur lequel il avoit 200,000 livres de brevet de retenue, a donné sa démission. S. M. y a nommé M. de Périgord, son gendre; mais il n'aura que 150,000 livres de brevet de retenue : c'est 50,000 livres de moins (2).

Il est décidé que ce sera le samedi 20 de ce mois que M. le Dauphin et Mme la Dauphine iront de Choisy à Paris pour le *Te Deum* de Notre-Dame, d'où ils reviendront à Versailles.

Du vendredi 12, *Fontainebleau.* — La mort de Mme la maréchale de Coigny a donné occasion de compter les maréchaux de France veufs, les maréchales veuves et les maréchaux mariés.

---

(1) Elle s'appeloit Henriette du Bouchet. (*Note du duc de Luynes.*)

(2) Cette grâce ne fait aucun changement dans l'état présent de M. de Chalais, ni de M. de Périgord. M. de Chalais avoit emprunté les 200,000 livres qu'il avoit données pour le gouvernement de Berry; il en paye l'intérêt. Le gouvernement vaut 15,000 livres de rente, ainsi il n'en reste que 5,000 livres par an à M. de Chalais. Tout cet arrangement subsiste, et M. de Périgord ne touchera rien qu'après M. de Chalais; mais c'est une assurance du gouvernement. (*Note du duc de Luynes.*)

MARÉCHAUX VEUFS,	MARÉCHALES VEUVES.
MM. de Biron.	Mmes de Villars (Varangeville).
de Noailles,	de Broglie (Granville),
de Coigny,	de Nangis (la Hoguette),
de la Fare,	de Montesquiou (Gueville),
de Richelieu.	d'Alègre (Ancezune).

MARÉCHAUX MARIÉS.

MM. d'Isenghien, de Duras, de Maillebois, de Belle-Isle, de Maulevrier, de Langeron, de Balincourt, de Montmorency, de Tonnerre, de la Mothe, de Lowendal.

M. de Nozier, dont j'ai parlé ci-dessus, a été nommé à la place de M. de Saint-Sauveur auprès de M. le Dauphin; et M. de Montfaucon, qui étoit écuyer de la petite écurie et attaché à une de Mesdames cadettes, a été mis auprès de M. le Dauphin à la place de M. de Nozier. Il a été page de la Reine et a été depuis chevau-léger.

On m'a dit aujourd'hui qu'il étoit sorti de la petite écurie, seulement, le jour de la Saint-Hubert, 580 chevaux pour la chasse.

M. l'ambassadeur de Venise (Morosini) a présenté, pendant ce voyage de Fontainebleau, un étranger que l'on nomme M. de Sacra-Mosa. Il est de Vérone; il a voyagé partout, même jusqu'à Constantinople; il a de l'esprit, est jeune, assez grand et bien fait. Il a fort mal aux yeux; il est venu en France pour se faire traiter.

Du samedi 13, *Fontainebleau*. — On apprit hier la mort de M. le marquis de Broglie; il étoit âgé de quatre-vingt-quatre ans; c'étoit l'aîné de la maison. Il étoit lieutenant général et père de celui qui a épousé la fille de feu M. de Besenval; il étoit frère de feu M. le maréchal de Broglie et de l'abbé de Broglie.

Il y eut hier conseil de dépêches, et il y fut décidé, au rapport de M. d'Argenson, qu'il seroit accordé des lettres patentes à la maison de l'Enfant-Jésus (1). Cette maison de charité a été établie par le feu curé de Saint-Sulpice (Languet de Gergy). Cet homme incomparable pour suffire à tous les détails d'une paroisse immense, sans perdre de vue un moment le bâtiment de son église, s'occupoit encore de l'instruction de son troupeau, du confessional et du soulagement des pauvres. C'est dans cette vue qu'il imagina de rassembler dans le même lieu un grand nombre de pauvres femmes, de les faire travailler et de leur fournir par ce moyen au moins une grande partie de leur nécessaire; il falloit avoir un emplacement avec des bâtiments assez spacieux; mais son zèle ne connoissoit rien d'impossible; il y employa tous ses soins, et cet art de demander avec un courage et une constance accompagnés de douceur et de politesse auxquelles on résistoit difficilement. Aux aumônes qu'il put obtenir il joignit tous les secours qu'il put donner de lui-même, lesquels devinrent beaucoup plus considérables lorsque le Roi lui eut donné l'abbaye de [Bernay], diocèse d'Évreux. Enfin, il étoit parvenu à avoir en dehors de la barrière de Sèvres un terrain d'une grande étendue, où il y a actuellement pour 100,000 écus de bâtiments; il y a cinq cents femmes qui y sont occupées tout le jour à filer et autres ouvrages, auxquelles on donne à dîner et du pain pour le soir; il y a outre cela un nombre de demoiselles, de filles de condition, qui font des preuves comme à Saint-Cyr; je crois qu'il y en a eu jusqu'à trente; non-seule-

---

(1) Mme de Luynes reçut, il y a deux jours, une lettre de M. l'archevêque de Sens, qui la prioit de présenter à la Reine sa très respectueuse reconnoissance de la protection qu'elle a bien voulu accorder à la maison de l'Enfant-Jésus; il ajoute qu'il a une satisfaction extrême de pouvoir, au moyen de cet arrangement, disposer de la succession de son frère, suivant ce qu'il savoit de ses intentions; et que son frère, qui s'appeloit Joseph, avoit fait en quelque manière la prédiction de cet événement, qu'il lui avoit entendu dire : « Quand Joseph sera mort, l'enfant Jésus marchera tout seul. » (*Note du duc de Luynes*, datée du 17 novembre.)

ment elles y sont élevées dans la plus grande piété et la régularité la plus exacte, mais on leur y apprend à travailler, et on les instruit de toute l'économie de campagne et de ménage qui peut leur être nécessaire lorsqu'elles sont mariées en province. La même règle de piété et d'exactitude s'observe dans tout le reste de la maison. Leur digne fondateur n'a soutenu pendant sa vie cet établissement que par les secours de la Providence, comme il vient d'être expliqué. Il avoit sollicité inutilement une abbaye à cette maison. Les circonstances qui ont obligé de laisser plusieurs abbayes aux économats pendant quelques années, et depuis de réserver sur ces abbayes une certaine somme, pendant un nombre d'années, pour le bâtiment de Saint-Louis à Versailles (qui n'est pas cependant aussi avancé qu'on auroit pu l'espérer) et pour la construction d'une nouvelle paroisse à Choisy, enfin la suppression qu'on a jugée nécessaire de plusieurs communautés, avoient été des obstacles que toute la patience et la persévérance de M. de Gergy n'avoient pu surmonter. Il auroit infiniment désiré de laisser en mourant à cette maison tout ce qu'il pouvoit donner de son patrimoine ; mais un établissement qui n'est fondé que sur la charité et qui n'a point de lettres patentes ne peut rien accepter ; il avoit donc pris le parti de faire son légataire universel M. l'archevêque de Sens, son frère, qui connoissoit ses intentions. Cependant la maison se soutenoit toujours, et il a été prouvé qu'elle jouit de 16,000 livres de rente en comptant les fruits et légumes du jardin, le produit de la ménagerie qui y est établie et le prix des ouvrages que l'on y fait ; mais on a examiné en même temps qu'il faudroit 28,000 livres par an pour soutenir toute la dépense de la maison. Mme de Lassay (Montataire), qui a beaucoup de bien dont elle peut disposer et qui connoissoit infiniment M. le curé de Saint-Sulpice, paroissoit déterminée à donner 80,000 livres à la maison de l'Enfant-Jésus ; mais voulant que cette donation pût être faite d'une manière stable et solide, elle demandoit qu'il y eût des lettres patentes. M. l'archevêque de Sens, tout occupé de remplir les intentions de son frère, ne pouvoit suivre cette affaire par lui-même à la Cour, où il ne paroît point depuis l'assemblée de 1750; Mme la princesse de Carignan, amie de Mme de Lassay et remplie de piété et de zèle, s'est chargée de faire toutes les démarches qui dépendroient d'elle; elle est venue parler elle-même à la Reine à Versailles; elle lui a remis un mémoire; la Reine en a parlé au Roi. Il n'a été question dans le premier moment que de demander seulement des lettres patentes; le Roi a chargé MM. d'Argenson et de Saint-Florentin d'examiner en détail cette proposition; ils ont été à Paris et ont entré dans tous les détails avec M. l'archevêque de Sens et M. le curé de Saint-Sulpice (d'Allemans). Il a été observé, comme il vient d'être dit, que la recette actuelle ne pouvoit suffire à la dépense, et l'on auroit désiré de pouvoir revenir à l'espérance d'obtenir la réunion d'une abbaye; mais cette idée étant dans le même cas d'impossibilité, on a continué seulement à demander des lettres patentes qui furent accordées hier. Il y a tout lieu d'espérer que la Providence, qui a fondé, protégé et conservé cet établissement, et qui vient de lui donner une forme stable et solide, ne l'abandonnera pas et lui attirera les aumônes des fidèles.

Du dimanche 14, Fontainebleau. — Le régiment de Navarre, vacant par la mort de M. le duc de Boufflers, fut donné avant-hier à M. de Choiseul-Beaupré, gendre de M. Lallemant de Betz. M. de Choiseul avoit le régiment de Boulonnois, qui a été donné à M. de la Tour d'Auvergne, colonel dans les grenadiers de France; et cette place dans les grenadiers de France a été donnée à M. de Jumilhac, fils du commandant des mousquetaires gris, qui étoit mousquetaire.

Du lundi 15, Fontainebleau. — M. de Saint-Vital prit congé avant-hier. Il a reçu ordre de sa cour d'aller à Lunéville faire compliment au roi de Pologne sur la naissance de M. le duc de Bourgogne. Quoiqu'il ait pris congé, il ne part pas encore ; il doit encore faire sa cour pendant le voyage de Choisy, le samedi 20, que le Roi en partira pour aller courre le cerf et de là à Versailles. Mme de Pompadour mènera M. de Saint-Vital à Bellevue, pour lui faire voir cette maison. Comme il n'étoit jamais venu dans ce pays-ci, et qu'il n'aura pas le temps de faire sa cour à Versailles, à cause des couches de Madame Infante, comme je l'ai dit, il a souhaité d'avoir l'honneur de voir M. le duc de Bourgogne et Madame, et le Roi a chargé M. de Saint-Séverin d'aller à Versailles avec lui. On lui a fait voir Versailles, Trianon et Marly. M. de Saint-Vital partira de Bellevue et ira droit à Lunéville, de là à Turin et de là à Parme. Le père de M. de Saint-Vital a environ soixante-dix ans ; il est jésuite depuis plusieurs années ; M. de Saint-Vital a aussi un frère jésuite.

L'on a fait cette année, comme à l'ordinaire, une quête pour les Filles-Bleues. C'est Mlle de Charolois qui veut bien se charger de cette quête. Cette maison des Filles-Bleues a été fondée par Mme de Montespan, environ l'an 1690, pour y recevoir soixante pauvres filles, trente pauvres femmes et dix hommes pauvres. Elles sont huit sœurs grises pour avoir soin de toute la maison, et dans le nombre des pauvres femmes qui sont chez elles, elles en choisissent quelques-unes pour leur aider à servir les pauvres ; elles ont outre cela des pensionnaires. C'est une des sœurs qui est supérieure ; elle entre dans tout le détail économique de cette maison, et lorsqu'il est question d'y faire entrer quelques hommes ou quelques femmes, ou quelques filles, il faut s'adresser à ladite supérieure et à M. le curé de Fontainebleau ; ils décident ensemble s'il est convenable d'y recevoir la personne proposée, et s'il y a de la place dans la maison. Elles sont actuellement cent trente, en comptant tous les domestiques. Elles ont un enclos de huit ou dix arpents, qui leur fournit des légumes toute l'année et aussi du fruit; elles ont une charrette de trois chevaux pour l'exploitation de quelques terres qu'elles font valoir; elles ont douze ou quatorze vaches et un petit ménage de campagne; elles travaillent et font travailler leurs pauvres et leurs pensionnaires, et elles retirent quelque profit de leurs ouvrages et d'une partie de ce qui revient de leur ménagerie. Leur consommation en blé va ordinairement à 3,000 boisseaux par an, mais elles n'ont de grenier que pour la provision d'une année; elles espèrent que M. le duc d'Orléans par charité voudra bien leur en faire faire un. Elles le sollicitent aussi pour une infirmerie, dont elles ont grand besoin. Leur dépense l'année dernière monte à environ 14,000 livres. Elles estiment qu'elles pourroient bien aller cette année à 18,000 livres, à cause de la cherté du blé; elles ne pourroient soutenir une dépense aussi considérable sans le secours de la Providence, car elles n'ont de revenu assuré qu'environ 1,200 livres par an; mais le Roi leur fait donner tous les ans, du trésor royal, 4,500 livres; outre cela S. M. leur donne de sa cassette 42 louis chaque voyage. Les aumônes des quêtes et des particuliers montent environ à 5,000 livres par an. Elles ont aussi par an environ 2,000 livres des pensionnaires, et la vente de leurs marchandises chaque année va aussi à peu près à 3,000 livres; mais le nombre de leurs domestiques, comme charretier, jardinier, etc., est de quinze hommes, à cause qu'il y en a de vieux et d'infirmes, qui sont hors d'état de travailler, et il faut qu'elles achètent le bois et le sel; la consommation du bois va à 50 cordes par an.

Du mardi 16, *Fontainebleau.* — Les dames ont pris aujourd'hui les robes de chambre, à cause du départ.

Dans le moment que la Reine entroit à la messe, on lui a amené une fort vieille femme, qu'un piqueur du Roi a trouvée dans un rocher avec plusieurs enfants mourant de faim (1). On ne sera pas surpris qu'un spectacle aussi touchant ait déterminé la Reine et toute la famille royale à soulager de leurs aumônes cette malheureuse famille.

Le Roi, la Reine et toute la famille royale ont rendu le pain bénit à la paroisse ; comme c'est un usage ordinaire, il ne mérite pas d'être remarqué. Ce qui peut mériter de l'être, c'est que Mesdames aînées ont aussi rendu le pain bénit. A l'égard de M. le Dauphin, c'est un usage, quoiqu'il n'ait point de maison à lui.

J'ai parlé ci-dessus des mariages faits aux dépens de la ville de Paris ; les fermiers généraux en font aussi quatre-vingts à leurs dépens.

Mme de Brancas, dame d'honneur de Mme la Dauphine, est à Paris ; elle n'est point venue ici. Sa belle-mère, Mme de Brancas douairière, et sa belle-fille, Mme de Lauraguais, qui vivent ensemble avec beaucoup d'union et d'amitié, s'arrangent ordinairement ensemble pour être alternativement à la toilette de Mme la Dauphine et pour servir le dîner. Mme de Lauraguais a fait la toilette ce matin, et lorsque Mme la Dauphine est rentrée chez elle après la messe, et qu'elle a passé dans son cabinet pour se mettre à table avec M. le Dauphin, elle a ôté ses gants pour donner la serviette ; mais elle ne l'avoit pas encore prise lorsque Mme de Brancas est entrée, toute dégantée, sachant que Mme la Dauphine alloit se mettre à table ; il y a eu grande contestation de politesse entre la grande-mère et la petite-fille ; enfin M. le Dauphin a décidé en faveur de Mme de Lauraguais, comme étant supposé qu'elle avoit commencé le service, ce qui ne fait pas une raison essentielle, mais qui est toujours regardée comme telle par politesse ; Mme de Lauraguais a donc servi le dîner. Ce

---

(1) Ce sont les petits-enfants de cette vieille femme. On prétend que par principe de charité on a un peu chargé le tableau pour exciter la compassion ; mais la vérité est que la femme est vieille et pauvre ; elle a eu environ 25 louis d'aumônes. (*Note du duc de Luynes.*)

qui est à remarquer, c'est que Mme de Brancas s'est assise et a resté au dîner; c'est ce qui ne se voit pas ordinairement. Il est vrai que chez Mesdames, qui mangent toutes cinq chez Mesdames cadettes, Mme la maréchale de Duras, pour éviter la fatigue du service, à cause de sa santé, se contente de donner la serviette en entrant et en sortant et demeure assise pendant le dîner; mais ce n'est pas la dame d'atours qui sert, mais les officiers du gobelet du Roi.

Du mercredi 18, *Fontainebleau.* — Il y a environ deux mois que Mme de Luynes reçut une lettre d'une sœur de M. le maréchal de Belle-Isle, qui est supérieure d'une communauté de la Visitation à Moulins (1); c'est au sujet d'une chapelle qu'elle voudroit mettre sous le nom de la bienheureuse mère de Chantal qui vient d'être béatifiée. Il s'agiroit de fonder cette chapelle et d'implorer pour cela la protection de la Reine et son secours. La Reine, ne pouvant se charger de cette fondation, en a parlé à M. le Dauphin, qui a consenti avec plaisir à la proposition et a dit qu'il se chargeoit très-volontiers de fonder cette chapelle. M. le Dauphin, à qui Mme de Luynes en parla encore avant-hier, lui confirma cette promesse, et commença en même temps une conversation sur l'amour de Dieu avec l'éloquence chrétienne la plus vive et la plus rapide.

Je n'ai point encore parlé du bâtiment que l'on a fait dans la cour des Fontaines; j'ai marqué que l'on y avoit fait un cabinet pour Mesdames, qui n'étoient alors que deux. Ce cabinet étoit par delà le grand cabinet peint et doré de la Reine mère et n'avoit que deux croisées, une

---

(1) On prétend que cette maison est la première de cet ordre fondée en France. M. le duc de Montmorency, qui eut le col coupé en 1632, y est enterré; sa veuve y a demeuré trente-six ans, allant tous les jours pleurer près du superbe mausolée qui y a été élevé pour son mari, et pendant tout ce temps elle ne rit jamais, et on n'osa jamais rire devant elle. (*Note du duc de Luynes.*)

sur la cour et l'autre sur la pièce d'eau. On a détruit ce petit cabinet, et même le grand cabinet de la Reine mère ; on a conservé seulement un cabinet qui sert pour Mesdames les trois cadettes, et l'on a élevé un pavillon fort considérable avec des colonnes, lequel donne en saillie d'une part sur la cour des Fontaines et de l'autre sur la pièce d'eau et le jardin de Fontaine-Belle-Eau. Le premier étage de ce pavillon est destiné pour le logement de M. le duc de Bourgogne. Mesdames aînées resteront toujours dans l'appartement où elles sont, dans la cour ovale.

Le Roi a été ces trois jours-ci à la chasse. Aujourd'hui il est parti à dix heures avec M. le Dauphin pour aller courre le cerf. Mme la Dauphine est partie à deux heures pour aller attendre le Roi à Ponthiéry et aller avec lui à Choisy.

Du dimanche 21, *Versailles.* — Avant-hier on apprit la mort de M. le maréchal de Montmorency ; il est mort dans ses terres, dans le pays du Maine ; il avoit soixante-quinze ans. Sa veuve, comme l'on sait, est Saint-Simon, sœur de M. l'évêque de Metz. Il laisse plusieurs enfants, entre autres un fils qui est marié, dont la femme est attachée à Mesdames, et une fille qui a épousé M. d'Elmstat. Il étoit grand chambellan en 1745 ; cette charge a été créée pour lui.

M. de Tournehem mourut avant-hier, à cinq heures du matin, dans sa maison d'Étioles ; il n'a été malade que pendant deux jours. Ce fut en arrivant à Choisy que Mme de Pompadour apprit la nouvelle de son état ; il avoit donné à dîner et à souper la veille (le mercredi) à M. d'Argenson et lui avoit fait voir sa maison ; mais il n'avoit pu assister au souper, le frisson lui ayant pris ; ce frisson fut suivi d'un crachement de sang et d'une fièvre violente où la tête s'embarrassa. Il n'a eu depuis ce moment que trois heures de connoissance, dont il a profité pour se confesser au curé de sa paroisse, qui étoit son ami et passoit sa vie chez lui. M. Lenormant, son père, étoit fermier général ; il avoit eu deux fils et trois filles. L'aîné des fils épousa Mlle de Francy, dont il a eu M. d'Étioles qui épousa Mlle Poisson. Le second fils est M. de Tournehem dont c'est ici l'article ; il avoit épousé une Mlle de Fresne ; il avoit été fermier général et étoit devenu directeur général des bâtiments. Des trois filles, l'une épousa M. le marquis d'Estrades ; c'est Mme d'Estrades, la dame d'atours ; une autre, M. de Martainville, et l'autre M. de Bachy, nommé ambassadeur pour le Portugal. M. Lenormant, frère aîné de M. de Tournehem, étoit directeur de la monnoie, et ce qui est singulier, c'est qu'il étoit bleu ; on dit d'un homme qu'il est jaune, qu'il est noir, qu'il est blond, mais il est rare que l'on puisse dire qu'il est bleu.

La Reine arriva ici avant-hier à une heure et demie ; elle avoit dans son carrosse Madame Louise seulement, Mesdames étant à la chasse avec le Roi. Les quatre autres places étoient occupées par Mme de Luynes et Mme la maréchale de Duras sur le devant, Mme d'Antin et Mme de Périgord aux portières. La Reine entra un moment chez elle et ensuite chez M. le duc de Bourgogne et chez Madame, qu'elle trouva en bonne santé. Elle dîna seule chez elle comme à l'ordinaire et joua chez elle l'après-dînée. Le Roi courut le daim et arriva avec Mesdames sur les trois heures ; il alla à sept heures chez M. le duc de Bourgogne et soupa chez Mme de Pompadour, mais il n'y eut personne d'appelé. M. le Dauphin et Mme la Dauphine arrivèrent de Paris à trois heures et demie ou trois quarts et dînèrent dans le grand cabinet de Mme la Dauphine avec toutes les dames et avec toutes celles qui avoient eu l'honneur de la suivre ; il y en avoit vingt en tout, ainsi ils étoient vingt-deux à table. M. le Dauphin et Mme la Dauphine étoient seuls au bout d'en haut, du côté de la cheminée ; les menins et ceux qui eurent l'honneur de suivre M. le Dauphin dînèrent chez M. du Muy. Je mettrai le détail du voyage de Paris lorsque j'en serai plus instruit.

Du lundi 22, Versailles. — Toutes les dames qui avoient été averties pour suivre Mme la Dauphine, et tous les hommes qui avoient l'honneur de suivre M. le Dauphin, se rendirent à Choisy sur les neuf heures du matin. Les dames de Mme la Dauphine sont Mmes de Tessé, de Rohan (duchesse), de Lorges, de Mailly, de Pons, du Roure (1), de Rochechouart et de Talaru, celle-ci est surnuméraire; Mme de Caumont (duchesse) n'y étoit pas. Les dames averties étoient Mme la comtesse de Noailles (Arpajon), Mme la duchesse de Biron (de Roye la Rochefoucauld), Mme de Forcalquier (Canizy), Mme de Senneterre, Mme de Coislin (Mailly), Mme la comtesse de Rochechouart (Charleval), Mme la duchesse de Duras (Coëtquen), Mme la marquise de Brancas (Gizeux de Grand-Homme), Mme de Sassenage (Sassenage) sa fille, Mme de Maugiron, Mme la comtesse de Marsan (Rohan-Soubise), Mme la marquise de la Force (Amelot).

Les menins de M. le Dauphin sont : MM. de Montaigu, de la Vauguyon, chevalier du Muy, comte de Lorges (Périgord), M. de Cossé, M. de Choiseul, qui est surnuméraire. M. de Saulx, qui est un des menins, n'y étoit pas ; il est en Bourgogne ; et M. Saint-Hérem, qui est aussi des menins, est malade depuis longtemps et peu en état de voyager; il étoit cependant venu à Choisy faire sa cour.

Les hommes avertis étoient M. le comte de Fitz-James, M. d'Armentières, M. de Senneterre le père, M. de Civrac, M. le comte de Rochechouart, M. le comte de Gramont. M. le marquis de Gontaut accompagnoit M. le Dauphin.

Outre les dames que j'ai nommées, il y avoit à la suite de Mme la Dauphine, Mme de Brancas (douairière), Mme de Lauraguais, et Mme de Brancas la belle-fille, dame d'honneur, se trouva à l'arrivée de Mme la Dauphine à Notre-Dame et prit place derrière elle pendant la cérémonie.

M. le Dauphin et Mme la Dauphine partirent à neuf

---

(1) Mme de Bellefonds, qui est toujours incommodée, n'y étoit pas. (*Note du duc de Luynes.*)

heures et demie. M. le Dauphin avoit trois carrosses et Mme la Dauphine quatre. Ils passèrent par la porte Saint-Bernard, le pont de la Tournelle, le Pont-Marie, la rue Saint-Antoine, la Grève, le Quai-Neuf, le pont Notre-Dame, et revinrent par le Pont-Neuf et la rue Saint-Honoré. J'oubliois de marquer que M. le maréchal de Richelieu étoit dans le carrosse de M. le Dauphin, comme premier gentilhomme de la chambre. Il n'y eut rien de remarquable à Notre-Dame; on lâcha des oiseaux, suivant l'usage, lorsque M. le Dauphin y entra (1). M. l'archevêque vint à la porte de l'église avec son clergé, et présenta la croix à baiser. M. le Dauphin et Mme la Dauphine se mirent à genoux; M. l'archevêque fit un compliment fort court et alla ensuite commencer la grande messe, qui fut chantée sur le livre. Il n'y eut aucune cérémonie particulière, et il se trouva assez peu de monde dans les rues. On n'avoit averti que le matin M. l'archevêque et le prévôt des marchands.

J'ai parlé ci-dessus de l'affaire de l'hôpital; il n'en avoit pas été question depuis le commencement des vacances; mais hier les députés du Parlement ayant été mandés arrivèrent ici; ils étoient trois : le premier président, son fils M. de Maupeou et M. de Rosambo. Le procureur général y étoit, et les trois avocats généraux et M. Ysabeau, second greffier du Parlement, M. Lefranc, greffier en chef, étant malade. Le Roi avoit ordonné qu'on lui apportât les registres du Parlement. Il y a quatre sortes de registres, mais il y en avoit deux qui ne pouvoient regarder la matière dont il s'agissoit; on n'en apporta donc que deux. Le Roi ne tint conseil d'État qu'après le dîner et après le salut. Le matin après la messe il tint conseil des dépêches, où étoit M. le Dauphin. Ce fut après ce conseil

---

(1) J'oubliois de marquer que M. le duc de Gesvres, M. le prévôt des marchands et le lieutenant de police se trouvèrent à la descente du carrosse. (*Note du duc de Luynes.*)

que l'on fit entrer les députés, les gens du Roi et le greffier; tous entrèrent dans le cabinet des dépêches, où le conseil étoit resté. Les registres que l'on apporta n'alloient pas au delà de 1744; le Parlement n'en a point de cette espèce rédigés postérieurement à cette date; le surplus est en minutes. Le Roi se fit représenter ces minutes. Il y en avoit sept d'arrêts ou arrêtés faits sur l'affaire de l'hôpital. M. d'Argenson en fit la lecture, après quoi le Roi se les fit remettre et les mit dans sa poche. On fit entrer ensuite les Srs Mesnard et Marie, commis de M. d'Argenson, qui écrivirent en même temps, chacun sur un des derniers registres du Parlement, l'arrêt qui venoit d'être rendu au conseil des dépêches. Je n'ai point vu cet arrêt, mais je sais que le Roi évoque à son conseil toutes les affaires concernant ledit hôpital, interdisant au Parlement toute connoissance desdites affaires et leur faisant défense d'en délibérer en aucune manière.

Hier Mme de Coigny (Neret) parut pour la première fois depuis la mort de sa belle-mère, et Mme de Gramont, qui n'étoit point venue depuis la mort de M. d'Humières; elles eurent permission de faire leurs révérences sans mante.

Aujourd'hui Mme de Boufflers (Craon), qui arrive de Lunéville, a aussi obtenu la même permission de faire sa révérence sans mante.

Le Roi a été ce matin à Trianon et à la Ménagerie pour y voir un lion et un chameau nouvellement arrivés; il est revenu ensuite ici travailler avec M. le garde des sceaux et est parti pour Bellevue, d'où il reviendra jeudi.

Du mardi 23, Versailles. — Le Roi et la Reine reçurent chacun avant-hier une lettre de M. de Campo-Florido, qui est en Sicile; il leur mande qu'il a pris le parti d'entrer dans la congrégation des PP. de l'Oratoire; il demande au Roi la permission de lui renvoyer l'ordre du Saint-Esprit. Cette congrégation de l'Oratoire est totalement différente de celle qui est établie en France. Son fondateur, saint

Philippe de Neri, naquit à Florence, en 1515 ; à l'âge de dix-huit ans il renonça au commerce dans lequel ses parents vouloient l'engager, et vint à Rome; il fut fait prêtre à trente-six ans. Les confrères de la nation florentine lui donnèrent en 1564 la conduite de leur église de Saint-Jean; il l'accepta sans vouloir quitter cependant le collége de Saint-Jérôme de la Charité, où il avoit commencé à travailler pour la gloire de Dieu. Ce fut dans cette maison de Saint-Jérôme qu'il commença à établir la célèbre congrégation de l'Oratoire de Rome, qui fut approuvée par le pape Grégoire XIII, l'an 1575. Saint Philippe en fut élu général en 1587, et s'étant démis peu de temps après, le cardinal Baronius, l'un de ses disciples, fut choisi pour remplir cette place. Les constitutions de cette congrégation furent confirmées en 1612 par Paul V. Saint Philippe mourut en 1595, et fut canonisé en 1622 par le pape Grégoire XV, à la prière de Louis XIII et de la reine Marie de Médicis, sa mère. Les associés de cette congrégation ne font aucuns vœux; il est même dit que l'on ne pourra proposer d'en faire aucun, et que cette proposition ne sera jamais admise malgré la pluralité des voix. La maison de l'Oratoire de Rome ne peut se charger du gouvernement d'aucune autre. J'oublie de marquer que cette maison de Rome est dans l'église de Sainte-Marie de la Valiscelle ou de Saint Georges, qui étoit une ruine lorsque le pape Grégoire XIII la leur donna; elle fût rebâtie des aumônes des fidèles. Il y a dans l'Oratoire de Rome un supérieur, qu'on nomme père, et quatre prêtres députés pour lui servir d'assistants. Le supérieur est administrateur du temporel ; il est élu à la pluralité des voix ; il ne peut donner plus d'un écu d'or aux pauvres chaque mois, sans le consentement des quatre députés ; et s'il donnoit plus de 10 écus d'or, il faudroit qu'il eût le consentement de toute la congrégation. On ne peut être admis dans cette congrégation avant vingt-deux ans ni après quarante-cinq. On y demeure d'abord un mois en qualité d'hôte, et ensuite trois ans avant que d'être enregistré. Ceux qui y entrent n'ont point de pension réglée, et ils donnent à la communauté à proportion de leur bien. S'ils ont des procès, ils sont obligés de les terminer avant que d'être reçus. Ils peuvent employer le surplus de leurs revenus à des usages pieux et convenables, mais il leur est défendu de faire profiter leur argent et d'en amasser. Ceux qui n'ont point de bien vivent de celui de la congrégation.

Celle de l'Oratoire de France est absolument différente; elle fut fondée en 1611 par le cardinal de Bérulle, dont la famille étoit originaire de Champagne; il étoit fils d'un conseiller au parlement de Paris; sa mère étoit Seguier. Il étoit aimé et estimé de saint François de Sales, qui lui avoit même promis d'entrer dans sa congrégation; mais ce saint homme ayant été fait évêque de Genève ne put exécuter son projet. Ce fut le 11 novembre 1611 que M. de Bérulle fit la première cérémonie de cet institut, à Paris, avec cinq autres ecclésiastiques, après avoir obtenu l'approbation de M. le cardinal de Gondi, évêque de Paris. La nouvelle congrégation fut approuvée l'an 1613, par le pape Paul V. Cette congrégation est établie pour honorer les mystères de N. S. et ceux de la sainte Vierge, instruire la jeunesse, former des clercs pour l'Église, prêcher et faire des missions. M. de Bérulle, qui avoit déjà fait venir d'Espagne en France les Carmélites, en 1603, fut le premier général de l'Oratoire; il n'y en a eu que cinq depuis lui. Il avoit fait vœu de n'accepter aucune dignité ecclésiastique; mais le pape Urbain VIII le dispensa de ce vœu et le fit cardinal en 1627. Il mourut deux ans après, âgé de cinquante-cinq ans, à l'autel où il avoit commencé la messe. Il avoit obtenu, en 1613, une bulle du pape Paul V portant permission d'étendre sa congrégation dans toute la France. La ville de Rouen s'opposa à l'établissement de cette société, qui n'avoit encore ni statuts ni règlement; ils furent obligés d'en faire et déclarer qu'ils n'étoient point religieux mais prêtres associés, ne travaillant que pour les évêques ou curés et sous leur autorité. Ils firent un règlement en 1631, pour que ceux qui seroient admis dans cette congrégation ne pussent être obligés à faire des vœux.

Je n'ai point marqué dans le temps que la fille dont Mme de Talaru accoucha il y a quelque temps fut tenue ici dans la chapelle par M. le Dauphin et Mme la Dauphine, avant leur départ pour Fontainebleau.

Je ne sais si j'ai parlé du grand procès de M. de Conflans contre M. de Vaudreuil, frère de celui qui est dans les gardes françoises. M. de Conflans, chef d'escadre, point marié, âgé de soixante-huit ans, fort estimé dans la marine et jouissant de 12 ou 14,000 livres de rente, fut nommé par M. de Maurepas gouverneur général de l'île de Saint-Domingue et accepta cet emploi; y étant arrivé, il écrivit à M. de Maurepas de vouloir bien lui donner M. de Vaudreuil avec la qualité de commandant général dans l'île sous ses ordres. Ce titre étoit nouveau, mais M. de Maurepas y consentit pour faire plaisir à M. de Conflans. Il y a une partie de l'île de Saint-Domingue qui appartient aux Espagnols, et les limites entre eux et la France ne sont pas parfaitement réglées. Sur le rapport fait à M. de Conflans, M. de Vaudreuil étoit entré avec 100 hommes armés sur le terrain des Espagnols; craignant que cette démarche pût troubler la paix entre les deux couronnes, il jugea à propos d'interdire M. de Vaudreuil, et pour rendre la réparation plus éclatante il voulut que l'interdiction fût publiée à la tête des troupes. Il écrivit en même temps à M. Rouillé, à qui il avoit écrit quelque temps auparavant, avec de grands éloges sur M. de Vaudreuil; M. de Vaudreuil écrivit de son côté, et nia les faits portés dans l'accusation. Ces lettres arrivèrent avant celles de M. de Conflans. Il est assez difficile d'éclaircir la vérité de si loin. Enfin M. de Conflans a été rappelé, et il vient d'arriver en France avec une femme de quinze ou seize ans, qu'il a épousée à Saint-Domingue, et un enfant. M. Dubois de la Mothe, capitaine de vaisseau, a été nommé gouverneur à sa place; il a été fait chef d'escadre et cordon rouge.

Du jeudi 25, Versailles. — Le Parlement s'assembla hier au sujet de ce qui s'est passé ici par rapport à l'affaire de l'hôpital, et il y eut un conseil d'État extraordinaire à Bellevue, en conséquence des nouvelles que l'on eut de Paris. Ces nouvelles étoient sues ici hier au soir; mais comme on vient de m'en envoyer de Paris un petit détail fort sûr et fort exact, j'ai cru que rien n'étoit mieux que d'en joindre ici la copie.

> Dans le compte qu'a rendu M. le premier président aux chambres assemblées, il n'a pas omis la description de toutes les minutes que le greffier du Parlement avoit remises au Roi, et comme ce discours est reporté dans les registres, il équivaut aux minutes soustraites.
> Après que M. le premier président a parlé, M. Pinon, sous-doyen, en l'absence du doyen, a pris la parole et a dit : « Monsieur, la compagnie vous déclare que la défense de délibérer étant une interdiction générale de toutes ses fonctions, elle ne peut ni n'entend continuer aucun service. » Tous ont été, sans délibérer, de même avis.
> On voit bien que ceci n'est qu'une pur équivoque, puisque le Roi n'a défendu de délibérer que sur l'affaire présente. Mais enfin voilà le Parlement fermé. On dit que les avocats se retirent aussi; si cela est, plus de justice dans aucuns tribunaux, comme des aides, grand conseil, Châtelet, etc.; et hier on disoit dans le peuple : « Quel gouvernement, où il n'y a ni pain ni justice! » Il y a eu hier trois incendies.

Du samedi 27, Versailles. — Je croyois avoir marqué ce que j'ai appris à Fontainebleau sur la vente de la compagnie des Indes à Lorient. Cette vente, qui vient de finir, a monté à 28 millions 600 et tant de mille livres, et l'on peut être sûr que ce calcul-là est juste; dans cette somme n'est point comprise le chargement du vaisseau nommé *le Puisieux;* l'on comptoit qu'il feroit partie de ladite vente, mais ce vaisseau n'est pas encore arrivé.

Je croyois avoir écrit aussi le baptême de la fille de M. de Talaru; elle a été tenue ici à la chapelle par M. le

Dauphin et Mme la Dauphine, immédiatement avant leur départ pour Fontainebleau.

J'appris hier ce que M. le Dauphin a eu la bonté de faire pour M. de Nozier. A la mort de M. de Boufflers, colonel du régiment de Navarre, ce régiment a été donné à M. de Choiseul ; c'est celui dont la femme (Lallemant de Betz) est dame de Mme la Dauphine ; le régiment du Boulonnois qu'avoit M. de Choiseul a été donné gratis à M. de la Tour d'Auvergne, qui par conséquent ne pourra vendre ledit régiment de Boulonnois lorsqu'il sera fait maréchal de camp. Ce régiment est de 10,000 écus, comme celui de Navarre est de 75,000 livres. Le Roi a jugé à propos que M. de Choiseul, outre le régiment Boulonnois, donnât encore 10,000 écus, qui sans doute ont été portés au trésor royal; ainsi, lorsque M. de Choiseul devenu maréchal de camp donnera sa démission du régiment de Navarre, il lui sera rendu non pas 75,000 livres, mais 60,000 livres seulement. Le Roi voulant, à la prière de M. le Dauphin, donner un régiment à M. de Nozier Saint-Sauveur, a accordé à M. de Choiseul, celui qui est menin de M. le Dauphin, de conserver son rang de brigadier et la sûreté d'être employé en cette qualité, et outre cela la somme de 50,000 livres comme gratification ou dédommagement. A ces conditions M. de Choiseul donne sa démission du régiment de Flandre qu'il commande, et ce régiment est donné à M. de Nozier, qui se retire du service de M. le Dauphin; il fait aujourd'hui son remercîment. On croit qu'il a outre cela 8,000 livres de pension, mais il n'en convient pas encore. A l'égard des 50,000 livres que touche M. de Choiseul, il y a grande apparence que les 10,000 écus dont j'ai parlé ci-dessus portés au trésor royal font partie de cette somme.

Je n'ai point encore parlé, à ce que je crois, de la prétention des dames attachées à Mesdames, de les attendre dans la chambre de la Reine les jours de grand couvert. C'est un usage établi et qui se suit exactement entre les dames du palais, les dames de Mme la Dauphine et celles de Mesdames, qu'il y en ait toujours une avec elles pendant les grands couverts et une autre qui vient la relever immédiatement après le grand couvert. Ordinairement ce sont les dames titrées qui se trouvent aux dîners et aux soupers. Après le dîner chez la Reine, il ne reste point de dames, parce que la Reine s'enferme dans ses cabinets; mais le soir, comme la Reine vient ou souper chez Mme de Luynes, ou bien y jouer après le grand couvert, il faut toujours une de ses dames pour conduire la Reine chez Mme de Luynes (où cette dame reste ordinairement à souper, et même les autres dames de semaine), et pour suivre S. M. à minuit et demi lorsque S. M. retourne chez elle. Chez Mme la Dauphine, les dames ne restent point non plus l'après-dînée, mais elles demeurent au souper de Mme la Dauphine; et les jours de grand couvert, celle qui vient relever, reconduit Mme la Dauphine chez elle. Cela se passe à peu près de même chez Mesdames; elles dînent toujours toutes cinq ensemble; ainsi une des dames de Mesdames aînées peut suffire. Après le dîner elles prennent leur café dans la chambre de Madame, et les dames restent pendant ce temps-là; mais le soir, outre l'heure du débotter qui est toujours incertaine, et l'heure de six heures pour aller chez la Reine, il est nécessaire de les suivre lorsqu'elles retournent chez elles après le jeu de la Reine ou après les comédies, ensuite lorsqu'elles descendent pour souper chez Mme la Dauphine et les aller reprendre chez Mme la Dauphine à onze heures et demie ou minuit lorsqu'elles viennent se coucher. Les jours de grand couvert elles viennent se déshabiller chez elles, après le grand couvert, et descendent ensuite chez Mme la Dauphine. Le Roi y descend ordinairement après les grands couverts et reste une demi-heure avec ses enfants. La dame du palais qui vient attendre chez la Reine, et qui s'y rend ordinairement lorsque le Roi est au fruit, entre dans la chambre de la Reine. Les dames de Mesdames avoient cru aussi pouvoir y entrer ; la Reine l'a trouvé mauvais et a décidé qu'elles attendroient dans le grand cabinet avant la chambre. Comme il y a beaucoup de monde dans le grand cabinet, et souvent personne pour y avancer des siéges, ce qui n'est pas une preuve de galanterie, ni même de la politesse du siècle présent, les dames auroient désiré pouvoir traverser la chambre de la Reine et attendre dans le salon du jeu où attendent les officiers des gardes du corps; mais il n'y a que les grandes entrées qui puissent entrer dans la chambre de la Reine par le salon du jeu, lorsque le Roi et la Reine y sont, dans ce moment et même après le souper. Ainsi la Reine a jugé à propos que personne n'entrât dans sa chambre que les dames du palais et celles qui ont les grandes entrées (1), et que les autres dames n'y entrassent qu'à la suite des princesses auxquelles elles sont attachées. Il y a quelque temps que Mme de Luynes, ayant reçu sur cela les ordres de la Reine, se rendit dans la chambre de S. M. avant la fin du grand couvert, et Mme de Molde (Conflans), dame de Mesdames, ayant voulu entrer, Mme de Luynes s'avança à la porte, et lui dit avec beaucoup de politesse qu'elle étoit bien fâchée que ce ne pût pas être dans ce moment-là, qu'elle entreroit dans le moment que Mesdames seroient entrées.

J'appris hier que la place de grand chambellan, qui avoit été donnée par le roi de Pologne, duc de Lorraine,

---

(1) C'est là le principe de cette décision qui est très-juste. Tout le monde entre dans la chambre de la Reine pour lui faire sa cour à l'heure de son dîner, tout le monde traverse la chambre de la Reine pour aller dans le salon à son jeu, ou reste même dans la chambre pour entendre la musique. Quand je dis tout le monde, j'entends les gens connus; mais lorsque le Roi soupe dans la chambre de la Reine, lorsque la Reine y soupe seule, ou enfin [lorsqu'a lieu] ce que l'on appelle la conversation, il ne doit entrer dans la chambre de la Reine que les entrées. Les dames du palais ont les entrées chez la Reine. Les dames de Mme la Dauphine et les dames de Mesdames (je ne dis point les dames d'honneur et d'atours), je dis les dames, ne les ont qu'à la suite des princesses auxquelles elles sont attachées. (*Note du duc de Luynes.*)

à feu M. le maréchal de Montmorency (Laval), vient d'être donnée à M. le marquis du Châtelet, qui avoit celle de grand maréchal des logis. Celle-ci ne valoit que 4,000 livres et avoit été créée pour lui. Celle de grand chambellan vaut 6,000 livres.

Le gouvernement de Gravelines est vacant, par la mort de M. le marquis de Broglie dont j'ai parlé ci-dessus. Ce gouvernement vaut 29,000 livres de rente, sur quoi il y en a 12,000 qui y ont été ajoutées par feu M. le duc d'Orléans. Il n'est point encore donné; M. le duc de Broglie le demande; il semble qu'il auroit beaucoup de raisons pour l'espérer.

J'appris hier la mort de M. d'Artagnan; il avoit environ quatre-vingts ans; il étoit frère de celui qui est dans les mousquetaires, mais beaucoup plus âgé que lui; il est mort à Saint-Germain, où il étoit retiré.

J'ai beaucoup parlé des affaires du Clergé; elles sont toujours dans le même état. Les assemblées des évêques à Paris, à l'archevêché, continuent; il semble que l'on ne peut guère en espérer de succès. Après avoir travaillé pendant longtemps à un projet, ils députèrent, il y a quelque temps, M. l'abbé de Coriolis, un des agents du Clergé; il a été à Bourges parler à M. le cardinal de la Rochefoucauld et à Rouen à M. l'archevêque. Ces deux prélats lui ont répondu qu'ils ne pouvoient rien dire que lorsqu'ils seroient dans l'assemblée. C'est le même langage qu'ils ont toujours tenu; cependant les assemblées continuent encore à l'archevêché.

J'ai marqué dans le temps que le Roi a eu la bonté d'accorder les grandes entrées chez lui à Mme de Luynes, peu de temps après qu'il eut nommé Mme de Luynes, dame d'honneur de la Reine. S. M. a acordé la même grâce à Mmes de Brancas, de Beauvilliers et de Duras; le Roi voulut bien hier avoir la même bonté pour Mme de Chevreuse. Elle a été aujourd'hui au débotter à la suite de Mme Adélaïde (Madame ayant été purgée) pour prendre possession de ce droit. Mme de Chevreuse en a auparavant instruit M. le duc de Gesvres, qui est malade et n'a pu se trouver chez le Roi.

On vient de publier aujourd'hui un arrêt du conseil portant suppression pour un temps non limité de l'imposition des 4 sols pour livre; on en trouvera la copie à la fin de ce journal (1).

Il y eut hier conseil de dépêches; on n'en dit point le résultat; mais on assure que le Roi a envoyé ordre au Parlement de continuer à s'assembler à l'ordinaire. Reste à savoir s'ils obéiront.

Du dimanche 28. — J'ai marqué ci-dessus les grâces accordées par le Roi à M. de Puisieux, lorsqu'il a donné sa démission de la place de secrétaire d'État. M. de Puisieux, craignant d'abuser des bontés de S. M., n'osoit pas lui demander d'étendre jusqu'à Mme la comtesse d'Estrées, sa fille, une partie de la pension de 12,000 livres qu'elle a bien voulu accorder après lui à Mme de Puisieux. Cependant Mme la comtesse d'Estrées se trouve dans les circonstances les plus favorables; il est d'usage que le Roi veuille bien donner 10,000 francs de pension aux filles des ministres lorsqu'elles se marient; feu M. de Torcy avoit obtenu cette grâce pour Mme d'Ancezune, feu M. Amelot pour Mme la marquise de la Force. Mme la comtesse d'Estrées n'a point joui de cet avantage; d'ailleurs étant fille unique, elle ne peut rien espérer de la succession de son père, les biens étant substitués aux mâles. Le Roi, instruit de tout ce détail, a bien voulu lui accorder 2,000 écus de pension, dont elle ne jouira cependant qu'après M. et Mme de Puisieux.

J'ai appris avant-hier que M. l'abbé de la Ville, l'un des principaux commis des affaires étrangères, se retire; il en avoit formé le projet dès le moment que M. de Pui-

---

(1) *Voy.* à l'Appendice la pièce n° 4.

sieux a donné sa démission. Je dois déjà avoir parlé de
M. l'abbé de la Ville; il a été longtemps attaché à feu
M. de Fénelon, qu'il avoit suivi en Hollande, où il lui a
rendu de grands services; il a de l'esprit, de la politesse,
de l'usage du monde ; il est très-capable de négociations;
il jouit de 17 ou 18,000 livres de rente ; il est de l'Académie françoise. Je dois avoir marqué une circonstance
assez singulière : c'est qu'il vit depuis quinze ou vingt
ans dans la plus grande liaison et amitié avec M. Garnier,
ci-devant attaché à M. d'Argenson, à présent maître d'hôtel de quartier de la Reine; ils logent ensemble et ont
leurs biens en commun ; les voyages et les différentes occupations de l'un et de l'autre n'ont jamais troublé
cette union.

Du lundi 29, *Versailles*..— Hier Mlle de Soubise fut présentée par Mme de Soubise (Hesse-Rheinfeld, sa belle-mère) ;
il y avoit à cette présentation Mme la duchesse de la Trémoille (Bouillon, du premier mariage), Mme de Beauvau
(Bouillon, du second mariage) et Mme de Marsan (Soubise).
Elle prit d'abord son tabouret chez le Roi, et vint ensuite
chez la Reine, qui s'assit un moment pour la faire asseoir.
J'ai déjà dit que quoique les tabourets se prennent dans le
cabinet du Roi, le droit accoutumé, qui est de 1,440 livres,
ne se paye point chez le Roi, mais chez la Reine ; mais les
maisons de Lorraine, de Bouillon et de Rohan, dont les
filles ont le droit de s'asseoir, ne payent rien pour le tabouret. Mlle de Soubise, qui est fille de la première femme
de M. de Soubise, qui est Gordes, a quatorze ans; elle est
assez grande, bien faite et la figure agréable. Elle a été
présentée à l'occasion des fêtes qui doivent être, à ce que
l'on croit, vers le milieu du mois prochain. Un grand
nombre d'ouvriers travailloient même hier dimanche à
une charpente très-considérable, qui remplit toute la largeur de la terrasse vis-à-vis la grande galerie et qui s'étend jusqu'aux bords du bassin de Latone. On a enfermé
dans des boîtes de planches toutes les belles figures et

les beaux vases qui sont à droite et à gauche de la terrasse, et même toutes celles qui descendent jusqu'au tapis vert. La figure de Latone est aussi enfermée dans un bâtis de charpente.

Il y eut encore samedi dernier une assemblée d'évêques à l'archevêché, mais il est vraisemblable que ce sera la dernière. Les espérances que l'on s'étoit formées, je ne sais pas sur quel fondement, semblent évanouies, d'autant plus que M. le garde des sceaux persiste avec la même inflexibilité dans les principes par lesquels il s'est conduit jusqu'à présent.

Messieurs du Parlement se sont rendus aujourd'hui chacun dans leur chambre, mais ils n'ont travaillé à aucune affaire. On me mande qu'ils ont dit en sortant qu'ils entreroient encore mercredi, mais qu'ils n'exerceroient la justice que lorsque le Roi leur auroit rendu le pouvoir de délibérer. C'est en conséquence des lettres de cachet qu'ils ont reçues qu'ils se sont assemblés aujourd'hui. Il ne faut pas être étonné si mercredi prochain ils trouvent encore quelque moyen d'éluder l'exécution des ordres du Roi ; ils cherchent à y donner toutes sortes d'interprétations conformes aux sentiments de vivacité qui les gouvernent. Ils ont déjà dit que le Roi leur défendant de délibérer sur les affaires de l'hôpital, c'étoit leur défendre d'exercer leurs fonctions, puisque cette délibération en faisoit une partie essentielle. On m'a assuré aussi que quelques-uns disoient, avant les lettres de cachet, que si le Roi leur ordonnoit de se rassembler, c'étoit leur donner pouvoir de reprendre leurs délibérations sans exception (1). Cette disposition de quelques esprits dans le Parlement ne doit rien diminuer de ce que l'on peut penser sur un aussi respectable corps ; cela prouve seulement

---

(1) Les discours vont même jusqu'à ajouter que les édits et déclarations du Roi n'ont de force, de pouvoir et d'effet que par l'enregistrement qui en est fait au Parlement. (*Note du duc de Luynes.*)

combien il est malheureux à un grand nombre de magistrats sages et sensés, qui en font partie, de se voir entraîner malgré eux par quelques confrères, qui se laissent aveugler imprudemment et emporter par une vivacité sans mesure.

On a fait cette année une remarque qui peut trouver sa place à la fin du journal de 1751. C'est qu'il s'y est passé quatre événements assez rares : un cardinal-ministre qui s'est retiré, un chevalier de l'Ordre et même ambassadeur qui s'est fait père de l'Oratoire, un fermier général jeune et se portant bien qui a quitté (M. Helvétius le fils), une dame du palais qui s'est faite carmélite.

Du mardi 30. — Il y a quelques jours que la Reine voulut bien me remettre une lettre écrite par une carmélite, au sujet de l'ouverture qui a été faite, cet automne, dans la ville d'Alve, du caveau où est enterré le corps de sainte Thérèse. Cette lettre est écrite d'un style simple, mais qui prouve encore mieux la vérité des faits. La Reine m'ayant permis de la copier, on en trouvera la copie à la fin de ce livre (1).

DÉCEMBRE.

Le Roi donne l'ordre au Parlement de reprendre ses fonctions. — Organisation du Parlement. — Détails sur les résolutions antérieures du Parlement. — Détails sur l'affaire de l'hôpital. — Mort de l'archevêque de Prague. — M. de Morosini. — Lois de Venise. — Le Parlement. — Mort de Lamettrie. — Arrêtés du Parlement. — Suite des affaires du Clergé. — Affaire de l'hôpital. — Gouvernement donné. — Le Roi et ses enfants à la Meutte. — M. de Morosini. — Chemin fait entre Pont-de-Beauvoisin et Chambéry par Charles-Emmanuel. — Ambassadeurs de Venise; leurs appointements. — Morts. — La maison de l'Enfant-Jésus. — Lettre de l'archevêque de Sens à la duchesse de Luynes. — Une filature de coton. — Abbaye donnée. — Mort. — Mariage. — Audience du Roi au Parlement. — Préparatifs des fêtes données à l'occasion de la naissance du duc de Bourgogne et dépenses. — La fourniture des bougies. — Le titre d'Infant.

---

(1) *Voy.* à l'Appendice la pièce n° 5.

— Fête à Versailles. — Voleurs et mouches. — Le froid dans la galerie. — Présentation. — Lettre du roi de Prusse au prince Henri. — Dévouement du maréchal de Bouflers et mot du maréchal de Villars rappelés dans cette lettre. — Mort. — Le prince Charles et M*me* d'Armagnac. — Respect du Roi pour la mémoire de Louis XIV. — Directeur des haras nommé. — Mort du prince Charles, grand écuyer. — Gouvernements donnés. — Arrêt du conseil pour une nouvelle répartition des impositions du Clergé. — Feu d'artifice.

Du mercredi 1*er décembre, Versailles.* — Le Roi envoya avant-hier au Parlement des lettres patentes portant ordre de s'assembler et de rendre la justice. On prétend que le Parlement désiroit ces lettres patentes ; ce qui est certain, comme je l'ai déjà dit, c'est que plusieurs membres du Parlement, obligés de céder à la multitude, avoient été d'un parti fort différent de celui que l'on a pris. Le sentiment des membres les plus sages et les plus sensés n'a pu être d'aucune utilité, ayant été emportés ou plutôt étouffés par la pluralité. Le Parlement est composé de la grande chambre, qui est composée d'environ quarante magistrats y compris le grand banc, qui est de dix présidents, et de sept autres chambres, dont cinq des enquêtes et deux des requêtes. On sait que les chambres des enquêtes jugent des procès en dernier ressort, et que celles des requêtes ne les jugent qu'en première instance. Chacune des chambres des enquêtes est composée de trente-deux juges, et chacune de celles des requêtes environ de vingt. Le total fait aux environs de deux cent quarante.

Le jour que le premier président arriva de Versailles, les chambres furent informées de ce qui s'y étoit passé. Le lendemain elles s'assemblèrent dès la pointe du jour, et après avoir délibéré sur cet événement, elles nommèrent chacune deux députés qui se rendirent au cabinet de la première, lieu où c'est l'usage de s'assembler par députés, lorsque Messieurs des enquêtes ou des requêtes ont quelques délibérations à prendre.

Quoique l'on m'ait assuré que la quatrième chambre des enquêtes avoit été pour une soumission totale, et la cinquième pour continuer l'exercice de la justice, en faisant seulement au Roi quelques représentations, si respectueuses qu'elles ne pussent lui déplaire, il est certain que les vœux réunis des sept chambres furent pour interrompre absolument l'administration de la justice, sur le prétexte que le Roi leur défendant de délibérer, et le pouvoir de délibérer étant une partie essentielle de leurs fonctions, c'étoit les interdire de leurs fonctions que de leur défendre ce qui ne pouvoit en être séparé; il fut donc convenu et arrêté que cette déclaration du vœu des sept chambres seroit faite au premier président. Et comme l'on jugea bien qu'après avoir rendu compte aux chambres assemblées de ce qui s'étoit passé dans le voyage de Versailles, il lèveroit aussitôt la séance, on chargea le doyen du Parlement, qui se trouva être M. Pinon, en l'absence du doyen, de prendre le moment que le premier président auroit cessé de parler, pour lui déclarer, au nom de la compagnie, que le Roi ayant défendu les délibérations, la compagnie se regardoit comme interdite de toutes fonctions.

Ce n'est point l'usage que les sept chambres envoient le résultat de leurs délibérations par des députés, parce qu'alors le vœu seroit formé avant d'assembler, et que ce n'est qu'en s'entendant les uns les autres et en s'éclairant mutuellement que l'on peut prendre une délibération convenable; mais la fermentation des esprits étoit si grande, que l'on vouloit absolument la cessation de la justice. C'est un moyen que le Parlement regarde comme victorieux pour résister à l'autorité souveraine, surtout étant suivi des avocats, qui suffiroient pour leur servir de prétexte, parce que c'est à eux à présenter aux yeux de la justice les faits et les moyens qui doivent former la décision. Il semble que l'occasion du vingtième auroit été plus favorable pour justifier cette démarche dans l'esprit de leurs plus zélés partisans.

Ceci prouve bien que c'est un zèle mal entendu et une vivacité mal placée qui ont déterminé la conduite du Parlement. Un de leurs principaux sujets de plainte dans l'affaire de l'hôpital est un article qui devroit leur être presque indifférent. Le Roi étoit en droit de nommer le recteur de l'hôpital, qui en est comme le curé; par sa dernière déclaration, il a cédé ce droit à M. l'archevêque. Le Parlement s'est écrié que c'étoit un droit régalien, et que le Roi ne pouvoit ni ne devoit s'en départir. M. le chancelier leur a représenté que le droit de nommer à presque toutes les cures du royaume n'étoit pas moins un droit régalien, qu'il pouvoit même être regardé comme plus considérable, puisque les cures ne sont point amovibles, au lieu que le recteur de l'hôpital, par le titre même de la fondation, est amovible à la volonté de M. l'archevêque, de qui il dépend; que cependant le Roi, en 1673, avoit cédé aux évêques ce droit de nomination aux cures, et qu'il n'y eut alors nulles plaintes ni représentations. A l'égard des sous-administrateurs, il est vrai qu'il y en a eu jusqu'à vingt-huit; mais ce nombre est si considérable, que souvent il n'y a eu que vingt-deux ou vingt-quatre de ces places de remplies. La première et ancienne forme de l'administration de l'hôpital n'est pas une loi invariable, à laquelle le fondateur ne puisse jamais rien changer; au contraire même, l'expérience et les réflexions peuvent déterminer à des changements nécessaires; tel a été le principe de la déclaration du Roi. Les sous-administrateurs, au nombre de sept, auroient pu être suffisants; cependant leurs différentes occupations et leurs incommodités pouvant exiger qu'il y en eût un plus grand nombre, le Roi en a nommé quatorze; et afin que ceux-ci devenus par leur âge hors d'état de pouvoir travailler pussent toujours conserver la qualité d'administrateurs, le Roi a permis au conseil de l'administration d'augmenter ce nombre de quatorze, si le cas le requéroit; et dans ces quatorze il a eu soin d'y placer des gens capables de s'occuper des approvisionnements de la maison et de le faire avec intelligence et économie. Ce choix d'administrateurs pour cette partie, quoique très-nécessaire, avoit été négligé jusqu'à présent. Messieurs du Parlement ont cru trouver un fondement solide à leurs représentations en faisant faire, comme il a été dit dans le temps, un tableau de six années d'administration de l'hôpital partagé en trois époques; et M. l'archevêque en a fait faire un de dix ans d'administration avant la sienne, par lequel il est prouvé, sur l'article des legs faits audit hôpital, que lesdits legs, une année dans l'autre, n'ont pas monté à plus de 40,000 livres par an, et dans les deux années de la dernière administration il y a un article seul de 100,000 livres léguées par feu M. de Lassay, sans compter encore 30,000 livres. D'ailleurs tout ce détail, qui est à la connoissance du Parlement, et qui outre cela leur a été montré de la façon la plus claire, n'a point empêché la fermentation des esprits ni prévenu la scène qu'ils ont donnée. Ils ont été jusqu'à vouloir partager et même réformer l'autorité souveraine, et se sont pour cela fondés sur un fondement illusoire; la volonté du Roi ne dépend pas d'un édit ou d'une déclaration, ni par conséquent de l'enregistrement qui en a été fait en son Parlement; mais cette volonté ne peut avoir d'exécution que lorsqu'elle est connue, et ce qui la fait connoître à ses peuples, ce sont les ordres donnés suivant les formes ordinaires données par ses parlements, chacun dans les districts de sa juridiction, après que l'enregistrement en a été fait et en conséquence dudit enregistrement. Mais outre que le Roi peut assembler son Parlement quand il veut, et où il veut, et y faire enregistrer ce qu'il veut, que les remontrances ont été souvent interdites au Parlement et ne lui ont été rendues en dernier lieu que par feu M. le duc d'Orléans, l'enregistrement au Parlement suppose que cette forme de notifier aux sujets du Roi la volonté de leur maître et de conserver dans ses registres le dépôt de cette volonté, ne peut ni ne doit y introduire aucun changement. Le Parlement s'est déterminé enfin à enregistrer la déclaration du Roi, mais ce n'a été que conformément à un grand nombre de modifications, qui ont fait revivre d'anciens édits et déclarations auxquels le Roi dérogeoit, et par conséquent [après avoir] détruit et anéanti les principaux articles de cette déclaration.

J'ai appris ces jours-ci que M. l'archevêque de Prague est mort depuis peu ; son nom étoit Blankenhem ; il avoit environ quatre-vingts ans, et n'a vécu aussi longtemps que par l'attention qu'il avoit à ménager une mauvaise santé ; tous nos officiers qui ont servi en Bohème l'ont fort connu, et il paroît que tous conviennent que c'étoit un prélat respectable.

M. l'évêque de Tournay est ici depuis quelques jours. On sait qu'il est Lœwenstein ; il étoit neveu de la seconde femme de M. de Dangeau. Mme de Luynes me contoit hier qu'elle a entendu dire à feu Mme de Dangeau que, comme elle descendoit de la maison de Bavière, et que c'est l'usage en Allemagne de conserver tous les titres de sa naissance, elle crut pouvoir signer Bavière sur le contrat de mariage de Mme la dauphine de Bavière, et que Mme la Dauphine ayant remarqué cette signature prit une plume et la biffa. C'est Mme de Dangeau qui a conté ce fait à Mme de Luynes (1).

Hier le nouvel ambassadeur de Venise, M. de Mocenigo, eut audience particulière. Il est arrivé en France depuis peu de jours ; c'est M. Morosini, son prédécesseur, qui l'a présenté, suivant l'usage ; immédiatement après la présentation, M. Morosini rentra seul et eut une petite audience particulière pour lui, qui est la dernière, car il part dans huit jours. Comme la Reine lui a marqué beaucoup de bonté, il lui a demandé la permission de lui venir

---

(1) Voy. la *Notice sur la vie de Dangeau*, t. Ier, pages LVIII et suiv. de notre édition du *Journal du marquis de Dangeau*.

faire sa cour chez Mme de Luynes, mais cela sans conséquence. En arrivant dans son pays il ne pourra être admis à aucune charge ; c'est une loi invariable que tout Vénitien qui refuse l'emploi auquel la République le destine est pendant trois ans exclu de toutes charges et de tout emploi dans les cours étrangères. Outre cela il est condamné à 1,000 écus d'amende pour chacune des trois années. La république avoit destiné M. Morosini à l'ambassade de Rome après celle de France ; il l'a refusée, aimant mieux subir la loi prononcée dont il vient d'être parlé. Il m'a assuré qu'il n'avoit fait depuis aucune démarche pour obtenir quelques adoucissements à cette loi. Cependant, comme on a été content de sa négociation et de sa conduite, la République s'est déterminée d'elle-même à réduire à une seule année cette privation de toute charge, qui est ce que l'on appelle exil ; et comme cet exil prend sa date du jour même du refus, et que c'est au mois de mai dernier que M. Morosini a refusé l'ambassade de Rome, son exil finira au commencement du mois de mai prochain. La même règle s'observe pour l'amende, laquelle est remise dans le trésor public. M. Morosini n'a été condamné à payer qu'une seule année de cette amende, et ce payement est fait ; ces 1,000 écus sont monnoie de France, ce qui fait à peu près le double en monnoie du pays.

J'ai appris à cette occasion une autre loi qui s'observe à Venise ; c'est que tout noble vénitien qui épouse une femme de mauvaise vie, ou une personne du peuple, s'il en a des enfants, quoique lesdits enfants soient légitimes, ils ne sont jamais nobles ; et si au contraire un noble vénitien a une galanterie avec une courtisane ou une femme de naissance basse et obscure, et qu'il en ait des enfants, ces enfants sont nobles.

M. le baron de Scheffer étoit hier ici ; il n'a point encore reçu de réponse de Suède, mais il ne se flatte pas que ses représentations aient l'effet qu'il désireroit. Il n'y a que seize sénateurs, qui ont une grande considération et qui partagent l'autorité royale ; c'est une de ces places qui a été donnée à M. de Scheffer, et il n'y a pas d'apparence qu'on veuille lui permettre de ne la pas accepter.

J'appris hier que M. de Tressan, ci-devant chef de brigade des gardes du corps, neveu du feu archevêque de Rouen, lequel est officier général et a été employé dans toute la dernière guerre, vient d'être nommé par le roi de Pologne, duc de Lorraine, pour remplir la place de maréchal des logis général qu'avoit M. du Châtelet, qui a été nommé à celle de grand chambellan, comme je l'ai dit.

M. le duc de Gesvres vient de me mander qu'il avoit des nouvelles de Paris, par lesquelles on lui mande que le Parlement a nommé des commissaires pour examiner les lettres patentes.

Du vendredi 3, Versailles. — Les chambres s'assemblèrent hier. Les lettres patentes envoyées par le Roi y furent enregistrées, et il fut arrêté que le Parlement entreroit aujourd'hui à six heures du matin et travailleroit comme à l'ordinaire ; il fut aussi arrêté de faire une députation au Roi. On trouvera ci-après copie des deux arrêtés d'hier du Parlement.

Mme la duchesse de Mirepoix, qui n'étoit point venue ici depuis la grâce accordée à M. de Mirepoix, est ici d'hier ; elle prendra aujourd'hui son tabouret (1).

On apprit ces jours-ci la mort du premier médecin du roi de Prusse, nommé de Lamettrie (2). C'étoit un homme

---

(1) Elle a été présentée par Mme la princesse de Beauvau, sa belle-sœur; elle a baisé le bas de la robe de Mme la Dauphine et de Mesdames parce qu'elle a eu l'honneur de les saluer; elle n'a pas baisé le bas de la robe de la Reine, parce que ce n'étoit pas une vraie présentation. Si ceci pouvoit être regardé comme présentation, ce seroit la troisième de Mme de Mirepoix.

(2) Il étoit François. C'étoit un grand fou, qui avoit beaucoup d'esprit ; il avoit été médecin de feu M. le duc de Gramont et même du régiment des gardes, il n'a quitté la France qu'en 1746; il étoit encore au siége de Fri-

célèbre par son esprit et encore plus par son irréligion ; il avoit composé un livre pour prouver que l'âme est mortelle.

J'ai parlé ci-dessus d'une lettre que Mme de Luynes a reçue d'une sœur de M. le maréchal de Belle-Isle, supérieure du monastère de la Visitation de Moulins. Cette sœur de M. le maréchal de Belle-Isle est religieuse depuis cinquante ans. Elle s'est adressée à Mme de Luynes pour obtenir une somme de 1,000 livres de la Reine, pour la fondation d'une chapelle en l'honneur de la bienheureuse mère de Chantal. M. le Dauphin s'est chargé de cette bonne œuvre, et envoya avant-hier à Mme de Luynes les 1,000 livres. Mme de Belle-Isle a demandé depuis à Mme de Luynes d'obtenir de la Reine un morceau d'étoffe pour faire un ornement ; la Reine a ordonné qu'on la lui envoyât.

Copie des arrêtés du jeudi 2 décembre 1751.

Arrêt d'enregistrement des lettres patentes envoyées par S. M. à son Parlement et qui portoient ordre au Parlement de reprendre ses fonctions ordinaires, enregistré, ouï ce requérant le procureur général du Roi pour être exécutées selon leur forme et teneur ; et en conséquence la Cour reprendra ses fonctions ordinaires et donnera au Roi

---

bourg. Ce fut là que, dînant chez un de nos généraux, il dit tout haut à table devant tous les domestiques : « Nous faisons quelquefois des expériences de remèdes sur des domestiques. » Quelque temps après, un des palefreniers d'un de nos officiers étant tombé malade, on envoya chercher Lamettrie ; il fut reçu à coups de fourche par tous les domestiques de la maison. Quoique Lamettrie fût médecin du roi de Prusse, il n'avoit point changé de religion ; ce n'auroit pas été la peine pour lui, car à parler vrai il n'en avoit point ; il prêchoit ses sentiments à qui vouloit les entendre, et la grâce qu'il a demandée en mourant à mylord Tyrconnel a été de le faire enterrer dans son jardin. Mylord Tyrconnel, qui est fort malade de la poitrine, avoit confiance en lui pour sa santé. Lamettrie avoit composé plusieurs ouvrages, entre autres un intitulé : *l'Homme plus que machine*. Il y en a un où il cherche à tourner en ridicule les médecins de ce pays-ci ; il appelle M. Marcot, médecin de M. le duc de Bourgogne et de la petite Madame, la Joinquille. Lamettrie avoit environ quarante-cinq ans. (*Notes du duc de Luynes*.)

en toutes occasions par les délibérations qu'elle jugera convenables les preuves de son profond respect pour ses ordres et de sa fidélité inviolable pour ce qui est de l'intérêt de son service et le bien de ses sujets.

Arrêté du même jour.

La Cour, toutes les chambres assemblées, en délibérant sur le récit à elle fait par M. le premier président, le 24 novembre dernier, a arrêté qu'il en sera fait registre, et ce sans approuver l'arrêt du conseil du 20 novembre dernier, le contenu en icelui et au procès-verbal du 21 suivant, et ce qui s'en est suivi. Ordonne au surplus que nul des officiers de ladite cour ne pourra, pour quelque raison que ce puisse être, déplacer les minutes et les registres d'icelle sans qu'au préalable il y ait été statué par ladite Cour. Et cependant ladite Cour a arrêté qu'il sera fait au Roi une députation en la forme ordinaire, à l'effet d'informer ledit seigneur Roi que son Parlement, en conséquence des lettres patentes registrées ce jourd'hui, a repris ses fonctions ordinaires, et ne cessera de donner audit seigneur Roi en toutes occasions des preuves du zèle dont il est toujours animé pour ce qui est de l'intérêt du service dudit seigneur Roi et du bien de ses sujets, et qu'il n'a pu voir qu'avec la plus sensible douleur ce qui s'est passé le 21 novembre dernier, le déplacement et la privation de ses minutes et les conséquences dangereuses d'un tel exemple; qu'il espère de la bonté et de la justice dudit seigneur Roi qu'il voudra bien calmer à cet égard les justes alarmes de son Parlement et prendre en bonne part ce qu'il est obligé par état de faire pour l'intérêt de son service et le bien de ses sujets.

Du samedi 4, Versailles. — Dans ce moment il n'est plus question d'assemblées chez M. l'archevêque pour les affaires du Clergé, et mon frère partit il y a quatre ou cinq jours pour retourner dans son diocèse. Il avoit été convenu que M. l'archevêque rendroit compte au Roi de ce qui s'est passé dans ces différentes assemblées; M. l'archevêque vint donc ici hier, et entra dans le cabinet du Roi après le lever. Le Roi l'appela et lui parla en particulier pendant un demi-quart d'heure. A juger du sujet de cette conversation par le visage du Roi et celui de M. l'archevêque, il ne paroît pas qu'il y ait rien eu qui ait pu déplaire à S. M. On ne doute pas que M. l'archevêque n'ait remis au Roi une lettre qui explique les détails. C'est tout ce que l'on en sait.

On apprit hier la mort de M. le chevalier d'Asfeld, second fils du feu maréchal d'Asfeld. On dit qu'il est mort subitement, auprès de Mantes, et qu'il avoit vingt-deux ans. Il avoit les jambes un peu contrefaites. Il avoit été capitaine de dragons dans le régiment de son frère, et avoit quitté.

J'appris hier que le gouvernement de Béthune qu'avoit feu M. le maréchal de Montmorency (Laval) a été donné à M. le duc de Broglie.

Du lundi 6, Versailles. — On trouvera ci-dessus quelques détails sur l'affaire des hôpitaux et sur celle du Parlement. On m'a envoyé aujourd'hui une relation plus étendue de ce qui a donné occasion à ce qui s'est passé; je la fais copier ici :

Une des choses qui a été le plus recommandée par le Roi à feu M. de Bellefonds et à M. l'archevêque d'aujourd'hui a été de remédier aux désordres temporels et spirituels de l'Hôpital général. M. l'archevêque a été deux ans à creuser dans cet abîme, et persuadé que les absences continuelles des sœurs qui étoient à la tête ne pouvoient qu'y contribuer, il fit une ordonnance, au mois de juin 1749, par laquelle il prescrivoit à ces filles de ne plus venir à Paris sous prétexte de s'y confesser, la perte du temps leur ôtant les moyens de veiller à l'ordre et aux fonctions dont elles étoient chargées, leur promettant de leur faire envoyer sur les lieux tel confesseur qu'elles demanderoient, pourvu que ce fût un prêtre approuvé. Le lendemain de la publication de cette ordonnance, la supérieure et trois ou quatre filles qui étoient dans son parti se retirèrent furtivement, et sont vraisemblablement cachées dans Paris.

On assembla un bureau à l'archevêché pour l'élection d'une nouvelle supérieure. Les administrateurs subalternes, dans le même esprit de parti que celles qui s'étoient retirées, firent grand bruit sur les mauvais traitements qu'ils prétendoient que l'on avoit exercés contre elles; l'altercation fut si grande, les chefs d'administration n'ayant pu être écoutés, que l'on remit le bureau à un autre jour; même altercation et manque de respect de la part des subalternes pour les supérieurs temporels et spirituels; enfin, l'on se sépara comme la première fois.

Les chefs d'administration, pendant tous ces délais, avoient fait faire des informations exactes et secrètes de la veuve Moisan, lesquelles s'étant toutes rapportées aux qualités nécessaires pour une place aussi difficile, le bureau se rassembla, et le premier président, comptant d'imposer à la multitude, ouvrit le premier l'avis de l'élire pour supérieure, regardant comme une chose nécessaire, pour la division qui étoit à l'hôpital, d'y mettre une étrangère qui y entrât sans acception de personne. MM. de Nicolaï, de Blancmesnil, le procureur général, le prévôt des marchands, le lieutenant de police, et autres, au nombre de dix, furent de même avis; les administrateurs subalternes, au nombre de treize, furent contre. L'archevêque, qui devoit conclure et qui faisoit le onzième, dit que quoique la pluralité ne s'y trouvât pas, il croyoit que l'avis des chefs de l'administration devoit l'emporter, et l'élection fût conclue. Les administrateurs subalternes sortirent tumultuairement du bureau et convinrent entre eux d'abandonner l'administration.

Six mois auparavant, ces mêmes administrateurs, qui étoient chargés de tout le détail des hôpitaux, avoient passé une délibération au bureau qui se tient à la Pitié tous les huit jours, par laquelle ils déclaroient que si le Roi ne donnoit des secours, ils feroient ouvrir les portes, les dettes des hôpitaux montant à plus de trois millions; et c'est effectivement l'état où ils les ont laissés. Sur leur refus de se trouver à un nouveau bureau, les chefs d'administration élurent six nouveaux administrateurs; le premier président nomma un avocat qui lui est fort attaché; l'archevêque nomma Lemaire, avocat du Clergé, et les autres s'attachèrent à choisir des gens capables pour les approvisionnements et pour le calcul exact de la distribution qui s'en devoit faire. Il fut arrêté que ces nouveaux administrateurs prêteroient serment au Parlement, suivant l'usage; mais la veille on fit dire sous main aux deux avocats que s'ils acceptoient cette place on les rayeroit du tableau. Ils furent remplacés par deux autres; mais quand ils furent pour prêter le serment, le procureur général s'y opposa, et quelque chose que pût dire le premier président, son opposition fut reçue. Alors il fallut avoir recours à l'autorité du Roi pour que les nouveaux administrateurs pussent agir sûrement. Il donna un arrêt du conseil qui confirmoit l'élection de la supérieure et celle des administrateurs, lesquels prêteroient serment au Parlement quand le nouveau règlement seroit enregistré. Alors le premier président crut devoir se séparer des autres chefs d'administration, le Parlement ne reconnoissant point ces sortes d'arrêts. Les altercations survenues dans les différents bureaux avoient fait sentir la nécessité de refondre les anciens règlements, la plupart obscurs et propres à causer mille embarras. M. de Blancmesnil, pour lors administrateur comme premier président de la cour des aides et aujourd'hui chancelier, y a travaillé avec un soin et une application qui ne se peut exprimer ; un de ses premiers soins a été de le porter au conseil de dépêches, il y a environ dix mois. Après qu'on en eût fait la lecture et qu'il eut été généralement approuvé, il dit au Roi que comme c'étoit son ouvrage, il croyoit devoir remettre sous les yeux de S. M. les modifications que son prédécesseur (M. d'Aguesseau) y avoit voulu faire. On n'y eut point d'égards, ne les trouvant propres qu'à faire naître des difficultés. Le Roi donna des lettres patentes jointes au règlement ; elles furent envoyées au Parlement. Cette compagnie nomma deux commissaires (MM. Thomé et de Montholon), tous deux grands jansénistes, pour aller faire la visite des hôpitaux. Il eût été facile d'abréger des longueurs par l'autorité du Roi ; mais M. l'archevêque, persuadé que ces Messieurs étoient trop honnêtes gens pour dissimuler le désordre du temporel dans lequel les anciens administrateurs ont laissé les hôpitaux, et pour ne pas rendre justice au travail immense des nouveaux, a cru qu'il valoit mieux laisser faire cette visite. Ces commissaires ont commencé par marquer un grand mépris pour l'arrêt du conseil, et dans le rapport qu'ils ont fait au Parlement ils ont fait de grands éloges de l'administration ancienne, attribuant les dettes immenses aux bâtiments et à la cherté des vivres. A la vérité ils n'ont pas refusé aux nouveaux administrateurs de convenir que leur gestion avoit été bonne ; la louange étoit médiocre, car non-seulement ils ont remis de la règle dans la distribution des fournitures, et M. l'archevêque, persuadé que les désordres dans les mœurs venoient de l'oisiveté, s'est attaché à faire rétablir les manufactures que la misère avoit fait tomber. Il a actuellement quarante-cinq métiers de montés pour les draps et serges de la fourniture des troupes ; ce qui occupe plus de 2,000 fainéants.

Sur le rapport des commissaires, le Parlement a enregistré les lettres patentes, mais de son autorité a rechangé tout le règlement arrêté au conseil, et a ordonné que les anciens administrateurs exclus par le Roi rentreront en fonctions. Voilà ce qui a donné lieu à tous les ordres de S. M. pour enregistrer purement et simplement, aux lettres de jussions, et enfin à ce qui s'est passé le 21 à Versailles. On peut dire que jamais l'esprit d'indépendance et même de fanatisme n'a été poussé si loin.

Il ne faut pas oublier que S. M., depuis deux ans, a envoyé en différents temps 50,000 écus aux hôpitaux, et que M. de Lassay leur a laissé 100,000 livres par son testament. Il passe pour constant que les manufactures ont été rétablies aux dépens de l'archevêque.

Du mardi 7, Versailles. — M. le maréchal de la Fare a remercié aujourd'hui pour le gouvernement de Gravelines. J'ai marqué ci-dessus que ce gouvernement ne valoit que 17,000 livres de rentes, mais que M. le duc d'Orléans en avoit fait ajouter douze en faveur de M. de Broglie. Le Roi vouloit retrancher cette augmentation en donnant le gouvernement. Voici l'arrangement qui a été fait : M. de la Fare avoit le gouvernement d'Alais en Languedoc, qui vaut 15,000 livres; ce gouvernement est au milieu des terres de M. le prince de Conty; M. le prince de Conty le désiroit par rapport à la convenance; il l'a demandé sans appointements; cependant comme il y avoit quelques frais à faire, on lui a laissé seulement 1,000 écus sur ce gouvernement; ainsi M. de la Fare est gouverneur de Gravelines avec 29,000 livres de rentes. Le retranchement des 12,000 livres est fait suivant les intentions du Roi, et M. le prince de Conty a ce qu'il souhaitoit.

Le Roi, qui étoit à la Meutte depuis samedi, courut hier le daim dans le bois de Boulogne. M. le Dauphin et Mesdames allèrent d'ici à cette chasse, soupèrent à la Meutte et revinrent avec S. M. après souper. Madame Louise y étoit; elle revint dans son carrosse avec ses dames, le carrosse du Roi étant rempli.

Aujourd'hui il y a eu comédie à l'ordinaire. La Reine, qui a fait ses dévotions ce matin, Mme la Dauphine et Madame Louise s'enferment aujourd'hui pour les faire demain; il n'y a eu que Mesdames les quatre aînées qui ont été à la comédie.

Mme la Dauphine, dont la grossesse paroit être assurée, ne fait plus aucun voyage (1).

M. le prince de Soubise a pris congé pour aller se faire recevoir dans son commandement de Flandre; il ne compte y rester cette première fois que douze ou quinze jours.

---

(1) Les apparences que l'on en avoit sont dissipées. (*Addition du duc de Luynes.*)

Du jeudi 9, Versailles. — J'ai dit ci-dessus que M. Morosini avoit fait demander à la Reine la permission de se présenter devant elle chez Mme de Luynes ; il avoit fait demander aussi au Roi, par M. de Saint-Contest et par M. Rouillé, s'il pourroit avoir l'honneur de lui faire sa cour ; cette demande fut très-bien reçue. M. Morosini vint au grand couvert, qui ne commença hier qu'à près de dix heures, le conseil d'État ayant duré depuis sept heures jusqu'à neuf heures trois quarts. Il n'est point d'usage que les ambassadeurs et autres ministres fassent leur cour publiquement après avoir pris leur dernière audience ; cependant M. Morosini fut fort bien traité, et le Roi lui parla quelque temps avec bonté. Il vint ensuite chez Mme de Luynes, où la Reine a bien voulu lui marquer un véritable regret de son départ ; il joua à cavagnole avec la Reine, et la suivit jusque dans sa chambre après son jeu. Il paroît qu'il quitte ce pays-ci avec beaucoup de regret. Il a de l'esprit, de la politesse, de la douceur et de la complaisance ; il aimoit la société et jouoit à toutes sortes de jeux ; il est aisé de juger qu'il est regretté. Il retourna hier au soir à Paris, en sortant de chez la Reine, et part cette nuit pour l'Italie. Il compte passer par Turin, où il recevra des ordres de sa cour pour savoir s'il doit paroître à celle du roi de Sardaigne ; de là il va à Parme, où il doit rester trois ou quatre jours ; il n'a pas voulu aller par mer, parce qu'il a pensé y périr. Son chemin en allant par Turin est d'aller à Lyon et de là au Pont de Beauvoisin ; en suivant cette route il prend un chemin dans les montagnes qui fut fait par les ordres de Charles-Emmanuel, duc de Savoie ; ce chemin a en longueur environ un mille d'Italie, c'est-à-dire environ le tiers d'une lieue de France, et assez de largeur pour qu'il y passe deux voitures de front. Cette route est entre le Pont de Beauvoisin et Chambéry. Au milieu du chemin est une inscription latine écrite sur le rocher. M. de Morosini, qui avoit déjà passé par cette route, s'est arrêté pour lire cette inscription ; il l'a retenue par cœur, et c'est d'après lui qu'on la trouvera ci-jointe.

Carolus Emmanuel publica felicitate parta populorum commodis intentus, viam hanc regiam Romanis intentatam, cæteris disparatam, dejectis populorum repagulis, æquata montium iniquitate, et præcipitia quæ cervicibus imminebant pedibus substernens, populorum commerciis patefecit.

L'année où ce chemin a été fait n'est point marquée ; Charles-Emmanuel est mort en 1630, après s'être acquis une grande réputation en bien et en mal, et avoir soutenu la guerre longtemps en faveur de la Ligue et ensuite contre Henri IV, qui subjugua tout son pays. Charles-Emmanuel, prince rempli d'ambition, tenta de se rendre souverain du royaume de Chypre, fut prêt à accepter la principauté de Macédoine, qui lui avoit été offerte, et forma de grands projets pour pénétrer en Provence. L'ouvrage dont il vient d'être parlé fut fait vraisemblablement vers la fin du seizième siècle.

M. de Morosini m'a dit que sa république ne donne à ses ambassadeurs en France qu'environ 40,000 livres par an de notre monnoie. Tous les ambassadeurs de Venise ne sont payés que du jour qu'ils arrivent à la cour à laquelle ils sont destinés, et leur payement cesse au jour de l'arrivée de leur successeur ; dans ces 40,000 livres tout est compris, excepté une somme qu'on leur donne d'abord pour les frais de leur départ ; d'ailleurs jamais d'extraordinaire. M. Morosini, à qui son entrée seule a coûté plus de 50,000 écus, ne sachant pas si un événement aussi considérable pour la France et pour l'Europe même que la naissance de M. le duc de Bourgogne ne seroit pas une occasion où les ministres étrangers donneroient quelques fêtes, avoit demandé des ordres à sa cour. On lui a répondu que supposé que les autres ambassadeurs donnassent quelques fêtes, il falloit qu'il les imitât, et que la République lui rembourseroit tous les frais.

On apprit il y a deux ou trois jours la mort de l'évêque d'Olinde; il étoit fils naturel de M. Paris l'aîné. Son évêché étoit *in partibus*. Il passoit sa vie chez M. de Montmartel. Le roi de Pologne, duc de Lorraine, avoit beaucoup de bonté pour lui et lui avoit donné une charge dans sa maison; je crois que c'est premier aumônier. M. d'Olinde avoit environ cinquante ans; c'étoit un bon homme et un honnête homme; il est mort dans une petite terre qu'il avoit en Dauphiné, où il étoit allé depuis quelque temps.

Il y a quelques mois que M. le chevalier de Piosins mourut, à Toulon, où il commandoit en l'absence de M. d'Orves; il étoit chef d'escadre et avoit grande réputation dans la marine. M. de Maurepas avoit voulu l'engager à venir demeurer ici, mais il avoit représenté à ce ministre qu'il avoit de quoi vivre honnêtement dans sa province, mais qu'il n'étoit point du tout en état de venir à Paris, ni à la Cour, à moins qu'il ne lui fût accordé une gratification pour ce voyage.

Du vendredi 10, Versailles. — On apprit hier la mort de Mme de Saint-Chamant; son nom étoit Mlle Larcher. Elle avoit environ quatre-vingts ans. Son mari, je crois, avoit été lieutenant des gardes du corps. Elle laisse deux garçons et deux filles. L'aîné des garçons a épousé une fille de M. de Souvré et de feu Mlle Desmarest; le second n'est point marié; il est dans la gendarmerie. Une des filles avoit épousé M. d'Orgemont, tué au combat de Dettingen; il étoit officier dans les gendarmes de la garde; elle vient de se remarier; l'autre fille est Mme de Mailly; c'est des Mailly que Mmes de Mailly-Nesle appellent en plaisantant Mailly de la rue des Haudriettes.

On a appris ces jours-ci la mort de M. de Bournonville; il étoit de la même maison que Mme la maréchale de Duras, mais cousin éloigné; il descendoit d'une branche établie en Espagne; il est mort en Catalogne.

Je devrois avoir marqué que le Roi a décidé il y a plusieurs jours que les fêtes commenceroient le 19. Il y aura ce jour-là appartement et jeu avant et après le souper, et illumination sur la terrasse. Le Roi a décidé aujourd'hui que le feu d'artifice sera pour le 22.

J'ai parlé ci-dessus de la communauté de l'Enfant-Jésus et des lettres patentes que la Reine a obtenues pour fonder cette maison, laquelle n'a subsisté depuis qu'elle est établie que par les soins infatigables de feu M. le curé de Saint-Sulpice, et depuis sa mort par ceux de M. l'archevêque de Sens. Ces lettres patentes n'avoient pu encore avoir leurs effets, parce qu'il fallait avant tout finir par un acte authentique l'article de la donation que M. l'archevêque de Sens désire de faire depuis longtemps, suivant les intentions de feu M. son frère. Cette donation ne pouvoit avoir son plein et entier effet sans avoir pris quelques mesures préalables; il est nécessaire de payer des droits d'amortissement, centième denier, insinuation et autres. Ces droits pouvoient être considérables, en estimant, comme on avoit fait, les bâtiments sur le pied de 100,000 écus; et cette maison, qui subsiste avec peine par son économie et son travail, auroit été dans l'impossibilité absolue de payer des sommes aussi considérables; il s'agissoit donc d'obtenir une remise totale, ou au moins une grande diminution. M. l'archevêque de Sens a eu recours à la Reine; la Reine en a parlé à M. le garde des sceaux; mais ces droits ayant été affermés à des sous-fermiers, M. le garde des sceaux ne pouvoit employer que la voie des recommandations. On peut juger que cette recommandation, autorisée de l'intérêt que la Reine vouloit bien prendre à cette maison, devoit être d'un grand poids; cependant tout dépendoit du succès qu'elle auroit; l'incertitude même de ce succès non-seulement arrêtoit l'établissement solide de la maison, parce que M. l'archevêque de Sens ne vouloit point consommer entièrement sa donation, pour ne se pas priver du droit de demander la remise, mais outre cela elle faisoit tort à l'état actuel de la maison. M. le duc d'Orléans, qui employe la plus grande partie de son revenu en aumônes, et qui avoit coutume de donner au moins 1,000 francs par mois, en avoit retranché la moitié; Mme de Lassay, dont l'intention est, comme je l'ai dit, de donner au moins 80,000 francs, ne vouloit rien finir voyant le projet de fondation aussi peu assuré. Mme la princesse de Carignan et Mme de Brissac ont encore sollicité fortement les bontés de la Reine dans cette conjoncture embarrassante; la Reine, pour ne rien oublier de ce qui pourroit contribuer à la bonne œuvre qu'elle désiroit, a bien voulu écrire elle-même à M. Duverney, pour qu'il sollicitât encore de sa part les sous-fermiers. On verra le succès de ces démarches dans la copie ci-jointe de la lettre que M. l'archevêque de Sens a écrite à Mme de Luynes.

Madame,

Permettez-moi de rendre compte à la Reine du succès de ses empressements charitables pour procurer à la maison de l'Enfant-Jésus du soulagement touchant les amortissements. J'ai été trouver l'assemblée des sous-fermiers en leur bureau; ils étoient prévenus par les ordres de M. le garde des sceaux des désirs de S. M. et disposés à user de générosité en cette occasion. D'abord ils se sont bornés à estimer la totalité de nos bâtiments, terrains et fermes, sur le pied de 100,000 livres, et en cela ils nous font grâce des deux tiers. L'amortissement de cette somme monte à près de 17,000 livres; ils ont promis remise de moitié, ce qui avec les droits de centième denier, ceux de l'insinuation, etc., montera à 10,600 livres. Après les avoir remerciés de leur bon traitement, je leur ai exposé que cette somme, toute modérée qu'elle fût, étoit encore au-dessus de nos forces, que nous vivions de notre industrie journalière et des aumônes casuelles, mais que je serois embarrassé à trouver même la moitié de cette somme; sur quoi, touchés de mes représentations, ils m'ont déclaré qu'ils se contenteroient qu'on la leur payât en quatre termes, chacun de 2,650 livres, le premier en janvier prochain, les trois autres en janvier de 1753, 1754 et 1755. Je n'ai pu que louer leur générosité; et en effet il me semble qu'ils ne pouvoient rien proposer de plus modéré dans une chose où ils sacrifient leur propre intérêt. Reste à savoir comment en janvier prochain nous pourrons payer notre premier terme ; c'est à quoi j'espère que la Providence pourvoiera ; je me repose totalement sur elle. Ce qui est essentiel, c'est que la Reine sache la considération qu'ont eue ces Messieurs pour sa sollicitation, et le soin qu'a pris M. le garde des sceaux de la leur inspirer.

La Reine m'a fait savoir par Mme la duchesse de Brissac qu'elle désireroit qu'il y eût un prêtre résidant à l'Enfant-Jésus. Pour lui obéir, j'en cherche un qui y soit propre, mais cela n'est pas aisé à trouver. Un jeune n'y convient pas, et un homme âgé et qui a un certain mérite est ordinairement placé et se feroit acheter bien cher.

Elle désire encore que nous ne retranchions pas tant de pauvres de la filerie. Conformément à sa volonté, j'ai fait commencer à augmenter le nombre, et cela augmentera encore peu à peu, à mesure qu'une filerie de coton que j'ai établie depuis peu pourra profiter; car, après tout, il est capital de proportionner la dépense à la recette, dans la crainte d'être débanqué dès le commencement.

M. l'évêque de Mirepoix travailla avant-hier avec le Roi. S. M. a donné à M. l'abbé de Lorraine l'abbaye de Saint-Victor de Marseille, vacante depuis quelque temps par la mort de M. l'ancien évêque de Beauvais (Saint-Aignan). M. l'abbé de Lorraine a vingt-cinq ans; il fut ordonné prêtre à Noël dernier; il avoit au moins vingt-quatre ans et un jour. C'est le second fils de M. le prince de Lambesc et frère de M. de Brionne; il a été dans la marine, et a pris depuis le parti de l'Église. L'abbaye de Saint-Victor a été afferméé par M. de Muis 61,000 livres depuis la vacance, mais il y a des charges considérables, et outre cela 8,000 livres de pension qu'on a mises sur cette abbaye, compris 2,000 livres que M. l'abbé de Lorraine a demandées pour un ecclésiastique qui lui est attaché : il a été son docteur : ainsi elle ne vaudra qu'environ 42,000 livres, tous frais faits, à M. l'abbé de Lorraine. Il avoit celle de Saint-Faron près de Meaux, dont il vient de donner sa démission; elle vaut 14,000 livres de rente; mais il n'en tiroit que six, à cause des charges et des pensions.

Du samedi 11, Versailles. — M. de Rabodanges mourut il y a quelques jours, à Paris, âgé de cinquante ans. Il avoit été mousquetaire et depuis capitaine de dragons ; il étoit petit-fils du maréchal de la Ferté.

Du dimanche 12. — Le Roi a signé ce matin le contrat de mariage de Mlle de Souvré, fille de M. de Souvré et de Mlle Desmarets, avec M. de Sailly, frère de la troisième belle-mère de M. de Souvré.

Du lundi 13, *Versailles.* — Le Parlement vint ici hier matin ; ils étoient quarante-deux : le grand banc, qui se compose des dix présidents à mortier, quatorze conseillers de la grande chambre, deux conseillers de chaque chambre des enquêtes et requêtes, ce qui fait quatorze ; les gens du Roi, qui sont les trois avocats généraux et le procureur général. Le premier président porta la parole, suivant l'usage. Si je puis avoir son discours, je le mettrai ci-après. Il rendit compte au Roi de ce qui s'étoit passé dans l'assemblée des chambres. Personne ne m'a pu dire précisément les termes de la réponse du Roi ; la voici cependant à peu de chose près : « Mon parlement ne pouvoit reprendre trop promptement ses fonctions ; aucun motif ne pouvoit l'engager à les interrompre. Je connois l'importance de son dépôt, c'en est assez pour qu'il soit sans alarmes. Je compte que mon parlement, par sa conduite, sa soumission et sa fidélité pour mon service, méritera ma bienveillance. »

L'audience que le Roi donna au Parlement fut, suivant l'usage, dans son ancienne chambre. Le Roi étoit dans son fauteuil, le dos tourné à la cheminée. M. le Dauphin y étoit debout. Tout le conseil des dépêches se trouva à cette audience, et les grandes entrées seulement. Cet ordre donné pour les grandes entrées seulement fit que M. de Luxembourg, capitaine des gardes en quartier, qui n'a en cette qualité que les entrées de la chambre et du cabinet, demanda s'il pouvoit rester (1). « Belle question ! » lui répondit le Roi ; et M. de Luxembourg resta derrière le

---

(1) Cette question ne fut faite par M. de Luxembourg que sur ce que M. de

fauteuil. Ce même ordre des grandes entrées seulement fit que l'huissier de la chambre demeura à la porte en dehors dans l'OEil-de-bœuf, et que ce ne fut pas lui par conséquent qui ouvrit cette porte d'abord pour la sortie du Parlement. C'est l'usage que l'huissier se tienne toujours en dehors lorsqu'il n'y a que les grandes entrées qui entrent chez le Roi. Après l'audience, Messieurs du Parlement allèrent dîner tous quarante-deux chez M. le chancelier. On prétend que la circonstance où se trouve M. le chancelier d'être actuellement fort mal logé, parce qu'on travaille depuis assez longtemps ici à la chancellerie, l'avoit déterminé à prier seulement Messieurs du grand banc à aller dîner chez lui, et que la proposition ayant été portée à l'assemblée des chambres, il avoit été arrêté par une délibération que la compagnie ne pouvoit se séparer; que M. le chancelier en conséquence avoit proposé de donner à dîner aux quarante-deux députés, pourvu qu'ils consentissent à manger à deux tables séparées, n'ayant point actuellement une pièce assez grande pour en mettre une seule, et que par autre délibération la seconde proposition avoit été acceptée. Il est aisé de juger que c'est une plaisanterie que tout ce détail.

Le Roi a été aujourd'hui à la chasse à Saint-Germain; il est revenu ici, d'où il est parti pour Bellevue, et ne reviendra que jeudi.

Du vendredi 17. — Il y a quelques jours que M. du Parc est mort; il étoit intendant général des postes et re-

---

Fleury, qui sert à cause de la maladie de M. de Gesvres, ayant reçu l'ordre du Roi, crut faire une politesse à M. de Luxembourg en l'en avertissant. Il est vrai que ce n'est pas le premier exemple que le Roi dans des cas semblables ait voulu avoir auprès de lui son capitaine des gardes. Lorsque l'électeur de Bavière vint ici, le feu Roi lui donna une audience très-particulière dans son cabinet. M. le duc de Charost s'y trouva, suivant l'ordre que le Roi lui avoit donné. Il étoit capitaine des gardes, mais il n'avoit alors d'autres entrées que celles que donne cette charge. (*Note du duc de Luynes.*)

lais de France; il avoit environ cinquante ans (1). Il avoit épousé une fille de Mme Mercier, nourrice du Roi. Il avoit été longtemps premier commis de feu M. le cardinal de Fleury.

On travaille continuellement à l'arrangement de l'appartement, et on compte qu'il sera prêt pour dimanche. L'on a mis, comme au mariage de Madame Infante, trois rangs de lustres dans la galerie, 8 de chaque côté, ce qui fait 24 (2). J'ai déjà marqué que les Menus avoient acheté un grand nombre de lustres ou chandeliers et de girandoles de cristal de Bohême pour les fêtes des appartements. Ce fut à peu près dans le temps du mariage de Madame Infante, et parce que l'on étoit obligé d'en louer à chaque occasion; depuis ce temps on en a encore acheté pour 400,000 livres, et il y en a présentement de quoi garnir tous les appartements. Ce ne sont point les Menus qui fournissent les bougies pour ces lustres et girandoles; la règle est qu'ils ne doivent les fournir que pour des fêtes, comme par exemple quand il y a bal paré ou masqué; mais ici ce n'est point fête, c'est appartement, et c'est le Gouvernement qui fournit les bougies (3). Cette fourniture est la plus avantageuse pour les intérêts du

---

(1) Il étoit prodigieusement gros; il avoit une descente qui s'est renouvelée et qui a été la cause de sa mort. (*Note du duc de Luynes.*)

(2) Les cordons de ces lustres sont garnis de rubans de différentes couleurs qui entourent lesdits cordons, et de l'un à l'autre forment des festons; outre cela, il y a plusieurs grandes girandoles sur des pieds. Le tout est arrangé avec beaucoup de goût, sans confusion. On a mis aussi des lustres et girandoles dans tout le reste de l'appartement jusqu'au salon d'Hercule exclusivement. (*Note du duc de Luynes.*)

(3) Les Menus ont fait beaucoup de représentations à M. de Gesvres, entre autres qu'au mariage de M. le Dauphin ils avoient fourni les bougies. M. de Gesvres s'est informé des faits, et a décidé en faveur du Gouvernement. Il est vrai qu'au mariage de M. le Dauphin les bougies furent fournies par les Menus, mais il y eut appartement avant souper et bal après souper, et on renouvela les bougies. La première fourniture fut faite par le Gouvernement, comme appartement, et la seconde fut faite par les Menus, comme fête. (*Note du duc de Luynes.*)

Roi, parce qu'on a soin de retirer ce qui reste des bougies, et on le refond pour faire des bougies au profit de S. M.; au lieu que ceux qui fournissent ont ordinairement le profit du retour des bougies. A l'égard de l'antichambre du Roi qui suit la salle des gardes, ce n'est pas le Gouvernement qui fournit les bougies, c'est la fruiterie, ainsi que dans l'ancienne chambre du Roi, et je crois même dans le cabinet du conseil. Le salon de la Paix, qui est celui où la Reine joue, fera partie de l'appartement, comme il faisoit autrefois, et cela pour les deux jours des illuminations et du feu seulement. On ôtera demain la porte de séparation. Ce salon devenant partie de l'appartement du Roi ne sera plus gardé par les huissiers de la chambre de la Reine ; l'huissier de la chambre de la Reine demeurera à la porte de la chambre en dedans, et il y aura dans le salon deux huissiers du Roi seulement pour empêcher qu'il n'entre dans ce salon que ceux qui doivent y entrer ; mais ils ne se mêleront point de ce qui regarde la porte de la chambre de la Reine. Il est réglé qu'il n'entrera dans l'appartement que les femmes en grand habit et présentées, et personne en deuil, ni hommes ni femmes. Il ne pourra y avoir d'habit noir que Messieurs du conseil. Cette fête fait que l'ambassadeur et l'ambassadrice de Hollande, ne pouvant quitter le grand deuil qu'ils ont pris pour le stadhouder, ne pourront y entrer, ni aucun Hollandois. M. le duc de Gesvres, quoique malade, se fait rendre compte avec la dernière exactitude de tous les détails, qui sont immenses. A l'égard des ordres à donner dans l'appartement, ce seroit naturellement à M. d'Aumont, parce que c'est toujours l'ancien qui remplace ; mais M. d'Aumont étant incommodé, ce sera M. de Fleury. Le bâtiment de charpente que l'on fait pour le feu remplit en entier la largeur de la terrasse du côté de Latone ; on y employe une quantité immense de charpente, mais cette charpente étoit au Roi ; elle avoit été faite dans l'année de M. d'Aumont, et par ses ordres, pour le feu que l'on devoit tirer sur la pièce des Suisses, aux premières couches de Mme la Dauphine d'à présent. On compte que la dépense des préparatifs de la fête qui a été projetée a monté au moins à 200,000 écus, et le total de celle-ci, pour ce qui regarde les Menus, feu d'artifice, décoration, illuminations, ne montera pas à 320,000 livres.

J'ai parlé de l'accouchement de Madame Infante. A l'occasion de cet accouchement, la Reine parlant du prince dont l'Infante accoucha l'année dernière, le nommoit « le petit Infant; » M. le Dauphin lui dit que ce n'étoit plus l'usage en Espagne d'appeler Infant la seconde génération des branches cadettes; que cet usage avoit été établi par le feu roi Philippe V, mais que depuis le changement de gouvernement, il n'y avoit que les enfants du roi et tous les descendants de l'aîné qui prissent le titre d'Infant.

Du samedi 18. — Mmes de Laval et d'Helmstadt ont fait aujourd'hui leurs révérences; elles n'avoient point paru ici depuis la mort de M. le maréchal de Montmorency. La première, qui est Maupeou, est sa belle-fille; la seconde est sa fille.

Du lundi 20, *Versailles.* — M. le duc de Luxembourg et M. le prince de Tingry demandèrent hier l'agrément du Roi pour le mariage de leurs enfants; M. de Tingry n'a qu'une fille, et M. de Luxembourg a un fils, qui s'appelle M. le duc de Montmorency (1), et une fille, qui est Mme de Robecque.

---

(1) Le fils de M. de Luxembourg est duc parce que M. de Luxembourg a deux duchés, Piney, qui est pairie, et Montmorency, qui est héréditaire. Piney fut érigé en duché en 1576, enregistré en 1577, érigé en pairie en 1581. L'enregistrement et la première réception sont de la même année. Il y a une autre réception, en 1621, avec rang du jour de la première, et ce en vertu de lettres patentes de 1620. Ce duché de Piney, sous le nom de Luxembourg, fut en 1661 substitué aux hoirs mâles et femelles avec réversion à la maison de Gesvres; mais il fut dit que le rang n'auroit lieu que du jour de la future réception, qui fut

Tout se passa hier suivant l'arrangement dont j'ai déjà parlé. La Reine avoit fait ôter dès samedi la porte de séparation de son salon avec la galerie, ne voulant pas que cet ouvrage, quoique peu considérable, fût fait le dimanche. Quoique ce changement ne fasse rien à la musique qui s'exécute, comme je l'ai déjà marqué, dans le cabinet avant la chambre, cependant la Reine, aima mieux que le concert fût chez Mme la Dauphine, et y descendit.

Hier Mme la Dauphine, Mesdames et un grand nombre de dames se rendirent chez la Reine, à six heures. La Reine attendit quelque temps. M. de Fleury vint l'avertir que le Roi étoit dans la galerie; elle y entra aussitôt, il étoit environ six heures et demie. Le coup d'œil de la galerie étoit admirable, fort bien éclairée, sans confusion, et de même tout l'appartement. Je n'ai pas compté les dames qui s'y trouvèrent, mais on m'a dit cent quarante-deux. Il y avoit, à ce que l'on m'a assuré, deux mille neuf cents et tant de bougies dans la galerie seulement. Le Roi joua au lansquenet (1); la table étoit au milieu de la galerie; il y avoit dix-sept coupeurs. Je ne les mettrai pas suivant l'ordre dans lequel ils étoient placés autour de la table, ce qui est assez indifférent : Le Roi, M. le Dauphin, Mme la Dauphine et Mesdames toutes cinq, Mme de Pompadour,

---

faite en 1662. Il y eut des lettres patentes en 1676, où il fut dit que le Roi n'avoit pas entendu faire une nouvelle érection. L'édit de 1711 a fixé le rang à la réception de 1662. Le duché est sous le nom de Piney.

Le duché de Montmorency s'appeloit anciennement Beaufort; il fut érigé en duché-pairie pour Gabrielle d'Estrées, en juillet 1597, enregistré le même mois. Il devoit passer non-seulement aux mâles, mais aux femelles, et avoir rang après l'ancien duché de Montmorency (depuis Enghien). La première réception fut en 1649, en la personne de François de Vendôme, second fils de César; il eut rang après M. le duc d'Elbeuf. Le duché fut vendu en 1688 à M. de Luxembourg (Montmorency); la vente fut confirmée par lettres patentes, et le duché érigé de nouveau pour mâles et femelles la même année 1688. Autres lettres patentes en 1689 (enregistrées en 1690), qui changent le nom de Beaufort en celui de Montmorency. (*Note du duc de Luynes.*)

(1) M. de Luxembourg étoit derrière le fauteuil du Roi. (*Note du duc de Luynes.*)

M. le duc de Chartres, M. de la Vallière, M. le comte d'Estrées, M. de Livry, M. de Razilly, M. Hesse, M. de Chalabre et..... A gauche, au bout, du côté du salon de la Paix, étoit la table du cavagnole de la Reine (1), et à l'autre bout, du côté du salon de la Guerre, étoit une autre table de cavagnole, pour Mme la princesse de Conty, et qui étoit fort remplie (2). On avoit mis des barrières dans le salon au-dessus de la comédie, après l'escalier qui mène chez M. le Premier et M. de Gesvres, et à la porte de la salle des gardes appelée le magasin, à la salle des gardes de la Reine (elles étoient gardées par les gardes du corps); on en avoit mis aussi une à la porte du salon d'Hercule à gauche (3). Cette précaution est la seule qui puisse empêcher la foule; cependant il y en eut, parce qu'à la suite des gens connus et bien vêtus, il s'en glissa beaucoup d'autres qui n'étoient ni bien vêtus, ni faits pour y être; de sorte qu'il y a eu des tabatières volées, et que les mouches que l'on avoit fait entrer exprès ont fait arrêter deux ou trois personnes. Il y avoit beaucoup de beaux habits, principalement ceux des femmes, un grand nombre d'étrangers. Les Hollandois ne pouvoient y être, comme je l'ai dit, le stadhouder n'étant pas encore enterré; mais l'ambassadeur d'Angleterre et les Anglois s'y trouvèrent; leur deuil en pleureuses étoit fini; et leur usage est qu'après les pleureuses ils peuvent quitter le deuil pour un jour de fête. Tous les rideaux dans la galerie furent fermés jusqu'à sept heures, sept heures et demie ou en-

---

(1) Il y avoit un officier des gardes derrière le fauteuil de la Reine. (*Note du duc de Luynes.*)

(2) Et un grand nombre de tables de jeux dans toute la galerie. (*Note du duc de Luynes.*)

(3) Cette barrière étoit double, c'est-à-dire une en dedans et l'autre en dehors de la porte.

Il y avoit aussi une barrière au haut de l'escalier de marbre, et une à la porte de la pièce où est la première sentinelle avant la salle des gardes du Roi. (*Note du duc de Luynes.*)

viron ; on les ouvrit quand les illuminations furent achevées; elles faisoient un très-bel effet ; il eût été à désirer que le temps eût été plus favorable : le vent éteignoit une partie des lampions et des lanternes. La Reine quitta son jeu un moment, sur les huit heures, pour aller voir les illuminations au milieu de la galerie; elle le finit entièrement à neuf heures trois quarts. L'ordre pour le grand couvert étoit pour dix heures, mais le lansquenet dura assez longtemps, et il étoit près de dix heures et demie quand le Roi se mit à table. La table étoit dans l'antichambre de la Reine, à l'ordinaire, excepté qu'on l'avoit placée faisant face aux fenêtres. On avoit aussi mis un gradin contre la muraille qui sépare l'antichambre de la Reine et la salle des gardes. On entroit dans l'antichambre de la Reine et on en sortoit avec beaucoup de facilité, et on approchoit de la table du grand couvert plus aisément que lorsqu'elle est placée à l'ordinaire et qu'il y a beaucoup de monde. Il faisoit fort froid dans la galerie, mais non pas également partout; à la table du lansquenet par exemple, parce qu'elle étoit fort entourée, le vent des fenêtres s'y faisoit moins sentir.

M. de Muiszek [?] fut présenté hier; c'est un jeune homme qui est venu en France pour sa santé ; il est grand chambellan de Lithuanie; sa femme est ici avec lui; elle est assez grande et a une figure agréable; son nom est Zamoïska, grande maison de Pologne. Elle est parente de Mme de Talmond, et a même l'honneur d'appartenir à à la Reine. Elle n'a point été présentée, et elle ne le sera point. Elle soupa chez Mme de Luynes samedi; la Reine y étoit; S. M. ne se mit point à table à cause du jeûne. Mme de Muiszek joua avec la Reine après le souper; elle avoit vu la Reine en particulier, ce même jour, dans ses cabinets avec Mme de Talmond; hier elle vit l'appartement en bayeuse.

Le feu d'artifice étoit indiqué pour mercredi, mais comme tout n'auroit pas pu être prêt pour ce jour-là, il est remis après Noël; on ne sut ce changement qu'un moment avant le souper. Il étoit onze heures et demie quand le Roi sortit de table, de sorte que la Reine ne vint ici qu'un moment avant minuit; elle ne joua point; elle resta un quart d'heure de plus qu'à son ordinaire, c'est-à-dire jusqu'à minuit trois quarts.

Je crois avoir parlé ci-dessus de la nouvelle impression de l'*Histoire de la Maison de Brandebourg*, en deux volumes in-4°. Cet ouvrage est à peu près le même que celui qui a paru, il y a un an ou deux, en deux petits volumes in-12. On a fait dans l'in-quarto quelques changements et additions à l'in-douze. A l'occasion de cet ouvrage le roi de Prusse a écrit au prince Henri une spèce d'épître dédicatoire qui n'est pas imprimée (1); on en trouvera la copie ci-après :

AU PRINCE DE PRUSSE.

Mon cher frère,

J'ai employé depuis quelque temps les moments de mon loisir à faire l'abrégé de l'histoire de la maison de Brandebourg. A qui pouvois-je mieux adresser cet ouvrage qu'à celui qui fera un jour l'ornement de cette histoire, à celui que la naissance appelle au trône, et auquel j'ai consacré tous les travaux de ma vie?

Vous étiez instruit des actions de vos ancêtres avant que je prisse la plume pour les écrire. Les soins que je me suis donnés en faisant cet abrégé ne pourront servir qu'à vous en rappeler la mémoire. Je n'ai rien déguisé, je n'ai rien tu; j'ai représenté les princes de votre maison tels qu'ils ont été. Le même pinceau qui a peint les vertus civiles et militaires du grand électeur a touché les défauts du premier roi de Prusse et ses passions, qui par les desseins cachés de la Providence ont servi dans la suite des temps à porter cette maison au point de gloire où elle est parvenue. Je me suis élevé au-dessus de tout préjugé; j'ai regardé des princes, des parents comme des hommes ordinaires. Loin d'être séduit par la domination, loin d'idolâtrer mes

---

(1) Je crois qu'elle est imprimée dans quelques-uns des exemplaires, mais elle ne l'est pas dans ceux qui ont paru dans le public. (*Note du duc de Luynes.*)

ancêtres, j'ai blâmé le vice en eux même avec hardiesse, parce qu'il ne doit pas trouver d'asile sur le trône. J'ai loué la vertu partout où je l'ai trouvée, en me défendant même contre l'enthousiasme qu'elle inspire, afin que la vérité simple et pure régnât dans cette histoire.

S'il est permis aux hommes de pénétrer dans les temps qui doivent s'écouler après eux, si l'on peut en approfondissant les principes deviner leurs conséquences, je présage par la connoissance que j'ai de votre caractère la prospérité durable de cet empire. Ce n'est point l'effet d'une amitié aveugle qui me séduit en votre faveur, ce n'est point le langage d'une basse flatterie, que nous détestons tous deux également, c'est la vérité qui m'oblige de dire avec une satisfaction intérieure que vous vous êtes déjà rendu digne du rang où la naissance vous appelle.

Vous avez mérité le titre de défenseur de la patrie en exposant généreusement vos jours pour son salut. Si vous ne dédaignâtes point de passer par les grades subordonnés du militaire, c'est que vous pensiez que pour bien commander il falloit auparavant savoir obéir, et que votre modération vous défendoit de vous parer de la gloire que le vulgaire des princes est avide d'usurper sur l'expérience des anciens capitaines uniquement attachés au bien de l'État. Vous avez fait taire toute passion et tout intérêt particulier, lorsqu'il étoit question de son service. C'étoit par un même principe que Boufflers s'offrit au roi de France, la campagne de 1709, et qu'il servit sous Villars, quoiqu'il fût l'ancien de ce maréchal. Souffrez que je vous applique ce mot de Villars, lorsqu'il vit arriver son doyen à l'armée et qu'il sut qu'il devoit servir sous ses ordres ; il lui dit : « Des compagnons pareils valent toujours des maîtres. »

Ce n'est pas seulement sur ce sang-froid inaltérable dans les grands périls, sur cette résolution toujours pleine de prudence dans les moments décisifs, qui vous ont fait connoître des troupes comme un des instruments principaux de leurs victoires, que je fonde mes espérances et celles du public. Les rois les plus valeureux ont souvent fait les malheurs des États, témoin l'ardeur guerrière de François 1er et de Charles XII, et de tant d'autres princes qui ont pensé se perdre ou qui ont ruiné leurs affaires par un débordement d'ambition. Permettez-moi de vous le dire, c'est la douceur et l'humanité de votre caractère, ce sont ces larmes sincères et vraies que vous versâtes lorsqu'un accident subit pensa terminer mes jours, que je regarde comme des gages assurés de vos vertus et du bonheur de ceux dont le ciel vous confiera le gouvernement. Un cœur ouvert à l'amitié est au-dessus d'une ambition basse. Vous ne connoissez d'autre règle de votre conduite que la justice, et vous n'avez d'autre volonté que celle de conserver l'estime des sages. C'étoit ainsi que pensoient les Antonins, les Tite, les Trajan, et les meilleurs princes qu'on a nommés avec raison les délices du genre humain.

Que je suis heureux, mon cher frère, de connoître tant de vertus dans le plus proche et le plus cher de mes parents. Le ciel m'a donné une âme sensible au mérite et un cœur capable de reconnoissance. Ces liens joints à ceux de la nature m'attacheront à vous à jamais. Ce sont des sentiments qui vous sont connus depuis longtemps, mais que je suis bien aise de vous réitérer à la tête de cet ouvrage, et pour ainsi dire à la face de l'univers.

Je suis avec autant d'amitié que d'estime, mon cher frère, votre fidèle frère et serviteur,

FRÉDÉRIC.

Du mardi 21, *Versailles.* — Je n'ai point encore marqué la mort de Mme la duchesse de Broglie. Elle mourut à Vincennes, le 14 de ce mois; elle étoit du Bois (1).

Du vendredi 24, *Versailles.* — M. le prince Charles est toujours à l'extrémité; il reçut ses sacrements avant-hier. On comprend que dans ce moment il a été question de Mme d'Armagnac. On sait qu'ils sont séparés presque depuis qu'ils sont mariés. M. le prince Charles envoya, il y a quelques jours, M. de Brionne à M. l'archevêque, pour lui dire qu'il consentoit à envoyer chez Mme d'Armagnac, qu'il lui feroit dire tout ce qu'on jugeroit convenable, mais qu'il ne vouloit point absolument la voir, et que si la nécessité de la voir étoit jugée indispensable, la sévérité de cette loi le mettroit hors d'état de recevoir ses sacrements. M. l'archevêque n'a pas jugé que l'on dût en pareil cas refuser les sacrements à M. le prince Charles, mais seulement qu'il envoyât chez Mme d'Armagnac avant et après les avoir reçus (2). M. de Brionne et M. de Rieux

---

(1) Fille de Claude-Thomas du Bois, seigneur de Villers.

(2) Cet article n'est pas absolument exact. Mme d'Armagnac envoyoit souvent chez M. le prince Charles savoir de ses nouvelles; il désira que M. de Brionne et M. de Rieux allassent chez elle la prier de ne pas se donner la peine d'envoyer si souvent chez lui et lui dire qu'elle pourroit savoir de ses nouvelles à tous moments par les médecins qui le voyoient. M. l'archevêque étant venu voir M. le prince Charles, qui avoit envoyé son confesseur chez

y ont été deux fois de sa part, comme il vient d'être expliqué. M. de Rieux est une homme de grande condition de Bretagne (1), ami de tous les temps de M. le prince Charles; il a un frère cadet qui est lieutenant général, et qui a épousé Mlle d'Entragues (d'Illiers). Pour lui, il n'a jamais servi. Leur père étoit dans des sociétés où l'on parloit du feu Roi avec trop peu de respect; le Roi en étoit instruit. Feu M. le maréchal de Noailles, père de celui-ci, vouloit donner une de ses filles à M. de Rieux; mais lorsqu'il en fut question, on sut que le Roi refusoit de donner le titre de cousin qu'il a bien voulu donner par distinction à cette maison; et M. de Rieux, qui étoit jeune et désiroit entrer dans le service, ne put jamais obtenir l'agrément d'une compagnie de cavalerie; il fit cependant deux campagnes en qualité de volontaire, et se trouva à la bataille de Spire; mais le maréchal de Noailles voyant les dispositions du Roi à son égard, lui conseilla de ne pas exposer sa vie davantage sans espoir d'aucun avancement.

Du lundi 27, Versailles. — Avant-hier, jour de Noël, ce fut Mme de Coislin (Mailly) qui quêta; M. l'évêque de Cahors (du Guesclin) officia à la grande messe et à vêpres; il avoit officié la veille aux premières vêpres.

Du mardi 28. — J'ai appris aujourd'hui que M. de Voyer, fils de M. d'Argenson, a été nommé directeur général des haras de France. Tout le monde a dit à cette nouvelle qu'il l'étoit déjà il y a longtemps. Il est vrai que

---

lui, il fut question sans doute de ce qui avoit été dit à Mme d'Armagnac par M. de Brionne et par M. de Rieux et de l'opposition extrême de M. le prince Charles pour voir Mme d'Armagnac; enfin, il fut convenu qu'il recevroit ses sacrements, mais qu'il enverroit immédiatement après un gentilhomme chez Mme d'Armagnac l'assurer qu'il mouroit son serviteur; ce qui a été exécuté; ainsi M. de Brionne et M. de Rieux n'y ont été qu'une fois. (*Note du duc de Luynes.*)

(1) Un de ses grands-pères étoit tuteur d'Anne de Bretagne lorsqu'elle épousa Charles VIII. (*Note du duc de Luynes.*)

depuis plusieurs années M. d'Argenson lui avoit remis le détail des haras. M. de Voyer en rendoit compte à son père, et ce détail faisoit une partie du travail de M. d'Argenson avec le Roi; mais actuellement ce sera M. de Voyer qui travaillera directement avec S. M. sur les haras.

Le Roi partit avant-hier pour Bellevue après le salut; il en reviendra demain au soir.

Je n'ai point encore marqué que M. de Séedorf, lieutenant général suisse, mourut à Paris il y a déjà quelques jours; il étoit âgé de soixante-neuf ans. Il avoit un régiment de son nom; tous les régiments suisses portent le nom de leur colonel.

Du vendredi 31, *Versailles.* — J'ai oublié de marquer la mort du feld-maréchal comte de Kœnigseck, à Vienne, le 9 de ce mois, âgé de soixante-dix-neuf ans.

M. le prince Charles mourut avant hier; il n'avoit que soixante-sept ans. Il était grand écuyer de France et gouverneur de Picardie, Artois et Montreuil-sur-Mer. M. de Brionne avoit la survivance de grand écuyer depuis longtemps et l'exerçoit seul depuis deux ou trois ans; ainsi ce n'est point l'occasion d'une nouvelle grâce. Dès avant-hier au soir le Roi eut la bonté de donner à M. de Chaulnes le gouvernement de Picardie et d'Artois. Celui de Montreuil a été donné à M. de Saint-André, lieutenant général et lieutenant des gardes du corps. M. de Saint-André ne faisoit point de service depuis longtemps dans les gardes du corps, étant toujours employé sur la frontière; il se retire actuellement, et sa brigade a été donnée à M. de Vereil, premier exempt de la compagnie de Villeroy.

M. le prince Charles a fait son légataire universel M. de la Martinière, premier chirurgien du Roi. La Martinière avoit été chirurgien de M. le prince Charles et lui étoit fort attaché; il lui avoit donné des marques de cet attachement dans tous les temps, et particulièrement dans cette dernière maladie, allant tous les jours de Versailles à Paris passer la journée auprès de lui. Il avoit sans contredit de grandes obligations à M. le prince Charles, car il devoit à sa protection la charge de premier chirurgien. Toutes ces raisons pouvoient justement déterminer M. le prince Charles à donner à la Martinière, en mourant, quelques marques distinguées de sa bonté. Pour le legs universel, on ne s'y attendoit pas (1). On ne sait point encore si c'est un fidéicommis ou autrement ; ce qui est certain, c'est que Mlle d'Armagnac, sa sœur fort aînée, est encore vivante, et que M. de Brionne, son petit-neveu, qui ne l'a pas quitté d'un moment dans ces derniers temps, sembloient mériter de n'être pas oubliés, d'autant plus qu'il lui a marqué des attentions infinies dans tous les temps. M. le prince Charles ne laisse rien à ses domestiques ; apparemment qu'il aura dit ses intentions a la Martinière (2). M. le duc d'Elbeuf, dont il avoit eu la survivance pour les gouvernements de Picardie, Artois et Montreuil, se trouva à sa mort devoir 100,000 écus à M. le prince Charles, dont il lui avoit fait la donation dans le temps du mariage de M. le prince Charles. M. le prince d'Elbeuf, héritier de son frère, étoit obligé au payement des

---

(1) On prétend que M. le prince Charles a des bâtards, et que voulant que l'on en eût soin, il n'a voulu confier ce soin qu'à la Martinière. (*Note du duc de Luynes.*)

(2) On avoit d'abord dit que les dettes de M. le prince Charles seroient considérables, cependant cela n'est pas vraisemblable. Il y a fort peu de temps que M. de Brionne s'est mis en son lieu et place pour les 800,000 livres de son brevet de retenue qu'il devoit en entier, et outre cela il lui a payé encore 50,000 écus ou 200,000 livres. M. le prince Charles ne paroissoit pas faire de dépense dans ce pays-ci, ni même une dépense fort brillante à Paris ; cependant il avoit tous les jours un dîner extrêmement grand, et de mets chers et recherchés. Il avoit un prodigieux nombre de domestiques, et soixante-dix chevaux dans son écurie, dont il nourrissoit près de la moitié à ses dépens ; les autres faisoient partie de la grande écurie ; il avoit douze cochers à ses gages ; il dépensoit beaucoup en voitures. Il avoit donné à Mme de Brionne (Montauban), à son mariage, un carrosse qui coûtoit 14,000 livres, et lorsqu'il fut fait, il en fut si content, qu'il en commanda un pareil pour lui. (*Note du duc de Luynes.*)

100,000 écus; cependant il voulut lui disputer; il y eut des assemblées d'avocats, et enfin il fut décidé que M. le prince d'Elbeuf avoit tort, et que M. son frère avoit pu donner les 100,000 écus. Immédiatement après cette décision, M. le prince Charles alla trouver M. le prince d'Elbeuf, et lui dit que jusque-là il s'étoit bien passé desdits 100,000 écus, et qu'il seroit bien fâché de lui faire une demande qui pût l'importuner, non-seulement pour le fonds mais même pour les intérêts; qu'il le prioit seulement de vouloir bien qu'ils passassent ensemble une transaction par laquelle M. le prince d'Elbeuf obligeroit sa succession à payer à M. le prince Charles une somme de 400,000 livres. Ainsi ces 400,000 livres reviendront encore à la succession de M. le prince Charles après la mort de M. le prince d'Elbeuf, et tomberont dans le legs universel.

M. le prince Charles avoit 100,000 écus de brevet de retenue sur les gouvernements de Picardie et d'Artois. M. de Chaulnes paye ces 100,000 écus; mais comme l'intention du Roi est de diminuer, même d'éteindre les brevets de retenue, S. M. a voulu que M. de Chaulnes remboursât les 100,000 écus en trente ans, à raison de 10,000 livres par an. Le brevet de retenue sert de sûreté à M. de Chaulnes pour celui de qui il emprunte les 100,000 écus (qui, je crois, est M. de Montmartel). M. de Chaulnes en payera l'intérêt, comme de raison; mais en remboursant 10,000 francs tous les ans sur le fonds, il tiendra chaque année 500 livres desdits intérêts, et à la fin des trente années le brevet de retenue étant remboursé deviendra nul. On prétend que les trois gouvernements valoient 100,000 livres à M. le prince Charles (1), et que

---

(1) Mme de Luynes en a parlé à M. Chauvelin, ci-devant intendant de Picardie, qui a pu avoir connoissance par lui-même d'une partie de ces revenus, et qui outre cela s'en est informé à M. de Villiers, intendant de M. le prince Charles, qu'on dit fort honnête homme. M. de Villiers assure que les

sur cela Montreuil n'en vaut que 12, tout au plus 14 ; mais quoi qu'il en soit, ces deux gouvernements vaudront au moins 70,000 livres à M. de Chaulnes. M. de Chaulnes avoit outre cela le gouvernement d'Amiens, que le Roi lui permet de garder.

Il parut hier un arrêt du conseil qui a été envoyé à tous les évêques. Il est du 23 décembre ; c'est pour prescrire la manière dont il sera procédé à un nouveau département général des impositions du Clergé ; il surseoit aussi à la levée et à l'imposition sur le pied des répartitions actuelles de la somme de 1,500,000 livres pendant cinq ans, demandée à l'assemblée du Clergé de 1750. On trouvera copie de cet arrêt à la fin de ce volume (1).

Hier on tira le feu d'artifice, suivant l'arrangement qui avoit été fait. Tout se passa de même à peu près qu'à l'autre appartement dont j'ai parlé. M. de Gesvres, qui n'est pas bien encore, mais dont la santé cependant est un peu meilleure, se trouva en état de descendre à l'appartement ; depuis le dernier il s'étoit occupé à trouver les moyens d'empêcher la foule excessive dont on s'étoit plaint, et à faire en sorte qu'il n'entrât que gens connus. Comme il arrive toujours que lorsque plusieurs personnes se mêlent d'une même chose, on rejette les fautes les uns sur les autres, les officiers du Roi prétendoient que l'huissier de la Reine avoit laissé entrer dans la chambre de la Reine, et par conséquent dans le salon, gens qui n'étoient pas faits pour être dans la galerie. M. de Gesvres et M. de Fleury en vinrent parler à Mme de Luynes ; tout se passa avec douceur et politesse. M. de Gesvres demanda

---

gouvernements ne valent que 59,000 livres tous frais faits. Sur cela M. de Chaulnes a à payer 15,000 francs par an pour l'intérêt du brevet de retenue qu'il rembourse, et outre cela 10,000 livres par an pour l'extinction dudit brevet, comme il est expliqué ci-à côté ; ainsi cela ne fait dans ce moment qu'une augmentation de 29,000 livres par an, et après le premier payement 500 livres de plus chaque année. (*Addition du duc de Luynes*, datée du 10 janvier 1752.)

(1) *Voy.* à l'Appendice la pièce n° 6.

instamment à Mme de Luynes de vouloir bien faire donner
à l'huissier de la chambre une liste de ceux et celles
qu'elle jugeroit à propos de laisser entrer par la chambre
de la Reine dans le salon, comme les femmes de chambre
de service chez la Reine, les garçons de la chambre, les
valets de chambre de quartier et les autres femmes de la
Reine auxquelles on avoit donné la permission de se placer
à une des croisées du salon. Cette liste fut donnée à l'huissier de la chambre de la Reine, qui se tint toujours, comme
le 19, à la porte de la chambre en dedans du côté du salon,
et on donna une copie de cette même liste à l'huissier du
Roi qui étoit en dehors dans le salon. Les dames avec de
fort beaux habits se rendirent presque toutes avant six
heures dans le salon qui est avant la chambre ; il y en
avoit un grand nombre. Pendant ce temps-là, la chambre
de la Reine étoit pleine de la famille royale, des princesses et de plusieurs dames, et il y en avoit encore beaucoup dans le salon par delà la chambre. Le Roi arriva
chez la Reine à six heures un quart ou environ, et fort
peu de temps après on entra dans la galerie. Le Roi et
la Reine se placèrent à la fenêtre du milieu de la galerie ;
cette fenêtre étoit ouverte, le temps étant fort doux. On
avoit mis à cette fenêtre en dehors une espèce de grillage
avec une étoffe semblable à une cousinière fort claire,
qui n'empêchoit pas de voir l'effet du feu. Le Roi donna
le signal avec une lance à feu, à l'ordinaire. On tira aussitôt trois fusées qui étoient le signal pour les artificiers,
et le feu commença. Il devoit durer plus de vingt minutes, mais il n'en dura que quinze. Pendant les cinq premières, il fut très-vif et très-bien servi ; il y eut ensuite
un peu de langueur ; cependant il alla encore assez bien
jusqu'à dix minutes ; mais depuis dix jusqu'à quinze, il
n'y eut que le côté droit, qui étoit la gauche du Roi, duquel il partit de l'artifice ; l'autre côté avoit été tiré tout
de suite mal à propos et avant le temps, soit par étourderie ou mauvaise volonté, car il y avoit François, Italiens et

22.

Saxons, qui devoient successivement faire paroître les effets de leur art, se concertant cependant ensemble pour rendre l'exécution agréable. On prétend qu'il y eut de la jalousie, et le soir même on mit en prison deux ou trois artificiers. Je ne mettrai pas en détail les effets du feu, que l'on trouvera dans tous les imprimés. La girandole auroit été beaucoup plus belle, si elle avoit été aussi garnie d'artifice de tous les côtés qu'elle devoit l'être. L'on devoit tirer à la fin du feu 6 ou 7 bombes de carton, de différentes grosseurs, remplies d'artifice; mais comme dans ce nombre il y en avoit une fort grosse, et que les femmes avoient répandu partout la frayeur qu'on leur pardonne, le Roi jugea à propos que les bombes fussent transportées au bout de la pièce des Suisses. Elles ne furent tirées qu'à dix heures passées, après le jeu. Le Roi les vit de la chambre de la Reine, les fenêtres fermées. Il n'y eut que les deux premières qui s'élevèrent assez haut; les autres crevèrent toutes trop promptement pour que l'on pût bien voir leur effet. Malgré leur éloignement, l'ébranlement des croisées fut assez grand, surtout à la grosse bombe, pour croire qu'il auroit pu faire casser les glaces de la galerie si on l'avoit tiré plus près.

Après le feu, le lansquenet, comme le 19, avec les mêmes joueurs; ils étoient dix-sept, mais M. le duc de Chartres ne resta pas jusqu'à la fin; il quitta en gagnant beaucoup.

La table du cavagnole de la Reine étoit à la même place que le 19; mais il n'y en eut pas de l'autre côté, parce que beaucoup d'hommes et femmes s'étant arrangés pour cette seconde table, la Reine avoit à peine de quoi faire son jeu.

Le grand couvert fut comme le 19. La table posée de même aujourd'hui. Il n'y a rien eu : jeu chez la Reine comme à l'ordinaire; le Roi a soupé dans ses cabinets.

APPENDICE A L'ANNÉE 1751.

1.

DÉCLARATION DU ROI,

Portant règlement pour l'administration de l'hôpital général de la ville de Paris, donnée à Versailles, le 24 mars 1751.

Louis, par la grâce de Dieu, roi de France, etc.

Le feu Roi notre très-honoré seigneur et bisaïeul ayant par son édit du mois d'avril 1656 établi un hôpital général dans notre bonne ville de Paris, pour y recevoir et enfermer les pauvres qui n'ont point d'asile et qui sont obligés de mendier, il auroit, soit par le même édit, soit par des règlements attachés sous le contre-scel d'icelui et par d'autres déclarations ou lettres patentes postérieures, fait plusieurs ordonnances pour la conduite et gouvernement dudit hôpital. Cet ouvrage si saint, si utile pour la religion et pour l'État, a eu jusqu'ici le succès qu'on en pouvoit attendre pour le soulagement et l'entretien des pauvres de notre bonne ville de Paris; mais il a été nécessaire par des circonstances particulières d'apporter de temps en temps quelques changements à la forme de cette administration. Par l'article 23 dudit édit, il est porté que le soin et l'instruction du spirituel de l'hôpital général sera confié aux prêtres de la mission de Saint-Lazare, sous l'autorité et juridiction des archevêques de Paris. Ce règlement n'a pu avoir d'exécution, parce que les prêtres missionnaires de Saint-Lazare représentèrent alors que la multitude des missions et d'emplois dont ils étoient chargés ne leur permettoit pas d'entreprendre le soin d'un nouvel établissement qu'on prévoyoit déjà devoir devenir très-considérable par son objet, et qu'ils ne pourroient donner un assez grand nombre de prêtres pour le desservir. Il fallut recourir à l'autorité ecclésiastique pour prendre d'autres mesures pour le gouvernement spirituel de cette maison. Les fonctions archiépiscopales étant exercées alors par les grands vicaires, ils établirent un certain nombre de prêtres pour l'administration des sacrements dans l'hôpital et pour l'instruction des pauvres qui y étoient renfermés; ils mirent à la tête de ces pauvres un recteur qui seroit à la nomination pure et simple des archevêques de Paris, lesquels pourroient le destituer quand ils jugeroient à propos, et ils firent plusieurs règlements pour la conduite de ces prêtres et pour les fonctions qu'ils doivent avoir dans la maison. Par le même édit du mois d'avril 1656, le feu Roi avoit nommé ceux qui devoient avoir la conduite et l'administration du temporel dudit hôpital en qualité de directeurs, et avoit réglé leur pouvoir et leur autorité sous la direction du premier président de notre parlement de Paris et de notre procureur général en ladite cour, qui devoient être les chefs de l'administration. Par une déclaration du 29 avril 1673, les archevêques de Paris ont été agrégés à l'administration en qualité de chefs, ainsi que le premier président et notre procureur général en notre cour de parlement ; et depuis, par une autre déclaration, du mois de janvier 1690, le premier président de notre chambre des comptes et celui de notre cour des aides, le lieutenant général de police et le prévôt des marchands de notre bonne ville de Paris ont été pareillement établis chefs de l'administration avec l'archevêque de Paris, le premier président et notre procureur général en notre cour de parlement. Cette dernière déclaration porte que tous les chefs et directeurs de l'hôpital s'assembleront une fois chaque semaine, aux jour et heure dont ils conviendront, dans le lieu qui sera destiné pour ce sujet, dans la maison archiépiscopale, et une fois le mois dans l'une des trois maisons dudit hôpital général, pour y donner les ordres et prendre les résolutions les plus utiles pour son gouvernement et administration. Cette disposition n'ayant pas eu depuis quelque temps une entière exécution, il s'est élevé plusieurs difficultés dans la forme de l'administration, principalement sur l'autorité qui doit appartenir à l'archevêque de Paris dans le gouvernement spirituel dudit hôpital, soit pour la nomination du recteur et des prêtres établis pour les fonctions qui concernent le spirituel de la maison, soit pour la nomination des prédicateurs, l'approbation de ceux qui sont chargés d'enseigner les enfants, et autres choses qui dépendent de la juridiction ecclésiastique, suivant les ordonnances de notre royaume et principalement suivant l'édit du mois d'avril 1695. Le zèle et l'attention que nous aurons toujours pour le bien et l'avantage de nos sujets, principalement pour les habitants de notre bonne ville de Paris, nous engage de veiller particulièrement à la conservation d'un établissement si digne de la piété du Roi notre très-honoré seigneur et bisaïeul ; et comme il s'en est déclaré fondateur et protecteur, Nous, à l'exemple du prince dont nous regarderons toujours la vie et les actions comme le modèle de notre conduite, et connoissant par nous-même l'utilité de l'établissement de l'hôpital général pour faire subsister des malheureux qui n'ont aucun bien et pour arrêter dans notre royaume le cours de la mendicité et de l'oisiveté, source des plus grands maux, après nous être fait représenter l'édit du mois d'avril 1656, les déclarations et règlements postérieurs à cet édit, et après nous être fait rendre compte des difficultés survenues sur l'interprétation dudit édit et des déclarations et règlements postérieurs, nous avons cru devoir expliquer nos intentions sur plusieurs points concernant cette administration. A ces causes, et autres considérations à ce nous mouvantes, de l'avis de notre conseil, et de notre certaine science, pleine puissance et autorité royale, nous avons par les présentes, signées de notre main, dit, déclaré et ordonné, disons, déclarons et ordonnons, voulons et nous plaît ce qui suit :

Article I.

L'autorité et juridiction spirituelle sur l'Hôpital général appartiendra à notre cousin l'archevêque de Paris et à ses successeurs dans le siége archiépiscopal, et les règlements que lui et ses successeurs audit archevêché jugeront à propos de faire pour la conduite spirituelle, administration des sacrements et célébration du service divin seront exécutés conformément à l'article 29 de l'édit du mois d'avril 1695.

II.

Aucun prêtre séculier ni régulier ne pourra prêcher dans les églises des maisons dépendantes ou réunies audit hôpital général qu'il n'ait été nommé à cet effet par ledit S^r archevêque de Paris et ses successeurs.

III.

Aucun maître ou maîtresse d'école ne pourra y enseigner le catéchisme qu'il ne soit approuvé par le recteur dudit hôpital ; et pourra ledit S^r archevêque et ses successeurs ou leurs grands vicaires les destituer s'ils ne sont pas contents de leur doctrine, de leurs mœurs, et en établir d'autres à leurs places.

IV.

La nomination et destitution du recteur et des prêtres destinés aux fonctions ecclésiastiques dans l'hôpital et dans les maisons qui y sont réunies, appartiendra audit S^r archevêque de Paris et à ses successeurs audit archevêché ; et lorsqu'ils auront fait la nomination d'un recteur, ils en feront part aux chefs de l'administration et aux directeurs dans le premier bureau qui se tiendra en la maison archiépiscopale.

V.

Le recteur et les prêtres commis pour desservir l'hôpital sous lui ne pourront s'ingérer de faire aucune fonction dans ledit hôpital qu'ils ne se soient présentés au bureau particulier des directeurs pour être par eux employés sur l'état de la maison. Exhortons le recteur et autres prêtres, et néanmoins leur enjoignons d'avoir pour, les directeurs la déférence qui leur est due, de les regarder comme leurs supérieurs dans le temporel, et en conséquence de se conformer à tout ce qu'ils leur prescriront pour l'ordre, la police et la discipline dans ledit hôpital.

VI.

Les assemblées des directeurs de l'Hôpital général se tiendront, comme par le passé, dans les maisons de la Pitié et du Saint-Esprit, aux jours et heures accoutumés; mais il n'y sera rien ordonné dans les matières importantes que provisoirement et qu'il n'en ait été délibéré dans les assemblées générales qui doivent se tenir dans la maison archiépiscopale où toutes lesdites matières seront rapportées.

VII.

Sous le nom de matières importantes, déclarons comprendre la nomination à faire des directeurs, quand le cas y écherra, et du receveur charitable dudit Hôpital général, la nomination des économes et supérieurs de chacune des maisons dépendantes dudit hôpital, l'approvisionnement des différentes maisons et les marchés qui seront à faire à ce sujet, la construction de nouveaux bâtiments ou réédifications considérables, l'acceptation des donations et des legs faits audit hôpital, les aliénations, les acquisitions ou les emprunts qui seront à faire, les procès et instances à intenter ou à soutenir, la police et la discipline générales desdites maisons, et autres objets semblables.

VIII.

La déclaration du mois de février 1680 sera exécutée selon sa forme et teneur; en conséquence, ordonnons que tous les chefs et directeurs de l'Hôpital général seront tenus de s'assembler en la maison archiépiscopale une fois la semaine, ou même plus souvent s'il est jugé nécessaire, pour y régler les matières qui ne doivent point être décidées définitivement dans les assemblées particulières.

IX.

On commencera lesdites assemblées par faire lecture de la délibération prise dans la dernière assemblée tenue en ladite maison archiépiscopale, et de celles prises dans les assemblées tenues en la maison de la Pitié et du Saint-Esprit depuis la dernière assemblée générale. Il sera fait ensuite rapport des matières qui doivent être traitées dans ladite assemblée, et on opinera sur chacune de ces affaires en particulier.

X.

L'édit du mois de juin 1670 portant établissement de l'hôpital des Enfants-Trouvés et réunion d'icelui à l'Hôpital général, ensemble les deux déclarations du 23 mars 1680, l'une portant réunion des revenus de l'hôpital des Enfants-Rouges à celui des Enfants-Trouvés, et l'autre portant union de l'administration de l'hôpital du Saint-Esprit à celle de l'Hôpital général, seront exécutés. En conséquence, voulons que les biens appartenant auxdits hôpitaux soient administrés par les directeurs de l'Hôpital général, ainsi et en la manière portée èsdits édits et déclarations, et que toutes les affaires importantes qui concerneront lesdits hôpitaux soient portées aux assemblées qui se tiennent en la maison archiépiscopale, et qu'elles y soient traitées et décidées en la même forme que les affaires concernant l'Hôpital général.

XI.

Les délibérations prises dans les assemblées qui se tiendront en la maison archiépiscopale seront signées par notre cousin l'archevêque de Paris, ou en son absence par celui des chefs qui aura présidé à l'assemblée.

XII.

Seront toutes les délibérations, tant celles prises en assemblée qui se tient dans la maison archiépiscopale, que celles qui se tiennent ès maisons de la Pitié et du Saint-Esprit, transcrites dans un registre, ensemble les minutes desdites délibérations seront déposées dans les archives de l'Hôpital général.

XIII.

Les chefs de l'administration visiteront au moins une fois tous les mois les maisons de l'Hôpital général et des hôpitaux qui y sont unis, soit tous ensemble, soit l'un d'eux. Ils se feront représenter, lors desdites visites, les registres particuliers de l'administration de chaque maison, recevront les plaintes qui seront faites contre les officiers, officières et autres, s'informeront si lesdits officiers, officières et autres s'acquittent de leur devoir et de leur emploi avec exactitude, si les pauvres sont traités avec humanité, si on observe les règlements concernant la police et la discipline de chaque maison. Ils pourront sur ce donner les ordres qu'ils jugeront nécessaires, et à la première assemblée qui se tiendra en la maison archiépiscopale à la suite de chaque visite, ils rapporteront ce qu'ils y auront ordonné, pour être, sur ce qu'ils représenteront, prises les délibérations les plus utiles pour l'administration.

XIV.

L'Hôpital général continuera d'être régi et administré par les chefs et directeurs nés dudit hôpital, suivant ce qui est porté par l'article 2 de l'édit du mois d'avril 1656, par la déclaration du 29 avril 1673 et par celle du mois de janvier 1690.

XV.

A l'égard des directeurs électifs, le choix en sera fait comme par le passé ; mais le nombre n'en sera point fixé, et il pourra être augmenté ainsi qu'il sera jugé nécessaire par une délibération faite au bureau qui se tient en la maison archiépiscopale.

XVI.

Désirant néanmoins pourvoir pour cette fois à la nomination desdits directeurs électifs, nous avons nommé par ces présentes pour directeurs et administrateurs les Srs Canclaux, notre conseiller en notre grand conseil, Ravault, banquier expéditionnaire en cour de Rome, Gondouin, l'un de nos conseillers secrétaires, de la Chaussée, intéressé dans nos affaires, Millin, ancien procureur au Parlement, que nous avons déjà nommé par provision en ladite qualité par arrêt de notre conseil d'État du 6 septembre 1749 attaché sous le contre-scel des présentes, pour, conjointement avec le Sr Boffrand, notre architecte et inspecteur général des ponts et chaussées, le Sr Boullanger de Chaumont, notre conseiller-maître en notre chambre des comptes, le Sr de la Haye, fermier général de nos fermes unies, le Sr Benoît, conseiller au Châtelet, le Sr de Bonnaire, notre conseiller en notre grand conseil, le Sr Guillier, notre conseiller en notre cour des aides, et le Sr Baron, intéressé dans nos fermes, anciens directeurs, régir et gouverner les affaires dudit hôpital ; et seront tenus les nouveaux directeurs par nous nommés, et ceux qui seront élus dans la suite, de prêter serment en notre cour de Parlement, en la manière accoutumée et conformément à l'article 73 de l'édit du mois d'avril 1656.

XVII.

Il sera fait tous les mois au moins un état général des personnes qui seront actuellement dans chacune des maisons dudit Hôpital général, dans lequel état seront compris les pauvres et les ecclésiastiques, les supérieurs, officiers, officières, économes, gouvernantes, servantes, domestiques, ouvriers, chirurgiens, apothicaires, et généralement tous ceux qui sont employés à l'administration de chaque maison et service des pauvres. Il sera fait aussi mention de chaque classe différente des personnes, en distinguant celles qui sont au réfectoire, de la quantité et qualité de la nourriture qui leur est donnée, et enfin des appointements ou gages de ceux qui servent dans lesdites maisons. Voulons que ledit état général soit présenté au premier bureau qui se tiendra à l'archevêché au commencement de chaque année pour y être approuvé s'il y échet, ou y être fait tels changements qu'il conviendra par délibération dudit bureau."

XVIII.

Voulons au surplus que l'édit du mois d'avril 1656 pour l'établissement dudit Hôpital général, les règlements attachés sous le contre-scel dudit édit, et ceux faits depuis ledit établissement, tant par le feu Roi notre très-honoré seigneur et bisaïeul, que par Nous et notre cour de Parlement, même par les chefs et directeurs de l'Hôpital général, ensemble les règlements faits par les hôpitaux unis à l'Hôpital général, soient exécutés en ce qui n'est pas contraire à ces présentes. Si donnons en mandement à nos amés et féaux conseillers les gens tenant notre cour de Parlement à Paris, que ces présentes ils aient à faire lire, publier et registrer, et le contenu en icelles garder et observer selon leur forme et teneur. Car tel est notre bon plaisir. En témoin de quoi nous avons fait mettre notre scel à cesdites présentes. Donné à Versailles le vingt-quatrième jour du mois de mars, l'an de grâce 1751 et de notre règne le trente-sixième. Signé LOUIS, et plus bas : *Par le Roi*, VOYER D'ARGENSON, et scellé du grand sceau de cire jaune.

Registré, ouï ce requérant le procureur général du Roi pour être exécutée aux charges, restrictions et modifications portées en l'arrêt de ce jour. A Paris, en Parlement, le 20 juillet 1751. Signé DUFRANC.

Arrêt du Parlement sur ladite déclaration.

La Cour ordonne que ladite déclaration sera registrée au greffe de la Cour, aux charges, restrictions et modifications qui en suivent :

Que l'article 1er n'aura lieu que conformément aux art. 29, 30 et 34 de l'édit de 1695 ;

Que les art. 2 et 3, concernant les prédicateurs et les maîtres et maîtresses d'école, ne seront exécutés que conformément à l'art. 11 de l'édit du mois de décembre 1606 et aux art. 10 et 25 de l'édit du mois d'avril 1695 ;

Que l'archevêque de Paris ne jouira de la nomination du recteur et des prêtres portés par l'art. 4 qu'à titre de concession à lui faite par le Roi de l'exercice du droit appartenant audit seigneur Roi, comme étant ledit hôpital de fondation royale, suivant l'art. 6 de l'édit de 1656, et à la charge que le recteur et les prêtres, au cas de contravention de leur part à l'art. 25 de l'édit de 1656, seront changés, si par une délibération des directeurs dudit hôpital il est arrêté qu'il convient faire ledit changement ;

Que les art. 6, 7, 8 et 9 ne seront exécutés que conformément à ce qui a été pratiqué jusqu'à présent dans l'administration dudit hôpital en exécution de l'édit de 1656 et règlement attaché sous le contre-scel d'icelui, et notamment les art. 29 et 32 dudit règlement de 1656, et sans préjudicier aux assemblées prescrites par la déclaration du 23 mars 1680, tant pour les jours que pour les lieux où elles doivent être tenues ;

Que l'art. 10 ne sera exécuté que conformément à ce qui est ordonné pour l'administration dudit hôpital des Enfants-Trouvés par l'édit du mois de juin 1670 registré en la Cour ;

Que l'art. 11 n'aura lieu qu'à la charge que toutes les délibérations seront arrêtées à la pluralité des suffrages et seront signées par celui qui y aura présidé et par trois des plus anciens directeurs présents, conformément à l'art. 31 du règlement de 1656 ;

Que l'art. 12 sera exécuté pour les délibérations prises dans les autres maisons que celles énoncées en la présente déclaration, conformément à l'édit de 1656 et déclaration de 1680 ;

Que l'art. 13 sera exécuté à la charge qu'il sera tenu un registre particulier des ordres donnés par les chefs, qui seront signés par eux ;

Que les art. 14, 15 et 16 ne seront exécutés que conformément à ce qui est ordonné par les art. 2 et 3 de l'édit de 1656 et par la déclaration du 29 avril 1673, et qu'en conséquence ceux nommés pour directeurs, par l'art. 16 de la présente déclaration, qui n'ont point encore prêté serment en la Cour, seront tenus de le prêter incessamment pour, avec ceux qui ont ci-devant prêté ledit serment, compléter le nombre de 26, qui a été déterminé par ledit édit de 1656 et la déclaration de 1673, sans que ledit nombre puisse être augmenté, à moins qu'il n'en ait été référé en la Cour sur la représentation desdits directeurs qui jugeroient ladite augmentation convenable pour le plus grand avantage de l'administration dudit hôpital, et au surplus sans approbation des prétendus décrets et règlements concernant ledit hôpital qui n'auroient été homologués ni enregistrés en la Cour.

Registré, ouï ce requérant le procureur général du Roi pour être exécuté aux charges, restrictions et modifications portées en l'arrêt de ce jour. A Paris, en Parlement, le 20 juillet 1751.

Arrêt particulier du Parlement.

La Cour, vu le procès-verbal fait en exécution de son arrêt du 23 avril dernier et les conclusions du procureur général du Roi;

Ordonne qu'il sera incessamment pourvu à l'augmentation de tel nombre de prêtres que le bureau estimera nécessaire pour la maison de la Salpêtrière.

Déclare nul l'acte du 12 juillet 1749 portant nomination de la veuve Moisan pour supérieure ; ordonne qu'il sera incessamment procédé à l'élection d'une supérieure de la maison de la Salpêtrière, laquelle sera faite en la manière accoutumée, et à la pluralité des suffrages, lors de laquelle élection la veuve Moisan ou autre pourra être choisie, et cependant par provision et jusqu'à ladite élection ladite veuve Moisan exercera les fonctions de supérieure.

Ordonne pareillement qu'il sera pris le plus tôt que faire se pourra les mesures les plus efficaces pour procurer aux folles et furieuses enfermées dans ladite maison de la Salpêtrière, et aux paralytiques qui sont dans la maison de Bicêtre, des logements suffisants et séparés autant qu'il se pourra des uns des autres.

Que l'art. 35 du règlement de 1656 sera exécuté, et que le receveur dudit hôpital sera tenu de rendre ses comptes d'année en année, à commencer l'année 1751 conformément audit article.

Sera le premier président chargé de représenter au Roi la situation actuelle de l'hôpital et l'importance dont il est qu'il lui plaise de pourvoir par des secours dignes de sa piété et de sa libéralité au soutien d'un établissement si utile à l'État.

Sera le procureur général du Roi chargé d'aviser avec les chefs et les directeurs de l'hôpital aux moyens les plus capables d'améliorer l'état dudit hôpital, de prévenir l'augmentation des dettes et de procurer encore plus efficacement le soulagement des pauvres, pour du tout en être par lui rendu compte à la Cour, les chambres assemblées après la Saint-Martin.

Enjoint au procureur général du Roi de tenir la main à l'exécution du présent arrêt. Fait au Parlement, le 20 juillet 1751.

2.

LETTRE DE MME LA MARÉCHALE DE BELLE-ISLE.

Metz, le 27 septembre 1751.

J'ai eu bien des affaires depuis quelques jours, et vous serez étonné que j'existe encore. Dimanche, à la pointe du jour, nous fûmes éveillés par toute l'artillerie de la place ; je pris le parti de me lever pour présider à l'ajustement de ma sœur et pour m'habiller.

A neuf heures j'allai à ma paroisse ; à dix heures et demie je revins prendre M. de Belle-Isle. Il est bon de vous dire que M. de Belle-Isle avoit imaginé, pour inspirer plus de joie, de donner à dîner à toutes les troupes de la garnison, qui montent à environ huit mille hommes ; il avoit voulu que cela fût secret ; mais dès le jeudi au soir l'on commença à s'en méfier, par la quantité d'ouvriers qu'il fallût faire travailler pour les tables. Je ne reviens point d'un mémoire de cinq cent quatre-vingt-un tréteaux que l'on m'apporta, et de plus la quantité de viande.

Le dîner fut arrêté à une livre et demie de viande par soldat, le pain à proportion, une pinte de vin par soldat et du fromage.

Vous connoissez les casernes de Coislin, qui sont deux grands corps de bâtiment et des pavillons aux deux bouts, le tout fermé par quatre grilles à chaque angle ; ce sont les quatre bataillons de Navarre qui les occupent. L'on avoit dressé tout autour de la cour en fer à cheval de grandes tables, une immense au milieu pour les sergents, qui avoient de plus que les soldats de grands pâtés froids, des cervelas et du fromage de Gruyère, au lieu que les soldats n'en avoient que du commun. L'on avoit été obligé de commencer à rôtir dès le vendredi, et la joie commença dès ce jour-là ; l'on fut obligé de mettre des sentinelles pour écarter les curieux de toutes espèces qui alloient aux fours, où l'on avoit établi toutes les broches, et l'on prétend que c'étoit un singulier spectacle.

Le dimanche, il y eut des détachements commandés pour aller à la distribution avec des sergents. Les officiers étoient charmés de ce repas ; les officiers majors se firent un plaisir de le conduire. L'on avoit fait faire une quantité prodigieuse de plateaux de bois pour porter ces viandes ; le pain étoit dans de grandes hottes. Je vis passer un de ces détachements qui me réjouit beaucoup ; ils s'arrêtoient et faisoient des cris de Vive le Roi ! qui me font toujours un plaisir infini.

La distribution dans toutes les autres casernes se fit de même ; je ne vous en ferai point la description. Il y avoit dans celle de Chambrières huit bataillons, Alsace, Séedorf et Cambis, qui par le mélange du bleu, blanc et rouge, faisoient un coup d'œil admirable dans cette vaste place. L'on avoit fait tenir les soldats dans leurs chambres, qui regardoient arriver leur dîner avec beaucoup de joie. Lorsque tout fut servi, l'on battit à breloque ; tous les soldats sortirent en foule, sautant et criant Vive le Roi ! Ils se rangèrent autour des tables, les sergents à la leur, assis sur des chaises dans quelques casernes, dans d'autres sur des bancs. Les officiers, que cela amusoit, et de plus pour empêcher tout désordre, s'étoient tenus aux casernes et avoient fait élever un petit théâtre où il y avoit beaucoup de violons. Toutes les dames, et, pour ainsi dire toute la ville, étoient accourues aux casernes, et plusieurs dames étoient montées dans les chambres des officiers pour jouir mieux du spectacle. M. de Belle-Isle et moi, et beaucoup de monde, nous nous y rendîmes pour leur rendre visite; à notre arrivée, les cris de Vive le Roi! nous assourdirent, et ils recommençoient à chaque moment, ainsi que ceux de Vive M. le Dauphin et le duc de Bourgogne! et parfois il y en avoit qui crioient Vive le petit Bourguignon! les chapeaux en l'air, en criant Vive le Roi! dans des instants les chapeaux en l'air au bout de l'épée, toujours criant Vive le Roi! Ils ne s'interrompoient que pour manger, mais avec un appétit qui fait envie; une longe de veau disparoissoit en un instant. Les officiers majors s'étoient fait un point d'honneur de manger avec eux. M. de Belle-Isle et moi fîmes le tour, et à mesure que nous passions ils crioient Vive le Roi, le Dauphin et le duc de Bourgogne! ils burent aussi à notre santé. Nous nous arrêtâmes à la tête des sergents; M. de Belle-Isle demanda une bouchée de pain et un verre de vin; je dis que j'en voulois aussi; nous bûmes à leur santé, non, je l'avoue, sans quelque répugnance de voir surtout un sergent d'Alsace, avec une moustache énorme, me couper de son pain, mais je ne la fis pas paroître. Nous fîmes la même cérémonie à la caserne d'artillerie et à celle de cavalerie et des volontaires royaux à la Ville neuve. Comme il n'y en a point à la citadelle, les tables tenoient toute la place. M. le duc de Montmorency y avoit mangé une tranche de pâté avec eux et bu à leur santé. En sortant des casernes de Coislin, j'eus un petit instant fâcheux. Je passe auprès d'une compagnie de grenadiers de Navarre, où je trouve mon fils, qu'ils aiment beaucoup et à qui ils avoient apporté un fauteuil, mangeant et buvant avec eux; un grenadier s'approcha avec un grand verre de vin, et me dit : « Madame la maréchale, faites-nous l'honneur de boire à notre santé. » L'incertitude si toute la compagnie n'avoit pas bu dans ce verre me fâchoit beaucoup. Le major me disoit non; moi j'allois courir tous les risques, lorsque le grenadier dit au major : « Monsieur, c'est le verre de son fils. » Je bus. J'avoue que je n'ai rien vu de si agréable que cette joie vraie de tous ces gens-là. Quand leur dîner fut fini, ils dansèrent aux chansons jusqu'à l'heure de prendre les armes; et il faut rendre justice aux officiers, ils se sont prêtés à cette joie de la meilleure grâce du monde; et pour qu'il n'arrivât point de désordre, ils ne les ont pas quittés et se sont mis aussi à danser entre eux. Ce qu'il y a de beau aux soldats, c'est qu'ils ont nourri une grande quantité de pauvres fort considérable de leurs restes. Je dois vous dire que nous devons à mon fils une grande partie du bon ordre qui a été établi, car dès le vendredi et le samedi il ne cessa de courir partout pour voir si tout s'exécutoit; il s'aboucha avec tous les majors pour prendre tous les arrangements, et dimanche à la pointe du jour il monta à cheval pour voir si rien ne manquoit et assister à toutes les distributions. Je revins chez moi rendue. Je repris courage à trois heures et demie, et j'allai au *Te Deum* à cinq heures; nous en sortîmes; j'allai chercher la princesse de Wirtemberg, Mlle de Groslach, la petite de Saint-Simon et Mlle de Wildberg, que j'amenai sur la terrasse. Le coup d'œil étoit très-beau; nous avions invité toutes les dames de la ville et leurs filles; il en est venu cent ou cent dix; les unes m'ont dit d'une façon, les autres de l'autre. Le feu d'artifice que la ville donnoit, les décharges de l'artillerie et de la mousqueterie durèrent jusqu'à huit heures, que nous remontâmes en haut. Voilà où ma maison m'a paru bien insupportable, le bas pris en partie par la nécessité d'étayer un escalier, qui est si étroit qu'il étoit toujours prêt de s'engorger. L'on se mit à table. Je tenois une table en fer à cheval de soixante-dix couverts, où il ne tint cependant que cinquante-trois femmes; il y avoit d'hommes que vous puissiez connoître : M. de Metz, M. le premier président, M. l'intendant, l'abbé de Saint-Simon, l'abbé de Marcuil, le doyen des Allemands, Polonois et Espagnols. Vous serez aussi étonné que moi de cet assemblage que le hasard a fait. L'espérance des fêtes avoit rassemblé ici un monde affreux en tous genres; l'on prétend qu'il y avoit dans la ville trois mille étrangers. Ma sœur tenoit à côté une table de trente couverts, où il n'y avoit que deux hommes. Il y avoit dans le reste de l'appartement cinq tables de dix-huit à vingt couverts, et en bas une de trente couverts que tenoit M. de Montmorency, que nous regardons comme notre enfant; une autre de même nombre, que tenoit M. Fouquet. M. de Belle-Isle et mon fils ne se sont pas mis à table; il y a eu plusieurs tables qui ont été servies à deux ou trois fois, n'y ayant plus de place pour en placer. Je ne vous parle point de ce qui a mangé sur les fenêtres et sur les cheminées et debout; en général, hors ce qui étoit de garde, toute la garnison a mangé chez M. de Belle-Isle.

Après le souper, M. de Belle-Isle a eu l'honneur d'ouvrir le bal par une révérence avec la princesse de Wirtemberg, qui a pris ensuite M. le duc de Montmorency. Les femmes ne m'ont pas donné peu de peine pour ne point faire de tracasseries entre la noblesse, le militaire et le Parlement, et je n'ai eu de repos qu'aux contredanses; et encore je m'en suis mêlée chaque fois que la princesse a dansé, parce que je voulois qu'elle n'eût que des hommes faits pour danser avec elle, et dont je fusse sûre des égards.

J'ai oublié de vous dire qu'on avoit pris des mesures pour que les trente-deux postes envoyassent des hommes pour qu'on leur apportât à manger. M. de Belle-Isle avoit ordonné qu'il y eût à la comédie un bal gratis pour les bourgeois, et sur l'esplanade et dans d'autres places de la ville il y avoit des bals pour le peuple, qui étoient illuminés et qui ont été de la plus grande gaieté. A la porte, au Gouvernement, une assez belle illumination. Dans la porte de la basse-cour, l'on avoit construit un tambour, d'où l'on jetoit à manger au peuple, et des tonneaux de vin qui couloient. L'on avoit posté des compagnies de grenadiers à portée des bals du peuple, et des postes en différents endroits, si bien qu'il n'y a pas eu le plus petit carillon; il n'y avoit que le bruit des Vive le Roi, des chansons et des violons. A six heures j'ai ramené mes pupilles dans leur couvent; j'ai été entendre la messe, et me suis couchée. Je ne dois pas oublier de vous dire que M. de Metz a fait une fête chrétienne; il a rassemblé dans ses cours environ quinze cents pauvres, à qui il a fort bien donné à dîner.

3.

État des personnes qui doivent manger aux six cents mariages qui seront célébrés dans chaque paroisse de Paris, le 9 novembre 1751, à six personnes par mariage.

PAROISSES.	Nombre de leurs mariages.	PAROISSES.	Nombre de leurs mariages.
A Saint-Gervais	20	A Saint-Louis dans l'Ile	6
A Saint-Eustache	55	A Saints-Innocents	2
A Saint-Benoît	12	A Sainte-Opportune	1
A Saint-Jean en Grève	15	A Saint-Leu, Saint-Gilles	6
A Saint-Sulpice	60	A Saint-Jacques de la Boucherie	12
A Saint-Sauveur	15		
A Saint-Méry	16	A N.-D. de Bonne-Nouvelle	10
A Saint-Josse	1		
A Saint-Nicolas des Champs	46	A la Madeleine de la Ville-l'Évêque	12
A Saint-Roch	18		
A Sainte-Marguerite	52	A Saint-Philippe du Roule	2
A Saint-Paul	25	A Chaillot	4
A Saint-Laurent	45	Au Gros-Caillou	8
A Saint-Germain l'Auxerrois	20	A Saint-Barthélemy	6
A Saint-Médard	20	A la Sainte-Chapelle	1
A Saint-Martin	6	A la Madeleine de la Cité	4
A Sainte-Marine	1	A Saint-Pierre aux Bœufs	1
A Saint-Hippolyte	8	A Saint-Landry	2
A Saint-Étienne du Mont	30	A Sainte-Croix	1
A Saint-Nicolas du Chardonnet	10	A Saint-Germain le Vieux	4
		A Saint-Pierre des Arcis	2
A Saint-Jacques du Haut-Pas	10	A Saint-Denis et Saint-Jean-Baptiste	1
A Saint-Hilaire	3	A l'Enclos du Temple	2
A Saint-Côme	2	A Saint-Jean de Latran	1
A Saint-André des Arts	8	A l'Enclos des Quinze-Vingts	2
A Saint-Séverin	12		

4.

ARRÊT DU CONSEIL D'ÉTAT DU ROI.

Qui ordonne qu'à commencer du 1ᵉʳ décembre prochain, et jusqu'à ce qu'il en soit autrement ordonné, il sera sursis à la levée et perception des droits rétablis par l'édit du mois de décembre 1743, la déclaration du 21 du même mois et le tarif arrêté en conséquence le 24 dudit mois, ensemble de la levée et perception des quatre sols pour livre d'iceux.

Extrait des registres du conseil d'État.

Du 25 novembre 1751.

Le Roi voulant procurer quelque soulagement aux habitants de sa bonne ville de Paris, dont l'augmentation survenue sur le prix du pain rend la subsistance plus difficile, Sa Majesté s'est déterminée à suspendre la levée de quelques droits qui se perçoivent sur les denrées qui sont l'objet de la consommation la plus ordinaire. Sa Majesté auroit désiré de pouvoir supprimer ces droits pour toujours, mais la nécessité qu'il y eut, lors de leur établissement, de les aliéner pendant le temps pour lequel ils furent établis, et celle de tenir les engagements pris avec les aliénataires d'iceux, ne le permettant pas, ouï le rapport, Sa Majesté, étant en son conseil, a ordonné et ordonne qu'à commencer du 1ᵉʳ du mois de décembre prochain, et jusqu'à ce qu'il en soit autrement ordonné, il sera sursis à la levée et perception des droits rétablis par l'édit du mois de décembre 1743, la déclaration du 21 du même mois et le tarif arrêté en conséquence le 24 dudit mois, ensemble à la levée et perception des quatre sols pour livre d'iceux, ordonnés par l'édit du mois de septembre 1747, et ce sur les marchandises et denrées ci-après, savoir : sur les œufs, beurres et fromages, sur les veaux, sur la volaille, gibier, cochons de lait, agneaux et chevreaux, sur les porcs, sur la saline, sur le charbon de bois et sur le bois à brûler. Fait Sa Majesté défenses aux aliénataires desdits droits et quatre sols pour livre d'iceux, leurs cautions, commis ou préposés et à tous autres, d'en faire la perception sur lesdites denrées et marchandises jusqu'à ce qu'il en soit autrement ordonné, se réservant au surplus de pourvoir à l'indemnité desdits aliénataires ainsi qu'il appartiendra. Fait au conseil d'État du Roi, Sa Majesté y étant, tenu pour les finances, à Versailles, le vingt-cinquième jour de novembre mil sept cent cinquante et un. Signé M. P. de VOYER D'ARGENSON.

5.

LETTRE D'UNE CARMÉLITE.

J. M. J.

soient dans nos cœurs, ma très-chère sœur.

Je croirois faire injustice aux sentiments de respect et de reconnoissance que j'ai pour votre illustre communauté, si je ne m'empressois de lui donner des nouvelles que j'ai reçues d'Espagne, qui sont si intéressantes pour les carmélites. Voici de quoi il s'agit.

La sœur Jeanne-Marie m'écrivit du 18 octobre que le Roi et la Reine avoient projeté d'aller célébrer la fête de Sainte-Thérèse à Alve, qu'en conséquence on avoit ouvert son sépulcre et fait des préparatifs tels qu'on peut imaginer. Leurs Majestés, déjà imbues et en route avec leur cour, furent obligées de revenir à Madrid, la Reine étant arrêtée pour la fièvre tierce. On n'attend que le rétablissement de sa santé pour faire le voyage. Tous les pères considérables de l'ordre qui s'y étoient rendus n'en sortiront pas que leurs Majestés n'y aient été. Le bruit de l'ouverture du sépulcre y a attiré un concours de monde si extraordinaire, qu'on n'a jamais rien vu de semblable. La sœur Jeanne-Marie m'écrivit encore du 7 novembre, en m'envoyant la relation de l'état dans lequel on a trouvé le saint corps; elle est écrite de la main de la sœur Clémentine, à qui un père respectable de l'ordre conventuel à Ségovie l'avoit mandé; en voici la traduction mot pour mot :

« J'ai reçu aujourd'hui, mon révérend père, une lettre de ma sœur Jeanne-Marie par laquelle vous me demandez une relation de l'état dans lequel nous avons trouvé le corps de notre sainte mère. Vous seul pouvez me faire vaincre la grande paresse que j'ai d'écrire au milieu de tant d'embarras. Le lendemain que le duc de Gastres, envoyé du Roi, fut arrivé en cette ville, il entra avec notre père général et les pères définiteurs. Ils furent d'abord au camarin qui répond au sépulcre, et dirent qu'il étoit très-aisé de tirer la sainte. Le lendemain ils entrèrent encore, et menèrent un homme pour en faire l'examen, qui assura qu'il falloit démolir tout le mur, et que c'étoit un ouvrage de cinq à six jours; vous avez vu, mon révérend père, la maçonnerie immense qui est au haut du sépulcre. Ils entrèrent encore le lendemain avec six pères, et autant de manœuvres pour travailler; ils commencèrent à deux heures après midi. Sans doute que la sainte étoit lasse d'être entre tant de pierres, puisque le travail fut fini à quatre heures sans que personne reçût la plus petite blessure, ce qui fut regardé comme une providence. On tira la caisse qu'on descendit au camarin ; elle est garnie de velours cramoisi, de galons soie et or, de clous dorés, de quatre bandes de bronze doré, avec quatre houpes magnifiques. Je vous laisse à penser, mon révérend père, quelle fut la joie de toutes lorsque nous vîmes la caisse ; nous y étions toutes à l'entour, et nous ne faisions point de façon de témoigner l'empressement le plus vif pour qu'on l'ouvrît, vite, et que nous vissions notre séraphique mère ; enfin on l'ouvrit, et nous la vîmes, non pas comme nous l'aurions souhaité, parce qu'on s'y jeta si fort que nous ne pouvions en approcher ; mais depuis nous avons été bien dédommagées, puisque nous l'avons vue bien à souhait. La tête est séparée du corps sans qu'il y ait rien qui tienne du crâne d'un mort, puisque cette vénérable tête est revêtue de la chair ; un œil si beau qu'on y distingue jusqu'à la prunelle ; pour l'autre, il paroît qu'on le lui a arraché, aussi bien que la pointe de la narine. On a reconnu la véritable cause de la séparation de la tête, qui est que la caisse étoit fort courte, tellement que le saint corps étoit là en deux plis ; il étoit encore si gêné que le pied qu'elle a étoit au coin de la caisse, mais fortement attaché à la jambe, si frais que c'est un sujet d'admiration et de joie. Le bras droit qu'elle a est flexible comme celui d'une personne vivante, mais il y en a pour pleurer de voir qu'on lui a ôté les doigts. Tout le reste du corps est dans son entière perfection ; mais ce qui est prodigieux, c'est cette poitrine qui a renfermé tant d'ardeur sacrée : on ne peut la voir si blanche, si fraîche, si belle et si relevée, sans être fortement excité à louer le Seigneur. Il n'y avoit sur le saint corps qu'une toile d'Hollande et un taffetas incarnat, et à la tête une guimpe remplie de pièces ; nous ne pouvons comprendre comment nos mères avoient eu le courage de la laisser ainsi. Nous avions préparé tout ce qu'il falloit pour l'habiller, mais un de nos pères ne le jugea pas à propos ; on pensa qu'elle seroit mieux dans une espèce de lit dressé sur une caisse, ce qui a été exécuté. Nous fîmes un linceul garni d'une belle dentelle et une couverture blanche avec des fleurs d'or, une guimpe que j'ai eu le bonheur de faire, et des voiles de taffetas. Notre sœur Joachim fit un chevet magnifique pour lui mettre sous la tête ; nous l'accommodâmes de notre mieux ; nous attachâmes la guimpe au chevet, de façon qu'il ne paroissoit pas que la tête fût séparée du corps. Le duc a donné des rideaux de toile à fleurs d'or garnis d'une frange d'or de huit doigts de hauteur, et une tapisserie pour le sanctuaire ; nous eûmes la consolation d'avoir ce cher objet au chœur durant les matines, ensuite nous la portâmes en haut pour la mettre à la vue du peuple, sans pourtant être découverte ; les pauvres étoient contents de cela. Le duc entra avec un nombre de témoins ; il jura que le corps qui avoit été trouvé dans la caisse étoit celui de notre sainte mère ; on en dressa un acte authentique, qu'il signa avec les témoins. Il partit tout de suite pour l'Escurial, où il avoit été appelé par leurs Majestés pour rendre compte de ce qui s'étoit passé. Tout ceci étoit bien nécessaire pour faire taire bien des personnes qui prétendoient que nous ne possédions pas le corps de notre sainte mère, et qui disoient que nous vénérions des pierres, et mille impertinences de cette sorte. Toutes les religieuses firent toucher bien des choses au saint corps; elles les mettoient dans l'ouverture de la poitrine par où on lui a ôté le cœur. Je vous envoie une petite pièce ; je serois bien aise qu'elle fût plus grande, mais je suis une pauvrette, qui n'ai rien eu pour faire toucher. Plusieurs religieuses m'en ont donné de petites pièces ; je suis persuadée que votre révérence les recevra avec plaisir, puisqu'à moins de lui envoyer de la chair, je ne puis lui envoyer une relique plus précieuse ; on n'en a pas envoyé d'autres au Roi et à la Reine. La sœur Joachim vous écrira dès que nous serons hors de cette guerre ; vous ne sauriez vous imaginer combien elle est grande ; nous soupirons après un peu de repos, dont nous avons grand besoin ; je ne sais quand nous pourrons l'avoir. Le Seigneur garde votre révérence longues années, de qui je suis la plus obéissante fille et servante, Sœur Marie-Clémentine de Saint-Joseph. De notre couvent des Carmélites déchaussées, ce 30 octobre 1750. »

AUTRE LETTRE.

« Ma très-révérende mère,

« La grande dévotion que vous avez à notre sainte mère, et votre amour pour l'illustre communauté qui a le bonheur d'être la dépositaire de son saint corps, m'a fait juger que vous ne seriez pas fâchée que je m'adresse à vous pour m'acquitter de la commission que la mère Alphonse me donne de remettre à votre communauté un peu de toile et de voile qui ont touché la poitrine de la sainte, et en vous assurant de leur affection la plus sincère de vous faire part de la joie qu'elles ont eue de voir le corps de notre sainte mère. Je ne puis mieux vous l'exprimer qu'en rapportant les propres paroles de la mère Alphonse. « Il m'a été impossible, ma chère fille, de vous écrire depuis bien des jours, j'étois toute occupée des préparatifs qu'il falloit faire de toutes les façons pour la venue du Roi et de la Reine. Je vous assure que je n'avois ni tête ni pieds. Notre duc d'Huescar vint aussi pour donner des ordres, et pour faire tirer du sépulcre le corps de notre sainte mère. Ce fut un grand travail, mais enfin nous avons eu la consolation de la voir, de l'honorer, de la toucher à notre aise. Ses membres, parfaitement unis et entiers en la chair, sont aussi souples et aussi flexibles que si elle étoit en vie. Il en sort une odeur si exquise.

que toutes celles de la terre comparées à celle-là n'ont rien que de révoltant. C'est un miracle des plus grands. La puissance de Dieu y paroît aussi bien que le soin qu'il a d'honorer ceux qui le servent fidèlement. Nous sommes encore toutes hors de nous-mêmes après une si grande grâce. Après une joie si complète, il ne nous reste plus qu'à chanter avec notre sainte mère les miséricordes du Seigneur, et avec saint Siméon, *Nunc dimittis*. J'aurois mille choses à vous dire qui vous charmeroient, mais il m'est impossible, je reçois de tous côtés un déluge de lettres. L'empressement que l'on a d'avoir des reliques est inexplicable. Je vous envoie deux papiers, l'un pour vous et l'autre pour nos mères de Bordeaux, que je vous prie de leur envoyer en les assurant de notre affection la plus tendre et la plus sincère. Nous ne les avons pas oubliées auprès de notre sainte mère ; faites-leur part de notre joie, puisqu'elle leur est commune avec nous. Lorsqu'il y aura occasion nous enverrons plus de reliques ; s'il eût été possible vous auriez eu un peu de chair, mais il y a une excommunication réservée à sa sainteté. Le concours du peuple a été incroyable, et de toutes personnes de qualité et distinction. » Cette lettre de la mère Alphonse est datée du 23 octobre, et je la reçus le 5 de décembre. J'aurois rempli ma commission sans délai, si un gros rhume ne m'en eût ôté le pouvoir ; j'en suis quitte, mais je suis accablée d'occupations...... Il y a un *Memento* pour ma chère mère de la Trinité. Souffrez, ma révérende mère, que je vous rapporte un endroit de sa lettre (1) que j'ai trouvé tout charmant :

« Vous m'avez dit quelquefois que vous pensiez tous les jours à notre maison, qu'allez-vous faire à présent? Vous allez sécher d'envie. J'en aurois peur s'il vous étoit possible de vous faire une juste idée de notre bonheur. Les miracles nous environnent, on respire dans notre couvent l'air du paradis. Nous jouirons de la vue de notre trésor jusqu'au printemps, c'est pourquoi on ne l'a pas remise dans le sépulcre ; il faut croire que notre foi fût morte ou bien languissante, si elle ne se vivifioit à la vue de tant de prodiges, que je crois que vous vous réjouirez d'apprendre. »

Addition de foi à ces deux lettres.

C'est une ursuline qui est en relation avec des couvents de carmélites d'Espagne qui a écrit ces lettres ; elle a l'intelligence de la langue espagnole. La mère Alphonse est prieure du couvent d'Alve, la sœur Clémentine est une jeune professe qui a été camariste de la Reine ; elle étoit compagne dans cet emploi de la sœur Jeanne-Marie, qui est carmélite à Ségovie.

---

(1) De la lettre de la mère Alphonse.

Il y a à Alve le cœur et le bras de notre sainte mère dans un tour d'argent placé dans le chœur des religieuses, près du grand autel répondant au côté de l'épître pour être à la vénération du peuple ; le concours du peuple y est infini et continuel ; le saint cœur est aussi grand et aussi frais que le jour de sa mort. On y voit la plaie qu'elle reçut d'un Séraphin, comme elle le dit elle-même au vingt-neuvième chapitre de sa vie ; il a des palpitations qui ont rompu plusieurs fois le cristal du globe en vermeil où il est enfermé, ce qui étant arrivé plusieurs fois on s'avisa d'y laisser un soupirail. Par ces précautions ces merveilleux accidents n'arrivent plus que quand on veut le fermer. On y voit beaucoup d'autres prodiges si avérés qu'ils ont porté le pape Benoît treizième, après tous les examens juridiques et nécessaires, d'en permettre un office à notre ordre des deux classes.

Le 27 août.

6.

ARRÊT DU CONSEIL D'ÉTAT DU ROI qui prescrit la manière dont il sera procédé à un nouveau département général des impositions du clergé de France, et qui surseoit à la levée et à l'imposition sur le pied des répartitions actuelles, de la somme de 1,500,000 livres pendant cinq années demandée à l'assemblée dudit clergé tenue en l'année 1750.

Extrait des registres du conseil d'État.

Du 23 décembre 1751.

Le Roi ayant fait demander à l'assemblée du clergé de France tenue par ses ordres en l'année 1750 une somme de 7,500,000 livres dans le cours de cinq années, dont la levée et l'imposition seroit faite sur le pied de 1,500,000 livres par an, en la manière et dans les termes accoutumés, sur les diocèses dudit clergé, par les bureaux diocésains, et conformément aux départements sur lesquels sont assises les impositions actuelles dudit clergé, pour être ladite somme de 1,500,000 livres employée aussi annuellement au remboursement des capitaux des rentes dues par ledit clergé, et ajoutée aux sommes déjà destinées auxdits remboursements ; et Sa Majesté étant informée par les mémoires présentés en son conseil par un grand nombre de bénéficiers de différents diocèses que cette nouvelle imposition, sans être à charge au clergé en général, le deviendroit néanmoins, étant faite sur le pied des répartitions actuelles, aux bénéficiers dont les bénéfices se trouvent situés dans les diocèses déjà surchargés par l'inégalité desdites répartitions, du soulagement desquels il est au contraire nécessaire de s'occuper ; elle auroit pensé que sans perdre de vue l'objet de la libération du clergé, il convenoit de surseoir à la levee sur le pied des répartitions actuelles de ladite imposition. Mais ces mêmes considérations ayant fait sentir à Sa Majesté combien il étoit important de mettre le clergé de France en état de procéder à la confection d'un nouveau département général dont l'exactitude puisse réparer l'inégalité extrême que la révolution des temps a causée dans ses impositions et la surcharge qui en résulte au préjudice d'un très-grand nombre de contribuables auxdites impositions, et voulant donner de nouvelles marques de l'attention religieuse qu'elle apportera toujours à la conservation des biens de l'Église, Sa Majesté auroit résolu de faire en même temps connoître ses intentions sur la manière dont il sera procédé à la confection dudit nouveau département général. A quoi voulant pourvoir, ouï le rapport, Sa Majesté étant en son conseil a ordonné et ordonne qu'il sera sursis à la levée et à l'imposition sur le pied des répartitions actuelles de ladite somme annuelle de 1,500,000 livres, sauf à procurer l'accélération du remboursement des dettes dudit clergé de France de la manière qui paroîtra la plus juste et la plus convenable. Ordonne en outre Sa Majesté que sur les déclarations des bénéficiers et communautés séculières ou régulières et autres possédant et jouissant des biens ecclésiastiques du clergé de France, des revenus et des charges de leurs bénéfices, églises et communautés, il sera fait et formé par les bureaux diocésains un pouillé ou état général des revenus des bénéfices, églises et communautés de chaque diocèse ; comme aussi que les greffiers desdits bureaux diocésains ou les syndics desdits diocèses seront tenus d'envoyer dans le courant de l'année prochaine 1752 aux agents généraux du clergé lesdites déclarations avec les pièces justificatives, les avis des bureaux diocésains sur icelles, et lesdits pouillés et états généraux des revenus des bénéfices, églises et communautés de chaque diocèse, à l'effet par lesdits agents généraux de prendre les mesures les plus efficaces pour connoître et assurer la vérité desdites déclarations, lesquelles ils présenteront, avec les pouillés de chaque diocèse et leurs observations, à l'assemblée générale du clergé qui sera convoquée par les ordres de Sa Majesté pour procéder en la manière accoutumée à la confection d'un nouveau département général, sur le pied duquel seront faites à l'avenir toutes les répartitions des impositions du clergé, après toutefois que ledit nouveau département aura été approuvé, autorisé et confirmé par Sa Majesté. Et seront sur le présent arrêt toutes lettres patentes nécessaires expédiées. Fait au conseil d'État du Roi, Sa Majesté y étant, tenu à Versailles le vingt-troisième jour de décembre 1751. Signé PHÉLYPEAUX.

ANNÉE 1752.

JANVIER.

Chapitre de l'Ordre. — Appartement. — Accident. — Affaire de M. de Creuilly. — Mort de la reine de Danemark. — Audience des États de Bretagne. — L'évêque de Tréguier. — M. de Crillon envoyé par la ville d'Avignon faire compliment au Roi pour la naissance du duc de Bourgogne. — Orage. — Aventure arrivée au maréchal de Belle-Isle. — Peste de Tarascon et d'Arles. — Le directeur des postes. — L'abbé de Prades. — Morts. — Promenade en traîneaux. — Tragédie de *Varron*. — Audience de M. de Reventlaw. — Contrats de mariage. — Tableaux et sculptures exposés à Versailles. — Arrêts du conseil. — Contrat de mariage. — Nombre des chevaux du Roi. — Mariage du vicomte de Chabot. — Troupes prussiennes et détails sur le roi de Prusse. — Détails sur l'affaire de Voltaire et du juif.

Du samedi 1er. — Il y a eu aujourd'hui chapitre de l'Ordre. Il ne s'est passé rien de remarquable. M. le prince de Condé a été nommé chevalier de l'Ordre. Il y avoit environ trente-huit chevaliers. La grande messe, que l'on dit ordinairement le 2, depuis quelques années, est remise à la veille ou au lendemain de la Chandeleur, le 2 étant un dimanche et le 3 Sainte-Geneviève.

Du jeudi 6. — Le premier jour de l'an il y eut grand appartement, mais ce ne fut point dans la galerie. Les chandeliers et girandoles y sont toujours restés, mais on y avoit mis fort peu de bougies. L'appartement fut dans les pièces qui regardent le parterre du nord. Le Roi vint prendre la Reine chez elle. LL. MM. se rendirent à l'appartement vers les six heures et demie. Le Roi joua au lansquenet dans la pièce où étoient ci-devant les deux tribunes, et qui sert de salle des gardes pour la nuit, depuis l'enlèvement de M. le Premier auprès de Billancourt (1). Les joueurs étoient à peu près les mêmes que ceux que j'ai déjà nommés. Ce fut dans la pièce d'auparavant que la Reine joua à cavagnole. Il y avoit des tables de jeux dans la pièce du Trône (2). Le Roi soupa au grand couvert, à dix heures, mais la table étoit tournée comme à l'ordinaire auprès de la cheminée.

Ce jour-là le Roi avoit commencé à sentir un peu de colique, et avoit même été obligé de quitter le jeu; malgré cela il se mit à table; il mangea peu à la vérité, mais c'étoit encore trop par rapport à la disposition de son estomac. Il se trouva plus incommodé après le souper, et se coucha de bonne heure. La faculté a jugé à propos de le purger hier et avant-hier avec des eaux de Vichy. Il soupe aujourd'hui au grand couvert, chasse demain et va samedi à Choisy jusqu'à mercredi.

J'ai oublié de marquer que le jour du feu, c'est-à-dire le 30, il arriva un accident qu'on ne pouvoit pas trop prévoir. On avoit mis une barrière à l'entrée de la petite pièce qui sépare l'appartement de M. le comte de Clermont d'avec la salle des gardes. Cette barrière faisoit qu'il y avoit beaucoup de foule sur le palier de l'escalier de marbre, que l'on appelle l'escalier de la Reine. Cette foule s'appuyant contre la balustrade de l'escalier, une grande partie de cette balustrade tomba tout d'un coup; il n'y a eu personne de tué, mais un homme et une femme considérablement blessés.

Il paroît depuis quelques jours un nouveau mémoire de M. de Creuilly, frère de M. de Seignelay et fils du secrétaire d'État de la marine. M. de Creuilly s'imagina, il y a quelques années, que descendant par sa mère d'A-

---

(1) Le 24 mars 1707. Voy. *Journal de Dangeau*, tome XI, p. 324 et suivantes.

(2) Ces trois pièces sont désignées dans les anciennes descriptions de Versailles sous les noms de salons de Mars, de Mercure et d'Apollon, à cause des sujets des plafonds.

drienne d'Estouteville, fille du comte de Saint-Pol, il étoit en droit de profiter de la grâce accordée par François Ier audit comte de Saint-Pol pour l'érection du duché d'Estouteville en 1534, et en conséquence, ayant prêté serment au parlement de Rouen, il quitta son nom pour prendre celui d'Estouteville, et crut qu'il ne devoit trouver aucun obstacle.

Cependant tout ce qu'il put obtenir alors fut la qualité de demandeur en maintenue au nom et titre de duc d'Estouteville, et il lui fut défendu de porter le manteau qu'il avoit fait mettre à ses armes. M. de Valentinois s'opposa alors à la prétention chimérique de M. de Creuilly, et le Roi nomma des commissaires pour examiner les droits respectifs. Malgré l'inutilité de la première démarche, M. de Creuilly, se voyant sans concurrent par la mort de M. de Valentinois, a cru le moment favorable pour faire une seconde tentative. Il a donné une requête qui a été remise à M. d'Argenson. La requête a été admise; mais M. de Saint-Florentin l'a réclamée comme affaire regardant son département. Comme il ne s'est point trouvé dans le moment de partie opposante à M. de Creuilly, les ducs pairs et non pairs ont cru devoir faire faire un mémoire, par lequel il est prouvé clairement que l'édit de 1711 a un effet rétroactif.

M. de Creuilly ne possédant pas la terre d'Estouteville, ne peut avoir le duché, et il n'y a point de duché en France sans terre; d'ailleurs l'édit de 1711 supprime tous les priviléges accordés pour les duchés femelles par les rois prédécesseurs, et les réduit à la seule fille de celui en faveur de qui le duché a été érigé; ainsi, Adrienne d'Estouteville, qui fut mariée trois fois, a pu porter le duché dans la maison de Longueville; mais à la mort du dernier mâle de cette maison, le duché a été éteint. Plusieurs ducs ont signé le susdit mémoire, qui sera remis à M. de Saint-Florentin.

J'ai encore oublié de marquer un usage que je n'avois

jamais observé, et qui se pratique toujours aux chapitres de l'Ordre lorsqu'il y a quelques chevaliers de nommés : c'est qu'aussitôt après la nomination, le maître des cérémonies de l'Ordre sort du cabinet et va à la porte de la chambre annoncer celui ou ceux qui viennent d'être nommés.

L'on sut ici le premier jour de l'an la mort de la reine de Danemark. Cette nouvelle est venue à M. de Reventlaw par la Hollande, mais il n'avoit point eu, il y a trois jours, de courrier directement. Elle mourut à Copenhague, le 19 du mois passé; elle avoit vingt-sept ans et dix jours. Elle épousa en 1743 Frédéric V, prince royal alors, et présentement roi de Danemark.

Elle étoit grosse et dans son neuvième mois. Une descente qui lui étoit survenue détermina à lui faire une opération qui a duré une heure. La reine d'Angleterre sa mère avoit eu le même accident étant grosse d'elle, et s'en étoit tirée plus heureusement. La reine de Danemark avoit soutenu l'opération avec beaucoup de courage. Les suites en ont été fâcheuses, et elle mourut à quatre heures du matin; on lui a fait une seconde opération pour sauver l'enfant, mais il étoit mort; c'étoit un garçon.

Le Roi donna audience, le dimanche 2 de ce mois, aux États de Bretagne. L'audience fut, suivant l'usage, dans l'ancienne chambre à coucher, entre l'Œil-de-bœuf et le cabinet du conseil; le fauteuil du Roi avoit le dos tourné à la cheminée. M. de Penthièvre et M. de Saint-Florentin, qui étoient dans la chambre, en sortirent pour aller au-devant des députés lorsqu'ils furent avertis qu'ils arrivoient. Ils les réunirent dans l'Œil-de-bœuf. C'étoit M. l'évêque de Tréguier (Kermorvan) qui auroit dû porter la parole, mais il étoit malade (1), et en ce cas c'est le député de la noblesse qui parle.

---

(1) Je ne sais si cette maladie est réelle, mais il est vraisemblable qu'étant aussi peu au fait de ce pays il auroit été embarrassé d'une pa-

Ce fut donc le vicomte de Rohan, qu'on appelle actuellement le comte de Chabot, frère du duc de Rohan. Son discours fut court et fut fort approuvé. Il le prononça distinctement et avec la lucidité convenable en pareil cas ; il se servit d'expressions propres à marquer sa reconnoissance des bontés particulières du Roi pour lui et de l'honneur qu'il a de lui faire souvent la cour. Il harangua ensuite la Reine et la famille royale, M. et M$^{me}_{s}$ de Penthièvre comme gouverneur de la province. C'est le grand maître ou le maître des cérémonies qui va avertir les députés et qui les conduit chez le Roi ; c'étoit M. Desgranges.

M. de Crillon, député par la ville d'Avignon, eut audience le lundi 3. Il est maréchal de camp au service de France. Son père, qui demeure à Avignon, a le titre de duc ; mais ce titre qui lui a été donné par le Pape n'est pas reconnu en France.

La ville d'Avignon est dans l'usage d'envoyer faire compliment au Roi dans les occasions importantes, et celui qui est chargé de la commission a le traitement d'envoyé. M. de Crillon fut donc conduit par M. de Ver--

---

reille commission. Il est Breton, homme de condition ; il a de l'esprit, de la capacité pour les affaires, des mœurs très-édifiantes, et c'est un très-digne évêque ; mais il n'étoit, je crois, jamais sorti de sa province. Il étoit curé en Bretagne, et s'étoit attiré une grande considération ; comme il étoit nécessaire d'avoir un évêque qui entendit le bas breton, M. l'ancien évêque de Mirepoix, sans l'avoir jamais vu, le proposa au Roi sur les témoignages avantageux qui lui en avoient été rendus. Le bon curé ne s'attendoit nullement à un pareil honneur. Il fallut partir ; il partit dans une voiture publique pour se rendre à Paris. En passant ici, quelqu'un lui dit que M. de Mirepoix y étoit ; il se fit conduire d'abord dans son appartement ; son maintien et son habit n'annonçoient que la plus grande simplicité. M. de Mirepoix en fut étonné ; l'évêque le remarqua, et sans être embarrassé : « Je vois, Monseigneur, lui dit-il, que vous ne me connoissiez pas quand vous m'avez nommé ; j'étois fort content dans mon état ; touchez là, lui dit-il en lui tendant la main, et il n'y a rien de fait. » M. de Mirepoix fut frappé de cette vérité franche et simple ; il fit la conversation pendant quelque temps avec lui, et il en fut si content, qu'il ne se repentit point de son choix. (*Note du duc de Luynes.*)

neuil, qui est introducteur des ambassadeurs de semestre ; il vint dans les carrosses du Roi ; il eut audience publique, harangua le Roi et toute la famille royale, et dîna dans la salle des ambassadeurs. Son discours fut court, mais on en fut fort content. Il avoit un assez nombreux cortége de gens de condition du comtat ; il en présenta quelques-uns qui n'étoient jamais venus ici.

On trouvera souvent dans ce journal des faits anciens et singuliers, lorsqu'ils sont dignes de remarque. M. le maréchal de Belle-Isle me parloit hier de ce qui arriva dans la petite ville de Sierck, diocèse de Trèves, en 1750. C'est une place à la France. J'ai dû marquer cet événement dans le temps. C'étoit au mois de juillet qu'il se forma tout d'un coup à cinq heures du soir un orage, qui en deux heures de temps renversa le mur de la ville qui avait 13 ou 14 pieds d'épaisseur, détruisit et rasa d'abord 46 maisons, ensuite 60 autres et le mur de la ville de l'autre côté, combla le lit de la Moselle et en interrompit le cours pendant quelques minutes, et porta de l'autre côté de la rivière un bloc de pierre pesant plus de 14 milliers. A sept heures du soir, le temps étoit clair et l'orage entièrement dissipé. M. le maréchal de Belle-Isle obtint 10,000 écus d'aumônes du Roi, comme seigneur immédiat de Sierck. Il fit encore avoir d'ailleurs 20,000 livres d'aumônes à ces pauvres malheureux habitants. Un événement singulier arrivé dans le moment de ce désordre affreux, c'est que s'étant trouvés, dans une des maisons emportées, deux femmes avec un petit enfant dans le berceau, et les deux femmes ayant été noyées, l'enfant se trouva à trois lieues sur la Moselle, se portant bien et n'ayant pas eu une goutte d'eau ; on le porta à l'hôpital à Metz, où il est élevé.

M. de Belle-Isle me racontoit en même temps un autre miracle de la Providence, qui lui est arrivé à lui-même. Il servoit en 1705 en Italie, sous les ordres de M. de Vendôme. M. le prince Eugène ayant dérobé une marche à

M. de Vendôme, nous nous trouvâmes prêts d'être attaqués; c'étoit aux environs de Soncino dans le Milanois. Il falloit que les ennemis pour venir à nous passassent le Naviglio-Palavicini, sur lequel il y avoit trois ponts, entre autres un nommé Cumian. M. de Vendôme donna ordre à M. de Belle-Isle d'aller faire couper les trois ponts. Cet ordre fut exécuté très-promptement ; mais au pont de Cumian, M. de Belle-Isle voyant encore subsister ledit pont presque en entier crut qu'un ancien officier qu'il en avoit chargé ne s'en étoit pas bien acquitté ; l'officier lui représenta que la clef du pont étant abattue, les deux côtés ne pouvoient pas subsister. M. de Belle-Isle étoit jeune et vif; il croit que c'est une excuse de l'officier, s'avance sur l'un des côtés du pont avec des grenadiers et fait travailler devant lui ; au premier coup que l'on donna, la partie sur laquelle étoit M. de Belle-Isle et l'autre côté tombèrent en même temps dans l'eau ; trois grenadiers furent écrasés ou noyés ; M. de Belle-Isle, qui tomba avec eux, n'eut aucun mal.

M. de Belle-Isle me contoit encore un événement d'une autre espèce. La peste étoit à Tarascon en 1720 ou 21, et avoit déjà emporté un grand nombre des habitants ; ceux qui restoient s'adressèrent à un ancien lieutenant-colonel qui s'appeluit M. de Josseau, qui étoit de cette ville et qui y demeuroit ; ils lui dirent qu'étant plus au fait du commandement qu'aucun d'eux, ils le prioient de vouloir bien donner les ordres nécessaires pour empêcher les progrès de la contagion. M. de Josseau ne refusa point la commission ; et après avoir mandé à la Cour les circonstances dans lesquelles il se trouvoit, il établit la police la plus exacte dans la ville, allant partout lui-même, visitant et touchant les malades pour encourager les autres à les secourir. On fut si content de lui, qu'il reçut ordre de la Cour d'aller commander de même à Avignon et Arles, aussi à l'occasion de la peste. Dans cette dernière ville, il y avoit quatre consuls que M. de Josseau menoit partout avec lui; ils moururent bientôt de la maladie. Ils furent remplacés successivement, et enfin pendant le temps de la peste il en mourut vingt-trois. M. de Josseau, qui avoit fait les mêmes choses, et peut-être encore plus, n'eut aucun mal. Il fut fait brigadier.

Du 8. — Le Roi alla jeudi à la messe comme à l'ordinaire; hier il courut le cerf; aujourd'hui il est allé à Choisy pour jusqu'à mercredi.

M. de Saumery a été présenté ces jours-ci. Il est capitaine de cavalerie depuis quatorze ou quinze ans et a obtenu la survivance du gouvernement de Chambord. Il est fils de feu M. de Pifon, lequel M. de Pifon étoit frère de M. de Saumery aujourd'hui gouverneur de Chambord, de M. de Chemerolles, de M. l'évêque de Rieux et de M. de Saumery, ambassadeur à Munich, tous fils du vieux Saumery, sous-gouverneur du Roi.

Mme la duchesse de Modène, qui étoit ici depuis quinze jours et qui comptoit n'aller à Paris qu'aujourd'hui, fut obligée de partir avant-hier sur des nouvelles de la santé de M. le duc d'Orléans. Une humeur de goutte, qui le tourmente depuis longtemps, s'est jetée sur sa poitrine; il crache le pus. Il paroît que les médecins regardent cette maladie comme incurable et annoncent une fin peu éloignée. Ce sera une grande perte pour les pauvres; on compte qu'il donne un million par an.

Du lundi 10, *Versailles.* — J'ai marqué ci-dessus la mort de M. Duparc. Sa place de directeur des postes a été donnée à M. Thiroux de Gerfeuil. Quoique M. d'Argenson soit surintendant des postes, ce n'est que pour les postes et relais, c'est-à-dire postes de chevaux, et la place de directeur regarde la poste aux lettres; elle dépend du contrôleur général. Cette place vaut 45,000 livres par an. Lorsqu'elle fut donnée à M. Duparc, on ne lui donna que la moitié des appointements, c'est-à-dire 22,500 livres, et sur cette moitié même on mit 2,000 livres de pension, de sorte qu'il ne lui restoit que 20,000 livres; aussi n'est-il pas mort riche, à beaucoup près. L'autre moitié fut donnée à M. Bourret, fermier général, pour qui M. de Machault a beaucoup d'estime et d'amitié. Actuellement, en donnant la place à M. de Gerfeuil, qui est, je crois, conseiller de la cour des aides, on a donné à M. Bourret la moitié qu'avoit M. Duparc, de sorte que M. de Gerfeuil n'a rien du tout; mais il est intéressé dans les fermes et est fort riche.

Du jeudi 13, *Versailles.* — Il y a un événement à Paris qui fait beaucoup de bruit; c'est une thèse qui a été soutenue en Sorbonne par un abbé de Prades. Voici comme on raconte le fait : L'abbé de Prades est un jeune homme, qui avoit communiqué sa thèse à un de ses confrères d'études et qui avoit travaillé avec lui ; comme ils désiroient avoir tous les éclaircissements possibles sur la matière qu'ils avoient à traiter, et qu'ils connoissoient M. Diderot, auteur en partie de l'*Encyclopédie*, et M. Toussaint, homme de beaucoup d'esprit aussi et fort lié avec M. Diderot, ils résolurent de leur montrer cette thèse. Ils connoissoient la façon de penser de ces messieurs, et s'attendoient bien à des objections de leur part ; mais c'est précisément ces objections qu'ils désiroient pour se mettre plus en état de répondre aux arguments qui pourroient être faits contre la thèse. La conversation fut plus vive et plus étendue qu'ils n'avoient compté. Les arguments ou plutôt les sophismes leur firent impression, au point que l'abbé de Prades changea plusieurs choses à sa thèse, et il s'est trouvé qu'il y avoit avancé des maximes que tout bon chrétien ne peut voir sans indignation. La règle est qu'une thèse ne peut être soutenue qu'auparavant elle n'ait été vue et signée par le syndic de Sorbonne et par celui qui doit présider à ladite thèse. L'abbé de Prades jugea bien que la sienne seroit refusée si on avoit le temps de l'examiner; il falloit donc prendre un moment où le syndic étoit accablé d'affaires. Il lui porta sa thèse, et vint après cela si souvent le presser de lui donner sa signature, qu'à la fin le syndic, fatigué de tant d'importunités, signa sans avoir examiné. Cette thèse est dédiée à la Jérusalem céleste, et en conséquence on y voit représenté Dieu et tous les saints. On prétend que la première intention de l'abbé de Prades avoit été de la dédier à tous les saints, et cela dans l'intention de rendre un hommage aux lumières et aux conseils de son ami M. Toussaint, et que la dédicace à la Jérusalem céleste a été substituée à celle dont je viens de parler, pour que la marque d'amitié donnée à M. Toussaint fût moins frappante.

En sortant de chez le syndic, M. de Prades alla chez le président; celui-ci, pour se délivrer d'un examen qui lui auroit pris beaucoup de temps, signa, voyant la signature du syndic. Ce fut le 18 du mois de novembre dernier que cette thèse fut soutenue. Les quatre censeurs qui assistent toujours aux thèses furent bien étonnés de voir un de ceux qui étoient venus pour argumenter se lever en disant (en latin, suivant l'usage) qu'il venoit soutenir la cause de Jésus-Christ; en effet, on a trouvé plusieurs propositions scandaleuses, et entre autres il y est dit qu'il n'y a rien de plus singulier ni de plus extraordinaire dans les miracles faits par N.-S. J.-C. que dans ceux d'Apollonius de Tyane et dans les guérisons faites par Esculape. On peut juger que de pareilles propositions causèrent une grande rumeur dans l'assemblée. La Sorbonne a fait examiner depuis cette thèse avec attention, et vient de prononcer une condamnation solennelle (1).

Ce qui est dit sur les premiers sentiments de M. l'abbé de Prades est une conjecture, qu'il faut comparer avec la suite de ses écrits et de sa vie; encore aura-t-on assez de peine à démêler si son esprit étoit gâté dès le premier moment, ou s'il ne l'a été que par les conversations à l'occasion de sa thèse. Il a prétendu même, comme on le

---

(1) On trouvera la suite de cette affaire au 5 de février. (*Note du duc de Luynes.*)

verra dans la suite, prouver la pureté de ses intentions et de sa doctrine ; il paroît qu'il n'a pas persuadé universellement.

Du vendredi 14, Versailles. — On apprit il y a deux ou trois jours la mort du chevalier d'Épinay. Il avoit servi toute sa vie dans la marine. Il étoit lieutenant général ; il étoit frère de M. d'Épinay qui avoit commandé pendant longtemps le régiment de dragons, à la tête duquel fut tué M. le chevalier d'Albert, à Carpi, en 1701 ; ce régiment a été depuis Bonnelles et la Suze. Ce M. d'Épinay des dragons avoit épousé une des filles de M. d'O, sœur de Mme de Clermont, dame d'atours de Mesdames cadettes. Il avoit eu une fille, qui est Mme de Laval. Le chevalier d'Épinay pouvoit avoir soixante-quinze ans. Il commandoit à Brest, où il est mort.

On apprit aussi il y a deux ou trois jours la mort de M. de Rottembourg ; il avoit environ quarante-deux ou trois ans. Il étoit neveu et héritier de feu M. de Rottembourg qui avoit été longtemps en Espagne et en avoit eu des biens très-considérables. On prétend que M. de Rottembourg qui vient de mourir avoit mangé 180,000 livres en trois ans. Il s'étoit attaché depuis plusieurs années au service du roi de Prusse. Il reçut une blessure extrêmement considérable dans l'une des batailles du roi de Prusse contre les troupes de la reine de Hongrie, c'étoit à Czaslaw. Il est venu depuis en France ; je l'ai marqué dans le temps. Il y avoit actuellement un an qu'il étoit malade et presque sans espérance. Il ne laisse point d'enfant. Sa veuve, qui est grande et a une figure agréable, est la fille de Mme de Parabère.

Il y eut hier des traîneaux. Le Roi, qui avoit été se promener à Trianon, revint à deux heures et entra chez Mme la Dauphine, d'où il monta en traîneau. Il y en avoit vingt-quatre, mais ils ne furent pas tous remplis ; plusieurs n'étoient remplis que par des hommes. Il y avoit près de soixante chevaux de relais. Le Roi menoit Madame. Ma-

24.

dame Victoire n'y étoit point ; elle est malade d'une fluxion depuis quelques jours (1). Tout le monde étoit en surtout et en habit fourré. Avant le traîneau du Roi, il y avoit d'abord celui de M. le Premier, ensuite M. le duc d'Ayen et derrière lui M. de Brionne ; mais cet arrangement ne dura qu'un moment. M. de Brionne marcha après M. le Premier, et M. d'Ayen immédiatement avant le Roi. La promenade dura jusqu'à la nuit (2).

Le soir on joua ici une tragédie nommée *Varron*, qui fut fort applaudie ; elle a déjà été jouée plusieurs fois à Paris, avec le même succès. Elle est de la composition d'un capitaine d'infanterie du régiment de Cambis, nommé M. de Grave, homme de condition. Il prétend même qu'un de ses ancêtres obtint, en 1225, du roi saint Louis une pension de 60 livres (3), ce qui faisoit une somme considérable dans ce temps-là. M. de Grave a été blessé à un bras à la bataille de Dettingen ; il est presque estropié. Il a la croix de Saint-Louis et une pension de 100 écus. Le sujet de sa pièce est absolument d'imagination ; elle est intéressante, remplie de sentiments de probité, d'honneur et de vertu. Cette tragédie, que j'ai entendu lire à l'auteur, mérite bien les suffrages du public.

La requête de M. de Creuilly fut rapportée hier au conseil de dépêches par M. de Saint-Florentin ; il y eut plusieurs opinions pour que l'affaire fût jugée au fond ; mais il fut arrêté qu'elle seroit renvoyée par-devant les commissaires qui avoient déjà été chargés de l'examen de

---

(1) Mme la Dauphine n'y étoit point non plus, à cause d'un soupçon qui est très nouveau. (*Note du duc de Luynes.*)

(2) M. de Flamarens, le grand louvetier, étoit seul en habit noir, sans chapeau sur sa tête, sans gants, sans surtout. Il menoit seul un traîneau. Il versa en tournant sous les fenêtres de Mme de Pompadour, et se fit un peu de mal à la cuisse. (*Note du duc de Luynes.*)

(3) Pour services militaires. Ce M. de Grave, l'aîné de sa maison, est cousin de celui qui avoit épousé en premières noces une sœur de M. de Matignon et qui s'est remarié depuis à Mlle de Laval (au mois de décembre 740), sœur de celle qui a épousé M. de Fervaques. (*Note du duc de Luynes.*)

cette affaire. Le Roi est parti aujourd'hui pour Bellevue, pour jusqu'à lundi au soir.

Du lundi 17, Versailles. — M. l'archevêque de Rouen arriva ici hier de son diocèse. Il étoit de l'assemblée du Clergé tenue en 1750, et n'avoit point paru depuis la fin de cette assemblée. La Reine demanda, il y a quelques jours, au Roi la permission qu'il vînt faire son service auprès d'elle, et le Roi parut recevoir très-agréablement cette demande.

Du mardi 18, Versailles. — M. de Reventlaw, envoyé de Danemark, a eu aujourd'hui audience, dans laquelle il a donné part de la mort de la reine de Danemark. C'étoit audience particulière. Il n'en a eu que du Roi et de la Reine, n'ayant de lettre que pour LL. MM. Il étoit en grand manteau, conduit par M. de Verneuil. Il n'a point été chez M. le Dauphin, Mme la Dauphine, ni Mesdames; il n'avoit d'ordre de sa cour que pour le Roi et pour la Reine. On prendra le deuil vendredi pour trois semaines.

On n'a point pris le deuil pour le stathouder, et on n'a pas voulu que l'ambassadeur de Hollande en donnât part, parce qu'il n'y avoit ni parenté ni titre qui pût déterminer le Roi à en prendre le deuil.

Du mercredi 19, Versailles. — Il y eut hier deux signatures de contrats, celui du petit baron de Breteuil, petit-fils de l'introducteur des ambassadeurs (1). Il épouse Mlle de Mongeron. Il vint le lundi au soir demander à Mme de Luynes l'heure à laquelle il pourroit présenter son contrat à la Reine. Mme de Luynes lui demanda s'il avoit rendu un premier respect à la Reine en lui demandant l'agrément, et comme il n'avoit point rempli ce devoir, elle le présenta le soir même à la Reine, afin que la Reine ne vît pas le lendemain le contrat sans être prévenue sur le

---

(1) Le fils de l'introducteur, père de celui-ci, s'appeloit M. de Preuilly. (*Note du duc de Luynes.*)

mariage et y avoir donné son consentement. Si l'on n'avoit pas attention de faire souvenir ceux qui se marient de remplir ce devoir, on s'en dispenseroit souvent.

Le second contrat de mariage étoit celui de M. de Balleroy, fils de celui qui étoit chef de brigade, qui a été gouverneur de M. le duc de Chartres et qui est exilé. M. de Balleroy épouse une veuve, Mme de Pleurre; son nom est Lépinot; elle est fille d'un payeur des rentes. Son mari, qui mourut il y a trois ou quatre ans, étoit intendant de Limoges. Il y a encore un autre mariage conclu et arrêté dont on fera signer le contrat incessamment; c'est celui du vicomte de Rohan (que l'on appelle M. de Chabot, comme je l'ai déjà marqué) avec Mlle de Vervins, à qui l'on donne actuellement 65,000 livres de rentes, et on lui en assure 25,000. Elle est petite-fille de M. Moreau de Nassigny, frère de M. de Séchelles, intendant de Flandre. Mme de Pressigny, qui vit encore et fort âgée, a deux filles, qui ont épousé les deux frères; l'une est Mme de Séchelles, l'autre est Mme de Nassigny. C'est une fille de Mme de Nassigny qui avoit épousé M. de Vervins, qui est la mère de celle qui va épouser M. de Chabot.

On a exposé ces jours-ci dans les appartements cinq tableaux et deux morceaux de sculpture. L'un de ces tableaux est les Adieux d'Hector et d'Andromaque; il est fait par un élève de Vanloo; un autre est le Jugement de Paris, fait par un élève de Natoire; un autre est une Charité romaine; un autre est une Bataille d'Annibal sur le Tage; le dernier enfin est un portrait de M. de Nestier à cheval; il est fait par un jeune peintre nommé Larue, qui a beaucoup de talent pour peindre des chevaux et qui a été chargé de peindre les plus beaux de l'écurie du Roi. M. de Nestier, qui commande la grande écurie et qui monte parfaitement bien à cheval, a eu la complaisance de monter à cheval plusieurs fois devant lui. Les deux morceaux de sculpture sont : l'un, un Milon crotoniate, et l'autre le Repos d'Hercule : celui-ci est fait par un élève de

Bouchardon. Je crois avoir déjà marqué que Vanloo, fameux peintre, a reçu ordre, il y a quelques années, de commencer à former une douzaine de jeunes gens qui paroissent avoir de la disposition pour la peinture; j'ai marqué le détail de cet établissement que je ne répéterai point ici. Ce sont ces jeunes gens qui ont fait les tableaux dont je viens de parler. Lorsqu'ils ont acquis un certain degré de science, on leur permet d'entrer dans l'académie de peinture pour se perfectionner.

La Reine se trouva hier matin un peu incommodée d'une indigestion. Elle entendit la messe dans sa chambre, et ne put manger du potage et du poulet qu'à quatre heures après midi. C'étoit jour de comédie; elle ne voulut point y aller, croyant que ne s'étant pas trouvée en état de sortir de chez elle pour aller à la chapelle, elle ne devoit pas en sortir pour aller à la comédie.

J'ai parlé ci-dessus d'un arrêt du conseil, du 23 du mois de décembre dernier, qui suspend la levée de 1,500,000 livres sur le Clergé; il paroît présentement dans le public, mais dans une petite forme et non pas dans la forme ordinaire des arrêts du conseil.

Il vient de paroître aussi un autre arrêt du conseil, mais celui-ci est dans la forme ordinaire. C'est pour homologuer deux délibérations de la Compagnie des Indes, des 24 et 29 décembre dernier, et autoriser ladite Compagnie à faire un emprunt de 18 millions à constitutions de rente au denier vingt; lesdites rentes exemptes du vingtième et des deux sols pour livre du dixième.

Du jeudi 20. — Mme de Talleyrand accoucha avant-hier d'un garçon, après un travail de trente-six heures.

Du lundi 24, *Versailles.* — Le contrat de mariage de M. le duc de Montmorency avec Mlle de Tingry fut signé hier ici. L'assemblée étoit nombreuse. Après les signatures faites on alla chez M. le duc de Bourgogne. Mme de Tallard, qui sait mieux que personne dire tout ce qui convient en pareil cas, fit lever M. le duc de Bourgogne de son berceau, et fit en son nom les compliments les plus agréables. Madame dormoit, et on ne voulut pas l'éveiller ; elle est toujours extrêmement délicate, et ce qui est assez singulier, c'est qu'elle n'a point encore de cheveux. Ce respect rendu aux enfants de France qui ne peuvent ni signer ni même parler est un usage que tout le monde n'observe pas, mais qui paroît d'autant plus convenable, que lorsqu'il y a des harangues pour le Roi, la Reine et la famille royale, il y en a aussi pour M. le duc de Bourgogne et pour Madame ; c'est ainsi que cela s'est passé en dernier lieu pour les États de Bretagne et pour le compliment d'Avignon. La signature chez le Roi se fit immédiatement avant que S. M. passât pour la messe. Ce fut M. d'Argenson qui fit signer ; et comme il devoit y avoir conseil d'État après la messe, pour ne point faire attendre la famille, ce fut M. de Paulmy, son neveu, qui présenta la plume à M. le Dauphin et à Mesdames. C'est, je crois, la première fois qu'il ait fait les fonctions de secrétaire d'État en pareil cas.

Du jeudi 27. — Il y a quelques jours que l'on parloit du nombre de chevaux que le Roi a dans ses écuries ; on prétendoit qu'il y en avoit près de 4,000. Cela m'a donné occasion de m'en informer exactement.

Dans la grande écurie il y a environ 800 chevaux, en comptant ceux qui servent aux manéges de M. de Mémont et de M. de Vaudeuil, ceux qui sont pour le service du grand écuyer et ceux qui servent pour les écuyers de la grande écurie. Dans la petite écurie il y a environ 1,200 chevaux, en comprenant ceux qui servent pour M. le Premier et pour les écuyers. Au chenil il y en a environ 280, en comprenant ceux qui servent pour les commandants des deux équipages du cerf. Le total fait environ 2,280. Je ne comprends pas les chevaux de la fauconnerie, du vol du cabinet, de la louveterie, ni du vautrait. Chacun de ceux qui commandent ces différents équipages a des appointements avec lesquels il est obligé d'entretenir lesdits équipages de tout ce qui est nécessaire.

Du samedi 29. — Le contrat de mariage entre M. de Chabot et Mlle de Vervins fut signé hier. J'ai déjà parlé de ce mariage; il ne me reste qu'à ajouter que M. de Chabot, que l'on appelle vicomte, pour le distinguer de son oncle le comte de Chabot, jouit actuellement d'environ 25,000 livres de rentes; les mariés logeront et mangeront chez M. Moreau de Nassigny, leur grand-père, et seront un an sans être ensemble. Mlle de Vervins est grande pour son âge (1), bien faite et une figure agréable. Ce mariage n'a pas plu à M. le duc de Rohan, et il a eu beaucoup de peine à y consentir; mais depuis qu'il s'est prêté par complaisance à ce qui a convenu à son frère, il a fait de bonne grâce toutes les démarches nécessaires.

Les arrangements de MM. de Rohan-Chabot sont que les femmes des cadets de leur maison ne viennent point à la Cour, et cela parce qu'elles ne pourroient y être que comme non titrées, et que les aînées sont assises à titre de duchés, et la branche de Rohan-Soubise par une grâce particulière.

Nous avons vu ici Mme de Léon à la Cour quoiqu'elle ne fût point titrée; mais son mari étoit sûr de l'être étant l'aîné, comme il l'a été en effet à la mort du duc de Rohan, son père. Les deux frères cadets de M. de Léon sont mariés, et leurs femmes n'ont jamais été présentées. L'un est M. de Jarnac, qui a pris le nom de Jarnac en épousant l'héritière de cette maison, veuve de M. de Montendre (2); l'autre

---

(1) Quatorze ans. (*Note du duc de Luynes.*)

(2) Ce sont M. et Mme de Jarnac qui ont donné dès à présent la terre de Jarnac à M. le vicomte de Rohan, à condition qu'il prendroit le nom de Chabot. Cette terre vaut 30,000 livres de rente; ils s'en sont réservés l'usufruit; elle est substituée aux enfants cadets de M. le vicomte de Chabot en cas qu'il devint l'aîné de sa maison, ce qui n'est point impossible, M. le duc de Rohan n'ayant qu'un garçon qui est fort délicat. (*Note du duc de Luynes.*)

frère de feu M. de Léon est M. le comte de Chabot (1), ci-devant le chevalier de Rohan ; il avoit épousé en premières noces Mlle de Rais, dont il a deux garçons et une fille, mariée à M. de Clermont-d'Amboise ; en secondes noces il a épousé la sœur de mylord Stafford (2). Cette condition de ne point venir à la Cour n'a fait aucune difficulté dans ce mariage (3).

M. de Paulmy prit congé hier ; il s'en va passer huit ou dix jours à Dijon, où sa femme est depuis son retour de Suisse, chez son père, M. de la Marche, premier président de ce parlement ; elle vient d'y accoucher d'une fille.

Je vis avant-hier ici M. le chevalier de Chazot ; c'est un gentilhomme de Normandie qui est depuis plusieurs années au service du roi de Prusse. Il a eu congé pour venir passer quelque temps en France pour ses affaires et pour voir sa famille, et ce n'est pas sans peine qu'il a obtenu cette permission, le roi de Prusse ayant beaucoup de bonté pour lui. Il est commandant d'escadron (4) dans le régiment de Bayreuth-dragons. Ce régiment est de 10 escadrons. Le roi de Prusse n'a que ce régiment et encore un autre qui soient de 10 escadrons ; les autres ne sont que de 5 ; en tout il y a 210 ou 211 escadrons et 128 bataillons. Des 210 escadrons, il y en a 61 de cuirassiers, y compris celui de ses gardes. Il en a 70 de dragons et 80 de hussards. Tous ces escadrons sont de 166 hommes chacun. En tout, cela forme 126,000 hommes effectifs qui passent en revue tous les ans devant le roi de Prusse ; mais on peut compter l'état de ses troupes à 140,000 hommes au moins, parce qu'il y a bien 14 ou 15,000 surnuméraires. C'est une règle établie que,

---

(1) Celui-ci est l'aîné. (*Note du duc de Luynes.*)
(2) Dont il n'a point d'enfants. (*Note du duc de Luynes.*)
(3) Ce mariage s'est fait quatre ou cinq jours après la signature. La noce s'est faite chez M. de Nassigny. (*Note du duc de Luynes.*)
(4) Je crois même qu'il est lieutenant-colonel du régiment. (*Note du duc de Luynes.*)

outre les 166 hommes, il y a dans chaque escadron 12 surnuméraires payés par le roi, et par delà ces 12 surnuméraires il y en a encore 5 ou 6, quelquefois 10, que le commandant d'escadron est obligé d'entretenir à ses frais. Ces surnuméraires sont toujours formés aux exercices et aux manœuvres.

Le roi de Prusse a un nombre d'officiers, tant de cavalerie que d'infanterie, qu'il dispense du service militaire, à condition qu'ils s'occuperont uniquement à former les surnuméraires aux exercices et aux manœuvres ; et si ces surnuméraires étant admis dans les corps ne faisoient pas aussi bien lesdits exercices et manœuvres que les anciens, les officiers qui les ont formés seroient punis, car ils ne doivent donner pour entrer dans les corps que ceux de l'exactitude desquels ils peuvent répondre. Le roi de Prusse ne connoît ni morts ni malades dans ses troupes, il faut qu'elles soient toujours complètes ; il les voit toutes tous les ans et passe deux ou trois mois à ces revues, et il les examine dans le plus grand détail. Un régiment passe douze ou quinze fois devant lui de différentes manières ; et lorsque ce régiment est retourné à son camp, à une ou deux lieues de l'endroit de la revue, le roi de Prusse, que l'on croit rentré chez lui pour n'en plus sortir, monte à cheval sans que personne le sache, arrive tout seul au camp à toutes jambes, et il faut qu'en cinq minutes le régiment monte à cheval, se forme et fasse différentes manœuvres. Les places de commandants d'escadron valent au moins 30,000 livres par an de bénéfice sur les fourrages, indépendamment des appointements ; ceux de colonel d'un régiment sont à peu près de cette somme et même davantage. C'est le prince Henri qui est colonel du régiment de Bayreuth. Le roi de Prusse pour toutes ses courses ne monte que des chevaux anglois, qui lui coûtent 1,500 ou 2,000 francs. Il ne chasse jamais, ni les princes ses frères. Son écurie n'est qu'environ de 70 ou 80 chevaux, et il regarde presque comme des fables ce qui lui est rapporté de tous côtés du nombre de chevaux que le roi de France a dans ses écuries.

J'ai déjà parlé de la vie du roi du Prusse. Toutes les circonstances et les détails qui regardent un aussi grand prince méritent d'être remarqués. Après le travail qu'il fait le matin seul ou avec ses secrétaires, et dans lequel il apostille de sa main ou fait apostiller devant lui toutes les lettres, même du moindre des officiers de ses troupes, après les avoir lues, il va à la parade, ce qui ne manque jamais. Rentré chez lui, il travaille avec ses ministres tous ensemble depuis onze heures jusqu'à midi; il lit même quelquefois jusqu'aux mémoires des procès qui sont à juger, et les renvoie ensuite avec son sentiment à celui qui tient la place de chancelier, lui mandant cependant qu'il consulte les anciennes lois du royaume et qu'il l'avertisse si ce sentiment n'y est pas conforme (1). Il dîne avec la reine et beaucoup d'hommes, lorsqu'il est à Berlin; mais lorsqu'il habite Potsdam ou autres lieux, il ne mange qu'avec des hommes. Sa table, qui est de 30 ou 32 couverts, n'est point délicate ni recherchée; il n'y a que deux services; les plats y sont remplis de viandes, comme on servoit autrefois : 18 ou 20 perdrix dans un plat, 12 ou 15 poulets dans un autre, etc. Il n'y a que peu d'années qu'il a permis qu'on ajoutât un service de

---

(1) Une nouvelle preuve de l'application de ce prince à tout ce qui peut contribuer au bien et à l'avantage de ses États, c'est ce qu'il a fait par rapport à la compagnie d'Emdem. Occupé du désir d'établir un commerce florissant, il a été lui-même à Emdem pour s'instruire en détail de tout ce qui pouvoit regarder ledit commerce; et pour être à portée d'entendre la langue des commerçants, il a voulu avoir à Berlin plusieurs conférences avec un homme parfaitement au fait du change, partie essentielle du commerce. Après cinq ou six conversations, de deux heures chacune, avec cet homme, il dit à M. de Chazot qu'il ne comprenoit rien à tout ce qu'il entendoit; mais ces difficultés ne l'ont point rebuté : il a continué à travailler pendant trois mois de suite, donnant tous les jours deux ou trois heures à ce travail, et enfin il est parvenu à acquérir les connoissances qu'il désiroit (*Note du duc de Luynes.*)

fruits; il n'y en avoit point lorsque M. le maréchal de Belle-Isle étoit auprès de lui. On fait usage pour sa table des fruits, des légumes, du gibier de toutes espèces provenant de ses terres; la dépense de sa table est réglée à 30 écus par jour, ce qui fait 120 livres de notre monnoie, et il ne faut pas que cela passe cette somme; et l'on a attention dans les voyages que fait ce roi d'épargner sur ladite somme pour fournir aux frais des repas extraordinaires que le roi de Prusse donne dans le courant de l'année.

Tous les jours, depuis sept heures jusqu'à neuf heures, il fait de la musique, mais il n'y admet qu'un petit nombre de ses musiciens. Il a deux violons, que l'on dit fort bons; le premier s'appelle Groos et le second Vendehal. Il ne veut qu'un instrument seul à chaque partie; il joue toujours de la flûte traversière à ces musiques, et l'on dit qu'il exécute aussi bien que les plus grands maîtres. Quelquefois il fait venir de ses cantatrices, mais ordinairement c'est de la musique instrumentale. Il paye fort cher ses musiciens et musiciennes. Il a aussi des danseuses. La Barbarine, qui n'est que la seconde, a 7,800 écus d'appointements, ce qui fait environ 30,000 livres de notre monnoie; mais c'est par une distinction particulière. M. le chevalier de Chazot, qui est musicien et joue fort bien de la flûte, est toujours admis à ces musiques et y exécute quelquefois des concertos. Quoique la règle soit d'être toujours à sa troupe, le roi de Prusse, qui a de l'amitié pour lui, le garde presque continuellement à sa cour. Outre son talent pour la musique, il connoît sa valeur distinguée, dont il lui donna des preuves à la bataille de Friedberg, en lui rapportant 60 ou 70 étendards ou drapeaux des ennemis. Le roi de Prusse alla au-devant de lui, l'embrassa et lui donna mille marques de bonté (1). On pourroit

---

(1) Il demanda à M. de Chazot ce qu'il pourroit faire pour lui, qu'il lui accorderoit tout ce qu'il lui demanderoit. M. de Chazot demanda au roi de

croire qu'il y auroit joint quelque récompense, mais ce n'est point son usage.

J'ai dit que personne n'étoit admis au concert du roi de Prusse; personne en effet n'y entre, ni ambassadeurs, ni étrangers, ni gens de sa cour. M. de Chazot, quoique favori, a eu beaucoup de peine à obtenir cette permission pour le prince Lobkowitz, qui désiroit beaucoup d'entendre ces musiques. Ce prince Lobkowitz n'a nul rapport au feld-maréchal autrichien; c'est un jeune homme qui aime son plaisir et qui demeure à la cour de Prusse par la raison de quelque attachement particulier.

M. de Chazot étoit à Berlin dans le temps de l'affaire de M. de Voltaire; il fut même pris pour juge entre lui et le juif; mais la vivacité de M. de Voltaire détermina M. de Chazot à ne plus entendre parler de cette affaire.

Après la victoire du roi de Prusse remportée sur les Saxons près de Dresde, il y eut un traité par lequel le roi de Pologne s'engagea à payer aux sujets du roi de Prusse toutes les actions qu'ils pouvoient avoir sur la banque de Dresde. Toutes ces actions montoient à environ 1,500,000 livres. En exécution du traité, le roi de Pologne fit payer tout ce qui lui fut présenté; mais voyant qu'il en avoit payé pour près de 4 millions et qu'on lui en demandoit encore, il se plaignit. Le roi de Prusse, voulant éclaircir les faits, fit publier que dans l'espace de neuf jours tous ses sujets eussent à lui rapporter les billets qu'ils pouvoient avoir sur ladite banque, après lequel temps ils ne seroient plus recevables. Ce fut dans cet intervalle qu'un juif se présenta à M. de Voltaire, qui lui donna 10,000 écus d'argent et une lettre de change de pareille somme, et le juif en échange remit des pierreries à M. de Voltaire. Le juif alla promptement à Dresde, où les actions perdoient

---

Prusse pour toute récompense de vouloir bien honorer de sa protection son frère l'abbé de Chazot pour lui faire avoir un bénéfice du roi de France. (*Note du duc de Luynes.*)

beaucoup ; il en trouva à vingt-neuf pour cent de perte. M. de Voltaire, à qui il le manda, n'en voulut point, disant qu'il y avoit des actions à trente-cinq de perte ; cela forma une contestation ; la lettre de change fut protestée. Il se présenta un autre juif, qui avoit besoin de protection pour une somme de 28,000 écus qu'il prétendoit lui être due et pour laquelle il avoit fait arrêter des deniers appartenant à son débiteur, lesquels venant de Russie pour être portés en Allemagne passoient au travers des États du roi de Prusse ; il crut trouver accès et faveur par M. de Voltaire ; il lui offrit pour rien des billets de la banque de Dresde ; cette proposition rendit plus vive la contestation avec le premier juif. Voltaire l'attaqua en justice, mais le juif gagna son procès. Voltaire voulut s'accommoder ; les billets furent rendus, déchirés et jetés au feu, mais le juif ramassa une apostille de la main de Voltaire qui se trouva déchirée sans être brûlée. Quoique Voltaire eût rendu les pierreries, il y eut un nouveau procès ; l'apostille ramassée fut produite ; il fallut en venir à un nouvel accommodement. Toute cette aventure a laissé une mauvaise impression dans l'esprit du roi de Prusse ; mais il aime l'esprit ; il connoît celui de Voltaire, il voit avec plaisir ses ouvrages et lui communique les siens, et c'est pour cette raison qu'il conserve toujours une espèce de faveur.

FÉVRIER.

Assassinat du général Sinclair. — Condamnation de l'abbé de Prades. — L'*Encyclopédie*. — Mandement de l'archevêque de Paris contre la thèse de l'abbé de Prades. — Réception du prince de Soubise au Parlement. — Procès. — Le peintre Brunetti. — Cérémonies de l'Ordre. Chevalier nommé. Réception du prince de Condé. — Mariage de M. de Valbelle. — Lettres patentes pour l'établissement de la communauté de l'Enfant-Jésus. — Sermon du P. Dumas. — Contrat de mariage. — Mort du duc d'Orléans ; son caractère et sa manière de vivre. — Testament et funérailles du duc d'Orléans. — Maladie et mort de Madame (Henriette). — Portrait de cette princesse. — Douleur du Roi. — La famille royale à Trianon. — Trianon sous bois. — Incendies. — Le corps de Madame porté à Paris. — Chapelle ardente et cérémonies funèbres. — Prétentions des Rohan et des Bouillon. — Piété de Mesdames. — Le cardinal Passioneï. — Le cœur de Madame est porté au Val-de-Grâce et son corps à Saint-Denis. — Fermeture des spectacles et cessation des jeux.— Révérences à la famille royale et usages. — Tableau de Silvestre. — Mariages. — M. de Chabrillant; son origine.

Du mercredi 2, Versailles. — Il y a environ un mois qu'il est venu ici un gros négociant de Marseille nommé Couturier; il est fort connu de M. le maréchal de Belle-Isle; on en verra la raison dans ce que j'ai écrit à l'occasion dudit Sr Couturier. Il étoit compagnon de voyage du général Sinclair, assassiné en 1739 par ordre de la cour de Russie. Il m'a conté fort en détail tout ce qui lui est arrivé avant, pendant et depuis cet assassinat; j'ai cru devoir rassembler dans une relation tous les faits dont il m'a instruit (1).

J'ai fait voir cette relation audit Sr Couturier, qui y a fait les changements et corrections nécessaires. C'est avec ces corrections que je l'ai fait copier à la fin de ce journal. Il y a bien une relation imprimée de cet événement qui m'a été remise par M. le baron de Scheffer, envoyé de Suède, et aussi par le dit Sr Couturier, et que j'ai vue; mais c'est une espèce de procès-verbal dont l'objet est de faire connoître les véritables auteurs de cet assassinat, et elle ne commence qu'au départ de M. de Sinclair de Constantinople. Les détails de la prison de M. Couturier n'y sont point, ni beaucoup d'autres circonstances, qui seront, je crois, lues avec plaisir. D'ailleurs les faits principaux sont les mêmes, et l'examen fait par M. Couturier est la preuve la plus complète de la vérité de ce que j'ai écrit.

Hier le recteur de l'université vint ici, suivant l'usage ordinaire, avec les doyens des quatre facultés et les procureurs des nations, et présenta au Roi, à la Reine et à

---

(1) Voir à l'Appendice à l'année 1752 la pièce n° 1.

M. le Dauphin un cierge. Il est aussi d'usage, à pareil jour, que le vicaire général de la Merci vient avec trois religieux de son ordre présenter un cierge à la Reine. C'est une des conditions de leur établissement à Paris fait par la reine Marie de Médicis, en 1615.

Du 5. — J'ai parlé au 13 janvier de la condamnation prononcée par la Sorbonne contre la thèse de l'abbé de Prades. La censure vient d'être imprimée et de paroître dans le public. Les propositions que l'on a jugées dignes de condamnation y sont marquées; il suffit de les examiner pour sentir la nécessité indispensable de punir les auteurs de pareilles propositions, d'autant plus que ces sentiments n'ont malheureusement que trop de partisans aujourd'hui. C'est ce qui fait que les gens sensés et attachés à la religion sont justement prévenus contre un livre nouveau que l'on donne par souscription, et dont le deuxième tome vient de paroître; c'est l'*Encyclopédie*, dictionnaire fait par MM. d'Alembert et Diderot. Cet ouvrage pourroit être d'une utilité infinie, par les détails immenses qu'il contient, par l'exactitude de ses détails et par la précision avec laquelle ils sont rendus. S'étendant sur toutes les connoissances que les hommes ont acquises, il met ceux qui ne les ont point à portée de profiter du travail des autres, et rend si nettement les particularités de chaque ouvrage fourni par les artistes, que l'on pourroit espérer de devenir aussi habiles qu'eux par la lecture seule de ces articles; en un mot, il est capable de satisfaire la curiosité en tous genres, et rassemble une infinité d'instructions que l'on ne peut trouver que dans les dictionnaires particuliers faits sur chaque matière, et qui sont même beaucoup moins étendus. C'est pour cela que le reproche qu'on a fait à ces deux auteurs de n'être que des compilateurs, et même des copistes, de Moréri, Trévoux, etc., est bien mal fondé. Il est certain qu'ils ont copié lorsqu'ils ne pouvoient pas mieux dire que ce qui étoit déjà imprimé; mais savoir placer à propos ces copies, les accompagner de tout ce qui peut augmenter les lumières et les connoissances, réunir dans un discours suivi et instructif les questions faites à différents ouvriers, dont quelques-uns entendent à peine eux-mêmes ce qu'ils font, d'autres l'entendent sans pouvoir le faire comprendre à ceux à qui ils parlent, enfin ajouter à ces détails toutes les connoissances des sciences les plus abstraites et les rendre aussi intelligibles que la matière peut le permettre, on ne peut nier que ce ne soit un grand et utile ouvrage, digne des deux hommes célèbres qui l'ont entrepris. Mais il est malheureux que tant de perfections soient accompagnées de principes répandus de tous côtés dans cet ouvrage et tendant au déisme, et même au matérialisme. M. Diderot avoit déjà été soupçonné de ces sentiments, et même mis à la Bastille. En conséquence, on ne peut pas être étonné que la thèse de M. l'abbé de Prades, jointe à la lecture de l'*Encyclopédie*, ait renouvelé ces mêmes soupçons.

M. l'archevêque de Paris n'a pas cru devoir garder le silence dans une occasion qui intéresse autant la religion; il vient de donner un mandement, le 29 du mois passé, par lequel il condamne la thèse comme contenant plusieurs propositions respectivement fausses, captieuses, blasphématoires, erronées, hérétiques. Je fais copier cette condamnation à la fin du livre (1). Ce mandement, où les propositions sont rapportées, est digne de la piété et du zèle de ce prélat (2). Il a fait plus, car voulant éloigner

---

(1) Voir à l'Appendice à l'année 1752 la pièce n° 2.
(2) Je ne puis mieux faire l'éloge de ce mandement qu'en rapportant le jugement qu'en porte M. le président Hénault, extrait d'une lettre qu'il m'a écrite :
« N'êtes-vous pas bien content du mandement de M. l'archevêque? Je l'ai lu avec une grande satisfaction. Il est sage, religieux, et, sans frapper qu'autant qu'il le faut sur des propositions qui portent avec elles leur condamnation, il embrasse tout le système que l'on cherche aujourd'hui à accréditer, et ne laisse aucune refuite à l'irréligion et à l'incrédulité. » (*Note du duc de Luynes.*)

de son diocèse toutes les occasions d'y laisser semer un poison si dangereux, il a obtenu deux lettres de cachet, l'une pour l'abbé de Prades, pour le renvoyer dans le diocèse de Montauban, dont il est, et l'autre pour l'abbé Yvon, ami dudit Sr de Prades, qui le renvoie aussi dans son diocèse.

Du dimanche 6, Versailles. — M. le prince de Soubise fut reçu lundi dernier, 31 janvier, au Parlement. Il prit séance comme duc de Rohan-Rohan; c'est le nom de son duché-pairie. Il n'y avoit point de prince du sang. M. le duc de Chartres devoit s'y trouver, mais l'état de M. le duc d'Orléans l'en empêcha. La séance étoit fort belle. Nous étions dix-neuf pairs, en comptant M. l'archevêque de Reims, qui depuis l'état où l'a réduit une paralysie universelle ne va plus au Parlement; il ne se trouva point à la réception, mais il se fit apporter à sa place à la grande audience. Il y avoit M. de Beauvais (Gesvres), M. de Sully, moi, M. de Brissac, M. le duc de Richelieu, M. le duc de Rohan (Chabot), M. de Luxembourg, M. de Gramont, M. de Villeroy, M. de la Vallière, M. de Chaulnes, M. de Tallard (1), M. de Lauraguais, qui porte le nom de Brancas au Parlement, M. de Biron, M. d'Aiguillon, M. de Fleury, M. de Belle-Isle. Tout se passa à la réception de M. de Soubise suivant l'ancien usage; ses témoins étoient MM. de Luxembourg, de la Vallière, d'Armentières et de Gontaut; le rapporteur, M. l'abbé d'Héricourt.

J'ai marqué dans le temps que cet usage avoit été changé par M. le premier président à la dernière réception, et qu'il avoit affecté de ne prendre l'opinion du conseiller qui est sur le banc des pairs qu'immédiatement avant les pairs, au lieu de nommer ce conseiller à son rang avec les autres. On s'en plaignit alors, et la nouveauté

---

(1) Le rang de M. le duc de Rohan-Rohan est avant M. de Chaulnes et après M. le duc de Tallard. Le nom du duché de M. de Tallard au Parlement est Hostun. (*Note du duc de Luynes.*)

de cette façon de prendre les opinions a été si bien démontrée, que lundi dernier tout se passa dans la règle ; règle en soi-même bien peu convenable à la pairie, mais qui auroit été encore plus indécente si la nouveauté avoit subsisté. Tous les conseillers furent donc nommés chacun à leur rang, et ensuite les pairs sans aucune interruption. Il n'y eut point de cause jugée à la grande audience ; on en plaida une déjà commencée pour les enfants d'un particulier nommé Louis-Marie Lecomte, qui, après avoir vécu cinq ou six ans avec une femme qu'il regardoit comme la sienne, est mort et la femme aussi, laissant deux enfants. La sœur dudit Lecomte vouloit faire passer les enfants comme bâtards, parce qu'ils ne rapportent ni contrat de mariage ni acte de célébration. Les mineurs prétendent que ces pièces leur ont été enlevées par leurs parties adverses, et réclament la notoriété publique et la possession de leur état (1). Ces mêmes mineurs vinrent à l'hôtel de Soubise, pendant le dîner, faire de nouvelles sollicitations.

M. de Soubise, qui est fort riche et qui a une maison magnifique, avoit prié à dîner non-seulement tous les pairs, mais même Messieurs de la grande chambre.

Toute la compagnie s'assembla dans l'appartement d'en bas, qui est parfaitement beau. On monta en haut pour le dîner. Il y avoit dix dames : Mmes de Soubise, de Marsan, de Guémené, de Rohan (Bouillon), de Montauban, de Brionne, princesse de Carignan, Mlle de Soubise, Mlle de Melun (2) et Mlle de Renty.

L'appartement d'en haut est encore plus beau que celui d'en bas. L'escalier est grand, clair, peint par Brunetti,

---

(1) Cette affaire a été jugée depuis ce qui est dit ci-dessus. Les mineurs ont perdu leur procès et ont été déclarés bâtards. (*Note du duc de Luynes*, datée du 17 février 1752.)

(2) Mlle de Melun a une sœur cadette ; ce sont deux filles de M. de Melun qui est mort, et dont la veuve, qui est aussi Melun, a épousé en secondes noces M. de Langeac. (*Note du duc de Luynes.*)

qui a peint celui de l'hôtel de Luynes. Il y a ensuite une salle immense, dans laquelle on avoit mis deux tables, de cinquante-quatre couverts chacune. Il n'y eut cependant que quatre-vingt-treize personnes à table, et malgré la longueur ordinaire des services en pareil cas, le dîner ne dura pas deux heures et demie.

Le lendemain mardi, 1er février, nous eûmes ici la messe des morts des chevaliers de l'Ordre, que l'on dit ordinairement le lendemain du jour de l'an, et qui avoit été remise à cause du dimanche.

Le mercredi 2 de ce mois, jour de la Chandeleur, il y eut la cérémonie ordinaire. M. l'archevêque de Rouen, qui avoit officié la veille à la messe des morts, officia encore ce jour-là. Il n'y eut point de quêteuse le mardi, mais il y en eut une le mercredi; ce fut Mme de Gouy.

Il y eut chapitre. M. l'abbé de Pomponne y lut un mémoire assez court sur la maison de Condé. Il fit en peu de mots l'éloge des ancêtres de M. le prince de Condé, et y ajouta un témoignage particulier de sa reconnoissance des bontés dont ils l'avoient honoré. Ensuite le Roi nomma M. de Brionne chevalier de l'Ordre.

Cette nomination fut annoncée en même temps par le grand maître des cérémonies, comme je l'ai marqué. M. le prince de Condé, qui étoit en habit de novice, avec une aigrette de plumes de héron, que l'on estime 16,000 livres au moins, et qui attendoit dans la chambre, entra dans le cabinet. Il se mit à deux genoux, et le Roi l'arma chevalier de Saint-Michel suivant l'usage. Le Roi ne pouvant tirer son épée du fourreau fut obligé de prendre celle de M. le Dauphin. Il y avoit 37 ou 38 chevaliers, 5 princes du sang y compris les légitimés (il manquoit M. le duc de Chartres et M. le comte de Charolois), le Roi et M. le Dauphin et trois des quatre grandes charges. J'ai déjà marqué que M. de Machault ne se trouve plus à ces cérémonies depuis qu'il est garde des sceaux. Ainsi le Roi étoit précédé de trois grandes charges, et outre cela de 44 ou 45 chevaliers. La procession ne put se faire dans la cour, à cause de la pluie ; elle se fit dans la chapelle. Après la messe fut la réception de M. le prince de Condé, comme à l'ordinaire ; ses parrains étoient M. le Dauphin et M. le comte de Clermont.

M. le Dauphin auroit eu avec lui M. le duc de Chartres, comme à la réception de M. le comte de la Marche, sans la circonstance de l'état de M. le duc d'Orléans.

J'ai oublié de marquer que le mardi le Roi signa le contrat de mariage de M. le marquis de Valbelle avec Mlle de Beaujeu. Ce mariage se fait demain, à Paris. M. de Valbelle est de même maison que feu M. de Valbelle, sous-lieutenant des gendarmes de la garde, lequel étoit frère de mère de M. de Calvières, aujourd'hui chef de brigade des gardes du corps. M. de Valbelle, qui est aussi officier supérieur dans les gendarmes de la garde, jouit au moins de 45,000 livres de rente bien venant, sans charges et sans dettes. Il a une belle maison dans Paris, rue du Bac, qu'il vient de faire rebâtir à neuf, qui lui coûte environ 50,000 écus. Il a un oncle évêque de Saint-Omer et un frère fort jeune. Mlle de Beaujeu est fille de la première femme de M. de Beaujeu qui étoit Chavigny, et sœur du petit comte de Chavigny tué à Dettingen. M. de Beaujeu s'est remarié, et a épousé la fille d'un M. Dupuis président au Parlement (1).

Il y a aujourd'hui huit jours que M. l'archevêque de Sens (Languet) a fait sa révérence au Roi, quoiqu'il ait été de l'assemblée du Clergé. Il avoit déjà eu la permission de revenir à Paris. Il étoit retourné dans son diocèse ; mais la nécessité de terminer les affaires de

---

(1) Le mariage s'est fait le 7, à Saint-Eustache ; ce fut M. l'évêque de Saint-Omer qui les maria. La noce fut chez M. de Beaujeu, rue Saint-Marc. Les mariés allèrent coucher à l'hôtel Valbelle. M. l'évêque de Saint-Omer ne parut point à la noce ; il est fort incommodé de la gravelle, et ne veut voir aucun médecin ni observer le régime prescrit en pareil cas. (*Note du duc de Luynes.*)

l'Enfant-Jésus l'a obligé de revenir, et il a eu permission de faire sa cour.

Les lettres patentes pour l'établissement de la communauté de l'Enfant-Jésus ont enfin été expédiées et scellées il y a cinq ou six jours. Je les ai lues. Il y est dit qu'elles sont accordées à la prière de la Reine; et en effet c'est la Reine qui a sollicité fortement ces lettres patentes. Le nombre des pauvres femmes que l'on y pourra faire travailler n'est point fixé, mais le nombre des demoiselles qui y seront élevées est fixé à 16. Il est dit que dans aucun cas, quand même les revenus de la maison augmenteroient considérablement, le nombre de 16 ne pourroit augmenter, mais qu'on le diminuera, si la maison ne se trouve pas en état de les entretenir. M. l'archevêque de Sens sera le principal administrateur, tant qu'il vivra. Le Roi en nomme six autres, desquel est le curé de Saint-Sulpice à perpétuité.

Il s'en faut beaucoup que cet établissement soit aussi approuvé par le curé de Saint-Sulpice d'aujourd'hui qu'il l'étoit par son prédécesseur. Celui-ci vouloit faire, dans sa paroisse, un nouvel établissement de charité pour les femmes; mais l'intention de M. l'archevêque de Sens étoit de ne donner qu'à l'Enfant-Jésus les bâtiments que feu son frère avoit fait faire pour cette maison; et Mme de Lassay (dont la volonté assurée de donner à cette maison a déterminé en partie d'accorder les lettres patentes) n'auroit pas consenti à accorder pour un autre usage les sommes qu'elle a destinées. Il y a actuellement 22 ou 24 demoiselles dans cette maison; apparemment qu'à mesure qu'elles se retireront, on n'en prendra point d'autres, pour les réduire au nombre de 16; elles ne pourront y être reçues avant sept ans et ne pourront y demeurer passé dix-neuf. Mme de Lassay, qui est nommée dans ces lettres et qui donne 250,000 livres, aura droit, elle et ses héritiers, de nommer à deux places des 16 demoiselles.

Mercredi le Roi entendit le sermon, les vêpres et le salut de suite en bas. Au sortir de la chapelle il alla à Trianon, dont il ne revint qu'avant-hier. Le prédicateur du carême qui prêcha avant-hier est le P. Dumas, jésuite; c'est celui qui avoit commencé à prêcher le carême l'année passée, ici à la paroisse Saint-Louis, et que l'on fit quitter pour aller prêcher aux Quinze-Vingts. Il a l'air fort jeune, et a la voix un peu trop claire pour être bien entendu. Il prêcha sur l'humilité de la sainte Vierge et son courage pour surmonter tous les obstacles qui pouvoient l'empêcher d'accomplir la loi; exemple pour vaincre notre orgueil et nos vains prétextes pour obéir à Dieu. Son second point fut plus beau que le premier et mieux dit. Son compliment fut fort beau. Il s'étendit sur les bienfaits que le Roi avoit reçus de la bonté de Dieu, et qui pouvoient l'engager à renoncer à tout ce qui pouvoit l'empêcher de faire l'accomplissement de la loi. Il y eut une comparaison de M. le Dauphin à Salomon qu'il auroit pu ne pas faire. Son sermon n'a pas été universellement approuvé, mais je marque ce que je pense.

Il y a eu aujourd'hui un contrat de mariage signé; c'est celui de M. de Montrevel avec Mlle de Choiseul. M. de Montrevel est fils de celui qui étoit maréchal de camp et de Mlle du Châtelet-Lomont. M. de Montrevel jouit actuellement de son bien; il a environ 80,000 livres de rente. Son père, qui avoit un régiment de cavalerie de son nom, est de même maison que celui qui avoit épousé Mlle de Craon. Mlle de Choiseul est fille de celui qu'on appelle Choiseul le Merle et de feu Mme de Champagne, sœur de feu Mme la duchesse d'Estrées; elle a environ treize ans; elle doit rester encore six mois dans un couvent avant que d'être avec son mari. Elle a 100,000 écus d'une succession qui lui sont acquis actuellement; on lui donne 12,000 livres de rente dans ce moment, mais elle en aura au moins 40,000. M. de Choiseul n'a qu'un fils et cette fille ; il jouit avec sa femme de 120,000 livres de rente.

M. le duc d'Orléans mourut hier, à midi et demi (1). M. le duc de Chartres vint aussitôt en rendre compte au Roi (2). Mme la duchesse de Chartres vit tout le monde au Palais-Royal jusqu'à cinq heures ; à cinq heures elle partit pour aller à Saint-Cloud. M. le duc d'Orléans avoit quarante-huit ans et demi. Il étoit retiré depuis plusieurs années à Sainte-Geneviève. Il avoit toujours été nourri par les prêtres de Sainte-Geneviève, lui et son petit domestique, moyennant un louis par jour qu'il leur donnoit; mais depuis un mois cet arrangement étoit changé, à cause de sa santé ; on avoit fait venir un cuisinier pour sa personne et pour le peu de domestiques qu'il avoit avec lui. Je n'ai point vu l'appartement qu'occupoit M. le duc d'Orléans à Sainte-Geneviève, mais j'ai ouï dire qu'il étoit fort petit. Il falloit descendre plusieurs marches pour aller à une tribune donnant sur l'église et encore un escalier pour entrer dans l'église. M. le duc d'Orléans alloit tous les jours à l'église, et y demeuroit longtemps, quelques représentations qu'on pût lui faire sur sa santé; et dans les derniers temps il a toujours voulu y aller au moins les fêtes et les dimanches ; il n'y a eu précisément que les trois ou quatre derniers jours où il n'étoit plus en état de sortir de chez lui. M. l'archevêque avoit permis qu'il pût avoir une chapelle à trois ou quatre marches de sa chambre, mais je ne sais s'il en a pu faire usage. Il passoit son temps à prier Dieu, à étudier et à travailler. Je distingue ces deux dernières occupations, parce qu'il avoit voulu apprendre l'hébreu pour entendre mieux la version des Septante. Il étudioit l'Écriture sainte. Il a fait des Com-

---

(1) La Reine ne joua point par cette raison. (*Note du duc de Luynes.*)

(2) Lorsque la Reine apprit cette nouvelle, elle fit une de ces réponses vives et courtes que nous avons souvent occasion d'entendre, en disant : « C'est un bienheureux qui va faire bien des malheureux. » (*Note du duc de Luynes.*)

mentaires sur les Psaumes et plusieurs autres ouvrages ; je ne sais s'ils verront le jour. Il les a donnés aux Dominicains avec toute sa bibliothèque, c'est-à-dire tous les livres qu'il avoit achetés ; car les livres qui lui étoient restés de son père demeurent à M. le duc d'Orléans d'aujourd'hui. Le travail de M. le duc d'Orléans étoit pour ses affaires et pour la distribution de ses aumônes. J'ai déjà dit qu'il donnoit aux pauvres au moins un million par an. On prétend que cela alloit même jusqu'à 12 ou 1,500,000 livres. Il avoit un homme de confiance, un abbé (Onic) (1), à qui tous les placets pour charité étoient renvoyés et qui lui en rendoit compte. Quoiqu'il ne vît personne dans sa retraite, il permettoit cependant quelquefois à ceux qui avoient des représentations à lui faire pour des malheureux de venir lui parler. Le bien qu'il faisoit dans ses terres et le nombre de pauvres qu'il faisoit vivre ne peut se représenter. Sa conscience étoit si pure, que M. Jomard, curé de Notre-Dame de Versailles, qui l'a confessé pendant longtemps, disoit ces jours-ci qu'il ne l'a jamais trouvé coupable d'aucun péché véniel même, que de ceux qui sont inséparables de la foiblesse humaine, et jamais deux confessions de suite du même péché. Il avoit commencé son testament en 1750 ; il est écrit de sa main (2). Ce testament a au moins 150 pages. M. le duc d'Orléans y réduit à moitié toutes les pensions de charité qu'il faisoit. La liste de tous les pensionnaires est dans ce testament. Il y est marqué qu'il donne à la maison de Sainte-Geneviève ses médailles et pierres gravées, qui sont en grand nombre ; il les avoit remises de la main à la main à Messieurs de Sainte-Geneviève dès l'an-

---

(1) Je ne sais s'il avoit la charge de premier aumônier chez lui, mais il en faisoit les fonctions, et il les a faites à l'enterrement. (*Note du duc de Luynes.*)

(2) Au moins pour la plus grande partie, car je crois que dans les derniers jours de sa vie il a fait quelque addition par-devant notaires. (*Note du duc de Luynes.*)

née passée. Il laisse 10,000 livres de pension à M. Silhouette, son chancelier (c'est-à-dire chancelier de l'apanage), mais en cas seulement qu'il ne reste pas dans la place de chancelier. Il déclare qu'il veut être enterré sans aucune cérémonie (1); il ordonne que son corps et son cœur soient portés au Val-de-Grâce. Non-seulement il permet que son corps soit ouvert, mais il le désire, et veut que l'on en fasse usage pour toutes les connoissances propres à perfectionner l'anatomie.

Il avoit toujours conservé une prévention contre ses petits-enfants. Il a cru longtemps que c'étoit des enfants supposés, de même qu'il a pensé que Mme d'Alincourt n'étoit point morte, ni la première femme de M. le Dauphin. Je crois qu'il étoit un peu revenu de ses préventions, mais pour ses petits-enfants il ne les voyoit point. Lorsqu'il reçut ses sacrements, trois ou quatre jours avant sa mort, on les mena chez lui, et il les vit. On avoit dit que

---

(1) Il paroît que cet article de son testament n'a pas été suivi à la lettre, car son corps fut embaumé et mis le 5 sur un lit de parade, dans une salle de la communauté de Sainte-Geneviève, où il a été exposé jusqu'au 8 dudit mois. Il y avoit deux autels, aux deux côtés, où MM. de Sainte-Geneviève disoient la messe conjointement avec les aumôniers de M. le duc d'Orléans. Ces chanoines récitoient pendant la nuit l'office des morts à côté du cercueil. Les chanoines de Saint-Honoré, les prêtres de Saint-Eustache, de Saint-Benoît, de Saint-Étienne du Mont et plusieurs communautés religieuses ont été lui jeter de l'eau bénite processionnellement.

Ce jour 8 le corps et le cœur de M. le duc d'Orléans furent portés au Val-de-Grâce. Il y avoit quatre carrosses. Dans le premier, l'abbé Onic, qui tenoit le cœur, et deux autres aumôniers; dans le second, le corps et quatre chanoines de Sainte-Geneviève; dans le troisième, l'abbé de Sainte-Geneviève, qui présenta le corps au Val-de-Grâce; dans le quatrième, M. le duc de Chartres, aujourd'hui duc d'Orléans.

J'oubliois de parler de deux articles de son testament : l'un où il déclare que s'il avoit à s'attacher à un sentiment particulier de ceux qui sont conformes à la foi catholique, ce seroit à celui de saint Thomas, déclaration qui pourroit faire connoître son éloignement pour le jansénisme, mais qu'il auroit, je crois, pu supprimer sans inconvénient. L'autre, qu'il nomme pour ses exécuteurs testamentaires M. le lieutenant civil et M. le procureur général. Il donne à chacun un diamant de 25,000 livres. (*Addition du duc de Luynes*, datée du 12 février 1752.)

M. le duc d'Orléans avoit un ulcère à la langue, qui faisoit beaucoup de progrès; d'autres qu'il crachoit du pus; d'autres qu'il avoit de l'eau dans la poitrine, ce qui étoit assez vraisemblable, parce qu'il étouffoit lorsqu'il montoit; d'autres, enfin, que l'eau n'étoit que dans le péricarde, membrane qui entoure le cœur. On l'a ouvert, et on n'a trouvé aucune autre cause de mort que les parties desséchées et le cœur flétri.

M. le duc d'Orléans avoit trois régiments : infanterie, cavalerie, et dragons, et M. le duc de Chartres deux , infanterie et cavalerie. M. le duc de Chartres prend le nom d'Orléans, qui est celui de l'apanage, et M. de Montpensier prend le nom de duc de Chartres. Le Roi donne à M. le duc d'Orléans d'aujourd'hui les trois régiments qu'avoit M. son père, et à M. le duc de Montpensier, aujourd'hui duc de Chartres, les deux régiments qu'avoit M. le duc de Chartres, et par conséquent ils ne changeront point de nom. Non-seulement M. le duc d'Orléans conserve un chancelier, parce que c'est le chancelier de l'apanage, mais le Roi même lui conserve la maison telle que l'avoit M. son père, y ajoutant même une charge de premier veneur, qui subsistoit du temps de feu Monsieur et qui avoit été supprimée à sa mort.

Je n'ai pas parlé assez en détail du caractère de M. le duc d'Orléans. Il n'avoit jamais été aimable, et il convenoit lui-même qu'il étoit gauche et maussade; ce sont deux expressions communes, mais qu'il est difficile de remplacer par d'autres. Outre cela, il avoit reconnu qu'il n'avoit pas l'esprit juste, et c'est par cette raison qu'il s'étoit retiré du conseil. Il y avoit eu un temps assez court dans sa jeunesse où il avoit voulu par air être libertin et avoit eu des filles; mais il sentit bientôt que pareille vie ne lui convenoit pas : les réflexions chrétiennes le firent entièrement changer ; il prit le parti de la retraite et de l'étude. Il passoit sa vie dans son cabinet au milieu de la Cour; il étudioit les Pères, les langues étrangères, et avoit commencé dès lors les ouvrages qu'il a toujours continués depuis; très-souvent il ignoroit étant à Versailles ce que tout le monde savoit; enfin, il s'étoit déterminé a se retirer entièrement, et menoit une vie extrêmement édifiante et remplie de bonnes œuvres. Son esprit paroissoit affoibli sur certains articles depuis plusieurs années. Il s'étoit laissé prévenir par de faux rapports, et il revenoit difficilement de ses préventions. Je ne sais sur quoi étoient fondées celles qu'il avoit sur la mort du roi d'Espagne. M. de la Grandville, alors son chancelier, lui apporta un acte qu'il étoit nécessaire qu'il signât, par rapport à des sommes considérables qu'il avoit à répéter contre l'Espagne, relativement à la succession de la reine d'Espagne, sa sœur. M. le duc d'Orléans voyant dans l'acte : le feu roi d'Espagne Philippe V, soutint qu'il n'étoit pas mort, et ne voulut pas signer. M. de la Grandville lui fit inutilement de fréquentes représentations sur la nécessité de cette signature ; elles ne produisirent d'autre effet que de le brouiller avec M. le duc d'Orléans. Ce fut dans cette occasion que M. le maréchal de Noailles lui proposa M. Silhouette. Celui-ci voulant éviter un sort pareil à celui de son prédécesseur, sans cependant faire tort aux intérêts de M. le duc d'Orléans, et ménager en même temps un esprit dont il connoissoit la maladie, lui présenta un acte semblable sur l'affaire d'Espagne, et lui dit que le mot de feu étoit un terme usité en Espagne comme une marque d'honneur ; en conséquence l'acte fut signé. (*Addition du duc de Luynes.*)

Madame Henriette, qui étoit incommodée dès le mercredi 2, alla, sans en rien dire, à Trianon, le jeudi 3, avec Mesdames ses sœurs, ayant déjà la fièvre ; elle avoit un si grand mal de tête, qu'elle fut obligée de demander au Roi la permission de revenir. Le Roi travailloit avec M. le prince de Conty, ce qui fit qu'elle attendit assez longtemps ; enfin le Roi sortit un moment, et il lui trouva très-mauvais visage. Elle revint à Versailles, et se mit dans son lit ; elle eut la fièvre assez fort et un redoublement la nuit ; elle passa la journée du vendredi avec une toux fréquente, et toujours de la fièvre ; elle eut encore un redoublement dans la journée.

On crut que c'étoit une fièvre de catarrhe ; mais la fièvre augmenta la nuit du vendredi au samedi, et il y eut un nouveau redoublement la nuit du samedi au dimanche ; enfin, Madame fut saignée du bras, le dimanche à trois heures du matin et ensuite à onze heures. Madame n'avoit jamais été saignée. Depuis sa naissance elle avoit toujours eu une humeur de gale, de même que Madame

Infante, qui en étoit encore incommodée d'une manière très-apparente lorsqu'elle passa ici pour aller en Italie. On avoit fait prendre différents remèdes à Madame Henriette, de la racine de patience sauvage, de la limaille, de la fumeterre et des purgations de temps en temps. La fumeterre étoit ce qui paroissoit avoir mieux réussi ; on ne voyoit presque plus de gale ; ce qu'il y en avoit étoit dans la tête, et même elle avoit disparu presque totalement. Il étoit survenu quelques grosseurs au front, mais elles s'étoient dissipées, ce qui faisoit grand plaisir à Madame. Les purgations, les sudorifiques, l'usage du lait, et surtout un régime fort exact, auroient paru très-nécessaires; mais ce régime n'étoit point observé : Madame mangeoit dans sa chambre le matin, l'après-dînée, et lorsqu'elle étoit dégoûtée elle cherchoit ce qu'elle pourroit manger plus volontiers (1).

Du jeudi 10, *Versailles.* — La fièvre continuant toujours malgré les deux saignées, avec des redoublements (2), on jugea que ce pouvoit être une fluxion de poitrine. La nuit du dimanche 6 au lundi 7, Madame fut saignée à trois heures du matin par la même ouverture de la dernière; mais comme on ne put faire une saignée assez abondante, on la repiqua à sept heures (3). On avoit envoyé chercher à Paris les médecins consultants, Dumoulin, Falconnet, Senac et Quesnay (4), qui s'assemblèrent avec la faculté de la Cour. On jugea que c'étoit une fièvre putride; on fit prendre l'émétique à Madame dans la

---

(1) Mme la maréchale de Duras me disoit encore hier que lorsqu'elle fut nommée dame d'honneur de Mesdames aînées, Madame Henriette prenoit de la limaille en se mettant à table pour dîner, et à ce même dîner mangeoit de la salade, et après le dîner prenoit du café au lait. Mme la maréchale de Duras lui faisoit des représentations sur cette manière de se gouverner, mais c'étoit inutilement. (*Addition du duc de Luynes*, datée du 26 février 1752.)

(2) Le 5, vers les sept heures du matin, la fièvre diminua, et Madame dormit jusqu'à dix heures et demie. (*Note du duc de Luynes.*)

(3) Madame fut plus tranquille la nuit du 7 au 8. (*Note du duc de Luynes.*)

(4) Quesnay est ici auprès de Mme d'Estrades. (*Note du duc de Luynes.*)

matinée du mardi 8. Après que l'émétique eut fait effet, Madame eut des convulsions dans tout le corps, lesquelles ne cessoient que par des cris qui ressembloient à des vapeurs; et dans le temps même de ces cris Madame disoit qu'elle ne sentoit aucune douleur, ce qui prouve bien que ces cris n'étoient autre chose que des convulsions dans la gorge. Vers les six heures du soir, Madame eut de grandes inquiétudes; elle vouloit se lever, se mettre sur une chaise longue; enfin on la changea de lit; elle parut fort tranquille dans ce moment; elle se mit à son séant, un éventail à la main. La Reine y étoit; Madame lui parut si bien, qu'elle l'envoya dire au Roi; mais ce calme ne fut pas de longue durée. La fièvre continuoit toujours; elle redoubla la nuit. On avoit envoyé querir le P. Pérusseau dès le lundi, et Madame se confessa ce jour-là même, le soir.

Le Roi, qui devoit aller à Bellevue ce même mardi, donna contre-ordre. Il y eut aussi ordre de contremander les comédiens qui devoient jouer ici. Et ce même jour, qui étoit jour d'opéra à Paris, il n'y en eut point, à cause de l'enterrement de M. le duc d'Orléans. On avoit demandé au Roi que cet enterrement fût réglé pour un jour qu'il ne devoit pas y avoir d'opéra. M. le duc d'Orléans d'aujourd'hui demanda que l'enterrement fût remis un jour d'opéra; le Roi y consentit, et le Roi envoya ordre de fermer l'Opéra ce jour-là.

L'après-dînée du mardi, on donna à Madame du tartre stibié; le ventre étoit tendu, les urines étoient peu abondantes et crues; le remède produisit quelques évacuations.

Le mercredi matin, Madame fut saignée du pied. Cette saignée produisit du calme, et Madame se trouva un peu mieux. Elle demanda à recevoir Notre-Seigneur et l'envoya dire au Roi. S. M. y consentit, et vint chez Madame, à qui il parla avec beaucoup de piété et d'amitié. Le Roi ordonna que tout fût prêt pour sept heures. Madame dit qu'il y avoit encore bien loin jusqu'à sept heures, et le Roi ordonna que l'on se dépêchât. On envoya à Notre-Dame avertir M. le curé, qui se rendit à la chapelle. M. l'évêque de Meaux, premier aumônier de Madame, alla à la chapelle en rochet et camail prendre le Saint-Sacrement. La garde avoit eu ordre de monter, et elle étoit dans la cour, les valets de pied du Roi étoient en grand nombre, avec des flambeaux; le Roi, la Reine, M. le Dauphin et Mesdames allèrent par l'escalier de marbre et par la cour au-devant du Saint-Sacrement, porté par M. l'évêque de Meaux précédé par plusieurs prêtres en surplis et par M. Jomard, curé de Notre-Dame. Le dais étoit porté par un capitaine des gardes, M. le duc d'Ayen (1), et un premier gentilhomme de la chambre, M. le duc de Fleury, à droite.

LL. MM. trouvèrent le Saint-Sacrement à quelques pas de la voûte, entrant dans la cour du château. M. le cardinal de Soubise et M. l'archevêque de Rouen, tous deux en rochet et camail, suivoient le Roi et la Reine. Mme la Dauphine, à cause de sa grossesse, n'a rien vu de cette triste cérémonie; elle étoit pendant ce temps dans les cabinets de Mesdames. Le Roi, la Reine, M. le Dauphin et Mesdames reconduisirent le Saint-Sacrement à la chapelle. Pour ce retour, ce furent M. de Luxembourg et M. le maréchal de Richelieu (celui-ci à la droite) qui portèrent le dais. On ne donna point l'extrême-onction à Madame, quoique ce soit l'usage du diocèse; on n'a pas jugé qu'elle fût assez mal pour cela. M. l'archevêque de Rouen, qui a été consulté par le Roi, a dit qu'il n'y avoit point d'inconvénient.

Après que Madame eut reçu le viatique, elle se trouva mieux, quoique la fièvre fût toujours très-forte. Le Roi

---

(1) M. le duc d'Ayen est en quartier, et M. le duc de Fleury en année. M. de Fleury avoit la droite, parce qu'en ce cas elle appartient au premier gentilhomme de la chambre. (*Note du duc de Luynes.*)

et la Reine y passèrent presque toute la journée, ainsi que M. le Dauphin, Mme la Dauphine et Mesdames; mais Mme la Dauphine étoit presque toujours dans les cabinets.

Ce même jour mercredi il devoit y avoir grand couvert à neuf heures; il étoit tout prêt, mais il fut contremandé.

L'état de tranquillité où paroissoit être Madame le soir du mercredi étoit apparemment l'effet de la gangrène, qui après avoir donné occasion aux convulsions dans la gorge, et par conséquent aux cris involontaires sans douleur, s'étoit déjà fixée dans les entrailles. L'état de ce matin à sept heures a été si effrayant que l'on a été éveiller le Roi et la Reine; mais Madame étant sans connoissance, on a représenté au Roi qu'il étoit inutile qu'il y allât, et que c'étoit le seul moyen d'empêcher Mgr le Dauphin et Mme la Dauphine d'être témoins de ce triste spectacle. Le Roi est donc demeuré chez lui habillé et couché sur un canapé, sans dire un mot et pénétré de la plus vive douleur. Il a défendu que M. le Dauphin et Mme la Dauphine fussent éveillés; et lorsqu'il a su que M. le Dauphin l'étoit, il a envoyé d'abord M. d'Aumont lui dire qu'il ne montât pas chez Madame, et ensuite que lorsque Mme la Dauphine seroit éveillée, il lui proposât de monter chez lui, afin qu'elle ne fût point effrayée et saisie par la défense d'aller chez Madame. Il n'y avoit chez le Roi que les grandes et premières entrées. On avoit dès sept heures appliqué les vésicatoires (1) à Madame, mais

---

(1) On prétend qu'on auroit bien fait de faire un cautère à Madame, mais l'effet de ce remède auroit été trop lent pour en espérer du succès. Il y avoit longtemps qu'on auroit dû l'employer, et Madame n'y avoit pas de répugnance; apparemment qu'on ne le jugea pas nécessaire. On a prétendu que Madame avoit mis de la pommade pour faire passer ses gales. Mme Adélaïde, qui la voyoit plus souvent qu'une autre, ne le croyoit pas. Cependant il a été prouvé, et Mme Adélaïde en est convaincue, que Mme Henriette avoit fait usage d'une pommade que l'Infante lui avoit donnée. On a jugé que l'on auroit dû faire plus tôt des remèdes à Madame, mais il est certain que dans l'état où étoit son sang, tant de naissance que par la manière dont elle se conduisoit pour man-

sans effet. La Reine y a été avant huit heures; elle l'a trouvée qui parloit avec force, mais sans connoissance. Elle a passé chez Madame Adélaïde. Madame, au milieu de plusieurs discours sans raison et sans suite, disoit de temps en temps : « Ah! ma sœur, ma chère sœur ! » Le R. P. Pérusseau étoit auprès de Madame; il a dit à M. de Meaux qu'il croyoit très à propos de donner l'extrême-onction, et qu'il n'y avoit point de temps à perdre ; M. de Meaux a envoyé avertir à la paroisse pour les saintes huiles. M. le curé les a apportées à la sacristie de la chapelle, où un clerc de chapelle les a prises de la main de M. le curé et les a portées dans la chambre de Madame, où il les a remises à M. de Meaux, et M. de Meaux les a données à Madame, sans que la connoissance lui soit revenue. Après la cérémonie, Madame l'a appelé, et lui a dit en le nommant : « Je remarquai bien hier que dans la cérémonie que vous fîtes vous aviez les larmes aux yeux. J'ai reconnu votre attachement pour moi, j'en suis très-touchée. » M. de Meaux a répondu en peu de mots qu'il voudroit avoir d'autres occasions de lui prouver son zèle et son attachement, qu'il ne pouvoit en ce moment que l'exhorter à faire avec soumission le sacrifice que Dieu demandoit d'elle et à rappeler tous les sentiments de religion qu'il avoit mis dans son cœur. Madame n'a rien répondu, et a paru faire réflexion aux paroles de M. de Meaux. Mais un moment après, elle lui a dit : « Je vais m'habiller », et elle a toujours été depuis sans connoissance. C'est pourtant à peu près dans ce même moment que M. l'archevêque de Paris étant entré dans la chambre de Madame, et s'étant approché de son lit, elle a paru le reconnoître et lui a fait un signe de tête ; mais ayant voulu

---

ger, du jour que la fièvre lui a pris, son mal étoit sans remède. Il est vraisemblable que les médecins habiles l'ont pensé de même, mais ils ne le disoient pas, à beaucoup près ; on sait que leur méthode est de flatter les malades et les parents. (*Note du duc de Luynes.*)

lui parler, elle l'appela « mon père ». Cela prouve qu'il y avoit une connoissance momentanée et souvent interrompue.

On ne peut exprimer la douleur dans laquelle le Roi est plongé. La Reine est fort affligée, aussi bien que M. le Dauphin, Mᵐᵉ la Dauphine et Mesdames. Madame Adélaïde ne pleure point, mais les douleurs sans larmes sont ordinairement les plus longues.

Le jeudi matin, Madame Louise ne savoit pas l'état de Madame Henriette. Quelque attention que l'on eût pour lui adoucir les mauvaises nouvelles, elle comprit bien par les réponses qu'on lui fit que le danger étoit grand et prochain ; elle fondit en larmes, et dit : « Pourquoi ne m'a-t-on pas laissée à Fontevrault, je ne l'aurois jamais connue ! »

Madame aimoit le Roi véritablement ; le Roi le savoit, et c'est ce qui augmente sa douleur. Madame étoit fort aimée ; son caractère doux, sans humeur, et même sans volonté, la rendoit extrêmement complaisante pour M. le Dauphin, Mᵐᵉ la Dauphine et Mesdames ses sœurs. Madame avoit de la dignité et de la politesse ; elle savoit dire à un chacun ce qui convenoit, et paroissoit désirer de plaire et d'être aimée.

Elle avoit beaucoup de piété ; elle aimoit à donner. Il auroit été à désirer qu'elle eût eu plus de soin de sa santé, mais elle ne vouloit avoir aucun égard aux représentations sur cet article. On prétend qu'elle crachoit le sang le jour qu'elle alla en traîneau avec le Roi. Madame Adélaïde le savoit et voulut en parler ; mais Madame lui recommanda avec tant d'instances de n'en rien dire, qu'elle fut obligée de garder ce secret. Quoiqu'elle aimât beaucoup Madame Adélaïde, elle ne lui disoit jamais ses incommodités. Elle disoit qu'elle mourroit plutôt que d'en dire un mot.

Le Roi étoit toujours chez lui avec M. le Dauphin et Mᵐᵉ la Dauphine. La Reine, qui étoit retournée après la messe chez Madame, étoit dans le cabinet de Madame Adélaïde avec Mesdames. Il étoit environ midi quand le Roi l'a envoyée prier de passer chez lui avec Mesdames. Toute la famille a demeuré enfermée dans le cabinet, sans qu'il y eût aucun étranger.

J'ai oublié de marquer que lorsque M. le Dauphin et Mme la Dauphine étoient arrivés chez le Roi, ils s'étoient jetés à genoux fondant en larmes.

Dans la chambre du Roi étoient toutes les dames de la Reine, de Mme la Dauphine et de Mesdames, qui ont des entrées. Mme la Dauphine avoit dit à M. de Fleury que lorsque le malheur seroit arrivé, il n'avoit qu'à gratter à la porte et lui faire le moindre signe, et que cela suffiroit. Madame n'a expiré qu'à une heure trois quarts ; le Roi l'a su presque aussitôt, ayant vu par sa fenêtre le P. Pérusseau passer dans la cour. M. le cardinal de Soubise est venu chez le Roi aussitôt après la mort, où il a parlé à M. de Fleury. M. de Fleury a gratté à la porte, et a fait signe à Mme la Dauphine, comme elle l'avoit ordonné.

On a été pendant environ trois quarts d'heure sans rien savoir du parti qui seroit pris. Toute la Cour étoit dans l'OEil-de-bœuf attendant la décision. Pendant ce temps chacun avoit donné des ordres de son côté pour que le Roi n'attendît point, quelque part qu'il voulût aller. Les carrosses étoient prêts, le détachement des gardes commandé, et même on en avoit envoyé sur le chemin de Choisy. M. le comte de Noailles avoit envoyé faire faire du feu à Trianon et à Marly, M. de Champcenetz à Choisy, et M. le Premier à la Meutte. Mme la Dauphine, quoique très-affligée, étoit la seule à portée de demander la volonté du Roi ; mais lorsqu'elle a cru pouvoir faire cette question, le Roi lui a répondu : « Où l'on voudra. » Peut-être auroit-on pris le parti d'aller à Choisy, sans la grossesse de Mme la Dauphine.

Enfin il a été décidé que ce seroit à Trianon. La Reine a repassé dans son appartement, et Mme de Luynes est venue dîner chez elle avec M. l'archevêque de Rouen et quelques autres; la Reine n'a pris qu'un peu de bouillon. Elle a mandé à Mme de Luynes, vers la fin du dîner, de venir la trouver dans ses cabinets avec M. l'archevêque de Rouen.

Mme de Luynes a trouvé que la Reine étoit déjà repassée chez le Roi, qui l'avoit envoyé avertir après environ une demi-heure de temps. Le Roi s'est levé, et s'en est allé, suivi de M. le Dauphin, pour monter en carrosse; il étoit environ trois heures et demie. La Reine ne sachant point ce qu'elle devoit faire, l'a fait demander au Roi, qui a répondu qu'elle partiroit avec Madame Sophie et Madame Louise. Il avoit été décidé que Madame Adélaïde et Madame Victoire iroient avec Mme la Dauphine, et que la Reine n'auroit à Trianon que Mme de Luynes et Mme de Villars (1); que Mme la Dauphine auroit Mme de Brancas, Madame Adélaïde Mme de Rochechouart, et Mesdames cadettes Mme la maréchale de Duras. Mme d'Estrades est toujours malade, et Mme de Beauvilliers est dans une douleur extrême, étant particulièrement attachée à Madame.

La Reine est partie sur les quatre heures avec Madame Sophie et Madame Louise. Mme de Luynes étoit dans le même carrosse.

Le Roi en arrivant à Trianon s'est enfermé dans son appartement; la Reine et ses enfants y sont entrés à mesure qu'ils arrivoient, et ils y sont enfermés comme ils étoient ici. On avoit destiné à la Reine le grand appartement, mais elle a mieux aimé Trianon-sous-Bois. Il n'y a encore aucun ordre de donné pour les tristes cérémonies qui sont d'usage. M. de Brézé part pour Trianon avec M. de Saint-Florentin pour aller recevoir les ordres du Roi.

---

(1) Mme de Villars ayant son mal de tête n'a pu y aller. M. de la Mothe y a été, mais il est revenu coucher à Versailles, et y retournera demain matin. (*Note du duc de Luynes.*)

Du mardi 15. — M. le comte de Noailles n'avoit pu rassembler dans ce premier moment tous les officiers qui servent ordinairement à Trianon; ainsi ce fut un détachement de la bouche qui marcha. On n'avoit point d'ordre pour le souper; tout fut préparé en cas que le Roi voulût souper avec toute sa famille; enfin, il fut décidé que chacun mangeroit dans sa chambre. Le Roi mangea un peu de pain dans du bouillon. M. le Dauphin et Mme la Dauphine soupèrent chez eux, Mesdames toutes quatre ensemble chez elles, et la Reine soupa seule dans sa chambre. Ce souper, qui n'étoit composé que d'un potage, d'un poulet et d'œufs brouillés, ne fut pas servi aussi exactement qu'il auroit pu l'être, à cause du trouble où tout le monde étoit. On apporta une table; il n'y avoit point de linge, il fallut attendre; on servit un potage salé, deux poulets avec de mauvais lard et point de salière; enfin il fallut attendre jusqu'à du vin, qui manquoit. Il y eut une table pour les hommes et les dames.

Le lendemain, ce ne fut plus la bouche qui servit, ce furent les officiers de Trianon. On prétend qu'il en auroit coûté 25,000 livres de plus si la bouche avoit continué, à cause des extraordinaires, qui sont toujours fort cher. M. le maréchal de la Fare fit comme M. le maréchal de la Mothe, il revint coucher à Versailles, et retourna le lendemain à Trianon.

Dans Trianon-sous-Bois il y a six appartements, qui n'en faisoient que quatre du temps du feu Roi. Ces logements étant destinés aux hommes et femmes de la Cour qui suivent le Roi à ses voyages, le Roi a jugé qu'il n'étoit pas nécessaire qu'ils fussent aussi grands que lorsque le feu Roi y logeoit sa famille. Le premier de ces logements en entrant dans le corridor du côté de la galerie étoit occupé par Madame Adélaïde; le second par Mme de Luynes; le troisième étoit destiné pour Mme de Villars; quand on sut qu'elle ne viendroit pas, on le donna à Mme de Brancas, l'ancienne dame d'honneur, qui devoit loger dans le corridor au-dessus; le quatrième et le cinquième étoient occupés par M. le Dauphin et Mme la Dauphine; le sixième par la Reine, qui n'est composé que d'un petit carré d'antichambre, d'une chambre à deux croisées, une garde-robe pour les femmes de chambre et une de commodité.

Au corridor d'en haut, il y a huit logements. Ils étoient remplis par Mme de Rochechouart (Charleval), Mme de Lauraguais, Mme de Clermont, Mme la maréchale de Duras, et Mesdames les trois cadettes. Celui destiné pour Mme de Brancas resta vide (1).

On a fait plusieurs changements à Trianon. Tout le bâtiment à droite en entrant est actuellement composé d'un petit passage, d'une première antichambre qui est fort grande, et à la suite de cette pièce d'un grand salon; c'est celui où il y avoit autrefois une tribune pour la musique. Ce salon donne d'un côté par un passage dans la chambre du Roi, qui est grande, et après laquelle il y a un cabinet, etc. De l'autre côté ce même salon donne dans celui que l'on trouve à droite lorsque l'on est dans le péristyle,

---

(1) La nuit du vendredi au samedi le feu prit dans la chambre de Madame Adélaïde, par la cheminée du salon du billard, qui mit le feu au parquet et au lambris de Madame Adélaïde. On l'éveilla, et elle sortit de sa chambre, fort effrayée; elle vint dans le corridor, et dit fort haut qu'il falloit éveiller M. le Dauphin et Mme la Dauphine. Mme de Luynes, qui avoit passé la soirée chez la Reine, étoit rentrée et couchée; mais un de ses gens, nommé Belloy, qui devoit coucher dans un coffre, n'étoit pas encore déshabillé; il prit la liberté de dire à Madame Adélaïde que dans l'état où étoit Mme la Dauphine il seroit peut-être dangereux de la réveiller en criant au feu, lequel alloit être éteint. Le Roi lui a su bon gré de cette attention; il en fut instruit le lendemain par M. le comte de Noailles. M. le comte de Noailles vint sur-le-champ; on apporta beaucoup d'eau, et le feu fut éteint en peu de temps. Madame Adélaïde entra quelques moments chez M. le Dauphin, qui étoit chez Mme la Dauphine. Ni l'un ni l'autre n'entendirent aucun bruit; on accommoda pour Madame Adélaïde l'appartement qui étoit resté vide en haut, comme je l'ai dit, et elle y passa le reste de la nuit. Cette même nuit, le feu prit dans l'appartement de M. le duc d'Orléans, ici, que l'on accommodoit pour Madame Adélaïde; mais cela n'eut point de suite. (*Addition du duc de Luynes*, datée du 26 février 1752.)

et qui est dans l'alignement de l'appartement. C'est dans ce premier salon auprès du péristyle que l'on entend la messe. On a fait une chapelle dans un espace sur le double de ce salon qui servoit à un buffet, et c'est le petit abbé Lemoyne, clerc de chapelle de la Reine, qui y dit la messe tous les jours quand le Roi y est. Il est aumônier de Trianon. Je crois l'avoir marqué dans le temps.

J'ai marqué que M. de Brezé alla avec M. de Saint-Florentin recevoir les ordres du Roi. Il fut décidé qu'on porteroit ce soir-là même le corps de Madame à Paris aux Tuileries ; en conséquence, les ordres furent donnés pour les carrosses, gardes, valets de pied, etc.

A minuit on descendit le corps de Madame, enveloppé dans un grand drap, le visage couvert. Elle fut portée sur une espèce de matelas par quatre gardes du corps et mise dans un des carrosses du Roi destinés au service de Madame. Ce carrosse étoit à huit chevaux ; elle fut établie dans le fond presque comme assise, sans personne auprès d'elle, seulement deux femmes de chambre sur le devant. Je ne sais si Mme de Beauvilliers et M. de Meaux, et même M. le curé de Versailles, devoient être dans ce carrosse, je crois bien que Mme Raymond, nourrice et depuis première femme de chambre de Madame, auroit dû y être de préférence à toute autre femme de chambre ; apparemment que l'excessive douleur dans laquelle elle étoit et l'état de sa santé ne le permirent pas. Pour Mme de Beauvilliers, elle eut des convulsions toute la journée, et je ne comprends pas même comme elle eut la force d'aller dans le second carrosse. Il y avoit dans ce second carrosse Mme de Beauvilliers, et Mme la maréchale de Maillebois dans le fond, Mme de Gouy et Mme de la Rivière. Ce carrosse marchoit derrière celui de Madame.

Il y en avoit un autre qui marchoit devant celui du corps ; il y avoit quatre hommes dans celui-ci : M. l'archevêque de Meaux, M. Jomard, curé de Notre-Dame, le P. Pérusseau et l'abbé de Grandras, clerc de chapelle de Mesdames.

Le corps étoit accompagné d'un exempt, d'un brigadier et de 12 gardes. Ces trois carrosses éclairés par beaucoup de gardes à cheval, de pages et de valets de pied de la grande et de la petite écurie. Tous portoient des flambeaux, hors les gardes. Ils partirent à minuit et demi, et arrivèrent aux Tuileries à deux heures et demie. Je mettrai le plus en détail que je pourrai les cérémonies des Tuileries lorsque j'en serai instruit.

Il n'y avoit que fort peu d'hommes qui fussent restés à Trianon et qui y eussent couché. Le lendemain, presque tous ceux qui étoient restés ici s'adressèrent à M. le comte de Noailles, suivant l'usage de Trianon, et obtinrent la permission d'aller faire leur cour au lever. La Reine et toute la famille royale se rendirent chez le Roi avant la messe, et après la messe, qu'ils entendirent dans le salon, comme je viens de l'expliquer, ils rentrèrent chez le Roi jusqu'à l'heure du dîner. L'arrangement du dîner, comme la veille pour le souper. Tous mangèrent séparément. Il y eut une table d'environ 30 couverts pour les hommes et les femmes du service. Il n'y eut que 13 ou 14 personnes qui y mangèrent; les autres revinrent ici. Ce fut ce même jour qu'il y eut une députation de la maison du Val-de-Grâce à Trianon pour demander le cœur de Madame; c'est un usage toujours observé en pareil cas, sans quoi le cœur ne seroit pas envoyé au Val-de-Grâce.

Le Roi n'étoit pas en état de répondre à pareille demande, ce fut M. de Fleury qui répondit en son nom.

J'oubliois de marquer, par rapport à la douleur extrême du Roi, que le vendredi matin, après que la Reine et ses enfants furent sortis de chez lui, il alla se promener et revint ensuite chez la Reine la voir pendant son dîner; il fit un peu de conversation, mais l'après-dînée il sortit encore, et quoiqu'il y eût cinq ou six personnes à sa suite, il s'avança cinquante pas en avant, et se promena seul sans dire un mot à qui que ce soit.

Du vendredi 18. — Comme je n'ai point encore la relation de ce qui s'est passé aux Tuileries, je remarquerai seulement, en attendant, que l'ouverture du corps de Madame se fit lundi, par Loustonot, son chirurgien, et que le cœur fut remis à Mme de Beauvilliers sur un plat d'argent ; que l'on n'a point trouvé d'autre cause de mort qu'une pourriture générale et le cœur un peu resserré. On disoit, il y a quelques jours, que lorsque Madame prenoit du bouillon, la veille de sa mort, c'en étoit assez pour augmenter ses convulsions. C'est le mardi 15 qu'a commencé la chapelle ardente, et ce jour-là a commencé une table pour Mme de Beauvilliers et pour les dames de Madame qui étoient de garde. Mme de Beauvilliers prioit ordinairement les évêques qui étoient venus garder, d'autant plus qu'ils retournoient l'après-dînée à la chambre ardente ; elle faisoit aussi manger à cette table l'exempt qui restoit toujours auprès du corps ; cette table étoit augmentée quand Mme de Beauvilliers le jugeoit à propos ; elle étoit de 12 couverts et étoit parfaitement bien servie. Il y avoit outre cela une table que l'on appelle du bureau, où cet exempt auroit pu manger. Elle est aussi pour les chapelains, clercs de chapelle, aumôniers, etc. Ces deux tables ont subsisté depuis le mardi à dîner jusqu'au samedi après dîner.

J'espère que je pourrai ajouter ici un plan de la chambre ardente et les noms des évêques et des dames qui ont gardé chaque jour. Mme de Beauvilliers y a toujours été soir et matin. Mme d'Estrades n'a pu être à rien, étant toujours malade. Il y avoit chaque jour M. de Meaux et quatre évêques, deux dames de Madame et quatre dames nommées, ordinairement deux titrées et deux non titrées. Mme de Marsan et Mme d'Aumont ont été le premier jour. J'oubliois de marquer que le dimanche, lendemain de l'arrivée, on vit Madame à visage découvert sur un lit de parade. Un homme qui y alla ce jour-là m'a dit que de temps en temps on essuyoit avec un linge la bouche de Madame, soit que ce fût une fonte d'humeur ou de sang. Cela devint assez considérable pour obliger, l'après-dînée, de faire fermer la porte d'assez bonne heure.

M. le Dauphin alla le mercredi jeter de l'eau bénite; il partit d'ici à dix heures un quart, ayant dans son carrosse M. de Richelieu et M. de Fleury sur le devant, M. le chevalier de Montaigu et M. de Cossé aux portières. Le second carrosse étoit rempli de ses menins. Il n'y avoit point de carrosse des écuyers. Tous les princes du sang, excepté M. le comte de Charolois, qui est incommodé, se trouvèrent aux Tuileries pour suivre M. le Dauphin. Le manteau de M. le Dauphin étoit porté par M. de Fleury, à droite, parce qu'il est en année, et par M. de Richelieu, à la gauche; ils ne quittèrent point le manteau, même pendant l'eau bénite (1).

Le manteau de M. le duc d'Orléans, ceux des princes du sang et des légitimés furent quittés à la porte de la chambre et repris au même endroit. On avoit compté que ce même jour MM. de Rohan et de Bouillon se présenteroient pour jeter de l'eau bénite vers les trois heures après midi, et les ducs avoient averti quatre d'entre eux, savoir MM. de Fitz-James, de Villars, de Lauraguais et d'Aiguillon; mais M. de Soubise et M. de Turenne y allèrent le matin. M. de Soubise, avec politesse, en avertit M. de Chaulnes, qui, se trouvant seul de duc dans ce moment avec M. de Biron, se présenta de même que MM. de Soubise et de Turenne pour aller jeter de l'eau bénite. M. de Brezé leur répondit, suivant l'ordre du Roi, qu'ils n'en pouvoient jeter ni les uns ni les autres. On s'attendoit de part et d'autre à cette réponse, qui est devenue en usage. Les quatre ducs que j'ai nommés arrivèrent à trois heures; et comme il n'y avoit plus ni Rohan ni

---

(1) M. de Bouillon auroit fort volontiers porté le manteau de M. le Dauphin, mais il auroit voulu le porter seul. Il a dit qu'il n'iroit qu'en cas que le Roi le lui ordonnât. (*Note du duc de Luynes.*)

Bouillon dans ce moment, ils se présentèrent pour jeter de l'eau bénite ; ils furent annoncés, entrèrent, reçurent le goupillon du hérault d'armes ; ils eurent des carreaux, et s'acquittèrent de ce triste devoir sans aucune contestation et sans vouloir en tirer aucun avantage, leur intention n'ayant été que de marquer leur respect pour le Roi et pour feu Madame, le Roi ne voulant point décider pour la préséance entre les ducs et pairs et MM. de Rohan et de Bouillon.

Il est certain que lorsqu'il y aura concurrence, ni les uns ni les autres ne jetteront de l'eau bénite ; mais cet usage ne peut pas empêcher que chacun d'eux en particulier, ou deux ou trois ensemble, ne donne cette marque de son respect et ne reçoive alors des honneurs que le Roi a bien voulu leur accorder. C'est ce qui s'est pratiqué en effet pendant les cinq jours de la chambre ardente. Toutes les fois qu'il s'est présenté des ducs, ils ont été annoncés, ont eu le carreau et le goupillon ; toutes les femmes titrées de même ; et Mme de Beauvilliers, qui entroit et sortoit plusieurs fois dans la journée, étoit annoncée toutes les fois qu'elle rentroit.

M. le Dauphin étoit revenu ici à une heure et demie. Il mit son manteau et son collier aux Tuileries dans la chambre de Bontemps ; il y ôta seulement son collier en sortant (1) et revint ici avec son manteau. M. de Richelieu avoit aussi le collier.

Mesdames allèrent l'après-midi de ce même jour jeter de l'eau bénite aux Tuileries. L'ordre étoit donné pour quatre heures. Quoique Mesdames eussent été au pas depuis l'entrée de la rue Saint-Honoré, elles arrivèrent à trois heures et demie ; elles entrèrent dans une des pièces de l'appartement de Bontemps, pour s'habiller. Toutes les

---

(1) M. le Dauphin ne dit pas un mot, ni en allant ni en revenant. (*Note du duc de Luynes.*)

princesses y étoient déjà, excepté Mlle de Charolois, qui est incommodée, et Mme la duchesse d'Orléans, qui n'arriva qu'après quatre heures. Il n'y avoit que Mesdames les trois cadettes. On avoit cru devoir éviter ce triste spectacle à Madame Adélaïde. Lorsque Mesdames furent sorties, il se présenta pour jeter de l'eau bénite Mmes de Turenne, de Montbazon et deux ou trois autres; mais comme il s'y trouva des duchesses en même temps, elles furent refusées de part et d'autre. Les princesses du sang et Mme la duchesse de Penthièvre jetèrent de l'eau bénite immédiatement après Mesdames, et nulle autre personne.

Mesdames après avoir ôté leurs mantes remontèrent en carrosse aussitôt; Madame Victoire et Madame Sophie étoient dans le fond; Madame Louise et Mme la maréchale de Duras sur le devant; Mme de Clermont à une portière, et à l'autre une des dames de Mesdames; je crois que c'est Mme de Durfort.

Il y avoit fort peu de peuple assemblé aux Tuileries quand M. le Dauphin y arriva; on ne savoit pas qu'il dût y venir de si bonne heure, mais il y en eut beaucoup l'après-dînée à l'arrivée de Mesdames.

J'oubliois encore de marquer que M. le Dauphin et Mesdames arrivèrent par la grande cour des Tuileries. Dans le second carrosse il n'y avoit que les dames qui sont attachées à Mesdames. Il y avoit outre cela le carrosse des écuyers. Mesdames passèrent Paris au pas, en retournant comme en venant. En passant devant Saint-Roch, Mme la maréchale de Duras ayant aperçu le Saint-Sacrement qui sortoit et que l'on portoit à un malade, tira le cordon. L'usage ordinaire pour les femmes en pareil cas est de se jeter à genoux dans son carrosse; mais Madame Victoire ayant aperçu que le prêtre qui portoit le Saint-Sacrement étoit arrêté sur le degré qui descend de la paroisse et attendoit qu'elles fussent à genoux pour leur donner la bénédiction, elle fit ouvrir la portière par le valet de pied qui marchoit à côté, et descendant avec une rapidité qui ne donna presque pas le temps à Mme la maréchale de Duras de s'en apercevoir, elle et Mesdames ses sœurs, qui l'avoient suivie, se mirent à genoux sur le pavé, dans la boue, et reçurent la bénédiction. Cette marque de piété fut un grand sujet d'édification pour le peuple, et on entendit des voix qui disoient : « Ah ! les adorables princesses ! »

Je crois devoir à cette occasion parler de ce qui arriva à la Reine à Strasbourg. On le trouvera à la fin de ce livre dans une lettre que M. Passionei, cardinal-dataire, a écrite depuis peu à M. le président Hénault (1). Le cardinal Passionei, qui a exercé différents emplois considérables, a une très-belle bibliothèque ; il est savant et aime les belles-lettres. M. le président Hénault lui a envoyé, il y a déjà longtemps, son livre de l'*Abrégé de l'histoire de France*. Le cardinal, fort touché de ce présent, lui a donné les justes louanges qu'il mérite. Il a envoyé depuis peu le bref qu'il vient de faire pour la béatification de Mme de Chantal. C'est l'envoi de ce bref et le remerciement de M. le président Hénault qui a donné occasion à la lettre dont je viens de parler.

Le détail que j'ai fait ci-dessus de l'eau bénite jetée par les quatre ducs sembloit ne devoir donner occasion à aucune plainte. Cependant le fait ayant été rapporté peu exactement a déterminé M. le prince de Soubise à écrire à M. de Saint-Florentin (2). On m'a dit que la lettre étoit de huit pages. Il prétend que malgré la manière honnête dont tout s'étoit passé le matin, les quatre ducs sont venus sans manteau et comme par curiosité ; qu'ils ne sont venus que l'après-dînée pour ne point trouver de concurrence, et que profitant du moment que M. de Brezé étoit sorti pour conduire Mesdames, et prenant

---

(1) Voir à l'Appendice à l'année 1752 la pièce n° 3.
(2) On m'avoit dit d'abord le cardinal de Soubise ; on m'a dit depuis le prince. Quoi qu'il en soit, la lettre est très-vraie. (*Note du duc de Luynes.*)

alors des manteaux, non-seulement ils s'étoient fait annoncer, mais qu'ils avoient demandé une reconnoissance à l'huissier comme ils étoient les premiers à venir jeter de l'eau bénite.

Le fait n'est point vrai, il n'est pas même vraisemblable, l'huissier n'ayant aucun droit de leur donner ni acte ni reconnoissance; malgré cela, j'ai voulu m'en instruire exactement, et tout s'est trouvé faux, hors ce que j'ai marqué.

Les cours supérieures et la Ville ont été jeter de l'eau bénite. Je n'en marque point le détail. On sait l'usage ordinaire.

Du mardi 22. — Le jeudi 17, le cœur de Madame fut porté au Val-de-Grâce. Je marquerai le détail de cette cérémonie, si je peux l'avoir. Tout ce que je sais jusqu'à présent, c'étoit Mme la duchesse d'Orléans qui conduisoit le cœur. Elle étoit dans un carrosse du Roi, M. de Meaux à droite dans le fond tenant le cœur, Mme d'Orléans à sa gauche, Mme de Beauvilliers sur le devant et Mme de Luxembourg à côté d'elle, M. l'abbé de Jonac, aumônier de Madame, à la portière du côté de M. de Meaux, et à l'autre Mme de Polignac, dame d'honneur de Mme d'Orléans. C'étoit naturellement la place de Mme d'Estrades, si elle avoit pu y être, ou de toute autre dame représentant la dame d'atours ; mais il faut pour cela un brevet du Roi, comme Mme de Rubempré en eut un quand elle alla au-devant de Mme la Dauphine. Aux convois, lorsque les princesses sont dans leurs carrosses, il n'est pas douteux qu'elles doivent avoir leur dame d'honneur avec elles.

Le corps de Madame fut porté samedi à Saint-Denis; elle étoit accompagnée par quatre princesses du sang, chacune dans leur carrosse, Mme la duchesse d'Orléans, Mme la princesse de Conty, Mme de Modène et Mlle de Sens. Je ne sais pas encore les dames qui étoient avec chaque princesse. Mme la maréchale de Duras me contoit, il y a quelques jours, qu'à la mort de Mme la Dauphine (Savoie), en 1712, le Roi nomma les princesses (1) qui devoient accompagner le convoi. Mme la maréchale, alors duchesse de Duras, étoit fort attachée à Mme la Dauphine, à qui elle faisoit souvent sa cour, et par cette raison étoit encore plus affligée. Elle alla voir Mme la Duchesse l'après-dînée, et vint le soir chez Mme de Verue, sa tante; c'étoit la veille du convoi; elle croyoit pouvoir se flatter qu'elle ne seroit point du nombre de celles qui iroient à ce convoi. A onze heures et demie elle reçut une lettre de Mme la Duchesse; cette lettre étoit extrêmement polie et remplie d'amitié; Mme la maréchale de Duras m'a dit qu'elle étoit bien fâchée de l'avoir brûlée; Mme la Duchesse lui marquoit qu'elle avoit reçu fort tard la lettre du Roi, que depuis ce moment elle avoit envoyé chez toutes les personnes titrées, que toutes étoient ou hors d'état d'aller à cause de leur santé, ou engagées par les autres princesses, qu'il n'y avoit qu'elle seule à qui elle pût avoir recours, qu'elle savoit sa douleur et que c'étoit à regret qu'elle lui faisoit cette proposition, mais que si elle ne l'acceptoit pas, elle ne pourroit avoir aucune duchesse avec elle. Mlle la maréchale de Duras se rendit à ces raisons. Elles partirent le lendemain au soir. Mme la duchesse du Lude, dame d'honneur de Mme la Dauphine, étoit à côté de Mme la Duchesse. Comme les dames ne portoient point alors de paniers, mais seulement des criardes, on se mettoit sept dans chaque carrosse; Mme de Mailly, dame d'atours, étoit sur le devant avec Mme la maréchale de Duras et Mme la princesse d'Harcourt; aux deux portières étoient Mme de Roucy, dame du palais, et Mme de l'Aigle.

Revenons au convoi de Madame. On trouvera ci-après le nombre des troupes. Le convoi partit des Tuileries à six heures et demie, et arriva à Saint-Denis entre dix et

---

(1) Mme la Duchesse, sa belle-fille (Conty), Mlle de la Roche-sur-Yon, Mme de Vendôme. (*Note du duc de Luynes.*)

onze. On compte que l'enterrement se fera le jeudi de la semaine de la Passion. C'est à peu près la fin des 40 jours. On ne pourroit pas le retarder plus longtemps, à cause de la fête de l'Annonciation et de la quinzaine de Pâques.

A la mort de Mme la Dauphine, c'étoit M. de Muy qui tenoit une table pour les dames et l'officier des gardes. L'aumônier, le chapelain et le clerc de chapelle étoient aussi nourris, mais Mme la Dauphine avoit une maison. Ceci est un exemple nouveau. Madame avoit une maison en commun avec Madame Adélaïde, pour qui elle subsiste encore, mais il n'y avoit point de bouche; elles étoient servies par un détachement de la bouche du Roi. C'est donc ce détachement qui a fait le service aux Tuileries et qui le fait à Saint-Denis, et on en a fait un nouveau pour Madame Adélaïde.

Il y a à Saint-Denis une table, de six couverts ordinairement, pour les dames. Il y a deux dames tous les jours qui vont seulement à la grande messe le matin et prier Dieu un moment l'après-dînée, et les dimanches à la grande messe et à vêpres l'après-midi. L'aumônier, le chapelain, le clerc de chapelle et l'officier des gardes sont aussi nourris (1). Le samedi, Mme la duchesse de Beauvilliers, Mme de Brissac et Mme de Maillebois, voulant être le dimanche à la grande messe, prirent le parti de coucher à Saint-Denis; elles couchèrent dans l'abbaye, où il y a des chambres d'hôtes, bonnes et bien meublées, avec une garde-robe de propreté; quelques-unes ont des cabinets, mais point de garde-robe pour les femmes de chambre; elles couchent sur une chaise longue dans la chambre de leur maîtresse. La meilleure avoit été marquée par le maréchal des logis pour Mme de Beauvilliers, la seconde pour M. le baron de Montmorency, chevalier d'honneur, mais il la céda avec

---

(1) Il y a pour cela une seconde table, qu'on appelle la table du bureau; mais vraisemblablement l'officier des gardes mangera à la première, comme il a fait à Paris. (*Note du duc de Luynes.*)

politesse à Mme de Brissac et en prit une plus petite. Mme de Beauvilliers ira et viendra pour être de temps en temps auprès de Madame Adélaïde et souvent à Saint-Denis. Lorsqu'elle voudra dîner à Saint-Denis, on augmentera la table; elle est servie magnifiquement et avec toutes sortes d'attentions et de politesses.

On avoit cru d'abord qu'à l'exemple de la maison de feu Mme la Dauphine (1), la maison de Madame ne paroîtroit qu'au bout de 40 jours, et qu'elles viendroient faire leurs révérences toutes ensemble; mais le cas n'est pas pareil, cette maison subsistant pour Madame Adélaïde, avec qui elle étoit commune (2). Il a été arrangé que des huit dames attachées à Madame Adélaïde, indépendamment des surnuméraires, deux seroient ici avec Madame Adélaïde et les six autres à Paris, dont deux à Saint-Denis tous les jours. Mme de Brissac, comme la plus ancienne, a eu la liberté de choisir les jours qui lui conviendroient davantage.

On trouvera à la fin de ce livre (3) la relation telle que je pourrai la rassembler par les différents éclaircissements qui me seront donnés, tant par rapport aux Tuileries qu'au Val-de-Grâce et à Saint-Denis. Les observations que l'on peut y ajouter, c'est que toutes les tentures et décorations de tous ces différents lieux sont faites par les Menus, sous les ordres du premier gentilhomme de la chambre; il y a quelques fournitures faites par le Garde-Meuble, comme le lit de parade et, je crois, quelques sièges. Comme le grand maître des cérémonies doit être plus au fait que personne du nombre et de l'espèce de tenture qu'il doit y avoir, c'est lui qui règle tout. Il or-

---

(1) La maison de Mme la Dauphine devoit naturellement être cassée à sa mort. Elle ne subsista que parce que le Roi voulut la garder pour la future Dauphine; celle-ci subsistoit de droit. (*Note du duc de Luynes.*)

(2) Il n'a été les premiers jours auprès de Madame Adélaïde que M^mé de Civrac, qui est malade, et deux surnuméraires. (*Note du duc de Luynes.*)

(3) Voir à l'Appendice à l'année 1752 la pièce n° 4.

donne même que les fournitures soient faites, afin que rien ne manque, mais il n'en fait faire aucune. Toutes les tentures des portes en dehors appartiennent aux Cent-Suisses. On ne sait pas trop l'origine de ce droit, mais c'est un usage. C'est peut-être trop de dire qu'elle leur appartient : c'est le terme dont ils se servent ; mais je crois qu'à proprement parler ce n'est qu'un droit qu'ils ont sur la dite tenture, laquelle est confiée à leur garde ; ce qui est certain, c'est que les crieurs leur donnent une petite somme pour ce droit. Ils ont eu 15 livres pour le Val-de-Grâce et un louis pour les Tuileries. Cette petite somme n'est pas pour chaque Cent-Suisse, mais pour tout le détachement. Par droit semblable, ou, pour parler plus juste, par un usage comme je viens de l'expliquer, le luminaire du chœur de Saint-Denis le jour de l'enterrement appartient aux gardes du corps, et celui de toute la nef aux Cent-Suisses. A la mort de Mme la Dauphine, les religieux de Saint-Denis voulurent faire un accommodement avec les Cent-Suisses pour racheter le luminaire de la nef; ils ne convinrent pas de prix, et les Cent-Suisses enlevèrent le luminaire. Le poêle que l'on met sur le cercueil le jour du convoi appartient aux valets de pied ; je l'ai déjà dit à la mort de Mme la Dauphine. Celui de feu Mme la Dauphine (Savoie), en 1712, fut vendu par les valets de pied 1,800 livres. Il étoit de velours noir avec les croix de noir d'argent. Celui de Mme la Dauphine (d'Espagne), en 1746, n'étoit que de panne ; il fut vendu environ 400 livres. Pour celui de Madame, les valets de pied comptent en avoir 30 louis.

Du mercredi 23. — Mesdames ont quitté la coiffe aujourd'hui ; on avoit dit qu'elles la porteroient douze jours; cependant ce n'est que le neuvième depuis le commencement du deuil.

Mme la duchesse de Tallard me parloit aujourd'hui de ce qui se passa à la mort de Madame, dont on eut la nouvelle à Lunéville. Mesdames prirent le deuil en arrivant ici. Le lendemain, Mme de Tallard les suivant chez la Reine, qui arrivoit de Lunéville, crut qu'il étoit convenable qu'elles parussent avec une coiffe devant la Reine. La Reine voulut jouer à cavagnole; Mme de Tallard jugea à propos de proposer à Mesdames de retourner chez elles à cause de la coiffe, qui pouvoit ne pas convenir avec le jeu; mais la Reine fit jouer Mesdames à cavagnole malgré la coiffe.

J'ai demandé aussi à Mme de Tallard l'explication du cérémonial d'hier, d'aller faire des révérences à M. le duc de Bourgogne et à Madame. Il est vrai qu'en ne regardant que le seul degré de parenté, les révérences ne paroîtroient pas nécessaires, mais cette règle ne doit pas être observée pour les enfants de France; ils sont tous frères et sœurs. Le roi d'Espagne même (Philippe V), lorsqu'il écrivoit à Madame Infante, aujourd'hui duchesse de Parme, lui mettoit toujours : « A Madame ma fille et sœur. » Ces suscriptions de lettres sont encore usitées aujourd'hui.

A la mort de Monsieur, en 1701, on fit non-seulement des révérences à M. le duc de Bourgogne, qui étoit petit-fils de Monsieur par son mariage, mais aussi à M. le duc de Berry; et si Monseigneur ne s'étoit pas trouvé incommodé d'un mal à la jambe, on auroit aussi été chez lui; mais Monseigneur, après avoir été le matin chez le Roi, alla ensuite rendre une visite en particulier et sans cérémonie à Madame. Après quoi il revint chez lui, ne pouvant se tenir debout assez longtemps pour recevoir les révérences.

Du dimanche 27. — Le 11 de ce mois, le Roi quitta le deuil de la reine de Danemark, qu'il a toujours porté en violet; il mit un habit noir pour le deuil de M. le duc d'Orléans, qu'il a quitté le 23.

Le jeudi 10, jour de la mort de Madame, tous les spectacles furent fermés à Paris, non-seulement l'Opéra et la Comédie, mais les danseurs de corde, marionnettes, les loges de ceux qui montrent des bêtes, et généralement tout ce qui fait spectacle à la Foire; il n'y eut que les boutiques qui restèrent ouvertes. La Comédie et les autres spectacles n'ont recommencé que le mercredi 23, et l'Opéra le jeudi 24.

La Reine n'a point joué depuis la mort de Madame, et les jeux dans les maisons particulières, à la Cour, n'ont recommencé que mercredi 23.

Ce fut le mardi 15 qu'on prit le deuil pour la mort de Madame; on le porte six semaines (c'est un grand deuil), comme celui de père et mère, après les grandes et petites pleureuses. Je parlerois mal de l'ajustement des dames, mais les hommes porteront pendant trois semaines l'effilé avec les boucles, boutons et épées noirs. Toutes les dames de Madame drapent, non-seulement les charges (comme la dame d'honneur et la dame d'atours, le chevalier d'honneur et le premier écuyer), mais toutes les dames attachées à Madame; et non-seulement leurs femmes de chambre prennent le deuil, mais même leur livrée, carrosses, chaises à porteurs, etc.

Les porteurs noirs ne sont que pour ceux qui ont droit d'en avoir de leur livrée. On sait que les veuves remariées doivent draper des pères, mères, frères et sœurs de leurs premiers maris; mais en ce cas, comme je crois l'avoir marqué ailleurs, ce n'est que leurs femmes, valets de chambre attachés à leur service et leurs chaises à porteurs, et non point leur livrée, parce qu'elle est censée appartenir à leur mari. L'usage est différent pour les deuils de charges ou places, comme je viens de l'expliquer. Ce qui a fait dans cette occasion-ci un cas singulier, c'est qu'ordinairement quand l'on drape, la princesse étant morte, la maison ne subsiste plus, par conséquent plus de service à faire. Elle reparoît seulement tout ensemble devant le Roi, après l'enterrement, pour faire sa révérence; mais ici la maison subsiste pour le service de

Madame Adélaïde; mais Madame Adélaïde a dit qu'elle croyoit qu'on lui manqueroit de respect si l'on ne drapoit pas.

Mme de Beauvilliers vint ici le 21. Elle n'avoit point paru depuis la mort de Madame. Elle vit la Reine dans ses cabinets; elle vit aussi Madame Adélaïde, qui est toujours fort affligée, mais qui ne pleure point. Elle a été reçue avec beaucoup de marques de bonté. Mme de Beauvilliers est venue ici pour être derrière Madame Adélaïde pendant les révérences qui se firent le 22.

L'affliction du Roi paroît toujours bien grande, et même la chasse semble n'y apporter aucune diminution. Il alla le 21 courre le cerf à Saint-Germain ; il revint dans la maison de M. le duc d'Ayen à Saint-Germain, comme il fait ordinairement. Il y mangea du potage à l'eau, sans dire une seule parole ; de là il monta dans son vis-à-vis avec M. le duc d'Ayen et s'en revint ici sans ouvrir la bouche; enfin, il se mit à table, le soir, dans ses cabinets, avec Mme de Brancas douairière et Mme du Roure, et sept hommes, et ne dit pas un seul mot pendant tout le souper. Le souper est toujours maigre, et Mme de Pompadour mange chez elle, parce qu'elle fait gras.

Le 22, mardi, furent les révérences. L'heure étoit donnée pour les hommes après la messe du Roi, et pour les femmes à cinq heures.

La porte qui donne de l'antichambre du Roi dans l'OEil-de-bœuf, que l'on ouvre toujours quand le lever est fait, est restée fermée, parce que c'est dans l'OEil-de-bœuf que les hommes en manteau se sont assemblés. Il y avoit un monde prodigieux, hommes titrés et non titrés, des conseillers d'État, des maîtres des requêtes, tous en manteau et point en robes. Mesdames, qui étoient chez le Roi, sont sorties pour aller chez la Reine. M. le Dauphin étoit déjà entré chez le Roi, accompagné de presque tous ses menins; il étoit suivi par tous les princes du sang, excepté M. le comte de Charolois, qui est incom-

modé et a fait prier le Roi de vouloir bien recevoir ses
excuses. Les princes du sang avoient été prendre M. le
Dauphin chez lui. M. le duc d'Orléans étoit suivi de toute
sa maison, qu'il a présentée aujourd'hui. Tout le monde
étoit en pleureuses et en manteau long; quelques-uns
avoient des rabats et d'autres des cravates, gants noirs,
crêpe pendant, etc.; beaucoup de gens avoient des
écuyers ou valets de chambre pour porter leur manteau;
ceux qui les portoient et qui n'étoient point gens de livrée
avoient des habits noirs. M. de Saint-Aignan, M. de
Beauvilliers et quelques autres avoient un homme en
manteau. Le Roi étoit debout dans le cabinet de glace.
On avoit ôté la table du conseil. Immédiatement après
les princes du sang, tout le monde est entré sans distinction. Les quatre premiers qui sont entrés chez le Roi
étoient quatre ducs.

De ce nombre étoient MM. de Noailles et de Belle-Isle;
mais après cela chacun a passé comme il s'est trouvé,
titrés, non titrés, évêques, MM. de Rohan, de Bouillon,
des conseillers d'État, maîtres des requêtes, MM. de Lorraine. On a défilé devant le Roi, qui étoit en habit noir
et sans manteau; mais tout ce qui étoit derrière le Roi
étoit en manteau.

On pouvoit être étonné de voir les maîtres des requêtes en manteau comme courtisans; j'ai expliqué leurs
prétentions en 1746. Ils furent alors avertis de la part de
M. le chancelier; ils vouloient faire leurs révérences en
corps et en robe; ils se rendirent à Versailles, et comme
la prétention étoit nouvelle, il fut décidé qu'aucun
homme de robe ne feroit de révérence.

Cependant M. le lieutenant civil fut excepté de la
règle générale, et je crois deux ou trois autres, qui allèrent prendre des manteaux. La raison de cette décision,
c'est qu'il ne s'agit point ici de fonctions de charge,
mais de cérémonie de cour, et par conséquent de manteaux plutôt que de robes; que pour faire des révérences

en pareille cérémonie il faut avoir été présenté, et que plusieurs des maîtres des requêtes ne l'ont point été. Il n'y a en effet de présentés que ceux qui sont devenus conseillers d'État ou qui sont ou ont été intendants, ou bien à l'occasion de quelque remercîment. Outre cela, il y en a quelques-uns qui ont rapporté devant le Roi au conseil des finances ou de dépêches, et qui par conséquent sont connus de S. M. Dans cette occasion-ci, il n'y en a eu que quelques-uns nommés par M. le chancelier, qui a choisi les plus connus du Roi.

Après avoir passé devant le Roi, on est entré dans le cabinet des perruques, et de là dans la galerie. Là, tout le monde a attendu que M. le Dauphin, suivi des princes du sang, se rendît chez la Reine. La Reine étoit dans son fauteuil, dans son grand cabinet, comme aux grandes audiences ; Mme de Luynes et les dames du palais étoient en mantes. M. le Dauphin et les princes du sang sont restés chez la Reine pendant tout le temps des révérences. On a passé par le salon de la Reine ; on a traversé sa chambre, et après avoir fait la révérence à S. M. on a été tout de suite attendre M. le Dauphin chez lui. Il est arrivé environ une bonne demi-heure après, suivi des princes du sang, qui sont restés chez lui pendant le temps des révérences. M. le Dauphin étoit au milieu de son cabinet après sa chambre, debout. Tout le monde, toujours sans distinction, a défilé devant lui et passé par un corridor qui conduit de son cabinet, par une petite bibliothèque, à un passage que l'on a laissé à côté d'un petit jardin fait pour Mme la Dauphine, il y a environ deux ans, et qui rentre par une grille dans la cour par où l'on arrive chez M. le Dauphin.

On est revenu gagner l'antichambre de Mme la Dauphine, et l'on a attendu dans le grand cabinet avant sa chambre. Mme la Dauphine étoit dans son lit, et comme il falloit ressortir par la même porte par où l'on entroit, et qu'il ne devoit y avoir, suivant la règle, qu'un battant de la porte ouvert, ce qui auroit fait certainement une confusion, Mme de Brancas, par l'ordre de M. le Dauphin, a fait plier et attacher la portière dans le milieu et mettre une banquette en long dans le milieu de la porte, dont on a ouvert les deux battants. Mais par cet arrangement il a été censé qu'il n'y avoit qu'un battant d'ouvert pour ceux qui entroient et un pour ceux qui sortoient. C'est ainsi que l'on est entré, laissant la banquette à gauche en entrant et en sortant, avançant jusqu'au milieu du trumeau pour faire la révérence.

On est entré chez Mme la Dauphine immédiatement après les princes du sang, qui n'y ont été que pour faire leurs révérences et sont sortis aussitôt. Mme de Brancas, Mme de Lauraguais et les dames de Mme la Dauphine étoient en mantes. Les princesses du sang étoient descendues chez Mme la Dauphine, et y restèrent pendant les révérences. Elles vouloient que leurs dames d'honneur y restassent, mais Mme la Dauphine, qui le prévit, avoit recommandé à ses dames de se tenir fort serrées et de ne point laisser prendre de places auprès d'elles. Cet ordre fut exécuté, et les dames d'honneur des princesses du sang ne purent se mettre derrière elles.

J'oubliois de marquer qu'il n'y avoit que M. le maréchal de la Mothe derrière le fauteuil de la Reine, comme cela doit être et qu'il a été réglé plusieurs fois. Mme de Luynes dit à M. de Calvières, chef de brigade, qui ne savoit point cet usage, qu'il n'avoit que faire derrière le fauteuil.

Cependant quelqu'un ayant dit fort mal à propos à Mme de Beauvilliers que le chef de brigade étoit derrière le fauteuil, elle a envoyé avertir l'exempt qui étoit chez Mesdames de venir se mettre derrière le fauteuil de Madame Adélaïde, ce qui a été exécuté le matin seulement; l'après-dînée il ne fut point derrière le fauteuil. On voit que c'est une méprise, et cela ne peut former une question, après toutes les décisions qu'il y a eues sur cet article.

De chez Mme la Dauphine on a monté chez Madame Adélaïde, qui loge au bout de la galerie d'en haut. On est entré par le bout de cette galerie, et traversant les deux antichambres et le cabinet long on a fait les révérences dans la chambre à coucher de Madame Adélaïde, où elle étoit seule, debout, en mante, et par conséquent toutes ses dames. De là on a passé à la seconde pièce, et de là par un corridor, pour entrer dans l'appartement de Mesdames cadettes, qui étoient toutes trois debout dans la chambre à coucher de Madame Victoire, Madame Victoire au milieu, Madame Sophie à sa droite et Madame Louise à sa gauche.

Après avoir fait la révérence à chacune, une grande partie des courtisans est descendue chez M. le duc de Bourgogne. On est entré par le bout de la galerie. M. le duc de Bourgogne étoit dans sa chambre à coucher, et Madame à côté de lui à gauche, à quelque distance. Les princes du sang avoient été aussi chez M. le duc de Bourgogne, mais il y a bien eu trente ou quarante personnes qui n'y ont pas été, croyant que cela ne se devoit pas.

Ce qui a été le matin pour les hommes s'est passé de même l'après-dînée pour les dames. J'ai marqué que Mme de Brancas douairière étoit le matin en mante chez Mme la Dauphine avec sa belle-fille; de même l'après-dînée, Mme de Chevreuse alla aussi en mante chez la Reine avec Mme de Luynes, le matin et l'après-dînée. Les dames s'assemblèrent dans l'OEil-de-bœuf, et celles qui ont les entrées dans la chambre du Roi (1).

Il y a eu une question agitée, savoir si les veuves devoient avoir des mantes ou seulement une grande coiffe. Chacun l'a décidé à sa fantaisie. Mme de Beauvilliers en avoit une, Mme de Castries aussi et quelques autres; Mmes d'Antin, de Rupelmonde, de Bissy et plusieurs autres

---

(1) Mlle de Braque a les entrées, comme attachée à Mme Louise. (*Note du duc de Luynes.*)

n'en avoient point. Toutes les princesses du sang y étoient, excepté Mlle de Charolois, qui a mal à la jambe.

M. le Dauphin étoit en manteau chez le Roi, et Mesdames en mantes. Le grand chambellan et les premiers gentilshommes de la chambre étoient en manteau long ; cela est de règle, parce que M. le Dauphin étoit vêtu de même et qu'ils l'accompagnent au sortir de chez le Roi et restent auprès de lui.

Les capitaines des gardes n'avoient point de manteaux l'après-dînée ; ils ne quittent point le Roi. M. de la Mothe étoit l'après-dînée en manteau long chez la Reine, et M. l'archevêque de Rouen.

Une circonstance que j'ai apprise à cette occasion, par rapport à MM. les premiers gentilshommes de la chambre, c'est que ce furent des pages de la chambre qui portèrent le manteau de M. de Fleury et de M. de Richelieu, et les suivirent à toutes les révérences. J'ai encore appris ce que je n'avois pas eu l'attention de remarquer, c'est qu'il y a toujours deux pages de la chambre qui suivent Mgr le Dauphin.

M. de Bouillon avoit son manteau porté par un gentilhomme qui avoit la croix de Saint-Louis et étoit en manteau. Le grand chambellan ne pourroit pas vraisemblablement se faire servir en pareil cas par les pages de la chambre. Quoiqu'il ait tous les honneurs du service dans la chambre du Roi, il n'y commande pas, et les pages de la chambre ne dépendent point du tout de lui ; ils logent et sont nourris chez le premier gentilhomme de la chambre d'année ; c'est la règle et l'usage, et c'est lui qui les choisit.

Aussitôt que les princesses ont été entrées chez le Roi, Mme de Luynes, Mme de Tallard, Mme de Chevreuse et plusieurs autres se sont avancées à la porte du cabinet. L'huissier a dit alors que l'on fît entrer les dames de Mesdames ; elles ont passé toutes, de suite ; je les ai comptées, il me semble qu'il y en avoit quinze. L'huissier a demandé ensuite les dames de la Reine ; Mme de Luynes est entrée dans ce moment, Mme de Chevreuse et toutes les dames du palais qui sont ici (1).

On a appelé après elles les dames de Mme la Dauphine. Mme de Brancas et toutes les dames de Mme la Dauphine sont entrées (2). Ensuite toutes les dames sans distinction.

En comptant les quinze dames de Mesdames, dans lesquelles sont comprises Mme de Beauvilliers et Mme de Clermont, j'en ai compté 166, et outre ce nombre on en a compté 140 qui auroient pu y être, sans des incommodités ou des affaires, ayant été présentées. En ajoutant Mesdames et cinq princesses, cela fait 175 femmes. Je ne crois pas m'être trompé de 3 ou de 4. Elles ont passé de même que les hommes (3) par la porte de glace pour entrer chez la Reine.

Les princesses du sang vouloient avoir chez le Roi chacune leur dame d'honneur derrière elles. Il avoit été réglé qu'il n'y en auroit qu'une pour toutes. Mais Mme la princesse de Conty voyant entrer Mme de Fontanges, sa dame d'honneur, l'a appelée dans le cabinet et en présence du Roi ; Mme de Fontanges et les autres sont restées dans le cabinet du Roi le plus qu'il leur a été possible derrière leurs princesses. Les dames sont sorties de chez le Roi par le cabinet des perruques, comme les hommes le matin ; elles ont été de même par le salon chez la Reine, et de là chez M. le Dauphin (4), chez Mme la Dauphine,

---

(1) Mme de Villars n'y étoit point, étant malade. (*Note du duc de Luynes.*)
(2) Mme de Lauraguais étoit malade. (*Note du duc de Luynes.*)
(3) On en a compté trois cent trente-quatre qui ont fait des révérences, y compris M. Hesse, qui étoit en manteau. M. de Grave, capitaine d'infanterie, qui vient de composer la tragédie de *Varron*, et un exempt des gardes du corps y étoient aussi, en manteaux. On disoit en badinant qu'il falloit écrire que les trois ordres avoient fait des révérences. (*Note du duc de Luynes.*)
(4) M. le Dauphin avoit permis que les dames passassent de son cabinet directement dans la chambre de Mme la Dauphine. (*Note du duc de Luynes.*)

chez Madame Adélaïde, chez Mesdames cadettes et chez
M. le duc de Bourgogne. Madame Adélaïde a reçu les révérences des dames dans le cabinet long qui est avant sa
chambre à coucher.

Le jour des révérences étant un mardi, jour des ambassadeurs, ils ont fait leur cour comme à l'ordinaire,
en deuil, mais sans manteau. Ils ont entré partout avant
les révérences.

J'oubliois encore de marquer que les princesses du sang
ont été prendre Mesdames chez elles et les ont suivies chez
le Roi; mais elles n'ont point retourné chez Mesdames
pour faire leurs révérences.

Du mardi 29. — Dans la relation que l'on trouvera à
la fin de ce livre, comme je l'ai déjà dit, il y a quelques
circonstances qui n'ont point été marquées. Les cours supérieures ont formé des prétentions; elles auroient voulu
que Mme de Beauvilliers vînt au-devant d'elles, qu'on leur
ouvrît les deux battants. Mais Mme de Beauvilliers a toujours
répondu avec une fermeté douce, tranquille et polie,
qu'elle ne pouvoit faire dans cette occasion que ce qu'elle
auroit fait si Madame avoit été vivante, et qu'il n'y avoit
que la famille royale au-devant de laquelle elle allât. La
même raison a déterminé à ne laisser qu'un battant ouvert; il y a eu aussi des prétentions de la part du grand
conseil pour que le goupillon fût présenté à tous les conseillers. Le hérault d'armes a toujours répondu qu'il ne
devoit le présenter qu'au chef de chaque compagnie, et
que c'étoit la sixième fois que cette prétention avoit été
formée et refusée. M. le chancelier, à qui j'ai parlé de
cette prétention, croit que c'est plutôt la cour des aides qui
l'a formée que le grand conseil.

Il y a cinq ou six jours que Mlle Silvestre apporta chez
Mme la Dauphine un assez grand tableau qu'elle a copié
sur l'original fait par son père à Dresde. Ce tableau, où il
y a 64 figures, représente une entrevue de l'impératrice
Amélie, veuve de l'empereur Joseph, avec la reine de

Pologne sa fille, mère de Mme la Dauphine ; cette entrevue se fit sur les confins de la Bohême et de l'Autriche, en 1739. Le roi et la reine de Pologne y amenèrent le prince royal et quatre ou cinq autres de leurs enfants, desquels est Mme la Dauphine. Mme d'Esterhazy, dame d'honneur de l'Impératrice, y est derrière elle ; M. le comte de Brülh, premier ministre du roi de Pologne, qui étoit alors fort jeune, est aussi peint dans ce tableau ; on prétend que toutes les figures sont des portraits.

J'oubliois encore une circonstance par rapport à Mme de Beauvilliers. Pendant les cinq jours que le corps de Madame est resté aux Tuileries, elle a toujours donné le mot aux officiers de la garde. M. de Sesmaisons, exempt des gardes du corps, n'a jamais fait difficulté de le recevoir. Il y eut un officier aux gardes qui prétendit que Mme de Beauvilliers n'avoit pas ce droit, et qui dit même qu'il écriroit pour recevoir des ordres. Mme de Beauvilliers, sans altérer sa tranquillité, lui dit qu'elle écriroit de son côté ; enfin l'affaire fut portée devant M. de Biron, qui dit le lendemain à Mme de Beauvilliers qu'il n'étoit pas question d'examiner le droit, qu'il suffisoit qu'elle crût l'avoir et qu'elle désirât jouir de cette distinction, qu'il s'empresseroit toujours de faire ce qui pouvoit lui être agréable. Mme de Beauvilliers le remercia beaucoup de sa politesse ; mais elle lui dit que ce n'étoit pas l'occasion de faire des compliments, qu'elle ne vouloit uniquement que ce qu'elle croyoit dû à sa place. L'affaire étant ainsi prise sérieusement, on décida que Mme de Beauvilliers ne pourroit donner l'ordre que dans la chambre même où étoit le corps de Madame ; Mme de Beauvilliers s'est soumise exactement à cette règle, et est revenue dans la chambre ardente tous les jours au moment de donner le mot. Ce détail est précis et certain.

Jeudi 24 a été le premier grand couvert depuis la mort de Madame.

Le 27, il y eut deux signatures de contrats de mariage,

celui de M. le chevalier de Pont-Saint-Pierre (1) et celui de
M. de Chabrillant. M. le chevalier de Pont-Saint-Pierre, ci-
devant Roncherolles, est un cadet de Normandie; il a eu
la brigade des gardes du corps qu'avoit M. le marquis de
Pont-Saint-Pierre, son frère aîné. Celui-ci, qui est marié
depuis longtemps, est en procès avec sa femme, procès
qu'il a gagné dans tous les tribunaux. N'ayant point d'enfants, il regarde son frère comme son héritier et lui fait
des avantages, en conséquence desquels M. le chevalier de
Pont-Saint-Pierre épouse Mlle Amelot, fille du feu secrétaire d'État des affaires étrangères. On dit qu'elle est fort
jolie. Elle a un frère et une sœur, qui est Mme de la Force.
Sa mère est Vougny.

M. de Chabrillant épouse Mlle des Fourniels. M. de
Chabrillant est originaire d'Écosse; leur nom est Douglas.
Lors du traité fait sous Charles VII entre la France et l'Angleterre, en conséquence duquel fut établie en France la
compagnie des gardes écossoises, plusieurs seigneurs écossois vinrent en France, entre lesquels étoit mylord comte
de Douglas. Ce même comte de Douglas s'étant trouvé en
France sous Louis XI, ce prince voulut lui donner une
marque de bonté; il lui demanda un de ses enfants pour
l'établir en France. M. de Douglas remit entre les mains du
Roi son second fils. Louis XI le fit élever avec grand soin,
et le maria avec l'héritière de la maison de Chabrillant.
Par ce mariage, ce cadet de la maison de Douglas prit le
nom de Chabrillant. Telle est l'origine de M. de Chabrillant, origine reconnue.

M. le maréchal de Belle-Isle m'a dit que lorsqu'il fut
arrêté, comme l'on sait, M. de Douglas, que le roi d'Angleterre envoya auprès de lui, lui avoit dit qu'il avoit
une branche de sa maison établie en France; il lui avoit

---

(1) Il y a une petite erreur. C'est que ce jour-là ce fut seulement l'agrément demandé pour le mariage de M. de Pont-Saint-Pierre; le contrat ne
sera signé que demain. (*Addition du duc de Luynes*, datée du 2 mars 1752.)

expliqué le détail ci-dessus; quoiqu'il ne faille point d'autre témoignage, on peut encore ajouter celui de mylord Morton, qui a dit depuis la même chose à M. de Belle-Isle. M. de Chabrillant qui se marie a été page du Roi et a actuellement un régiment de cavalerie. Sa mère est sœur de M. des Fourniels, et c'est M. des Fourniels qui a pris soin de son éducation. Ce M. des Fourniels a été chargé de plusieurs commissions pour le roi de Pologne duc de Lorraine; il est fort riche et le sera bientôt encore davantage, venant d'obtenir une place de fermier général par la protection du roi de Pologne.

MARS.

Meurtre. — Mort de M. de la Feuillade. — La Sorbonne censure la thèse de l'abbé de Prades. — Usage dans l'ordre de Malte. — Affaire du curé de Saint-André-des-Arcs. — Abbaye de Saint-Victor de Marseille. — Mariage de M. de Montmorency. — Discours de l'abbé de Brienne. — Mercuriales et paranymphes. — La Dauphine fait une fausse couche. — Anecdote sur le traité de Madrid. — M. de Brühl. — Anecdotes sur Louis XIV. — Affaire des hôpitaux. — Détails sur l'accident arrivé à la Dauphine. — Glandève et Entrevaux. — La duchesse de Rochechouart. — Les oiseaux de Malte présentés au Roi. — Nouvel appartement de Madame Adélaïde. — Destruction du grand escalier de marbre. — Anecdotes anciennes. — La guerre de 1719 avec l'Espagne. — Mlle de Romainville. — L'ordre de l'Étoile. — Pension donnée au comte d'Hamilton. — Nouvelles diverses de la Cour. — Lettre du président Hénault sur les nouveaux règlements de l'Académie française. — Les jetons de l'Académie. — Le deuil du capitaine des gardes. — Arrestation du prêteur royal de Strasbourg. — Présentations. — Mort du comte de Guingamp. — Présentation et mariage de Mme de Roncherolles. — Les femmes des officiers des gardes du corps pourront être présentées. — Mme Raymond. — L'électeur de Trèves. — Pension accordée à la duchesse de Chevreuse. — Lettre de Stanislas Leczinski. — Nouvelles diverses de la Cour. — Mort de mylord Tyrconnel. — Cherté du pain. — Exil de M. de Maillebois le fils. — Refus de sacrements; arrêt du Parlement contre le curé de Saint-Étienne du Mont. — Arrêt du Parlement cassé; paroles sévères du Roi au premier président. — Affaire de M. de Maillebois. — Suite de l'affaire du refus des sacrements; lettres du président Hénault et du curé de Saint-Étienne du Mont. — Affaire du vicaire de la Madeleine.

Du jeudi 2, Dampierre. — Il y a quinze jours ou trois semaines que l'on apprit aventure tragique arrivée chez M. l'évêque d'Alais (Montclus), à sa maison de campagne. M. d'Alais étoit sorti laissant chez lui deux officiers jouant à la dupe, dont l'un étoit M. de Cauvisson. L'officier qui perdoit fut piqué, et donna un soufflet à M. de Cauvisson; celui-ci le tua d'un coup d'épée. M. d'Alais en rentrant trouva cet affreux spectacle.

Ce M. de Cauvisson est fils ou neveu de M. de Nogaret, qu'on appeloit par sobriquet la Pendule. Ils sont de même maison que Guillaume de Nogaret, qui fit prisonnier le pape Boniface VIII à Anagni, en 1303, et qui étoit présent lorsque Sciarra-Colonna donna un coup de son gantelet dans le visage de ce pape.

Il y a cinq ou six semaines que M. de la Feuillade mourut, à Paris. C'étoit un jeune homme d'environ vingt ans, dont la mère est fille de feu M. le maréchal de Bezons. C'est le dernier des quatre garçons qu'a eus Mme de la Feuillade; il ne lui reste plus qu'une fille, qui n'est point mariée et qui demeure avec elle. Des quatre garçons, deux sont morts fort enfants, l'un de s'être cassé une veine en criant, l'autre d'avoir été étouffé par sa nourrice; un autre, qui étoit déjà fort grand, est mort de la petite vérole, âgé de treize ans. Sa mère le garda et gagna cette même maladie; le chevalier de Bezons, frère du marquis et de Mme de la Feuillade, s'enferma avec sa sœur; il tomba malade de la petite vérole, et en mourut. M. de la Feuillade qui vient de mourir eut la petite vérole l'année passée; il est mort d'une fluxion de poitrine, en trois heures de temps. Il n'y a plus d'héritiers de MM. de la Feuillade que deux d'Aubusson, qui sont fort peu connus.

Je n'ai point marqué la mort d'un clerc ordinaire de la chapelle et oratoire du Roi, mort le 26 décembre dernier; c'est l'abbé Pernot. Il étoit âgé de quatre-vingts ans. Ce qu'il y a le plus à remarquer, c'est que cette charge avoit été créée pour lui le 26 février 1718.

J'ai parlé ci-dessus de la thèse de M. l'abbé de Prades. On ne pouvoit pas douter que la Sorbonne ne donnât en cette occasion des preuves de son attachement à la saine doctrine. On trouvera à la fin de ce livre (1) la copie de la censure datée du...... Je n'ai fait copier que le latin, qui est fort beau. La traduction a aussi été imprimée; c'est un ouvrage digne de la Sorbonne. Le syndic est septuagénaire et peu capable actuellement de remplir une place qui demande du travail, de l'exactitude et de l'application. Une thèse imprimée en fort petits caractères lui parut fatigante à lire, et c'étoit peut-être l'intention de l'abbé de Prades. Il falloit cependant que cet abbé ne fût pas soupçonné d'une aussi pernicieuse doctrine, ni d'avoir été en aussi grande liaison avec MM. Toussaint et Diderot; il est vraisemblable que l'on auroit eu plus d'attention à l'examen de sa thèse.

Le Parlement a cru devoir aussi donner des marques de son zèle pour la religion en donnant un décret de prise de corps contre l'abbé de Prades (2).

J'appris, il y a environ un mois, une circonstance peu intéressante et qui mérite cependant de n'être point oubliée. M. de la Rochefoucauld, quoiqu'il n'ait pas permission de paroître à la Cour, se mêle toujours, comme grand maître de la garde-robe, des habits du Roi et de M. le Dauphin. Il vient à Paris, quand cela est nécessaire, pour choisir les habits dans les saisons. Je crois qu'il ne fait point de ces voyages sans en donner avis au secrétaire d'État de la maison. En conséquence de cet arrangement, j'imaginois que c'étoit M. de la Rochefoucauld qui se servoit du tailleur dont il jugeoit à propos; cependant j'ai appris qu'un tailleur fameux, dont j'ai oublié le nom, s'étoit présenté pour avoir la pratique de M. le Dauphin, à qui il avoit fait parler pour obtenir cette grâce, et cela sur

---

(1) Nous n'avons pas mis ce document à l'Appendice, parce qu'il est imprimé.
(2) J'ai parlé ci-dessus des lettres de cachet et de mandement de monseigneur l'archevêque de Paris. *Note du duc de Luynes.*)

ce qu'il avoit appris qu'on n'étoit pas content de Passau, autre fameux tailleur, qui travailloit pour M. le Dauphin. J'ai appris aussi que M. de la Rochefoucauld ne s'étoit servi de ce même Passau que parce que M. le Dauphin l'avoit voulu.

Du mardi 7. — Je crois n'avoir pas marqué dans le mois de janvier le mariage de M. de Breteuil avec Mlle Mingese ou Mongex. Ce M. de Breteuil est fils de M. de Preuilly, lequel étoit fils du baron de Breteuil. M. de Preuilly avoit épousé Mlle de Gasville, qui est la mère de M. de Breteuil dont je viens de parler. M. et Mme de Preuilly furent séparés, et Mme de Preuilly devenue veuve épousa M. de Rocheplatte, d'avec qui elle est encore séparée.

Il y a quelque temps que l'on dit à Mme de Luynes que tout enfant né et baptisé dans la ville de Lyon ne pouvoit être reçu chevalier de Malte. Elle en parla à deux chevaliers, qui lui dirent que le fait étoit vrai, et que c'étoit par la raison que la ville de Lyon est en procès contre l'ordre de Malte. C'est en effet, à ce que j'ai appris, une règle établie dans l'ordre, que lorsqu'une ville ou une famille est en procès contre l'ordre, tous ceux qui sont nés dans cette ville, ou je crois plutôt tous ceux qui en sont originaires et tous ceux de la famille qui plaident ne peuvent point être reçus dans l'ordre tant que le procès subsiste. Mme de Luynes parla du fait de Lyon à M. le bailli de Froulay, ambassadeur de Malte; il savoit la règle générale, mais il n'étoit pas instruit de la circonstance particulière par rapport à Lyon. Cette anecdote m'ayant paru mériter d'être éclaircie, j'écrivis à M. l'abbé d'Olmière, grand vicaire de M. le cardinal de Tencin, lequel est à Lyon. On trouvera ci-après le mémoire qu'il m'a envoyé (1).

---

(1) *Extrait d'un mémoire de M. l'abbé d'Olmière.*

L'ordre de Malte a dans Lyon un hôtel qui a titre de bailliage de Lyon, dans lequel se doivent tenir les chapitres et assemblées du grand prieure

Je n'ai point encore parlé de l'affaire du curé de Saint-André-des-Arcs qui a fait beaucoup de bruit au Parlement. J'ai voulu en savoir le détail ; on le trouvera à la fin de ce livre (1). Cette affaire paroît ne point avoir eu de suite jusqu'à présent.

Du mercredi 8, Dampierre. — Je n'ai point encore marqué qu'il y a environ deux mois il fut question du mariage de M. de Beauvilliers, fils de M. de Saint-Aignan, avec Mme de Coëtlogon (Saumery), dont le mari, officier dans les mousquetaires, a été tué à Dettingen ; on a cru pendant longtemps que cette affaire finiroit, mais elle paroît absolument rompue.

Je ne sais par quel hasard j'ai oublié de parler de l'ab-

---

d'Auvergne, auxquels le grand prieur préside, et en son absence M. le bailli de Lyon, et en l'absence de l'un et de l'autre le plus ancien chevalier.

Il y a une église qui joint ledit hôtel, laquelle est paroissiale, dépendante de l'ordre de Malte, et à la nomination de M. le bailli de Lyon.

La maison du procureur général et receveur de l'ordre audit grand prieuré est aussi attenante à l'hôtel ci-dessus nommé, et c'est dans ladite maison où sont les archives destinées pour la conservation des titres de toutes les commanderies dudit grand prieuré d'Auvergne.

L'ordre jouissoit anciennement de plusieurs priviléges dans cette ville, qui lui ont été supprimés. C'est ce qui paroît avoir donné lieu audit ordre de décréter qu'aucun originaire de Lyon ne seroit dorénavant reçu dans l'ordre.

Quand je dis originaires de Lyon, j'entends seulement y comprendre les familles qui sont établies dans ladite ville et qui y font leurs habitations ordinaires ; car si par hasard ou par accident une dame de condition originaire d'une autre ville ou province, faisoit ses couches audit Lyon, il ne s'en suivroit pas de là que l'enfant ne pût être reçu chevalier de Malte, et il y a des exemples que ce n'est pas un obstacle. L'on ne doit avoir aucun doute là-dessus.

Il est même à observer que les personnes de condition originaires de cette ville sont fort attentives à faire baptiser leurs enfants mâles dans d'autres paroisses que celles qui sont dans Lyon. Le reste du diocèse ou de la province lyonnoise n'est pas compris dans le décret de Malte.

La ville de Lyon voulut entrer en accommodement avec l'ordre, il y a quelques années, mais l'on ne convint pas ensemble, et les choses sont restées telles qu'elles étoient, c'est-à-dire que l'ordre ne jouit point de ses anciens priviléges, ni les originaires de Lyon du pouvoir d'entrer dans l'ordre.

(1) Voir à l'Appendice à l'année 1752 la pièce n° 5.

baye de Saint-Victor de Marseille. C'étoit M. l'ancien évèque de Beauvais (Saint-Aignan) qui l'avoit. Elle a été donnée dans le mois de janvier à M. de Lorraine, frère de M. le comte de Brionne. Cette abbaye vaut 40,000 livres de rente. Il rend celle de Saint-Faron, diocèse de Meaux; celle-ci vaut 24,000 livres de rente, et on a mis sur celle de Saint-Victor 18,000 livres de pension.

La longueur des détails sur la mort de Madame et la multiplicité des événements m'ont empêché de parler dans son temps du mariage de M. de Montmorency avec Mlle de Tingry et de la présentation. Le mariage se fit à Saint-Roch, le 7 février, et la noce dans la maison de Mme de Senozan, rue de Richelieu. Quoiqu'on n'y eût point admis les cousins, même germains, il y avoit plus de cinquante personnes, y compris quelques amis particuliers. Ce fut le 20 février que se fit la présentation. Ce fut Mme la duchesse de Luxembourg qui présenta la mariée (1); elle n'est pas grande et elle n'est nullement jolie; cependant son visage ne déplaît point.

Je n'ai point marqué non plus la mort de Mme la marquise du Coudray (Saint-Cristau de Montauzet). C'étoit la femme de M. du Coudray, frère de Mme de Machault. Le père de M. du Coudray et de Mme de Machault, qui est fort âgé, s'est retiré pour son plaisir à Montargis, y a fait accommoder une maison à l'entrée de la ville et y demeure toute l'année.

Comme j'ai omis plusieurs faits à cause des cérémonies funèbres de Madame Henriette, je n'ai point encore parlé du discours de M. l'abbé de Brienne, prononcé en Sorbonne le 12 du mois passé. Ce discours s'appelle paranymphe. Tout licencié de Sorbonne à la fin de sa licence prononce un discours latin en chaire, dans une des salles de

---

(1) Il n'y avoit de dames à cette présentation que Mme d'Antin. (*Note du duc de Luynes.*)

Sorbonne, sur un sujet qu'il choisit. Ce discours dans son origine avoit quelque rapport à ce qu'on appelle mercuriale dans le Parlement. Les mercuriales ont pris leur nom du mercredi, jour de la semaine auquel on avoit coutume de les prononcer ; ce jour étoit consacré à Mercure, comme le lundi à la Lune, le mardi à Mars, le jeudi à Jupiter, le vendredi à Vénus et le samedi à Saturne. Comme dans ce discours du mercredi il étoit d'usage de faire une espèce de censure des abus et même des mœurs, on a fait depuis l'application de mercuriale dans l'usage commun à toute forte et vive correction.

Les paranymphes étoient à peu près de même espèce, pour ce qui regardoit la Sorbonne ; mais cet établissement avoit dégénéré en abus. On employoit dans ces discours des termes peu mesurés, quelquefois indécents et presque toujours capables de déplaire à quelqu'un. On a jugé à propos de changer cet usage, et c'est un sujet à volonté que l'on prend pour ces discours. Celui qui les prononce est dans la même chaire où est l'évêque qui préside à une thèse dans cette même salle. Le sujet choisi par M. l'abbé de Brienne a été l'utilité dont la religion chrétienne a été à la France depuis Clovis, et dont elle lui est encore actuellement. Cette dernière partie le conduisoit naturellement aux deux éloges qu'il fit de Madame Henriette et de M. le duc d'Orléans.

Il finit son discours par une exhortation très-pathétique au nonce, qui étoit présent, aux évêques, aux docteurs et à toute la Sorbonne, à concourir de tous leurs pouvoirs à maintenir la religion dans toute sa pureté, dans un temps où elle étoit attaquée jusque dans ses fondements par des principes impies et détestables, que l'on cherchoit à répandre dans le public. Ces expressions ne pouvoient manquer de faire l'impression la plus vive aux gens assez malheureux pour être prévenus de ces sentiments. Le cœur rempli d'amertume d'ailleurs par la censure prononcée par la Sorbonne contre la thèse de M. l'abbé de Prades, ils ont voulu chercher à se venger; ils ont imaginé pour cela de répandre dans le public une brochure annoncée sous le nom d'*Observations sur la thèse soutenue par M. l'abbé de Brienne*, le 30 octobre 1751. Ce petit ouvrage n'a que 28 pages de petit in-12. Dans les 15 ou 16 premières, il n'est question ni de la thèse ni de celui qui l'a soutenue; ce sont des maximes générales tirées d'auteurs tous reconnus pour jansénistes. Dans les 12 ou 13 autres pages on trouve l'extrait de quelques propositions tirées de la thèse; ces propositions, séparées de ce qui les précède et les suit, sont interprétées suivant le sens de l'auteur; il en tire des conséquences, et veut prouver que la thèse est dans les mêmes principes que M. l'abbé de Prades. M. l'abbé de Brienne a cru, sur la nouvelle de la brochure, devoir la porter avec sa thèse chez M. l'ancien évêque de Mirepoix, qui l'assura qu'il ne devoit pas avoir la moindre inquiétude, et que ses propositions étoient très-correctes; il porta aussi l'une et l'autre chez M. le premier président et chez M. le procureur général; ces deux magistrats l'ont fort assuré qu'il pouvoit être tranquille, et lui ont conseillé de garder le silence sur cet ouvrage, qui tomberoit de lui-même. Depuis quelques jours, M. l'abbé de Brienne a pris le bonnet de docteur. Il est parti le lendemain pour aller à Rouen exercer les fonctions de grand vicaire. Outre la douceur de son caractère et de son esprit, il paroît qu'il s'applique beaucoup à l'étude.

Son discours du 12 février fut prononcé fort distinctement et en très-bon latin. Il y avoit une notable assemblée, qui parut l'approuver.

Du jeudi 9, *Dampierre.* — Mardi dernier, Mme la Dauphine, qui étoit prête d'entrer dans le troisième mois de sa grossesse, se trouva incommodée. On aperçut quelque marque qui donna occasion de craindre qu'elle ne fût blessée; elle se mit dans son lit; on fit venir Jard, l'accoucheur, qui ne put rien dire, comme il est aisé de le croire.

Le soir on eut quelque espérance, mais la journée d'hier

renouvela l'inquiétude; enfin Mme la Dauphine a fait une fausse couche cette nuit. On ne sait à quelle cause attribuer cet événement. On prétend que ce peut être l'effet du tourment, de l'inquiétude et de la douleur qu'elle a eus à la mort de Madame Henriette. Il sembleroit qu'en ce cas l'effet auroit dû être plus prompt. On pense que ceci vient plutôt de la saignée qui fut faite il y a peu de temps, et à laquelle M. Bouillac s'étoit opposé. Ce qui est certain, c'est que l'on n'a connoissance d'aucune chute, ni d'aucune frayeur, ce qui est ordinairement la cause de pareils accidents.

La Reine joua hier chez elle, au cavagnole; c'est la première fois depuis la mort de Madame Henriette.

La Reine voyant que l'appareil d'un jeu est absolument nécessaire pour tenir une cour, en parla au Roi dimanche dernier, et le Roi lui dit qu'elle feroit bien de jouer. On comptoit que le jeu recommenceroit mardi. Mme la Dauphine se mit ce jour-là dans son lit; la Reine lui proposa le jeu, Mme la Dauphine ne parut pas y prendre plaisir; elle désiroit fort, aussi bien que Mesdames, ne jouer qu'après l'enterrement. La Reine n'insista point; enfin le jeu a recommencé aujourd'hui, et Mesdames ont joué chez la Reine; mais la Reine ne joua point le soir chez Mme de Luynes, et n'y jouera sûrement point avant Pâques.

Du lundi 13, *Dampierre.* — Quoique ceci ne soit qu'un journal, je le regarde plutôt comme un journal de ma mémoire que comme un journal de la Cour; c'est ce qui fait qu'on y trouve de temps en temps des faits anciens.

On voit dans l'excellent *Abrégé de l'histoire de France* de M. le président Hénault, que dans le procès de M. de Montmorency qui eut le col coupé M. de Châteauneuf, qui étoit ecclésiastique, demanda une dispense pour continuer à être juge, oubliant, comme il est fort bien remarqué, qu'il avoit été page du père de M. de Montmorency. Le chancelier de Charles-Quint, nommé Gatinara, eut une conduite bien différente dans le temps du traité de Madrid. Il avoit trop d'esprit pour ne pas sentir que Charles-Quint abusoit, dans ce traité, de l'état où se trouvoit François Ier et du désir qu'il avoit de recouvrer sa liberté ; que d'ailleurs ce traité étoit insoutenable, et qu'il étoit même honteux pour son maître. Gatinara ne put jamais se résoudre à sceller un tel traité ; il prit son parti sur-le-champ : il remit les sceaux à Charles-Quint. Et ce qui doit faire juger que l'ambition démesurée de ce prince n'étoit accompagnée d'aucune humeur, qu'il connoissoit tout le mérite de Gatinara et ne vouloit pas perdre un ministre aussi utile à ses intérêts, c'est que Charles-Quint après avoir scellé lui-même le traité rendit les sceaux à Gatinara.

J'ai déjà parlé de M. de Brühl, premier ministre du roi de Pologne, électeur de Saxe, et de sa magnificence dans tous les genres. Lorsque M. de Belle-Isle arriva à Dresde chargé des ordres du Roi pour une négociation, M. de Brühl, sans s'arrêter à l'étiquette du cérémonial qui exigeoit que M. de Belle-Isle allât d'abord chez le ministre, alla sur-le-champ au cabaret où étoit M. de Belle-Isle ; il y arriva accompagné de quatre-vingts domestiques. Leurs habits sont rouges, brodés d'or ; il en a de toutes les nations et vêtus à la mode de chaque nation, françois, hongrois, allemands, etc. Il pria M. de Belle-Isle le soir à souper chez lui. Il y avoit cent couverts à ce souper, et huit cents bougies dans les appartements, et des vins de toutes espèces, surtout beaucoup de vin de Hongrie. M. de Brühl a dans sa cave douze ou quinze cents antales ou pièces de ce vin ; chacune de ces antales coûte 50 ducats, c'est-à-dire 500 francs. M. de Brühl est protestant ; sa femme, qui est de la maison de Kollowrath, est catholique. Elle étoit dans ce temps-là d'une figure fort agréable ; elle est fort polie et fait fort bien les honneurs de sa maison. L'usage ordinaire en Allemagne est que lorsque les mariages sont de différentes religions, les enfants mâles sont élevés dans la religion du père, et les filles dans celle de la mère; mais M. et Mme de Brühl n'ont pas été mariés à ces mêmes conditions; au contraire, tous leurs enfants sont élevés dans la religion catholique, et M. de Brühl a eu grande attention à faire naturaliser Polonois son fils aîné; par cette formalité qu'on appelle l'*indigénat*, il est susceptible de plus grandes charges du royaume de Pologne. Mme de Brühl a été fille d'honneur de l'impératrice Amélie. La maison de Kollowrath est une des plus grandes maisons de Bohême.

Le roi de Pologne, comme électeur de Saxe, n'a qu'environ 30 à 40 millions de revenus. La Saxe n'a pas toujours valu autant à l'électeur. Pendant que Charles XII, roi de Suède, fut maître de ce pays, il trouva moyen d'en retirer 15 millions d'écus sans fouler le peuple; le roi Auguste suivit cet exemple; auparavant ce temps il n'en tiroit pas la moitié.

J'ai peut-être déjà mis la réponse de M. Boucher à M. le duc de Savoie. On sait que la France a été longtemps en possession de la Savoie. Lorsque Louis XIV en fut le maître, c'étoit M. Boucher qui en fut intendant. Lorsqu'on rendit la Savoie à Charles-Emmanuel, Charles-Emmanuel, qui avoit ouï dire que le Roi tiroit de la Savoie 7 à 8 millions chaque année, en fut d'autant plus étonné, qu'elle ne lui avoit jamais valu plus de 150,000 livres. Il en parla à M. Boucher; il lui dit que s'il vouloit entretenir autant de troupes que le Roi en Savoie, elle lui rapporteroit autant.

On me contoit, il y a quelques jours, une anecdote qui fait honneur à la mémoire de Louis XIV. Une jeune femme, âgée d'environ dix-huit ans, dont le mari étoit au service du Roi, s'étant trouvée grosse et sachant bien que cette grossesse ne seroit pas reconnue par son mari, qui étoit alors à l'armée, imagina de venir trouver le Roi et de lui confier son secret; elle demanda à lui parler en particulier, et l'obtint; elle lui dit en pleurant et en tremblant qu'elle étoit la plus malheureuse personne qui existât, qu'elle avoit eu une foiblesse et qu'elle se trouvoit au moment d'être déshonorée à jamais ; que son mari ne voudroit jamais la voir et qu'elle ne trouveroit pas plus d'accès dans sa propre famille ; qu'en regardant le Roi comme le plus honnête homme de son royaume, elle ne craignoit point de lui confier son état et ses peines ; que lui seul pouvoit lui donner les moyens de mettre sa réputation à couvert ; qu'il ne s'agissoit que d'empêcher son mari de revenir pendant quelque temps. Le Roi la reçut avec beaucoup de bonté ; il chercha à la consoler, et lui dit de le laisser faire. Ayant travaillé peu de temps après avec M. de Louvois et ayant été informé par la jeune femme du nom de son mari, du régiment où il étoit et de l'armée où il servoit, il fit plusieurs questions à M. de Louvois sur cette armée, demanda des détails de plusieurs régiments, passa sans affectation à celui dont il vouloit être instruit, et le nom de l'officier lui ayant été nommé avec plusieurs autres, il fit des questions sur l'usage qu'on pourroit faire de quelques-uns de ces officiers, et parut désirer qu'on les employât pendant l'hiver. Ayant nommé dans ce nombre celui dont il étoit occupé, M. de Louvois lui dit que c'étoit un homme fort jeune. « Ce n'est pas une raison, dit le Roi, il faut voir de quoi il est capable. » Cet officier en effet fut employé pendant l'hiver et ne revint point, et sa femme accoucha sans que le mari et la famille en aient jamais rien su. Mais ce qui est plus singulier, c'est que cet officier s'étant parfaitement bien conduit se fit connoître. Il fut avancé, et est devenu lieutenant général.

Une autre anecdote de Louis XIV aussi remarquable, c'est ce qui lui arriva avec M. d'Argenson. M. d'Argenson étoit lieutenant de police et travailloit avec le Roi. Le Roi lui demanda des nouvelles d'une affaire qui étoit arrivée dans Paris ; M. d'Argenson lui dit qu'il n'en étoit point instruit. On avoit parlé au Roi de cette affaire, et il savoit que jamais lieutenant de police n'avoit été mieux informé que l'étoit M. d'Argenson. Il parut étonné de cette réponse et prêt à se fâcher, disant qu'il vouloit absolument savoir ce que c'étoit. M. d'Argenson lui demanda huit jours ; au bout de ce temps il apporta au Roi un mémoire cacheté, et en le lui remettant il lui dit : « J'ai exécuté les ordres de Votre Majesté ; le détail de l'affaire est dans ce paquet, il est marqué dans la plus exacte vérité ; mais je suis obligé d'avertir Votre Majesté qu'il y a beaucoup de gens impliqués dans cette affaire, et que ce sont gens attachés à Votre Majesté et pour qui elle a de la bonté. » Le Roi réfléchit pendant quelque temps ; après quoi il prit le paquet, et le jeta au feu sans l'ouvrir. Il faut être bien maître de soi-même pour en agir ainsi. Un exemple aussi rare étoit bien digne d'un aussi grand prince.

J'appris, il y a trois semaines ou un mois, que l'affaire des hôpitaux a été renvoyée au grand conseil (1). A cette occasion on contoit ce qui arriva en 1719 ou 1720, du temps de M. le Régent. Il fit le renvoi à ce tribunal

---

(1) Le renvoi au grand conseil fait une grande affaire dans le Parlement. Le Parlement prétend, et je crois avec raison, que ce changement lui fait grand tort, d'autant plus que ce qui regarde les hôpitaux leur fournissoit grand nombre d'affaires. Toutes les fois que les chambres se sont assemblées, il a toujours été délibéré sur les moyens d'empêcher l'effet de l'évocation ; il a presque toujours été question de faire des remontrances, et je crois que ce sentiment est le plus doux de ceux qui ont été proposés ; mais la jeunesse dans le Parlement l'emporte toujours par son grand nombre sur l'avis des gens sensés ; feu M. le Duc avoit voulu y mettre remède en ordonnant que tout membre du Parlement ne pourroit avoir voix délibérative qu'après dix ans d'exercice ; les dix ans furent depuis réduits à cinq, et l'observation de cette règle a été fort peu exacte. C'est ce qui pourroit confirmer la réflexion que l'on fait quelquefois que si nous admirons la sagesse des lois des pays étrangers, les étrangers ne doivent pas moins admirer la sagesse des nôtres. Il seroit à désirer qu'elles fussent mieux observées et que la voix délibérative fût au moins remise à vingt-cinq ans. Il est certain que, malgré cela, il y a des cas où il seroit difficile de refuser les dispenses d'âge, mais il faudroit que ces grâces fussent bien rares ; cette rareté même leur donneroit du mérite. (*Note du duc de Luynes.*)

des appels comme d'abus. Comme les maîtres des requêtes ont droit d'y assister et de donner leur avis, le cardinal Dubois écrivit à M. Orry et à M. de Séchelles de s'y trouver. M. Hérault y porta des lettres patentes pour y être enregistrées, ce qui causa de grandes contestations. On résolut une assemblée pour l'après-dînée. M. de la Vrillière y apporta des lettres de jussion pour l'enregistrement; on délibéra, et il fut arrêté qu'on feroit des remontrances. En pareille occasion, au Parlement, c'est le greffier qui écrit les avis; au grand conseil, c'est toujours le premier président (1).

Le lendemain, M. de la Vrillière porta au grand conseil l'ordre du Roi pour l'enregistrement. MM. Orry et de Séchelles ne voulurent pas donner leur avis; ils crurent que cela étoit inutile, y ayant 48 voix contre. M. le Régent leur demanda pourquoi ils n'avoient pas donné leur voix; ils répondirent qu'elles n'auroient servi à rien, par la raison qu'ils venoient de dire. M. le duc d'Orléans fut obligé d'aller lui-même au grand conseil; le renvoi fut enregistré.

J'ai oublié de marquer l'accouchement de Mme la comtesse de Mortemart (Manneville). Elle accoucha le 8 du mois passé, d'un garçon; M. de Mortemart a été marié trois fois, comme je l'ai dit ailleurs, à Mlle de Crux, à Mlle de Rouvroy et à Mlle de Manneville; il n'a pas eu d'enfant de sa seconde femme; il a un garçon de la première, mais dans un état d'infirmité si grand qu'on ne peut pas désirer qu'il vive.

Je n'ai point encore parlé du service de Madame Adélaïde à Versailles pour sa bouche. La bouche de Madame et de Madame Adélaïde étoit un détachement de la bouche du Roi qui servoit chaque quartier; ces deux prin-

---

(1) Un conseiller (nommé par sobriquet la Rancune) vint s'asseoir vis-à-vis de M. de Verthamon, alors premier président, en lui disant : « Je viens voir ce que vous écrivez. » (*Note du duc de Luynes.*)

cesses avoient un maître d'hôtel de quartier de chez le Roi ; ce détachement a suivi le corps de Madame Henriette aux Tuileries et est actuellement à Saint-Denis, et c'est un nouveau détachement de la bouche du Roi qu'on a fait pour Madame Adélaïde ; mais il n'y a point de maître d'hôtel.

J'ai toujours oublié de marquer que Mme la Dauphine fut saignée le 16 du mois dernier, à cause de sa grossesse. On ne se détermina à cette saignée qu'après une contestation à laquelle le Sr Jard, accoucheur, fut appelé. Bouillac, premier médecin de Mme la Dauphine, instruit par les quatre fausses couches de Mme la Dauphine, n'étoit point d'avis de la saignée ; mais Mme la Dauphine avoit fort mal à la tête depuis trois ou quatre jours, et cette raison parut décisive. Cette décision n'a pas eu un succès heureux ; on verra dans l'article suivant qu'il en seroit peut-être arrivé de même si on ne l'avoit pas saignée.

« Mme la Dauphine se trouva un peu incommodée le 6 de ce mois ; on eut quelque soupçon qu'elle ne fût blessée. Le 7 au matin on crut pouvoir se rassurer, mais la nuit du 8 au 9 elle fit une fausse couche. On avoit dit d'abord que c'étoit un garçon ; on dit présentement que sûrement c'étoit une fille. On l'a mis dans de l'eau-de-vie pour le faire voir au Roi, qui étoit à Bellevue. On peut attribuer ce triste événement ou à la saignée, ou à l'affliction de la mort de Madame, ou à l'impression qu'auroit pu faire sur Mme la Dauphine le triste spectacle qui venoit de se passer, ou au mouvement qu'elle s'étoit donné. Je crois qu'on doit désirer que ce soient des causes étrangères. »

J'ai oublié de marquer au 5 février qu'il y eut ce jour-là deux évêques qui prêtèrent serment : l'évêque de Riez (Lachau-Montauban), chanoine d'une collégiale de Grenoble, et l'évêque de Glandève (du Belloy), grand vicaire de Beauvais. L'évêque de Glandève n'a point d'habitation à Glandève; la cathédrale est à Entrevaux, dans les Alpes, à une demi-lieue de Glandève (1).

J'ai encore oublié de marquer que Mme la duchesse de Rochechouart (Beauvau) parut à la Cour; il y a sept ou huit ans qu'elle n'y étoit venue. Je ne crois pas qu'elle ait jamais vu Mme la première Dauphine; elle fut présentée à celle-ci. Elle a passé tout ce temps dans ses terres en Touraine, fort occupée du soin des pauvres et des malades et y faisant de grands biens. Elle étoit extrêmement contente du feu archevêque de Tours (Rastignac); elle ne paroît pas penser de même pour celui-ci. Ce pourroit être par rapport à quelque différence de sentiment; enfin, elle a pris le parti de revenir ici. On dit même qu'elle veut vendre ses terres. Elle a une mauvaise santé et est au lait pour toute nourriture; cependant elle n'est point fort changée.

Le 13 février, les oiseaux de Malte furent présentés au Roi par M. le chevalier d'Aulan dans le salon d'Hercule, à l'ordinaire. Les faucons de Malte sont tous morts dans le passage, et le Maltois qui les apportoit a pensé périr. Pour conserver l'étiquette ordinaire, M. d'Aulan a demandé à emprunter un faucon à M. de la Vallière, et c'est

---

(1) Glandève ne subsistoit point du temps des empereurs romains; c'est une ville du moyen âge. Elle étoit sur les bords du Var, et elle a été détruite par les inondations de ce torrent; il n'y restoit que la maison de l'évêque, encore n'y loge-t-il point; il loge à Entrevaux, qui n'est éloigné que d'un quart de lieue de Glandève et est de l'autre côté du Var. C'est dans ce lieu d'Entrevaux que les habitants de Glandève se sont retirés. Le chapitre y a été transféré. L'évêché de Glandève est suffragant d'Embrun; il n'est composé que de 50 paroisses, dont il y en a une nommée Peyresc, fameuse par le savant homme de ce nom, né le 1er décembre 1580, mort à Aix en 1637. Peyresc, étoit habile en toutes sortes de sciences, surtout dans la connoissance de l'antiquité; il avoit une très-belle collection de médailles, dont plus de 1000 grecques. On prétend que c'étoit le seul homme de son temps qui sût lire le grec sur les médailles et l'expliquer. On dit que son éloge a été fait en plus de quarante langues. L'Académie romaine fit prononcer son oraison funèbre, où se trouvèrent plusieurs cardinaux. M. de Gassendi a fait la Vie de Peyresc. (*Note du duc de Luynes.*)

ce seul oiseau qu'il a présenté; il le tenoit sur le poing. C'est de lui-même que je sais ce détail. Le chevalier d'Aulan est habitant ici ; il a reçu une commission de Malte pour cette cérémonie.

Madame Adélaïde prit le 5 de ce mois possession de son nouvel appartement. Je dois avoir marqué que cet appartement est celui anciennement occupé par M. le comte et Mme la comtesse de Toulouse, et depuis par M. et Mme de Penthièvre. On entroit chez M. le comte de Toulouse par une grande antichambre à deux croisées, où il y a des colonnes. Toute la droite de cette antichambre, où M. et Mme de Penthièvre ont logé, et qui depuis a été occupée par l'infante Isabelle pendant son séjour ici, tout cela jusqu'à la voûte de la chapelle fait l'appartement de Mme de Pompadour.

De cette antichambre, tournant à gauche on entroit dans une seconde pièce, où on avoit fait des retranchements ; elle avoit aussi deux croisées ; on l'a séparée en deux, et on en a fait une petite antichambre pour Madame Adélaïde. On y entre par la cour qui conduit à l'appartement du capitaine de quartier. De là, le grand cabinet qui est sous le salon de la Guerre, la chambre à coucher de Mme la comtesse de Toulouse, et la pièce par delà où il y avoit deux marches à descendre dans le milieu, et une alcôve établie sur une ancienne cuve de marbre (1) dont j'ai parlé. Dans cette pièce on a fait plusieurs changements, et il n'y a plus de marches. On a fait entre l'appartement de Madame Adélaïde et celui de Mme de Pompadour un petit logement pour Mme de Beauvilliers.

Mais ce logement ne doit pas rester à Madame Adélaïde ; on lui en fait un autre actuellement, dans le grand escalier de marbre. On détruit entièrement ce bel esca-

---

(1) J'ai dit dans le temps que cette cuve a été portée à l'Ermitage et employée à un bassin. (*Note du duc de Luynes.*)

lier (1), dont les marbres ne pourront point servir, à ce que l'on assure, dans l'escalier que l'on projette dans l'aile de M. le comte de Noailles auprès de la chapelle, en laissant l'ouverture des trois arcades. Les marches même de celui que l'on démonte ne pourront pas servir au nouveau, parce qu'elles n'ont que 10 pieds de long et que les autres ont 18 pouces de plus. On entrera dans cet appartement par le palier de l'escalier qui est du côté de la chapelle. Ce palier formera la première pièce. Le reste de l'appartement [sera] pris sur la petite galerie, dont on recule le mur pour lui donner plus de largeur ; l'autre palier de l'escalier fera des garde-robes, et on fait une petite cour dans le milieu pour donner du jour. M. le duc et Mme la duchesse d'Orléans reprennent l'appartement qu'ils avoient (2), et le Roi a donné à M. et Mme de Penthièvre celui de feu Madame Henriette et celui de Madame Adélaïde.

J'ai parlé ci-devant de la censure prononcée par la Sorbonne contre la thèse de l'abbé de Prades. On attendoit toujours la décision de la Sorbonne par rapport aux trois docteurs qui ont signé la thèse; on avoit déterminé dans l'assemblée de déposer le syndic, qui par son grand âge est peu capable de cette place ; heureusement on est parvenu à lui persuader de donner sa démission.

On me contoit, il y a quelque temps, un fait assez singulier de Mme Tiquet, qui eut le col coupé en [1699]. Elle s'appeloit Cartier ; le bourreau qui l'exécuta portoit le même nom.

On peut remarquer à cette occasion la prédiction qui avoit été faite au maréchal de Biron qu'il mourroit d'un

---

(1) Le grand escalier du Roi ou des ambassadeurs a été gravé par Surugue. Les planches existent encore à la Calcographie du Louvre.

(2) C'étoit là le premier arrangement ; mais depuis M. le duc et Mme la duchesse d'Orléans ont mieux aimé prendre l'appartement de feu Madame et celui de Madame Adélaïde. (*Note du duc de Luynes.*)

coup de nerf. Quand il fut conduit sur l'échafaud, il voulut savoir le nom de son bourreau ; il se trouva qu'il s'appeloit Nerf.

Le Roi et la Reine quittèrent le deuil de M. le duc d'Orléans le 23 février.

Le lendemain, 24, M. le duc des Deux-Ponts eut audience sous le nom de comte de Sponheim. Il arrive.

Le 25 du même mois, M. l'abbé de Nicolaï, agent du Clergé, reparut à la Cour. C'est Mme la Dauphine qui a demandé son rappel. Il est son aumônier de quartier.

On sut ce jour-là que le Roi avoit donné à Mme de Beuzeville une pension de 6,000 livres sur celle qu'avoit feu M. le chancelier (Blancmesnil), son père.

On a déjà pu remarquer dans ce journal que je profite volontiers des occasions de mettre des anecdotes sur des événements anciens. On me contoit, un des derniers jours du mois passé, un détail, dans ce genre, qui peut mériter d'être écrit.

La guerre de 1719 de la France contre l'Espagne est un événement singulier et dont tous les détails sont intéressants. La France ayant fait le fameux traité de la Quadruple-Alliance avec les cours de Vienne, de Londres et la Hollande, il fut convenu dans ce traité que le cas arrivant de la mort du duc de Parme, cette souveraineté et celle de Plaisance seroient données à l'infant don Carlos, moyennant une renonciation du roi d'Espagne aux droits qu'il prétendoit sur les États de l'Italie possédés par Charles II. Il y avoit un article secret dans ce traité pour la succession à la couronne de France, en faveur de M. le duc d'Orléans, en cas que nous eussions le malheur de perdre le Roi. On peut juger que M. le duc d'Orléans avoit grande impatience que l'Espagne pût accéder à ce traité. On n'auroit pas osé communiquer au roi d'Espagne l'article secret dont on vient de parler, mais ce prince ne l'ignoroit pas. Quelques sollicitations qui lui fussent faites, et auprès de la reine d'Espagne, pour l'engager à accéder audit traité, Philippe V le refusa constamment, soutenant que ses droits sur l'Italie étoient trop bien fondés et trop considérables pour qu'il se contentât des duchés de Parme et de Plaisance. M. l'abbé Dubois étoit alors en Angleterre pour la négociation du traité; M. de Chavigny y étoit allé avec lui et étoit revenu en France. M. Schaub étoit dans le même temps chargé des affaires d'Angleterre en France, et M. le maréchal d'Huxelles, comme président du conseil des affaires étrangères, étoit celui auquel on s'adressoit pour les négociations. Il étoit question de signer un traité très-secret, dans lequel il s'agissoit de contraindre par la force des armes le roi d'Espagne à accéder à la Quadruple-Alliance, en cas qu'il persistât dans son refus. L'Angleterre, voulant éviter la guerre avec l'Espagne, vouloit bien faire à cette couronne le sacrifice de Gibraltar, et mylord Stanhope avoit ordre d'offrir cette place. On avoit même laissé entrevoir que peut-être on iroit jusqu'à céder aussi Port-Mahon; mais aussi l'Angleterre vouloit qu'on lui sût gré de cette complaisance excessive et être en état de forcer l'Espagne à ce qu'elle désiroit d'elle.

M. Schaub eut ordre de sa cour de porter le traité chez M. le maréchal d'Huxelles. Il savoit que l'humeur de ce ministre n'étoit pas fort douce quand il n'approuvoit pas ce qu'on lui proposoit; il savoit aussi quels étoient ses sentiments par rapport au traité; il ne voulut donc point y aller seul, et demanda M. de Chavigny avec lui. Ils y allèrent ensemble, et le maréchal d'Huxelles voyant M. Schaub lui dit d'un air assez brusque qu'il n'avoit rien à traiter avec lui et qu'il pouvoit se retirer. Étant resté seul avec M. de Chavigny, il lui dit les larmes aux yeux qu'il obéiroit à M. le duc d'Orléans. Il avoit dit quelques jours auparavant qu'on lui couperoit plutôt la main que de le déterminer à signer le traité. Sur cette réponse, comme on savoit que M. de Beringhen, père de celui d'aujourd'hui, avoit tout crédit sur l'esprit de M. d'Huxelles, on l'avoit prié de lui parler, et ce moyen avoit réussi, non sans une extrême douleur de la part de M. d'Huxelles, comme il vient d'être expliqué. Après que M. Schaub fut venu à bout de cette grande négociation, il n'en demeura pas là ; il vouloit l'accession de l'Espagne ; et comme cette cour persistoit dans son refus, il exigea que la France lui déclarât la guerre. Voilà l'origine de la guerre de 1719. Elle devoit être faite conjointement avec l'Angleterre, mais cette puissance n'y contribua que par l'envoi d'une escadre. On sait que les villes de Fontarabie et de Saint-Sébastien furent assiégées et prises par M. le maréchal de Berwick. Pendant ce temps on négocioit toujours avec Madrid, et on commença à avoir quelque espérance de terminer. En conséquence, M. le comte de Belle-Isle, aujourd'hui maréchal de France, qui servoit dans l'armée de M. le maréchal de Berwick, fut envoyé à Versailles du siége de Saint-Sébastien. Philippe V vouloit bien faire la paix, mais c'étoit à condition que l'Angleterre n'en seroit point instruite. M. de Belle-Isle arriva à la Cour et vit plusieurs fois M. Schaub ; mais, en exécution des ordres qu'il avoit reçus, il tint hardiment à ce ministre un langage tout différent de la vérité. M. le duc d'Orléans ne vouloit point paroître directement dans toute cette négociation ; il étoit pourtant régent du Royaume, et par conséquent c'étoit de lui seul, ou au moins en son nom, que devoient être expédiés les ordres pour les mouvements de l'armée françoise. Il avoit été convenu que pour mieux tromper l'Angleterre, M. le maréchal de Berwick porteroit son armée des côtes de l'Océan à celles de la Méditerranée et qu'il entreroit en Catalogne. Telle fut l'occasion du siége de Roses ; on sait quel en fut le succès.

Ce qui est fort singulier et que je sais d'original, c'est que tous les mouvements que fit M. le maréchal de Berwick, depuis Saint-Sébastien jusqu'en Catalogne, et qu'il ne pouvoit faire sans ordres, ne se firent que sur les lettres qu'il reçut de M. de Belle-Isle.

La guerre finit dans cette campagne ; mais comme il y avoit encore quelques parties de la négociation à terminer, l'abbé de Mornay fut envoyé à Madrid. Ce ministre étant mort peu de temps après, M. de Chavigny eut ordre de se rendre à cette cour. Il étoit chargé principalement de deux articles : l'un de concerter avec l'Espagne les instructions à donner aux ambassadeurs des deux couronnes au congrès de Cambrai ; l'autre d'engager, s'il étoit possible, le roi d'Espagne à désirer le mariage de l'infant don Carlos avec Mlle de Beaujolois. Dans les différentes conférences qu'eut M. de Chavigny à Madrid avec le roi et la reine d'Espagne, cette princesse lui demanda un jour pourquoi M. le duc d'Orléans ne songeroit pas au royaume de Naples pour M. le duc de Chartres. M. de Chavigny n'étoit pas préparé sur pareille proposition ; il répondit qu'il n'avoit jamais eu aucune instruction sur cet article et qu'il ne croyoit pas que M. le duc d'Orléans eût des projets aussi vastes et aussi étendus. Il écrivit aussitôt à M. le cardinal Dubois. Il lui manda ce qui s'étoit passé, et il apprit avec plaisir que sa réponse avoit été très-approuvée par M. le duc d'Orléans. Comme dans la proposition sur Naples, le roi d'Espagne avoit ajouté toutes sortes de promesses de secourir M. le duc d'Orléans de tout ce qui dépendroit de lui pour lui assurer la couronne de France en cas que le Roi vînt à manquer, M. le duc d'Orléans répondit toujours avec la même sagesse qu'il ne pouvoit prendre aucune mesure pour un événement qu'il ne pouvoit prévoir qu'avec la plus vive douleur. Et quoique M. Schaub fît toutes les démarches pour la négociation, tout se faisoit de concert avec mylord Stairs et M. Stanhope, qui étoient en France.

Quoique M. de Chavigny n'eût fait aucune proposition directe sur le mariage, cependant il avoit dit ce qui lui avoit paru convenable pour faire connoître les dispositions de la cour de France en général et celles en particulier de M. le duc d'Orléans ; il se servit habilement du bruit qui s'étoit répandu qu'il étoit question de marier M{{lle}} de Beaujolois avec le prince du Brésil, et il chercha à confirmer ce bruit. Enfin les esprits se trouvèrent si favorablement disposés, qu'il fut déterminé à Madrid d'envoyer faire la demande de M{{lle}} de Beaujolois. C'étoit M. de Laules qui étoit alors ambassadeur d'Espagne en France.

La reine d'Espagne (Farnèse) avoit tout pouvoir sur l'esprit de Philippe V et avoit la plus grande confiance au marquis Scoti, qui étoit auprès d'elle. Elle avoit aussi auprès d'elle dona Laura, qui avoit été sa nourrice, dont le secours pouvoit être très-utile lorsqu'il s'agissoit de quelques négociations importantes. Celle d'obtenir le renvoi du cardinal Albéroni s'étant présentée peu de temps après, il fallut employer tous ces moyens différents. Le marquis Scoti parut le plus avoir contribué au succès, et le crut; les sollicitations de dona Laura ne furent peut-être pas moins utiles.

M{{lle}} de Romainville, ci-devant Rotissée, qui a été à la musique de la Reine et étoit actuellement à l'Opéra, vient d'épouser depuis environ quinze jours M. de Maison-Rouge, receveur général des finances et fermier général. M. de Maison-Rouge est veuf depuis peu; sa première femme étoit Cholard, fille d'un receveur général des finances. Il a un fils qui est fort riche. Il avoit eu un procès avec sa femme, et l'avoit perdu; elle est morte peu de temps après; il a 200,000 livres de rente. M{{lle}} de Romainville a fait voir 700,000 livres de biens.

M. le baron de Scheffer parut ici le mardi 29 février pour la première fois avec la plaque de l'ordre de l'Étoile. Cet ordre est toujours le premier de ceux que donne le roi de Suède. Les chevaliers portent une étoile d'argent sur leur habit, ce qui ressemble de loin à celle du Saint-Esprit. Il n'y a nul revenu attaché à cet ordre, ni nul office à dire.

J'appris ce même jour que M. le comte d'Hamilton,

dont j'ai parlé dans le temps qu'il vint ici, a obtenu une augmentation de pension de 2,000 livres. M. d'Hamilton, pendant qu'il fut ici, implora la protection de la Reine, de laquelle il a l'honneur d'être connu. En Suède, il a servi sous Charles XII. Il représenta la perte qu'il avoit faite de ses biens en Suède en se convertissant à la foi catholique, enfin ses services constants et assidus dans nos troupes, où il a le grade de brigadier. Il obtint 2,000 livres de pension. Il a passé depuis en Suède pour quelques affaires, avec permission, et a même été recommandé à M. d'Havrincourt, notre ambassadeur. Il a été fort bien reçu du roi et de la reine de Suède. M. le baron de Scheffer a été chargé de demander pour lui une augmentation de pension. La reine de Suède a prié M. d'Havrincourt d'écrire en sa faveur ; elle l'a recommandé à la Reine; enfin il a obtenu une augmentation de 2,000 livres.

Vendredi dernier, 10 de ce mois, M. le président Turgot vint à Versailles demander l'agrément pour son mariage avec Mlle Galland de Changy, fille d'un maître des comptes. On dit que son père est gentilhomme, et elle aura 60,000 livres de rente. Elle a perdu sa sœur aînée, il y a environ quinze jours.

Geoffroy, apothicaire très-célèbre, mourut subitement la nuit du 9 au 10 de ce mois, à Paris, d'un volvus; c'est les entrailles repliées.

On me mande de Versailles, du 12, que Madame Adélaïde a été incommodée et qu'elle a joué chez elle. Pendant ce temps, Mme la Dauphine, qui est dans son lit, n'a pas joué (1).

On me mande aussi que quelqu'un de fort imprudent a dit à la Reine et à M. le Dauphin que les bois de la charpente du feu étoient destinés pour le catafalque de Ma-

---

(1) Elle a joué, le 17, au piquet avec M. le Dauphin. Je crois que c'est la première fois depuis la mort de Madame. (*Note du duc de Luynes.*)

dame Henriette à Saint-Denis (1). Cette charpente a toujours resté en place depuis le feu. MM. les premiers gentilshommes de la chambre n'avoient point décidé s'ils la garderoient ou s'ils la feroient vendre au profit du Roi. En attendant, elle faisoit un assez vilain effet sur la terrasse, mais néanmoins ce n'étoit pas un sujet d'affliction. On ne comprend pas comment on n'a pas évité de donner ce renouvellement de douleur à la Reine.

Extrait d'une lettre de Versailles, qui m'a été écrite du 12 mars 1752 et envoyée à Dampierre.

M. le marquis de Saint-Germain-Beaupré est mort à sa terre de Saint-Germain, province de la Marche (2), de la goutte remontée, âgé de soixante-douze ans. Mme de Saint-Germain va y aller pour un an, y ayant des affaires. On n'apprit qu'hier cette mort. Il étoit lieutenant général des armées du Roi. Il avoit le gouvernement de la province de la Marche, qui vaut environ 12,000 livres, sur quoi il avoit un brevet de retenue de 100,000 livres.

MM. de l'Académie des sciences ont présenté un livre (3) au Roi, à la Reine, etc.; ils étoient quarante. Ils ont dîné chez M. d'Argenson.

MM. du Collége royal ont présenté un discours sur la naissance de M. le duc de Bourgogne.

Le Roi a donné à M. le baron Sparre, colonel d'un régiment suédois, le grand cordon rouge qui étoit vacant par la mort de M. de Marignane (4).

---

(1) Il faut que cet arrangement n'ait pas été suivi, car ce n'est qu'actuellement qu'on la défait, et l'enterrement doit se faire vendredi 24. (*Note du duc de Luynes*, datée du 18 mars.)

(2) Il étoit gouverneur de cette province. (*Note du duc de Luynes.*)

(3) C'est un nouveau tome des Mémoires de cette Académie. (*Note du duc de Luynes.*)

(4) M. de Marignane avoit été sous-lieutenant des chevau-légers de la garde. avoit épousé une nièce de feu M. le marquis d'Albert, capitaine de vaisseau,

P. S. du 13 *mars.* M. le comte de Broglie est nommé pour aller remplacer M. des Issars à Dresde ; il a fait son remerciment aujourd'hui.

Du jeudi 16, *Versailles.* — Je n'ai pas encore parlé de la dernière assemblée de l'Académie françoise. Comme on y devoit traiter des matières importantes pour l'Académie, on avoit eu soin d'avertir tous ceux qui la composent de ne point manquer cette assemblée, s'il leur étoit possible.

Je ne puis expliquer mieux et plus exactement le détail de ce qui s'y passa qu'en faisant copier ci-après ce que M. le président Hénault a bien voulu m'envoyer écrit de sa main. Le voici :

L'Académie françoise ayant été assemblée extraordinairement, le jeudi 2 mars, par M. l'abbé d'Olivet, lors directeur, il lui présenta le projet des nouveaux statuts qui avoient été dressés pour corriger ou augmenter ceux établis par le cardinal de Richelieu, son fondateur. (C'étoit M. de Boze qui avoit travaillé à ces statuts, qu'il m'avoit communiqués auparavant ; il ne voulut pas se trouver à l'assemblée.) Ces statuts donnèrent lieu à plusieurs avis, qui devinrent l'objet principal de l'assemblée, et qui étoient plus importants que ceux pour lesquels on étoit assemblés. Le premier fut de supprimer les visites lorsqu'il y auroit une place vacante, et cet avis fut adopté sans contradiction. Le second, et ce fut moi qui le proposai, fut de supprimer le second scrutin comme une cérémonie très-indécente, parce qu'elle se faisoit après que le Roi avoit agréé le sujet que nous lui proposions, en sorte que le sujet élu pouvoit être exclu par un nouveau scrutin, au mépris de l'approbation du Roi (ce qui à la vérité n'étoit jamais arrivé). Cet avis fut balancé, et enfin il passa ; sur quoi il faut remarquer qu'il

---

dont il a un fils. M. de Marignane ayant voulu se retirer, à cause de sa mauvaise santé, il eut permission de vendre sa charge, qui a été donnée au plus ancien cornette, et celle de cornette a été donnée au fils de M. de Marignane.

Il étoit homme de condition de Provence. Il avoit trouvé ses affaires dans un état déplorable, par la mauvaise conduite de son père, et un fort beau château, mais en mauvais état pour les meubles ; il avoit tout rétabli et y vivoit fort honorablement. Il étoit dans un état affreux par la gangrène ; on lui avoit coupé deux doigts de la main, et il étoit sans espérance depuis longtemps. (*Note du duc de Luynes.*)

avoit été proposé déjà à plusieurs assemblées sans que l'on y eût d'égard. Enfin la troisième proposition fut de ne s'assembler qu'à trois heures et demie depuis Pâques jusqu'à la Toussaint, comme c'est l'usage des autres académies. Cette proposition fut encore reçue. Mais M. de Paulmy observa qu'elle ne devoit pas faire partie des statuts qui seroient présentés au Roi, parce que c'étoit une police intérieure, qu'il falloit pouvoir changer à notre gré, ce qui fut approuvé.

Quand on fut convenu de tout le reste, le directeur dit que la Compagnie souhaitoit que ce fût M. le maréchal de Richelieu qui se chargeât de présenter ces nouveaux statuts au Roi pour être par lui approuvés et devenir désormais la loi de l'Académie.

On sait que l'usage ordinaire, et qui subsiste depuis l'établissement de l'Académie françoise, est de donner un jeton à tous les académiciens qui se trouvent aux assemblées. Le nombre des académiciens étant de quarante, il y a quarante jetons pour chaque assemblée ; mais comme ceux qui n'y ont point assisté n'ont point de part à cet honoraire, les quarante jetons sont distribués aux académiciens qui sont à chaque assemblée, et comme ils sont quelquefois en petit nombre, ils peuvent avoir jusqu'à trois et quatre jetons. Dans le grand nombre il y en a quelques-uns qui ne sont pas riches et pour qui leur assiduité aux assemblées forme un petit revenu de ces jetons. Chaque jeton vaut 32 sols, et quand on ne manque point d'assemblée, ou du moins fort peu, cela fait 6 ou 700 livres de rente. C'est le contrôleur général qui fait payer ces jetons. Il y a environ un an qu'on n'en a pas donné.

J'ai appris à cette occasion un autre usage de l'Académie françoise, c'est que tous ceux qui ne se trouvent pas au panégyrique de saint Louis sont obligés de donner 12 livres. C'est une espèce d'amende.

J'ai encore oublié [de faire connoître] un usage de l'Académie françoise ; c'est que le secrétaire a une somme de 600 livres tous les ans pour faire fournir tout le bois et la bougie les jours d'assemblées.

J'ai appris aujourd'hui une anecdote par rapport à MM. les capitaines des gardes du corps qui mérite d'être remarquée. Les capitaines des gardes du corps prétendent qu'aux grands deuils de Cour autrefois, lorsque le Roi étoit en deuil, l'usage étoit que le capitaine des gardes avoit 1,000 écus pour son deuil. Le capitaine des Cent-Suisses prétendoit aussi avoir une somme d'argent pour son deuil. Au deuil de la reine de Pologne, mère de la Reine, en 1747, M. le duc d'Ayen parla au Roi de ces 1,000 écus; le Roi lui dit : « Ne vous attendez pas à en avoir rien; je ne sais si cela s'est fait, mais cela ne se fait plus. » M. d'Ayen lui répondit en plaisantant qu'au premier grand deuil de famille qu'il auroit, lorsque ses gens viendroient lui demander leur deuil, il leur feroit la même réponse.

On sait ici depuis le 29 février que M. Klinglin, préteur royal de Strasbourg, a été arrêté et mis à la citadelle. Son père a rendu de grands services à la France dans le temps que Strasbourg se donna au Roi (1). Cette raison et l'attachement personnel de M. Klinglin aux intérêts de la France lui firent obtenir, en 1744, pour son fils la survivance de la charge de préteur. Cette charge donne une grande autorité dans la ville de Strasbourg; on pourroit presque dire qu'un préteur est une espèce de viceroi. M. Klinglin s'est distingué dans toutes les occasions par la magnificence avec laquelle il a fait paroître la joie de la ville de Strasbourg sur les événements heureux de la convalescence du Roi et autres occasions de fêtes. Il tenoit un grand état à la ville et à la campagne; il y faisoit très-bonne chère, avoit une maison très-bien meublée, un équipage de chasse, souvent des concerts, etc. On a prétendu qu'il y avoit de la malversation dans l'administration des deniers de la ville, et que les magistrats en auroient porté des plaintes, s'ils avoient osé. Quoique

---

(1) 20 septembre 1681. Le Roi fit son entrée le 23 octobre suivant. (*Note du duc de Luynes.*)

ces plaintes n'eussent pas été adressées directement au ministre, on en eut ici assez de soupçon pour que M. d'Argenson jugeât nécessaire de proposer au Roi d'envoyer un commissaire sur les lieux pour s'informer de ce qui regardoit cette administration. On avoit été instruit d'une ferme donnée pour 35,000 livres, dont on assuroit que la valeur étoit environ de 50,000. L'affaire ayant été examinée, le bail fut cassé. Les deux fermiers associés qui avoient pris cette ferme allèrent trouver M. Klinglin, et lui représentèrent qu'ils avoient donné 60,000 livres d'argent comptant dans le temps où leur bail fut passé, et le prièrent de leur faire rendre cette somme, puisque le bail étoit cassé. M. Klinglin les renvoya au Sr Dodet, en qui il avoit une grande confiance. Ce Dodet est attaché depuis longtemps à M. Klinglin, qui lui a fait épouser une de ses bâtardes. Dodet chercha à apaiser les fermiers en leur donnant des espérances.

L'arrivée du commissaire donna plus de liberté aux fermiers de se plaindre; ils pressèrent pour la restitution des 60,000 livres. Ce fut dans ce moment que pour éviter leurs poursuites on leur fit entendre secrètement qu'ils ne fissent pas tant de bruit sur cette somme, parce qu'elle avoit été envoyée à M. d'Argenson. Cette réponse arrêta pendant assez longtemps les poursuites des fermiers. M. d'Argenson en ayant été instruit porta sur-le-champ au Roi la lettre par laquelle on lui mandoit cette nouvelle, et il envoya aussitôt à Strasbourg l'ordre pour faire arrêter Dodet et l'interroger comme l'auteur de cette calomnie. Dodet ayant mêlé M. Klinglin dans les réponses qu'il a faites à l'interrogatoire, M. d'Argenson n'a pu se dispenser d'envoyer aussi ordre d'arrêter M. Klinglin et de le mettre à la citadelle. M. Klinglin nie tous les faits; il dit n'avoir aucune connoissance des 60,000 livres de pot-de-vin, et encore moins du moyen détestable dont on s'est servi pour se mettre à couvert, au moins pendant quelque temps, de la poursuite des deux fermiers. Jusqu'à présent il paroît que tout le poids de l'accusation retombe sur Dodet.

Il y eut le 14 plusieurs présentations. C'étoit jour d'étrangers. M. de Verneuil présenta M. de Neuperg, M. le comte d'Harrach et le coadjuteur de l'évêché de Malines (le comte Migazzi), qui va en Espagne au nom de l'Empereur.

J'appris le même jour 14, en arrivant de Dampierre, que M. le duc de Penthièvre a perdu un de ses enfants; il est mort des dents ici, au chenil; il avoit vingt mois, étant né le 22 juin 1750. C'est le troisième, que l'on appeloit comte de Guingamp.

Mme de Roncherolles fut présentée dimanche dernier par Mme Amelot, sa mère, qui n'avoit point paru à la Cour depuis longtemps et qui a toujours l'air extrêmement jeune. Il y avoit à la présentation Mme de la Force, fille aînée de Mme Amelot, Mme de Flavacourt (Nesle) et Mme de Beuvron (Rouillé). Je dois avoir parlé ci-dessus du mariage de Mme de Roncherolles. Elle fut mariée le lundi 6 de ce mois, à Paris, dans la chapelle de Mme de Rothelin, tante de son mari, M. le chevalier de Pont-Saint-Pierre, qui a pris le nom de Roncherolles, nom de sa maison, en se mariant. Ce fut M. l'archevêque de Rouen qui fit le mariage. MM. de Pont-Saint-Pierre sont de son diocèse. La noce se fit chez Mme Amelot; mais comme sa maison étoit trop petite, elle avoit emprunté celle de M. Portail, et l'on revint après souper chez Mme Amelot. Mme de Roncherolles est assez grande et d'une figure fort agréable. La Reine prétend qu'elle ressemble à Madame Adélaïde.

Il paroît décidé que les femmes des officiers des gardes du corps pourront être présentées comme toutes autres femmes de condition, lorsque les noms de leurs maris seront assez bons pour qu'on leur accorde cette distinction. L'exclusion de cet honneur pendant que le mari avoit celui d'être continuellement auprès du Roi étoit un grand désagrément pour les officiers des gardes du corps. J'ai déjà marqué dans le temps la présentation de Mmes d'Estourmel et celles de Mmes de Suzy et de Chazeron.

Mme de Goyon fut présentée lundi dernier. Son nom est Saint-Julien; son père étoit un gentilhomme de Normandie. M. de Goyon, son mari, qui est de même nom que MM. de Matignon, est colonel de dragons.

Il y a longtemps qu'on ne parle plus de Mme Sauvé, première femme de chambre de M. le duc de Bourgogne. J'ai marqué dans le temps le détail de cet événement; je crois qu'elle est toujours à la Bastille; mais on n'avoit point encore rempli sa place; j'appris hier qu'elle est donnée à Mme Ligier.

Mardi dernier j'appris que Madame Infante a envoyé un fort beau diamant jaune à Mme Raymond, première femme de chambre de feu Madame. Mme Raymond alla porter aussitôt ce présent à Madame Adélaïde, qui lui en fit en même temps un autre; elle lui donna une bague qui appartenoit à Madame sa sœur. Mme Raymond, comme je crois l'avoir marqué, avoit été nourrice de Madame Henriette; elle lui étoit extrêmement attachée, et Madame Henriette avoit des bontés infinies pour elle. Comme c'étoit une des vertus principales de Madame Henriette que la douceur, la bonté et le désir de faire plaisir, elle en avoit donné une marque bien essentielle à Mme Raymond. Sachant que ses affaires étoient dérangées et qu'elle devoit environ 40,000 livres, elle lui en donna 50,000 qu'elle avoit empruntées à M. de Montmartel. Il y a quelques jours que Mme Raymond a fait dire au Roi qu'elle avoit en entier les 50,000 livres que Madame avoit eu la bonté de lui donner et qu'elle étoit prête à les remettre à qui S. M. jugeroit à propos. Le Roi a eu la bonté de faire présent de cette somme de 50,000 livres à Mme Raymond.

L'enterrement de Madame est fixé au vendredi 24 de ce mois. L'usage est en pareil cas qu'il y ait trois princesses et trois princes qui leur donnent la main. Les trois princesses sont Madame Victoire, Madame Sophie et Madame

Louise. M. le Dauphin donnera la main à Madame Victoire, M. le duc d'Orléans à Madame Sophie, et M. le prince de Condé à Madame Louise. On a nommé les hommes qui doivent porter les mantes de Mesdames. Il y en a trois pour chaque mante, c'est l'usage. On a choisi un chevalier de l'Ordre pour chaque mante et des gens de grande condition et les noms les plus connus. M. de Meuse portera celle de Madame Victoire avec M. le prince de Tingry et M. de Bauffremont le fils. M. de Senneterre portera la mante de Madame Sophie avec M. de Gontaut et M. de Durfort. Mylord Clare portera celle de Madame Louise avec M. d'Armentières et M. le marquis de Brancas. Outre cela, on a nommé les quatre qui doivent porter les quatre coins du drap mortuaire, que l'on appelle le poêle; ce sont M. de Stainville (Choiseul), M. le comte de Gramont, M. de Rochechouart et M. de Lislebonne.

Du samedi 18, Dampierre. — M. de Vergennes, neveu de M. de Chavigny, est revenu ces jours-ci de Coblentz, où il fut envoyé l'année passée pour résider auprès de l'électeur de Trèves, comme ministre de France. Il m'a conté quelques détails sur ce qui regarde cet électeur. Son nom est Schomborn; il a près de soixante-dix ans. Il n'a que 1,800 hommes de troupes, qui sont payées par l'État. Pour sa personne, il a environ 700,000 livres de revenus. Il dit la messe tous les jours; il a pendant la messe une musique, mais très-mauvaise. Il a une mauvaise santé; il mange toujours seul et en particulier. On le voit peu et il ne sort que pour la chasse à tirer, qu'il aime. Ce sont des battues, ou des chasses dans les toiles. Il n'y mène aucun étranger, au moins c'est une grande faveur.

Le Roi alla avant-hier à Choisy, d'où il est revenu aujourd'hui. M. de Saint-Florentin y travailla avec le Roi. Immédiatement après son travail; il alla chez Mme de Pompadour; et lorsqu'on fut près de se mettre à table, Mme de Pompadour dit à Mme de Chevreuse que le Roi lui accordoit la pension de survivancière. Pendant que M. de Brionne a été survivancier de la charge de grand écuyer, il a eu 9,000 livres de pension. M. le duc d'Ayen et Mme la duchesse de Brancas (Clermont) ont chacun 8,000 livres de pension comme survivanciers, l'un de la charge de capitaine des gardes, l'autre de dame d'honneur de Mme la Dauphine. C'est en conséquence de ces exemples que Mme de Chevreuse a cru devoir prendre la liberté de faire ses représentations, et même avec d'autant de plus de confiance, que les 9,000 livres de M. de Brionne ayant cessé par la mort de M. le prince Charles, l'occasion sembloit plus favorable. Ces représentations ont été très-bien reçues.

J'ai déjà parlé d'une lettre du roi de Pologne à la Reine. On ne peut assez remarquer la vivacité et la justesse des expressions de ce prince. Son esprit n'est peut-être pas autant connu qu'il le mérite. On trouvera ci-après la copie d'une de ses lettres; elle est proportionnée au caractère de celui à qui elle est écrite; c'est à un dessinateur habile nommé Gaumont, homme d'esprit ingénieux. Ledit Gaumont, après avoir voyagé en Angleterre, avoit été occupé depuis son retour, pendant quelque temps, à dessiner les pierres gravées que M. le duc d'Orléans avoit bien voulu lui confier. M. le duc d'Orléans n'ayant pas voulu que cet ouvrage fût continué, ce graveur a imaginé de faire un ouvrage avec les médailles de l'histoire de Louis XV; il l'a fait graver avec soin et imprimer en beaux caractères.

Cet ouvrage, qu'il a fait sans ordres, lui coûte, à ce qu'il dit, 8 ou 10,000 livres; il ne sait si la vente qu'il en fera le dédommagera. Il en a présenté plusieurs exemplaires au Roi, à la Reine et à la Cour; il espère toujours obtenir quelque grâce; en attendant, il a cru devoir envoyer un de ses livres à Lunéville au roi de Pologne; c'est à propos de ce livre que le roi de Pologne lui a écrit la lettre suivante :

A Lunéville, le 10 février 1752.

Monsieur, j'ai reçu avec bien du plaisir l'ouvrage que vous m'avez envoyé. Vous célébrez les campagnes d'un Roi digne des éloges de toute la terre, et que ses ennemis doivent aimer autant pour son amour pour la paix qu'ils ont lieu de le respecter par l'éclat de ses victoires. Vos allégories sont aussi agréables qu'elles sont justes, et vous y peignez les tendres sentiments de la France en voulant n'y marquer que les vertus de son souverain. Vos succès justifient votre entreprise; j'y applaudis de tout mon cœur, et je souhaite avoir désormais des occasions de vous faire connoître combien je suis véritablement, Monsieur, votre bien affectionné,

STANISLAS ROI.

M. de Gaumont de Vernon.

Du mardi 21, *Dampierre.* — Je retournai dimanche à Versailles, et j'appris que ce même jour il y avoit eu deux présentations, toutes deux faites par Mme la maréchale de Broglie, l'une de Mme de Lameth, sa fille, l'autre de Mme de Caraman. M. de Lameth, qui vient d'épouser la fille [de la maréchale de Broglie], est celui dont j'ai parlé à l'occasion d'un bruit qui s'étoit répandu qu'il avoit été assassiné en courant la poste. Mme de Caraman est fille de Mme de Chimay (Beauvau-Craon). J'ai déjà parlé de MM. de Chimay; les deux frères sont morts; l'un avoit épousé Mlle de Saint-Simon, qui est encore vivante, et l'autre Mlle de Craon, dont il a eu Mme de Caraman. Celui-ci, qui étoit le cadet, s'appeloit le comte de Laverre. Ils avoient un troisième frère, qui est le cardinal d'Alsace, archevêque de Malines. Mme la maréchale de Broglie est par MM. de Caraman la plus proche parente en état de faire la présentation. M. de Riquet avoit épousé une Broglie. Son fils, M. de Caraman, épousa une fille de M. le président Portail, et celui-ci est le fils de ce M. de Caraman et de Mlle Portail.

Ce même jour 19 M. de Crillon eut une audience publique; j'ai marqué sa première audience lorsqu'il vint faire compliment, le 3 janvier, sur la naissance de M. le duc de Bourgogne, au nom de la ville d'Avignon. Il voulu que rien ne manquât au cérémonial usité en pareille occasion; et comme il a le droit de prendre audience de congé, il l'a demandée, et y a été conduit par M. de Verneuil avec tout l'appareil ordinaire. Les compliments qu'il a faits ont été fort courts.

M. le duc de Randan fit sa révérence au Roi le 18. Il arrive par congé de Franche-Comté, où il commande. Il eut audience dans le cabinet. On prétend que c'est l'usage à l'égard des commandants pour le Roi dans quelques provinces. Le lendemain, 19, il présenta un M. de Durfort, dont le frère est chambellan de M. le duc d'Orléans. C'est assurément un beau nom, et ce sont des gens de grande condition. Nous avons déjà deux frères, dont l'un est marié, et sa femme est attachée à Mesdames; et l'autre, qui est le cadet, est aide major des gardes du corps.

J'appris aussi à Versailles, avant-hier, que M. de Civrac, gendre de Mme d'Antin, a été nommé menin de M. le Dauphin; il sera surnuméraire.

J'appris aussi la mort de mylord Tyrconnel; il est mort à Berlin (1). Il étoit ministre de France. Je crois avoir marqué dans le temps son mariage avec une héritière de Normandie, dont le nom est de Lys. Elle étoit avec lui, et se trouve par cette mort digne de compassion, avec une fille pour tout enfant. Elle avoit eu 26 ou 27,000 livres de rente, que mylord Tyrconnel avoit mangées, et il n'a pas de biens pour en répondre. Il y avoit six mois qu'il étoit malade et qu'il crachoit le sang. C'est cette même humeur qui s'est jetée sur ses entrailles. Il étoit à peu près de l'âge du Roi. Le médecin en qui il avoit toute confiance étoit Lamettrie, dont je dois

---

(1) Il n'étoit pas mort quand l'article a été écrit, mais on a appris aujourd'hui qu'il est mort depuis les premières nouvelles. Sa veuve a eu 180,000 livres de biens, mais elle a signé pour 190,000 livres dans les dettes de son mari. (*Note du duc de Luynes*, datée du 24 mars.)

avoir parlé ci-dessus à l'occasion de sa mort. Depuis ce temps, mylord Tyrconnel s'est regardé comme sans espérance.

J'ai marqué ci-dessus le mariage de M. de Choiseul avec Mlle de Romanet, qui est aujourd'hui dame de Mesdames. Mlle de Romanet est une héritière, mais qui avoit beaucoup de procès lorsqu'elle s'est mariée; elle vient d'en perdre un fort considérable.

Je n'ai appris que depuis peu la mort de M. l'évêque d'Arras; il mourut il y a huit ou dix jours, je crois, dans son diocèse; c'était un prélat d'une grande vertu; il s'appeloit La Salle.

On me mande de Versailles d'aujourd'hui que M. du Châtelet, le fils, épouse Mlle de Rochechouart, fille du comte ci-devant Faudoas et de Mlle d'Armentières. En conséquence le Roi lui donne une place de menin chez Mgr le Dauphin, et à sa femme une place de dame chez Mme la Dauphine, et 2,000 écus assurés sur la Lorraine. M. du Châtelet part demain pour Lunéville, pour aller rendre compte au roi de Pologne de cet arrangement et lui demander son agrément. Les articles ne sont point encore signés, le mariage ne se fera qu'après Pâques. Le mariage de Mlle de Rochechouart avoit été arrêté avec M. de la Feuillade, dont j'ai marqué la mort.

On me mande aussi que M. de Kaunitz a présenté aujourd'hui M. le duc d'Urs; c'est un grand seigneur flamand, et par conséquent sujet de l'Impératrice; il est petit et fort mal fait.

Mme de Luynes me mande encore qu'elle a présenté aujourd'hui M. Dufort, qui a acheté la charge d'introducteur des ambassadeurs de M. de Sainctot.

Du jeudi 23, Versailles. — Je n'ai point encore parlé, je crois, de la cherté du pain. La dernière récolte ayant été mauvaise, par la quantité et la qualité, dans plusieurs provinces du royaume on a été obligé de faire venir du blé des pays étrangers, ce qui a empêché la disette; mais ces blés étrangers étant plus chers que ceux que l'on recueille dans le royaume, le pain a été à deux sols, deux sols et demi et trois sols, suivant les différentes provinces. Les pauvres ont beaucoup souffert pendant tout l'hiver; les évêques ont donné de grandes marques de charité, entre autres M. l'évêque de Chartres et M. l'archevêque de Tours. La misère ayant été encore plus grande dans l'évêché de Chartres que dans beaucoup d'autres, M. de Chartres a vendu toute sa vaisselle d'argent.

J'appris hier que M. le Dauphin et Mesdames étant instruits du besoin de secours qu'avoient les pauvres de Touraine, avoient fait entre eux une somme de 20,000 livres, qu'ils ont envoyées à M. l'archevêque de Tours.

M. de Maillebois, le fils, soupoit lundi dernier chez M. le duc de Villars, à Paris; il y reçut une lettre de cachet portant ordre de se rendre à Maillebois. On fait différents raisonnements sur la cause de cet exil; on croit qu'il s'agit de quelque affaire d'intérêt dans laquelle on a compromis injustement des noms qui n'auroient pas dû être nommés (1).

Du vendredi 24, *Versailles.* — On trouvera ci-après la relation que l'on m'envoie de Paris d'une nouvelle démarche du Parlement, qui paroît encore moins raisonnable que celle dont j'ai parlé ci-dessus.

« Le 23 mars, M. Blanchard, conseiller de la deuxième des enquêtes du Parlement, a dénoncé aux chambres assemblées un refus de sacrements fait par le curé de Saint-Étienne du Mont au nommé Le Maire (2), prêtre, attaqué de paralysie. Ce malade a fait faire deux sommations, les 21 et 22 de ce mois, de lui administrer les sacrements,

---

(1) *Voy.* ci-après, au 29 mars. (*Note du duc de Luynes.*)
(2) Il est du diocèse de........ Par rapport à la *constitution*, il a été obligé, par lettre de cachet, de quitter son diocèse, et est venu se réfugier à Paris, dans le quartier de Sainte-Geneviève. (*Note du duc de Luynes.*)

au curé de Saint-Étienne. Le curé de Saint-Étienne les lui a refusés, sur le fondement qu'il ne vouloit pas accepter la *constitution*. Sur ce refus, les chambres assemblées ont décrété d'ajournement personnel le curé de Saint-Étienne, pour être ouï et interrogé par-devant M. de Salabery, à cinq heures précises.

« M. l'archevêque invité de prendre sa place aux chambres assemblées ; l'invitation faite par M. Ysabeau, secrétaire de la Cour ; il a répondu que le curé de Saint-Étienne n'avoit fait que suivre ses ordres dans le refus des sacrements fait audit abbé Le Maire, et que l'attention qu'il devoit à ses fonctions spirituelles l'empêchoient de satisfaire à l'invitation de la Cour.

« Le curé de Saint-Étienne s'est présenté, a subi interrogatoire, a dit que c'étoit par les ordres de M. l'archevêque de Paris qu'il avoit refusé les sacrements à l'abbé Le Maire.

« Sur la communication que MM. les gens du Roi ont prise du dit interrogatoire, ils ont requis que le curé de Saint-Étienne seroit recollé (1), arrêt qui a suivi les conclusions.

« Et définitivement sur les conclusions des gens du Roi, il est fait défenses au dit curé de plus récidiver et donner aux curés du diocèse l'exemple d'un pareil scandale, sous peine de saisie de son temporel et même de punition exemplaire ; à lui enjoint d'en user en toutes occasions avec ses paroissiens charitablement et en pasteur instruit et éclairé. Icelui condamné en l'aumône de trois livres, applicable au pain des prisonniers de la Conciergerie du palais. En outre, ordonne que l'archevêque de Paris sera tenu de veiller à ce que pareil scandale n'arrive pas à l'avenir dans son diocèse, et invité de faire admi-

---

(1) *Recoller*, répéter les témoins, leur lire la déposition qu'ils ont faite, lorsqu'ils ont déposé, pour voir s'ils y persistent, s'ils n'y veulent rien ajouter, ni diminuer. (*Dict. de Trévoux.*)

nistrer dans les vingt-quatre heures les sacrements au dit Le Maire. Enjoint au procureur général du Roi de tenir la main à l'exécution du présent arrêt et d'en certifier la Cour lundi prochain aux chambres assemblées. »

Du samedi 25, *Versailles.* — Je viens d'apprendre dans le moment que M. le chevalier de la Touche, maréchal de camp de 1748, a été nommé pour aller à Berlin remplacer mylord Tyrconnel. Il a déjà été à Berlin, et est connu du roi de Prusse.

Du mardi 28, *Dampierre.* — J'appris il y a deux ou trois jours la mort de M. l'abbé de Béthune; il avoit quatre-vingts ou quatre-vingt-un ans. Il étoit frère d'un chevalier de Béthune mort il y a quelques années.

J'ai parlé ci-dessus de la singulière démarche du Parlement au sujet de l'affaire de M. le curé de Saint-Étienne du Mont. Dans l'assemblée des chambres, qui dura jusqu'à midi et demi, il y eut deux arrêts de rendus; ce sont ces deux arrêts qui viennent d'être cassés par un arrêt du conseil des dépêches rendu avant-hier dimanche. Le Roi, en confirmant un autre arrêt du conseil par lequel il a évoqué à lui toutes les affaires concernant les refus de sacrements, évoque de même celle du curé de Saint-Étienne. Le Roi avoit envoyé ordre au premier président de se rendre à Versailles avec deux députés; ce furent MM. Molé et de Rosambo; MM. les gens du Roi s'y rendirent aussi. Le Roi fit lire en leur présence l'arrêt du conseil, et dit ensuite au premier président : « Monsieur, je suis très-mécontent de mon parlement; j'en excepte pourtant les gens sages. » Après quoi il lui tourna le dos, et s'en alla.

Du mercredi 29, *Dampierre.* — Vendredi dernier, jour de sermon, il n'y en eut point; il fut remis au lendemain samedi, jour de l'Annonciation; c'est l'usage à la chapelle, et par conséquent cela ne mérite pas d'être remarqué. Mais ce qu'il y eut de singulier, c'est qu'il n'y eut point de sermon le lendemain, dimanche des Rameaux.

Ce fut un malentendu assez difficile à concevoir. Tout le monde dit que l'usage étoit qu'il n'y avoit point deux sermons de suite ; quelques-uns répétèrent ce propos devant le Roi, le samedi, à la chapelle, un moment avant le sermon. Le Roi prit la parole, et dit que cela étoit bon pour celui du vendredi, mais que cela ne faisoit rien pour celui du dimanche. Le prédicateur, qui comptoit prêcher le dimanche, vint le matin chez le P. Pérusseau, lequel, comptant sur ce qu'il avoit dit de l'usage de la chapelle, lui dit qu'il pouvoit s'en aller à Paris, qu'il n'y auroit point de sermon. Le Roi, qui ignoroit cette réponse et comptoit sur le sermon, voulut donner l'ordre pour l'heure ; on lui dit que le prédicateur étoit allé à Paris, et par conséquent il n'y eut point de sermon. Cela n'empêcha pas que le Roi n'entendit les vêpres en bas, chantées par la grande chapelle (1).

Il revint chez lui après vêpres, et retourna au salut à la tribune à l'ordinaire. M. le Dauphin va toujours avec le Roi, le conduit chez lui, et revient ensuite à la tribune. La Reine monta en haut après les vêpres, avec Mesdames et entendit complies, la prière et le salut à la tribune.

L'affaire de M. de Maillebois, dont j'ai parlé au 23, est un peu plus éclaircie pour le public, quoiqu'on ne la sache pas encore parfaitement. Il étoit dû aux états d'Artois 7 ou 800,000 livres pour fournitures de fourrages faites aux troupes de la maison du Roi et autres. Ce payement étoit juste, et actuellement il y a une partie de ces sommes de payées et des arrangements pris pour le surplus. C'est avant ces arrangements que l'on prétend que les états d'Artois s'adressèrent à M. de Maillebois. On dit qu'il fut question d'une somme de 10,000 écus ; que cette espèce de marché a été rapporté au Roi et lui a déplu, et

---

(1) C'est Mme la comtesse de Brionne qui a quêté. (*Note du duc de Luynes.*)

que c'est ce qui a donné lieu à la lettre de cachet, mais qu'il n'y a eu personne de nommé dans cette affaire.

On m'envoya il y a quelques jours l'inscription latine mise à la nouvelle place que le roi de Pologne fait construire à Nancy, et dont la première pierre a été posée par M. le duc Ossolinski, le 18 de ce mois. Il y avoit eu, comme je crois l'avoir écrit, un premier projet pour cette place, mais il ne pouvoit s'exécuter qu'aux dépens d'une partie des fortifications. M. le maréchal de Belle-Isle fit ses représentations au roi de Pologne, et ce prince a consenti volontiers à changer ce projet.

Mme la princesse de Pons mourut à la Versine, près Chantilly, la nuit du 25 au 26. Elle avoit soixante-sept ou soixante-huit ans. Elle étoit fille aînée de feu M. le maréchal de Roquelaure et de Mlle de Laval, et par conséquent sœur de Mme la princesse de Léon. Mme la princesse de Pons étoit incommodée depuis longtemps; elle ne marchoit qu'avec une canne et ne pouvoit se tenir droite. J'ai entendu dire que c'étoit une descente; elle est morte d'une indigestion, en trois heures de temps. Les affaires de M. et de Mme de Pons étant dérangées, ils avoient pris le parti d'habiter la campagne; ils avoient demeuré pendant quelque temps à Pontoise, dans une maison que M. de Bouillon leur avoit prêtée depuis quelques années, le château de la Versine, qui est une dépendance de Chantilly; c'est ce même château que feu M. le Duc avoit prêté assez longtemps à M. le maréchal d'Isenghien.

Du jeudi 30, *Dampierre*. — J'ai parlé ci-dessus de l'affaire de M. le curé de Saint-Étienne et de la réponse du Roi. Voici ce que l'on me mande de Paris :

« La réponse du Roi rapportée par les gens du Roi au Parlement assemblé, à dix heures du matin, le 28, il fut décidé que les gens du Roi se rendroient à Versailles pour supplier S. M. de donner ses ordres promptement pour l'administration des sacrements; qu'ils les attendroient à six heures du soir, à la grande chambre, où ils seroient

assemblés; au cas qu'ils n'en eussent pas, qu'ils délibére-
roient pour suivre l'exécution de leur arrêt, qui sur le
refus des sacrements ordonne une punition exemplaire.
Le Parlement s'est donc assemblé à six heures du soir;
assemblée qui a continué jusqu'à quatre heures du matin; le résultat a été de rendre un arrêt qui décrète de
prise de corps M. le curé de Saint-Étienne.

« On a été pour se saisir de sa personne; on ne l'a pas
trouvé. Il a été apposé le scellé sur ses effets.

« L'abbé Le Maire est décédé la nuit du 28 au 29, sans
avoir reçu ses sacrements. Il n'avoit point été transporté
sur une autre paroisse, comme on l'avoit dit (1). »

---

(1) M. l'ancien évêque de Mirepoix m'a montré aujourd'hui la lettre qu'il a reçue du curé de Saint-Étienne du Mont, datée d'aujourd'hui. Il lui rend compte de sa conduite dans l'affaire de l'abbé Le Maire. J'ai cru que la copie de cette lettre pouvoit être digne de curiosité, et M. de Mirepoix m'a permis de la faire transcrire. Il m'a dit qu'il falloit y ajouter que ledit S^r curé avoit été avec son vicaire chez l'abbé Le Maire, et que par conséquent il avoit un témoin de sa conduite.

Copie de la lettre de M. Bouettin, curé de Saint-Étienne du Mont, écrite à M. l'ancien évêque de Mirepoix, le 3 avril 1752.

J'ai remarqué que le grand reproche que l'on me faisoit au Parlement, soit dans l'affaire du Sr Coffin, soit dans celle du S^r Le Maire, étoit d'avoir refusé de les confesser, quoiqu'ils me l'eussent demandé l'un et l'autre. Or, il est aisé de me disculper sur ce point à l'égard du S^r Le Maire en particulier, par la simple exposition du fait et de la conduite que j'ai tenue. Avant qu'il fût question d'administrer les sacrements audit S^r Le Maire, je lui avois rendu beaucoup de visites, dans plusieurs desquelles il m'avoit dit qu'il rejetoit la bulle *Unigenitus*, qu'elle condamne l'Évangile, etc. Enfin, comme je l'engageois à faire venir son confesseur pour le préparer à recevoir ses sacrements, il me témoigna que son confesseur ne voudroit pas venir ni se faire connoître, de peur d'être interdit; et ce fut alors qu'il me proposa de se confesser à moi, pour éviter, disoit-il, toute difficulté, mais sous la condition expresse de ne lui point parler de la bulle. « Ne pourriez-vous pas, me dit-il, me confesser sans me parler de la bulle *Unigenitus*? » Sentant qu'il ne tendoit qu'à éluder le billet de confession et à me faire une confession simulée qui l'en dispensât, je lui répondis que je ne pouvois accepter cette condition, attendu que regardant la bulle *Unigenitus* comme un jugement de l'Église universelle, et sa résistance à cette bulle comme un péché mortel, je ne pourrois pas en conscience l'absoudre, à moins qu'il ne se soumît à ladite bulle,

Je n'ai ajouté à ce récit que l'extrait d'une lettre de M. le président Hénault, datée de Versailles le 29.

Vous savez la nouvelle délibération du Parlement à l'occasion de l'arrêt du conseil, pour supplier le Roi (puisqu'il leur a fait défense de connoître de l'affaire) d'y veiller par lui-même, et la promesse du Roi en conséquence. Les gens du Roi ont rapporté cette promesse aux chambres assemblées ; et c'est la journée d'hier, 28. Le Parlement leur a ordonné d'aller sur-le-champ s'informer si cette parole avoit eu son effet et de venir en rendre compte à six heures. Les gens du Roi ont trouvé l'abbé Le Maire mort sans avoir été administré. Ils en ont rendu compte. Vous jugez de l'émeute. Elle a été telle, qu'elle n'a point d'exemple dans nos registres. On a décrété le curé de prise de corps, ses biens confisqués, etc. L'huissier a été pour exécuter le décret, et n'a pas trouvé le curé ; mais le vicaire auquel il s'est adressé a déclaré à l'huissier que le mort ne seroit pas enterré en terre sainte. Le Parlement ne s'est séparé qu'à trois heures et demie du matin.

Le chancelier a reçu ordre hier du Roi d'aller à Paris pour savoir ce que l'on fera du défunt. Il y aura demain conseil des dépêches.

Du vendredi saint, 31, Dampierre. — On m'a envoyé la liste ci-dessous [des personnes] qui servirent hier à la cène de la Reine : Madame Adélaïde, Madame Victoire, Madame Sophie et Madame Louise, Mmes les duchesses d'Orléans et de Penthièvre, Mmes les duchesses de Brissac et de Fitz-James, Mmes de Bouzols, de Flavacourt, de Saulx, de Talleyrand, de Périgord, de Durfort et de Voyer. Celle-ci a outre cela quêté à la chapelle. C'est M. l'abbé de la Rivière, clerc de chapelle de la Reine, qui a prêché à la cène du Roi, et l'abbé d'Espiard, chanoine de Besançon, à celle de la Reine. M. l'évêque de Lombez a fait l'absoute.

---

par conséquent qu'il seroit inutile qu'il se confessât à moi ; s'il étoit déterminé à ne s'y point soumettre. Ledit S^r Le Maire parut trouver ma conduite conséquente à mes principes sur la bulle ; aussi, ne me parla-t-il plus lui-même depuis ce temps-là de se confesser, quoique je l'aie revu très-souvent. Ceci, Monseigneur, n'est que pour vous rafraîchir la mémoire de ce que j'ai déjà eu l'honneur de vous dire. J'ai celui d'être avec le plus profond respect, Monseigneur, etc. (*Note du duc de Luynes*, datée du 3 avril 1752.)

J'avois déjà entendu parler de l'affaire contre le vicaire de la paroisse de la Madeleine du faubourg Saint-Honoré. Voici ce que l'on me mande de Paris, du 30.

Le vicaire de la Madeleine avoit été compris dans l'accusation d'adultère faite par le Sr Beloy contre sa femme. Plusieurs personnes des plus considérables de la paroisse, et entre autres M. le duc de Béthune, s'intéressoient pour le vicaire. L'affaire fut jugée hier au Châtelet. Les juges étoient assemblés dès huit heures du matin; ils continuèrent jusqu'à huit heures du soir. La femme et le vicaire furent déchargés de l'accusation, le mari condamné à leur faire réparation à genoux, d'en faire l'acte devant notaires, de le déposer au greffe, et en 20,000 livres de réparations civiles, savoir 10,000 livres à la femme et 10,000 livres au vicaire, et en tous les dépens. La femme et le vicaire avoient été emprisonnés, il y a un an, en vertu d'un décret de prise de corps. Le vicaire avoit été jugé, il y a quatre ou cinq mois, à l'officialité et déchargé de l'accusation, sauf à lui à se pourvoir devant les juges ordinaires pour les réparations. Cette affaire a fait grand bruit dans Paris.

AVRIL.

Le Dauphin fait ses dévotions. Usages. — Commerce de la Hollande. — Le Parlement. — Pension donnée à la duchesse de Luynes. Lettre de la Reine. — Plan de Berg-op-Zoom. — Le comte de Tessin. — Règlement de Louis XIV pour les gardes du corps. — Mariage. — Révérences. — Gouvernement et états de Bourgogne. — Détails sur les gardes suisses. — Services fondés pour feu Madame Henriette. — Mort du chevalier Folard; ses convulsions. — Affaire du Parlement. — Mort de M. Chicoyneau. — Quesnay. — Suite des affaires du Parlement. — Nouvelles de la Cour. — Réponse du Roi au Parlement. — Arrêts du Parlement. — Accident à Bayeux. — Fabrication de la dentelle à Bayeux. — Lettre de la Reine à l'évêque de Bayeux. — Révolte à Rouen. — Nouvelles de la Cour. — Billets de confession. — Discours du premier président au Roi. — Détails sur la révolte de Rouen. Manque complet de troupes et de police à Rouen. Revenus de cette ville. — Continuation de la révolte de Rouen. — Spectacle à Bellevue. — Présentations. — Révérences. — Prétentions chimériques de M. de Creuilly. — Le patriarcat d'Antioche. La France y protége les catholiques. L'Angleterre protége les grecs schismatiques qui massacrent les catholiques.

Du samedi 1ᵉʳ, Dampierre. — Lundi dernier la Reine fit ses pâques à l'ordinaire. Mme de Luynes et Mme de Villars tinrent la nappe ; elles étoient les deux titrées les plus anciennes. M. le Dauphin fit ses pâques le mercredi. M. de Fleury, qui devoit suivre M. le Dauphin et tenir un des côtés de la nappe, avoit proposé la veille à mon fils de suivre M. le Dauphin pour tenir l'autre côté de la nappe ; M. de Fleury en rendit compte à M. le Dauphin, qui eut la bonté de lui dire que toutes choses seroient en règle, que M. de Chevreuse et lui seroient sur le devant de son carrosse. En effet, M. le Dauphin partit le lendemain, à neuf heures. M. le Dauphin avoit deux carrosses ; il étoit seul dans le fond ; mon fils et M. de Fleury sur le devant, M. le comte de Lorges et M. de Saulx aux deux portières. Trois autres menins dans le second carrosse, MM. de Périgord, de Civrac et de Choiseul ; les gardes du corps à pied suivant l'usage ; M. d'Espinchal, chef de brigade, à cheval, qui distribuoit les aumônes. Les valets de pied à pied ; quatre ou six pages de l'écurie sur les porte-pages, et deux de la chambre au milieu des courroies. Le tapis et le prie-Dieu de M. le Dauphin en avant de l'aigle. M. de Fleury ayant un carreau devant lui, derrière le fauteuil à droite ; M. d'Espinchal à gauche. Mon fils avoit un carreau à droite de M. de Fleury, et un peu en arrière, M. de Fleury étant là comme service. Il est inutile de dire que M. le Dauphin avoit le manteau et le collier de l'Ordre ; qu'il s'avança dans le sanctuaire ; que ce sont toujours deux aumôniers ou chapelains qui tiennent les deux côtés de la nappe du côté de l'autel ; tout cela est de règle et d'usage. Les deux autres côtés de la nappe furent tenus par mon fils à droite de M. le Dauphin, et par M. de Fleury à gauche. M. le Dauphin revint après une seconde messe, et les places furent au retour comme en allant.

On doit être accoutumé à trouver dans ce Journal des observations très-étrangères à ce qui se passe à la Cour. On en trouvera une ci-après sur ce qui regarde le commerce de la Hollande, qui m'a paru mériter d'être écrite.

Vers 1550, Guillaume Belkinson, Anglois, montra aux Hollandois la manière de nettoyer le hareng, de le saler et de l'empaqueter dans des tonneaux, et de prendre et saler le cabillot, sur les côtes et bancs de la mer.

En 1601, la Hollande envoya en mer 900 bâtiments et 1,500 buses pour ces deux pêches; chaque buse accompagnée de trois bâtiments pour le sel et les tonneaux vides; ainsi c'étoit en tout 6,900 bâtiments.

Sous Jacques Ier, roi d'Angleterre, on prétendit que 20 buses de harengs suffisoient pour entretenir 8,000 âmes, y compris femmes et enfants, et que les Hollandois avoient environ 20,000 bâtiments en mer pour différentes pêches. Benjamin Worsley, secrétaire d'État pour le commerce et les colonies, ayant été envoyé en Hollande, en 1667, assura Charles II, roi d'Angleterre, que la pêche des harengs des Hollandois montoit à 3 millions de livres sterling. L'illustre grand pensionnaire de Hollande (M. de Witt), dans son Traité des maximes fondamentales de la république de Hollande, publié en 1662, fait le dénombrement des sujets de la Hollande, qu'il fait monter à 2,400,000 âmes, dont il dit que 750,000 vivent uniquement de la pêche, où quelques-uns s'enrichissent (1).

Du 2. — On me mande de Versailles que M. l'archevêque a ordonné que l'abbé Le Maire soit enterré comme à l'ordinaire (2).

---

(1) *Extrait d'un mémoire* lu à la diète de Stockholm en 1746 ou 1747. (*Note du duc de Luynes.*)

(2) Lorsque les magistrats, la famille ou l'autorité souveraine demandent

Il y eut avant-hier un conseil de dépêches fort long ; il dura jusqu'à neuf heures trois quarts. On y a cassé toute la procédure du Parlement ; mais les choses resteront au même état où elles sont, parce que le Parlement n'étant point assemblé pendant la quinzaine, ils ne peuvent recevoir les ordres du Roi que le lendemain de la Quasimodo. Ainsi le curé qui est décrété de prise de corps ne paroîtra point jusqu'à ce que les formes soient remplies.

On me mande aussi que les voyages du Roi sont réglés. Il sera absent de Versailles toutes les semaines, du mardi au vendredi. La première semaine, c'est-à-dire après-demain, ce sera Trianon ; la seconde, Bellevue ; la troisième, Choisy, et la quatrième, un second voyage de Bellevue. Le voyage de Marly est toujours pour le 2 de mai jusqu'au vendredi d'avant la Pentecôte.

On me mande encore, du 31, que le P. Teinturier, jésuite, est tombé en apoplexie. Il a, je crois, au moins soixante-dix ans ; il a été fameux prédicateur. Je l'ai vu à Gaillon chez M. l'archevêque de Rouen, où il va souvent ; il paroît aimable ; il avoit l'air d'avoir une bonne santé.

Du 5. — Je reçus avant-hier à Dampierre un courrier de Mme de Luynes, avec un billet de la Reine, dont on trouvera la copie ci-après. Ce billet est une nouvelle

---

qu'un mort reçoive la sépulture ecclésiastique, il est d'usage, dans le royaume, de ne la pas refuser. Dans le cas de scandale public, où la sépulture ecclésiastique n'est point demandée, on ne la donne point.

Il y a environ un an qu'un M. Boindin, homme d'esprit et de belles-lettres, qui étoit je crois président des trésoriers de France, mourut à Paris. Il étoit si connu pour n'avoir point de religion, même ne pas croire en Dieu, que sa famille même n'osa pas demander qu'il fût enterré avec les cérémonies ordinaires. Il n'avoit point été confessé ; on n'avoit même appelé aucun prêtre. Le curé de sa paroisse fit enlever le corps sans prière et sans cérémonie, et le fit mettre dans un coin du cimetière où l'on a coutume de mettre les enfants morts sans baptême. C'est M. l'ancien évêque de Mirepoix qui m'a conté ce fait. (*Note du duc de Luynes.*)

preuve des bontés infinies de la Reine, aussi bien que la grâce faite à Mme de Luynes. La Reine avoit demandé au Roi de vouloir bien donner à Mme de Luynes une pension de 12,000 livres, et avoit bien voulu lui parler des services assidus de Mme de Luynes auprès d'elle, comme en étant contente, y ajoutant même des termes trop flatteurs. Le Roi parut recevoir très-bien cette demande, et a accordé avec plaisir la pension de 12,000 livres. Il a bien voulu y ajouter une nouvelle grâce, que la Reine lui avoit demandée, c'est de mettre cette pension sur la tête de Mme de Luynes et sur la mienne.

Copie de la lettre de la Reine.

Du 2 avril.

« Le Roi vient de m'accorder une grâce que je lui ai demandée, dont Mme de Luynes vous rendra compte, qui m'a fait un plaisir que je ne puis mieux comparer qu'à l'amitié que j'ai pour vous deux. »

Il y a cinq ou six jours que le Roi a donné une pension de 10,000 livres à Mme la duchesse de Brancas, dame d'honneur en charge de Mme la Dauphine.

Le Roi partit hier pour Trianon, d'où il ne reviendra que vendredi. Il y a vu un plan en relief de Berg-op-Zoom, qui est parfaitement bien exécuté; c'est le Sr Nezot qui a fait et présenté ce plan. Le Roi vit hier matin les ministres étrangers. M. le baron de Scheffer ne vient plus ici les mardis; il n'a plus de caractère, ayant pris congé il y a environ trois semaines.

Je ne sais si j'ai parlé ci-dessus de la résolution prise par M. le comte de Tessin de se retirer entièrement. M. le comte de Tessin, que nous avons vu ici il y a quelques années, est gouverneur du prince royal de Suède et principal ministre de cette cour, où il s'est acquis un très-grand crédit et une grande considération. Sa santé étant devenue assez mauvaise, au moins c'est le prétexte qu'il prend, il a demandé à se retirer, et ce n'est pas sans peine qu'il en a obtenu la permission. Peut-être la circonstance des affaires entre la Suède et la Russie est-elle une des principales raisons qui engagent M. de Tessin à se retirer ; ce qui est certain, c'est qu'on lui donne toutes les marques possibles de l'estime et de la confiance la plus grande. On sait qu'il y a quatre ordres dans le royaume de Suède, au lieu qu'il n'y en a que trois dans les autres États, parce qu'il y a de plus l'ordre des paysans. Ces quatre ordres ont envoyé depuis peu une députation à M. de Tessin pour le prier avec instance de garder tous ses emplois, en lui représentant que si l'état de ses affaires étoit une raison pour le déterminer à quitter, ils lui offroient tous de contribuer pour lui fournir tout ce qu'il pourroit désirer. Quelque honorables et flatteuses que puissent être ces offres, on ne croit pas qu'elles le fassent changer de résolution.

J'ai marqué ci-dessus que le jour que le corps de Madame Henriette fut porté à Saint-Denis, plusieurs de ses dames, voulant assister le lendemain dimanche à l'office, couchèrent dans l'abbaye. J'ai su depuis que le général a fort désapprouvé la complaisance qu'avoit eue le père prieur, et il n'a plus été question de loger les dames à Saint-Denis. Lorsqu'elles ont voulu y rester, comme la veille de l'enterrement, elles ont logé dans des maisons religieuses avec la permission de M. l'archevêque.

On m'a communiqué aujourd'hui un règlement fait par le feu Roi en 1664, par lequel il ôte aux capitaines de ses gardes du corps le droit qu'ils avoient de disposer des charges et places qu'ils avoient dans leurs compagnies, et pour dédommagement leur donne à chacun 4,000 livres par an d'augmentation de gages et appointements. On en trouvera la copie ci-après :

Règlement du roi Louis XIV pour les gardes du corps, en 1664.

Le Roi ayant considéré l'importance des fonctions des lieutenants, enseignes, exempts, et places d'archers des quatre compagnies des gardes de son corps, et voulant pour les remplacer faire choix de ceux qui pendant les dernières guerres ont donné des preuves de leur courage et de leur expérience au fait des armes; dont la fidélité lui soit connue, et aussi par ce moyen les récompenser de leurs services, et pour cet effet résolu de retirer à soi la disposition desdites charges et places qui avoient été laissées par le passé aux capitaines, S. M. a ordonné et ordonne que les lieutenants, enseignes, exempts, archers et petits officiers des quatre compagnies des gardes de son corps, rapportent présentement à S. M. les provisions qu'ils ont de leurs capitaines, au lieu desquelles il leur en sera délivré d'autres, signées de S. M. et contre-signées par le secrétaire de ses commandements ayant le département de sa maison, et qu'à l'avenir vacation arrivant desdites places et charges d'archers, il y sera pourvu par S. M. ainsi qu'il lui plaira ; et pour dédommager les quatre capitaines de l'avantage qu'ils avoient de disposer desdites charges et places et d'y pourvoir, S. M. leur a accordé et accorde à chacun d'eux la somme de 4,000 livres par an d'augmentation de gages et appointements, suivant les lettres patentes qui leur seront expédiées, moyennant quoi S. M. veut qu'ils se soumettent au présent règlement. A Vincennes, le dernier septembre 1664.

Louis.

Du 10. — Hier se fit la signature du contrat de mariage de M. le duc de Broglie avec Mlle de Thiers, sœur de Mme de Béthune. C'est la deuxième fille de M. de Thiers (Crozat). Le mariage s'est fait aujourd'hui à minuit, à l'abbaye des Vaux de Cernay. M. l'évêque de Chartres l'a permis. La maison abbatiale des Vaux de Cernay est du diocèse de Chartres, et le couvent de l'archevêché de Paris; c'est le grand chemin qui les sépare.

Mme de Sassenage présenta hier Mme de Chabrillant (des Fourniels). Les Chabrillant et les Sassenage sont deux grandes maisons du Dauphiné. J'ai parlé ci-dessus de ce mariage. Mme de Chabrillant est assez grande et fort bien faite. On dit que sa mère est fort jolie.

Mmes de Marsan vinrent hier faire leurs révérences en mante ; elles n'ont point voulu demander permission de n'avoir point de mante. Il seroit à désirer que cet exemple fût plus suivi. Elles étoient quatre : Mme de Turenne et Mme de Marsan, chanoinesse, sa sœur, toutes deux filles de feu Mme la princesse de Pons, Mme de Marsan (Soubise), veuve du fils aîné, et Mme de Mirepoix (Craon), qui avoit épousé en premières noces le frère cadet de M. le prince de Pons.

Hier les États de Bourgogne eurent audience publique. M. l'évêque de Dijon (Bouhier) porta la parole; il étoit conduit par M. de Brezé, grand maître des cérémonies, et accompagné par M. le duc de Saint-Aignan, comme gouverneur de la province, et par M. de Saint-Florentin, comme secrétaire d'État en ayant le département.

Les députés dînèrent hier chez M. de Saint-Florentin; c'est l'usage. Quoique M. le prince de Condé ne jouisse point actuellement du gouvernement, il est cependant harangué; on dit que c'est comme prince du sang. Ce qui est certain, c'est qu'il n'y a point de harangue pour M. de Saint-Aignan. Le gouvernement de Bourgogne vaut environ 60,000 livres de rente, sans compter les casuels, qui sont quelquefois considérables. Les États se tiennent tous les trois ans, et durent environ trois semaines. Les derniers, tenus en 1751, par M. de Saint-Aignan lui ont coûté 75,000 livres. Il n'a plus qu'une fois à les tenir, en 54; encore même ce sera peu de mois avant l'époque de dix-huit ans, qui est l'âge où M. le prince de Condé doit entrer en jouissance du gouvernement.

J'appris hier quelques circonstances du service des Suisses qu'il n'est peut-être pas inutile de rapporter.

Un des quartiers des Suisses près Paris est la ville de Saint-Denis; ils y ont toujours une compagnie.

Lorsque le corps de Madame Henriette fut porté à Saint-Denis, on n'y envoya point de détachement des gardes françoises; le corps ne fut reçu que par cette compagnie, qui prit les armes comme garnison. On avoit eu soin d'avertir pour que cette compagnie ne se trouvât pas venir ce jour-là faire son service ici, comme elle le fait à son tour.

La paye des soldats des gardes suisses est 20 livres par mois pour chaque soldat, sur quoi le capitaine ne lui donne que 15 livres; encore même sur ces 15 livres l'on retient 5 livres pour l'entretien, chaussure et habillement du soldat; ainsi reste pour 10 livres que le soldat a à dépenser par mois. On l'habille tous les trois ans; on lui donne deux chemises par an et deux paires de souliers. On sait que l'usage dans les Suisses est d'avoir des demi-compagnies. Une demi-compagnie vaut environ 6,000 livres. Ce qui forme une grande partie de ce revenu, ce sont les places de travail. Les compagnies dans les gardes suisses sont de 200; sur ce nombre le Roi permet qu'il reste 24 soldats pour travailler aux ouvrages de leur métier. Chaque soldat qui demande à rester pour le travail, au lieu de faire sa garde, n'obtient cette permission qu'en donnant 4 livres au capitaine; et comme ces douze places par demi-compagnie sont quelquefois augmentées jusqu'à 18 ou 20, c'est un bénéfice de plus pour le capitaine. C'est le capitaine qui est chargé des recrues, et chaque homme lui revient environ à 100 livres; mais sur cela le Roi lui paye 50 livres par homme. Le traitement est différent dans les régiments suisses. Les compagnies ne sont que de 120; les capitaines n'ont que 16 livres par homme, et le Roi ne paye leur recrue que 25 livres. M. de Lokemane (?), du canton de Zurich, ci-devant lieutenant dans les troupes auxiliaires de Hollande, lève actuellement un régiment pour le service de France, qui sera tout entier du canton de Zurich. Il n'y a pas longtemps que le canton de Berne en a levé un aussi pour le service de France.

Je crois avoir oublié de marquer l'accouchement de Mme de Gamaches, fille de M. le maréchal de la Mothe. Elle accoucha d'une fille, à Paris, le 24 du mois passé.

Il y a eu aujourd'hui ici un service pour feu Madame Henriette à la paroisse Notre-Dame. C'est M. le Dauphin qui a fondé ce service. Il a donné pour cela 2,000 écus. Il en a aussi fondé un à l'abbaye de la Trappe. Madame Adélaïde en a fondé un à l'*Ave Maria*, et Mesdames les trois cadettes ont fait la même fondation à Fontevrault. M. le Dauphin, Mme la Dauphine, Mesdames Victoire, Sophie et Louise ont été en carrosse à huit chevaux avec Mme la maréchale de Duras. Il y avoit un second carrosse pour leurs dames.

Elles se sont placées dans les stalles à droite. Il y avoit au milieu du chœur la représentation en blanc avec des armoiries et grand nombre de cierges. La nef, la croisée et le chœur étoient tendus en blanc; dans la nef et la croisée seulement trois lés de hauteur; dans le chœur six lés; de grandes armoiries sur tous les piliers; de petites armoiries sur le lé d'en bas du chœur et de la nef; il n'y en avoit point dans la croisée.

Comme le milieu du chœur étoit rempli par la représentation, et les stalles par M. le Dauphin, Mesdames et leur suite, on avoit établi des banquettes depuis la grille jusqu'à la croisée; et après que toute la famille royale a été entrée, on a placé un pupitre et des siéges pour les chantres; et c'est là que le chœur a chanté la grande messe. Elle a commencé un peu après onze heures et a fini à midi un quart.

Les billets d'invitation ont été envoyés de la part de M. le curé et des marguilliers. Tous ceux qui y ont assisté étoient en deuil. La Reine a été aussi à Notre-Dame, mais en particulier; elle a été dans la tribune de Mme la comtesse de Toulouse; elle y a entendu une messe basse de *requiem*, dite par l'aumônier de Mme la comtesse de Toulouse et servie par les pages de Mme de Toulouse; ensuite elle a entendu le service. Les dames qui ont eu l'honneur de suivre la Reine n'étoient point en deuil; elle n'avoit que Mme de Luynes, Mme de Villars et deux dames de semaine.

Le Roi a été aujourd'hui à la chasse dans les bois de Trappes, est revenu ici et est parti ensuite pour Bellevue.

Madame Adélaïde n'a point été au service à Notre-Dame; le Roi le lui avoit défendu.

Il y eut hier un conseil de dépêches assez long; on ne doute pas que ce ne soit au sujet des affaires du Parlement. Il y a eu encore un nouveau refus de sacrements fait par le curé de la Madeleine.

Du mardi 11, *Versailles*. — J'ai toujours oublié de parler de la mort du chevalier Folard; il mourut à Avignon, il y a environ trois semaines; il avoit environ quatre-vingt-deux ans. Il étoit fort sourd depuis quelques années. Il a composé plusieurs ouvrages sur la tactique. Il n'avoit point d'autre grade que celui de colonel; il avoit eu un régiment d'infanterie. Il avoit été fort attaché à M. de Vendôme, et avoit servi sous lui en Italie et en Espagne, et je crois même qu'il étoit à sa mort en Espagne en 1712 (1). Depuis ce temps il s'étoit occupé à faire des projets dont plusieurs sont extrèmement utiles.

Il avoit une grande connoissance des frontières du royaume; il voyoit bien et juste, et un général devoit désirer un pareil aide de camp. M. le chevalier Folard avoit été dans le cas d'un grand nombre de militaires qui connoissent peu et pratiquent encore moins les principes de la religion. Après un grand nombre d'années passées sans approcher des sacrements, arriva un moment où il ouvrit les yeux sur son état et voulut se confesser; c'étoit dans le temps des folies de Paris au sujet du tombeau de M. Paris. M. Folard s'étant adressé à un confesseur janséniste, on lui proposa d'aller au tombeau de M. Paris. La prévention fit sur lui un effet fort singulier; il lui prit des convulsions fort violentes; elles lui ont duré longtemps; elles lui prenoient tous les jours à cinq heures après midi. Quoique cet accident paroisse singulier, d'autant plus qu'il n'étoit point malade d'ailleurs, on sait cependant qu'il est arrivé à plusieurs

---

(1) A Vivaros, le 11 juin. Il est enterré dans le monastère de l'Escurial, dans le tombeau des infants et infantes d'Espagne. (*Note du duc de Luynes.*)

personnes de prendre des tics involontaires, soit pour avoir voulu contrefaire quelqu'un, soit pour l'avoir vu faire souvent. Les convulsions du chevalier Folard firent beaucoup de bruit dans le temps, et elles déplurent beaucoup, et avec raison, à M. le cardinal de Fleury. M. de Belle-Isle, anciennement attaché d'amitié à M. de Vendôme, connoissoit M. le chevalier Folard; il fut témoin de la colère de M. le cardinal de Fleury contre cet officier, à qui il vouloit même faire ôter toutes les pensions qu'il avoit du Roi. M. de Belle-Isle représenta à M. le Cardinal que M. Folard n'étoit point sujet du Roi, puisqu'il étoit né à Avignon, que c'étoit un homme instruit, connoissant le fort et le foible de nos places et de nos frontières, qu'on pouvoit en faire un usage utile, et que si au contraire il se déterminoit à passer dans le pays étranger, où il étoit fort connu, il pouvoit donner aux ennemis des lumières contre nous. M. de Belle-Isle ajouta que cet officier ayant un fond de droiture et de probité, il espéroit que ses convulsions ne seroient qu'une maladie passagère. Il falloit seulement l'empêcher de se donner en spectacle au public, et que si on vouloit s'en rapporter à lui, il se chargeoit de la personne de M. Folard; qu'il le garderoit à Bizy comme dans une honnête prison sur sa parole. La proposition fut acceptée, et M. Folard resta dix-huit mois à Bizy. Pendant quinze mois, ses convulsions continuèrent; elles le prenoient tous les jours à cinq heures. Jusque-là il étoit en compagnie de bonne société et de bonne conversation; à cinq heures il alloit s'enfermer dans sa chambre; enfin ses convulsions diminuèrent peu à peu, et les derniers trois mois il n'en avoit plus du tout. M. de Belle-Isle demanda alors qu'il revînt à Paris, et cela fut accordé. M. Folard avoit conservé tant de reconnoissance pour M. de Belle-Isle de ses soins et de ses attentions, qu'il lui a laissé en mourant tous ses mémoires et papiers. Il est mort dans de grands sentiments de piété.

J'ai parlé ci-dessus du conseil de dépêches de samedi. L'arrêt du Parlement, par lequel il condamnoit le curé de Saint-Étienne, fut cassé comme attentatoire à l'autorité royale. Le premier président fut mandé pour venir avec deux autres présidents recevoir les ordres du Roi ; ils vinrent en effet le dimanche au soir, M. le premier président, MM. Molé et de Rosambo. Le Roi leur fit lire l'arrêt de son conseil et leur fit de nouvelles défenses de délibérer sur une affaire qu'il avoit évoquée à lui ; mais les esprits sont trop échauffés pour s'en tenir là.

Voici ce que l'on me mande de Paris ; la lettre est du 10 ; le fait est vrai :

Paris, 10 avril.

Le Parlement s'est assemblé ce matin, dès six heures, jusqu'à deux heures ; le résultat a été qu'il seroit fait de nouvelles remontrances ; que vingt-cinq conseillers étoient commis ou députés pour y travailler.

J'ai parlé de l'arrêt du conseil qui casse la procédure faite par le Parlement contre le curé de Saint-Étienne du Mont. Cet arrêt ne pouvoit avoir son effet qu'à la rentrée du Parlement après la quinzaine de Pâques. En conséquence, le Roi manda le premier président le dimanche 9, veille de la rentrée du Parlement, et lui fit la réponse suivante :

« Je vous ai envoyé chercher pour vous dire que j'ai cassé par un arrêt de mon conseil l'arrêt de mon parlement du 28 mars dernier, qui décrète de prise de corps le curé de Saint-Étienne du Mont, comme attentatoire à mon autorité, et pour défendre à mon parlement de continuer les poursuites qu'il n'auroit pas dû faire après mes premiers ordres. »

On dit que le premier président a parlé très-fort et très-bien au Roi.

Du dimanche 16, *Dampierre.* — M. Chicoyneau mourut jeudi 12 de ce mois, dans son appartement à Versailles, à dix heures et un quart du soir. Le Roi étoit à Bellevue.

Les concurrents pour cette grande place de premier médecin (1), que l'on appelle le bâton de maréchal de France de la médecine, paroissoient être, suivant l'idée du public, ou Dumoulin, ou Senac ou Quesnay. L'extrême vieillesse de Dumoulin a vraisemblablement décidé contre lui, et Senac, qui n'a qu'environ cinquante-deux ans, fut nommé premier médecin. Le lendemain vendredi, il remercia le Roi immédiatement avant le grand couvert. M. Chicoyneau avoit quatre-vingts ans. C'étoit un bon homme, vertueux, charitable et fort habile; il avoit donné des preuves de sa science dans le temps de la peste à Marseille. Il avoit eu une belle figure. Par cette raison et son goût, il avoit eu son temps de galanterie, mais depuis qu'il étoit premier médecin, et même je crois auparavant, il s'étoit appliqué aux bonnes œuvres, et en faisoit beaucoup ; il ne refusoit ses soins en aucune occasion; riches et pauvres, tout lui étoit égal., peut-être même les pauvres avoient-ils la préférence. Un air et un maintien trop simple, et une physionomie sérieuse et dogmatique, diminuoient l'opinion qu'on auroit dû avoir de lui, si on lui avoit rendu justice, et empêchoient presque toujours d'avoir recours à ses conseils. M. Quesnay, chirurgien de M. le duc de Villeroy, depuis médecin, homme de beaucoup d'esprit, n'a peut-être pas été nommé parce qu'il n'a pas encore autant d'acquit que M. Senac, et que d'ailleurs il a eu depuis peu la survivance de médecin ordinaire de M. Marcot. M. Marcot, qui est médecin ordinaire du Roi et outre cela médecin des enfants de France, homme

---

(1) On me mande de Versailles que le premier médecin a d'appointements 36,000 livres, et que par un arrangement fait par M. Fagon, et qui subsiste toujours, toutes les eaux minérales du royaume lui rapportent 18 ou 20,000 livres par an du seul bureau à Paris. Il y a encore quelques autres revenants-bons des médecins de quartier; mais le premier médecin est dans l'usage de n'en rien toucher, non plus que de ceux à qui il donne la surintendance des eaux; cependant il pourroit recevoir ces droits s'il le vouloit. (*Note du duc de Luynes.*)

fort habile, fort sage et fort assidu à son devoir, a bien pu aussi être mis sur les rangs par le public.

Lettre de Versailles, du 16.

Le Roi fit demander avant-hier au Parlement de lui envoyer ses remontrances ; M. le premier président les apporta hier au lever du Roi ; il étoit accompagné de deux présidents à mortier, MM. Molé et de Rosambo. Le Roi prit les remontrances, et, sans les lire, il les remit sur-le-champ à M. le chancelier, qui étoit présent ainsi que plusieurs autres ministres.

Cela se passa dans le cabinet du conseil, et on ne fit point sortir. Le Roi alla à la messe, et partit ensuite pour la chasse. A cinq heures après midi, il y eut grand comité, chez M. le chancelier, qui a duré jusqu'à neuf heures ; il étoit composé de M. le chancelier, de M. le garde des sceaux, M. de Saint-Florentin, M. d'Argenson, M. Rouillé, M. de Saint-Contest et M. le duc de Béthune. MM. de Noailles, de Saint-Séverin et de Puisieux n'y étoient pas.

Il y a actuellement conseil d'État, et après le salut il y aura conseil de dépêches.

Le Roi a ordonné que l'on vînt recevoir la réponse aux remontrances demain lundi. On dit qu'il y a dans ces remontrances, entre autres choses, que quelque douleur qu'ils eussent de tomber dans la disgrâce du Roi, il leur étoit d'un indispensable devoir de représenter tout ce qui pouvoit conduire au schisme et à troubler l'ordre public, et que cette obligation ne pourroit cesser tant qu'ils existeroient. Cela revient à peu près à ce que l'on avoit déjà dit, qu'ils demandoient d'être cassés ou d'avoir la liberté d'agir.

M. Senac a prêté serment aujourd'hui entre les mains du Roi ; il étoit en robe longue, comme celle de M. le chancelier ; c'est l'usage. Il a été ensuite chez la Reine, en habit ordinaire, faire son remercîment, comme à l'ordinaire.

Mme la duchesse de Rohan a remis sa place de dame de Mme la Dauphine, qui a été donnée à Mme d'Henrichemont, sa sœur de père. Mme d'Henrichemont n'est point titrée ; c'est un petit embarras pour les dames de cette semaine ; mais elles sont quatre, à cause de la surnuméraire.

Le frère de Mlle de Braque a été présenté. Il est vraisemblable qu'il avoit peu sorti de sa province. Il a une marque au bout du nez, ce qui vient d'une chute. Madame Louise, qui ne le savoit pas, entendant qu'on demandoit la cause de cette marque, dit qu'il avoit été blessé par un ennemi.

Autre lettre du 17.

Hier au soir, l'évêché d'Arras fut donné à M. l'abbé de Bonneguise, aumônier de Mme la Dauphine; il étoit vacant par la mort de M. de la Salle; et l'abbaye de Charlieu, qui vaut 18,000 livres de rente, à M. l'abbé de Rachécourt, aumônier du Roi (1).

Mme la duchesse de Boufflers fit hier ses révérences; elle n'avoit point paru depuis la mort de son mari; elle va reprendre son service chez la Reine.

Le Parlement a été ce matin chez le Roi. L'audience a été fort courte.

Le Roi est parti après la messe pour Choisy, d'où il ne reviendra que samedi.

Du mardi 18, *Dampierre*. — Mme de Luynes vient de m'envoyer la réponse que le Roi fit hier au Parlement; on en trouvera la copie ci-après; elle me mande qu'il y a un curé d'Orléans exilé dans son séminaire, et que celui de Saint-Étienne du Mont ne fera plus de fonctions, quoique M. l'archevêque ne veuille pas consentir à l'interdire, soutenant qu'il n'a fait que ce qu'il lui avoit ordonné. Il y a lieu de croire que le Parlement doit être content; je ne sais si les évêques le sont autant, et surtout M. l'archevêque de Paris. L'affaire du curé d'Orléans et celle du curé de Mussy-l'Évêque, dont il est parlé dans la réponse du Roi, sont au sujet de refus de sacrements; cette dernière affaire a fait beaucoup de bruit à Langres; il y a eu même une espèce de sédition.

Copie de la réponse du Roi.

« J'ai examiné en mon conseil les différentes remontrances de mon parlement. J'écouterai toujours favorablement celles qu'il me fera, lorsqu'elles auront pour objet le bien de la religion et la tranquillité de l'État. Pé-

---

(1) J'ai marqué dans le temps qu'il avoit été nommé évêque d'Anvers, pendant que le Roi a été maître de cette ville, mais cette nomination ne put subsister après la paix. (*Note du duc de Luynes.*)

nétré du danger de laisser introduire le schisme et de la
nécessité d'arrêter tout scandale, je me suis toujours occupé du soin de maintenir le calme dans les esprits et de
faire rendre à l'Église le respect et l'obéissance qui lui
sont dus, et je m'occuperai toujours à arrêter et à prévenir
tout ce qui pourroit être contraire à la sagesse des mesures
dont j'ai vu avec satisfaction le fruit pendant plusieurs années. J'ai puni le curé de Saint-Laurent d'Orléans dès que
j'ai été informé de la conduite qu'il a tenue. Je me fais
rendre compte de celle du curé de Mussy-l'Évêque, pour
m'assurer de la vérité des faits qui lui sont imputés. J'ai
pris des mesures pour retirer le curé de Saint-Étienne du
Mont d'une paroisse dans laquelle il s'est conduit d'une
manière plus capable d'échauffer les esprits que de les
ramener à la paix et à la concorde. Mon intention n'a jamais été d'ôter à mon Parlement toute connoissance de la
matière dont il s'agit; et si je lui ai ordonné, comme je
le fais encore, de me rendre compte des dénonciations
qui lui seront faites sur de pareils objets, ce n'a été et ce
n'est que pour me mettre en état de juger par moi-même
des voies qu'il conviendra d'employer dans chaque circonstance, la procédure ordinaire n'étant pas toujours la
plus propre par son état à maintenir le bon ordre et la
paix qui est le but que je me propose et dans lequel mon
Parlement doit chercher à concourir avec moi. Je renou-
vellerai tout ce que j'ai prescrit pour imposer silence
sur des disputes qu'on voudroit faire renaître et qui de-
vroient être assoupies, et j'emploierai toute mon autorité
pour y parvenir. Mon Parlement étant pleinement instruit
de mes intentions, et obéissant à mes ordres, cessera toutes
les poursuites et procédures qu'il a commencées sur cette
matière, et reprendra sans différer ses fonctions pour
rendre la justice à mes peuples. »

Arrêté de la cour du Parlement, du 18 avril 1752.

Arrête qu'il sera fait registre de la réponse du Roi, sans néanmoins
que la Cour suspende à l'avenir l'exercice de l'autorité qui lui est con-

fiée, ni cesse de prévenir ou de réprimer le scandale causé par le refus public des sacrements qui seroit fait à l'occasion de la constitution *Unigenitus*, en lui donnant les effets d'une règle de foi, et cependant a sursi aux procédures en commencées.

Et pour se conformer aux intentions du dit seigneur Roi, concourir à maintenir le bon ordre et la paix, a arrêté que les gens du Roi seront mandés et que la réponse du Roi leur sera remise ès mains à l'effet par eux de prendre des conclusions sur-le-champ sur le règlement que la Cour entend faire à ce sujet.

Comme aussi M. le premier président chargé de représenter au dit seigneur Roi les inconvénients qu'il y auroit à soustraire des accusés aux poursuites régulières de la justice par des voies d'autorité dont les exemples ne peuvent être que dangereux, et qui loin d'en imposer aux coupables pourroient être regardés comme un abus contre la sévérité des lois et des procédures juridiques et un moyen sûr pour éluder l'exécution des arrêts de son Parlement.

Extrait des registres du Parlement, 18 avril 1752.

La Cour, toutes les chambres assemblées en délibérant à l'occasion de la réponse faite par le Roi le jour d'hier aux remontrances de son Parlement, ouï les gens du Roi en leurs conclusions, fait défenses à tous ecclésiastiques de faire aucuns actes tendant au schisme, notamment de faire aucun refus public des sacrements sous prétexte du défaut de représentation d'un billet de confession ou de déclaration du nom du confesseur, ou d'acceptation de la bulle *Unigenitus*; leur enjoint de se conformer, dans l'administration extérieure des sacrements, aux canons et règlements autorisés dans le royaume; leur fait pareillement défenses de se servir dans leurs sermons à l'occasion de la bulle *Unigenitus* des termes de novateurs, hérétiques, schismatiques, jansénistes, semi-pélagiens, ou autres noms de parti, à peine contre les contrevenants d'être poursuivis comme perturbateurs du repos public et punis suivant la rigueur des ordonnances; ordonne que le présent arrêt sera imprimé, lu, publié et affiché partout où besoin sera; que copies collationnées d'icelui seront envoyées aux bailliages et sénéchaussées du ressort pour y être pareillement lues, publiées et enregistrées; enjoint au substitut du procureur général du Roi d'y tenir la main et d'en certifier la Cour dans le mois; enjoint au procureur général du Roi de tenir la main à l'exécution du présent arrêt. Fait en Parlement, le 18 avril 1752. Signé : DUFRANC.

Mon frère mande à Mme de Luynes un accident affreux arrivé dans la ville de Bayeux. On en trouvera le détail ci-après dans la copie de sa lettre.

Bayeux, 13 avril 1752.

Il nous est arrivé ici hier un malheur affreux, ma chère sœur. Une grande salle où se tenoit une de nos principales manufactures de dentelles avoit une partie de son mur de côté appuyée seulement sur du sable; on a voulu reprendre cette partie de mur en sous-œuvre; les maçons qui travailloient à cet ouvrage assuroient qu'il n'y avoit aucun danger et qu'ils répondoient qu'il ne pouvoit arriver aucun accident; ils se sont malheureusement trompés et ont inspiré une confiance qui a été bien funeste. Cette salle, dans laquelle il y avoit 150 filles qui travailloient à la dentelle, s'est écroulée tout d'un coup, avec un bruit épouvantable, et a enseveli sous ses ruines toutes ces filles. Il y en a eu 15 d'écrasées et qu'on a retirées mortes, 18 de blessées considérablement; cependant de ces 18 il n'y en a que 3 dans un danger imminent; les médecins et les chirurgiens répondent des autres. Le grand nombre s'est sauvé, les unes par des ouvertures des murs, d'autres par les fenêtres; plusieurs ont été trouvées vivantes et sans aucun mal sous ce monceau de ruines, d'autres légèrement blessées; une entre autres, qui avoit pris dans son tablier une petite enfant de neuf ans pour la sauver, a été trouvée sous un monceau de ruines de six pieds de hauteur, ayant seulement la peau de dessus le crâne découverte, et ce petit enfant dans son tablier sans aucun mal. La sœur de la Providence qui présidoit à la manufacture a été retirée du milieu des débris n'ayant qu'une contusion légère au bras.

Cet accident a jeté une consternation universelle dans la ville. Il n'y a eu aujourd'hui dans tous les quartiers que des enterrements; les pères, les mères et tous les parents se désolent; d'ailleurs ces filles faisoient vivre par leur travail un grand nombre de pauvres familles; il y en avoit qui gagnoient jusqu'à 40 sols par jour. Il y avoit actuellement dans les métiers pour 12,000 livres de dentelle, prête à être vendue à la foire.

On en a beaucoup volé, et sur ce qui restoit une grande partie a été déchirée ou si salie par la poussière qu'on n'en aura peu de débit. C'est une merveille de la Providence qu'il s'en soit sauvé un si grand nombre, car il n'auroit pas dû en revenir une seule.

J'ai déjà parlé en plusieurs occasions des bontés de la Reine. Les dernières marques qu'elle nous en a données, à l'occasion de la pension de 12,000 livres, ont déterminé mon frère à prendre la liberté d'écrire à S. M. pour l'en remercier. Non-seulement cette lettre a été bien reçue, mais la Reine en a été touchée. On en jugera par la réponse qu'elle a bien voulu y faire; elle l'envoya à Mme de Luynes, qui m'en a fait faire une copie. Pour entendre la plaisanterie de cette réponse, il faut savoir que lorsque la Reine est en particulier chez Mme de Luynes, dans son cabinet, et que l'on veut lui rendre les respects qui lui sont dus, elle a la bonté de nous dire souvent que dans ce moment elle n'est point Reine. Il y a une autre plaisanterie dans cette lettre; on ne peut l'entendre sans explication. Dans ce petit particulier dont je viens de parler, la Reine veut bien quelquefois nous faire asseoir; il arriva malheureusement un jour à mon frère de s'endormir; il voulut en s'éveillant reprendre la conversation où il l'avoit laissée, et dit qu'il falloit assembler le chapitre; on parloit d'autre chose dans ce moment; nous rîmes tous beaucoup de ce réveil.

Copie de la réponse de la Reine.

15 avril 1752.

Soyez bien persuadé, Monseigneur de Bayeux, que je ne suis pas plus Reine quand vous êtes dans votre diocèse que quand nous vous possédons à Versailles, et cette idée vous fera sentir la joie que j'ai eue de la grâce que le Roi a accordée à M. et Mme de Luynes. Vous n'y verrez plus qu'une amie qui s'intéresse à tout ce qui les regarde. J'admire mon bonheur de recevoir des remercîments d'une chose qui m'a fait plus de plaisir qu'à vous-même. Je suis flattée que vous rendiez cette justice à mes sentiments. Sur ce, Monseigneur de Bayeux, je vous demande votre bénédiction et vous demande de vous fournir un peu la mémoire pour vous empêcher d'aller au chapitre quand vous serez ici. Car quoique vous soyez toujours fort aimable, vous l'êtes encore plus quand vous ne faites point de duo avec *Tintamarre* (1). C'est bien compter sur vous de vous écrire pareilles pauvretés.

Du dimanche 23, *Dampierre*. — Les remontrances du Parlement parurent il y a deux jours; elles sont imprimées; on en trouvera la copie à la fin de ce livre (2). On

---

(1) *Voy.* la note, tome I, page 46.
(2) *Voy.* à l'Appendice à l'année 1752 la pièce n° 6.

crioit avant-hier à Versailles l'arrêt du Parlement en ces termes : Arrêt du Parlement sur la religion.

Le fils de Mme de Périgord mourut la nuit du 20 au 21 ; il avoit quatre ou cinq ans.

Extrait d'une lettre de Mme de Luynes, du 22 avril 1752, *de Versailles.*

On a appris depuis deux jours qu'il y avoit eu une révolte à Rouen et que deux courriers qui sont arrivés ce matin à M. de Saint-Florentin disent qu'elle dure encore. L'intendant (1), qui étoit à Paris, est parti cette nuit. On croit que le premier président va s'y rendre aussi ; je ne sais même si l'archevêque ne sera pas obligé de partir. Voici ce que l'on dit qui a donné lieu à cette émeute. Il y a beaucoup de manufactures de laine, fil et coton, dans cette ville. Des inspecteurs en ont fait la visite, et ont trouvé que ces ouvrages n'étoient pas bien fabriqués ; ils ont fait couper les pièces d'étoffes sur les métiers avec défenses de travailler. Les fabricants ont renvoyé leurs ouvriers, qui n'avoient que ce travail pour vivre ; ils se sont assemblés et ont comploté ensemble qu'il falloit qu'ils trouvassent les moyens de ne pas mourir de faim, et pour cela ils ont résolu de piller le magasin de blé qui est dans la maison des Cordeliers de Rouen, ce qu'ils ont exécuté ; et les nouvelles que M. l'archevêque reçut hier d'un de ses grands vicaires étoient que le pillage duroit encore.

Mgr le Dauphin et Mme la Dauphine sont revenus de Choisy, cette nuit, à trois heures et demie. Il y a eu un fort beau lansquenet. Je viens de leur dîner ; ils m'ont dit qu'ils avoient gagné chacun 200 louis.

Du mardi 25, *Versailles.* — Dimanche dernier, M. l'archevêque de Paris vint ici ; il vit le Roi dans sa chambre à coucher, dans une embrasure de fenêtre, entre vêpres et le salut. La conversation se passa debout, et dura dix-huit à vingt minutes ; c'est tout ce qu'on a pu en savoir. M. l'ancien évêque de Mirepoix, qui est incommodé depuis quelque temps et qui n'est point en état de sortir, voulut cependant aller chez le Roi après le salut. Après son travail avec le Roi, il y eut conseil de dépêches qui dura environ deux heures. Il ne paroît pas qu'il y ait eu au-

---

(1) M. de la Bourdonnaye, conseiller d'État.

cune décision par rapport à l'arrêt du Parlement sur l'affaire du curé de Saint-Étienne du Mont; l'examen de cette affaire a été remis à demain mercredi, dans une assemblée qui doit se tenir chez M. le chancelier et ensuite au conseil de dépêches qui doit se tenir vendredi prochain.

Il y eut samedi huit jours que M. de la Chétardie fit sa révérence au Roi; il arrive de Turin, où il étoit ambassadeur.

On commence à dire presque publiquement que M. le duc de Duras est nommé ambassadeur à Madrid. Cependant comme il n'a pas encore remercié, il ne reçoit point les compliments, mais la nouvelle est certaine. On lui donne 200,000 francs pour ses équipages et les frais de son voyage, et outre cela 100,000 livres par an. On m'a dit qu'il avoit demandé d'abord 100,000 écus et 40,000 écus par an.

M. de Durfort a été présenté ces jours-ci. Il est chambellan de M. le duc d'Orléans; c'est Mme de Luynes qui l'a présenté à la Reine.

J'ai marqué ci-dessus la présentation du frère de Mlle de Braque. Je n'ai appris que depuis deux jours qu'il a obtenu une pension de 1,000 écus. Il est capitaine dans le régiment de cavalerie anciennement du Maine et présentement Saint-Simon. Ce M. de Saint-Simon est Saint-Simon d'Arjac, originaire de Saintonge. M. l'évêque de Metz (Saint-Simon) amena hier ici trois de ses parents qui sont fils de M. de Sandricourt (Saint-Simon); l'un s'appelle le comte, l'autre le chevalier et le troisième l'abbé; ils furent présentés.

M. de Meurcé (la Grandière) mourut le 13, à Paris, âgé de soixante et onze ans. Il étoit maréchal de camp et avoit été colonel du régiment de l'Ile de France. Mme de Maupeou (Roncherolles), de la maison de MM. de Pont Saint-Pierre, mourut à Paris, il y a cinq ou six jours, des suites d'une longue maladie. Sa mère avoit épousé en secondes noces M. de Canillac, officier des mousquetaires.

L'affaire du Parlement paroît mériter de sérieuses réflexions, et c'est vraisemblablement ce qui a fait différer la décision. Les billets de confession que l'on demande à l'article de la mort, avant d'administrer les sacrements, passent pour une loi trop sévère ; cependant c'est un usage établi [dans] le diocèse de Paris, en l'année 1665. La règle fut faite à l'occasion des huguenots, dont les corps étoient traînés sur la claie ; ignominie dont les familles vouloient se mettre à couvert en allant demander les sacrements à l'heure de la mort. Depuis la révocation de l'édit de Nantes, en 1685, on fut moins exact à demander des billets de confession. M. le cardinal de Noailles, archevêque de Paris, ayant interdit les Jésuites, renouvela la règle, et elle a toujours été observée depuis. En 1725, Mme de Saint-Simon, femme du capitaine aux gardes et mère de M. l'évêque de Metz, étant malade à l'extrémité, son confesseur remit entre les mains de M. l'évêque de Metz, alors abbé, un billet certifiant qu'il l'avoit confessée, et lui dit que s'il voyoit que le mal augmentât il pouvoit envoyer ce billet à la paroisse ; M. l'abbé l'envoya en effet, et on apporta les sacrements.

On trouvera ci-après le discours de M. le premier président au Roi, du 26 mars, sur l'affaire du curé de Saint-Étienne-du-Mont.

« Sire, il est de notre [devoir] d'écouter avec respect et soumission les volontés de Votre Majesté et de les rendre avec fidélité et exactitude à votre Parlement assemblé. Nous ne nous en sommes jamais écartés, et nous nous efforcerons de remplir ce devoir avec la même attention jusqu'au dernier soupir de notre vie ; mais nous serions des serviteurs infidèles si nous ne vous représentions pas, avec cette candeur qui est le symbole de la vérité, les suites funestes qu'entraîne nécessairement après soi le dernier refus des sacrements déféré à votre Parlement. Les circonstances dont il est accompagné ne justitient que trop ce que nous avions prévu et ce que nous avons avancé dans les remontrances que votre Parlement a eu l'honneur de vous présenter l'année dernière.

« Le schisme se manifeste ; il va se produire ouvertement dans toutes les parties de votre royaume. Et quelle espérance, Sire, de pouvoir l'éviter, si vous refusez à votre Parlement la grâce qu'il vous demande depuis si longtemps, de l'appuyer de toute votre autorité pour réprimer ce mal dans son principe.

« Le schisme est de toutes les plaies la plus grande que l'Église catholique puisse recevoir. C'est le plus grand malheur dont elle puisse être affligée ; c'est ainsi que les pères du concile de Sardique l'ont regardé.

« Puisse le ciel, favorable à nos vœux, faire parvenir, s'il en est encore temps, les foibles accents de ma voix plaintive jusqu'au cœur de Votre Majesté. Il n'en fut jamais, Sire, de plus fidèle et de plus tendre que le mien pour son Roi. »

Du mardi 26, Versailles. — J'ai parlé ci-dessus de M. de Muiszek, grand chambellan de Lithuanie ; il est toujours ici pour sa santé ; on doit lui faire ces jours-ci une très-grande opération à la jambe ; il s'y est formé une exostose considérable depuis un accident qui lui arriva en Pologne. En allant à l'église, une jambe passa au travers d'une de ces grilles qu'on met à l'entrée des cimetières ; il en fut incommodé pendant quelque temps, et il a négligé les suites de cette aventure. Le mal a fort augmenté, et son état est regardé comme dangereux. Sa femme, qui l'aime beaucoup, est dans la plus grande douleur et inquiétude. Elle vient souvent ici voir la Reine dans ses cabinets ; la Reine paroît avoir beaucoup de bonté et d'amitié pour elle. Mme de Muiszek est Zamoïska, comme je l'ai dit ; c'est une grande maison de Pologne.

Les Zamoïski en Pologne ont le droit d'ordinat, droit par lequel tous les biens d'une maison vont à l'aîné. Ce droit est un privilége des grandes maisons en Pologne et est regardé comme une distinction, au lieu qu'en

France il dépend des coutumes dans lesquelles sont les terres. C'est de la Reine de qui je sais tout ce détail.

J'ai marqué ci-dessus ce qui m'avoit été mandé par rapport à la sédition de Rouen ; j'en parlai hier à M. l'archevêque, qui est ici ; il m'expriqua plus en détail cette affaire. Quoiqu'on ne lui eût pas mandé que les étoffes eussent été coupées sur les métiers et les ouvriers renvoyés, il dit que cela peut être ; mais ce n'est pas par là que la sédition a commencé. Le commerce des étoffes de fil et de coton est extrêmement considérable, et monte à 27 ou 28 millions par an. Pour soutenir ce commerce, il a fallu établir des règles et les faire observer avec exactitude. Une de ces règles est que les femmes qui filent ne peuvent vendre leur ouvrage aux marchands particuliers ; elles doivent les porter aux entrepreneurs des manufactures, et il y a des jours réglés dans la semaine pour recevoir ces ouvrages. Une femme qui se trouva pressée d'argent porta son ouvrage à un marchand, qui refusa de l'acheter ; elle se plaignit hautement, disant qu'elle mouroit de faim et qu'elle ne pouvoit pas attendre le jour de la semaine indiqué. Plusieurs autres femmes se joignirent à elle ; les esprits s'échauffèrent en peu de temps ; il suffit qu'on dise : « On nous fait mourir de faim, » pour exciter une sédition. Il se joignit à ces femmes un nombre de gens sans aveu, qui, après avoir couru le royaume, sont venus à Rouen. Les résolutions de cette assemblée furent bientôt prises ; on décida d'aller piller le magasin de Cordeliers, et on l'exécuta sur-le-champ. Il n'y a ni troupes ni commandant à Rouen ; il n'y a pas même de guet pour la sûreté publique, au moins pendant la nuit. Il n'est pas douteux que tout est aux ordres de M. de Luxembourg, comme gouverneur, lorsqu'il s'y trouve, mais en son absence il n'y a personne qui le remplace. Le premier président commande ce qu'on appelle la cinquantaine, c'est-à-dire cinquante bourgeois qui ne font pas un service régulier ; il y a une garde à ce qu'on appelle le vieux palais, elle est aux ordres de M. le duc d'Harcourt, commandant dudit vieux palais. M. de Luxembourg a sa compagnie des gardes, qui sont bourgeois de Rouen ; mais cela ne fait point de troupes. Quoiqu'il soit dit qu'en l'absence du premier président, c'est le plus ancien président qui commande, ce commandement ne s'étend que sur la cinquantaine. Il paroît que l'on désireroit pour la sûreté de cette ville que l'on y établît un guet pour marcher pendant la nuit, que l'on prît des arrangements pour y faire administrer la police, qui n'y est point du tout observée, et que l'on établît dans deux des faubourgs de la ville les plus éloignés, au moins dans un, un ou deux régiments d'infanterie ou de dragons. Établir des troupes dans la ville même pourroit être un inconvénient pour la tranquillité et la liberté du commerce ; mais on pourroit construire des casernes dans deux des faubourgs ; ce seroit même un avantage pour la ville de contribuer à cette dépense pour sa sûreté. Ce qui pourroit rendre ce projet difficile, c'est que la ville n'est pas riche ; elle n'a qu'environ 40,000 écus de rente.

Le Roi partit avant-hier à midi pour aller à Bellevue, d'où il ne reviendra que vendredi.

Il vient d'arriver à M. de Saint-Florentin un courrier de Rouen. Par les précédentes nouvelles on avoit appris que la sédition paroissoit apaisée depuis qu'on avoit arrêté dix ou douze des coupables ; mais on mande qu'elle continue dans les environs et que les séditieux ont fait afficher quelques placards dans la ville portant menace d'y mettre le feu si on ne leur rend pas leurs camarades. Il a été pillé pour 400,000 livres de blé ; la ville en avoit dans quatre magasins, aux Cordeliers, aux Augustins, au Cours et au Chemin neuf, indépendamment de plusieurs autres appartenant à des particuliers, entre autres un à l'hôpital. La mesure de blé pèse 140 livres. Le dégât fait en pillant augmente la perte, d'autant plus que ces 140 livres ne produisent pas 40 francs de profit à ceux qui ont pillé.

On mande que dans les quartiers où sont les magasins pillés, on marche de tous côtés sur le blé dans les rues, et que dans les autres quartiers tout est dans la tranquillité ordinaire. On a déjà fait avancer le régiment de Dampierre-infanterie, qui étoit dans le voisinage, et la maréchaussée, dont le commandant s'est très-bien conduit. Il y a eu quelques coups de fusil tirés et quelques hommes tués. Ce qu'il y a d'affreux, c'est qu'à l'occasion du pillage, des gens fort à l'aise, entre autres un qui a 800 livres de rente, ont été prendre du blé. La prétention du chapitre de Rouen a peut-être été pendant quelque temps un prétexte pour les coupables pour espérer l'impunité; mais le chapitre s'en est désisté, à cause des circonstances. Le chapitre a un ancien droit de délivrer au jour de l'Ascension un prisonnier et ses complices, et par cette raison l'usage est de ne faire aucune exécution dans la ville pendant les trois semaines avant l'Ascension. On a envoyé ordre au régiment d'Egmont-cavalerie, qui est dans le voisinage, une partie au Havre, de marcher à Rouen. M. de Pignatelli, qui le commande, frère de Mme de Chevreuse, s'est déjà présenté pour marcher. M. d'Argenson lui a dit de faire ce que feroit M. de Luxembourg. On croit qu'ils partiront l'un et l'autre, et vraisemblablement aussi M. l'archevêque, s'il ne revient pas des nouvelles plus favorables.

Du samedi 29, Versailles. — Il y a quelques jours que l'on apporta à Mme de Luynes deux lettres pour la Reine; l'une est de Madame Infante, duchesse de Parme, l'autre est de l'Infant. J'ai eu curiosité de prendre la copie des suscriptions, que l'on trouvera ci-après :

Celle de Madame Infante est :

> A la Reine,
> Madame, et mère.

Celle de l'Infant est :

> A la Reine très-chrétienne,
> Madame, ma sœur, cousine, et mère.

Le Roi revint hier de Bellevue. Les dames du voyage étoient Mmes de Pompadour, de Brancas, de Livry et d'Estrades. Mme de Bachy y alla le jeudi pour le spectacle; il n'y en eut que ce jour-là. Il devoit y en avoir mardi; mais Mme de Pompadour étoit enrhumée, et il n'y en eut point. Celui de jeudi fut un ballet héroïque, intitulé *Vénus et Adonis.* Les paroles sont de M. Collet, secrétaire de M. le maréchal de la Mothe, la musique de Mondonville, et les danses de Dehesse. Les danseurs étoient MM. de Courtenvaux, de Beuvron et de Melfort. Les acteurs: M. le chevalier de Clermont, à la place de M. de la Salle, qui est incommodé, faisoit le rôle de Mars; Mme de Pompadour, celui de Vénus; M. le vicomte de Chabot celui d'Adonis, et Mme Marchais celui de Charite ou Carite; après ce ballet, qui fut fort bien exécuté, il y eut un concert de deux hautbois italiens, qui jouèrent des duos, dont on fut extrêmement content. Il y eut ensuite l'*Impromptu de la Cour de marbre*, divertissement comique, qui finit par un feu sur le théâtre, qui devint illumination ondoyante et transparente. Cet impromptu a été composé par MM. Favart et de Lagarde, et Dehesse pour les danses.

Du dimanche 30, *Versailles.* — Il devoit y avoir aujourd'hui cinq présentations, et il n'y en a eu que trois. Mme la duchesse de Brancas (Moras) a présenté Mme de Valbelle: elle avoit avec elle Mme de Forcalquier et Mme de Rochefort. MM. de Valbelle sont parents des Brancas.

Mme la duchesse de Rochechouart (Beauvau) a présenté Mme la comtesse de Montmart (Manneville).

Mme d'Armentières (Jussac) a présenté sa petite-fille, Mme du Châtelet. Le fils de M. du Châtelet, qui s'appeloit Laumont, a pris le nom du Châtelet à l'occasion de son mariage.

Les deux premières présentées sont petites. Mme du Châtelet est assez grande et fort bien faite; elle a un visage agréable. Les deux autres qui doivent être présentées sont Mme de Broglie (Thiers-Crozat) et Mme de Surgères (Chauvelin). Ces deux présentations ont été retardées, parce que Mme de Surgères (Morville) et Mme la maréchale de Broglie sont malades. J'oubliois une circonstance, c'est que toutes les présentations ont été faites avant le salut, et qu'après le salut, Mme la Dauphine a été chez le Roi pour présenter Mme du Châtelet une seconde fois, comme une de ses dames.

Chez la Reine cela s'est fait tout de suite; Mme la Dauphine s'est avancée comme pour dire à la Reine qu'elle lui présentoit une de ses dames.

Hier, M. le duc de Mirepoix fit sa révérence : il revient d'Angleterre; il en est parti en même temps que le roi d'Angleterre, qui est allé dans ses États de Hanovre.

Pendant son absence, c'est M. de Vergennes, neveu de M. de Chavigny, qui étoit à Trèves et qui étoit ici depuis quelque temps, qui va résider à Hanovre auprès du roi d'Angleterre.

M. de Revel, frère de M. le duc de Broglie, qui étoit allé en Angleterre trouver M. de Mirepoix, est revenu; il a fait aujourd'hui sa révérence.

M. le duc de Duras a fait aujourd'hui son remercîment pour l'ambassade d'Espagne dont j'ai parlé.

Il y a eu ce matin deux nouveaux intendants des Menus présentés; il n'y en a eu jusqu'à présent que deux, qui étoient M. de Cindré et M. de Cury. M. de Cury reste; M. de Cindré se retire, et va dans ses terres. C'est sa place qui a été donnée à M. de Papillon (Fontpertuis), et l'on vient d'en créer un troisième, qui est M. Blondel de Gagny. Il y avoit eu un projet d'établir un contrôleur des Menus; c'est au lieu de contrôleur qu'on a mis un troisième intendant.

Il y eut hier conseil de dépêches au sujet de l'affaire du curé de Saint-Étienne. On ne sait point encore précisément ce qui a été décidé. L'arrêt doit paroître mardi ou mercredi. Il est très-vraisemblable qu'on laissera subsister l'arrêt du Parlement et que le Roi se contentera d'expliquer ses intentions conformément à l'arrêt du conseil de 1740 et à celui du 21 février 1747.

J'ai déjà beaucoup parlé des chimériques prétentions de M. de Creuilly. Il persiste toujours dans son projet de les soutenir, et malgré les défenses réitérées que le Roi lui a faites de prendre le nom de duc d'Estouteville, il a encore pris ce titre en signant le contrat de mariage de M. le duc de Montmorency. Cette démarche a déterminé les ducs à faire un nouveau mémoire pour présenter à M. de Saint-Florentin; nous sommes déjà vingt-six qui l'avons signé. On est convenu que chacun donneroit une certaine somme pour les frais de ce mémoire. M. le duc d'Elbeuf ayant entendu parler de ce mémoire est venu chez M. de Gesvres, et a dit qu'il venoit pour signer à son rang de duc, ne voulant agir ni penser comme ceux qui, sous prétexte de principauté, croient se rabaisser en faisant ce que font les ducs; en même temps il a apporté une bourse de 200 louis, et a dit qu'on pouvoit y prendre ce qu'on jugeroit à propos. Il a signé le premier, parce que M. le duc d'Uzès n'étant point ici, et M. de la Trémoille étant encore trop jeune, il n'y avoit personne avant lui. J'espère pouvoir faire mettre à la fin de ce journal la copie de ce mémoire; il est bien fait et détruit facilement toutes les chimériques idées de M. de Creuilly. Outre ce mémoire, qui est pour le ministre, il y en a un, beaucoup plus court, pour le Roi ; il ne regarde que la conduite peu respectueuse de M. de Creuilly par rapport à Sa Majesté, en prenant, comme il a déjà fait dans un acte public, le même titre que le Roi lui a défendu plusieurs fois de prendre. Ce petit mémoire est aussi signé des mêmes qui ont signé l'autre.

Il arriva ici hier un député des Grecs catholiques du patriarcat d'Antioche. C'est un ecclésiastique âgé, à ce qu'il paroît, d'environ trente ans; il est né à Sidon ; il a fait ses études à Paris, d'où il repartit il y a trois ans pour retourner auprès de son oncle, qui est patriarche d'Antioche. Il a pour adjoint un religieux de l'institut de Saint-Basile. Cet abbé avoit fait ses études avec M. de Fouchy, secrétaire perpétuel de l'Académie des sciences ; c'est à lui à qui il s'est adressé en arrivant à Paris, et Mme de Fouchy l'a amené à Versailles. Il est chargé de lettres du patriarche d'Antioche pour le Roi, la Reine, M. le Dauphin et les ministres. Il apporte différents présents. Pour le Roi, c'est un manuscrit arabe extrêmement curieux, que le Roi n'a pas dans sa bibliothèque ; pour la Reine, c'est une représentation en relief, en espèce de marquetterie, du Saint-Sépulcre de Jérusalem. Je ne sais par quel hasard le patriarche d'Antioche, que nous ne connoissons ni Mme de Luynes ni moi, s'est adressé à nous ; il nous a écrit une lettre en commun. On sait qu'Antioche est soumis à l'empire ottoman ; cependant les Grecs catholiques et schismatiques y ont le libre exercice de la religion ; la religion catholique y a fait beaucoup de progrès, car en quatre ans de temps, au lieu de 50,000 personnes catholiques, il s'en est trouvé 200,000 dans le patriarcat d'Antioche.

Ces heureux succès ont été l'objet de la jalousie des Grecs schismatiques ; ils ont imploré et obtenu la protection de l'Angleterre auprès du Grand Seigneur, et par ce moyen ils sont parvenus à persécuter les catholiques. Ceux-ci, qui avoient déjà obtenu la protection de Louis XIV, ont espéré la même grâce du Roi ; ils avoient déjà quelques marques de la protection de la France, ayant eu la permission de faire mettre les armes de France sur la principale de leurs églises ; ils avoient même demandé le portrait du Roi ; on s'étoit adressé à M. de Maurepas. J'ai vu deux réponses de ce ministre au patriarche d'Antioche ; elles sont fort honnêtes : il y est dit que le Roi est touché du désir qu'ils paroissent avoir d'avoir son portrait, mais que les circonstances de la guerre ne permettent pas qu'on le commette au hasard d'être enlevé par les corsaires.

Nous avons conseillé, Mme de Luynes et moi, à M. l'abbé Agémy, de s'adresser à M. Rouillé. Quoique ce soit ici une affaire de négociation auprès de la cour ottomane, au cas que le Roi voulût s'en mêler, cependant le secrétaire d'État de la marine est le seul à qui on doit s'adresser, car le secrétaire des affaires étrangères ne se mêle que de ce qui regarde le continent; son district ne s'étend pas au delà des mers.

TABLE ALPHABÉTIQUE
DES NOMS ET DES MATIÈRES

MENTIONNÉS DANS CE VOLUME.

A.

Académie des sciences (Mémoires de l'), 456.
Académie française (Nouveaux statuts de l'), 457.
Achères (Terre d'), 104.
Adélaïde (Madame). *Voy.* France (Marie-Adélaïde de).
Adolphe-Frédéric II, roi de Suède, 131.
Acémy (Abbé), 506.
Agénois (Mme d'). *Voy.* Aiguillon.
Aiguillon (Duc d'), 387, 411.
Aiguillon (Mme d'), née Plélo, dame du palais de la reine, 179, 233, 254.
Albani (Cardinal), 278.
Albaret (Mme d'), 81.
Albemarle (Milord), ambassadeur d'Angleterre, 93, 103, 183, 262.
Albert (Marquis d'), chef d'escadre, 43, 44, 68.
Alembert (M. d'), 385.
Alègre (Abbé d'), aumônier de la reine, 157.
Alègre (Mme d'), 134.
Aligre (M. le président d'), 202.
Aligre de Boislandry (M. d'), intendant de Picardie, 130.
Alincourt (Mme d'), 395.
Aliot (M.), 6.
Aliot (Mlle), 6.
Allemans (Abbé d'), curé de Saint-Sulpice, 282.
Amelot (Mme), 461.
Amelot (Mlle), 431.
Ampus (MM. d'), 76, 77.
Ampus (Mme d'), 101.
Anhalt-Zerbst (Prince d'), 244.
Antigny (Abbé d'), aumônier de la reine, 244.
Antigny (Mlle d'), 2, 33.
Antin (Françoise-Gillone de Montmorency-Luxembourg, duchesse d'), dame d'atours de la dauphine, 28, 79, 129, 130, 179, 234, 254, 288, 426.
Archevêque (M. l'). *Voy.* Beaumont.
Ardore (Prince d'), ambassadeur de Naples, 191, 194, 259.

ARGENSON (Marc-Pierre de Voyer de Paulmy, comte d'), ministre secrétaire d'État de la guerre, 5-7, 9, 37, 58, 55, 67, 102, 123, 145, 149, 150, 157, 158, 181, 199, 200, 202, 207, 209, 243, 247, 260, 265. 279, 282, 287, 291, 335, 336, 363, 376, 456, 460, 489.
ARGENSON (Marquise d'), 186.
ARMAGNAC (Charles de Lorraine, comte d'), dit *le prince Charles*, grand écuyer de France, 333, 335-338.
ARMAGNAC (Mme d'), 41, 162, 216, 333.
ARMENONVILLE (M. d'), gentilhomme ordinaire du roi, 148, 149.
ARMENTIÈRES (M. d'), 157, 235, 289, 463.
ARMENTIÈRES (Mme d'), 502.
ARNIAUD (Vincent) surnommé Hardy, capitaine du port de Malte, 70-76.
ARTAGNAN (M. d'), 299.
ASPELD (Chevalier d'), 313.
Athalie, tragédie, 87.
AUGUSTE III, roi de Pologne, électeur de Saxe, 213, 249, 430, 442.
AULAN (Chevalier de), 447.
AULNAY (M. et Mme d'), 158.
AUMALE (Mlles d'), 92.
AUMONT (Louis-Marie-Victor-Augustin, duc d'), premier gentilhomme de la chambre du roi, 111, 224, 235, 275, 276, 326, 401.
AUMONT (Mme d'), 410.
AURIAC (M. d'), secrétaire des commandements de la reine, conseiller d'État, 34, 46.
AUVERGNE (Prince d'), 52.
AYEN (Louis de Noailles, duc d'), 33, 45, 155, 157, 235, 372, 422, 459.

B.

BACHOU (M.), prêtre de Saint-Sulpice, 17.
BACHY. *Voy.* BASCHI.
BAGLION DE LA SALLE (François), évêque d'Arras, 467.
BALAGNY (Rossignol de), secrétaire des commandements de la reine, 46.
BALLEROY (M. de), 374.
BASCHI (Comte de), 76, 77, 157, 248, 288.
BASCHI (Mme de), 502.
BASSOMPIERRE (Mme de), dame de Mesdames, 252.
BATTANCOURT (M. de), 64.
BAUFFREMONT (Mme de), 90.
BAUFFREMONT (M. de) le fils, 463.
BAVIÈRE (Ferdinande de Saxe-Lawembourg, duchesse douairière de), 242, 258, 263.
Bayeux (Évêque de). *Voy.* LUYNES (Paul d'Albert de).
BEAUCHAMP (M. de), secrétaire général des postes, 5.
BEAUFORT (M.), Hollandais, 263.
BEAUJEU (Mlle de), 390.
BEAUMONT (Christophe de), archevêque de Paris, 4, 36, 37, 59, 85, 89,

90, 103, 110, 213, 236, 269, 290, 307, 312, 333, 386, 402, 469, 477, 490, 495.

Beausire (M. de), architecte de la ville de Paris, 213.

Beauvau (Princesse de), 78, 79, 301, 310.

Beauvilliers (Duc de), 109, 423, 436.

Beauvilliers (Duchesse de), dame d'honneur de Madame, 10, 69, 93, 96, 130, 299, 405, 408, 410, 412, 415, 417, 418, 422, 425, 426, 428-430, 448.

Beauvilliers (François-Honoré de), évêque de Beauvais, 210.

Béjar (Mme de), 162.

Bellecour, sergent aux gardes, 225.

Bellefonds (Mme de), 289.

Bellegarde (M. de), 38.

Belle-Isle (Louis-Charles-Auguste Fouquet, marquis de), maréchal de France, 13, 62, 64, 65, 117-121, 157, 168, 171, 257, 366, 387, 423, 431, 441, 472, 486.

Belle-Isle (Marie-Casimire-Thérèse-Geneviève-Emmanuelle de Béthune, duchesse de), femme du précédent, 171, 257; sa lettre sur la fête de Metz, 349-353.

Belle-Isle (Mme de), supérieure de la Visitation de Moulins, 286, 311.

Belley (Évêque de). Voy. Quincey.

Belloy (Jean-Baptiste de), évêque de Glandève, 261, 446.

Belloy, domestique de la duchesse de Luynes, 407.

Beloy (Affaire du sieur), 476.

Bendad-Réal (M. de), ministre d'Espagne à Parme, 218.

Benoît XIV, pape, 146; sa lettre au cardinal Tencin, 147.

Béranger (M.), lieutenant général, 195.

Berchiny (M. de), 252.

Bergeret (Mme), 83, 84.

Berghes (Princesse de), 121.

Béringhen (Henri-Camille, marquis de), premier écuyer du roi, appelé M. le Premier, 43, 45, 142, 226, 274, 372, 404.

Berkenrode (M. de), ambassadeur de Hollande, 167, 168, 244, 263.

Berkenrode (Mme de), 167, 169.

Bernage de Saint-Maurice (M. de), prévôt des marchands, 236, 254, 290.

Bernis (Abbé de), ambassadeur à Venise, 272.

Bernstorff (M. de), envoyé de Danemark, 61, 106.

Berrier (M.), lieutenant de police, 59.

Berthier de Sauvigny (Abbé), 97.

Berwick (Famille de), 165, 166.

Berwick (Maréchale de), 165.

Berry (Marie-Louise-Élisabeth d'Orléans, duchesse de), 255.

Béthune (Abbé de), 470.

Béthune (M. de), 4, 148.

Béthune (Paul-François, duc de), lieutenant général des armées du roi, capitaine des gardes du corps, 145, 148, 155, 163, 475, 489.

Bettens (M. de), lieutenant-général, 204.

Beuvron (M. de), lieutenant général de Poitou, 97, 502.

Beuvron (Mme de), née Rouillé, 90, 461.

BEUZEVILLE (Mme de), 106, 450.
BEZONS (La maréchale de), 206.
BILLAUDEL (M.), architecte, contrôleur de Compiègne, 183, 185.
BILLAUDEL (Mlle), 195.
BINET, premier valet de chambre du dauphin, 265.
BIRON (Anecdote sur le maréchal de), 449.
BIRON (Duc de), 225, 226, 231, 232, 387, 411, 430.
BIRON (Duchesse de), 233, 289.
BISSY (Mme de), 426.
BLAINVILLE (Mlle de), 101.
BLAMONT (François Colin de), surintendant de la musique du roi, 129, 223, 225, 260.
BLANCHARD (Abbé), maitre de musique de la chapelle du roi, 240.
BLANCHARD (M.), conseiller au Parlement, 468.
BLANCMESNIL (M. de), chancelier de France, 39, 69, 77, 144, 150, 161, 172; sa réponse au Parlement, 173, 216, 262, 324, 489.
BLANKENHEM, archevêque de Prague, 308.
BLAVET, musicien, 267.
BLONDEL, fou, 97.
BLONDEL DE GAGNY (M.), intendant des Menus, 503.
BOINDIN (M.), 478.
BONAC (M. de), ambassadeur en Hollande, 278.
BONAS (M. de), lieutenant général, 102.
BONNEGUISE (Jean de), évêque d'Arras, 490.
BOUCHER, intendant de Savoie, 442.
BOUCHERAT (Le chancelier), 43.
BOUCOT (Mlle), 84.
BOUETTIN (M. de), curé de Saint-Étienne-du-Mont, 468; sa lettre à l'ancien évêque de Mirepoix, 473.
BOUFFLERS (Duc de), 226, 227.
BOUFFLERS (Duchesse de), dame du palais de la reine, 179, 234, 254, 490.
BOUFFLERS (Mme de), supérieure de la maison Saint-Cyr, 134.
BOUFFLERS (Mme de), née Craon, 291.
BOUFFLERS-REMIANCOURT (Marquis de), capitaine des gardes du corps du roi Stanislas, 51, 64.
BOUHIER (Claude), évêque de Dijon, 482.
BOUILLAC (M.), premier médecin de la dauphine, 66, 122, 223, 440, 446.
BOUILLON (Chevalier de), 52.
BOUILLON (Charles-Godefroy de la Tour d'Auvergne, duc de), grand chambellan, 411, 423, 427.
BOULOGNE (Mme), 11.
BOURBON (Louis-Henri de Bourbon, duc de), nommé *M. le Duc*, 11.
BOURBON (Louise-Anne de), nommée *Mademoiselle*, et Mlle de *Charolois*, fille de Louis III, duc de Bourbon, prince de Condé, 230, 233, 283, 413, 427.
BOURDONNAIS (M. de la), 3, 4, 9, 10, 34-37.
BOURDONNAIS (Mme de la), 36.
BOURDONNAYE (M. de la), intendant à Rouen, 495.

BOURET (M.), fermier général, 369.
Bourges (Archevêque de). *Voy.* ROCHEFOUCAULD.
BOURGOGNE (Louis de France, duc de), puis dauphin, mort en 1712, 82.
BOURGOGNE (Marie-Adélaïde de Savoie, duchesse de), puis dauphine, morte en 1712, 49, 220, 415.
BOURGOGNE (Louis-Joseph-Xavier de France, duc de), petit-fils de LouisXV, 219, 222, 230, 240, 283, 288, 375, 426, 428.
BOURNONVILLE (MM. de), 251, 319.
BOUZOLS (Mme de), dame du palais de la reine, 233, 254, 474.
BOYER (Jean-François), ancien évêque de Mirepoix, 94, 176, 242, 322, 365, 473, 478, 495.
BOYER, médecin, 128.
BOZE (M. de), de l'Académie française, 457.
BRANCAS (Duchesse de) douairière, dame de Madame, 157, 267, 285, 289, 406, 407, 422, 426, 502.
BRANCAS (Duchesse de), dame d'honneur de la dauphine, 260, 261, 267, 285, 289, 399, 405, 425, 426, 428, 479.
BRANCAS (Duchesse de), née Moras, 201, 502.
BRANCAS (Marquis de), 463.
BRANCAS (Marquise de), née Giseux, 272, 289.
BRAQUE (M. de), 489, 496.
BRAQUE (Mlle de), 426, 489.
BRETEUIL (Baron de), 373, 435.
BRÉZÉ (M. de), grand maître des cérémonies, 228, 405, 408, 411, 414, 482.
BRIARD, peintre, 8.
BRIENNE (Abbé de), 437.
BRIENNE (Comte de), 5.
BRIENNE (Mme de), 5, 19, 151.
BRIONNE (Charles-Louis de Lorraine, comte de), 157, 229, 333; grand écuyer de France, 335, 336, 372, 389, 464.
BRIONNE (Mme de), 249, 388, 471.
BRISSAC (Duc de), 387.
BRISSAC (Mme de), 45, 96, 99, 321, 417, 418, 474.
BROGLIE (Abbé de), 182.
BROGLIE (Comte de), ambassadeur à Dresde, 457.
BROGLIE (Duc de), 299, 313, 481.
BROGLIE (Duchesse de), 333.
BROGLIE (Maréchale de), 456, 503.
BROGLIE (Mme de), née Crozat de Thiers, 503.
BROGLIE (Marquis de), lieutenant général, 279, 299.
BROGLIE (Procès de MM. de), 140.
BROU (M. de), conseiller d'État, 84.
BRUHL (Comte de), 430, 441.
BRULART (Famille de), 101.
BRUNETTI, peintre, 386.
BRUZAC (M. de), lieutenant général, 212, 216.
BULKELEY (M. de), gouverneur de Saint-Jean-Pied-de-Port, 13.
BULKELEY (Mme de), 57.

Burefort (Comte de). 93.
Bussy (M. de), 213.
Bussy-Lameth (M. de), 260, 465. *Voy.* Lameth.

C.

Caderousse (M. de), 167.
Caix (M. de), de la musique du roi, 242.
Calvière (M. de), 81.
Calvières (M. de), chef de brigade des gardes du corps, 425.
Camille (Prince), 216.
Campo-Florido (M. de), 291.
Camusat (M.), 168.
Capron, dentiste, 265.
Caraman (Mme de), 465.
Carignan (Princesse de), 282, 321, 388.
Carte (M. de la), lieutenant général de Poitou, 97, 98.
Carte (Mme de la), 190.
Castéja (Mlle de), 128.
Castellanne (André-Jean-Baptiste de), évêque de Glandève, 247.
Castellanne (Mme de), née Ménars, 82.
Castellanne (Mme de), née Rouillé, 82.
Castries (Abbé de), agent du Clergé, 176.
Castries (M. de), commissaire général de la cavalerie, 157.
Castries (Mme de), 426.
Castropignano (Mme de), 217.
Caumartin (M. de) fils, 34.
Caumont (Duchesse de), 289.
Cauvisson (M. de), 433.
Cérisy (Jacques Richier de), évêque de Lombès, 94, 241, 474.
Ceberet (M. de), gouverneur d'Aix, 141.
Chabot (M. de), 57, 365, 374, 377, 502.
Chabrillant (M. de), 431, 432.
Chabrillant (Mme de), 481.
Chabrin, violon, 136.
Chabry, surnom de M. de Béthune, 4.
Chalabre (M. de), 329.
Chalais (Prince de), 2, 278.
Chalmazel (Louis de Talaru, marquis de), premier maître d'hôtel de la reine, 167, 224, 256.
Chalut (M.) trésorier de la maison de la dauphine, 228.
Chambord (Château de), 35.
Chambrier (M.), ministre de Prusse, 137, 185, 214.
Chamousset (M. de), 168.
Champcenetz (M. de), premier valet de chambre du roi, 45, 48, 261, 404.
Champignelles (Chevalier de), 245.
Chancelier (Le). *Voy.* Blancmesnil.

CHARLES (Le prince). *Voy.* ARMAGNAC (Charles de Lorraine, comte d').
CHARLES-EMMANUEL III, roi de Sardaigne, 163.
Charles-Quint (Histoire de), 23.
CHARLEVAL (Mlle de), 45, 140, 152. *Voy.* ROCHECHOUART (Mme de).
CHAROLOIS (Charles de Bourbon-Condé, comte de), 389, 411, 422.
CHAROLOIS (Mlle de). *Voy.* BOURBON (Louise-Anne de).
Chartres (Évêque de). *Voy.* FLEURY.
CHARTRES (Louis-Philippe d'Orléans, duc de), 45, 56, 79, 157, 159, 235, 329, 340, 387, 389, 390, 393; duc d'Orléans, 395, 396. *Voy.* ORLÉANS.
CHARTRES (Louise-Henriette de Bourbon-Conty, duchesse de), 99, 230, 233, 393. *Voy.* ORLÉANS.
CHASTELLUX (M. de), gentilhomme de la vénerie, 31.
CHASTELLUX (Mme de), 94.
CHATAIGNERAYE (Abbé de la), aumônier du roi, 269, 273.
CHATEAURENAUD (Mme de), dame de Mesdames, 210.
CHATEAUROUX (Marie-Anne de Mailly-Nesle, duchesse de), 101.
CHATEL (Succession de M. Crozat du), 141, 148, 206.
CHATELET (Marquis du), grand chambellan du roi Stanislas, 299, 310.
CHATELET (M. du) le fils, 467.
CHATELET (Mme du), 52.
CHATELLERAULT (M. de), 50.
CHATTE (M. de), maréchal de camp, 5.
CHAU-MONTAUBAN (Lucrèce-Henri-François de la Tour du Pin de Gouvernet de la), évêque de Riez, 261, 446.
CHAULNES (Duc de), 2, 13, 96, 111, 154, 157, 335, 337, 387, 411.
CHAULNES (Duchesse de), 254.
CHAUVELIN (M. de), intendant des finances, 130, 337.
CHAUVELIN (M. de), chargé des affaires de France à Gênes, 130.
CHAVIGNY (M. de), ambassadeur à Venise, 272.
CHAZERON (Mme de), 58, 63.
CHAZOT (Chevalier de), 378-382.
CHÉTARDIE (M. de la), ambassadeur à Turin, 273, 496.
Chevaux du roi, 376.
CHEVIGNÉ (M. le Riche de), 140.
CHEVREUSE (Duc de), grand-père du duc de Luynes, 43.
CHEVREUSE (Marie-Charles-Louis d'Albert, duc de), fils du duc de Luynes, 40, 47, 137, 157, 476.
CHEVREUSE (Henriette-Nicole d'Egmont-Pignatelli, duchesse de), femme du précédent, dame d'honneur de la reine en survivance, 40-43, 45-47, 68, 92, 93, 95, 129, 130, 299, 300, 426, 428, 463.
CHICOYNEAU (M.), premier médecin du roi, 487, 488.
CHIMAY (Prince de), 51, 64.
CHOISEUL (M. de), menin surnuméraire du dauphin, 103, 106, 110, 289, 296, 476.
CHOISEUL (Mme de), née Romanet, dame de Mesdames, 105, 110, 115, 157, 467.
CHOISEUL (Mme de), née Lallemant de Betz, 115.
CHOISEUL (Mlle de), 392.

Choiseul-Beaupré (M. de), 282.
Cindré (M. de), intendant des Menus, 503.
Cioja (M.), chargé d'affaires du duc de Modène, 246.
Civrac (M. de), 289; menin du dauphin, 466, 476.
Civrac (Mme de), dame de Madame, 45, 49, 269, 416.
Clare (Milord), lieutenant général, 235, 463.
Clermont (Louis de Bourbon-Condé, comte de), 157, 227, 232, 235, 390.
Clermont (Chevalier de), 502.
Clermont (Mme de), dame d'atours de Mesdames, 96, 407, 413, 428.
Coetlogon (Mme de), 151, 159, 436.
Coigny (Mme de), dame de Mesdames, 275.
Coigny (Maréchal de), 13.
Coigny (Maréchale de), 278.
Coigny (Mme de), née Néret, 291.
Coislin (Mme de), née Mailly, 152, 289, 334.
Collet (M.), secrétaire du maréchal de la Mothe, 502.
Colonitz (Cardinal), archevêque de Vienne, 110.
Comédie Française (Aventure à la), 113, 133.
Condé (Louis-Joseph de Bourbon, prince de), 167, 235, 361, 389, 390, 463, 482.
Conflans (M. de), chef d'escadre, 294.
Conseil d'État (Arrêts du), 354, 359, 375.
Contrôleur général (Le). *Voy.* Machault.
Conty (Louise-Élisabeth de Bourbon-Condé, princesse douairière de), 230, 233, 329, 415, 428.
Conty (Louis-François de Bourbon, prince de), fils de la précédente, 161, 178, 221, 316, 397.
Coriolis (Abbé), agent du Clergé, 176, 299.
Cossé (M. de), menin du dauphin, 289, 411.
Coudray (Marquise du), 437.
Courcillon (Mme de), 41.
Courdoumer, premier valet de garde-robe du roi, 32, 33.
Courneuve (M. de la), gouverneur des Invalides, 254.
Courtenvaux (M. de), 502.
Couturier (Abbé), curé de Chamarande, 97.
Couturier (M.), 384.
Couvet (M.), banquier, 123.
Coypel, peintre, 8.
Crécy (Terre de), 158.
Cressant, chirurgien, 171.
Creuilly (M. de), 362, 363, 372, 504.
Crillon (Jean-Louis de Berton de), archevêque de Narbonne, 88.
Crillon (M. de), 123, 365.
Croissy (Comte de), 157, 235.
Croissy (M. et Mme de), 45.
Croix (Mlle de la), 198.
Crozat. *Voy.* Chatel et Thiers.
Crussol (M. de), 218, 465.
Cury (M. de), intendant des Menus, 268, 503.

D.

DAGUESSEAU (Henri-François), chancelier de France, 39, 40, 43, 78, 161.
DAMON (M.), envoyé extraordinaire de Prusse, 68.
DAMPIERRE (M. de), gentilhomme des plaisirs du roi, 31.
Danemark (Roi de). *Voy.* FRÉDÉRIC V.
Danemark (Reine de). *Voy.* LOUISE D'ANGLETERRE.
DANGEAU (Marquis de), 99, 308.
DAUGER (Chevalier), 239.
Dauphin (M. le). *Voy.* LOUIS DE FRANCE.
Dauphine (La). *Voy.* MARIE-JOSÈPHE DE SAXE.
DEFFAND (Mme du), 101.
DEHESSE, maître de ballets, 502.
DELAFOSSE (M.), premier chirurgien de la reine, 129.
DELARUE, peintre, 8, 374. *Voy* LARUE.
DELAVIGNE (M.), premier médecin de la reine, 17, 18, 68, 122, 153.
DESGRANGES (M.), maître des cérémonies, 202, 365.
DESTOCHES (M.), architecte de la ville de Paris, 213.
DESTOUCHES, musicien, 42.
DEUX-PONTS (Duc de), 79, 80, 152, 157, 163, 450.
Deux-Siciles (Reine des). *Voy.* MARIE-AMÉLIE DE SAXE.
DIDEROT (M.), 369, 385, 386.
DODET, attaché à M. Klinglin, 460.
DOMBES (Louis-Auguste de Bourbon, prince de), grand veneur de France, 231, 232, 236, 238.
DROMESNIL (Mme de), née Boulogne, 11.
DUBOIS (Cardinal), 445, 451.
DUBOIS DE LA MOTHE (M.), gouverneur de Saint-Domingue, 295.
Duc (M. le). *Voy.* BOURBON.
DUCHATEL. *Voy.* CHATEL.
DUFORT (M.), introducteur des ambassadeurs, 467.
DUFOUR (M.), fils, 28.
DUFOUR (Mme), première femme de chambre de la dauphine, 219.
DUMAS (Le P.), jésuite, 392.
DUMONT (M.), peintre, 8.
DUMOULIN, médecin, 398, 488.
DUMOUSSEAU, entrepreneur pour les fourrages, 119.
DUPARC. *Voy.* PARCQ.
DUPLEIX (M.), 3, 9, 34, 213.
DUPRÉ DE LAGRANGE (M.), chef du conseil du duc de Penthièvre, 134.
DURAS (Jean-Baptiste de Durfort, duc de), maréchal de France, 235, 251.
DURAS (Angélique-Victoire de Bournonville, maréchale de), femme du précédent, dame d'honneur de Madame, 7, 60, 83, 96, 122, 142, 220, 228, 238, 286, 288, 299, 398, 405, 407, 413, 414, 415, 484.
DURAS (Duc de), 124, 157, 235, 251, 272, 496, 503.
DURAS (Duchesse de), née Coëtquen, 289.

Durfort (M. de), 463, 466, 496.
Durfort (Mme de), dame surnuméraire de Mesdames, 228, 413, 474.
Durfort (Mlle de), 250.
Duverney. *Voy.* Paris.

E.

École militaire (Création de l'), à Paris, 7, 9, 11.
Egmont (MM. d'), 58.
Egmont (Mmes d'), 45, 47.
Elbeuf (Prince d'), 336, 337.
Élisabeth Petrowna, impératrice de Russie, 131.
Enfant-Jésus (Maison de l'), 280, 320, 391.
Épinay (Chevalier d'), lieutenant général, 371.
Épinay (M. d'), capitaine dans le régiment de Penthièvre, 10.
Épinay (Mme d'), née Mouy, gouvernante des enfants du duc de Penthièvre, 10, 52.
Escaveul (M. d'), chef de brigade, 252.
Espagne (Roi d'). *Voy.* Ferdinand VI.
Espiard (Abbé d'), prédicateur, 474.
Espinchal (M. d'), chef de brigade, 476.
Estaing (M. d'), 45.
Esterhazy (M. d'), 9.
Esterhazy (Mme de), 430.
Estissac (Louis-François-Armand de la Rochefoucauld de Roye, duc d'), 157, 159, 235.
Estrades (M. d'), 106.
Estrades (Mme d'), dame d'atours de Mesdames, 157, 405, 410, 415, 502.
Estrées (Comte d'), 329.
Estrées (Comtesse d'), 45.
Estrées (Comtesse d'), née Puisieux, 3, 300.

F.

Falconnet, médecin, 398.
Fare (Maréchal de la), 100, 315, 406.
Fautrière (M. de la), conseiller au Parlement, 6.
Favart (M.), auteur dramatique, 502.
Fénelon (Abbé de), aumônier de la reine, 244.
Ferdinand VI, roi d'Espagne, 66, 69.
Ferté (M. de la), 97, 98.
Feuillade (M. de la), 433.
Fieubet (Abbé), conseiller-clerc au Parlement, 55.
Filles-bleues (Maison des), 283.
Fitz-James (Comte de), 289.
Fitz-James (Duc de), 411.

FITZ-JAMES (Victoire-Louise-Sophie de Goyon de Matignon, duchesse de), dame du palais de la reine, 126, 233, 254, 474.

FLAMARENS (M. de), grand louvetier, 372.

FLAVACOURT (M. de), 85.

FLAVACOURT (Hortense-Félicité de Mailly-Nesle, marquise de), dame du palais de la reine, 95, 179, 206, 233, 238, 254, 461, 474.

FLEURY (André-Hercule de), cardinal, 44, 104, 211, 486.

FLEURY (André-Hercule de Rosset, duc de), premier gentilhomme de la chambre du roi, 148, 235, 328, 338, 387, 404, 409, 411, 427, 476.

FLEURY (Anne-Madeleine-Françoise d'Auxy de Monceaux, duchesse de), femme du précédent, dame du palais de la reine, 85, 179, 233, 254.

FLEURY (Duc de), 55.

FLEURY (Henri-Marie-Bernardine de Rosset de), archevêque de Tours, 3, 175, 176, 447, 468.

FLEURY (Pierre-Augustin-Bernardin de Rosset de), évêque de Chartres, premier aumônier de la reine, 3, 61, 134, 175, 193, 256, 468.

FOGLIANI (M. de), premier ministre de Naples, 217.

FOLARD (Chevalier), colonel, 485.

FOLIN (M. et Mme de), 101.

FONCEMAGNE (M. de), sous-gouverneur du duc de Montpensier, 79.

FONTANGES (Mme de), 428.

FONTANIEU (M. de), contrôleur général des meubles de la couronne, 34.

FONTENILLE (Antoine-René de la Roche de), évêque de Meaux, premier aumônier de Madame, 61, 175, 241, 400, 402, 408, 410, 415.

FONTETTE (M. de), maitre des requêtes, 81.

FORCALQUIER (M. de), 272.

FORCALQUIER (Mme de), 289, 502.

FORCE (Marquise de la), née Amelot, 163, 289, 461.

FORCROY, musicien, 267.

FOUCHY (M. de), de l'Académie des sciences, 505.

FOURNIELS (Mlle des), 431.

FRANCE, peintre allemand, 266.

FRANCE (Louise-Élisabeth de), première fille du roi, nommée *Madame Infante*, duchesse de Parme, 10, 27; sa lettre à la duchesse de Luynes, 30, 123, 218, 248, 263, 327, 398, 462, 601.

FRANCE (Anne-Henriette de), nommée *Madame Henriette*, puis *Madame*, deuxième fille du roi, 6, 14, 33, 45, 47, 48, 58, 60, 61, 66, 87, 93, 96, 99, 112, 114, 116, 129, 142, 143, 153, 161, 164, 167, 170, 175, 177, 181, 182, 190, 197, 200, 201, 210, 220, 223, 229, 233, 234, 238, 240, 241, 249, 254, 261, 269, 271, 285, 288, 299, 316, 328, 371, 376, 397-404, 408-411, 415, 416, 421, 449, 456, 462, 480, 482, 483.

FRANCE (Marie-Adélaïde de), nommée *Madame Adélaïde*, troisième fille du roi, 6, 14, 45, 33, 45, 47, 48, 58, 60, 61, 78, 87, 96, 97, 99, 112, 114, 116, 129, 142, 143, 161, 164, 167, 170, 175, 177, 181, 182, 197, 200, 201, 220, 223, 229, 233, 234, 238, 240, 241, 249, 254, 261, 271, 285, 288, 299, 316, 328, 376, 397, 400-407, 418, 419, 422, 425, 426, 428, 440, 445, 448, 449, 455, 461, 462, 468, 474, 483, 484.

FRANCE (Marie-Louise-Adélaïde-Victoire de), nommée *Madame Victoire*, quatrième fille du roi, 6, 14 15, 34, 45, 47, 48, 58, 60, 61, 87, 93, 96, 97, 99, 110, 112, 114, 122, 123, 140, 142, 143, 148, 153, 161, 164, 167, 170, 175, 177, 181, 182, 197, 200, 201, 220, 223, 229, 233, 234, 238, 240, 241, 249, 254, 261, 371, 288, 316, 328, 372, 376, 397, 400, 401, 403-405, 407, 414, 419, 412-414, 419, 422, 426, 428, 440, 462, 468, 474, 484.

FRANCE (Sophie-Philippine-Élisabeth-Justine de), nommée *Madame Sophie*, cinquième fille du roi, 6, 14, 15, 45, 47, 48, 58, 60, 61, 66, 93, 96, 99, 100, 110, 112, 114, 116, 142, 143, 148, 153, 161, 164, 167, 170, 175, 177, 181, 182, 197, 200, 201, 220, 223, 229, 233, 234, 238, 240, 241, 243, 249, 254, 261, 271, 288, 316, 328, 376, 397, 400, 401, 403-405, 407, 412-414, 419, 422, 426, 428, 440, 462, 468, 474, 484.

FRANCE (Louise-Marie de), nommée *Madame Louise*, sixième fille du roi, 6, 7, 14, 15, 34, 45, 47, 48, 58, 60, 61, 83, 93, 96, 99, 110, 112, 116, 142, 143, 153, 161, 164, 167, 170, 175, 177, 181, 182, 197, 200, 201, 205, 220, 223, 229, 233, 234, 238, 240, 241, 249, 254, 261, 271, 288, 316, 328, 376, 397, 400-405, 407, 412-414, 419, 422, 426, 428, 440, 462, 468, 474, 484, 489.

FRANCE (Marie-Zéphirine de), nommée *la petite Madame*, et *Madame*, fille du dauphin, 92, 283, 288, 375, 426.

FRÉDÉRIC Ier, roi de Suède, 17, 105, 130, 277.

FRÉDÉRIC II, roi de Prusse, 136, 137, 185, 209, 213, 214, 244, 246; sa lettre au prince Henri, 331, 378-383.

FRÉDÉRIC V, roi de Danemark, 61, 364.

Fréjus (Évêque de). *Voy.* FLEURY (Cardinal de).

FRISE (Comte de), colonel, 35, 157.

FROQUIÈRES (Abbé), théologal de Noyon, 272.

FROULAY (Bailli de), ambassadeur de Malte, 435.

FROULAY (Mme de), 57, 66.

FULVY (M. de), intendant des finances, 121, 130, 134.

FULVY (Mme de), 134.

G.

GABRIEL (M.), architecte du roi, 7.

GAILLARD (M.), 213.

GALAIZIÈRE (M. de la), chancelier de Lorraine, 6, 25.

GALLAND DE CHANGY (Mlle), 455.

GALLES (Prince de), 94, 103, 105.

GAMACHES (M. de), 34.

GAMACHES (Mme de), 88, 483.

GAMACHES (M. de) fils, 57, 58, 66, 79.

Garde des sceaux (M. le). *Voy.* MACHAULT.

GARNIER (M.), maitre d'hôtel de la reine, 301.

GATINARA, chancelier de Charles-Quint, 441.

GAUDION (M.), garde du trésor royal, 277.

GAUMONT, dessinateur, 464.

GAUTHIER (Mlle), comédienne puis carmélite, 185.

DES NOMS ET DES MATIÈRES. 519

GAVRE (Prince de), 68.
GENDRON, oculiste, 43.
GENNES (M. de), avocat au conseil, 435.
GEOFFROY, apothicaire, 455.
GERMAIN, orfèvre du roi, 264.
GERGY (M. de). *Voy.* LANGUET DE GERGY.
GESVRES (Étienne-René Potier, cardinal de), évêque de Beauvais, 387.
GESVRES (François-Joachim-Bernard Potier, duc de), premier gentilhomme de la chambre du roi, gouverneur de Paris, 42, 48, 77, 82, 86-88, 101, 113, 141, 145, 148, 149, 161, 183, 189, 207, 222, 235, 236, 254, 260, 275, 290, 300, 310, 324-326, 338.
GILLEMBORG (Comte de), 276.
GIRVAL (M. de), gentilhomme de la vénerie, 31, 32.
GIVRY (M. de), capitaine aux gardes, 130.
Glandève (Évêque de). *Voy.* CASTELLANNE.
Gobelins (Tapisserie des), 8, 107.
GODOT (M.), architecte, contrôleur de Compiègne, 83.
GOESBRIANT (Mme de), dame de Mesdames, 99.
GONTAUT (M. de), 141, 148, 157, 206, 235, 238, 289, 337, 463.
GOUY (Mme de), dame de Mesdames, 13, 94, 389, 408.
GOYON (Abbé de), aumônier de la reine, 61.
GOYON (Mme de), 462.
GRABO (Comte de), 111. *Voy.* MECKLEMBOURG-GUSTROW.
Gradués (Droit des), 109.
GRAMONT (Comte de), 289, 463.
GRAMONT (Comtesse de), née du Fau, 162, 180, 233, 254.
GRAMONT (Duc de), 111, 387.
GRAMONT (Duchesse de), née Biron, 162, 180, 253.
GRAMONT (Duchesse de), née Gramont, 255, 291.
GRAMONT-FALON (Mme de), 90.
Grand Prieur (M. le). *Voy.* ORLÉANS.
GRANDRAS (Abbé de), clerc de chapelle de Mesdames, 408.
GRANDVAL, comédien, 189.
GRANDVILLE (M. de la), 34.
GRAVE (M. de), auteur dramatique, 372, 428.
GRAVEZUND (M. de), 100.
GRAVEZUND (Mme de), 101, 102.
GREVEMBROK (M. de), envoyé de l'électeur Palatin, 79, 80, 189, 258.
GRIFFET (Le P.), prédicateur, 13, 79.
GRIMBERGHEN (Louis-Joseph d'Albert de Luynes, prince de), 80, 121.
GROSSCHLAGER (Baron de), 208.
GUÉDON, musicien, 265.
GUÉMENÉ (Mme de), 388.
GUESCLIN (Bertrand-Jean-René du), évêque de Cahors, 334.
GUIGNES, premier valet de garde-robe du roi, 33.
GUIGNON, musicien, 190.
GUINGAMP (Prince de), 461.

H.

HAMILTON (Comte d'), 454.
HARCOURT (Comte d'), 215.
HARCOURT (Mme d'), 90.
HARDY. *Voy.* ARNIAUD.
HARRACH (Comte d'), 461.
HAUTEFORT (Marquis d'), ambassadeur à Vienne, 2, 13.
HAUTEFORT (Mme d'), née Harcourt, 140.
HAVRÉ (Duc d'), 255.
HAVRINCOURT (Charles-François-Alexandre de Cardevac d'), évêque de Perpignan, 97, 98.
HAVRINCOURT (Chevalier d'), 217.
HAVRINCOURT (M. d'), ambassadeur à Stockholm, 17, 264, 455.
HÉBERT (Mlle), 38.
HEIDEN (Baron de), 263.
HELMSTADT (Mme d'), 327.
HELVÉTIUS (M.), premier médecin de la reine, 7.
HELVÉTIUS (M.) le fils, maître d'hôtel ordinaire de la reine, 205, 303.
HÉNAULT (Le président), 16, 30, 246, 255, 386, 414, 457, 474.
HENRICHEMONT (Mme d'), dame de la dauphine, 489.
HENRIETTE (Madame). *Voy.* FRANCE (Anne-Henriette de).
HERBESTEIN (Baron d'), chambellan de l'électeur Palatin, 89.
HÉRICOURT (Le P. d'), 65.
HESSE (M de), 329, 428.
Hollande (Commerce de la), 477.
Hollande (Stathouder de) 264.
Homme de fortune (L'), comédie, 10.
HOMPESCH-HEIDEN (Comte de), 263.
HÔPITAL (M. de l'), premier écuyer de Mesdames, 36, 100, 102.
HÔPITAL (Mme de l'), née Boulogne, 97.
Hôpital général (Affaire de l'), 313-315.
HOWAL (M.), 134.
HOWAL (Mme), 59.
HUGUES (Guillaume de la Motte d'), archevêque de Vienne, 94, 176.
HULIN (M.), 29.
HUMIÈRES (M. d'), 275, 276.
HUXELLES (Maréchal d'), 451.

I.

Impromptu de la cour de marbre (L'), divertissement, 502.
Infant (L'). *Voy.* PHILIPPE (Don).
Infante (Madame). *Voy.* FRANCE (Louise-Élisabeth de).
ISSARTS (M. des), ambassadeur en Pologne, puis à Turin, 273.

J.

Jard, accoucheur de la reine et de la dauphine, 219, 439, 446.
Jarente de la Bruyère (Louis-Sextius de), évêque de Digne, 175.
Jéliotte, musicien, 267.
Jomard (M.), curé de la paroisse de Notre-Dame de Versailles, 221, 229, 394, 408.
Jonac (Abbé de), aumônier de Madame, 415.
Jordan, auteur du *Journal de Verdun*, 206.
Joseph, roi de Portugal, 367.
Josseau (M.), lieutenant-colonel, 367.
Joyeuse (M. de), 69.
Julie (Mlle), femme de chambre de Mlle de Sens, 4.
Jumilhac (M. de), 282.

K.

Kaunitz (Comte de), ambassadeur de l'empereur, 9, 106, 194, 195, 467.
Kerjean (M. de), 213.
Kerkado (Mme de), 90, 91.
Kermorvan (Charles-Guy Le Borgne de), évêque de Tréguier, 364.
Klinglin (M.), préteur royal de Strasbourg, 459.
Kniphausen (Baron de), conseiller de l'ambassade de Prusse, 214.
Koenigseck (Comte de), feld-maréchal, 335.

L.

La Chaussée (Nivelle de), auteur dramatique, 10.
Lagarde, musicien, 502.
Lalande (M. de), surintendant de la musique de la chapelle, 273.
Lamblin (M.), conseiller au Parlement, 55.
Lameth (Mme de), 465.
La Mettrie, médecin du roi de Prusse, 310, 466.
Lamoignon (Le premier président de), 56.
Lamoignon (M. le président de), 215.
Lande du Deffand (M. et Mme de la), 101.
Langeron (M. de), 4, 157, 157, 159, 205.
Langres (Évêque de). *Voy.* Montmorin de Saint-Hérem.
Languet de Gergy (Jean-Joseph), archevêque de Sens, 262, 270, 280, 282, 320; sa lettre à la duchesse de Luynes, 321, 390, 391.
Languet de Gergy (M.), curé de Saint-Sulpice, 280, 391.
Lanoue, comédien, 133.
Lanternes (Établissement des) à Paris, 192.
Larue, peintre, 374. *Voy.* Delarue.

LASALLE. *Voy.* BAGLION.
LASMARTE (M. de), gentilhomme de la vénerie, 31, 32.
LASSAY (Mme de), 281, 321, 391.
LASSURANCE (M. de), architecte, contrôleur de Marly, 129.
LAUGIER (Baron de), 198.
LAURAGUAIS (Duc de), 55, 235, 387, 411.
LAURAGUAIS (Diane-Adélaïde de Mailly-Nesle, duchesse de), dame d'atours de la dauphine, 192, 255, 259, 265-268, 285, 289, 407, 425, 428.
LAURES (Chevalier de), 212.
LAURIÈRE (M. de), 105.
LAVAL (Mme de), née Maupeou, dame surnuméraire de Mesdames, 205, 210, 327.
LÈDE (Marquise), camerera major de Madame Infante, 218.
LEFRANC (M.), greffier du Parlement, 290.
LEMAIRE, prêtre, 468, 473, 477.
LEMAURE (Mlle), cantatrice, 191, 267.
LEMOYNE, sculpteur, 116.
LEMOYNE (Abbé), clerc de chapelle de la reine, 418.
LENORMANT (M.), beau-père de Mme de Pompadour, 254, 287.
LÉON (Mme de), 377.
LEPRINCE, maître de musique de la chapelle du roi, 273.
LETOURNEUR, maître de clavecin de la dauphine, 267.
LÉVIS (Comte de), 9.
LIGIER (Mme), première femme de chambre du duc de Bourgogne, 462.
LIGNEVILLE (Mlle de), 205.
LINAR (Comte de), ministre de Danemark en Russie, 63.
LISLEBONNE (M. de), 45, 463.
LIVRY (Louis Sanguin, marquis de), premier maître d'hôtel du roi, 139, 224, 329.
LIVRY (Mme de), 157, 502.
LOEWENHAUPT (M. de), 8, 96.
LOKEMANN (M. de), colonel suisse, 483.
Lombès (Évêque de). *Voy.* CERISY.
LORGES (Comte de), 45, 251, 289, 476.
LORGES (Mme de), 289.
LORRAINE (Abbé de), 322, 437.
LORRAINE (Le prince Charles de), 65.
Loss (M. de), ambassadeur de Pologne, 208, 212, 259.
Loss (Mme de), 21, 212, 248.
LOUIS XIV; son portrait, 8, 31, 48, 49, 58, 201, 216, 220, 324, 416, 442, 443; son règlement pour les gardes du corps, 480.
LOUIS DE FRANCE, dauphin, fils de Louis XIV, 48, 82.
LOUIS XV, 2, 3, 6, 7; son portrait, 8-13, 24, 31-55, 58-61, 65-68, 77-83, 86-89, 93-96, 99-101, 104, 105, 108, 109, 112-117, 122-125; sa lettre au cardinal de Tencin, 126, 127-130, 134, 137-144; sa réponse au Parlement, 145, 146-158, 172-184, 189, 190, 193, 196-201 ; sa réponse au Parlement, 202-210; 215-240, 246-253, 256, 265, 269, 271, 274, 277, 278, 282-291, 296-308, 312-317, 320-324, 328, 331, 334, 335, 337-340 ; sa déclaration pour l'hô-

pital, 341-347, 361-365, 368, 371, 373, 376, 384, 389, 390-392, 396-412, 420-424, 427, 449, 450, 456-459, 462-464, 467, 470-474, 478, 479, 483, 484, 487-489; sa réponse au Parlement, 490, 495-506.

Louis de France, dauphin, fils de Louis XV, 14, 15, 33, 38, 45, 47, 48, 60, 61, 66, 68, 86, 96, 103, 110, 112, 114, 116, 122, 129, 134, 140, 143, 144, 161, 164, 167, 170, 175, 179, 183, 190, 193, 196, 198, 219, 220, 223, 224, 229, 233-241, 254, 262, 265-271, 274, 278, 285-290, 294, 296, 311, 316, 323, 327, 328, 376, 385, 389, 390, 400-407, 411-413, 422-428, 435, 455, 463, 468, 471, 476; 483, 484, 495, 505.

Louise d'Angleterre, reine de Danemark, 364.

Louise (Madame). *Voy.* France (Louise-Marie de).

Loustonot, chirurgien de Madame, 410.

Louvois, 443.

Lowenstein-Wertheim (Jean-Ernest de), évêque de Tournai, 308.

Lujac (M. de), colonel de Beauvoisis, 225.

Luxembourg (M. de), capitaine des gardes, 122, 157, 261, 323, 327, 387, 400, 499.

Luxembourg (Mme de), née Villeroy, 226, 415, 437.

Luynes (Chevalier de), chef d'escadre, 43.

Luynes (Charles-Philippe d'Albert, duc de), 1, 2, 15-30, 42, 48, 56, 83, 122, 135, 196, 235, 236, 264, 275, 387, 506.

Luynes (Marie Brulart, duchesse de), dame d'honneur de la reine, femme du précédent, 1, 2, 5, 13-30, 40-42, 45, 58, 82, 85, 88, 92, 93, 95, 101, 103, 135, 153, 161, 170, 179, 182-186, 195, 198, 199, 201, 205, 206, 221, 230, 233-239, 251, 254, 263, 264, 272, 280, 286, 288, 297-299, 308, 309, 311, 317, 321, 330, 337-339, 373, 404-407, 424-428, 435, 440, 467, 476, 478, 484, 490, 492-494, 496, 505, 506.

Luynes (Paul d'Albert de), évêque de Bayeux, premier aumônier de la dauphine, 14, 16, 17, 18, 20, 22, 23, 25, 26, 30, 43, 45-47, 61, 82, 90, 103, 127, 176, 183, 204, 240, 241, 260, 263, 273, 312; sa lettre à la duchesse de Luynes, 493.

M.

Machault (Jean-Baptiste de), seigneur d'Arnouville, contrôleur général des finances, garde des sceaux, 36, 53, 63, 105, 108, 144, 181, 221, 291, 302, 320, 389, 489.

Madame. *Voy.* France (Anne-Henriette de).

Madame (La petite). *Voy.* France (Marie-Zéphirine de).

Madame Infante. *Voy.* France (Louise-Elisabeth de).

Mademoiselle. *Voy.* Bourbon (Louise-Anne de).

Maillebois (Maréchal de), 69, 108.

Maillebois (Maréchale de), dame d'honneur de Mesdames, 69, 78, 96, 134, 408, 417.

Maillebois (M. de), 45, 468, 471.

Maillebois (Mme de), 186.

Mailly (Comte de), 239.

MAILLY (Louise-Julie de Mailly-Nesle, comtesse de), 94 ; son testament, 95.
MAILLY (Mme de), dame de la dauphine, 289.
MAINTENON (Mme de), 49, 220.
Maison du roi, 155.
MAISONROUGE (M. de), fermier général, 454.
MALAUSE (Mme de), 88.
MALESHERBES (M. de), 263.
Malesherbes (Terre de), 262.
MARBEUF (Abbé de), aumônier ordinaire de la reine, 157, 158.
MARCHAIS (Mme), 502.
MARCHAND, musicien du roi, 25.
MARCHE (Louis-François-Joseph de Bourbon-Conty, comte de la), 235.
MARCOT (M.), médecin des enfants de France, 311, 488.
MAREIL (M. de), lieutenant des gardes du roi Stanislas, 6, 64.
Mariages aux paroisses de Paris, 353.
MARIE (M.), commis, 291.
MARIE-AMÉLIE DE SAXE, reine des Deux-Siciles, 217.
MARIE-JOSÈPHE DE SAXE, dauphine de France, 6, 14, 15, 30, 34, 47, 48, 60, 61, 81, 82, 87, 90, 94, 103, 114, 116, 129, 143, 164, 167, 179, 183, 191, 192, 201, 219-224, 231, 232, 239, 240, 259, 260, 263, 265-269, 271, 278, 285-290, 294, 296, 297, 316, 328, 372, 401, 403-407, 424, 425, 428, 430, 439, 440, 446, 450, 455, 484, 495, 503.
MARIE LECZINSKA, 1, 2, 6, 13, 14 ; ses lettres au duc et à la duchesse de Luynes, 15-29, 40-42, 45-74, 51, 52, 58-63, 65, 66, 78, 79, 81, 87, 88, 92, 93, 95, 99, 103, 106, 110, 112, 115, 122, 129, 130, 134 ; ses lettres à la duchesse de Luynes, 135, 140, 142, 143, 152-157, 161, 162, 164, 167, 169, 170, 175, 177, 179-183, 188, 190, 193, 195, 197, 198, 200, 205, 210, 219-224, 228-233, 236, 237, 239-241, 244, 251-256, 260, 261, 263, 265, 271-273, 276, 277, 280-285, 288, 291, 297, 298, 301, 303, 308, 310, 311, 316, 317, 320, 321, 327, 328, 330, 331, 340, 361, 362, 365, 373, 377, 384, 391, 393, 399-409, 414, 420, 421, 424, 425, 440, 450, 455, 456, 461, 464, 471, 476, 478 ; sa lettre au duc de Luynes, 479, 484, 489, 493 ; sa lettre à l'évêque de Bayeux, 494, 496, 501, 503, 505.
MARIGNANE (M. de).
Marigny (Terre de), 86.
Marly (Travaux de), 113.
MARSAN (Mme de), chanoinesse de Remiremont, 162, 481.
MARSAN (Mme de), née Rohan-Soubise, 162, 289, 301, 388, 410, 481.
MARSAY (Mme de), gouvernante des enfants du duc de Penthièvre, 10.
MARSEILLE (M. de), 95.
MARSHALL (Lord), ministre de Prusse en France, 214, 223, 228.
MARTIN, surnom de M. de Béthune, 4.
MARTINI (Le P.), jésuite, 186.
MARTINIÈRE (M. de la), premier chirurgien du roi, 335.
MASSOL (M. de), 104, 105.
MATIGNON (Comte de), 258.
MATIGNON (Marquis de), 49.
MAUCONSEIL (M. de), gouverneur de Colmar, 12.

DES NOMS ET DES MATIÈRES.

MAUCONSEIL (Mme de), née Curzé, 177.
MACGIRON (Mme de), 263, 289.
MAULEVRIER (M. de), 13.
MAULEVRIER (Mme de), née de Fiennes, 116.
MAULEVRIER (Mme de), née Tessé, 170.
MAUPEOU (M. de), premier président au parlement de Paris, 36, 42, 48, 52, 53, 55, 67, 77, 78, 143-145, 148-150, 152; son discours au roi, 172, 197, 199; son discours au roi, 203, 208, 215, 216, 290, 295, 304, 323, 487, 489; son discours au roi, 497.
MAUREPAS (Jean-Frédéric Phélypeaux, comte de), 95, 294.
MAZARIN (Mme de), née Mazarin, 204.
Meaux (Évêque de). *Voy.* FONTENILLE.
MECKLENBOURG-GUSTROW (Duc de), 110.
MELFORT (M. de), 502.
MÉLIAND (MM.), 186.
MELLING (M.), peintre, 8.
MELUN (Mlle de), 388.
MÉNARS (Mme de), 8?.
MENOU (Mlle de), 205.
Mère coquette (La), comédie, 61.
MÉRODE (Mlle de), 67, 68, 139.
Mesdames. *Voy.* FRANCE (Anne-Henriette, Marie-Adélaïde, Marie-Louise-Adélaïde-Victoire, Sophie-Philippine-Élisabeth-Justine et Louise-Marie de).
MESNARD (M.), commis, 159, 291.
Metz (Évêque de). *Voy.* SAINT-SIMON.
MEURCÉ (M. de), maréchal de camp, 496.
MEUSE (Henri-Louis de Choiseul, marquis de), lieutenant général, 209, 262, 463.
MIDDLETON (Milord), 183.
MIGAZZI (Comte), 461.
MINA (M. de la), 117-121.
MIREBACH (Baron de), chanoine de Spire, 189.
Mirepoix (Évêque de). *Voy.* BOYER (Jean-François).
MIREPOIX (Marquis de), lieutenant général, ambassadeur à Londres, 94; duc, 232, 272, 503.
MIREPOIX (Mme de), 310, 481.
MOCENIGO (M. de), ambassadeur de Venise, 308.
MODÈNE (François III, duc de), 118.
MODÈNE (Charlotte-Aglaé d'Orléans, duchesse de), 10, 230, 233, 241, 368, 415.
MODÈNE (Prince de), 248, 263.
MOLDE (Mme de), dame de Mesdames, 298.
MOLÉ (M. le président), 77, 143-145, 148, 172, 199, 470, 487, 489.
MOLK (Comte de), 63.
MONACO (M. de), 48, 49, 85, 116, 258.
MONCRIF (M. de), de l'Académie française, lecteur de la reine, 4.
MONDONVILLE, maître de musique de la chapelle du roi, 502.
MONGERON (Mlle de), 373.
MONIME, surnom de M. de Béthune, 4.

Monseigneur. *Voy.* Louis de France, fils de Louis XIV.
Montaigu (M. de), menin du dauphin, 289, 411.
Montauban (Éléonore-Eugénie de Béthisy, princesse de), dame du palais de la reine, 95, 233, 238, 254, 388.
Montazet (Abbé de), aumônier de la reine, 157, 182.
Montazet (Antoine de Malvin de), évêque d'Autun, 157.
Montbarrey (Chevalier de), brigadier, 158.
Montbarrey (Comte de), lieutenant général, 158.
Montbazon (Mme de), 413.
Montboissier (M. de), 64, 69.
Montclus (Louis-François de Vivet de), évêque d'Alais, 433.
Monteleon (M. de), 58.
Montespan (Mme de), 201.
Montesquieu (M. le président de), 130.
Montfaucon (M. de), écuyer de la petite écurie, 279.
Montferrand (M. de), 260.
Montmartel (M. Paris de), 249, 319, 337, 462.
Montmorency (Baron de), menin du dauphin, chevalier d'honneur de Madame, 93, 99, 100, 417.
Montmorency (Duc de), 327, 375, 437.
Montmorency (Duché de), 328.
Montmorency (Maréchal de), 287, 298, 313.
Montmorin de Saint-Hérem (Gilbert de), évêque de Langres, 13.
Montoison (Mme de), 234, 254.
Montpensier (Louis-Philippe-Joseph d'Orléans, duc de), puis de Chartres, 79, 396.
Montrevel (M. de), 392.
Montureux (M. de), brigadier, 250.
Morand, chirurgien, 112.
Moreau de Nassigny (M.), 377.
Morlière (M. de la), maître de la garde-robe de la reine, 159, 160.
Morosini (Chevalier), ambassadeur de Venise, 112, 154, 216, 248, 279, 308, 317, 318.
Mortemart (Comtesse de), 444, 502.
Mortemart (Duc de), 101.
Mothe (La maréchale de la), 33, 88.
Mothe-Houdancourt (M. de la), maréchal de France, chevalier d'honneur de la reine, 23, 58, 66, 79, 97, 239, 405, 406, 425, 427.
Muiszek (M. et Mme de), 330, 498.
Murinais (M. de), 38, 54.
Muy (Chevalier du), menin du dauphin, 289.
Muy (M. du) le père, 44, 254.

N.

Nadaillac (Mme de), abbesse de Gomer-Fontaine, 242.
Naples (Reine de). *Voy.* Marie-Amélie de Saxe.

NARBONNE (Mme de), 6; dame du palais de Mme Infante, 10.
NASSAU-SIEGEN (Mme de), 243.
NAZEL (Baron de), 263.
NESLE (M. de), 95, 243.
NESTIER (M. de), 374.
NEUPERG (M. de), 461.
NEUVILLE (Le P. de la), prédicateur, 255.
NEZOT (Plan en relief fait par le sieur), 479.
NICOLAÏ (Abbé de), agent du Clergé, 450.
NIVERNOIS (M. de), ambassadeur à Rome, 108, 109, 182.
NIVERNOIS (Mme de), 94, 95, 109.
NOAILLES (Adrien-Maurice, duc de), maréchal de France, capitaine des gardes du corps du roi, 144, 181, 236, 243, 254, 423.
NOAILLES (Philippe, comte de), gouverneur de Versailles, fils du précédent, 45, 78, 96, 110, 178, 234, 404, 406, 407, 409.
NOAILLES (Comtesse de), 178, 289.
NOEL (L. P.), bénédictin, 54, 55, 86.
NORFOLK (Duc de), 214.
NOVION (M. le président de), 77, 148.
NOZIER (M. de), écuyer de la petite écurie, 274, 279, 296.

O.

ŒUREL (Abbé d'), 242.
OLIVET (Abbé d'), de l'Académie française, 457.
OLMIÈRE (Abbé d'), 435.
Omphale, opéra, 133.
ONIC (Abbé), 394, 395.
Oratoire (Congrégation des PP. de l'), 291-294.
ORDRE (Baron d'), 201.
ORLÉANS (Philippe, duc d'), régent du royaume, mort en 1723, 11, 97, 190, 307, 445, 450.
ORLÉANS (Françoise-Marie de Bourbon, duchesse d'), fille de Louis XIV et de Mme de Montespan, femme du précédent, 250.
ORLÉANS (Louis, duc d'), fils du régent, premier prince du sang, 284, 366, 387, 390, 393-397, 399, 420, 450, 464.
ORLÉANS (Louis-Philippe, duc d'), fils du précédent, 395, 399, 411, 423, 449, 463. *Voy.* CHARTRES.
ORLÉANS (Louise-Henriette de Bourbon-Conty, duchesse d'), femme du précédent, 413, 415, 449, 474. *Voy.* CHARTRES.
ORLÉANS (Jean-Philippe, dit le chevalier d'), grand prieur de France, 178.
ORMEA (M. d'), grand écuyer du roi de Sardaigne, 163.
ORMESSON (M. d'), conseiller d'État, 185.
ORRY (M.), 111, 134, 168.
OSSOLINSKI (Duc), grand maître de la maison du roi Stanislas, 232, 239, 472.
OSSUN (M. d'), ambassadeur de France à Naples, 102.

P.

Pajou (M.), peintre, 8.
Pape (Le). *Voy.* Benoît XIV.
Papète, surnom de Mme de Villars, 24.
Papillon (M. de), intendant des Menus, 503.
Parcq (M. du), intendant général des postes, 5, 324, 368.
Paris (Archevêque de). *Voy.* Beaumont.
Paris (M.) l'aîné, 11, 319.
Paris-Duverney (M.), 11, 321.
Parlement (Remontrances du), 23 ; ses arrêtés, 144, 145, 150, 151, 174, 311, 312, 347-349, 491.
Paroisses de Paris, 353.
Parr (Comte de), 9.
Pasquier (M.), conseiller au Parlement, 36, 50, 52-54.
Passau, tailleur, 435.
Passionei (Cardinal), 414.
Paulmy (M. de), ambassadeur en Suisse, 5, 186, 247, 272, 376, 378, 458.
Penthièvre (Louis-Jean-Marie de Bourbon, duc de), 32, 111, 134, 232, 236, 238, 364, 365, 448, 449, 461.
Penthièvre (Marie-Thérèse-Félicité d'Este, duchesse de), 52, 83, 263, 365, 474.
Perellos (Raymond), grand maître de l'ordre de Malte, 70-72.
Périgord (M. de), 278, 413, 476.
Périgord (Mme de), née Chalais, dame du palais de la reine, 162, 233, 254, 288, 474, 495.
Pernot (Abbé), 433.
Perpignan (évêque de). *Voy.* Havrincourt.
Perrin (Le P.), jésuite, 93.
Pérusseau (Le P.), jésuite, confesseur du roi, 402, 404, 408, 471.
Péry (M. de), 138.
Peyronie (François Gigot de la), premier chirurgien du roi, 86.
Phélypeaux d'Herbault (Louis-Balthazar), évêque de Riez, 242.
Philippe V, roi d'Espagne, 451.
Philippe (Don), infant d'Espagne, duc de Parme, 117, 217, 263, 501.
Pignatelli (M. de), ambassadeur d'Espagne, 28, 43, 45, 186, 187, 190, 194.
Pignatelli (M. de) le fils, 501.
Pignatelli (Mme de), 45.
Pinon (M.), sous-doyen du Parlement, 295, 305.
Piolin (M.), président du parlement de Grenoble, 52.
Piosins (Chevalier de), chef d'escadre, 319.
Pisciny (M.), 213.
Pleurre (Mme de), 374.
Poisson (M.), père de Mme de Pompadour, 86.
Poix (Prince de), 78.

Polignac (Mme de), dame d'honneur de la duchesse d'Orléans, 405.
Pollorouski (M. de), colonel de hussards, 50, 51.
Pologne (Roi de). *Voy.* Stanislas Leczinski et Auguste III.
Pompadour (Marquise de), 45, 110, 124, 135, 157-159, 189, 221, 256, 283, 287, 288, 328, 448, 463, 502.
Pomponne (Abbé de), chancelier de l'ordre du Saint-Esprit, 13, 389.
Pondichéry (Action à), 195, 213.
Pons (Chevalier de), gouverneur du duc de Montpensier, 79, 157.
Pons (Prince de), 168, 472.
Pons (Princesse de), 289, 472.
Pontchartrain (Comte de), 41.
Pontchartrain (Mme), 94.
Pont Saint-Pierre (Chevalier de), chef de brigade, 252, 431, 461. *Voy.* Roncherolles.
Popelinière (M. de la), 140.
Portail (Le premier président), 56.
Portugal (Roi de). *Voy.* Joseph.
Poudens (Abbé de), 184.
Pourceaugnac (M. de), comédie, 61.
Poyanne (M. de), 45, 273.
Prades (Abbé de), 369, 385, 386, 433, 434, 438, 449.
Prat (M. du), 101.
Préjugé à la mode (Le), comédie, 124.
Premier (M. le). *Voy.* Béringhen.
Premier président (Le). *Voy.* Maupeou.
Prévôt des marchands (Le). *Voy.* Bernage de Saint-Maurice.
Prie (M. de), 127, 130.
Prusse (Famille royale de), 65.
Prusse (Roi de). *Voy.* Frédéric II.
Puisieux (M. de), secrétaire d'État des affaires étrangères, 29, 41, 65, 66, 94, 102, 110, 130, 145, 157, 158, 181, 187, 207, 217, 222, 223, 229, 264, 300.
Puisieux (Mme de), 130, 217, 229, 300.
Pulchérie (Mme), carmélite, 255.

Q.

Quesnay, médecin, 398, 488.
Quincey (Gabriel Cortois de), évêque de Belley, 94, 241.

R.

Rabodanges (M. de), 322.
Rachécourt (Abbé de), aumônier du roi, 490.
Randan (Duc de), 466.
Randan (Mlle de), 58.

RASTIGNAC (Louis-Jacques de Chapt de), archevêque de Tours, 447.
RAYMOND (Mme), première femme de chambre de Madame, 408, 462.
RAZILLY (M. de), 329.
REBEL, maître de musique de la chambre du roi, 243.
RÉICHENBACH (Comte de), 245.
Reims (Archevêque de). *Voy.* ROHAN.
Reine (La). *Voy.* MARIE LECZINSKA.
RENAL DE SAINTE-MARIE (Le P.), général des Carmes, 219.
RENARD (Mme), dame de la halle, 260.
RENAULT, sous-entrepreneur des fourrages, 119.
RENTY (Mlle de), 388.
REVEL (M. de), 503.
REVENTLAW (M. de), envoyé du roi de Danemark, 106, 135, 156, 364, 373.
REYNIE (M. de la), lieutenant de police, 192.
RIANS (Mme de), 105.
RICHELIEU (Louis-François-Armand de Vignerot du Plessis, duc de), maréchal de France, 37, 56, 82, 113, 122, 290, 387, 400, 411, 412, 427, 458.
RIEUX (M. de), 334.
RIVIÈRE (Abbé de la), 474.
RIVIÈRE (M. de la), 82.
RIVIÈRE (M. de), lieutenant des mousquetaires noirs, 83, 91.
RIVIÈRE (Mme de la), 90, 122, 229, 408.
ROBERTSON, historien anglais, 23.
ROCHECHOUART (Chevalier, puis comte de), 140, 152, 289, 463.
ROCHECHOUART (Comtesse de), née Charleval, dame de Mesdames, 162, 289, 407.
ROCHECHOUART (Duchesse de), née Beauvau, 447, 502.
ROCHECHOUART (Mme de), dame de la dauphine, 289, 405.
ROCHECHOUART (Mlle de), 467.
ROCHECHOUART-FAUDOAS (Mme de), 107, 162.
ROCHE-COURBON (Mme de la), 33.
ROCHEFORT (Mme de), 502.
ROCHEFOUCAULD (Frédéric-Jérôme de Roye de la), cardinal, archevêque de Bourges, 299.
ROCHEFOUCAULD (M. de la), 31, 434.
ROHAN (Armand-Jules de), archevêque de Reims, 287.
ROHAN (Duc de), 55, 110, 198, 215, 377, 387, 411, 423.
ROHAN (Duchesse de), née Bouillon, 162, 289, 388, 489.
ROHAN (Vicomte de). *Voy.* CHABOT (Comte de), 365.
Roi (Le). *Voy.* LOUIS XV.
ROMAGÈRE DE RONSSECY (Pierre de la), évêque de Tarbes, 213, 241.
ROMAINVILLE (Mlle de), 454.
ROMANET (Mlle de), 102. *Voy.* CHOISEUL (Mme de).
RONCÉE (M. de), 165.
RONCHEROLLES (M. de), 461. *Voy.* PONT SAINT-PIERRE.
RONCHEROLLES (Mme de), 461.
ROSAMBO (M. le président de), 148, 172, 280, 290, 470, 487, 489.
ROTISSÉE (Mlle), de la musique de la reine, 454.

Bottembourg (M. de), 371.
Rouen (Archevêque de). *Voy.* Saulx-Tavannes.
Rouen (Révolte à), 495, 499-510.
Rouillé (M.), secrétaire d'État de la marine, 78, 97, 145, 160, 190; ministre d'État, 204, 294, 317, 489.
Rouillé (Mme de), 87.
Roure (M. du), 201.
Roure (Mme du), dame de la dauphine, 289, 422.
Roy (Pierre-Charles), poëte, auteur dramatique, 128.
Roye (Famille de), 123.
Roye (Marquis de), 123.
Rubempré (Mme de), 415.
Rubi (M. de), 191, 194.
Ruffec (Duchesse douairière de), 126.
Rupelmonde (Marie-Chrétienne-Christine de Gramont, comtesse de), dame du palais de la reine, 162, 179, 181, 185, 253, 256.
Rupelmonde (Marie-Marguerite-Élisabeth d'Alègre, comtesse de), 180, 232, 255, 272, 426.
Russie (Impératrice de). *Voy.* Élisabeth Petrowna.

S.

Sabadin (M.), 213.
Sacra-Mosa (M. de), 279.
Sailly (M. de), 323.
Sainctot (Chevalier de), 216.
Sainctot (M. de), introducteur des ambassadeurs, 244.
Saint-Aignan (Duc de), 28, 109, 128, 129, 177, 186, 234, 245, 255, 423, 482.
Saint-André (M. de), lieutenant général, 335.
Saint-Aulaire (Abbé de), aumônier ordinaire de la reine, 7.
Saint-Aulaire (Pierre Beaupoil de), évêque de Tarbes, 7.
Saint-Chamant (Mme de), 319.
Saint-Chaumont (Mlle de), 38.
Saint-Clair (Mlle de), 96.
Saint-Contest (M. de), ambassadeur en Hollande, puis ministre des affaires étrangères, 217, 222, 223, 229, 242, 248, 257, 317, 489.
Saint-Cyr (Abbé de), 179.
Saint-Florentin (Comte de), secrétaire d'État, 46-48, 78, 85, 97, 101, 145, 157, 199; ministre d'État, 204, 229, 265, 282, 363, 364, 372, 408, 414, 463, 482, 479, 495.
Saint-Florentin (Mme de), 95, 109.
Saint-Geniés (Marquis de), brigadier, 198.
Saint-Germain (M. de), lieutenant général, 232, 242.
Saint-Germain (M. de), ambassadeur de Sardaigne, 158, 163, 214, 244.
Saint-Germain-Beaupré (Marquis de), 456.
Saint-Hérem (M. de), menin du dauphin, 289.
Saint-Hérem (Mme de), 177.

Saint-Hubert (Abbé de), 194.
SAINT-SAUVEUR (M. de), écuyer de la petite écurie, 273, 274.
SAINT-SAUVEUR (Mme de), sous-gouvernante des enfants de France, 89, 92, 274.
SAINT-SÉVERIN (M. de), 58, 63, 145, 181, 195.
SAINT-SIMON (Claude de Rouvroy de), évêque de Metz, 69, 80, 176.
Saint-Victor de Marseille (Abbaye de), 211.
SAINT-VITAL (M. de), chevalier d'honneur de Madame Infante, 263, 282.
Sainte Thérèse (Lettre d'une carmélite sur les restes de), 355-359.
SALABERY (Abbé de), conseiller au Parlement, 55, 469.
SALÉON (Jean d'Yse de), archevêque de Vienne, 52, 94.
SALLE (M. de la), gentilhomme de la vénerie, 32.
SALLE (Marquis de la), 502.
SALLE (La). *Voy.* BAGLION.
SANDRICOURT (M. de), 206.
SAÔNE (M. de la), médecin ordinaire de la reine, 68.
Sardaigne (Roi de). *Voy.* CHARLES-EMMANUEL III.
SASSENAGE (M. de), menin du dauphin, chevalier d'honneur de la dauphine, 100, 220.
SASSENAGE (Mme de), 44, 104, 289, 481.
SAUDRICOURT. *Voy.* SANDRICOURT.
SAULX (M. de), menin du dauphin, 289, 476.
SAULX (Mme de), dame du palais de la reine, 6, 179, 233, 254, 474.
SAULX-TAVANNES (Charles-Nicolas de), archevêque de Rouen, grand aumônier de la reine, 61, 158, 299, 373, 389, 400, 405, 427, 461, 478, 495, 499.
SAUMERY (M. de), 5, 35, 222, 368.
SAUMERY (Mme de), 151, 159.
SAUVÉ (Mme), femme de chambre du duc de Bourgogne, 264, 265, 462.
SAVEUSE (Abbé de), 78.
SAVOIE (Duchesse de), 158, 163.
SAXE (Arminius-Maurice, comte de), maréchal de France, 35.
SCHAUB, envoyé d'Angleterre sous la Régence, 451.
SCHEFFER (M. de), envoyé de Suède, 79, 132, 143, 210, 276, 309, 384, 454, 479.
SCHMETTAU (Comte de), 215.
SCHOEPLIN (M.), 189.
SCHOMBORN (François-Georges), électeur de Trèves, 463.
SCHWARTZEMBERG (M. de), 189.
SÉCHELLES (M. de), 80.
SÉCHELLES (Mme de), 255.
SÉEDORF (M. de), lieutenant général suisse, 335.
SÉGUR (M. de), 157, 170.
SÉGUR (Mme de), 171.
SÉMONVILLE (M. de), conseiller au Parlement, 186.
SÉNAC (M.), médecin, 398, premier médecin du roi, 488, 489.
SENNETERRE (M. de), 289, 463.
SENNETERRE (Mme de), 289.
Sens (Archevêque de). *Voy.* LANGUET DE GERGY.

Sens (Élisabeth-Alexandrine de Bourbon-Condé, Mademoiselle de), 230, 233, 415.
Sesmaisons (M. de), exempt des gardes du corps, 430.
Sigismond (Le P.), général des capucins, 163.
Silvestre (Mlle), 429.
Sinclair (Général), 384.
Sophie (Madame). *Voy.* France (Sophie-Phillippine-Élisabeth-Justine de).
Soret (M.), 212.
Soubise (Armand de Rohan-Ventadour, cardinal de), 61, 183, 221, 241, 404.
Soubise (Charles de Rohan, prince de), capitaine des gendarmes de la garde, 157, 227, 229, 316, 387, 388, 411, 414.
Soubise (Anne-Thérèse de Savoie-Carignan, princesse de), 388.
Soubise (Mme de), née Hesse-Rhinfeld, 301.
Soubise (Mlle de), 301, 388.
Sourches (Chevalier de), brigadier, 52.
Sourches (Comte de), 52.
Sourches (M. de), 157, 235, 272.
Sourcy (M. de), premier gentilhomme de la vénerie, 30-32.
Souvré (Mlle de), 323.
Sparre (Baron), colonel suédois, 456.
Sponheim (Comte de), 79. *Voy.* Deux-Ponts.
Stafford (Milord), 84.
Stainville (M. de), 195, 206, 463.
Stanislas Leczinski, roi de Pologne, duc de Lorraine, 19; ses lettres au duc et à la duchesse de Luynes, 29, 64, 130, 189, 232, 239, 240, 241, 249, 252, 298, 318, 464; sa lettre à M. Gaumont, 465, 472.
Suède (Roi de). *Voy.* Frédéric Ier et Adolphe-Frédéric II.
Suisses (Service des gardes), 482.
Sully (Duc de), 387.
Surgères (M. de), 116.
Surgères (Mme de), 503.
Surgères (Mlle de), 141.
Sutilau (Le P.), prédicateur, 152.
Suze (Comte de la), grand maréchal des logis, 45.

T.

Tableau de la famille royale de Prusse, 65.
Talaru (M. de), 45, 263.
Talaru (Mme de), 212, 289, 294, 296.
Tallard (Duc de), 235, 387.
Tallard (Marie-Élisabeth-Angélique-Gabrielle de Rohan, duchesse de), gouvernante des enfants de France, 48, 91, 92, 219, 220, 222, 265, 375, 419, 420, 428.
Talleyrand (M. de), 2.
Talleyrand (Mme de), dame du palais de la reine, 33, 162, 179, 190, 233, 254, 375, 474.

Talmond (Mme de), 25, 233, 239, 330.
Talmond (Prince de), lieutenant général, 49.
Tapisseries des Gobelins, 8, 107.
Tarbes (Évêque de). *Voy.* Romagère.
Teinturier (Le P.), jésuite, 478.
Tencin (Pierre Guérin de), cardinal, archevêque de Lyon, ministre d'État, 124; ses lettres au roi, 125; son mandement, 138, 144, 146, 147, 176, 181, 229, 241.
Terlay (M. de), lieutenant-colonel des gardes françaises, 13.
Termes (Abbé de), 242.
Tessé (Mme de), née Béthune, 116, 268, 289.
Tessin (Comte de), 277, 479.
Thibault (M.), maître d'hôtel de la duchesse de Luynes, 35.
Thibault (Mme), femme de chambre de la reine, 15.
Thiers (M. Crozat de), 141, 148.
Thiers (Mlle Crozat de), 481.
Thiroux de Gerfeuil (M.), intendant général des postes, 368.
Thomé (M.), conseiller au parlement, 55.
Thomond (Milord), 157.
Tillaut (M. du), 218.
Tingry (Anne-Charles-François-Chrétien de Montmorency-Luxembourg, prince de), 95, 327, 463.
Tingry (Mlle de), 375, 437.
Tinseau (Jean-Antoine), évêque de Belley, puis de Nevers, 94, 272.
Tiquet (Mme), 449.
Tonnerre (M. de), 206.
Topal-Osman (Aventure de), 70-76.
Torcy (M. de), surintendant des postes, 5.
Touche (M. de la), 213; ministre de France à Berlin, 470.
Toulouse (Louis-Alexandre de Bourbon, comte de), 31, 32, 448.
Toulouse (Marie-Victoire-Sophie de Noailles, comtesse de), 241, 448.
Tour d'Auvergne (M. de la), 282, 296.
Tournehem (M. de), directeur général des bâtiments, 77, 287.
Tournelle (M. de la), sous-introducteur des ambassadeurs, 164.
Tours (Archevêque de). *Voy.* Rastignac et Fleury.
Toussaint (M.), 369.
Traisnel (Mme de), 126.
Trémoille (M. de la), 58.
Trémoille (Mme de la), 254, 301.
Tresmes (Duc de), 49.
Tressan (M. de), 310.
Trois Cousines (Les), comédie, 61.
Turenne (Prince de), 45, 157, 221, 235, 411.
Turenne (Princesse de), 162, 233, 413, 481.
Turgot (Chevalier), 245.
Turgot (M.), conseiller d'État, 12, 34.
Turgot (M. le président), 455.
Tyrconnel (Milord), ministre du roi à Berlin, 311, 466.

U.

Urs (Duc d'), 467.
Uzès (Duchesse d'), née Bullion, 209.

V.

Valbelle (Marquis de), 390.
Valbelle (Mme de), 502.
Valenciennes (Établissement d'un hôpital à), 80.
Valentinois (Comte de), 116.
Valentinois (Duc de), 85, 108, 111, 126.
Valentinois (Mme de), 111, 126.
Vallière (M. de la), grand fauconnier, 133, 257, 194, 329, 387.
Valory (M. de), 65.
Vanloo (Carle), peintre, 8, 125, 375.
Varanchamp (Mlle), femme de chambre de la dauphine, 228.
Varneville (M. de), chef de brigade, 253.
Varron, tragédie, 372.
Vassal (Le P.), 81.
Vaudelot (M. de), commandant des chevaux de la vénerie, 32.
Vaudreuil (M. de), 294.
Vauguyon (M. de la), menin du dauphin, 289.
Vaulgrenant (M. de), ambassadeur en Espagne, 272.
Vence (M. de), colonel, 141.
Vendôme (Louis-Joseph, duc de), mort en 1712, 366.
Ventadour (Charlotte-Éléonore-Madeleine de la Mothe-Houdancourt, duchesse douairière de), gouvernante des enfants de France, 128.
Vénus et Adonis, ballet, 502.
Vérac (M. de), lieutenant général de Poitou, 97.
Véreil (M. de), exempt aux gardes, 335.
Vergennes (M. de), 463, 503.
Verneuil (M. de), introducteur des ambassadeurs, secrétaire du cabinet, 39, 79, 80, 143, 157, 164, 168, 169, 366, 373, 461, 466.
Verneuil (Mme de), 169.
Versailles (Établissement d'un couvent de religieuses à), 197.
Vervins (Mlle de), 374, 377.
Vesterloo (M. de), 68, 139.
Victoire (Mme). *Voy.* France (Marie-Louise-Thérèse-Victoire de).
Villaine (Mme de), 104.
Villars (Le maréchal de), 84.
Villars (La maréchale de), 83, 84.
Villars (Honoré-Armand, duc de), 411.
Villars (Amable-Gabrielle de Noailles, duchesse de), femme du précédent, dame d'atours de la reine, 17, 20, 24, 42, 95, 129, 170, 179, 233, 238, 254, 405, 406, 428, 476, 484.

VILLATTE-CHAMILLART (M. de), 5.
VILLE (Abbé de la), commis des affaires étrangères, 300.
VILLÉON (M. de), 213.
VILLEROY (Louis-François-Anne de Neufville, duc de), capitaine des gardes du corps du roi, 157, 198, 222, 387.
VILLEROY (Marquis de), 45.
VILLIERS (M. de), intendant, 337.
VINTIMILLE (Charles-Gaspard-Guillaume de), archevêque de Paris, 89.
VINTZ (M.), envoyé de Danemark à Madrid, 68.
VITENCOFF (M. de), chambellan de l'électeur de Bavière, 80.
VOGUÉ (Mlle de), 100, 102.
VOLTAIRE, 136, 382.
VOYER (Marquis de), 244, 334.
VOYER (Mme de), 474.
VIZÉ (Mme de), 128.

W.

WALS (M. de), 80.
WELDEREEN (Mlle de), demoiselle de Mme Sophie, 199, 205.
WERNICK (M. de), ministre du duc de Wurtemberg, 96.
WESTERLOO. *Voy.* VESTERLOO.

Y.

YELER (M.), colonel suisse, 204.
YORK (M. d'), ministre d'Angleterre, 263.
YOUVILLE (M. d'), page de la vénerie, 31, 32.
YSABEAU (M.), greffier du Parlement, 290, 469.
YVON (Abbé), 387.

Z.

Zélisca, opéra, 124.
ZÉNO (Abbé), 122, 134.

FIN DE LA TABLE.

ERRATUM.

P. 40, lig. 9, au lieu de *sa* belle-fille, lisez *ma* belle-fille.

www.ingramcontent.com/pod-product-compliance
Lightning Source LLC
Chambersburg PA
CBHW051354230426
43669CB00011B/1639